山东省
标准地名诠释

德州市卷

《山东省标准地名诠释》编纂委员会 编

山东城市出版传媒集团·济南出版社

前　言

地名是重要的基础地理信息和社会公共信息，与经济社会发展、人们日常生产生活息息相关。编纂出版《山东省标准地名诠释》是地名管理服务工作的一项基础工程，对进一步推行山东省地名标准化，推广普及地名知识，适应改革开放和高质量发展的需要，以及国家和社会治理、经济发展、文化建设、国防外交等方面具有重要的意义和作用。

2014年7月，国务院印发通知开展第二次全国地名普查。2015年，国务院地名普查办印发《第二次全国地名普查成果转化规划（2015—2020年）》（国地名普查办发〔2015〕6号），山东省地名普查办依此制定了《山东省第二次全国地名普查成果转化规划（2016—2020年）》（鲁地名普查办发〔2016〕4号），部署开展成果转化相关工作，其中包括组织编制出版标准地名图、录、典、志等出版物。编纂出版《山东省标准地名诠释》是贯彻落实"边普查、边应用"指示要求，及时发布并推动第二次全国地名普查成果社会应用的重要举措，也是落实规划目标任务的重要内容。

《山东省标准地名诠释》编纂委员会按照公开出版的要求，在全省第二次全国地名普查成果数据基础上，进行成果的整理挖掘（包括资料收集、数据考证等），编辑出版《山东省标准地名诠释》，并将本书定位为第二次全国地名普查重要的省级成果，是一部以"地名"为主题的省级标准地名工具书。

本书在资料整理和编辑加工的过程中力求做到内容权威、文字精练、编写精心、编辑独到、设计新颖，以期达到当前编辑出版水平的先进行列。在词目释义编写上，本书着力突出"三个重点"（即地名基本要素、地名文化属性、地名所指代地理实体性质与特征），具备四个特点（即广、新、准、实）。其中，"广"即收词广泛，应录尽录，要涵盖重要地名类别及其主要地名；"新"即资料新、信息新，要充分利用地名普查最新成果，反映全省各地地名的新情况、发展建设取得的新成就；"准"即实事求是、表述准确、考证严谨，要求词目释文中的资料、数据翔实有据，表述准确、规范，做到地名拼写准确无误、词条诠释准确无误；"实"即具有实用性。在采词、释文内容和词目编排上都力求符合读者需要，便于读者使用，使之有较高的实用和收藏价值。

本次《山东省标准地名诠释》编纂得到多方面的支持，全省各级地名主管部门的领导和地名工作者，不辞辛苦，埋头于本书所需资料的搜集、整理，根据《山东省标准地名诠释》的编写要求，认真组织撰稿，力求做到精益求精。在此，我们对为本书的编纂、出版工作提供了帮助和支持的所有单位、领导和工作人员，表示诚挚的感谢。编纂出版《山东省标准地名诠释》工作任务重、涉及内容多、标准要求高，限于我们的人员专业水准和时间等因素，书中难免存在错误或不足，恳请广大读者批评指正。

凡　例

一、《山东省标准地名诠释》采收山东省17市137县（市、区）范围内，包括乡镇以上行政区划名称、主要的居民点和自然实体及主要社会、经济设施等重要地名词条，按照行政区域划分和地名类别特点分列18卷。

二、采收地名分为六个大类：

1.政区类：包括山东省政区建制镇、乡、街道及以上全部行政区划单位；国家和省正式批准的各类经济功能区（含开发区、高新区、工业区、保税区、科技园区、新区等）；1949—2014年间曾经设立而现已废置的地区行署、县级和乡级行政区，特指被撤销建制、被合并或拆分不继续使用原专名的情况。另，城乡社区是社会治理的基本单元，故也收录了部分建有综合服务中心且统一开展基本公共服务的社区名称。

2.居民点类：具有地标意义或文化意义的住宅区；镇、乡人民政府驻地居民点；经省级以上人民政府或有关部门批准的"历史文化名村""传统村落"；具有明显特点的非镇、乡驻地的居民点（如：文化底蕴浓厚、存续历史悠久、人口数量多、占地面积广、重要历史事件发生地、名人故里、重要少数民族聚居地、交通要口、物资集散地、土特产品产地等）等。

3.交通运输类：包括城市道路与城镇街巷、铁路、公路、航道、桥梁、车站、港口、机场等。城市道路收录市辖区城区内的快速路、主干道、次干道，县和县级市驻地城区主干道，及其他具有突出特色的一般街巷；铁路收录公开运营的国有铁路（含高铁、干线、支线和专用线）和地方铁路；公路收录省级以上普通公路、高速公路；桥梁和立交桥只收录规模大、历史久、有特色的；隧道只收录500米以上的及其他有特色的；港口只收年吞吐量在10万吨以上的；码头、船闸只收录大型的、特别重要的；渡口只收录正在使用的重要渡口。

4.自然地理实体类：包括平原、盆地、山地、丘陵、沼泽、洞穴、河流、峡谷、三角洲、湖泊、陆地岛屿、瀑布、泉、海、海湾、海峡、海洋岛屿、半岛、岬角等。其中河流主要收录长度在30千米及以上的，以及具有航运价值的人工水道；湖泊主要收录面积在3平方千米及以上的。

5. 名胜古迹、纪念地和旅游地类：包括纪念地、重点文物保护单位、风景名胜区、重要景点和一般名胜古迹、自然保护区。其中纪念地收录市级及以上级别的；重点文物保护单位收录经过正式批准的市级（含）以上的；城市公园收录 AAA 级以上的；风景名胜区、自然保护区收录经过正式批准的国家和省级的词条。

6. 农业和水利类：包括农场、牧场、林场、渔场、水利枢纽、水库、灌区、渠道、堤防（海塘）等。其中水库收录库容 0.5 亿立方米以上的，灌区收录 3 平方千米以上的。

三、词目排列按分市与分类相结合的原则。即先将全部词目按市大类划分，大类下面分亚类，亚类下面再分小类。在同一亚类或小类词目中，先排全市性的大条目，再按区、县、街道、镇、乡的顺序排出市内条目。各市跨区县的条目在市本级单独排列。

四、本地名诠释资料截止日期为 2014 年 12 月 31 日，所选地名主要来源于第二次全国地名普查成果，主要兼顾反映普查成果和普查期间地名的存量情况，其中少量地名为非标准地名，此类地名需标准化处理，不作为判定标准名称的依据。

五、按照词条释文编写规则，本书相关词条中所列人口数做了技术处理，均为约数，不作为人口统计的依据。

六、本地名诠释中地名罗马字母拼写，遵从《中国地名汉语拼音字母拼写规则（汉语地名部分）》的规定。一般地名的专名与通名分写。专名和通名中的修饰、限定成分，单音节的与其相关部分连写，双音节和多音节的与其相关部分分写；通名已专名化的，按专名处理；居民点中的村名均不区分专名和通名，各音节连写。

地名用字的读音以普通话法定读音为主，同时适当考虑地方读音，如"崖"我省部分地区的地名中读"yái"，标准读音为"yá"；"垓"我省部分地区的地名中读"hǎi"，标准读音为"gāi"；"国"我省部分地区的地名中读"guī"，标准读音为"guó"；"郝"我省部分地区的地名中读"hè"，标准读音为"hǎo"，等等。

七、在每卷卷首，均有本卷地名的词目表。为方便读者检索，在每卷卷末，设有本卷地名的汉语拼音音序索引。

德州市卷　目录

一　政区

德州市

德州市 371400
[Dézhōu Shì]

山东省辖地级市。北纬36°24′—38°01′，东经115°45′—117°36′。在省境西北部。面积10356平方千米。户籍人口583.2万，常住人口570.5万，以汉族为主，还有回族。辖德城、陵城2区，宁津、庆云、临邑、齐河、平原、夏津、武城7县，代管乐陵、禹城2县级市。市人民政府驻德城区。春秋分属齐、晋。秦属济北郡，西境局部属巨鹿郡。西汉置平原郡，治平原县，今区境大部属之。北魏析平原、清河郡地置安德郡，治平原县。隋开皇三年（583）废安德郡，九年改平原郡为德州，大业初复为平原郡。唐武德四年（621）复为德州，属河北道。宋属河北东路。金属山东西路。元直隶中书省。明降州为三级政区。洪武七年（1374）徙州治于废陵县城（今德州市），领德平、平原2县，属济南府。清改为散州，直属济南府。1914年分属山东省济南、东临、直隶省津海等道。1928年废道，除庆云、宁津2县属河北省外，其他各县均直属山东省。1937年除宁津、庆云属河北省、商河属第五专区外，大部分县属第四专区。1938年庆云、宁津、乐陵等县属冀南行政区第六专区。1940年平原、禹城（津浦铁路以东）、齐河（津浦铁路以西）、德县、陵县、临邑、德平、济阳等县属冀南行政区第七专区，商河、庆云等县属第八专区。1941年各县分属冀鲁边行政区第一、二、三专区。1944年冀鲁边区与清河行政区合并为渤海行政区，各县分属渤海行政区第一、二、三专区。1949年属渤海行政区泺北、沧南2专区。1950年置德州专区。1952年东光、吴桥、宁津、庆云、盐山、南皮6县划归河北省；恩县、武城、夏津3县划入。1956年撤销。1961年复置。1965年宁津、庆云复自河北省划入。1967年更今名。1989年济阳、商河2县划归济南市。1994年12月原德州市改为德城区，德州地区改置地级市。（资料来源：《中华人民共和国地名大词典》）一说德州之"德"源于"德水"。德水为古黄河别名，秦始皇二十六年（前221）更河名曰"德水"，以为水德之瑞。汉置安德郡，意在"以其德水安澜耳"。另一说据明万历《德州志》载："德为名者，因齐俗夸侈，欲更化而振德也。"德州因德而名。处鲁西北黄泛冲积平原。地势向东北倾斜，平均海拔20米。年均气温12.9℃，1月平均气温−2.9℃，7月平均气温26.7℃。年均降水量547.5毫米。年均无霜期208天。有黄河、京杭大运河、漳卫新河、马颊河、德惠新河、土马河、徒骇河等河流经。有石油、天然气、煤等矿产资源。有野生植物215种，有野生动物104种。有国家太阳能热利用工程研究中心、国家马铃薯工程技术研究中心、国家体育用品工程技术研究中心、国家糖工程技术研究中心禹城分中心，山东省玻璃钢复合材料及应用工程技术研究中心等省级技术研究中心 39 个。有高等院校 4 个，中小学 1127 个，国家级图书馆 4 个，图书馆 12 个，文化馆 12 个，二级博物馆 1 个、三级博物馆 1 个，档案馆 1 个，知名文艺团体 14 个，三级以上医院 4 个。有国家级文物保护单位 4 个、省级文物保护单位 21 个，省级爱国主义教育基地、纪念地 4 个，伦镇、保店镇、大柳镇等千年古镇，津期店村等千年古村，王母店村、闫家村、四女寺村等省级传统村落，国家级物质文化遗产、非物质文化遗产 3 个，省级物质文化遗产、非物质文化遗产 14 个，有东方朔墓、颜子碑、禹王亭、龙山文化遗址等名胜古迹和中国太阳谷、庆云海岛金山寺、董子园风景区、乐陵千年枣林景区等国家 AAAA 级旅游景区、景点 30 个。三次产业比例为 11∶52∶37。农业以种植业、渔业和畜牧业为主。粮食作物主要有小麦、玉米，经济作物主要有棉花、蔬菜、甘薯、小枣等。畜牧业以饲养生猪、肉牛、肉羊、蛋禽为主。渔业以池塘、水库、网箱养殖为主。名产有德州扒鸡、金丝小枣、德州西瓜、保店驴肉等。乐陵金丝小枣为国家地理标志证明产品。工业以化工、纺织服装、食品制造、通用设备制造、电器机械及器材制造业等为主，太阳能、功能糖产业为特色产业。德州皇明太阳能技术研究所（有限公司）、景津压滤机集团有限公司、山东德州扒鸡集团有限公司等 30 家企业被评为中国驰名商标。皇明太阳能集团拥有世界上最大的太阳能制造基地，是中国最大的清洁能源供应商。服务业以商贸批发、酒店餐饮服务为主。禹城市为"中国功能糖城"，是全国最大的功能糖生产基地。有国家级开发区 1 个，省级开发区 1 个。境内有铁路 341 千米，公路 2.2 万千米，高速 350 千米。京沪高铁、德石铁路等 6 条铁路在境内形成"三纵三横"铁路交通网，有京台、济聊、青银、德滨、济乐 5 条高速公路，有国道 104、105、205、308、309 线和 14 条省道。

德州 371400-Z01
[Dézhōu]

德州市聚落。在市境西北部。面积 119.2 平方千米。人口 72.3 万。以汉族为主，还有回等民族。隋开皇九年（589）于今陵县置德州，明洪武七年（1374）移德州治于此，今名源此。自唐代始为历代州府、县衙驻地。德州城为元代陵州土城。明洪武三十年（1397）改建为砖城，城周长 5.1 千米，高 12 米，厚 9 米。护城河宽 15 米，深 6 米。城内面积 2.5 平方千米，设 5 门。清乾隆八年（1743）重修德州城，城垣门楼修葺一新，新建寺、庙、庵、祠、宫、楼、阁、坛、驿 70 余处，官署衙门 72 所，城内外跨路牌坊 50 余座。德州城墙毁于日本侵略军占领时期，至 1946 年德州解放已所剩无几。1949 年前夕德州城面积仅 2.4 平方千米，存 6 条土路，人口 5 万。1949 年后城市建设迅速发展，到 1978 年，建成区面积 10 平方千米，人口 12 万。1994 年德州市撤销设德城区，开始旧城改造，打通十几条城区主要干道，新建新湖公园、儿童乐园等游览景观。后城区向四方，主要是东部扩张，建设了经济开发区和河东新城。2008 年底，建成区面积达 60 平方千米，人口 60 万，形成"东西对接、南北拓展、中间隆起、一城三区"的城市格局。新建、改造了长河大道、广川大道等 30 多条道路，新河大桥、东方红桥等 5 座桥梁，建成长 49 千米的城区外环路，形成"十纵七横一环"道路框架。2009 年建设了第十一届全运会比赛场地——德州市体育中心体育馆、第四届世界太阳城大会主会场——皇明国际会议中心、市博物馆、社会福利中心。建成波司登、外海 2 座五星级酒店。2012 年规划实施"三河六岸"景观和道路系统建设。2013 年启动减河、岔河两岸景观工程和 4 条滨河路建设，形成市区南北交通动脉，将被 3 条河流分割的城市空间结构由独立组团离散形态转为线性多组团连绵发展。有京杭大运河、岔河、减河。标志性建筑有德州市新城综合楼、太阳能微排大厦、德州大剧院等。城市中心为市党政机关和商业、服务行业区。城区南部为仓储区。西部（铁路以西）是主要的工业区，有纺织、电力、机器制造、粮食加工、肉类加工、建材、化肥等大型企业。东北部为文化教育区，驻有大中专学校。苏禄国东王墓为国家级文物保护单位。有美丽华大酒店，贵都大酒店等旅游服务设施。德石铁路、京沪铁路、太青客运专线、京沪高铁交会于此，设有德州站、德州东站。各种交通干支线交错，街巷密布，四通八达。

德州经济技术开发区 371400-E01

[Dézhōu Jīngjìjìshù Kāifāqū]

在德州市境西北部。北与河北吴桥隔河相望，东临陵城区，西与德城主城区相接，南与平原接壤。规划区面积 150 平方千米，建成区面积 60 平方千米。以所在政区和功能定位命名。1998 年 2 月经省政府批准设立省级开发区，2012 年 3 月经国务院正式批准建立国家级经济技术开发区，由德州市政府管理。功能定位为具有较强科技研发、产业集聚、区域带动的经济开发区。入区企业 514 家。江苏波司登集团、上海光明乳业集团、河南双汇集团、山东皇明集团、鲁银投资集团、日本明治机械株式会社、日本三和电子有限公司、德国攀帕博格集团、香港华宇集团、韩国宇星饲料株式会社、韩国逸真电子株式会社、韩国厚成电子株式会社等国内外知名企业入驻，已形成新能源利用、空调、医药、机械、纺织、食品、建材、物流八大基础产业。是国家火炬计划新能源产业基地、生物高技术产业基地、太阳能光伏发电集中应用示范区、太阳能光热综合利用示范区、科技兴贸创新基地、知识产权产业化试点基地。区内铁路通达，公路网密集，交通便利。

德州运河经济开发区 371400-E02

[Dézhōu Yùnhéjīngjì Kāifāqū]

在德州市境西北部，鲁西北冀鲁交界处。东依德城区，西与河北省故城县毗连，南与德州市武城县接壤，北与河北省景县相邻。总面积 32 平方千米。京杭大运河穿区而过，以秉承运河历史，依托区位优势，承载工贸发展而命名。2002 年 2 月成立，原名德州商贸开发区。2006 年 4 月经省政府批准晋升为省级开发区，更名为德州运河经济开发区，由德州市政府管理。功能定位为产业特色鲜明、综合配套能力强的制造业聚集区。区内有华鲁恒升、华能电厂、德棉集团、德隆集团、恒升集团等化工、纺织、能源、装备制造、新型材料和现代物流等企业 78 家。是鲁西北、冀东南的商贸中心和物资集散基地，有铁路专用线 54 条，仓储面积 70 万平方米，是东北木材、大豆和晋煤东运的重要基地。有鞋帽、五金灯具、木材、果品、农贸、机动车等 20 余处大型专业批发市场，交易辐射 20 个省市、100 多个地市。京福环城高速穿区而过，德石铁路、京沪铁路在此交汇，104、105 国道和天衢路、东风路形成了四通八达的运输网络。

旧地名

德平县（旧） 370000-U01

[Dépíng Xiàn]

在市境东北部。德州市辖县。五代唐改平昌县置。1956 年撤销，划归德县、临邑、商河、乐陵四县。

德城区

德城区 371402
[Déchéng Qū]

德州市人民政府驻地。在市境北部。面积639平方千米。人口62.0万。辖7街道、5镇。区人民政府驻新湖街道。1950年属德州专区，1956年属聊城专区，1961年属德州地区，1994年改设德城区，属德州市。因位于德州市中心城区得名。漳卫新河、减河、马颊河及京杭大运河过境。有市级以上创新平台22个，院士工作站3个，格瑞德、德药制药等省级科研单位3个，德州学院省重点实验室1个。有德州学院、德州职业技术学院等高等院校，德州第一中学等中小学39所，图书馆1个，体育馆2个，德州市人民医院等综合医院2个。苏禄国东王墓园为国家级重点文物保护单位。德州市革命烈士陵园为省级爱国主义教育基地。京杭大运河南运河德州段为世界文化遗产组成部分。著名土特产德州扒鸡、德州黑陶制作工艺为国家级非物质文化遗产，"德城跑驴"为省级非物质文化遗产。中国太阳谷景区为国家AAAA级旅游景区，另有董子园、明月湖风景区、万亩桃园等旅游资源。1992年，德州市经济开发区成立，中心城区向东拓展。1994年，城市建设力度加大。有世纪风雕塑、太阳谷微排大厦、百货大楼等标志性建筑物。城区以东风路为发展轴线，以漳卫新河生态廊道为分割线，串联起河西旧城、河东新城城市发展格局，形成以老城区为商贸中心，河东新城为行政、公共服务中心，高铁站周边为商务中心，南部为农业生态区，北部为工业区的城市布局。三次产业比例为1.9：39.8：58.3。农业以种植业、畜牧业为主，主产小麦、玉米、花生、棉花、蔬菜、瓜果等，是国家重要的小麦、玉米、棉花、蔬菜和畜产品基地，盛产德州西瓜、黄河涯蜜桃。工业以热电、原油加工、机械电子、服装生产、玻璃制品加工等行业为主导。服务业以金融、信息、物流等行业为主。有专业批发市场47个，是鲁西北、冀东南最大的商品物资集散中心，晋煤东运、东北木材南下的重要通道，地处天津滨海新区和环渤海经济圈、济南城市群经济圈的重要节点，素有"九达天衢、神京门户"之称。有德州站、德州东站、德州汽车总站，有多条公交线路。

新湖街道 371402-A01
[Xīnhú Jiēdào]

德城区人民政府驻地。在区境中部。面积16平方千米。人口13.6万。以汉族为主，还有回等民族。2000年设立。以辖区内人工湖新湖命名。1998年—2003年，建设新湖风景区。京杭大运河过境。有中小学12所，体育场2个，文艺团体30余个，医院3所。有国家级文物保护单位苏禄国东王墓园。有明月湖风景区、新湖风景区等旅游资源。有世纪风雕塑、百货大楼等标志性建筑物。工业以石油机械制造、橡塑制品、建材为主导，服务业以房地产、餐饮、金融为主。有德州站、德州汽车总站，通公交车。

新华街道 371402-A02
[Xīnhuá Jiēdào]

属德城区管辖。在区境南部。面积43平方千米。人口5.9万。2000年设立。因辖区内新华印刷厂得名。马颊河、漳卫新河、京杭大运河从境内穿过。有中小学7所，体育场1个，卫生院1个。有地方风俗文化辛庄夯号、七西跑驴。有万达广场、新华印刷厂等标志性建筑物。形成以万达广场为中心的东部商业区、西部木材市场为中心的工业区、北部小区和南部村落为住宅区的城市布局特点。农业以种植小麦、玉米、蔬菜为主，主要蔬菜品种有芹菜、油菜。工业以铸造、机械加工、塑料制品、建筑材料为主。服务业以房地产、金融、文化服务业为主。通公交车。

天衢街道 371402-A03
[Tiānqú Jiēdào]

属德城区管辖。在区境北部。面积40平方千米。人口4.2万。2001年设立。德城历史上有"九达天衢"之称，故名。有德州学院，中小学4所，体育场5个，文艺团体6个，卫生院1个。有市级文物保护单位闸子滚水坝遗址。形成以大衢工业园为中心的北部工业、仓储物流区，以德州学院为中心的东部大学园区，南部住宅、商贸区的城市功能分区。农业以种植小麦、玉米、棉花，家禽饲养为主。工业以太阳能、玻璃钢、电子、工艺品、机械制造、建筑建材为支柱。服务业以商贸物流为主。通公交车。

广川街道 371402-A04
[Guǎngchuān Jiēdào]

属德城区管辖。在区境东部。面积11平方千米。人口10.3万。2009年设立。以隋朝时期德州区域曾为"广川县"而得名。岔河从境内穿过。有中小学7所，体育场5个，文化馆1个，图书馆（室）3个，文艺团体6个，卫生院1个。有锦绣川风景区等旅游资源。有中心广场、唐人中心、东方明珠等标志性建筑物。经济以金融保险、餐饮服务、商品销售、楼宇经济为主。通公交车。

运河街道 371402-A05
[Yùnhé Jiēdào]

属德城区管辖。在区境西北部。面积32平方千米。人口20.2万。2000年设立。因京杭大运河流经该区域而得名。2000年设立。京杭大运河从境内穿过。有中小学9所，医疗机构3个。有名胜古迹田蚡故居，旅游景点九龙湾生态园、古运河风景区。以古运河风景区为中心向南延伸形成生态功能居住区，西部与北部为工业、物流园区。农业主产小麦、玉米等。工业形成绿色化工、纺织、能源、装备制造、新型材料主导产业结构。服务业以现代物流和文化旅游业为主。通公交车。

长河街道 371402-A06
[Chánghé Jiēdào]

属德城区管辖。在区境东部。面积17平方千米。人口2.5万。2008年设立。岔河从境内穿过。有中小学5所，体育馆1个，医疗机构2个。有长河公园、锦绣川风景区等景点。有富豪康博大酒店、蔚来城、市博物馆等标志性建筑物。经济以建材、房地产业为主，形成商贸、物流、餐饮、信息、现代服务业为主导的支柱产业。农业以种植小麦、玉米为主。通公交车。

宋官屯街道 371402-A07
[Sòngguāntún Jiēdào]

属德城区管辖。在区境东部。面积52平方千米。人口3.1万。2008年设立。镇改街道时沿用原宋官屯镇名。减河从境内穿过。有中小学10所，医疗卫生机构1个。有董子文化园景区、沙河苑风景区、减河湿地景区等景点。经济以工业为主，有皇明、景津、双汇、中大贝莱特、乐华陶瓷等知名企业。有德州汽车东站，通公交车。

黄河涯镇 371402-B01
[Huánghéyá Zhèn]

德城区辖镇。在区境南部。面积109平方千米。人口5.9万。辖29村委会，有64自然村。镇人民政府驻黄河涯村。1958

年由群英公社析设黄河涯公社。1984年改设乡。1994年改置镇。因处黄河故道旁，故名。马颊河、减河、漳卫新河、京杭大运河、沙杨河等过境。有小学9所，卫生院1所。农业主产小麦、玉米，形成瓜果、蔬菜、水产等特色农业，盛产德州西瓜、黄河涯蜜桃。发展以万亩桃园、樱桃园为代表的基地拓展型和以休闲渔业园区为代表的特色产品型休闲农业模式。有家禽、生猪、羊等畜类养殖业。工业以机电、燃气能源、复合材料生产等产业为主。服务业以农业采摘、生态旅游、文化创意为主导。有京沪铁路、省道济德公路过境，设黄河涯站。

二屯镇 371402-B02
[Èrtún Zhèn]

德城区辖镇。在区境北部。面积42平方千米。人口1.8万。辖8村委会，有18自然村。镇人民政府驻许官屯村。1961年由曹村公社析设二屯公社。1984年改设乡。1994年改置镇。明洪武年间为正卫左所二屯，故名。南运河、宣惠河从境内穿过。有小学3所，文艺团体15个，卫生院1个。有市级文物保护单位德州市烈士陵园、高道悦墓、北厂沉船遗址等。农业以种植业为主，主产小麦、玉米、地瓜等，经济作物有棉花、大豆、向日葵等。有奶牛、种鸽、种兔养殖。工业以造纸、碳素制品、塑材、食品加工为主。服务业以餐饮、商贸为主。有京沪铁路、104国道、德滨高速过境，设许官屯站。

赵虎镇 371402-B03
[Zhàohǔ Zhèn]

德城区辖镇。在区境东北部。面积104平方千米。人口4.4万。辖44村委会，有74自然村。镇人民政府驻赵虎村。1951年撤区改建赵虎、刘汗2乡。1960年2乡合并建赵虎公社。1984年改设乡。2000年赵虎乡与赵宅乡合并为赵虎镇。以镇政府驻地赵虎村得名。减河从境内穿过。有中小学2所，卫生院1个。境内有通明宫、孙膑墓等古迹。有顺兴葡萄园、惠友观光园、坤博生态园等景点。农业以种植业为主，主产小麦、玉米、棉花、水果、蔬菜，建有千亩冬枣、核桃、葡萄、杏、裂桃园。养殖獭兔、肉鸭、奶牛、生猪等。工业以建筑、纺织、碳素制品、制药为主。服务业以农业园采摘、杂技魔术、孙膑文化旅游业为主。有京沪高铁、滨德高速过境。

抬头寺镇 371402-B04
[Táitóusì Zhèn]

德城区辖镇。在区境东北部。面积51平方千米。人口2.8万。辖45村委会，有45自然村。镇人民政府驻小赵村。1958年设抬头寺公社。1984年改设乡。1992年复划归德州市（县级），1994年市改区后，隶属德城区，2010年置镇。以镇政府原驻地村抬头寺得名。减河、减马横河从境内穿过。有小学1所，文艺团体1个，卫生院1个。有抬头寺等古迹。有国家AAA级旅游景区大雁岛生态园等风景区。农业以种植水果、蔬菜、小麦、玉米为主，盛产香椿。工业以太阳能发电、化工、面粉加工、食品加工等为主。服务业形成以万亩蔬菜观光、齐庄村农业生态观光园为主的农业生态旅游。有104国道、京福高速、省道德石公路过境。

袁桥镇 371402-B05
[Yuánqiáo Zhèn]

德城区辖镇。在区境东北部。面积54平方千米。人口2.7万。辖43村委会，有43自然村。镇人民政府驻三八东路。1965年由曹村、边临镇、土桥3公社析置袁桥公社。1984年改设乡。2010年置镇。因原驻地村袁桥得名。减河从境内穿过。有中小学3所，卫生院1个。农业以种植小麦、玉米、棉花等为主。工业以建筑建材、机械、塑料等产业为主。省道乐德公路等过境。

社区

北园社区 371402-A01-J01

[Běiyuán Shèqū]

属新湖街道管辖。在德城区东北部。面积0.3平方千米。人口10 000。以辖区内北园得名。2002年成立。有楼房84栋，中式建筑风格，另有平房。驻有德城区卫生和计划生育局、北园小学、德州市第十中学、德州红十字会等单位。开展秧歌、广场舞展演和书画展示等活动。通公交车。2014年被评为省文明社区。

马庄社区 371402-A01-J02

[Mǎzhuāng Shèqū]

属新湖街道管辖。在德城区东南部。面积0.5平方千米。人口5 000。以辖区内马庄得名。2011年成立。有楼房35栋，中式建筑风格。驻有德州市供电公司、德州市消防支队德城区大队、德城区电大南校区等单位。有老年照料服务，开展秧歌、广场舞展演和书画展示等活动。通公交车。2014年被评为省文明社区。

南营社区 371402-A01-J03

[Nányíng Shèqū]

属新湖街道管辖。在德城区西南部。面积0.98平方千米。人口2 000。以辖区内南营得名。2008年成立。有楼房21栋，中式建筑风格。驻有联合医院等单位。有志愿者服务，开展秧歌、广场舞展演和书画展示等活动。通公交车。2014年被评为省文明社区。

城隍庙社区 371402-A01-J04

[Chénghuángmiào Shèqū]

属新湖街道管辖。在德城区西北部。面积0.43平方千米。人口3 000。因"城隍庙"古庙位于辖区范围而得名。2003年成立。有楼房54栋，中式建筑风格。驻有德州市供销社、德州市立医院、德城区妇幼保健院等单位。通公交车。2014年被评为省文明社区。

北营社区 371402-A01-J05

[Běiyíng Shèqū]

属新湖街道管辖。在德城区北部。面积0.2平方千米。人口1 500。明初"靖难之役"爆发，韩观为护北厂粮仓，建十二连营，该地即为"北营"所在，故名。2009年成立。有平房409套。开展秧歌、广场舞展演和书画展示等活动。通公交车。

桥口社区 371402-A01-J06

[Qiáokǒu Shèqū]

属新湖街道管辖。在德城区西北部。面积0.17平方千米。人口1 400。清雍正十二年（1734），因在街西运河口架一浮桥，称桥口街，社区以此为名。2003年成立。以平房为主。开展秧歌、广场舞展演和书画展示等活动。通公交车。

池口社区 371402-A02-J01

[Chíkǒu Shèqū]

属新华街道管辖。在德城区东南部。面积0.51平方千米。人口1 600。明朝时，池姓一族在此驻守渡口，并在堤口附近建村，取名池家堤口，后演变为池口。村改居沿用原村名。2009年成立。有楼房9栋，现代建筑风格。开展秧歌、广场舞展演和书画展示等活动。通公交车。

堤岭社区 371402-A02-J02

[Dīlǐng Shèqū]

属新华街道管辖。在德城区东南部。面积 0.47 平方千米。人口 5 600。因村在河岸堤岭下方，由此得名堤岭村，村改居时沿用原村名。2009 年成立。均为平房。有社区养老院，开展秧歌、广场舞展演和书画展示等活动。通公交车。

辛庄社区 371402-A02-J03

[Xīnzhuāng Shèqū]

属新华街道管辖。在德城区南部。面积 0.8 平方千米。人口 15 000。以境内辛庄得名。2008 年成立。有楼房 129 栋，中式建筑风格。驻有军供站、畜牧局、德城区物资局等单位。开展秧歌、广场舞展演和书画展示等活动。通公交车。2014 年被评为省文明社区。

罗庄社区 371402-A03-J01

[Luózhuāng Shèqū]

属天衢街道管辖。在德城区西南部。面积 1.0 平方千米。人口 14 000。以境内罗庄得名。2001 年成立。有楼房 286 栋，现代中式建筑风格。驻有德城区人民法院、德州市教育局等单位。开展秧歌、广场舞展演和书画展示等活动。通公交车。2014 年被评为省文明社区。

肖何庄社区 371402-A03-J02

[Xiāohézhuāng Shèqū]

属天衢街道管辖。在德城区东北部。面积 1.92 平方千米。人口 15 000。以境内肖何庄得名。2001 年成立。有楼房 106 栋，现代中式建筑风格。驻有德州学院等单位。开展秧歌、广场舞展演和书画展示等活动。通公交车。2014 年被评为省文明社区。

于赵社区 371402-A03-J03

[Yúzhào Shèqū]

属天衢街道管辖。在德城区东北部。面积 4.1 平方千米。人口 2 200。因于庄、前赵、后赵合并得名。2009 年成立。有楼房 93 栋，现代建筑风格，另有平房 573 套。驻有克代尔啤酒厂等单位。有老年日间照料服务，开展秧歌、广场舞展演和书画展示等活动。通公交车。2014 年被评为省文明社区。

大东关社区 371402-A04-J01

[Dàdōngguān Shèqū]

属广川街道管辖。在德城区东北部。面积 2.0 平方千米。人口 17 000。因地处原德州古城东门外自然村大东关得名。2002 年成立。有楼房 212 栋，现代建筑风格，另有平房 33 套。驻有德州市妇幼保健院、山东省农业科学院德州分院等单位。开展秧歌、广场舞展演和书画展示等活动。通公交车。2014 年被评为省文明社区。

陵城区

陵城区 371403

[Língchéng Qū]

德州市辖区。在市境中部。面积 1 213 平方千米。人口 59.1 万。以汉族为主，还有回、蒙古、朝鲜、满、土家等民族。辖 2 街道、10 镇、1 乡。区人民政府驻临齐街道。1949 年名陵县。1952 年撤销，大部入德县，小部入临邑县，德县政府迁陵县城。1958 年原陵县地随德县并入平原县。1961 年复置陵县，属德州专区（1967 年更名为德州地区）。1994 年属德州市。2014 年 10 月撤销陵县，设立德州市陵城区。陵城始得名安德，谓德水安澜入海。后安德同将陵县互易其名，将陵县得名于将陵侯国，演变中省"将"单称陵。马颊河、德惠新河、笃马河、朱家河、鬲临河等流经境内。有德州市幼儿师范等中等专业学校3所，中小学166所，文化馆2个，二级医院2个。有省级文物保护单位厌次古城遗址、汉墓群、东方朔墓、唐平原郡古城遗址、大宗家抗日战斗遗址，市级文物保护单位平原郡墓、金博寨商周遗址等9个，国家一级馆藏文物颜真卿书《汉太中大夫东方先生画赞碑》。古迹东方朔画赞碑、陵城棂星门等位于境内。有东方朔公园、颜真卿公园、源盛泰旅游风景区、薛庄生态农业观光园4个AA级景区。地方特色民间艺术有二月二簸箕节、三月三东方朔庙会、九月九兔子会等。吹糖人为市级非物质文化遗产。2008年实施东方朔公园周边片区改造工程，改造面积5.5平方千米，占整个老城面积的45.8%。2013年实施人民公园片区改造工程。城区以东方朔公园为中心，行政机关、商业区、住宅区位于公园东部，教育文化区位于公园西部。三次产业比例为13∶49∶38。农业以种植小麦、玉米为主，研发有鲁研小麦、黎明玉米、鲁蔬种业三大良种。经济作物有棉花、花生、瓜类、蔬菜等，特产神头香椿、陵城区西葫、徽王庄镇玫瑰香葡萄等。工业以新型纤维纺织、新能源汽车、新型材料、生物科技、装备制造为主导产业。有德龙烟火车站、陵城区长途汽车站，有多条公交线路。

临齐街道 371403-A01
[Línqí Jiēdào]

陵城区人民政府驻地。在区境南部。面积191平方千米。人口13.6万。2010年设立。因陵城古为临齐城得名。以街道驻地为中心，对老城区改造，向南拓展住宅区。马颊河、鬲津河、马颊岔河从境内穿过。有中小学28所，医院3所。有省级文物保护单位唐城墙遗址，市级文物保护单位平

原君墓。有AA级景区颜真卿公园、东方公园。农业以生态农业为主，为"国家万亩无公害蔬菜生产基地"，有"陵城西葫"商标，奶制品加工成产业化生产。工业以建筑业为主。通公交车。

安德街道 371403-A02
[Āndé Jiēdào]

属陵城区管辖。在区境西部。面积75平方千米。人口3.6万。2005年设立。黄河曾名德水，西汉时取"德水安澜"之意在今德州东境置安德县，故名。马颊河、鬲津河、马颊岔河从境内穿过。有中小学10所。工业以生物技术、新能源车、新型纤维、新型材料、机械装备制造、生态化工为主，多层复合虑料生产工艺获国家发明专利，复合土工膜获国家新产品博览会金奖。有陵城区"4+2"产业园。服务业以商贸物流、旅游服务、高新技术为主。通公交车。

郑家寨镇 371403-B01
[Zhèngjiāzhài Zhèn]

陵城区辖镇。在区境东部。面积117平方千米。人口4.5万。辖98村委会，有104自然村。镇人民政府驻郑家寨。1952年属德平县，1952年属陵县，1957年设郑家寨乡。后改公社。1984年改设乡。2000年撤乡，与原碱店乡合并设郑家寨镇。以镇政府驻地得名。德惠新河从境内穿过。有中小学14所，卫生院2个。有省级文物保护单位大宗家战斗遗址，市级文物保护单位金博寨遗址。经济以农业为主，主产小麦、玉米、棉花。有混凝土、液压装备制造、玻璃制品等企业。有德龙烟铁路、104国道过境，设郑家寨、碱店客运站。

糜镇 371403-B02
[Mí Zhèn]

陵城区辖镇。在区境东北部。面积94平方千米。人口5.4万。以汉族为主，还有回等民族。辖92村委会，有98自然村。镇人民政府驻糜镇村。1950年属德州专署，1956年设糜镇区。1958年设糜镇乡，后改公社。1984年改置镇。2000年原糜镇、张习桥镇合并设糜镇。以镇政府驻地得名。大宗旱河、马颊河从境内穿过。有中小学15所，卫生院1个。有广觉寺、碧霞祠、摩天塔、马家墩台等古迹。农业主产小麦、玉米、棉花、油料，为省棉花产业化经营示范基地。畜牧业主要养殖生猪、羊和家禽。工业以电动车配件制造、服装加工为主。服务业以旅游业为主，有万亩瓜果蔬菜生态采摘基地等。省道宁济公路、永馆公路过境。

宋家镇 371403-B03
[Sòngjiā Zhèn]

陵城区辖镇。在区境东北部。面积110平方千米。人口4.4万。以汉族为主，还有回等民族。辖96村委会，有108自然村。镇人民政府驻宋家村。1952年属归德县，后改公社。1984年改设乡。2000年黄集乡与宋家乡合并置宋家镇。以镇政府驻地得名。马颊河、朱家旱河、四分干渠、跃进沟从境内穿过。有中小学15所，卫生院2个。有市级非物质文化遗产吹糖人。农业主产小麦、玉米，有生态农业产业园1个。畜牧业以养殖生猪、肉牛、奶牛、羊为主。工业有汽车配件制造、服装加工、四联铝材、家具制造、化工产业等。手工业以大小李村铁编、李堂村毡鞋较为有名。有德滨高速、省道宁济公路过境。

徽王庄镇 371403-B04
[Huīwángzhuāng Zhèn]

陵城区辖镇。在区境北部。面积105平方千米。人口4.2万。辖90村委会，有92自然村。镇人民政府驻东角寨。1957年设徽王庄乡。后改公社。1964年析设官道孙公社。1984年改徽王庄乡、官道孙乡。2000年撤销徽王庄乡、官道孙乡，合并设立徽王庄镇。因政府原驻地徽王庄得名。新老马颊河和陵宁输水渠从境内穿过。有中小学11所，卫生院2个。农业以种植小麦、玉米为主，有棉花、葡萄、蔬菜等经济作物。"徽王果品"为特色产业，有玫瑰香葡萄和金太阳杏、红富士苹果等产品，"玫芗"牌葡萄获得有机产品认证。有黑提葡萄科技示范园，果品交易市场1个、综合农贸市场6个。工业有太阳能、有机复混肥、棉花加工、木器加工、建筑工程安装、蔬菜脱水等产业。服务业以旅游业为主，有千亩玫瑰香葡萄观光旅游园。有德滨高速、省道乐德公路过境。

神头镇 371403-B05
[Shéntóu Zhèn]

陵城区辖镇。在区境中部。面积110平方千米。人口5.8万。辖98村委会，有98自然村。镇人民政府驻槐里村。1958年设神头乡，后设公社，1984年改设乡，1991年改设镇。2000年邓集乡并入。因政府原驻地神头得名。有中小学18所，卫生院2个。有省级文物保护单位厌次故城遗址、东方朔祠、东方朔墓和汉墓群。以农业为主，主产小麦、玉米、棉花，盛产香椿，为国家绿色食品生产基地、省棉花产业化示范基地。畜牧业主要养殖猪、牛、羊和家禽等，饲养的小型肉鸡为德州扒鸡专用鸡，有养殖小区、养殖专业村。省道永馆公路过境。

滋镇 371403-B06
[Zī Zhèn]

陵城区辖镇。在区境东北部。面积 72 平方千米。人口 3.8 万。辖 57 村委会，有 57 自然村。镇人民政府驻滋镇村。1957 年设滋镇乡。后改公社。1984 年改置镇。以政府驻地得名。大宗旱河、德惠河和四分干渠从境内穿过。有中小学 9 所，卫生院 1 个。农业主产小麦、玉米，另种植棉花、大蒜、西瓜、牡丹。畜牧业主要养殖蚕、黄牛。工业以纺织、棉花加工、面粉、机械配件为主，有光伏发电、电子、电动车配件加工、面粉加工等企业。省道宁济公路过境。

前孙镇 371403-B07
[Qiánsūn Zhèn]

陵城区辖镇。在区境东北部。面积 82 平方千米。人口 3.1 万。辖 71 村委会，有 77 自然村。镇人民政府驻前孙村。1958 年由官道孙乡析设红星公社，后称东堂公社。1982 年改称前孙公社。1984 年改置镇。以镇政府驻地得名。马颊河从境内穿过。有中小学 8 所，卫生院 1 所。农业以种植小麦、玉米为主，产棉花、小杂果等。畜牧业主要养殖生猪、牛、羊等，有生态养殖园、养殖场等。工业以服装加工、木器制作、家用电器生产为主，有 LED 光源、医药、无纺布、钢结构等企业。服务业以商贸为主，有集贸市场 6 个。有德滨高速、省道乐德公路过境。

边临镇 371403-B08
[Biānlín Zhèn]

陵城区辖镇。在区境西北部。面积 76 平方千米。人口 2.7 万。辖 63 村委会，有 66 自然村。镇人民政府驻边临镇村。1958 年设五星公社，后称边临镇公社。1984 年改置镇。以政府驻地得名。马颊河、马颊岔河从境内穿过。有小学 6 所，卫生院 1 个。有古迹侯家古墓。农业主产小麦、玉米，盛产红薯、棉花、大豆、蔬菜、黄梨、大枣，有注册商标侯庄村红薯，有冷棚、良种示范区。畜牧业主要养殖家禽、牛、羊等，有德州扒鸡、鲁西黄牛养殖繁育基地。工业以机械制造、棉纺织、生物化工产业为主，有纺织工业、机械加工、生物化学、生物化学等园区。有德滨高速、104 国道、省道乐德公路过境。

义渡口镇 371403-B09
[Yìdùkǒu Zhèn]

陵城区辖镇。在区境东北部。面积 69 平方千米。人口 3.6 万。以汉族为主，还有回等民族。辖 57 村委会，有 58 自然村。镇人民政府驻义渡口村。1965 年由东堂、神头 2 公社析设义渡口公社，1984 年改设乡。2012 年改设镇。以镇政府驻地得名。新老马颊河、笃马河从境内穿过。有中小学 10 所，卫生院 1 个。有爱国主义教育基地陵城区烈士陵园。农业主产小麦、玉米、棉花、蔬菜。畜牧业主要养殖猪、羊、牛、家禽、水产等。有粮棉油加工、木器、建材、纺织服装、清真食品等厂。有公路经此。

丁庄镇 371403-B10
[Dīngzhuāng Zhèn]

陵城区辖镇。在区境西南部。面积 70 平方千米。人口 2.0 万。辖 27 村委会，有 28 自然村。镇人民政府驻丁庄。1965 年由土桥公社西设丁庄公社。1984 年改设乡。2010 年改设镇。以镇政府驻地得名。马颊河、马颊岔河、鬲津河、平陵河、笃马河从境内穿过，有仙人湖和得月湖（丁东水库）。有中小学 7 所，卫生院 1 个。农业主产小麦、玉米、蔬菜、棉花、核桃、猕猴桃、樱桃，纤手西葫、硬池藕、粉利西红柿为地域品牌。畜牧业主要养殖黄牛、羊、家禽等。水产养殖有罗非鱼、淡水白鲳、南美白对虾等。沿湖旅游发达，另有生态农业观光旅游。有京沪高铁、德龙烟铁路、京台高速、省道德石公路过境。

于集乡 371403-C01
[Yújí Xiāng]

陵城区辖乡。在区境中部。面积53平方千米。人口1.8万。辖38村委会，有38自然村。乡人民政府驻大于集村。1958年设于集乡，旋并入边临镇公社。1965年析设于集公社。1984年复设乡。以乡政府驻地得名。笃马河、小王沟、老灌沟、谭家干沟从境内穿过。有中小学5所，卫生院1个。经济以农业为主。农业主产小麦、玉米、棉花，为甘蓝、大蒜地域无公害蔬菜生产基地之一。畜牧业以黄牛、奶牛养殖为主。有林木种植园区。工业以纺织业为主，有纺织产业园区。有公路经此。

旧地名

土桥镇（旧） 371403-U01
[Tǔqiáo Zhèn]

在陵城区西部。陵城区辖镇。1984年设立。2000年撤销，并入陵城镇。

张习桥镇（旧） 371403-U02
[Zhāngxíqiáo Zhèn]

在陵城区东北部。陵城区辖镇。1994年设立。2000年撤销，并入糜镇。

黄集乡（旧） 371403-U03
[Huángjí Xiāng]

在陵城区东北部。陵城区辖乡。1984年设立。2000年撤销，并入宋家镇。

官道孙乡（旧） 371403-U04
[Guāndàosūn Xiāng]

在陵城区北部。陵城区辖乡。1958年设立。2000年撤销，并入徽王庄镇。

邓集乡（旧） 371403-U05
[Dèngjí Xiāng]

在陵城区东北部。陵城区辖乡。1984年设立。2000年撤销，并入神头镇。

碱场店乡（旧） 371403-U06
[Jiǎnchǎngdiàn Xiāng]

在陵城区东南部。陵城区辖乡。1984年设立。2000年撤销，并入郑家寨镇。

刘泮乡（旧） 371403-U07
[Liúpàn Xiāng]

在陵城区东部。陵城区辖乡。1984年设立。2000年撤销，并入陵城镇。

凤凰店乡（旧） 371403-U08
[Fènghuángdiàn Xiāng]

在陵城区东南部。陵城区辖乡。1984年设立。2000年撤销，并入陵城镇。

乐陵市

乐陵市 371481
[Làolíng Shì]

山东省直辖县级市，由德州市代管。北纬37°43′，东经117°13′。在德州市境东北部。面积1 172平方千米。人口70.0万。辖4街道、9镇、3乡。市人民政府驻市中街道。西汉置乐陵县，属青州平原郡，又置重合县，属冀州渤海郡。三国魏、晋属乐陵国。北魏永平二年（509）徙治今县东。北齐天保七年（556）重合县并入，属乐陵郡。隋属渤海郡。唐徙治故重合城，属沧州。

宋徙治咸平镇（今乐陵镇西旧乐陵村）。明洪武二年（1369）徙今治，属济南府。清属武定府。1914年属济南道。1925年属武定道。1928年属省。1938年属冀南行政区津南专区。1944年属渤海行政区第一专区。1949年属沧南专区。1950年属德州专区。1956年属惠民专区。1958年撤入商河县，属聊城专区。1959年改属淄博专区。1960年复置乐陵县，治所仍在商河。1961年属德州专区。1967年属德州地区。1988年撤县建市，属德州地区代管。1995年由德州市代管。（资料来源：《中华人民共和国地名大词典》）古代境内有陵（大土丘），百姓安乐，故名。2007年新增城区面积18平方千米。改造和新建振兴路、湖滨路等8条主干道。实施平原水库、一实小搬迁和三中扩建、城市集中供气、文化娱乐中心广场修复、文庙修葺等工程。2008年完成市文化娱乐中心改造、新客运中心建设和碧霞湖竣工蓄水。2009年完成人民广场改造等工程。振兴、兴隆等5个城市社区综合办公楼建成投用。建设天地红电子商务中心、黄河三角洲（乐陵）会展物流中心。2010—2012年完成315省道、新西环建设改造及绿化工程，将城区面积向西向南拓展了26平方千米，新增城区绿化面积46.5万平方米。综合整治盘河。2013年实施千亩人工湿地等生态项目。完成西部新区7千米"三横一纵"道路建设。现代农业观光示范区完成接待中心片区、百枣园改建、冀鲁边区革命纪念馆及广场、牌坊、烈士碑林等主体工程。2014年崇圣公园、社会福利中心建成投用。地处华北平原，地势平坦，平均海拔10~12米。为暖温带半湿润大陆性季风气候，四季分明，多年平均气温12.4℃，1月平均气温 −3.6℃，7月平均气温26.6℃。年均降水量527.1毫米。有马颊河、漳卫新河、德惠新河流经。有野生植物20余种，野生动物30余种，

省级自然保护区1个。森林覆盖率19.5%。有国家马铃薯工程技术研究中心和国家体育用品工程技术研究中心，省级工程技术研究中心7个，国际科技合作平台5个，院士工作站1个。有乐陵市第一中学等中小学145所，图书馆1个，体育场馆2个，各级医疗卫生机构24个。有省级文物保护单位"五里冢"龙山文化遗址、明代文庙及魏王城遗址、碧霞元君故居等文化遗址，省级国防教育基冀鲁边区革命纪念园，市级非物质文化遗产刘氏唢呐吹咔。有万亩枣林游览区、碧霞湖景区、金丝小枣博物馆等旅游景点，其中，百万亩金丝小枣基地是国家AAA级旅游景区、国家级森林公园、中国工农业旅游示范区。三次产业比例为14.3:50.9:34.8。农业主产小麦、玉米，种植棉花、金丝小枣、马铃薯等，饲养奶牛、肉鸡等，是国家黄三角规划确定的优质粮棉区、绿色果蔬区、生态畜牧区，为国家级农业高新技术产业示范区、国家级商品粮生产基地、国家农业产业化示范基地、全国优质小麦吨粮田百强县、全国棉花生产百强县，建成全球最大的马铃薯种子资源库。形成以机械装备制造、农副产品深加工、绿色化工、文化旅游与商贸物流四大主导产业，体育、节能环保、科技与金融产业为重点的"4+3"现代产业集群，有泰山体育产业集团、金麒麟集团、飞达生物科技有限公司、北京嘉寓股份有限公司等龙头企业。服务业以餐饮、日用品零售为主。有省级开发区1个。有德滨高速、济乐高速和省道盐济公路、乐胡公路、乐陵 - 德州公路、乐陵 - 滨州公路等过境。

山东乐陵经济开发区 371481-E01
[Shāndōng Làolíng Jīngjì Kāifāqū]

在乐陵市境西部。东到汇源大街，西至240省道，南至阜昌西路，北至齐北路。面积2752公顷。以所在行政区名称和性质

命名。2006年3月经省政府正式批准建立省级开发区，由县级政府管理。全区规模以上工业企业87家，其中高新技术企业19家，重点培育体育器材、汽车零部件、五金制造、新型建材、商贸物流、机械制造、食品加工为主的七大产业园区。形成"四纵五横"的交通格局，通公交车。

市中街道 371481-A01
[Shìzhōng Jiēdào]

乐陵市人民政府驻地。在市境中部。面积49平方千米。人口8.2万。2000年设立。因地处乐陵市市中心得名。马颊河从境内穿过。有乐陵市实验小学等中小学12所，图书馆1个，体育场馆3个，知名文艺团体1个，医疗卫生机构25个。有省级文物保护单位五里塚遗址，重要名胜古迹文庙。经济以化工、铸造、机械加工、塑料制品、建筑材料等行业为主。通公交车。

胡家街道 371481-A02
[Hújiā Jiēdào]

属乐陵市管辖。在市境北部。面积40平方千米。人口2.7万。2000年设立。因驻地设在胡家村而得名。有中小学5所，知名文艺团体1个，医疗卫生机构1个。农业主产小麦、玉米、棉花、小枣，是乐陵市最大的生猪育肥和良种繁育基地，也是鲁北冀南最大的生猪养殖繁育及定点屠宰基地。服务业以金融保险等为主。有汽车站一处站，通公交车。

云红街道 371481-A03
[Yúnhóng Jiēdào]

属乐陵市管辖。在市境东部。面积31平方千米。人口2.3万。2000年成立。因驻地位于云红大街而得名。马颊河从境内穿过。有中小学4所，医疗卫生机构1个。有纪念地1处。农业主产小麦，主要经济作物有金丝小枣。饲养生猪、羊、家禽等。工业以木制品和枣制品加工为主。有汽车站一处站，通公交车。

郭家街道 371481-A04
[Guōjiā Jiēdào]

属乐陵市管辖。在市境西部。面积43平方千米。人口2.3万。2000年设立。因驻地在郭家村而得名。跃丰河从境内穿过，南部以马颊河为界。有中小学4所，医疗卫生机构1个。是乾隆皇帝所赐"枣王"牌匾枣树生长的故乡。通过种植巨紫荆、金叶复叶槭、彩叶豆梨等彩色树种，打造特色景观路。农业主产小麦、玉米，种植富硒小枣、绿色蔬菜、芝麻，养殖小尾寒羊、奶牛等。工业以五金、水泥生产为主，建有"磐古工具"和"邹家五金"两大产业园。服务业以商贸物流、旅游业为主。有汽车站一处站，通公交车。

杨安镇 371481-B01
[Yáng'ān Zhèn]

乐陵市辖镇。在市境西南部。面积89平方千米。人口4.7万。辖78村委会，有83自然村。镇人民政府驻赵明月村。1940—1956年划归六区和五区（先王寨子区后为杨安镇区）。1958年9月成立公社。1984年4月设杨安镇。因原政府驻地杨安镇村得名。马颊河从境内穿过。有中小学10所，卫生院1个。有惠王遗址等古迹。是鲁西北优质粮棉重要产区、德州市创汇农业基地，建有辣椒、大蒜、花椒、无公害蔬菜、名优特稀调料生产基地，形成了以调料经营、调味品加工、化工、建筑材料、机械加工等行业为主的产业体系。产鲁西大黄牛、德州大黑驴。有滨德高速、济乐高速和省道永馆公路、盐济公路过境。

朱集镇 371481-B02
[Zhūjí Zhèn]

乐陵市辖镇。在市境东北部。面积 90 平方千米。人口 6.1 万。辖 106 村委会，有 110 自然村。镇人民政府驻朱集村。1949 年属乐陵县八区。1958 年成立公社。1984 年成立朱集乡。1993 年大徐乡并入。1997 年撤乡改置朱集镇。2000 年三间堂乡并入。以镇政府驻地朱集村得名。跃马河、漳卫新河从境内穿过。有中小学 12 所，卫生院 1 个，公共绿地 1 个。有省级爱国主义教育基地冀鲁边区革命纪念园。有枣都碑、母子树、观光塔、结义园、名人园、百枣园、金丝小枣文化博物馆等景点。农业以种植业为主，粮食作物主产小麦、玉米等，经济作物以金丝小枣为主，饲养生猪、黄牛、绵羊等。工业以枣制品加工、化工、纺织为主。有济乐高速、205 国道过境。

黄夹镇 371481-B03
[Huángjiā Zhèn]

乐陵市辖镇。在市境西北部。面积 123 平方千米。人口 7.8 万。辖 108 村委会，有 110 自然村。镇人民政府驻黄夹村。1958 年成立黄夹人民公社。1984 年撤销黄夹人民公社，设黄夹镇。2000 年杨家乡、茨头堡乡并入。以镇政府驻地黄夹村得名。漳卫新河、跃丰河从境内穿过。有中小学 11 所，卫生院 1 个。粮食作物以小麦、玉米为主，经济作物有蔬菜、棉花、花生。养殖肉牛。有国家级技术研究中心、德州市级技术研究中心、乐陵市级技术研究中心、市级高新技术企业各 1 个，希森三和集团、希森马铃薯集团是国家级农业产业化龙头企业。有济乐高速过境。

丁坞镇 371481-B04
[Dīngwù Zhèn]

乐陵市辖镇。在市境西部。面积 82 平方千米。人口 4.0 万。辖 76 村委会，有 76 自然村。镇人民政府驻丁坞村。1965 年成立张生人民公社，1968 年公社驻地迁至丁坞。1984 年更名为丁坞乡，属乐陵县。1988 年属乐陵市。2000 年丁坞乡、杨盘乡合并置丁坞镇。以镇政府驻地丁坞村得名。有中小学 9 所，卫生院 1 个。农业主产小麦、玉米，种植蔬菜、棉花、枣，杨盘社区的桔梗、苜蓿、板蓝根等种植园为山东医药企业的主要中药生产基地。有肉鸭养殖基地和奶牛养殖合作社。工业以汽车零配件、电子器件生产、实木家具、服装纺织等为主。有济乐高速、德滨高速、省道乐德公路过境。

花园镇 371481-B05
[Huāyuán Zhèn]

乐陵市辖镇。在市境南部。面积 89 平方千米。人口 4.8 万。辖 70 村委会，有 73 自然村。镇人民政府驻鞠家村。1944 年为乐陵县第十区。1958 年称乐陵县花园人民公社。1984 年更名为乐陵县花园乡。1988 年称乐陵市花园乡。2000 年刘武官乡并入，设花园镇。因境内花园村而得名。德惠新河从境内穿过。有中小学 10 所，卫生院 1 个。有省级文物保护单位乐陵故城，重要名胜古迹碧霞元君故居、"魏王城"遗址。农业以种植业为主，粮食作物以小麦、玉米为主，兼有大豆、高粱等作物。畜牧业主产肉鸡、蛋鸡、生猪等。工业以服装、调味品、木材、农副产品加工为主。有公路经此。

郑店镇 371481-B06
[Zhèngdiàn Zhèn]

乐陵市辖镇。在市境南部。面积 148 平方千米。人口 6.8 万。辖 115 村委会，有 116 自然村。镇人民政府驻郑店村。1956—1957 年属乐陵县第十区郑店乡，1957 年底属乐陵县郑店乡，1958 年 9 月成立郑店人民公社。1984年改称郑店乡，属乐陵县。1988年属乐陵市。2000年设立郑店镇。以镇政府驻地郑店村得名。德惠新河从境内穿过。有中小学14所，卫生院2个。有苗木种植、有机蔬菜种植、辣椒种植、马铃薯及加工型蔬菜种植吴大农业产业园，有"盘古"牌蔬菜商标和"朕殿"牌绿色马铃薯商标。建有德惠高野猪、官道刘蚂蚱、玉李黄粉虫等特色养殖基地。工业有粮油棉加工、橡胶再生胶加工、复合肥加工等产业。有德龙烟铁路、济乐高速、省道盐济公路过境。

化楼镇 371481–B07
[Huàlóu Zhèn]

乐陵市辖镇。在市境西南部。面积84平方千米。人口4.1万。以汉族为主，还有回等民族。辖79村委会，有80自然村。镇人民政府驻化楼村。1956年属乐陵县七区。1958年属孔镇公社。1965年设化楼公社。1984年更名为乐陵县化楼乡。1988年为乐陵市化楼乡。2000年张屯乡并入，设化楼镇。因驻地化楼村而得名。马颊河、跃丰河从境内穿过。有中小学10所，卫生院2个。有清真寺1座，金堤、烽火台等遗迹。农业主产小麦、玉米，种植棉花、蔬菜，养殖肉牛、肉羊，为乐陵市牛羊养殖特色经济区。工业以木制品加工、农副产品加工、机械制造、手工艺制品为主。省道永馆公路过境。

孔镇镇 371481–B08
[Kǒngzhèn Zhèn]

乐陵市辖镇。在市境西南部。面积105平方千米。人口4.8万。辖87村委会，有89自然村。镇人民政府驻孔镇村。1956年归乐陵县第七区。1958年1月划为孔镇乡，同年9月成立孔镇人民公社。1984年改置孔镇镇。2000年张桥乡并入。因镇政府驻地孔镇村得名。马颊河、朱家河、跃丰河从境内穿过。有中小学11所，卫生院1个。经济以食品加工、化工产业、塑料制品生产、建筑材料生成等为主。农业主产小麦、玉米、棉花，种植大蒜、韭菜、扁豆、大葱、辣椒等。建有工业园、调味品产业园、农业高科技示范园、镇驻地商贸物流中心等园区。省道乐宁路过境。

铁营镇 371481–B09
[Tiěyíng Zhèn]

乐陵市辖镇。在市境东南部。面积74平方千米。人口2.9万。辖42村委会，有42自然村。镇人民政府驻兴隆镇村。1958年属国坊人民公社。1960年成立铁营农场。1961年改为铁营人民公社。1984年更名为铁营乡。1988年改称乐陵市铁营乡。2010年撤乡建镇，为铁营镇。因原铁营公社驻地设在铁营村得名。德惠新河从境内穿过。有中小学5所，卫生院1个。农业主产小麦、玉米，种植金丝小枣、西瓜等。有朗德鹅养殖基地和烟花生产基地，建有循环经济创业园。有德滨高速、省道乐胡路过境。

西段乡 371481–C01
[Xīduàn Xiāng]

乐陵市辖乡。在市境西北部。面积43平方千米。人口2.9万。辖42村委会，有42自然村。乡人民政府驻西段村。1958年2月成立西段乡，同年9月建立西段人民公社。1984年更名为乐陵县西段乡。1988年更名为乐陵市西段乡。因乡政府驻地西段村得名。有中小学6所，卫生院1个。经济以农业为主。粮食作物以小麦、玉米为主，经济作物以棉花、豆类为主。养殖业以养牛、养猪为主，为德州市"畜牧产业明星乡镇"。工业以建筑材料生产为主。有济乐高速、省道盐济公路过境。

大孙乡 371481-C02
[Dàsūn Xiāng]

乐陵市辖乡。在市境西北部。面积39平方千米。人口2.6万。辖28村委会，有29自然村。乡人民政府驻大孙村。1955—1958年属茨头堡二区。1958年属乐陵县黄夹公社。1965年析出大孙人民公社（简称"大孙公社"）。1984年置大孙乡，属乐陵县，1988年属乐陵市。因乡人民政府驻地大孙村得名。跃丰河从境内穿过。有中小学5所，卫生院1个。农业以种植业为主，粮食作物主产小麦、玉米，经济作物主产花生、地瓜、棉花、苹果、梨、山楂、桑葚等。畜牧业以猪、牛、羊、家禽养殖为主。工业以农产品深加工为主，有制衣、木业、菌业等产业。服务业以体验采摘、爱国主义教育展览馆参观等为主。有公路经此。

寨头堡乡 371481-C03
[Zhàitóupù Xiāng]

乐陵市辖乡。在市境南部。面积43平方千米。人口2.5万。辖45村委会，有45自然村。乡人民政府驻梁庙村。1940—1955年属阳信九区，后归乐陵七区（兴隆镇区）。1956—1957年属乐陵五区（杨安镇区）。1958年划归杨安镇公社、铁营公社、花园公社。1965年成立寨头堡公社，属乐陵县。1984年改为寨头堡乡。1988改称乐陵市寨头堡乡。因原寨头堡公社驻寨头堡得名。马颊河、前进沟、尹家沟、陈家沟从境内穿过。有中小学5所，卫生院1个。经济以帆布加工、针织、塑编为主。农业以种植业为主，主产小麦、玉米、金丝小枣、西瓜等。工业以加工业为主，有帆布加工、针织、塑编、食品加工等业。服务业以农家院旅游为主。有德滨高速过境。

旧地名

茨头堡乡（旧） 371481-U01
[Cìtóupù Xiāng]

在乐陵市西北部。乐陵市辖乡。1957年设立。2000年撤销，并入黄夹镇。

杨盘乡（旧） 371481-U02
[Yángpán Xiāng]

在乐陵市西北部。乐陵市辖乡。1958年设立。2000年撤销，并入丁坞镇。

张桥乡（旧） 371481-U03
[Zhāngqiáo Xiāng]

在乐陵市西南部。乐陵市辖乡。1983年设立。2000年撤销，并入孔镇镇。

刘武官乡（旧） 371481-U04
[Liúwǔguān Xiāng]

在乐陵市东南部。乐陵市辖乡。1957年设立。2000年撤销，并入花园镇。

张屯乡（旧） 371481-U05
[Zhāngtún Xiāng]

在乐陵市西南部。乐陵市辖乡。1965年设立。2000年撤销，并入化楼镇。

王集乡（旧） 371481-U06
[Wángjí Xiāng]

在乐陵市南部。乐陵市辖乡。1983年设立。1993年撤销，并入杨安镇。

奎台乡（旧） 371481-U07
[Kuítái Xiāng]

在乐陵市西南部。乐陵市辖乡。1983年设立。2000年撤销，并入郑店镇。

三间堂乡（旧） 371481-U08
［Sānjiāntáng Xiāng］

在乐陵市东北部。乐陵市辖乡。1958年设立。2000年撤销，并入朱集镇。

杨家乡（旧） 371481-U09
［Yángjiā Xiāng］

在乐陵市西北部。乐陵市辖乡。1983年设立。2000年撤销，并入黄夹镇。

王寨子乡（旧） 371481-U10
［Wángzhàizi Xiāng］

在乐陵市西南部。乐陵市辖乡。1984年设立。1993年撤销，并入杨安镇。

社区

富城社区 371481-A01-J01
［Fùchéng Shèqū］

属市中街道管辖。在乐陵市西南部。面积2平方千米。人口19 000。因辖区内住宅区"富城苑"得名。2009年成立。有楼房208栋，现代建筑风格。驻有广播电视台、乐陵党校、安居小学等单位。有志愿者服务，开展电影下社区、医疗下社区等活动。通公交车。

阜盛社区 371481-A01-J02
［Fùshèng Shèqū］

属市中街道管辖。在乐陵市西部。面积3平方千米。人口24 200。因辖区内阜盛路而得名。2009年成立。有楼房179栋，现代建筑风格。驻有枣城法庭、兴隆街派出所、第三中学等单位。有志愿者服务，开展电影下社区、医疗下社区等活动。通公交车。

禹城市

禹城市 371482
［Yǔchéng Shì］

山东省直辖县级市，由德州市代管。北纬36°56′，东经116°37′。在德州市境南部。面积990平方千米。人口53.1万。辖1街道、9镇、1乡。市人民政府驻市中街道。春秋为齐媸邑地。西汉置阿阳县，又置高唐县，同属平原郡。东汉省阿阳县。西晋末废高唐县。北魏徙祝阿县于故阿阳县境。唐天宝元年（742）改为禹城县，因县西南30里有禹息古城得名。乾元二年（759）徙治迁善村（今禹城镇），属齐州。宋因之。金属济南府。元属曹州。明、清属济南府。1914年属东临道。1925年属德临道。1937年属第四行政督察区。1941年属冀南行政区第七专区。1944年属渤海行政区第二专区。1945年属冀南行政区第二专区。1949年属渤海行政区泺北专区。1950年属德州专区。1956年属聊城专区。1961年属德州专区（1967年更名为德州地区）。1993年改市。（资料来源：《中华人民共和国地名大词典》）城市布局依托建成区，沿迎宾路、行政街—富华街两条空间发展轴线分别向南北、东西向拓展，形成中部主城区、东部高新区、西部西城经济产业园"一体两翼"城市格局。建设糖城广场、大禹公园、汉槐公园、禹城市图书馆（孙康美术馆）、新湖公园、徒骇河水利风景区、泺清河风景区等。主城区以行政办公、传统商业、文化娱乐和生活居住区为主。东部高新区以工业为主，重点发展高新技术产业。城市西部以物流、批发市场组团发展为主。有大禹像、禹字碑等标志性建筑。地处黄河中下游冲积平原，地势平坦，自西南向东北缓缓倾斜。年均气温13.4℃，1月平均气温−6℃～−4℃，7月平均气温

25℃~33℃。年均降水量 554.7 毫米。有徒骇河、赵牛新河、苇河、管氏河、丰收河、东普天河、担杖河等流经。有煤和地热等矿产资源。有野生植物 194 种，其中国家重点保护野生植物有中华结缕草、野大豆等 10 种。有野生动物 207 种，其中国家重点保护野生动物有东方白鹳、中华秋沙鸭等 17 种。森林覆盖率 10.1%。有院士工作站 2 家，博士后工作站 5 家，省级以上创新平台 57 家。有高职院校 1 所，中小学 104 所，图书馆 1 个，博物馆 1 个，医院（卫生院）16 个。有省级文物保护单位具丘山遗址、窦冢遗址，市革命纪念馆 1 个，市级非物质文化遗产大禹治水在禹城的传说、傻小二扒鸡制作技艺、胡焦火扒蹄制作技艺、京胡制作技艺、木板大鼓、老卢家泡子糕制作工艺、禹城八极拳。禹王亭博物馆、大禹文化水利风景区为国家 AAA 级旅游景区、国家水利风景区，御桥韩天主教堂为国家 AA 级旅游景区，徒骇河湿地公园获批国家级湿地公园，禹西生态农业观光园为全国农业旅游示范点。三次产业比例为 13.5∶50.9∶35.6。农业以种植业和畜牧业为主，种植业多产小麦、玉米等粮食作物及棉花、大豆等经济作物，畜牧业以饲养肉牛、肉鸡等为主，是重要的商品粮、优质棉、瘦肉型猪生产基地和联合国棉花技术研究基地，有全省单体规模最大的奶牛养殖场。当地特产有功能糖、五香脱骨扒鸡、沙河辛西瓜、油酥烧饼、棒仔鸭、泡子饼等。工业以生物、装备制造、新能源、新材料、绿色食品、高档纺织等为主，DHA "忘不了" 胶丸、低聚糖、木糖醇、豆沙馅、机引耙片等是特色工业产品。服务业以现代物流业等为主，建有济南海关禹城监管仓库、国际货物运输公司等商业流转中心。有省级开发区 1 个。有京沪铁路、济邯铁路、太青客专、308 国道、京台高速、青银高速、永莘公路、济德公路过境。

禹城高新技术产业开发区 371482-E01
[Yǔchéng Gāoxīnjìshù chǎn yè Kāifāqū]

在禹城市境东部。北至徒骇河，西沿徒骇河经老城街、迎宾路、南环路至国晶新材料西规划路，南至赵牛河，东至禹城市界。面积 4 815 公顷。以所在政区和功能定位命名。2002 年 9 月经省政府正式批准建立省级开发区，由县级政府管理。是国家火炬计划生物技术产业基地、国家高技术生物产业基地（核心区）、国家营养与保健食品原材料基地，有中国功能糖城、中国食品馅料城、中国营养健康产业城、中国半精纺毛纱名城等称号。入驻企业 1 068 个，有保龄宝生物、通裕重工、百龙创园、禹王集团、东君乳业等知名企业。通公交车。

市中街道 371482-A01
[Shìzhōng Jiēdào]

禹城市人民政府驻地。在城区东部。面积 181 平方千米。人口 16 万。2000 年设立。因地处市中心得名。施女河、徒骇河从境内穿过。有中小学 7 所，图书馆 1 个，医疗卫生机构 40 个。有窦冢遗址、周尹遗址、双槐冢遗址、于庄遗址、韩庄清真寺等名胜古迹。农业以种植小麦、玉米、蔬菜为主。工业以食品（保健品）、羊绒、塑胶、装备制造为主，禹王集团拥有全国最大的低温豆粕生产线项目。有农贸、建材等多个批发市场以及禹城商城等商贸集中地。有禹城站、禹城市汽车站，通公交车。

伦镇 371482-B01
[Lún Zhèn]

禹城市辖镇。在市境南部。面积 120 平方千米。人口 4.2 万。辖 31 村委会，有 83 自然村。镇人民政府驻西街村。唐初曾为源阳县治，后废。宋称安仁镇。元代改为伦镇。德州解放前属齐河县，1950 年划归禹城，1965年3月成立伦镇公社。1984年3月更名为伦镇乡，1995年更名为伦镇。2000年5月将袁营乡划归伦镇。因镇政府原驻地伦镇村得名。赵牛河、苇河、担杖河、赵牛新河等从境内穿过。有中小学6所，卫生院1个，广场83个。有纪念地1个。有高唐故城、戎庄遗址、禚屯清真寺等古迹。农业以种植小麦、玉米及养殖奶牛为主，有奶牛养殖园区。工业以乳制品加工、装饰材料、生物技术、化工制品、制药为主，建有瑞德工业园区。服务业以旅游业为主。有济邯铁路、308国道过境，设伦镇站。

房寺镇 371482-B02
[Fángsì Zhèn]

禹城市辖镇。在市境西部。面积146平方千米。人口7.2万。辖62村委会，有186自然村。镇人民政府驻房寺村。1958年设房寺公社。1984年改置镇。2000年善集乡、大程乡并入。因镇政府驻地村得名。引黄干渠、丰收河、徒骇河、普天河、团结河从境内穿过。有中小学9所，图书馆10个，卫生院2个，公共绿地1个，广场2个。有石门王村公主坟，白塔寺小学石龟背碑、唐槐，狮子崟村石头狮，马家侯墓地等名胜古迹。有小范遗址、蒋芦遗址、石门王墓、窦王墓群、尉庄白塔寺遗址、张帝庙遗址等古迹。农业以种植业为主，粮食作物以小麦、玉米为主，盛产棉花、酿酒葡萄和瓜菜。有奶牛养殖业。工业有重型装备制造业、生物产业、绿色食品产业、新型建材产业、地毯加工、印刷装潢等特色产业。服务业以商贸、物流业为主，建有禹西商贸城。有青银高速、省道永莘公路过境。

张庄镇 371482-B03
[Zhāngzhuāng Zhèn]

禹城市辖镇。在市境西北部。面积53平方千米。人口2.4万。辖21村委会，有60自然村。镇人民政府驻张庄村。1958年设张庄乡，后改公社。1984年改置镇。因镇政府驻地村得名。丰收河、西普天河、东普天河、洛北干渠、土马河等从境内穿过。有中小学5所，图书馆分馆1个，卫生院1个。八棱碑是禹城现存唯一宋代金石笔刻，为国家二级文物。农业盛产棉花、粮食、瓜菜、水果及奶牛、肉猪、肉羊等畜产品。有羊绒制品及草柳编、绢花等特色手工艺品，有山东省农科院长绒棉实验基地和禹城市现代农业示范园区。工业以卫生药剂、雨具制品为主，特色产业为特种车辆机械加工和能源产业。服务业以批发购物、文化娱乐、餐饮业为主，建有禹西北农贸市场。有京沪铁路、京福高速、省道济德公路过境。

辛店镇 371482-B04
[Xīndiàn Zhèn]

禹城市辖镇。在市境北部。面积96平方千米。人口3.8万。辖32村委会，有89自然村。镇人民政府驻辛店村。1958年设辛店公社。1984年4月撤销辛店人民公社，设辛店镇。2000年5月张集乡并入。因镇政府驻地村得名。禹临河流经。有中小学7所，图书馆分馆1个，文化馆分馆1个，卫生院1个，广场1个。有条编、柳编、草编、张集豆腐等传统手工技艺。有沙河辛乡村记忆馆等旅游景点。农业以西瓜、花生种植和畜牧、水产养殖为特色，是国家级水产健康养殖示范基地，建有奶牛牧场、生物秸秆养殖示范基地、家庭农场等农业园区，"沙河辛"西瓜、"辛店洼"草鱼、陈楼五彩花生是国家级无公害农产品。工业以功能糖、精细化工、食品饮料等行业为主，建有镇级民营育雏园。服务业以金融电信为主。京沪高铁过境。

安仁镇 371482-B05
[Ānrén Zhèn]

禹城市辖镇。在市境西南部。面积66平方千米。人口3.1万。辖20村委会，有58自然村。镇人民政府驻南街村。1949年设立安仁区。1950年属禹城县三区。1954年改属赵集区。1958年改乡。后改公社。1984年重设乡。1995年改置镇。因镇政府原驻地村安仁得名。苇河、赵牛新河、徒骇河、引黄干渠等从境内穿过。有小学6所，卫生院1个。有前寺古庙、官屋庙遗址等古迹。农业以种植大棚瓜菜、养殖肉牛为主，产小麦、玉米。工业以铸造、机械加工、塑料制品、建筑材料为主。有308国道、青银高速过境。

辛寨镇 371482-B06
[Xīnzhài Zhèn]

禹城市辖镇。在市境西南部。面积91平方千米。人口4.3万。辖30村委会，有83自然村。镇人民政府驻辛寨村。1958年9月属魏寨子人民公社。1962年公社驻地迁辛寨街，1965年成立辛寨公社。1984年改设乡。2000年前油坊乡并入，改置镇。因镇政府驻地村得名。苇河、友谊沟、徒骇河等从境内穿过。有中小学9所，卫生院1个。农业主产小麦、玉米，特色产业为瓜菜种植、畜牧养殖，盛产西瓜、葡萄及禽畜产品等。工业以机械制造、塑料生物、木材加工、食品馅料、农产品加工为主，建有育雏工业园。服务业以商贸物流为主。有308国道、青银高速、京福高速、省道永莘路过境。

梁家镇 371482-B07
[Liángjiā Zhèn]

禹城市辖镇。在市境北部。面积96平方千米。人口4.2万。辖44村委会，有107自然村。镇人民政府驻梁庄村。1958年设梁家乡，后改公社。1984年复设乡。2000年来凤乡并入，改置镇。因镇政府驻地村得名。徒骇河从境内穿过。有中小学6所，图书馆1个，文化馆1个、卫生院1个，公共绿地2个，广场1个。农产小麦、玉米，特色产业是蔬菜种植，盛产杂交蒜、秋蒜、脱毒蒜等良种，是无公害大蒜基地。工业以化工、机械制造、食品加工为主。服务业以商贸交易为主，有城乡集贸交易市场。有京沪高铁、京福高速和省道济德公路、永莘公路过境。

十里望回族镇 371482-B08
[Shílǐwànghuízú Zhèn]

禹城市辖镇。在市境西部。面积57平方千米。人口3.2万。以汉族为主，还有回等民族。辖34村委会，有77自然村。镇人民政府驻孙东村。1954年设十里望区。1956年改设十里望乡。后改公社。1984年复设乡。1986年更名为十里望回族乡，1995年乡政府迁至禹王街，2010年撤乡设镇。以镇政府原驻地村十里望得名。徒骇河、普天河从境内穿过。有小学2所，卫生院1个，公共绿地1个，广场18个。有省级文物保护单位禹王亭遗址。禹王亭博物馆是国家AAA级旅游景区，御桥韩天主教堂是国家AA级旅游景区。农产小麦、玉米，特色产业是盖韭种植和畜牧养殖。建有西城经济产业园和山东国际商贸港，为新型工业聚集区、商贸物流核心区、现代农业示范区、西城宜居样板区，以机械制造、高档木地板加工、花卉培育为产业特色。有京沪铁路和省道济德公路、永莘公路过境，设禹城市汽车站。

莒镇 371482-B09
[Jǔ Zhèn]

禹城市辖镇。在市境南部。面积54平

方千米。人口 2.5 万。辖 13 村委会，有 50 自然村。镇人民政府驻莒镇村。1958 年设莒镇公社。1984 年改设乡。2014 年改置镇。以镇政府驻地村得名。赵牛新河、管氏河、担杖河从境内穿过。有中小学 5 所，卫生院 1 个，广场 2 个。有爱国主义教育基地王克寇烈士陵园。农业主产小麦、玉米，特色产业为木材加工、肉鸽养殖和水产养殖，有羊绒纺织、禽类加工、建材、棉纺织等企业。有孔雀养殖基地、园林种植基地等。有 308 国道、309 国道、济邯铁路过境。

李屯乡 371482-C01
[Lǐtún Xiāng]

禹城市辖乡。在市境西南部。面积 33 平方千米。人口 2.5 万。辖 20 村委会，有 49 自然村。乡人民政府驻李屯村。1958 年更名为李屯人民公社，1984 年改设乡。因乡政府驻地村得名。苇河、四新河、官氏河从境内穿过。有中小学 5 所，图书馆 1 个，卫生院 1 个，广场 2 个。有周德威将军墓等古迹。农业以畜牧业、食用菌养殖、粮食生产为主，有蔬菜、南瓜、莲藕、小胡萝卜、洋蓟、芥菜苗、棉花等农产品，养殖生猪、肉鸡、奶牛。工业以木材加工、草苇编、油棉加工和纸制品加工为主，特色产品有工艺草编、地毯。第三产业以物流为主，为木材集散中心。有公路经此。

社区

鬲津社区 371482-A01-J01
[Lìjīn Shèqū]

属市中街道管辖。在禹城市西北部。面积 2.4 平方千米。人口 21 000。据旧志记载，在禹城古城西，有一鬲津河，在明万历四年（1576），城池增建东、西、南、北四城门楼，在四门楼上镶嵌石刻匾额，

南门为"禹迹"，东门称"祝阿"，西门谓"鬲津"，北门名"都扬"。现社区临近西门，故称鬲津社区。2014 年成立。有楼房 256 栋，现代建筑风格。有志愿者服务，开展邻居节、象棋比赛、社区好声音等活动。通公交车。2014 被评为省文明社区。

站北社区 371482-A01-J02
[Zhànběi Shèqū]

属市中街道管辖。在禹城市西南部。面积 4.3 平方千米。人口 27 000。因位于汽车站、火车站以北区域而得名。2014 年成立。有楼房 124 栋，现代建筑风格。驻有电力公司、环保局、物价局、中国银行、交通局、工商局等单位。有老年照料服务，开展广场舞比赛、乒乓球友谊赛、文艺汇演、城市社区好声音等活动。通公交车。2014 被评为省文明社区。

老城社区 371482-A01-J03
[Lǎochéng Shèqū]

属市中街道管辖。在禹城市东北部。面积 4 平方千米。人口 18 000。因地处原禹城县旧城而得名。2014 年成立。有楼房 193 栋，现代建筑风格。驻有禹城一中、禹城三中等单位。有志愿者服务、老年照料服务，开展乒乓球比赛、健康义诊等活动，通公交车。2014 被评为省文明社区。

宁津县

宁津县 371422
[Níngjīn Xiàn]

德州市辖县。北纬 37°39′，东经 116°47′。在市境东北部。面积 833 平方千米。人口 48.4 万。以汉族为主，还有回等民族。辖 2 街道、9 镇、1 乡。县人民政府驻津城街道。西汉为东光、临乐 2 县地，属渤海

郡。东汉属临乐县。隋开皇十六年（596）置胡苏县，治胡苏（今保店镇），属平原郡。唐天宝元年（742）改胡苏县为临津县。贞元三年（787）属景州。五代周显德二年（955）还属沧州。宋熙宁六年（1073）属临津县入南皮县。金天会六年（1128）置宁津县，治今址，属景州。蒙古世祖属济南路。至元二年（1265）改属河间路。明属河间府。清延之。1914年属直隶省津海道。1928年属河北省。1938年属冀南行政区第六专区（亦名津南专区）。1940年更名振华县。1941年抗日民主政权于西部复置宁津县，2县均属冀鲁边区第一专区。1943年宁津县并入振华县。1949年改振华县为宁津县，属渤海行政区沧南专区。1952年划归河北省沧州专区。1965年由河北省划入山东省，属德州专区。1967年属德州地区。1994年属德州市。（资料来源地名大词典、《宁津县志》2007版）。原名临津县，因临鬲津河得名。金天会六年（1128）秋，县城毁于大水，东迁现址，取"安宁之意"，改名宁津县。（资料来源：《中华人民共和国政区大典》）。为黄河扇形冲积平原，地势低平，自西南向东北微倾，平均海拔15.4米。年均气温12.5℃，1月平均气温−3.5℃，7月平均气温26.5℃，年均降水量521毫米。有宁北河、减河、宁津新河、宁南河、朱家河、漳卫新河等流经。有稀有非金属矿种绢云母矿等矿产资源。森林覆盖率11.67%。有宁津县第一中学等中小学109所，图书馆1个，档案馆1个，三级以上医院2个。是宁津小八极拳、宁津蟋蟀拳的发源地。有市级文物保护单位长官清真寺，国家级非物质文化遗产哈哈腔、宁津杂技，山东省非物质文化遗产宁津剪纸。有弹鼓舞、宁津唢呐、宁津西河大鼓、柳槐制鼓等地方特色民间艺术。有宁津县普渡寺、慧云寺、李满碧霞祠、葛勇泰山行宫等名胜古迹。康宁湖风景区为AAA级旅游景区。三次产业比例为12∶51∶37。农业以良种繁育、蔬菜、花卉苗木、畜牧等产业为主，种植小麦、玉米、棉花、蔬菜，养殖肉猪、牛、羊等。工业以家具制造、五金机械业为主，形成木器加工、公益毯、纺织机械、汽车零部件、电子衡器、工艺玻璃、皮革、农副产品加工、化工和机械制造业等特色产业。服务业以商贸物流、旅游业为主，建有专业市场、集贸市场、便民商业网点、物流配送中心，旅游以杂技文化与蟋蟀文化为特色，是"杂技之乡""蟋蟀之乡"。有省级开发区1个。有省道德滨公路、宁济公路、宁吴公路、乐德公路过境。

宁津经济开发区 371422−E01

[Níngjīn Jīngjì Kāifāqū]

在县境南部。东至工业三路，西至314省道及宁德路，北至宁乐大街及大祁北路，南至县域边界。面积4 700公顷。以所在政区及功能定位命名。2006年6月经省政府正式批准建立省级开发区，由开发区管委会管理。主要产业有机械制造业、家具制造业、精细化工、新能源化工、纺织业、农副产品加工、现代物流业等。主要企业有美华工业、大胡子健身器材、百奥能源、瑞纹家具等19个，产品类别有阀门、健身器材、生物柴油、实木家具等。开发区内道路以棋盘式分布，通公交车。

津城街道 371422−A01

[Jīnchéng Jiēdào]

宁津县人民政府驻地。在县境中部。面积71平方千米。人口4.3万。2010年设立。以街道办事处驻地得名。2010年起先后完成了中心大街大修罩面，北环小学、宁津县公安局等单位的迁建及主要交通路口的绿化。宁津新河从境内穿过。有宁津县第一中学等中小学15所，医疗卫生机构2个。农业主产山药、李子、黄豆。工业以木器加工、玻璃器皿、五金机械、实木家具、新能源产业为主,有汽车配件、机电、轻工机械、地毯、造纸、农药、毛巾等厂。有高效农业观光采摘园和家庭农场。通公交车。

宁城街道 371422-A02
[Níngchéng Jiēdào]

属宁津县管辖。在县境南部。面积61平方千米。人口5.6万。2010年设立。以街道办事处驻地得名。2010年起先后完成正阳路南延、丰宁大街新建、宁津县中医院等单位的迁建及主要交通路口的绿化。宁津新河、宁南河、朱家河从境内穿过。有中小学16所,医疗卫生机构1个。宁津县烈士陵园为德州市爱国主义教育基地、国防教育基地。有AAA级旅游景区康宁湖公园等。农业主产小麦、玉米、蔬菜等。工业有阀门、弹簧、电梯、健身器材为主的五金机械产业以及家具、地毯、集成材、高能软管、电子配件、工艺品、密胺餐具、电子衡器、精密铸件制造等业。通公交车。

柴胡店镇 371422-B01
[Cháihúdiàn Zhèn]

宁津县辖镇。在县境东部。面积112平方千米。人口6.3万。辖132村委会,有125自然村。镇人民政府驻柴胡店村。1957年设柴胡店乡。后改公社。1984年改置镇。2000年孟集、尤集两乡并入。以镇政府驻地得名。宁乐河、宁南河从境内穿过。有学校16所,医院3个。有崔杨抗日战争纪念馆、龙槐民俗文化博物馆、中华蟋蟀文化城、葛勇道观、千年古槐以及大刀记文化广场。农业主产小麦、玉米、蔬菜等。工业可生产机车弹簧、阻燃剂、消声器等,以电梯配件、铁路配件、纺织配件为特色产业。服务业以贸易为主,有多家蔬菜批发市场及蟋蟀市场。有灵芝生物产品项目。省道乐德公路过境。

长官镇 371422-B02
[Zhǎngguān Zhèn]

宁津县辖镇。在县境东北部。面积65平方千米。人口4.4万。以汉族为主,还有回等民族。辖50村委会,有44自然村。镇人民政府驻长官村。1956年设长官回族自治乡。后改公社。1984年改置镇。以镇政府驻地得名。漳卫新河从境内穿过。有中小学8所,图书馆1个,医院2个。有市级文物保护单位长官清真寺,省级非物质文化遗产王家园子醋传统酿造技艺。农业盛产小麦、玉米,主要经济作物为棉花。工业以汽车零部件、农副产品加工、木器加工、精细化工为主,有消声器、电子元件、弹簧厂等企业,"佳裕"牌饲料是中国著名品牌、山东省著名商标,建有食品加工产业园区。名优特产有长官包子、红烧羊肉、枣米香醋、高家窝头等。服务业以商贸物流为主,主要为牛羊皮的购销。省道宁济阳公路、乐泊公路过境。

杜集镇 371422-B03
[Dùjí Zhèn]

宁津县辖镇。在县境东部。面积101平方千米。人口5.8万。辖109村委会,有108自然村。镇人民政府驻杜集村。1949年为杜集区,后改公社。1984年改设乡。2000年常洼、张学武两乡并入。以驻地村得名。有中小学10所,卫生院2个。景点有兴宁寺。农业以蔬菜种植、林业、畜牧业为主。蔬菜生产以冬暖大棚为主,有韭菜、芹菜、尖椒、甘蓝、黄瓜等品种。养殖鸡、猪、牛。工业以玻璃器皿、皮革加工、棉花加工、木器毛刷加工为主。有高档裘皮成衣项目。省道乐德公路过境。

保店镇 371422-B04
[Bǎodiàn Zhèn]

宁津县辖镇。在县境西部。面积 90 平方千米。人口 3.8 万。辖 87 村委会，有 83 自然村。镇人民政府驻保店村。1949 年为保店区。后改公社。1984 年改置镇。2000 年张宅乡并入。以驻地村得名。漳卫新河从境内穿过。有中小学 12 所，图书馆 1 个，文化馆 2 个，卫生院 2 个，公共绿地 2 个，广场 1 个。有省级非物质文化遗产宁津剪纸，古树黄镇村杨抱槐。农业主产玉米、小麦、棉花、辣椒，建有千亩苗木产业园区，有农作物种植合作社。养殖种猪。工业以机械加工、家装建材、塑料制品、皮革纺织为主，有传动链、输送机、防水材料、机床附件、塑料编织袋等产品。建有农村物流中心，以机械零部件批发为主。名优特产有保店驴肉。省道宁吴公路过境。

大柳镇 371422-B05
[Dàliǔ Zhèn]

宁津县辖镇。在县境北部。面积 55 平方千米。人口 3.0 万。辖 50 村委会，有 47 自然村。镇人民政府驻大柳村。1961 年由刘营伍、长官 2 公社析设大柳公社。1984 年改置镇。1993 年后魏乡并入。以驻地村得名。有中小学 9 所、卫生院 2 个。有非物质文化遗产大柳面。有古康王祠遗址、庞家寺汉墓、李满碧霞祠等古迹。农业主产西瓜、花卉苗木，养殖奶牛、生猪、山羊，有"京新""华夏新红宝"等西瓜品种。工业以非金属矿生产、林木加工、粮油加工、水泥预制为主，有皇甫山、大柳、岱山 3 个林场，有绢云母矿厂。名优特产有滁菊、白沙花生、萝卜、大柳面。省道宁济公路过境。

大曹镇 371422-B06
[Dàcáo Zhèn]

宁津县辖镇。在县境西南部。面积 83 平方千米。人口 3.6 万。辖 73 村委会，有 72 自然村。镇人民政府驻大曹村。原属河北省吴桥县。1964 年划归宁津县，设大赵公社。1966 年公社驻地由大赵迁大曹。1984 年改设大曹乡。1994 年张鳌、西塘、大曹三乡合并，1998 年改置镇。因驻地村得名。漳卫新河从境内穿过。有中小学 11 所，卫生院 3 个，广场 1 个。有天主教堂。农业主产小麦、玉米、棉花、辣椒等，盛产红将军苹果、金太阳杏、黄金梨等产品，是鲁西北重要的名优果品推广基地和果品生产基地。工业以化工、机械、五金、木器加工、地毯加工为主，有超高分子量聚乙烯板材、管材、异型件、燃气管道、给水管道等产品。建有农业科技示范园、工业园区。有京福高速、省道宁津—吴桥公路过境。

相衙镇 371422-B07
[Xiāngyá Zhèn]

宁津县辖镇。在县境西部。面积 51 平方千米。人口 2.6 万。辖 67 村委会，有 67 自然村。镇人民政府驻相衙镇村。1957 年设相衙镇乡。1958 年并入道口公社。1961 年析设相衙镇公社。1984 年复设乡。1997 年改置镇。以驻地村得名。漳卫新河、宁津新河、宁北河从境内穿过。有学校 7 所，卫生院 2 个。农业主产小麦、玉米、花生、辣椒、苹果、西瓜、棉花等，有红富士、红将军、雪梨、鸭梨、黄金梨、山里红等水果品种。养殖业以生猪、奶牛、肉羊等养殖为主，有美国羽王鸽、小尾寒羊、三元杂交猪等品种。工业以气泵、电机、木器、五金、棉花加工、工艺地毯等产业为主，主要产品有皇宫毯、手工毯、拖拉机配件等。

建有气泵、电机工业园区和棉花收购加工园区。省道宁津—吴桥公路过境。

时集镇 371422-B08
[Shíjí Zhèn]

宁津县辖镇。在县境西北部。面积53平方千米。人口3.1万。辖71村委会，有68自然村。镇人民政府驻时集村。1961年由城关公社析设时集公社。1984年改设乡。1993年虎皮张乡并入。1995年改置镇。以驻地村得名。有中小学4所，图书馆1个，卫生院2个，体育馆1个。农业主产小麦、玉米、葡萄等，有农业专业合作社。工业以机械加工、地毯加工、家具生产、玻璃工艺加工为主，有梭织机、无梭织机和剑杆织机等出口产品。建有工业园区和纺织配件市场。省道宁东公路过境。

张大庄镇 371422-B09
[Zhāngdàzhuāng Zhèn]

宁津县辖镇。在县境北部。面积52平方千米。人口3.6万。辖44村委会，有41自然村。镇人民政府驻张大庄。1951年设张大庄乡。1958年并入张彦恒公社。1964年析设张大庄公社。1984年复设乡。2010年改置镇。以驻地村得名。漳卫新河从境内穿过。有中小学10所，图书馆1个，文化馆1个，卫生院2个。农业主产小麦、玉米、白菜等，养殖肉牛。工业以木器加工、食品、精细化工、吊篮为主，建有木制品工业园区、经济开发区。服务业以商贸、物流为主，木器行业电子商务形成板材运销、白茬加工、桌椅成品、包装运输等产业链条。省道宁东公路过境。

刘营伍乡 371422-C01
[Liúyíngwǔ Xiāng]

宁津县辖乡。在县境北部。面积39平方千米。人口2.3万。辖37村委会，有34自然村。乡人民政府驻王营伍村。1958年设刘营伍公社。1984年改设乡。以乡政府原驻地刘营伍得名。漳卫新河、宁北河从境内穿过。有中小学5所，图书馆1个，卫生院1个。有省级非物质文化遗产刘记丫头蟋蟀罐传统制作工艺。经济以种植业为主，主产小麦、玉米等粮食作物，有"红提""黑提""六月紫""乒乓球"等特色葡萄品种，种植速生杨、棉花。养殖生猪、肉牛。工业以地毯、木制品、消声器、面粉、纺织件等产品为主，地毯为出口产品，建有棉花深加工工业园区，有集棉花收购、运销、加工、精加工于一体的棉花交易大市场。省道宁东公路过境。

旧地名

尤集乡（旧） 371422-U01
[Yóují Xiāng]

在宁津县东部。宁津县辖乡。1984年设立。2000年撤销，并入柴胡店镇。

常洼乡（旧） 371422-U02
[Chángwā Xiāng]

在宁津县东北部。宁津县辖乡。1984年设立。2000年撤销，并入杜集镇。

张学武乡（旧） 371422-U03
[Zhāngxuéwǔ Xiāng]

在宁津县东北部。宁津县辖乡。1984年设立。2000年撤销，并入杜集镇。

孟集乡（旧） 371422-U04
[Mèngjí Xiāng]

在宁津县东部。宁津县辖乡。1984年设立。2000年撤销，并入柴胡店镇。

田庄乡（旧） 371422–U05

[Tiánzhuāng Xiāng]

在宁津县北部。宁津县辖乡。1984 年设立。2000 年撤销，并入长官镇。

张宅乡（旧） 371422–U06

[Zhāngzhái Xiāng]

在宁津县西部。宁津县辖乡。1984 年设立。2000 年撤销，并入保店镇。

西塘乡（旧） 371422–U07

[Xītáng Xiāng]

在宁津县西部。宁津县辖乡。1984 年设立。1993 年撤销，并入大曹乡，现隶属大曹镇。

张鳌乡（旧） 371422–U08

[Zhāng'áo Xiāng]

在宁津县西部。宁津县辖乡。1984 年设立。1993 年撤销，并入大曹乡，现隶属大曹镇。

后魏乡（旧） 371422–U09

[Hòuwèi Xiāng]

在宁津县北部。宁津县辖乡。1984 年设立。1993 年撤销，并入大柳镇。

虎皮张乡（旧） 371422–U10

[Hǔpízhāng Xiāng]

在宁津县西北部。宁津县辖乡。1984 年设立。1993 年撤销，并入时集乡。

道口乡（旧） 371422–U11

[Dàokǒu Xiāng]

在宁津县西北部。宁津县辖乡。1984 年设立。1993 年撤销，并入相衙镇乡，现隶属相衙镇。

双碓乡（旧） 371422–U12

[Shuāngduì Xiāng]

在宁津县北部。宁津县辖乡。1984 年设立。1993 年撤销，并入张大庄乡，现隶属张大庄镇。

后王乡（旧） 371422–U13

[Hòuwáng Xiāng]

在宁津县东北部。宁津县辖乡。1984 年设立。1993 年撤销，并入宁津镇，现隶属津城街道。

小店乡（旧） 371422–U14

[Xiǎodiàn Xiāng]

在宁津县南部。宁津县辖乡。1984 年设立。2000 年撤销，并入宁津镇。

宁津镇（旧） 371422–U15

[Níngjīn Zhèn]

在宁津县东部。宁津县辖乡。1984 年设立。2010 年撤销，分为津城街道和宁城街道。

庆云县

庆云县 371423

[Qìngyún Xiàn]

德州市辖县。北纬 37°39′，东经 117°18′。在市境东北部。面积 502 平方千米。人口 32.7 万。辖 1 街道、5 镇、3 乡。县人民政府驻渤海路街道。春秋据齐北境。汉为渤海郡阳信县地。隋开皇六年（586）析阳信、饶阳 2 县地置无棣县。唐初属沧州。贞观元年（627）并入阳信县。贞观八年复置。太和二年（828）改属棣州，旋复属沧州。元至元二年（1265）并入乐陵县。明永乐初改为庆云县，仍属沧州。清初属河间府，雍正七年（1729）属沧州，九年改属天津府。1914年属直隶省津海道。1928年属河北省。1938年属津南专区。1941年属冀鲁边区第三专区。1945年属渤海行政区第三专区。1949年属沧南专区。1950年属德州专区。1952年划属河北省沧州专区。1958年撤入盐山县，属天津市。1961年复县，仍属沧州专区。1965年划归山东省，属德州专区（1967年更名为德州地区）。1994年属德州市。（资料来源：《中华人民共和国地名大词典》）《史记·天官书》曰："若烟非烟，若云非云，郁郁纷纷，萧索轮囷，是谓卿云。"卿云，古时意寓祥瑞，取其意，且"卿"通"庆"，故取名庆云。处鲁西北黄泛冲积平原，地势平缓，稍有起伏，微向东北倾斜，平均海拔7.5米。年均气温12.6℃，1月平均气温1~4℃，7月平均气温24~26.3℃。年均降水量552.1毫米。有漳卫新河、马颊河、德惠新河等流经。野生植物有215种，野生动物有104种。有庆云县第一中学等中小学79所，图书馆1，二级甲等医院1个。有市级非物质文化遗产吴钟八极拳，县级非物质文化遗产唐枣树的传说、海岛金山寺的传说、禹帝禅位的传说、全林寺的传说、泰山奶奶的传说、庆云杂技等。有AAAA级旅游景点海岛金山寺，AAA级旅游景点庆云宫、李之仪公园。三次产业比例为8.7：47.5：43.8。农业以种植业和林业为主，粮食作物以小麦、玉米为主，经济作物有棉花、花生、芝麻及蔬菜，特产有金丝小枣、无核枣、大叶香菜等，林业有杨树、榆树、柳树、刺槐、国槐、白蜡等。工业以新材料、装备制造、电子信息、高端农业、新能源和绿色化工产业为特色发展产业。电商及文化旅游业成为新兴业态。有205国道和省道永馆公路、庆淄公路过境。

渤海路街道 371423-A01

[Bóhǎilù Jiēdào]

属庆云县管辖。在县境中部。面积52平方千米。人口6.7万。2003年设立。因渤海路得名。马颊河、漳卫新河、德惠新河从境内穿过。有中小学9所。有AAAA级旅游景区海岛金山寺，AA级旅游景区庆云县纪念馆。有北海公园、庆云广场等标志性建筑物。农业以种植小麦、玉米、棉花、蔬菜为主。服务业以商贸为主，有小商品城、塑料集贸市场、白铁市场、土杂市场等。有庆云县长途汽车站，通公交车。

庆云镇 371423-B01

[Qìngyún Zhèn]

庆云县辖镇。在县境北部。面积46平方千米。人口3.3万。辖47村委会，有47自然村。镇人民政府驻范庵村。1958年建公社，属解集人民公社。1964年庆云县从河北划归山东，并在解集公社境内建立县城。1984年解集公社改为解集镇，不久改称庆云镇。1993年小郑乡并入。2000年后张乡并入。因镇政府驻庆云县城区得名。马颊河、漳卫新河从境内穿过。有中小学8所。名胜古迹有唐枣园、寇家遗址、石佛寺等。农业以种植玉米、小麦和各种蔬菜为主。工业有化工、铸造、机械加工、塑料制品、建筑材料等企业。国道205过境。

常家镇 371423-B02

[Chángjiā Zhèn]

庆云县辖镇。在县境东部。面积88平方千米。人口5.0万。辖61村委会，有62自然村。镇人民政府驻常家村。1958年属大胡人民公社。1961年后属中王人民公社。1981年改为常家人民公社。1984年改置常家乡。1993年板营乡并入。1995年改置常家镇。2000 年大胡乡并入。因镇政府驻地村而得名。马颊河和德惠新河从境内穿过。有中小学 10 所，卫生院 1 个。有常家镇天主教堂、道教建筑庆云宫。农业有粮棉菜种植、畜禽养殖、林果业，有德州市最大的黑牛繁育、肉牛养殖基地。工业有精细化工、金属制品、通信器材、纺织配件等产业。国道 205 过境。

尚堂镇 371423-B03
[Shàngtáng Zhèn]

庆云县辖镇。在县境南部。面积 105 平方千米。人口 6.4 万。辖 66 村委会，有 66 自然村。镇人民政府驻南尚堂村。1958 年 9 月成立尚堂人民公社。1984 年改为尚堂乡。1993 年东郎坞乡并入。1995 年 6 月撤乡设镇。2000 年大靳乡并入。因镇政府原驻地尚堂村而得名。有中小学 15 所。农业以种植小麦、玉米、蔬菜、大豆为主。工业以钢铁管件、塑料加工、工艺品生产、农副产品加工为主。有滨德高速过境。

崔口镇 371423-B04
[Cuīkòu Zhèn]

庆云县辖镇。在县境东北部。面积 34 平方千米。人口 1.6 万。辖 22 村委会，有 22 自然村。镇人民政府驻崔西北村。1964 年前是河北省盐山县九大集镇之一。年底，冀鲁两省调整疆界，崔口划归庆云县，为崔口人民公社。1984 年改置崔口镇。因镇政府原驻地崔口村得名。漳卫新河从境内穿过。有中小学 4 所。有乾隆饮马井等古迹。农业以种植玉米、小麦、棉花、蔬菜为主。工业以低压电器、体育器材、渔网加工为特色产业。有公路经此。

东辛店镇 371423-B05
[Dōngxīndiàn Zhèn]

庆云县辖镇。在县境西部。面积 43 平方千米。人口 3.0 万。辖 49 村委会，有 49 自然村。镇人民政府驻李孝忠村。1949 年属庆云二区小孙乡。1958 年为解集人民公社东辛店管理区。1964 年属东辛店人民公社。1993 年原大丁乡 19 村并入。2010 年撤乡设镇。因镇政府原驻地东辛店村得名。马颊河从境内穿过。有中小学 4 所，卫生院 1 个。有香海禅林、月亮城堡等旅游景点。农业以种植小麦、玉米、蔬菜等为主，为金丝小枣主产区。有农具修配、被服加工、纺织、铸造、五金等企业。省道永馆公路过境。

严务乡 371423-C01
[Yánwù Xiāng]

庆云县辖乡。在县境东北部。面积 59.8 平方千米。人口 2.5 万。辖 22 村委会，有 22 自然村。乡人民政府驻严务村。1958 年建公社，1965 年庆云县由河北省划归山东省，1984 年撤社设乡，称严务乡。因乡政府驻地村而得名。漳卫新河从境内穿过。有中小学 6 所，卫生院 1 个。名胜古迹有大黄邱古井、吴钟墓、后庄科清真寺。种植业以种植小麦、玉米为主，畜牧业以猪、羊及家禽养殖为主。有公路经此。

中丁乡 371423-C02
[Zhōngdīng Xiāng]

庆云县辖乡。在县境东南部。面积 41 平方千米。人口 2.3 万。辖 35 村委会，有 35 自然村。乡人民政府驻中丁村。1958 年设公社，1984 年社改乡。1993 年杨和寺乡并入中丁乡。因乡政府驻地村而得名。有中小学 5 所，卫生院 1 个。有刘古风古井等古迹。种植业以种植玉米、小麦为主，梨树种植渐成规模。养殖业以养猪为主。有金融电子产品加工、橡胶制品加工等产业。有滨德高速过境。

徐园子乡 371423-C03
[Xúyuánzi Xiāng]

庆云县辖乡。在县境东北部。面积35.2平方千米。人口1.9万。辖28村委会，有28自然村。乡人民政府驻徐园子村。1946年划归庆云县，属四区。1958年建立人民公社，属大胡人民公社。1961年成立徐园子人民公社。1984年易名为徐园子乡。因乡政府驻徐园子村得名。马颊河、德惠新河从境内穿过。有中小学6所。有武大风墓、巴沽墓等古迹。种植业以种植玉米、小麦等为主，是大葱生产基地、金丝小枣出口备案基地。工业有网具加工、塑料加工、无公害绿色蔬菜加工等产业。有公路经此。

旧地名

解集镇（旧） 371423-U01
[Xièjí Zhèn]

在庆云县中部。庆云县辖镇。1984年4月设立。1989年10月改名为庆云镇。

大丁庙乡（旧） 371423-U02
[Dàdīngmiào Xiāng]

在庆云县北部。庆云县辖乡。1984年4月设立。1993年8月撤销，并入东辛店乡。

后张乡（旧） 371423-U03
[Hòuzhāng Xiāng]

在庆云县东北部。庆云县辖乡。1984年4月设立。2000年6月撤销，并入庆云镇。

小郑乡（旧） 371423-U04
[Xiǎozhèng Xiāng]

在庆云县北部。庆云县辖乡。1984年4月设立。1993年8月撤销，并入庆云镇。

东郎坞乡（旧） 371423-U05
[Dōnglángwù Xiāng]

在庆云县南部。庆云县辖乡。1984年4月设立。1993年8月撤销，并入尚堂镇。

杨和尚寺乡（旧） 371423-U06
[Yánghéshangsì Xiāng]

在庆云县东南部。庆云县辖乡。1984年4月设立。1993年8月撤销，并入中丁乡。

大靳乡（旧） 371423-U07
[Dàjìn Xiāng]

在庆云县东南部。庆云县辖乡。1984年4月设立。1993年8月撤销，并入尚堂镇。

板营乡（旧） 371423-U08
[Bǎnyíng Xiāng]

在庆云县东部。庆云县辖乡。1984年4月设立。1993年8月撤销，并入常家乡，现隶属常家镇。

大胡乡（旧） 371423-U09
[Dàhú Xiāng]

在庆云县东部。庆云县辖乡。1984年4月设立。2000年6月撤销，并入常家镇。

社区

新兴社区 371423-A01-J01
[xīnxīng Shèqū]

属渤海路街道管辖。在县境东部。面积4平方千米。人口24 000。因辖原新兴居委会得名。2005年成立。有楼房60栋，中式现代建筑风格。驻有庆云县第二中学、庆云县职业中等专业学校、庆云县渤海中学、庆云县实验小学、庆云县明德小学等单位。通公交车。

光明社区　371423-A01-J02
[guāngmíng Shèqū]

　　属渤海路街道管辖。在县境南部。面积3平方千米，人口17 600。因辖原光明居委会得名。2005年成立。有楼房50栋，中式现代建筑风格。驻有庆云县人民政府、政务服务中心、庆云县人民医院、庆云县第一中学等单位。有集中养老服务。通公交车。

临邑县

临邑县　371424
[Línyì Xiàn]

　　别名卧牛城、犁城。德州市辖县。北纬37°11′，东经116°52′。在市境东北部。面积1016平方千米。人口54.7万。辖3街道、8镇、1乡。县人民政府驻邢侗街道。西周、春秋时期属齐地，邑名犁（犁丘、隰）。汉至晋为漯阴、平原、安德等县地。南朝宋孝建二年（455）置临邑县。因城区地图形似卧牛，又称"卧牛城""犁城"，治所在今济阳县孙耿镇，属侨魏郡。北魏属齐州东魏郡。隋、唐属齐州。北宋建隆元年（960）因河患城毁。三年徙治今临邑镇。金属济南府。元属河间路。明、清属济南府。1914年属东临道。1925年属德临道。1928年属省。1941年析临邑城以北划入匡五县。1943年划南部地入齐河、济阳县。1944年抗日民主政权建临邑县，属渤海行政区第二专区。1949年属泺北专区。1950年属德州专区。1956年属惠民专区。1958年济阳县并入，属聊城专区。1960年属淄博专区。1961年济阳县复置析出，属德州专区（1967年更名为德州地区）。1994年属德州市（资料来源：《中华人民共和国地名大词典》）。处鲁西北黄泛冲积平原，岗、坡、洼相间分布。平均海拔16.5~18.5米，地势西南高东北低。年均气温12.6℃，1月平均气温-3.2℃，7月平均气温26.6℃。年均降水量611毫米。徒骇河、马颊河、德惠新河流经。有石油、天然气等矿产资源。森林覆盖率7.74%。有省级高新技术企业4个，省级工程技术研究中心、省创新型试点企业各1个，省级工程实验室1个。有高等院校1所，山东省临邑第一中学、临盘中学等中小学70所，图书馆1个，文艺团体5个，体育馆1个，三级医院临邑县人民医院。邢侗墓为省级文物保护单位。有剪纸、德平大秧歌、戏曲剧种一勾勾等地方特色民间艺术，其中一勾勾为国家级非物质文化遗产，德平大秧歌为省级非物质文化遗产。有菅公墓、曹冢汉墓、鲧堤、蔺琦后裔古宅院、祢衡井、阎家古宅院、龙泉寺古佛等古迹。三次产业比例为12.8∶51.6∶35.6。农业盛产小麦、玉米、棉花、蔬菜、水果等，是国家商品粮基地。畜牧业以饲养生猪、奶牛、羊、家禽为主。名优农产品有理合冬枣、槐花蜜、中华寿桃等。工业以石油化工、生物医药、食品加工、机械制造、纺织服装、新能源为主，恒源石化为中国石油和化工行业百强企业。服务业以商贸业为主，外贸出口铝用预培阳极、毛仔布、塑料编织袋等。有省级经济开发区1个。有德龙烟铁路、济乐高速，104国道，省道宁济公路、济南—德州、禹城—商河、德州—惠民公路、德州—乐陵公路过境。

临邑经济开发区　371424-E01
[Línyì Jīngjì Kāifāqū]

　　在县境中部。面积4 680公顷。因开发区位于临邑而得名。2006年3月经省政府正式批准设立省级经济开发区，由县级政府管理。包含西部经济开发区、高新技术产业园区、高端化工产业三大园区，依托京沪高铁、德大铁路、济乐高速三条黄金通道规划建设，构建石油化工、生物医药、食品加工、冶金机械、纺织服装和新能源现代产业体系。北京索通炭素、齐鲁制药、江苏雨润、金锣集团、天鼎丰、科顺新材料等企业入住，清华大学、南开大学、山东大学等知名科研院所在区内建有产学研合作项目。交通条件便利。

邢侗街道 371424-A01
[Xíngtóng Jiēdào]

临邑县人民政府驻地。在县境南部。面积 61 平方千米。人口 12.2 万。2005 年设立。因纪念明代书法家、诗文家邢侗而得名。2012 年实施南部新区拆迁，并建安置小区。有中小学 3 所，文艺团体 7 个，医院 2 所。有明监宗御史邢侗"来禽馆"遗址。有邢侗公园、明德广场、明德文化苑人工湖、新世纪广场、植物园等旅游景点。有卧牛崛起雕像、邢侗雕像、新世纪广场和平鸽等标志性建筑物。农业以环保、生态种植业为主，畜牧业以饲养生猪、羊为主。工业以石油化工、冶金机械、食品加工、生物医药等产业为主。服务业以商贸业为主，有鲁西北汽配大市场。有济北综合客运中心，通公交车。

临盘街道 371424-A02
[Línpán Jiēdào]

属临邑县管辖。在县境西部。面积 136 平方千米。人口 7.8 万。2005 年设立。因胜利油田临盘指挥部驻境内而得名。先后建设临盘综合大市场、欧式街、韩国街、美食街和步行街"四街一市"商业中心。新建住宅小区 20 多处。禹临河从境内穿过。有临盘中学等中小学 19 所，体育馆 1 个，文艺团体 1 个，医疗卫生机构 12 个。有王为民纪念馆、临盘文化广场、体育馆等标志性建筑物。农业有大棚蔬菜、鱼鸭混养、特色养殖、生态生猪四大支柱产业。工业以食品加工、塑编为主，是农副产品加工

特色产业乡镇。服务业以商贸、零售业为主，外贸出口塑料编织品等。通公交车。

恒源街道 371424-A03
[Héngyuán Jiēdào]

属临邑县管辖。在县境西部。面积 44 平方千米。人口 2.7 万。2005 年设立。因办事处驻恒源经济开发区而得名。先后对凉王庙、贾家、张胡子、曹家、哑叭庄、王益三家、李家、三里庄、史家庙、李大清、郭家拆迁安置，修建了八里社区、张胡新村等安置小区。对大孙家村进行拆迁，修建大孙社区。开发建设了中宝新城、翡翠城、水木清华等住宅区。四分干渠从境内穿过。有小学 2 所，图书室 2 个，卫生院 1 个。境内有邢侗墓。形成以石油化工、农副产品深加工、精细化工、机械制造、纺织服装等为主导产业的综合性工业区。金德管业、索通碳素、雨润集团、金锣股份、如意集团等一批知名企业纷纷落户。农业主产小麦、玉米、棉花、白菜、韭菜等，特产有机韭菜、富硒土豆。畜牧业以饲养生猪、羊为主。工业依托西部经济开发区，形成石油化工、冶金机械、纺织服装、食品加工、生物医药、新能源六大主导产业。服务业以商贸业为主，外贸出口纺织服装、机械、电子、食品等产品。通公交车。

临邑镇 371424-B01
[Línyì Zhèn]

临邑县辖镇。在县境北部。面积 89 平方千米。人口 4.3 万。辖 87 村委会，有 102 自然村。镇人民政府驻三官庙村。1949 年置城关镇。后改公社。1984 年改置临邑镇。2005 年析出 84 个村（居）设邢侗街道。将原赵家乡、李家乡合并设立新的临邑镇，沿用原名。春风河从境内穿过。有中小学 13 所，图书馆 5 个，医院 1 个。农业以种植业和畜牧业为主，建有万亩优质粮高产

示范区和蔬菜育苗、蛋鸡养殖等五大基地。工业有化工、轻纺、食品、机械、造纸、建材等门类，有集加工、商贸、旅游观光为一体的大型综合园区。有德烟铁路、京沪铁路、104国道、省道永莘公路和宁济公路过境。

临南镇 371424-B02
[Línnán Zhèn]

临邑县辖镇。在县境南部。面积112平方千米。人口4.6万。辖80村委会，有84自然村。镇人民政府驻东双庙村。1951年设夏口乡，后改公社。1984年改置镇。1992年双丰乡并入，合置临南镇。因处临邑县南部得名。徒骇河从境内穿过。有中小学12所。有王楼战役遗址、石家清真寺等古迹。农业以果蔬种植为主，建有肉鸭、生猪、奶牛养殖基地。工业以机械制造、农副产品加工、新型建材、木业加工、橡胶制品、新材料为支柱产业。服务业以外贸出口塑料、玻璃等工业制成品为主。有104国道过境。

德平镇 371424-B03
[Dépíng Zhèn]

临邑县辖镇。在县境北部。面积65平方千米。人口6.5万。辖129村委会，有138自然村。镇人民政府驻德平村。原属德平县，1956年划属临邑县。后改公社。1984年改置镇。2000年碱李、满家2乡并入。以驻地村得名。德惠新河、马颊河从境内穿过。有中小学16所，医院1个。有市级重点保护文物曹冢汉代古墓，省级非物质文化遗产德平大秧歌。有祢衡公园、祢衡井、白麟书院等古迹。农业以畜牧养殖、特色果蔬种植为主。工业以化工、铸造、纺织为主。服务业以商贸业为主，外贸出口复原再生胶等产品。有德州市名小吃德平米窝头、德平熏鸡等。省道永馆公路过境，设德平汽车站。

林子镇 371424-B04
[Línzi Zhèn]

临邑县辖镇。在县境北部。面积64平方千米。人口2.8万。辖47村委会，有52自然村。镇人民政府驻林子街村。1945年称林子区，属匡五县。1949年属陵县第七区，1952年划归临邑县，为十一区。1957年称曹寨工作区。后改林子公社。1984年改称林子乡。1995年撤乡设镇。因驻地村得名。德惠新河、禹临河从境内穿过。有中小学6所，卫生院1个。有市级国防教育基地和爱国主义教育基地临邑革命烈士陵园和革命纪念馆，唐归化县故城遗址、明代"凤落堰"、"红坛寺"、天齐庙文化遗址和民国李彦青宅院等古迹。红坛寺省级森林公园是国家级AA级旅游景区，另有黄河故道、万亩槐林、千亩湿地和地热矿泉等旅游资源。农业以名优林果和花生种植加工、蔬菜大棚、食用菌、畜牧养殖为主，建有速生槐繁育基地和基因库、奶牛和肉鸭养殖基地。工业以农产品加工、汽车配件铸造、农具制造为主。服务业以旅游业为主。有德龙烟铁路、省道宁济公路过境，设临邑站。

兴隆镇 371424-B05
[Xīnglóng Zhèn]

临邑县辖镇。在县境南部。面积103平方千米。人口4.3万。辖60村委会，有81自然村。镇人民政府驻兴隆寺村。1956年设兴隆寺乡，后改公社。1984年复设乡，1996年撤乡设镇。2000年田口乡并入。因驻地村得名。徒骇河、禹临河从境内穿过。有中小学9所，图书馆1个，卫生院1个。有国家级非物质文化遗产"一勾勾"。农业以种植业和畜牧业为主，主产小麦、玉米、棉花、蔬菜和生猪、牛、羊肉等，是鲁西北颇富盛名的"大蒜之乡"、冬季蔬菜生产基地和畜产品生产基地,"田口牛羊肉"有百年历史。工业以化工、纺织、建材、食品加工、木业为主,有砖瓦、橡胶、塑编等厂。商贸业产品有建筑模板、脱水蒜片等。省道永莘公路过境。

孟寺镇 371424-B06
[Mèngsì Zhèn]

临邑县辖镇。在县境东部。面积124平方千米。人口4.5万。辖91村委会,有96自然村。镇人民政府驻孟寺村。1949年为孟寺区。1951年属临邑县第十区(解官区)。1957年改称孟寺乡。后改公社。1984年设乡,2000年撤乡,孙庵乡并入设镇。因驻地村而得名。临商河从境内穿过。有小学8所,卫生院2个。农业主产小麦、玉米、花生、食用菌、白菜等,产双孢菇、平菇、鸡腿菇等优质品种,是国家商品粮基地。畜牧业以饲养生猪、鸭为主,是全国最大的良种鸭繁育基地和单场最大的良种猪繁育基地。工业以农产品加工、建材为主,有砖瓦、建材、面粉等厂。服务业以商贸、零售业为主。有京沪高速、济乐高速过境。

翟家镇 371424-B07
[Zháijiā Zhèn]

临邑县辖镇。在县境北部。面积62平方千米。人口2.9万。辖56村委会,有59自然村。镇人民政府驻翟家村。1965年由理合务公社析设翟家公社,1984年改设乡,2011年撤乡设镇。因镇政府驻地得名。德惠新河从境内穿过。有中小学7所,卫生院1个。有鲧堤等古迹。农业主产小麦、玉米、棉花、高粱、大豆等,建有3个万亩高产创建示范区。畜牧业以饲养生猪、奶牛为主。工业以纺织业为主,是全市最大的毛纺生产基地,建有苏南纺织产业园。

服务业以商贸、物流业为主,建有顾家·欧亚达国际商贸城和农产品综合物流园。有公路经此。

理合务镇 371424-B08
[Lǐhéwù Zhèn]

临邑县辖镇。在县境北部。面积73平方千米。人口3.0万。辖30村委会,有46自然村。镇人民政府驻理合务街村。原属德平县,1956年德平县撤销后划归临邑县,后设理合公社。1984年改设乡,2011年撤乡改镇。因驻地村而得名。德惠新河、春风河从境内穿过。有中小学11所,卫生院1个。有蔺琦父母墓碑等古迹。农业以大棚种植为主,主产小麦、玉米、棉花、蔬菜等,西葫、山药、冬枣、大蒜、西红柿通过"三品"认证,建有高标准品质蔬菜示范园区7个,注册"理合玉琦"牌蔬菜商标。畜牧业以养殖生猪、鸡为主,有省级标准化养殖基地1个、市级标准化养殖基地6个。工业以木材加工、纺织、食品加工、设备制造为主,有纺织、塑编、食品等厂。服务业以商贸、物流业为主,有仓储物流园。有公路经此。

宿安乡 371424-C01
[Sù'ān Xiāng]

临邑县辖乡。在县境东北部。面积60平方千米。人口2.8万。辖45村委会,有49自然村。乡人民政府驻宿安街村。1951年设宿安乡,后改公社。1984年复设乡。因驻地村得名。临商河、春风河从境内穿过。有小学9所,卫生院1个。有"邢侗故里"牌坊。农业以种植业为主,黄金梨获绿色食品认证,注册"珏昊"品牌,有"泰铭丰"西红柿、"碧宝石"冷棚葡萄等特色品牌。畜牧业以特色养殖为主,产波尔山羊、七彩山鸡、乌苏里貉等。工业以玻璃丝布、木业加工、机械加工、纺织为主,有棉纺、造纸等厂。有公路经此。

旧地名

城关公社（旧）　371424-U01

[Chéngguān Gōngshè]

在临邑县中部。临邑县辖公社。1958年设立。1984年撤销，改为临邑镇。

夏口镇（旧）　371424-U02

[Xiàkǒu Zhèn]

在临邑县南部。临邑县辖镇。1984年设立。1993年撤销，并入临南镇。

张家寨乡（旧）　371424-U03

[Zhāngjiāzhài Xiāng]

在临邑县西部。临邑县辖乡。1984年设立。1992年撤销，并入临盘镇，现隶属临盘街道。

沙河子乡（旧）　371424-U04

[Shāhézǐ Xiāng]

在临邑县西部。临邑县辖乡。1984年设立。2000年撤销，并入临邑镇。

双丰乡（旧）　371424-U05

[Shuāngfēng Xiāng]

在临邑县南部。临邑县辖乡。1984年设立。1993年撤销，并入临南镇。

太平寺乡（旧）　371424-U06

[Tàipíngsì Xiāng]

在临邑县西部。临邑县辖乡。1984年设立。1992年撤销，并入临盘镇，现隶属临盘街道。

赵家乡（旧）　371424-U07

[Zhàojiā Xiāng]

在临邑县北部。临邑县辖乡。1984年设立。2000年撤销，并入临邑镇。

李家乡（旧）　371424-U08

[Lǐjiā Xiāng]

在临邑县北部。临邑县辖乡。1984年设立。2000年撤销，并入临邑镇。

碱李乡（旧）　371424-U09

[Jiǎnlǐ Xiāng]

在临邑县北部。临邑县辖乡。1984年设立。2000年撤销，并入德平镇。

田口乡（旧）　371424-U10

[Tiánkǒu Xiāng]

在临邑县西南部。临邑县辖乡。1984年设立。2000年撤销，并入兴隆镇。

满家乡（旧）　371424-U11

[Mǎnjiā Xiāng]

在临邑县北部。临邑县辖乡。1984年设立。2000年撤销，并入德平镇。

营子乡（旧）　371424-U12

[Yíngzi Xiāng]

在临邑县西部。临邑县辖乡。1956年设立。2000年撤销，并入临盘镇，现隶属临盘街道。

孙庵乡（旧）　371424-U13

[Sūn'ān Xiāng]

在临邑县东部。临邑县辖乡。1984年设立。2000年，并入孟寺镇。

社区

凯旋社区 371424-A01-J01

[Kǎixuán Shèqū]

属邢侗街道管辖。在临邑县中部。面积 8 平方千米。人口 11 000。以吉祥嘉言得名。2003 年成立。有楼房 72 栋，现代建筑风格。驻有临邑县第一水厂等单位。有老年日间照料中心，开展老年书画比赛、字画展，老年舞蹈、棋牌等活动。通公交车。2011 年被评为省文明社区。

瑞恒社区 371424-A01-J02

[Ruìhéng Shèqū]

属邢侗街道管辖。在临邑县中部。面积 6 平方千米。人口 11 000。因位于瑞园路与恒源路交界处而得名。2003 年成立。有楼房 70 栋，现代建筑风格。驻有实验小学、老干部局、建设银行临邑县支行、临邑县人民医院、临邑县委党校等单位。有日间照料中心，开展老年书画比赛、字画展，老年舞蹈、棋牌等活动。通公交车。2011 年被评为省文明社区。

齐河县

齐河县 371425

[Qíhé Xiàn]

德州市辖县。北纬 36°48′，东经 116°45′。在市境东南部。面积 1 411 平方千米。人口 63.3 万。辖 2 街道、11 镇、2 乡。县人民政府驻晏城街道。西汉置龙雏县，治今晏城镇，又置祝阿县，同属平原郡。东汉省龙雏县。三国魏、晋属济南国（郡）。北魏徙祝阿县于阿阳（今禹城县境），故地随属。唐天宝元年（742）改为禹城县。金大定八年（1168）于耿济镇置齐河县，因城临济水，济水又名齐河，故名齐河县，

属济南府。元属德州。明、清属济南府。1914 年属济南道。1928 年属省。1937 年属第四行政督察区。1941 年属冀鲁边区第二专区。1942 年抗日民主政权析齐河、禹城 2 县置齐禹县，属冀鲁豫行政区第一专区。1945 年齐河县属渤海行政区第二专区。1949 年属渤海行政区泺北专区。1950 年属德州专区，齐禹县部分地划入。1956 年属聊城专区。1961 年属德州专区（1967 年更名德州地区）。1972 年县政府移驻晏城。1994 年属德州市。（资料来源：《中华人民共和国地名大词典》）地处黄河下游冲积平原，地势西南高东北低，平均海拔 25 米。年均气温 13.6℃，1 月平均气温 -1.1℃，7 月平均气温 26.5℃。年均降水量 521.2 毫米。有徒骇河、齐济河流经。有煤、石油、温泉、优质矿泉水等矿产资源。有野生植物 98 种，有野生动物 40 种。森林覆盖率 47.2%。有市级以上创新平台 44 个。有山东农业工程大学，中小学 139 所，图书馆 1 个，医院（卫生院）19 个。祝阿镇官庄村绣球灯舞为省级非物质文化遗产。古迹有龙山文化遗址、晏婴祠、周朝诸侯会盟地、野井亭、冯李汉墓、老齐河古城遗址、定慧寺、老残观凌处、康熙皇帝三次南巡驻跸之所、孟氏宅院等。有国家 AAAA 级景区泉城海洋极地世界和泉城欧乐堡、国科玉汤温泉、时传祥纪念馆、齐河县烈士纪念馆、百万亩林海、万亩生态湿地、黄河景观带、大清河。齐河黄河国际生态城为省级旅游度假区。三次产业比例为 6.2∶51∶42.8。农业以种植业、畜牧业和渔业为主。农作物以小麦、玉米、水稻、大豆为主，有 80 万亩粮食绿色高产高效示范区。经济作物有棉花、花生、瓜类、蔬菜等，畜牧业以养殖生猪、肉羊、肉牛、奶牛、家禽为主。土特产品主要有黄河大米、黄河鲤鱼、园铃大枣、潘店空心挂面、千层豆腐、齐河锅饼、齐河黑陶等。工业以

冶金装备制造、煤及煤化工、浆纸、食品生物医药、新材料五大产业为主，是全国重要的煤化工生产基地、鲁西北唯一的钢铁配套联产基地。有齐鲁高新技术开发区，中关村海淀园齐河科技城为省级创业孵化示范基地，中关村e谷齐河孵化器、创乐堡齐河众创空间联盟为国家级众创空间。有京沪铁路、济邯铁路，京福高速、济聊高速、青银高速、京沪高速、济南北绕城高速，308国道、309国道，省道济德公路、齐南公路、聊东公路过境。

齐鲁高新技术开发区 371425-E01

[Qílǔ Gāoxīnjìshù Kāifāqū]

在县境东南部。东与济南天桥区相邻，南与济南槐荫区隔黄河相望，西至京台高速，北接北展堤。面积1 000公顷。以功能定位命名。2013年12月经省政府正式批准建立省级开发区，由县级政府管理。入驻企业23家，有中关村海淀园齐河科技城、百多安生物医学科技园，有电子商务、研发设计、生物医学、新材料等产业。通公交车。

晏城街道 371425-A01

[Yànchéng Jiēdào]

齐河县人民政府驻地。在县境中部。面积85平方千米。人口8.3万。2011年设立。春秋时期境域为齐国正卿晏婴采邑之地，故得名"晏"，时人筑城修宅，谓之晏城，街道以此得名。大清河从境内穿过。有中小学14所，图书馆1个，知名文艺团体49个，医疗卫生机构1个。有省级文物保护单位尹屯遗址，市级文物保护单位三王城村清真寺、刘安遗址。旅游景点有晏婴祠、后甄千亩梨园等。有迎宾广场、阳光广场等标志性建筑物。农业以种植业为主，特产朱君西瓜、丰裕西瓜、西红柿等。工业以机械制造、食品加工、木材加工、建筑建材、医药、化工等产业为主。服务业以地产开发、商贸物流、休闲旅游、电子商务、餐饮住宿为主。土特产有锅饼、扒鸡。有晏城站，通公交车。

晏北街道 371425-A02

[Yànběi Jiēdào]

属齐河县管辖。在县境北部。面积135平方千米。人口6.9万。2011年设立。因位于晏城北部而得名。有中小学13所，医疗卫生机构1个。有市级文物保护单位齐河县革命烈士纪念碑、侵华日军修建飞机场遗址。主要旅游景点有国科国际高尔夫球场、山东地热资源科研开发示范基地、时传祥纪念馆。农业以种植水稻、小麦、玉米、棉花等为主。工业以钢铁、煤化工、食品加工、浆纸及林产品加工、机电制造、生物医药、新型材料为主，规模以上工业企业92家，市级高新技术企业5家。服务业以物流业等为主。有齐河县汽车站。

表白寺镇 371425-B01

[Biǎobáisì Zhèn]

齐河县辖镇。在县境北部。面积69平方千米。人口2.8万。辖51村委会，有59自然村。镇人民政府驻表白寺村。1956年设孙耿区。1958年改设孙耿乡，后改公社。1984年改置表白寺镇，驻地由孙耿迁驻表白寺。以镇政府驻地命名。李家岸引黄干渠、济阳二干渠、齐济河从境内穿过。有中小学7所，卫生院1个。有县级文物保护单位古庙村镇武庙遗址、袁庄遗址、古庙烈士墓、孙北村郝氏宅院。有云南生态园等景点。农业形成林、菌、牧、桑四大产业，特产有小戴花椰菜、大白菜等。工业以木材加工、面粉、建材等产业为主，有齐河（济南）特别园区，建有机电加工产业基地。服务业以商贸、生态旅游为主，建有6个综合集贸市场。有青银高速过镜。

焦庙镇 371425-B02
[Jiāomiào Zhèn]

齐河县辖镇。在县境西南部。面积 107 平方千米。人口 4.8 万。辖 91 村委会，有 88 自然村。镇人民政府驻焦庙村。1956 年设焦庙区，后改公社，1984 年改镇。以镇政府驻地得名。黄河从境内穿过。有中小学 9 所，卫生院 1 个。有省级文物保护单位冯李汉墓遗址。有北展生态林、百亩荷花池、千亩芦苇荡等景点。农业主产小麦、玉米、蔬菜，名特产有纸营韭菜、耿庄西红柿、潘赵甜瓜、东贾庄茄子等，有田旺果蔬产业园。有甲鱼、乌鳢等特种鱼养殖。工业以新型建材、板式家具、饲料、酿酒等为主，"玉皇阁"牌系列白酒为山东省著名商标。有济聊高速、309 国道和省道晏坡公路、华焦公路过境，设焦庙镇客运站。

赵官镇 371425-B03
[Zhàoguān Zhèn]

齐河县辖镇。在县境西南部。面积 61 平方千米。人口 3.0 万。辖 55 村委会，有 53 自然村。镇人民政府驻赵官村。1956 年设赵官镇区。1958 年改设乡，后改公社。1984 年改置镇。以驻地村得名。黄河从境内穿过。有中小学 4 所，卫生院 1 个。有省级文物保护单位孟氏民居，县级文物保护单位千年银杏树、崔桥村崔家祠堂门楼，县级爱国主义教育基地时传祥纪念亭。有万亩林海、千亩荷塘、万米黄河游览区等景点。种植业以种植小麦、玉米、棉花、大豆为主。畜牧业以养殖猪、鲁西黄牛、鸽、鸭等为主。工业以煤炭、化工、木材加工、面粉加工等为主，镇南面粉厂是全县最大的民营面粉加工企业。省道齐南公路过境，设赵官镇客运站。

祝阿镇 371425-B04
[Zhù'ē Zhèn]

齐河县辖镇。在县境南部。面积 113 平方千米。人口 5.2 万。辖 96 村委会，有 90 自然村。镇人民政府驻小周村。金代置齐河县，至 1949 年境域均为齐河县城。1950 年为齐河县一区，1958 年改城关公社。1973 年县城迁至晏城。1982 年改小周公社。1984 建小周乡，1995 年改称祝阿镇。2000 年大夫营乡并入。因秦置祝柯县，西汉改称祝阿县，原为祝阿县治，故名。黄河从境内穿过。有中小学 6 所，卫生院 1 个。有县级文物保护单位左三里村清真寺门楼、后河村贞洁石坊等，省级非物质文化遗产绣球灯舞。农业主产小麦、玉米、蔬菜。工业以畜产品加工、建筑材料、面粉加工等为主。服务业以旅游业为主，有泉城海洋极地世界、玉带湖、定慧寺、晏子湖、祝阿古城、现代农业果蔬采摘园等景点。有京沪铁路、京福高速、济聊高速、济南绕城高速、309 国道、省道齐南公路过境。

仁里集镇 371425-B05
[Rénlǐjí Zhèn]

齐河县辖镇。在县境西南部。面积 126 平方千米。人口 5.4 万。辖 99 村委会，有 88 自然村。镇人民政府驻仁里集村。1956 年设仁里集区。1958 年改公社。1984 年设乡。2000 年改设镇。因驻地村得名。引黄干渠、赵牛河、中心河、新老巴公河从境内穿过。有中小学 10 所，卫生院 1 个。有县级文物保护单位田家祠堂。有汲桑墓地、杨家将穆柯寨遗址、元朝鲁国公严实墓地等遗址。农业形成畜牧、林、食用菌和大蒜四大主导产业。工业以畜产品加工、木材生产、食用菌生产加工等为主。有公路经此，设仁里集镇客运站。

潘店镇 371425-B06

[Pāndiàn Zhèn]

齐河县辖镇。在县境西南部。面积138平方千米。人口5.1万。辖95村委会，有95自然村。镇人民政府驻潘店村。1956年设潘店区，1958年设乡，后改公社，1984年复设乡。2000年改设镇。因驻地村得名。南潘引黄干渠、老赵牛河、新赵牛河、圣经河从境内穿过。有中小学12所，卫生院1个。有县级文物保护单位洪孙墓、西街石桥、中屯王氏祖茔、翟庄闫氏墓等。农业种植小麦、玉米、棉花、大蒜等，经济作物以蚕桑、蔬菜、林业等为主。畜牧业以饲养生猪、鸡、鸭等为主，福地养殖有限公司为省级原种猪场、德州市农业产业化龙头企业。工业以煤电、造纸、新能源、食品加工、板材加工、机械制造、纺织刺绣为主。特产有潘店空心面。有济聊高速、309国道过境。

胡官屯镇 371425-B07

[Húguāntún Zhèn]

齐河县辖镇。在县境西南部。面积110平方千米。人口3.8万。辖70村委会，有72自然村。镇人民政府驻胡官屯村。1956年设胡官屯区。1958年设乡，后改公社。1984年复设乡。2000年改设镇。因驻地村得名。黄河、韩刘干渠、老十八户河、新十八户河、倪伦河等从境内穿过。有中小学10所，卫生院1个。有市级文物保护单位马官屯遗址。农业以林业、畜牧、果蔬种植为主，沙张乳业有限公司为伊利和佳宝乳业公司的重要奶源基地，特产有沙土西瓜和沙张韭菜、黄瓜、豆角等无公害蔬菜。工业以木材加工、畜牧生产加工等为主。服务业以物流业为主，有济西物流园区。省道齐南公路过境，设胡官屯镇客运站。

宣章屯镇 371425-B08

[Xuānzhāngtún Zhèn]

齐河县辖镇。在县境北部。面积64平方千米。人口2.3万。辖38村委会，有34自然村。镇人民政府驻宣章屯村。1958年设宣章屯乡，后改公社。1984年复设乡。2000年撤乡改镇。因驻地村得名。赵牛河从境内穿过。有中小学6所，卫生院1个。有耿庄遗址。有精品采摘园、休闲垂钓中心、荷盛源有机莲藕产业园、果盛园水果采摘区等生态休闲旅游景点。粮食作物以小麦、玉米等为主，经济作物有蔬菜、蚕桑等。特产有荷盛源有机莲藕、美东蔬菜。工业以精密铸造、建筑材料、木材加工、面粉加工等产业为主。服务业以商贸业为主，有美东农资农产品物流交易中心。有公路经此，设宣章屯镇客运站。

马集镇 371425-B09

[Mǎjí Zhèn]

齐河县辖镇。在县境西南部。面积65平方千米。人口3.0万。辖48村委会，有48自然村。镇人民政府驻马集村。1965年由赵官镇公社析设马集公社。1984年改设乡。2011年撤乡设镇。因驻地村得名。赵王河、海棠沟等从境内穿过。有中小学6所，卫生院1个。有石门碑文、西张石刻、郑家祠堂、黄津湾风景区等景点。农业以林业、绿化苗木、畜牧养殖为主，有"黄河三宝"鲤鱼、甲鱼、大闸蟹。工业以煤炭加工、塑料化工、水泥建材、粮食加工等产业为主，有邱集煤矿。服务业以商贸业为主，有集贸市场8个。省道齐南公路过境。

华店镇 371425-B10

[Huádiàn Zhèn]

齐河县辖镇。在县境西部。面积97平方千米。人口3.9万。辖64村委会，有67

自然村。镇人民政府驻华店村。1956年设华店区，1958年改设乡，后改公社。1984年复设乡。2011年设镇。因驻地村得名。赵牛河、温聪河从境内穿过。有中小学4所，卫生院1个。有龙山文化遗存殷屯遗址。农业以种植小麦、玉米、蔬菜、棉花为主，有华店西瓜、甜瓜、葡萄等特产。工业以化工、机械加工、家具制造、建筑等产业为主，建有华店民营创业园。有京沪铁路、济邯铁路、308国道、省道济德公路和华焦公路过境。

刘桥镇 371425-B11
[Liúqiáo Zhèn]

齐河县辖镇。在县境西部。面积85平方千米。人口3.7万。辖65村委会，有60自然村。镇人民政府驻刘桥村。1956年设刘桥区，1958年改设朱家屯乡，后改公社。1984年改设乡，2011年设镇。因驻地村得名。赵牛河、温聪河从境内穿过。有中小学7所，卫生院1个。有省特色旅游村洪州社区、孟祥斌广场等景点。农业以林业、畜牧、桑蚕三大产业为主，主产小麦、玉米、脱毒马铃薯、桑蚕、速生林等，有兴刘牌脱毒马铃薯、兆忠牌蜜瓜等特产。工业以汽车配件、家具制造为主。有济聊高速、309国道、308国道、省道华焦公路过境。

安头乡 371425-C01
[Āntóu Xiāng]

齐河县辖乡。在县境北部。面积64平方千米。人口2.2万。辖37村委会，有30自然村。乡人民政府驻安头村。1965年由孙耿公社析设安头公社。1984年改设乡。因驻地村得名。有中小学5所，卫生院1个。有塚子张古遗址，红色旅游景点鲁西北第一个党支部"后里仁党支部"。有国家AAA级景区昌润致中和有机农场、山东省最美村庄塚子张村等旅游景点。经济以

农业为主。农业有花生、桑蚕、林业、畜牧四大主导产业，主产小麦、玉米、花生、蔬菜等，特产有康安牌系列花生、康安牌食用油，是五彩花生之乡，建有花生批发市场。畜牧业以养殖牛、羊等为主。工业以机械制造、新材料、食用油加工等产业为主。有公路经此。

大黄乡 371425-C02
[Dàhuáng Xiāng]

齐河县辖乡。在县境北部。面积67平方千米。人口2.7万。辖42村委会，有40自然村。乡人民政府驻大黄村。1949年为大黄区，1958年改设乡，后改公社。1984年复设乡。因驻地村得名。徒骇河、赵牛河从境内穿过。有中小学4所，卫生院1个。农作物以小麦、玉米、棉花等为主，经济作物以蔬菜、食用菌、黑木耳和林果等为主，有山东省工业旅游示范点大黄食用菌规模产业园。畜牧业以养殖生猪、羊、笨鸡、肉鸭和家鹅为主。工业有机械制造、食品加工、木材加工、建筑建材、化工等为主。有公路经此。

旧地名

大张乡（旧） 371425-U01
[Dàzhāng Xiāng]

在齐河县西南部。齐河县辖乡。1984年设立。2000年撤销，与仁里集乡合并成立仁里集镇。

大夫营乡（旧） 371425-U02
[Dàfūyíng Xiāng]

在齐河县中部。齐河县辖乡。1984年设立。2000年撤销，并入祝阿镇。

富足店乡（旧） 371425–U03

[Fùzúdiàn Xiāng]

在齐河县西南部。齐河县辖乡。1984年设立。2000年撤销，并入胡官屯镇。

焦斌屯镇（旧） 371425–U04

[Jiāobīntún Zhèn]

在齐河县中东部。齐河县辖镇。1984年设立。2000年撤销，并入晏城镇，现隶属晏城街道。

贾市乡（旧） 371425–U05

[Jiǎshì Xiāng]

在齐河县东南部。齐河县辖乡。1984年设立。2000年撤销，并入焦庙镇。

南北乡（旧） 371425–U06

[Nánběi Xiāng]

在齐河县中北部。齐河县辖乡。1984年设立。2000年撤销，并入晏城镇，现隶属晏城街道。

雾头乡（旧） 371425–U07

[Wùtóu Xiāng]

在齐河县西南部。齐河县辖乡。1984年设立。2000年撤销，与潘店乡合并设立潘店镇。

平原县

平原县 371426

[Píngyuán Xiàn]

德州市辖县。北纬37°10′，东经116°26′。在市境南部。面积1047平方千米。人口47.0万。以汉族为主，还有回、满、苗、蒙古等民族。辖2街道、8镇、2乡。县人民政府驻龙门街道。战国为齐平原邑。秦置平原县，治今张官店，属济北郡。西汉高祖六年（前201）置平原郡，以平原县城兼郡城。东汉至南朝宋，平原郡、平原国相互易名多次，皆以平原县城为太守或国相住地，北魏中期一度被撤销，北魏太和二十一年（497）复县，北齐时县城由张官店东迁今址（原属绎幕县）。隋至唐初属平原郡。唐、宋、金、元属德州。明、清属济南府。1914年属东临道。1925年属德临道。1928年属省。1937年属第四行政督察区。1941年属冀南行政区第七专区。1949年属山东省渤海区泺北专区。1950年属德州专区。1956年属聊城专区。1961年属德州专区（1967年更名为德州地区）。1994年属德州市［资料来源：《中华人民共和国地名大词典》、《平原县地名志》（征求意见稿）、《平原县志》(1986—2008年)］。因地处平原而得名。地貌类型为平原，地势自西南向东北缓慢倾斜，平均海拔18米。年均气温12.9℃，1月平均气温 −2.7℃，7月平均气温26.6℃。年均降水量535毫米。马颊河、德惠新河、笃马河、洪沟河、马减竖河、马洪干沟流经。有黏土、地热等矿产资源。有野生植物1种，为国家重点保护野生植物野黑豆。有野生动物38种，其中国家重点保护野生动物有红隼、黑翅鸢等8种。森林覆盖率8.29%。有平原县第三中学等中小学86所，图书馆1个，体育馆1个，二级以上医院3个。有省级文物保护单位魏家冢遗址、张官店遗址、青陵冢、夏侯惇墓、朱家冢、何庄古墓群、北任冢、千佛塔、文昌阁，市级爱国主义教育基地平原县革命烈士陵园。有龙门石刻、千佛塔、文昌阁、森罗殿、龙门楼等历史遗址。有鲁北平原省级森林公园、三国文化广场、和谐广场、琵琶湾公园等旅游景点。三次产业比例为12：55：33。农业以种植业、畜牧业和渔业为主。粮食作物以小麦、玉米为主，畜牧业以饲养猪、羊、蛋鸡、蛋鸭、肉鸡、奶牛、肉牛、肉鸽为主。渔业主要养殖淡水白鲳、革胡子鲶、彭泽鲫等20多个名优品种。工业以化工、造纸、装备制造、酒水、农副产品深加工、新材料、生物制药为主。服务业以商贸业为主，外贸出口农副产品、建材等。有省级开发区1个。有京沪铁路、京沪高铁、京台高速、105国道和省道济德公路、永馆公路、临武公路过境。

平原经济开发区 371426-E01
[Píngyuán Jīngjì Kāifāqū]

在县境中东部。东至民生路，西至笃马河，南至兴原东街，北至北三环。面积4 000公顷。因开发区位于平原县境内而得名。2006年3月经省政府批准设立省级经济开发区，由县级政府管理。开发区立足产业基础和当地优势，集中精力打造新型医药和医疗器械、绿色高端化工、高端装备制造、新材料、现代高效农业、军民融合等六大主导产业，入区企业186家，其中，外资企业12家，上市企业12家，投资过亿元的企业25家，主要有四环药业、史丹利、嘉施利复合肥、晋德公司、征宙机械、东鸿制膜、安华瓷业、福洋生物、青岛啤酒、三井酒业等企业。交通便利，通公交车。

龙门街道 371426-A01
[Lóngmén Jiēdào]

平原县人民政府驻地。在县境中部。面积52平方千米。人口7.5万。2006年设立。因辖区内有古建筑"龙门"而得名。先后对东关等进行拆迁安置，修建了琵琶湾公园、东关小学、郭刘小学、平原县五中，开发建设了聚福小区等十多个住宅区。笃马河从境内穿过。有中小学17所，文化馆1个，图书馆1个，文艺团体1个，医院2所。有省级文物保护单位朱家冢，省级非物质文化遗产刘备在平原的传说、通德醋传统酿造技艺，重要名胜古迹颍川石桥。有旅游景点琵琶湾公园。有龙门楼等

标志性建筑物。农业以种植小麦、玉米棉花、蔬菜等和养殖牛、蛋鸡为主。工业以机械加工、绢花制作、农产品加工为主。服务业以现代物流、商贸服务、休闲餐饮为主。有平原站、平原长途汽车站，通公交车。

桃园街道 371426-A02
[Táoyuán Jiēdào]

属平原县管辖。在县境南部。面积86平方千米。人口3.2万。2005年设立。明朝末期，朝廷在此设驿站，因附近有片桃园，故取名桃园驿站。因驿站旧址在街道辖区内，故名。先后建成胜利小区、魏庄小区、西杨小区、寇坊小区。马颊河、洪沟河、笃马河等从境内穿过。有小学4所，文化站1个，卫生院1个。有森罗殿遗址。经济以种植小麦、玉米、西红柿、韭菜等和养殖猪、家禽为主。工业以木片加工、花艺加工为主。服务业以休闲餐饮、商贸业为主。通公交车。

王凤楼镇 371426-B01
[Wángfènglóu Zhèn]

平原县辖镇。在县境东部。面积142平方千米。人口5.1万。以汉族为主，还有回等民族。辖19村委会，有110自然村。镇人民政府驻王凤楼庄。1956年设王凤楼乡。1958年并入东风公社。1965年析设王凤楼公社，1984年改置镇。2000年张士府乡并入。因镇政府驻地得名。德惠新河、马家河等从境内穿过。有小学12所，卫生院1个。粮食作物以小麦、玉米为主，主要经济作物有棉花、韭菜、辣椒等。畜牧业以饲养猪、家禽为主。工业以造纸、化工、热电、粮食深加工为主，有建材预制、食品加工、造纸等厂。服务业以商贸、餐饮为主。有京福高速、省道临武公路过境，设王凤楼汽车站。

前曹镇 371426-B02
[Qiáncáo Zhèn]

平原县辖镇。在县境东部。面积 177 平方千米。人口 5.1 万。以汉族为主，还有回等民族。辖 28 村委会，有 132 自然村。镇人民政府驻前曹村。1958 年 2 月为董集乡，同年 9 月置前曹人民公社，1984 年改设乡。2000 年由前曹乡、林庄乡、尹屯乡合并为前曹镇。因镇政府驻地得名。洪沟河、赵王河从境内穿过。有小学 11 所，卫生院 1 个。粮食作物以小麦、玉米为主，主要经济作物有西红柿、西瓜等，有西红柿生产基地。畜牧业以饲养鸡、猪、牛为主。工业以化工、面粉加工、农机制造、绢花为主，有木片加工、机械制造等厂。有京沪铁路、京福高速、省道济德公路过境。

恩城镇 371426-B03
[Ēnchéng Zhèn]

平原县辖镇。在县境西部。面积 106 平方千米。人口 5.7 万。以汉族为主，还有回等民族。辖 23 村委会，有 97 自然村。镇人民政府驻西四街村。春秋为齐地，战国为赵地。秦属巨鹿郡。汉后为冀州清河郡，后为贝州地。隋、唐时，贝州置历亭县属之。北宋庆历八年（1048），王则于贝州作乱，命文彦博讨平之，诛王而宥其从，民请改贝州为恩州；后移治历亭县，旋废县入州。明洪武二年（1369），恩州改为恩县。1956 年置恩城镇。1958 年改红专公社。1959 年改恩城公社。1984 年复置镇。因区划调整命名。马颊河、马减竖河从境内穿过。有小学 6 所，卫生院 1 个。有省级文物保护单位文昌阁。粮食作物以小麦、玉米为主，主要经济作物有棉花、花生、大豆等。养鸽业是该镇传统特色产业。工业以农产品、塑料制品、铁制品、豆制品、木器、骨明胶加工为主。柳编业是特色产业，

是山东省柳编出口基地。有 105 国道和省道永馆公路、临武公路过境，设恩城汽车站。

王庙镇 371426-B04
[Wángmiào Zhèn]

平原县辖镇。在县境南部。面积 116 平方千米。人口 3.8 万。辖 19 村委会，有 91 自然村。镇人民政府驻洼后李村。1958 年成立王庙乡人民公社，1984 年撤销公社设王庙乡，2000 年王庙乡和苏集乡合并成立王庙镇。因政府原驻地王庙而得名。引黄干渠从境内穿过，洪沟河、赵王河源于境内。有小学 7 所，卫生院 1 个。粮食作物以种植小麦、玉米为主，主要经济作物有长茄等蔬菜。畜牧业以饲养蛋鸡、肉食鸡为主，是"三元杂交猪"生产基地和鲁西黄牛改良养殖基地。工业以纺织、粮棉加工、化工建材为主。有公路经此。

王杲铺镇 371426-B05
[Wánggǎopù Zhèn]

平原县辖镇。在县境西北部。面积 75 平方千米。人口 3.6 万。以汉族为主，还有回等民族。辖 15 村委会，有 52 自然村。镇人民政府驻王杲铺村。1996 年撤销平原县王杲铺乡，设立王杲铺镇。以镇政府驻地得名。马夹河从境内穿过。有小学 7 所，卫生院 1 个。有夏家坟遗址。粮食作物以玉米、小麦为主，主要经济作物有大豆、花生，有京津蔬菜园区。工业以造纸、化工、建材、木炭加工、粮食加工、工艺制品为主。有 105 国道过境。

张华镇 371426-B06
[Zhānghuá Zhèn]

平原县辖镇。在县境南部。面积 56 平方千米。人口 2.3 万。以汉族为主，还有回等民族。辖 8 村委会，有 46 自然村。镇人民政府驻张华村。1945 年为平原县第五区

（少部分村为四区）。1965年由郭庄公社析设张华公社。1984年改置张华乡，1998年撤乡置张华镇。因镇政府驻地而得名。有中小学4所，卫生院1个。粮食作物以小麦、玉米为主，主要经济作物有棉花、蔬菜等。畜牧业以饲养奶牛、肉牛、猪为主。工业以农产品加工、建材、化工为主，有大型胶合板、电子加工、机械加工等厂。有公路经此。

腰站镇 371426-B07
[Yāozhàn Zhèn]

平原县辖镇。在县境西南部。面积56平方千米。人口2.5万。以汉族为主，还有回等民族。辖11村委会，有47自然村。镇人民政府驻北张村。1956年设腰站乡，1958年并入幸福公社，1965年析设腰站公社，1984年设镇。因镇政府原驻地村腰站村而得名。马颊河从境内穿过。有小学4所，卫生院1个。有民间艺术"牛斗虎"。有"千层槐"和沙庄清真寺。粮食作物以玉米、小麦为主，主要经济作物有棉花、瓜果等。工业以预制建材加工、木片加工、板材制造为主，有建材装饰、羊绒加工、服装加工等厂。有105国道过境。

王打卦镇 371426-B08
[Wángdǎguà Zhèn]

平原县辖镇。在县境西部。面积42平方千米。人口2.6万。辖13村委会，有42自然村。镇人民政府驻王打卦村。1959年设红旗人民公社，后改为王打卦公社。1984年设王打卦乡，2010年改置镇。以镇政府驻地得名。马颊河从境内穿过。有小学5所，卫生院1个。粮食作物以小麦、玉米为主，经济作物有蔬菜、瓜果等，主要品种有西瓜、杏、苹果等，北侯西瓜、打渔李韭菜为当地特产。工业以建材、造纸、机械加工为主，是瓦楞纸生产基地。服务业以商贸、物流、

餐饮娱乐为主。有省道永馆公路过境。

坊子乡 371426-C01
[Fāngzi Xiāng]

平原县辖乡。在县境东北部。面积67平方千米。人口2.4万。辖8村委会、有52自然村。乡人民政府驻前坊子村。1958年成立刘屯人民公社，1965年刘屯公社析出坊子公社，1984年坊子公社改为坊子乡。因政府驻地在前坊子村而得名。笃马河从境内穿过。有小学3所，卫生院1个。经济以种植业和畜牧业为主。农产品以小麦、玉米为主，主要经济作物有蔬菜、水果等。畜牧业以饲养猪、鸡为主。工业以农副产品加工、机械制造、医药化工为主，有化工、饲料、制粉等厂。服务业以商贸、物流、餐饮为主。有京台高速、京沪高铁、省道永馆公路过境。

三唐乡 371426-C02
[Sāntáng Xiāng]

平原县辖乡。在县境北部。面积73平方千米。人口2.1万。以汉族为主，还有回等民族。辖11村委会，有60自然村。乡人民政府驻张言村。1965年由刘屯公社析设三唐公社。1984年改设乡。因乡政府辖区有三个唐庄（小唐、东唐、西唐），故名三唐乡。有小刘沟、隔碱沟等沟渠。有小学5所，卫生院1个。有省级文物保护单位千佛塔。经济以种植业和畜牧业为主，主产小麦、棉花，养殖业以饲养蛋鸭为主。工业以农副产品加工为特色，以建材、纺织、家具、食品加工为主，有砖瓦、饲料加工、光伏发电等厂。服务业以商贸、餐饮为主。有京沪铁路、德龙烟铁路、京台高速、省道济德公路过境。

旧地名

平原镇（旧） 371426-U01
[Píngyuán Zhèn]

在平原县境中部。平原县辖镇。1984年设立。2005年1月撤销，成立龙门街道、桃园街道。

炉坊乡（旧） 371426-U02
[Lúfāng Xiāng]

在平原县境中西部。平原县辖乡。1984年设立。2000年6月撤销，并入平原镇。

寇家坊乡（旧） 371426-U03
[Kòujiāfáng Xiāng]

在平原县境中南部。平原县辖乡。1984年设立。2000年6月撤销，并入平原镇。

张士府乡（旧） 371426-U04
[Zhāngshìfǔ Xiāng]

在平原县境东部。平原县辖乡。1984年设立。2000年6月撤销，并入王凤楼镇。

林庄乡（旧） 371426-U05
[Línzhuāng Xiāng]

在平原县境东南部。平原县辖乡。1984年设立。2000年6月撤销，并入前曹镇。

尹屯乡（旧） 371426-U06
[Yǐntún Xiāng]

在平原县境东南部。平原县辖乡。1956年设立。2000年6月撤销，并入前曹镇。

十里铺乡（旧） 371426-U07
[Shílǐpù Xiāng]

在平原县境西南部。平原县辖乡。1984年设立。2000年6月撤销，并入恩城镇。

苏集乡（旧） 371426-U08
[Sūjí Xiāng]

在平原县境南部。平原县辖乡。1956年设立。2000年6月撤销，并入王庙镇。

社区

聚福社区 371426-A01-J01
[Jùfú Shèqū]

属龙门街道管辖。在平原县城西南部。面积3平方千米，人口14 600。因辖区内内聚福花园小区得名。2006年成立。有楼房159栋，现代建筑风格。驻有东关小学、畜牧局等单位。有志愿者服务，开展文艺演出、义诊等活动。通公交车。2009年被评为省文明社区。

金河源社区 371426-A01-J02
[Jīnhéyuán Shèqū]

属龙门街道管辖。在平原县城西南部。面积4平方千米。人口13 300。因辖区内金河源小区得名。2006年成立。有楼房144栋，现代建筑风格。驻有审计局、民政局等单位。有志愿者服务，开展文艺演出、义诊等活动。通公交车。

光明社区 371426-A01-J03
[Guāngmíng Shèqū]

属龙门街道管辖。在平原县城西北部。面积5平方千米。人口12 000。以辖区内道路光明西街命名。2006年成立。有楼房124栋，现代建筑风格。驻有电业局、水利局等单位。有志愿者服务，开展文艺演出、义诊等活动。通公交车。2010年被评为省级文明社区。

新华社区 371426-A01-J04

[Xīnhuá Shèqū]

属龙门街道管辖。在平原县城东北部。面积 2 平方千米。人口 9 900。以辖区内道路新华北路得名。2006 年成立。有楼房 7 栋，现代建筑风格。驻有平原县第二实验小学、平原县直中心幼儿园等单位。有志愿者服务，开展文艺演出、义诊等活动。通公交车。

新城社区 371426-A01-J05

[Xīnchéng Shèqū]

属龙门街道管辖。在平原县城东部。面积 1 平方千米。人口 2 600。因位于东部新城区而得名。2009 年成立。有楼房 137 栋，现代建筑风格。有志愿者服务，开展文艺演出、义诊等活动。通公交车。

夏津县

夏津县 371427

[Xiàjīn Xiàn]

德州市辖县。北纬 36°57′，东经 116°00′。在市境西南部。面积 882 平方千米。人口 53.9 万。以汉族为主，还有回、满等民族。辖 2 街道、10 镇、2 乡。县人民政府驻银城街道。西汉为鄃县地。北齐废。隋开皇十六年（596）复置鄃县，又析清河县置夏津县。大业初废夏津县。唐武德四年（621）复置。九年再省。天宝元年（742）改鄃县为夏津县，属清河郡，乾元后属贝州。宋、金属大名府。元属高唐州。明属东昌府。清属临清府。1914 年属东临道。1925 年属德临道。1928 年属省。1937 年属第四行政督察区。1940 年属鲁西行政区第三专区。1914 年属冀南行政区第六专区。1945 年属第二专区。1949 年属河北省衡水专区。1952 年划归山东省，属德州专区。1956 年

属聊城专区。1958 年武城县并入，1961 年析出。1967 年属德州地区。1994 年属德州市。（资料来源：《中华人民共和国地名大词典》）因县城处春秋时诸侯会盟（夏盟）的古黄河渡口而得名夏津。地处鲁西北黄河冲积平原，平均海拔 28.5 米。年均气温 13.7℃，1 月平均气温 −6~4℃，7 月平均气温 24~33℃。年均降水量 486.8 毫米。有卫运河、马颊河、大沙河、六五河流经。有煤、地热等矿产资源。有野生植物 278 种，有野生动物 107 种。有黄河故道森林公园自然保护区。森林覆盖率 30%。有夏津县第一中学等中小学 95 所，图书馆 2 个，体育场 1 个，医院 21 个。有省级文物保护单位夏津清代宋氏兄弟墓，爱国主义教育基地中共夏津县忠信寨支部遗址，省级非物质文化遗产木板大鼓、马堤吹腔。古迹有东岳庙、大云寺、白龙王庙汉墓群。传统文化艺术有高跷、架鼓、狮子舞、龙灯、旱船、小戏曲（又称"小调子"）等。有国家 AAAA 级风景旅游区黄河故道森林公园，国家湿地公园九龙口湿地、龙湖公园、槐林狩猎场、香雪园、杏坞园和鄃城公园等景点。三次产业比例为 12∶55∶33。农业以种植业为主，主产棉花、小麦、玉米、谷子、花生、大豆等，为省优质棉生产基地县之一，果品有桃、梨、杏、苹果、桑葚、葡萄、山楂等，畜牧业主要养殖牛、羊、猪、鸡。土特产有珍珠琪、布袋鸡、宋楼火烧、后赵庄地瓜、梅庄大葱、椹果等。工业有纺织服装、食品油品、装备制造、精细化工、新能源、生物技术等产业。服务业以商贸物流、生态旅游为主。有青银高速、德商高速、308 国道和省道永馆公路、德商公路等过境。

银城街道 371427-A01

[Yínchéng Jiēdào]

夏津县人民政府驻地。在县境东部。

面积 87 平方千米。人口 7.5 万。2005 年设立。夏津县因盛产棉花，俗称"银夏津"，故名。先后改造道路两侧居民区，建成若干多功能居住小区。有中小学 21 所，文化馆、图书馆 2 个，体育场馆 1 个，医疗卫生机构 2 个。有省级非物质文化遗产木板大鼓。有叶庄寨墙、张希周墓、孔庙大成殿等名胜古迹。有龙湖公园、鄃城公园等景点。农业以种植棉花、小麦、蔬菜、地瓜为主，特色农产品有五彩地瓜。工业以植物油加工、工艺品加工、棉纺织、造纸等业为主。通公交车。

北城街道 371427-A02
[Běichéng Jiēdào]

夏津县辖镇。在县境北部。面积 56 平方千米。人口 4.1 万。2005 年设立。因辖区位于夏津县城区北部，故称北城街道。2007 年建汽贸园、物流园、服装家纺园、食品加工园、工艺品研发中心。2009 年建设赛信食品城、鑫秋农副产品批发市场。有中小学 12 所，文化馆、图书馆 2 个，体育场馆 1 个，医疗卫生机构 1 个。有人民公园等景点。农业以畜牧业为主，主要养殖生猪、肉鸡等。工业有服装加工、工艺品制造、植物油加工、机械配件加工等业。服务业以交通物流业为主，建有物流园区。通公交车。

南城镇 371427-B01
[Nánchéng Zhèn]

夏津县辖镇。在县境南部。面积 52 平方千米。人口 4.3 万。辖 50 村委会，有 55 自然村。镇人民政府驻苗堂村。2000 年以前，分属栾庄乡和朱庙乡。2000 年栾庄乡、朱庙乡合并设夏津镇，2005 年夏津镇析设南城镇。因位于夏津县最南部得名。有中小学 2 所，图书馆 2 个，文化馆 1 个，卫生院 1 个，广场 3 个。有栾庄供销社旧址等古迹。农业主产小麦、玉米、蔬菜等。工业以羊绒加工、棉纺织、化工、电子、金属软管为主，有羊绒市场、粮油批发市场和奶牛交易市场。服务业以交通物流、餐饮业为主。有 308 国道、省道德商公路过境。

宋楼镇 371427-B02
[Sònglóu Zhèn]

夏津县辖镇。在县境西部。面积 34 平方千米。人口 3.4 万。辖 28 村委会，有 33 自然村。镇人民政府驻宋楼村。1956 年设宋楼乡。1958 年并入城关公社。1965 年析设宋楼公社。1984 年复设乡。2001 年撤乡设镇。因镇政府驻地宋楼村得名。有中小学 2 所，图书馆 2 个，文化馆 1 个，卫生院 1 个，广场 1 个。有五龙庙遗址、宋钦墓、宋全墓等古迹。经济以工业为主。农业主产小麦、玉米、棉花、蔬菜等。工业形成以棉纺产业为主导，以油脂、织布、酿酒、新能源、高档木门、运输等为辅的工业结构，有镇工业园。省道永馆公路、德商公路过境。

香赵庄镇 371427-B03
[Xiāngzhàozhuāng Zhèn]

夏津县辖镇。在县境东南部。面积 37 平方千米。人口 2.8 万。辖 37 村委会，有 34 自然村。镇人民政府驻香赵庄。1955 年设香赵庄区。1956 年设东张屯乡。1958 年改香赵庄公社。1984 年改设乡。2002 年撤乡设镇。因镇政府驻地得名。有中小学 3 所，图书馆 3 个，文化馆 1 个，卫生院 1 个，公共绿地 1 个，广场 1 个。有古建筑马桥村马颊桥。农业主产棉花、小麦、玉米，盛产黄瓜、芹菜、西红柿，名优特产有大帘王村黄瓜、纸王头西瓜。畜牧业主要养殖牛、羊、猪、鸡。工业以植物油、纸管加工为特色。有青银高速、308 国道过境。

白马湖镇 371427-B04

[Báimǎhú Zhèn]

夏津县辖镇。在县境西部。面积 68 平方千米。人口 3.6 万。辖 26 村委会，有 26 自然村。镇人民政府驻白马湖村。1950 年属第四区，后属郑保屯公社，后析设白马湖公社，1984 年改设乡。1998 年撤乡设镇。因镇政府驻地得名。有中小学 3 所，图书馆 3 个，文化馆 1 个，卫生院 1 个，广场 1 个。有省级非物质文化遗产马堤吹腔。有古迹清代徐敏征墓。农业以种植棉花、小麦、玉米、瓜菜、花生、大葱为主，有生猪、肉食鸭养殖基地。工业有棉纺织、棉花加工、榨油、酿酒、建材、过滤板、煅后焦、肥料、化工、工艺品、农机件加工等产业，有崔楼绢花、枣林织布、刘庄机械加工、杜堤针刺毯加工等特色产业加工村。有公路经此。

东李官屯镇 371427-B05

[Dōnglǐguāntún Zhèn]

夏津县辖镇。在县境东部。面积 51 平方千米。人口 2.9 万。辖 33 村委会，有 32 自然村。镇人民政府驻东李官屯村。1955 年设李官屯区。1956 年改东李官屯乡。后改公社。1984 年改置镇。因镇政府驻地而得名。马颊河从境内穿过。有中小学 3 所，图书馆 3 个，文化馆 1 个，卫生院 1 个，公共绿地 1 个，广场 1 个。有古遗址大云寺。农业主产棉花、小麦、玉米、大豆、花生、地瓜等，畜牧业主要以蛋鸡、肉食鸭、肉食鸽养殖为主。工业以纺织、植物油、饲料、棉籽深加工等为主。有青银高速过境。

雷集镇 371427-B06

[Léijí Zhèn]

夏津县辖镇。在县境东北部。面积 65 平方千米。人口 4.1 万。辖 57 村委会，有 61 自然村。镇人民政府驻雷集村。1958 年设雷集公社，1984 年改设乡。2000 年与常安集合并设雷集镇。因镇政府驻地而得名。马颊河从境内穿过。有中小学 3 所，图书馆 3 个，文化馆 1 个，卫生院 1 个，广场 1 个。有古迹天齐庙遗址、张青山墓。农业主产小麦、玉米、棉花，盛产大葱、辣椒、瓜菜，有蔬菜产业园。畜牧业主要养殖黄牛。工业以棉纺织、植物油及食品加工为主。特色食品有珍珠琪、金丝面。105 国道、省道永馆公路过境。

苏留庄镇 371427-B07

[Sūliúzhuāng Zhèn]

夏津县辖镇。在县境东北部。面积 101 平方千米。人口 5.3 万。辖 54 村委会，有 54 自然村。镇人民政府驻苏留庄。1956 年设苏留庄乡，后设公社，1984 年撤社设镇。因镇政府驻地得名。六五河、六马河从境内穿过。有中小学 3 所，图书馆 3 个，文化馆 1 个，卫生院 1 个，广场 1 个，国家 AAAA 级旅游景区黄河故道森林公园驻此。有"椹树王传奇""尉迟敬德巧接奇枣树"等传说。农业主产棉花、小麦、玉米、地瓜、花生、林果等，有西杨黄瓜、石堂辣椒、刘堤西红柿、北铺店小葱等专业蔬菜批发市场。畜牧业主要养殖黄牛。工业有棉纺织、果品、木材、蔬菜加工和化工业等。服务业以旅游业、餐饮业为主。省道永馆公路过境。

新盛店镇 371427-B08

[Xīnshèngdiàn Zhèn]

夏津县辖镇。在县境北部。面积 120 平方千米。人口 6.1 万。辖 70 村委会，有 72 自然村。镇人民政府驻新盛店村。1955 年设新盛店区。1956 年改设乡。后改公社。1984 年改置镇。2000 年西李官屯乡并入。因镇政府驻地得名。青年河从境内穿过。

有中小学 3 所，图书馆 3 个，文化馆 1 个，卫生院 1 个，广场 1 个。有爱国主义教育基地中共夏津县忠信寨支部遗址，有古迹夏津古城遗址、汉墓群等。农业主产棉花、小麦、玉米等，盛产辣椒、西瓜、食用菌。畜牧业主要养殖鲁北黄牛和奶牛。工业主要有农机配件、棉纺生产、油料加工、面粉加工、太阳能生产、氩气、橡塑、工艺品制作等。有德商高速和省道永馆公路、德商公路过境。

双庙镇 371427-B09
[Shuāngmiào Zhèn]

夏津县辖镇。在县境西部。面积 39 平方千米。人口 3.3 万。辖 20 村委会，有 22 自然村。镇人民政府驻双庙村。1956 年设双庙乡。后并入城关公社。后析设双庙公社。1984 年复设乡。2002 年撤乡设镇。因镇政府驻地得名。有中小学 2 所，图书馆 2 个，文化馆 1 个，卫生院 1 个，公共绿地 1 个，广场 1 个。有古迹琉璃井、李学禹墓。农业主产棉花、小麦、玉米、花生、葡萄，有葡萄园区。工业以棉花深加工、面粉、油料加工为主。有 308 国道过境。

郑保屯镇 371427-B10
[Zhèngbǎotún Zhèn]

夏津县辖镇。在县境西部。面积 30 平方千米。人口 2.5 万。辖 15 村委会，有 11 自然村。镇人民政府驻郑保屯村。1955 年设郑保屯区。1956 年改设乡。后改公社。1984 年改置镇。因镇政府驻地而得名。徒骇河从境内穿过。有中小学 3 所，图书馆 3 个，文化馆 1 个，卫生院 1 个，广场 1 个。有名胜古迹江南镇遗址、京杭大运河遗址夏津段。农业主产小麦、棉花，盛产大蒜、辣椒。工业以汽车配件、羊绒加工、花炮生产三大特色产业为主。服务业以交通运输业、餐饮业为主，建有大型粮食批发市场。

有青银高速、308 国道过境。

田庄乡 371427-C01
[Tiánzhuāng Xiāng]

夏津县辖乡。在县境西北部。面积 40 平方千米。人口 2.6 万。辖 24 村委会，有 26 自然村。乡人民政府驻田庄。1965 年由城关、李楼 2 公社析设田庄公社。1984 年改设乡。因乡政府驻地得名。西沙河、青年河从境内穿过。有中小学 2 所，图书馆 2 个，文化馆 1 个，卫生院 1 个，广场 1 个。有古迹北张庄民居。农业种植小麦、玉米、花生、棉花等，畜牧业主要养殖肉牛。工业以面条加工、棉纺织、百货批发、化工、工艺品加工、酒饮料加工等为主。有青银高速、省道临武公路过境。

渡口驿乡 371427-C02
[Dùkǒuyì Xiāng]

夏津县辖乡。在县境西北部。面积 48 平方千米。人口 2.2 万。辖 15 村委会，有 15 自然村。乡人民政府驻东渡口驿村。1965 年由郑保屯公社析设渡口驿公社。1984 年改设乡。因乡政府驻地得名。卫运河自边界穿过。有中小学 2 所，图书馆 2 个，文化馆 1 个，卫生院 1 个，广场 1 个。农业以种植玉米、大蒜、棉花、蔬菜、花生为主，畜牧业主要养殖鹌鹑、野猪。工业以棉纺织、纺机购销为主，有纺织设备交易专业市场。有青银高速过境。

社区

朝阳社区 371427-A01-J01
[Cháoyáng Shèqū]

属银城街道管辖。在夏津县城东部。面积 3.1 平方千米。人口 4 600。因辖区内有朝阳公园，故名。2006 年成立。有楼房

16栋，现代建筑风格。驻有夏津县纪委、夏津县委党校、夏津县农业局、夏津县畜牧局、新华书店等单位。有志愿者服务，开展智慧助老、法律援助等活动。通公交车。

泰和社区 371427-A01-J02

[Táihé Shèqū]

属银城街道管辖。在夏津县城南部。面积3.5平方千米。人口6 000。该社区为县政府、县委驻地，因此得名泰和社区。2006年成立。有楼房85栋，现代建筑风格。驻有夏津县委、夏津县政府、夏津县第一中学等单位。有志愿者服务，开展助学支教、智慧助老等活动。通公交车。

兴隆社区 371427-A01-J03

[Xīnglóng Shèqū]

属银城街道管辖。在夏津县城西北部。面积2.8平方千米。人口4 500。因该辖区以商贸批发、经营业户居多而得名。2006年成立。有楼房29栋，现代建筑风格。驻有夏津县医院、邮储银行夏津支行、药材公司等单位。有志愿者服务，开展法律援助、智慧助老等活动。通公交车。

东苑社区 371427-A01-J04

[Dōngyuàn Shèqū]

属银城街道管辖。在夏津县城东北部。面积2.9平方千米。人口6 700。因该社区东起苑庄，西至东关，故得名东苑社区。2006年成立。有楼房31栋，现代建筑风格。驻有夏津县环保局、夏津县国土局等单位。有志愿者服务，开展助学支教、智慧助老、科学普及等活动。通公交车。

育英社区 371427-A01-J05

[Yùyīng Shèqū]

属银城街道管辖。在夏津县城东南部。

面积2.6.平方千米。人口7 500。因周围学校较多，取培育英才之意而得名育英社区。2006年成立。有楼房30栋，现代建筑风格。驻有胶东银行、实验中学、林业局、文广新局、教师进修学校等单位。有志愿者服务，开展助学支教、智慧助老、法律援助等活动。通公交车。

中山社区 371427-A01-J06

[Zhōngshān Shèqū]

属银城街道管辖。在夏津县城西北部。面积2.4平方千米。人口6 500。该社区被中山路横穿，故名中山社区。2006年成立。有楼房16栋，现代建筑风格。驻有体育中心、特巡警大队、商业总公司、外贸公司、防疫站、夏津县第六中学等单位。有志愿者服务，开展助学支教、智慧助老等活动。通公交车。

丰华社区 371427-A01-J07

[Fēnghuá Shèqū]

属银城街道管辖。在夏津县城西南部。面积2.5平方千米。人口7 300。因取丰收华硕的寓意而得名丰华社区。2006年成立。有楼房59栋，现代建筑风格。驻有夏津县水务局、夏津县政协办公室、实验小学等单位。有志愿者服务，开展环境保护、法律援助、科学普及等活动。 通公交车。

康达社区 371427-A01-J08

[Kāngdá Shèqū]

属银城街道管辖。在夏津县城东部。面积2.2平方千米。人口2 900。因取安康发达的意思而得名。2006年成立。有楼房4栋，现代建筑风格。驻有夏津县民政局、夏津县信用联社等单位。有志愿者服务，开展助学支教、智慧助老、科学普及等活动。通公交车。

会盟社区 371427-A02-J01

[Huìméng Shèqū]

属北城街道管辖。在夏津县城北部。面积 3.5 平方千米。人口 45 300。因"会盟要津"得名。2006 年成立。有楼房 185 栋，现代建筑风格。驻有夏津县市场监管局、法院、公路局、人民法院、第二实验小学、气象局、第七中学等单位。有志愿者服务，开展助学支教、智慧助老、科学普及等活动。通公交车。

武城县

武城县 371428

[Wǔchéng Xiàn]

德州市辖县。北纬 37°13′，东经 116°04′。在市境西南部。面积 751 平方千米。人口 39.0 万。辖 1 街道、7 镇。县人民政府驻广运街道。战国为赵武城邑（今武城西北 8 千米）。西汉置东武城县，袭用武城邑名，因古冯翊（今陕西）亦有武城县，故加"东"字；又置东阳县，治今漳南镇，同属清河郡。东汉废东阳县，东武城县属清河国。西晋太康中去"东"字，改为武城县。北齐徙治河北省清河县西北。隋开皇六年（586）还旧治，属清河郡。唐属贝州。宋大观中叶因卫河水患徙治今老城，属恩州。金、元因之。明属东昌府。清属临清州。1914 年属东临道。1925 年属德临道。1928 年属省。1937 年属山东省第四行政督察区。1940 年属鲁西行政区第三专区。1941 年属冀南行政区第六专区，1945 年属第二专区。1949 年属河北省衡水专区。1952 年划回山东省，属德州专区。1956 年属聊城专区。1958 年撤入夏津县。1961 年复置，仍属德州专区（1967 年更名为德州地区）。1973 年徙今治。1994 年属德州市（资料来源：《中华人民共和国地名大词典》）。战国

时属赵地，因地处赵国东境边塞，四无山阜，为防御强齐入侵，岁饬武备，修筑城防以屯兵，是谓武备之城，故名。地处鲁西北黄泛冲积平原，由西南向东北倾斜，平均海拔 26 米。年均气温 12.6℃，1 月平均气温 −3.9℃，7 月平均气温 27.1℃。年均降水量 595.1 毫米。有卫运河、六五河、旧城河、六六河、利民河流经。有黏土、地热等矿产资源。有武城县第一中学等中小学 73 所、图书馆 1 个、体育场馆 1 个、知名文艺团体 1 个、县人民医院等卫生医疗机构 76 个。有国家级文物保护单位四女寺水利枢纽、京杭大运河武城段、省级文物保护单位 1 个、市级文物保护单位四女寺镇达官营村清真寺、老武城遗址、王金铭墓，国家级物质文化遗产 1 个、省级物质文化遗产 1 个、省级非物质文化遗产 3 个、市级非物质文化遗产 7 个。名胜古迹有佛光禅寺、庙留庄清真寺。旅游资源有四女寺风景区、古贝春工业旅游园区、神龙地毯艺术博物馆。三次产业比例为 11.6：55.0：33.4。农业以种植业和畜牧业为主，主产小麦、玉米、棉花，盛产辣椒、食用菌，畜牧业主要养殖驴、牛、羊等。工业主要有汽车零部件、新材料、农副产品深加工、酿酒等。服务业以交通物流业、旅游业为主，建有椒城物流中心、粮食市场，有古贝春酒文化馆等。有青银高速、105 国道和省道临武公路、省道德商公路过境。

广运街道 371428-A01

[Guǎngyùn Jiēdào]

武城县人民政府驻地。在县境东南部。面积 40 平方千米。人口 6.0 万。2003 年设立。广运原为广赞，贝州为武城历史地名，后因运河改称广运。2003 年设立。先后完成历亭路、向阳路、兴武路、古贝春大街、顺河街、漳南街、北方街扩建，2010 年以来，建成若干居住区及商业区。六六河从

境内穿过。有中小学 16 所，图书馆 1 个，知名文艺团体 1 个，医疗卫生机构 4 个。有省级文物保护单位古贝州遗址，省级非物质文化遗产古贝春酒传统酿造技艺。有四面牌坊、四大庙宇、贝州八景七十二洞、文会斋等古迹。有四海升平雕塑等标志性建筑物。农业以特色养殖业为主。工业主要有生物化工、汽车配件、水泥制品、玻璃钢加工、棉花加工、橡塑制品、特种纤维、农资化工等业。服务业以旅游业、餐饮业为主。有武城长途汽车站。

武城镇 371428-B01
[Wǔchéng Zhèn]

武城县辖镇。在县境东部。面积 150 平方千米。人口 5.6 万。辖 31 村委会，有 73 自然村。镇人民政府驻振华街。1956 年由恩县划归武城县。1958 年设旧城公社。1984 年改置武城镇。1993 年原梁庄乡并入，2000 年原董王庄乡、大屯乡并入。因原为武城县政府驻地，故名。旧城河、六五河、赵庄沟从境内穿过。有中小学 11 所，卫生院 1 个。有陈公堤、西岳觉寺墓、烽火台遗址。农作物以粮食、棉花种植为主，建有现代农业示范基地、蔬菜种植基地，"拴马棚"牌韭菜、"康寿园"牌永莲蜜桃通过国家有机认证。工业以农副产品加工、汽车零部件、机械加工、纺织、新型材料为主，是武城县辣椒生产加工基地。服务业以旅游业为主，有金水湾生态园。中国武城辣椒城是国家级专业交易市场商品集散地。有 105 国道过境。

老城镇 371428-B02
[Lǎochéng Zhèn]

武城县辖镇。在县境西南部。面积 107 平方千米。人口 6.6 万。辖 33 村委会，有 50 自然村。镇人民政府驻北街村。1981 年由城关公社析设老城公社。1984 年改置镇。

1996 年原祝官屯乡的 9 个村庄划入，2011 年杨庄镇并入。因系原武城县城旧址，故名。卫运河、沙河从境内穿过。有中小学 11 所，卫生院 1 个。有爱国主义教育基地王金铭纪念馆，戚庄抗日烈士陵园，国家级非物质文化遗产柳子戏，省级非物质文化遗产南屯花杠、运河船工号子，吕洼村被列为国家级非物质文化遗产保护传承基地。名胜古迹有老武城遗址、东司庙、姑嫂坟、赵庄大杨树。农业以种植特色农产品为主，畜牧业以奶牛养殖为主。工业有棉纺织、棉花加工、浸出油、酿酒、织布、地毯、农机修配、机械制造等业，是全国知名的棉花收购加工基地，"奥绒"牌服装、"贝州春"牌白酒被评为山东省著名商标。服务业以商贸流通业为主，建有棉花交易市场。武城名吃"旋饼"为"山东名小吃"。有公路经此。

郝王庄镇 371428-B03
[Hǎowángzhuāng Zhèn]

武城县辖镇。在县境东北部。面积 54 平方千米。人口 2.6 万。辖 16 村委会，有 34 自然村。镇人民政府驻郝二村。1958 年由王杲铺公社析设郝王庄公社。1984 年改设乡。2000 年撤乡设镇。因镇政府驻地村得名。六五河从境内穿过。有小学 5 所，卫生院 1 个。有名胜古迹陈公堤、大吕王庄墓群、岳官屯墓群。农业以特色现代农业为主，名优特产有朝天椒、子弹头小辣椒、双孢菇。林业以林棉、林粮、林菌间作和林禽养殖为主。畜牧业主要是奶牛、肉牛、羊、猪、鸡、狐狸养殖。工业主要有大豆分离蛋白、浸出油、辣椒加工、食品加工、棉花加工、铸造、弹簧等业。服务业以生态旅游业为主，建有经济林风景园、水产垂钓园、植物生态园等主题精品园。有德上高速、105 国道过境。

鲁权屯镇 371428-B04

[Lǔquántún Zhèn]

武城县辖镇。在县境西北部。面积 165 平方千米。人口 7.1 万。辖 40 村委会，有 82 自然村。镇人民政府驻王贤屯。1965 年由滕庄公社析设鲁权屯公社。1984 年改设乡。1993 年改置镇；2009 年原滕庄镇划入。因原镇政府驻地鲁权屯村而得名。卫运河、利民河从境内穿过。有中小学 12 所，卫生院 1 个。有古迹高鸡泊遗址。农业以种植业为主，养殖鸡、猪。工业主要有玻璃钢、铝合金、胶木轴瓦、裘皮生产等业，是全国重要的玻璃钢生产基地。服务业以旅游业为主，有隋唐文化旅游区、窦建德文化公园。省道德商公路过境，设鲁权屯镇客运站。

四女寺镇 371428-B05

[Sìnǚsì Zhèn]

武城县辖镇。在县境东北部。面积 102 平方千米。人口 4.2 万。以汉族为主，还有回等民族。辖 27 村委会，有 62 自然村。镇人民政府驻聂官屯村。1958 年设四女寺公社。1984 年改置镇。2000 年 5 月原四女寺镇并入滕庄镇，2009 年 6 月并入鲁权屯镇，2011 年 1 月，原四女寺辖区和郝王庄镇的蔡村等 26 村恢复成立四女寺镇。因镇政府原驻地村而得名。京杭大运河、减河从境内穿过。有中小学 9 所，卫生院 1 个。有国家重点文物保护单位四女寺水利枢纽，四女寺村、吕庄子村为省级传统村落。农业以现代种植业为主，建有大棚蔬菜示范基地。工业有装饰板材、混凝土、食品加工等。服务业以旅游业为主，有四女寺安乐古镇文化旅游区、佛教文化博物馆等。有德上高速、105 国道、省道德商公路过境。

甲马营镇 371428-B06

[Jiǎmǎyíng Zhèn]

武城县辖镇。在县境西部。面积 75 平方千米。人口 3.6 万。辖 18 村委会，有 33 自然村。镇人民政府驻甲马营村。1958 年设甲马营公社。1984 年改设乡，2010 年改置镇。因镇政府驻地村得名。卫运河、利民河、沙河沟从境内穿过。有小学 4 所，卫生院 1 个。有古迹东阳县遗址、董白三墓群。主要农作物有棉花、玉米、谷子、大豆，建有龙湾粮食市场。盛产西瓜、大白菜、辣椒、食用菌，是德州市良种繁育基地。畜牧业以奶牛养殖为主。工业以汽车零部件加工、油棉加工、粮食加工营销、三轮运输车生产加工、花炮加工为主。有德上高速、省道临武公路过境。

李家户镇 371428-B07

[Lǐjiāhù Zhèn]

武城县辖镇。在县境西南部。面积 67 平方千米。人口 3.1 万。辖 15 村委会，有 27 自然村。镇人民政府驻李家户村。1958 年设李家户公社，1984 年改设乡。2011 年撤乡建镇。因镇政府驻地村而得名。有小学 8 所，卫生院 1 个。有古迹王家户遗址、辛庄王家岗子墓地。主要农作物有小麦、玉米、棉花，盛产辣椒、西瓜、食用菌。畜牧业以奶牛养殖为主。工业以粮棉加工、纺织、油料加工为主。省道德商公路过境，设李家户镇客运站。

旧地名

马庄乡（旧） 371428-U01

[Mǎzhuāng Xiāng]

在武城县北部。武城县辖乡。1984 年设立。2000 年撤销，并入鲁权屯镇。

董王庄乡（旧） 371428-U02
[Dǒngwángzhuāng Xiāng]

在武城县东南部。武城县辖乡。1958年设立。2000年撤销，并入武城镇。

滕庄乡（旧） 371428-U03
[Téngzhuāng Xiāng]

在武城县北部。武城县辖乡。1984年设立。2009年撤销，并入鲁权屯镇。

大屯乡（旧） 371428-U04
[Dàtún Xiāng]

在武城县东部。武城县辖乡。1984年设立。2000年撤销，并入武城镇。

蔡村乡（旧） 371428-U05
[Càicūn Xiāng]

在武城县东北部。武城县辖乡。1984年设立。2000年撤销，并入郝王庄镇。

祝官屯乡（旧） 371428-U06
[Zhùguāntún Xiāng]

在武城县西南部。武城县辖乡。1984年设立。1996年撤销，并入老城镇。

杨庄乡（旧） 371428-U07
[Yángzhuāng Xiāng]

在武城县西南部。武城县辖乡。1984年设立。2010年改为杨庄镇。2011年撤销，并入老城镇。

梁庄乡（旧） 371428-U08
[Liángzhuāng Xiāng]

在武城县西部。武城县辖乡。1984年设立。1993年撤销，并入武城镇。

社区

振东社区 371428-A01-J01
[Zhèndōng Shèqū]

属广运街道管辖。在武城县东部。面积1.7平方千米。人口10 000。因管辖范围位于振华东街而得名。2003年成立。有楼房206栋，现代建筑风格。驻有武城镇人民政府、武城县人民检察院等单位。有老年日间照料中心，开展儿童阅读日等活动。通公交车。

振华社区 371428-A01-J02
[Zhènhuá Shèqū]

属广运街道管辖。在武城县西部。面积2.0平方千米。人口25 000。因管辖范围位于振华街两侧而得名。2003年成立。有楼房146栋，现代建筑风格。驻有武城县人民政府等单位。有老年日间照料中心，开展寒假课堂等活动。通公交车。

漳南社区 371428-A01-J03
[Zhāngnán Shèqū]

属广运街道管辖。在武城县中部。面积5.4平方千米。人口26 500。因管辖范围位于漳南街两侧而得名。2003年成立。有楼房133栋，现代建筑风格。驻有武城县中医院等单位。有老年日间照料中心，开展慰问留守老人等活动。通公交车。

贝州社区 371428-A01-J04
[Bèizhōu Shèqū]

属广运街道管辖。在武城县南部。面积4.2平方千米。人口7 000。因管辖范围内的"贝州市场"得名。2003年成立。有楼房25栋，现代建筑风格。驻有武城汽车站等单位。有老年日间照料中心，开展"庆七一·颂党恩"等活动。通公交车。

兴隆社区 371428-A01-J05

[Xīnglóng Shèqū]

　　属广运街道管辖。在武城县西部。面积2.5平方千米。人口9 300。因管辖范围位于兴隆街两侧而得名。2003年成立。有楼房58栋，现代建筑风格。驻有武城县第二实验小学等单位。老年日间照料中心，开展"党徽耀夕阳"等活动。通公交车。

兴武社区 371428-A01-J06

[Xīngwǔ Shèqū]

　　属广运街道管辖。在武城县北部。面积2.5平方千米。人口5 000。因管辖范围位于兴武路两侧而得名。2003年成立。有楼房30栋，现代建筑风格。驻有武城县民政局等单位。开展慰问困难老人等活动。通公交车。

二 居民点

德城区

城市居民点

医药大楼 371402-I01
[Yīyào Dàlóu]

在德城区中部。人口 900。总面积 0.6 公顷。为原德州医药公司建造的高层员工宿舍，故取名医药大楼。1991 年 3 月始建，同年 11 月正式使用。建筑总面积 30 000 平方米，高层住宅楼 3 栋，现代建筑风格，绿化率 25%。有便民超市、卫生所等配套设施。通公交车。

市直小区 371402-I02
[Shìzhí Xiǎoqū]

在德城区中部。人口 3 100。总面积 2.0 公顷。主要居民为市直机关在岗职工及其家属，故取名市直小区。1998 年 4 月始建，1999 年 11 月正式使用。建筑总面积 120 000 平方米，多层住宅楼 31 栋，现代建筑风格，绿化率 25%。有便民超市、卫生所等配套设施。通公交车。

天衢小区 371402-I03
[Tiānqú Xiǎoqū]

在德城区中部。人口 3 900。总面积 7.0 公顷。因小区南侧紧临辖区内重要地理实体天衢路，故取名天衢小区。1988 年 6 月始建，1990 年 3 月正式使用。建筑总面积 82 000 平方米，多层住宅楼 37 栋，现代建筑风格，绿化率 25%。有便民超市、卫生所等配套设施。通公交车。

小锅市街 371402-I04
[Xiǎoguōshìjiē]

在德城区西北部。人口 1 400。总面积 17.0 公顷。明朝，因此地置有装卸码头，经常在此卸锅，故名卸锅市，1983 年改称谐音小锅市。该处为小锅市居民陆续修建砖混结构自助平房片区。建筑总面积 85 000 平方米，平房 415 栋，现代建筑风格，绿化率 25%。有便民超市、卫生所等配套设施。通公交车。

北园小区 371402-I05
[Běiyuán Xiǎoqū]

在德城区中北部。人口 10 300。总面积 30.0 公顷。该地原为北园村所在地，后在此处修建住宅小区，直接取"北园"为小区命名。1987 年 7 月始建，1989 年 5 月正式使用。建筑总面积 224 000 平方米，多层住宅楼 84 栋，现代建筑风格，绿化率 25%。有小学、幼儿园、便民超市、卫生所等配套设施。通公交车。

水电新景苑 371402-I06
[Shuǐdiàn Xīnjǐngyuàn]

在德城区中部。人口 3 200。总面积 4.6 公顷。"水电"代指中国水电十三局，"新景苑"寓意除旧立新、新景呈现。1963 年

6 月始建，1965 年 9 月正式使用。建筑总面积 100 000 平方米，住宅楼 22 栋，其中高层 4 栋、多层 18 栋，现代建筑风格，绿化率 25%。有便民超市、卫生所等配套设施。通公交车。

南营小区 371402-I07
[Nányíng Xiǎoqū]

在德城区西南部。人口 600。总面积 1.4 公顷。因临近南营街，故取名南营小区。2002 年 6 月始建，2004 年 3 月正式使用。建筑总面积 20 000 平方米，高层住宅楼 4 栋，现代建筑风格，绿化率 25%。有便民超市、卫生所等配套设施。通公交车。

五环庄园 371402-I08
[Wǔhuán Zhuāngyuán]

在德城区西北部。人口 1 400。总面积 3.1 公顷。因临近五环体育馆，故名。2002 年 7 月始建，2003 年 10 月正式使用。建筑总面积 54 000 平方米，多层住宅楼 16 栋，现代建筑风格，绿化率 25%。有幼儿园、便民超市、卫生所等配套设施。通公交车。

德州监狱宿舍 371402-I09
[Dézhōu Jiānyù Sùshè]

在德城区东北部。人口 3 000。总面积 13.3 公顷。是德州监狱局为职工建设的住宅小区，故名。1977 年 3 月始建，1979 年 6 月正式使用。建筑总面积 62 000 平方米，多层住宅楼 16 栋，现代建筑风格，绿化率 25%。有便民超市、卫生所等配套设施。通公交车。

德州军分区第一干休所 371402-I10
[Dézhōu Jūnfēnqū Dìyī Gànxiūsuǒ]

在德城区南部。人口 100。总面积 0.8 公顷。为德州军分区建设的住宅项目，故名。2004 年 8 月始建，2006 年 3 月正式使用。

总面积 5 000 平方米，多层住宅楼 4 栋，现代建筑风格，绿化率 25%。有便民超市、卫生所等配套设施。通公交车。

德城区区委宿舍 371402-I11
[Déchēng Qū Qūwěi Sùshè]

在德城区西部。人口 100。总面积 0.45 公顷。德城区委开发修建的职工宿舍，故名。1995 年 4 月始建，1996 年 11 月正式使用。建筑总面积 4 000 平方米，多层住宅楼 12 栋，现代建筑风格，绿化率 25%，有便民超市、卫生所等配套设施。通公交车。

德州市第一中学宿舍 371402-I12
[Dézhōu Shì Dìyī Zhōngxué Sùshè]

在德城区北部。人口 300。总面积 0.2 公顷。由德州市第一中学开发修建，故名。1992 年 1 月始建，1993 年 10 月正式使用。建筑总面积 18 000 平方米，多层住宅楼 3 栋，现代建筑风格，绿化率 25%。有便民超市、卫生所等配套设施。通公交车。

德州市工商银行宿舍 371402-I13
[Dézhōu Shì Gōngshāng Yínháng Sùshè]

在德城区东北部。人口 200。总面积 0.7 公顷。是由德州市工商银行建设的职工宿舍，故名。1992 年 8 月始建，1994 年 12 月正式使用。总面积 4 000 平方米，多层住宅楼 3 栋，现代建筑风格，绿化率 25%。有小学、幼儿园、便民超市、卫生所等配套设施。通公交车。

贵都花园小区 371402-I14
[Guìdū Huāyuán Xiǎoqū]

在德城区东北部。人口 1 100。总面积 4.3 公顷。由德州市贵都房地产开发有限公司开发建设，故名。2002 年 4 月始建，2003 年 9 月正式使用。建筑总面积 38 000 平方米，多层住宅楼 11 栋，现代建筑风格，绿化率 25%。有便民超市、卫生所等配套设施。通公交车。

皇锦园小区 371402–I15
[Huángjǐnyuán Xiǎoqū]

在德城区西南部。人口 300。总面积 0.3 公顷。"皇锦"与"黄金"谐音,寓意富贵吉祥、财源广进。2004 年 7 月始建,2005 年 10 月正式使用。建筑总面积 9 000 平方米,多层住宅楼 3 栋,现代建筑风格,绿化率 25%。有便民超市、卫生所等配套设施。通公交车。

聚秀城小区 371402–I16
[Jùxiùchéng Xiǎoqū]

在德城区西北部。人口 1 000。总面积 4.0 公顷。因项目邻近德州古城西门"聚秀门"而得名,取"纳秀聚灵之地"之意。2011 年 10 月始建,2014 年 3 月正式使用。建筑总面积 150 000 平方米,高层住宅楼 10 栋,现代建筑风格,绿化率 25%。有便民超市、卫生所等配套设施。通公交车。

南龙国际花园 371402–I17
[Nánlóng Gúojì Huāyuán]

在德城区东北部。人口 5 600。总面积 10.0 公顷。由德州南龙房地产公司开发建设,故名。2004 年 5 月始建,2006 年 7 月正式使用。建筑总面积 200 000 平方米,住宅楼 37 栋,其中高层 12 栋、多层 25 栋,现代建筑风格,绿化率 25%。有幼儿园、便民超市、卫生所等配套设施。通公交车。

新湖春天小区 371402–I18
[Xīnhúchūntiān Xiǎoqū]

在德城区东南部。人口 900。总面积 1.0 公顷。因小区建在新湖路,北临新湖风景小区,取名新湖春天小区。2006 年 2 月始建,2007 年 6 月正式使用。建筑总面积 57 000

平方米,高层住宅楼 2 栋,现代建筑风格,绿化率 25%。有幼儿园、便民超市、卫生所等配套设施。通公交车。

兴河湾小区 371402–I19
[Xīnghéwān Xiǎoqū]

在德城区东南部。人口 3 000。总面积 0.2 公顷。因临近河流,并取兴旺之意,故名。2010 年 3 月始建,2011 年 8 月正式使用。建筑总面积 23 000 平方米,住宅楼 28 栋,其中高层 18 栋、多层 10 栋,现代建筑风格,绿化率 25%。有幼儿园、便民超市、卫生所等配套设施。通公交车。

华腾家园 371402–I20
[Huáténg Jiāyuán]

在德城区南部。人口 900。总面积 3.0 公顷。由华腾置业房地产公司开发建设,取名华腾家园。2005 年 4 月始建,2006 年 8 月正式使用。建筑总面积 50 000 平方米,多层住宅楼 7 栋,现代建筑风格,绿化率 25%。有便民超市、卫生所等配套设施。通公交车。

嘉御园小区 371402–I21
[Jiāyùyuán Xiǎoqū]

在德城区南部。人口 3 600。总面积 6 公顷。由嘉泰置业有限公司开发建设,取名嘉御园小区。2012 年 8 月始建,2014 年 1 月正式使用。建筑总面积 120 000 平方米,住宅楼 28 栋,其中高层 3 栋、多层 25 栋,现代建筑风格,绿化率 25%。有小学、中学、幼儿园、便民超市、卫生所等配套设施。通公交车。

阳光花园小区 371402–I22
[Yángguānghuāyuán Xiǎoqū]

在德城区南部。人口 5 300。总面积 11.3 公顷。以嘉言命名。2003 年 5 月始建,

2004 年 10 月正式使用。建筑总面积 150 000 平方米，住宅楼 33 栋，其中高层 2 栋、多层 31 栋，现代建筑风格，绿化率 30%。有便民超市、卫生所等配套设施。通公交车。

南源港湾 371402-I23

[Nányuán Gǎngwān]

在德城区南部。人口 1 500。总面积 1.9 公顷。由德州通源房地产开发有限公司开发建设，取名南源港湾。2006 年 7 月始建，2007 年 12 月正式使用。建筑总面积 40 000 平方米，多层住宅楼 10 栋，现代建筑风格，绿化率 25%。有便民超市、卫生所等配套设施。通公交车。

金腾豪庭小区 371402-I24

[Jīnténgháotíng Xiǎoqū]

在德城区南部。人口 1 200。总面积 2.5 公顷。寓意金融腾飞的地方，豪华的住宅。2012 年 5 月始建，2013 年 10 月正式使用。建筑总面积 49 000 平方米，高层住宅楼 6 栋，现代建筑风格，绿化率 25%。有便民超市、卫生所等配套设施。通公交车。

联兴小区 371402-I25

[Liánxīng Xiǎoqū]

在德城区东南部。人口 1 000。总面积 1.4 公顷。由山东联兴房地产开发公司开发建设，故名。1994 年 6 月始建，1996 年 3 月正式使用。建筑总面积 22 000 平方米，多层住宅楼 7 栋，现代建筑风格，绿化率 25%。有便民超市、卫生所等配套设施。通公交车。

中原纺织小区 371402-I26

[Zhōngyuánfǎngzhī Xiǎoqū]

在德城区东北部。人口 1 500。总面积 6 公顷。因小区所属单位是中原纺织厂，故名。2007 年 6 月始建，2008 年 9 月正式使用。建筑总面积 46 000 平方米，多层住宅楼 9 栋，现代建筑风格，绿化率 25%。有便民超市、卫生所等配套设施。通公交车。

如意苑小区 371402-I27

[Rúyìyuàn Xiǎoqū]

在德城区西北部。人口 800。总面积 2.6 公顷。寓意为"吉祥如意"，故名。2010 年 9 月始建，2012 年 3 月正式使用。建筑总面积 25 000 平方米，多层住宅楼 16 栋，现代建筑风格，绿化率 25%。有便民超市、卫生所等配套设施。通公交车。

名仕雅居 371402-I28

[Míngshì Yǎjū]

在德城区北部。人口 1 900。总面积 6 公顷。寓意"高雅"，故名。2009 年 10 月始建，2010 年 11 月正式使用。建筑总面积 60 000 平方米，多层住宅楼 19 栋，现代建筑风格，绿化率 30%。有便民超市、卫生所等配套设施。通公交车。

嘉泰园小区 371402-I29

[Jiātàiyuán Xiǎoqū]

在德城区北部。人口 200。总面积 0.5 公顷。由嘉泰集团命名。2012 年 4 月始建，2013 年 8 月正式使用。建筑总面积 40 000 平方米，多层住宅楼 7 栋，现代建筑风格，绿化率 30%。有便民超市、卫生所等配套设施。通公交车。

领秀天衢小区 371402-I30

[Lǐngxiùtiānqú Xiǎoqū]

在德城区东北部。人口 2 300。总面积 6.2 公顷。意为天衢街道最好之地，尊贵之所，故名。2008 年 3 月始建，2009 年 12 月正式使用。建筑总面积 300 000 平方米，住宅楼 60 栋，其中高层 35 栋、多层 25 栋。现代建筑风格，绿化率 30%。有幼儿园、便民超市、卫生所等配套设施。通公交车。

绿景家园小区 371402-I31
[Lùjǐngjiāyuán Xiǎoqū]

在德城区东北部。人口700。总面积2.3公顷。寓意"绿意盎然",故名。2008年5月始建,2010年4月正式使用。建筑总面积300 000平方米,多层住宅楼15栋,现代建筑风格,绿化率30%。有便民超市、卫生所等配套设施。通公交车。

亚太小区 371402-I32
[Yàtài Xiǎoqū]

在德城区北部。人口1 100。总面积2.1公顷。由开发商亚太集团命名。一期2009年6月始建,2010年12月正式使用。二期2010年8月始建,2011年10月正式使用。建筑总面积38 000平方米,多层住宅楼8栋,现代建筑风格,绿化率30%。有便民超市、卫生所等配套设施。通公交车。

岔河安居小区 371402-I33
[Chàhé'ānjū Xiǎoqū]

在德城区东北部。人口700。总面积2.0公顷。临近岔河,取安居乐业之意,故名。1995年6月始建,1997年2月正式使用。建筑总面积267 000平方米,高层住宅楼83栋,现代建筑风格,绿化率30%。有便民超市、卫生所等配套设施。通公交车。

嘉诚名居小区 371402-I34
[Jiāchéngmíngjū Xiǎoqū]

在德城区东北部。人口3 500。总面积8.5公顷。2004年由嘉诚置业集团开发投资建设,故名。2004年6月始建,2005年11月正式使用。建筑总面积118 000平方米,多层住宅楼28栋,现代建筑风格,绿化率30%。有便民超市、卫生所等配套设施。通公交车。

东方家园 371402-I35
[Dōngfāng Jiāyuán]

在德城区东北部。人口2 000。面积10.24公顷。因其位于东方红路而得名。2002年6月始建,2003年10月正式使用。建筑总面积95 000平方米,高层住宅楼26栋,现代建筑风格,绿化率30%。有便民超市、卫生所等配套设施。通公交车。

德兴·安然居 371402-I36
[Déxīng Ānránjū]

在德城区东北部。人口2 000。总面积3.3公顷。1995年由德兴集团房地产开发投资建设,取平安泰然的居所之意,故名。1995年4月始建,1996年9月正式使用。建筑总面积42 000平方米,中高层住宅楼15栋,现代建筑风格,绿化率30%。有便民超市、卫生所等配套设施。通公交车。

康宁·静雅园 371402-I37
[Kāngníng Jìngyǎyuán]

在德城区东北部。人口600。总面积1.0公顷。取安静、优雅之意,故名。2008年3月始建,2009年9月正式使用。建筑总面积21 000平方米,高层住宅楼6栋,现代建筑风格,绿化率30%。有便民超市、卫生所等配套设施。通公交车。

唐人公馆 371402-I38
[Tángrén Gōngguǎn]

在德城区东北部。人口600。总面积26.4公顷。由德州立天唐人置业有限公司投资建设,故名。2012年6月始建,2013年11月正式使用。建筑总面积325 000平方米,高层住宅楼9栋,现代建筑风格,绿化率25%。绿化率30%。有便民超市、卫生所等配套设施。通公交车。

天衢名郡 371402-I39
[Tiānqú Míngjùn]

在德城区东北部。人口 2 700。总面积 2.3 公顷。因其临近天衢路得名。2012 年 7 月始建，2013 年 11 月正式使用。建筑总面积 150 000 平方米，高层住宅楼 6 栋，现代建筑风格，绿化率 30%。有便民超市、卫生所等配套设施。通公交车。

雅苑 371402-I40
[Yǎ Yuàn]

在德城区东南部。人口 1 500。总面积 3.0 公顷。取优雅庭苑之意命名。2000 年 4 月始建，2002 年 11 月正式使用。建筑总面积 51 000 平方米，住宅楼 14 栋，其中高层 1 栋、多层 13 栋，现代建筑风格，绿化率 25%。有便民超市、卫生所等配套设施。通公交车。

星河苑 371402-I41
[Xīnghé Yuàn]

在德城区东北部。人口 200。总面积 0.2 公顷。借夜空星河美景命名。2004 年 6 月始建，2005 年 10 月正式使用。建筑总面积 6 000 平方米，高层住宅楼 2 栋，现代建筑风格，绿化率 30%。有便民超市、卫生所等配套设施。通公交车。

丹若园 371402-I42
[Dānruò Yuán]

在德城区东北部。人口 1 200。总面积 2.9 公顷。丹若是石榴的别名。石榴寓意多子多福、家族兴旺，石榴花象征着喜气、热烈，故取名丹若园。2007 年 6 月始建，2008 年 10 月正式使用。建筑总面积 46 000 平方米，高层住宅楼 11 栋，现代建筑风格，绿化率 25%。有便民超市、卫生所等配套设施。通公交车。

金都花园 371402-I43
[Jīndū Huāyuán]

在德城区东南部。人口 1 000。总面积 3.6 公顷。由建筑商得名。2012 年 3 月始建，2013 年 10 月正式使用。建筑总面积 43 000 平方米，高层住宅楼 6 栋，现代建筑风格，绿化率 25%。绿化率 30%。有便民超市、卫生所等配套设施。通公交车。

帝景苑 371402-I44
[Dìjǐng Yuàn]

在德城区东南部。人口 1 100。总面积 1.0 公顷。因坐落于新老城区交汇处黄金地段，紧依东方红西路，东望锦绣川风景区，西眺新湖风景区，象征皇帝看到的自然美景尽收眼底而命名。2006 年 6 月始建，2007 年 10 月正式使用。建筑总面积 540 000 平方米，高层住宅楼 4 栋，现代建筑风格，绿化率 25%。有便民超市、卫生所等配套设施。通公交车。

锦绣安然苑小区 371402-I45
[Jǐnxiù'ānrányuàn Xiǎoqū]

在德城区东南部。人口 300。总面积 0.3 公顷。由开发商山东安然集团开发建设，以毗邻锦绣川风景区和开发商公司名称而命名。2011 年 8 月始建，2012 年 10 月正式使用。建筑总面积 620 000 平方米，多层住宅楼 6 栋，现代建筑风格，绿化率 25%。有便民超市、卫生所等配套设施。通公交车。

文化小区 371402-I46
[Wénhuà Xiǎoqū]

在德城区东北部。人口 1 200。总面积 23.0 公顷。因小区为市文广新局职工及家属宿舍，故名。1971 年 7 月始建，1973 年 9 月正式使用。建筑总面积 360 000 平方米，

多层住宅楼 13 栋，现代建筑风格，绿化率
25%。有便民超市、卫生所等配套设施。通
公交车。

长城嘉苑 371402-I47
[Chángchéng Jiāyuàn]

在德城区东南部。人口 300。总面积
13.0 公顷。因小区居住户多为部队在职或
转业军人，军队被称为"人民的钢铁长城"
故名。2009 年 4 月始建，2010 年 10 月正
式使用。建筑总面积 110 000 平方米，多
层住宅楼 2 栋，现代建筑风格，绿化率
25%。有便民超市、卫生所等配套设施。
通公交车。

金紫荆花园小区 371402-I48
[Jīnzǐjīnghuāyuán Xiǎoqū]

在德城区东南部。人口 1 400。总面
积 25.0 公顷。因小区广场的正前方有一座
象征永远盛开的金色紫荆花雕塑，故名。
2009 年 6 月始建，2010 年 10 月正式使用。
建筑总面积 625 000 平方米，高层住宅楼 6
栋，现代建筑风格，绿化率 30%。有便民
超市、卫生所等配套设施。通公交车。

佰利金湖湾 371402-I49
[Bǎilì Jīnhúwān]

在德城区西部。人口 4 200。总面积 2
公顷。由佰利置业有限责任公司投资建设，
因在龙运湖畔而得名。2012 年 5 月始建，
2013 年 10 月正式使用。建筑总面积 120 000
平方米，高层住宅楼 11 栋，现代建筑风格，
绿化率 30%。有便民超市、卫生所等配套
设施。通公交车。

健康家园 371402-I50
[Jiànkāng Jiāyuán]

在德城区西南部。人口 600。总面积 1.2
公顷。以所临街道名称而命名。2005 年 3

月始建，2006 年 9 月正式使用。建筑总面
积 16 000 平方米，多层住宅楼 34 栋，现代
建筑风格，绿化率 30%。有便民超市、卫
生所等配套设施。通公交车。

德兴·陶然居 371402-I51
[Déxīng Táoránjū]

在德城区西南部。人口 1 500。总面积
2.7 公顷。2008 年由山东安然集团开发商投
资建设，以吉祥嘉言命名。2007 年 7 月始建，
2008 年 9 月正式使用。建筑总面积 48 000
平方米，多层住宅楼 10 栋，现代建筑风格，
绿化率 30%。有便民超市、卫生所等配套
设施。通公交车。

华夏小区 371402-I52
[Huáxià Xiǎoqū]

在德城区西南部。人口 800。总面积
0.7 公顷。1991 年 10 月始建，1993 年 6 月
正式使用。建筑总面积 11 000 平方米，高
层住宅楼 2 栋，现代建筑风格，另有平房，
绿化率 30%。有便民超市、卫生所等配套
设施。通公交车。

凤凰雅苑 371402-I53
[Fènghuáng Yǎyuàn]

在德城区东南部。人口 1 500。总面
积 0.5 公顷。以本小区地形像凤凰而命名。
2002 年 1 月始建，2003 年 6 月正式使用。
建筑总面积 4 500 平方米，多层住宅楼 17 栋，
现代建筑风格，绿化率 30%。有便民超市、
卫生所等配套设施。通公交车。

运河名仕港 371402-I54
[Yùnhé Míngshìgǎng]

在德城区东北部。人口 1 200。总面积
0.15 公顷。2009 年 4 月始建，2010 年 6 月
正式使用。建筑总面积 1 000 000 平方米，
多层住宅楼 7 栋，现代建筑风格，绿化率

30%。有便民超市、卫生所等配套设施。通公交车。

新港湾小区 371402-I55
［Xīngǎngwān Xiǎoqū］

在德城区西部。人口2 300。总面积1.2公顷。因新港街而命名。2003年8月始建，2004年9月正式使用。建筑总面积60 000平方米，多层住宅楼17栋，现代建筑风格，绿化率30%。有便民超市、卫生所等配套设施。通公交车。

时代花园 371402-I56
［Shídài Huāyuán］

在德城区西部。人口2 600。总面积0.2公顷。寓意与时俱进，故名。2007年3月始建，2008年6月正式使用。建筑总面积80 000平方米，多层住宅楼21栋，现代建筑风格，绿化率30%。有便民超市、卫生所等配套设施。通公交车。

双企小区 371402-I57
［Shuāngqǐ Xiǎoqū］

在德城区西北部。人口300。总面积0.9公顷。该处为德棉集团与华鲁恒升两家企业联合开发的住宅小区，取名双企，寓意双方合作，互惠共赢。2001年4月始建，2002年8月正式使用。建筑总面积10 000平方米，多层住宅楼4栋，现代建筑风格，绿化率25%。有便民超市、卫生所等配套设施。通公交车。

运河景园 371402-I58
［Yùnhé Jǐngyuán］

在德城区东南部。人口500。总面积1.5公顷。因临古运河而命名。2006年5月始建，2007年9月正式使用。建筑总面积13 000平方米，多层住宅楼4栋，现代建筑风格，绿化率30%。有便民超市、卫生所等配套设施。通公交车。

丰泽园小区 371402-I59
［Fēngzéyuán Xiǎoqū］

在德城区东南部。人口4 500。总面积7.7公顷。以这里是风调雨顺，五谷丰登之地而命名。2004年6月始建，2005年9月正式使用。建筑总面积124 000平方米，多层住宅楼31栋，现代建筑风格，绿化率30%。有便民超市、卫生所等配套设施。通公交车。

农村居民点

凉水井 371402-A02-H01
［Liángshuǐjǐng］

在区驻地新湖街道东南方向4.7千米。新华街道辖自然村。人口700。明朝燕王扫北时，顾、袁两姓自山西洪洞县迁来，取名顾家沟。清朝时，一朝廷命官夏季南巡，至此村时口渴难忍，命人从井中汲井水解渴，井水清凉适口，故此井得名凉水井，此村也改名为凉水井。聚落呈团块状。经济以种植业为主，主要种植小麦、玉米等农作物。有公路经此。

何庄 371402-A02-H02
［Hézhuāng］

在区驻地新湖街道东南方向7.6千米。新华街道辖自然村。人口600。明永乐年间，王姓由山西洪洞县迁来，后有一何姓官员途经此村，惠以饮水井一眼，为纪念此官员，得名何庄。聚落呈团块状。经济以种植业为主，主要种植小麦、玉米等农作物。有公路经此。

大刘庄 371402-A02-H03
[Dàliúzhuāng]

在区驻地新湖街道东南方向 6.2 千米。新华街道辖自然村。人口 8 100。明初有一刘姓人家在此落户，后人们搬迁至此，在此建村，以刘姓为村名得名刘庄。1960 年，刘庄分为两个自然村，本村面积较大，得名大刘庄。聚落呈团块状。经济以种植业为主，主要种植小麦、玉米等农作物。有公路经此。

七西 371402-A02-H04
[Qīxī]

在区驻地新湖街道西南方向 4.4 千米。新华街道辖自然村。人口 1 900。始建于明朝中叶，因距德州城中心七华里，故取名南七里铺。1951 年分为三个行政村，因本村位于七里铺西部，所以取名七西。聚落呈团块状。经济以种植业为主。有公路经此。

前魏 371402-A02-H05
[Qiánwèi]

在区驻地新湖街道东南方向 4.5 千米。新华街道辖自然村。人口 900。明朝时期，该地块为魏家的田地，魏氏共有弟兄四人，老大、老二居此，后渐成村落，因居前，故名前魏。聚落呈团块状。经济以种植业为主。有公路经此。

谭家铺 371402-A02-H06
[Tánjiāpù]

在区驻地新湖街道东南方向 7.8 千米。新华街道辖自然村。人口 1 000。聚落呈团块状。明朝中期，谭氏在德县通济南的官道旁开了一间杂货铺，后来在此定居的人越来越多，逐渐形成村庄，故命名为谭家铺。经济以种植业为主，主要种植小麦、玉米等农作物。有公路经此。

包庄 371402-A02-H07
[Bāozhuāng]

在区驻地新湖街道东南方向 8.3 千米。新华街道辖自然村。人口 200。聚落呈团块状。包姓由南关街迁于此地，起名为包庄。经济以种植业为主，主要种植玉米、小麦、棉花等农作物。有公路经此。

前小屯 371402-A03-H01
[Qiánxiǎotún]

在区驻地新湖街道东北方向 11.0 千米。天衢街道辖自然村。人口 2 200。明永乐年间，曲、王二姓由山西洪洞县迁此居住，因处于后小屯前面，故称前小屯。聚落呈团块状。经济以种植业为主，主要农作物为小麦、玉米。有公路经此。

王家院 371402-A03-H02
[Wángjiāyuàn]

在区驻地新湖街道东北方向 8.2 千米。天衢街道辖自然村。人口 400。建于明洪武年间，原系德州城里王姓地主场院，故名王家院。聚落呈团块状。有公路经此。

罗家院 371402-A03-H03
[LuóJiāyuàn]

在区驻地新湖街道东北方向 8.6 千米。天衢街道辖自然村。人口 1 000。明万历年间，由山西洪洞县迁来一罗姓富户，建有罗家场院，后形成村落，故名罗家院。聚落呈团块状。经济以种植业为主，主要种植小麦、玉米等农作物。有公路经此。

安庄 371402-A03-H04
[Ānzhuāng]

在区驻地新湖街道东北方向 10.0 千米。天衢街道辖自然村。人口 900。因安氏最早前来建村，故名。聚落呈团块状。经济以种植业为主，主要种植小麦、玉米等农作物。有公路经此。

肖官屯 371402-A03-H05

[Xiāoguāntún]

在区驻地新湖街道东北方向 8.2 千米。天衢街道辖自然村。人口 300。明永乐年间，有一位姓萧的高官选择此地落户，故名。聚落呈团块状。经济以种植业为主，主要种植小麦、玉米等作物。有公路经此。

芦家河 371402-A06-H01

[Lújiāhé]

在区驻地新湖街道北方向 10.5 千米。长河街道辖自然村。人口 1 200。明永乐年间，因卢姓自山西洪洞县迁来，此处靠近黍王河，将村改名为芦家河。聚落呈团块状。有幼儿园 1 所。经济以商业为主。有公路经此。

齐庄 371402-A06-H02

[Qízhuāng]

在区驻地新湖街道东方向 6.5 千米。长河街道辖自然村。人口 300。据传说齐庄原址为一片桃园，由齐姓在此看守，故取名齐庄。聚落呈团块状。经济以商业为主。有公路经此。

李船头 371402-A06-H03

[Lǐchuántóu]

在区驻地新湖街道东方向 11.0 千米。长河街道辖自然村。人口 500。相传明朝洪武年间，南有一条黍王河，河边有一渡口，有一个姓李的船工在此摆渡，后来逐渐形成村落，所以命名为李船头。聚落呈团块状。有中学 1 所。经济以种植业、养殖业、商贸业为主，主要农作物有玉米、小麦、棉花、蔬菜等。有公路经此。

岳庄 371402-A06-H04

[Yuèzhuāng]

在区驻地新湖街道东西方向 8.0 千米。长河街道辖自然村。人口 1 100。河南汤阴县岳飞后人之某一支系迁移至此，故名。聚落呈团块状。经济以种植业、养殖业、商贸业为主，主要农作物有玉米、小麦、蔬菜等。有公路经此。

付庄 371402-A07-H01

[Fùzhuāng]

在区驻地新湖街道东方向 8.5 千米。宋官屯街道辖自然村。人口 1 400。因唐朝佛教盛行时期，在今村南修建有付家寺而得名。聚落呈团块状。经济以轻工制造业为主。有公路经此。

刁李贵 371402-A07-H02

[Diāolǐguì]

在区驻地新湖街道东方向 10.0 千米。宋官屯街道辖自然村。人口 1 600。明朝中期由李姓建村，有村民叫李贵，此人能言善辩，好打抱不平，专门为贫苦人打官司，连续几任县令上任，首堂官司都由李贵来打。因县令辩论不过，便怀恨在心，愤愤地说此人为刁民，将此村名改为刁李贵，村民们也就习惯称李庄为刁李贵村。聚落呈团块状。经济以种植业、养殖业、商贸业为主，主要农作物有玉米、小麦、棉花、蔬菜等。有公路经此。

后小庄 371402-A07-H03

[Hòuxiǎozhuāng]

在区驻地新湖街道东方向 11.5 千米。宋官屯街道辖自然村。人口 200。明代，张姓最早由山西洪洞县迁来此地落户建村，因在张官屯后，且人口较少，故取名后小庄。聚落呈团块状。经济以种植业、养殖业、商贸业为主，主要农作物有玉米、小麦、棉花、蔬菜等。京台高速经此。

李相庄 371402-A07-H04
[Lǐxiàngzhuāng]

在区驻地新湖街道东方向 12.5 千米。宋官屯街道辖自然村。人口 800。永乐年间，李相从山西洪洞县大槐树迁来在此定居，故名。聚落呈团块状。经济以种植业、养殖业、商贸业为主，主要农作物有玉米、小麦、棉花、蔬菜等。有公路经此。

梁庄 371402-A07-H05
[Liángzhuāng]

在区驻地新湖街道东方向 14.0 千米。宋官屯街道辖自然村。人口 400。梁姓祖先最早由山西洪洞县迁来此地落户建村，故名梁庄。聚落呈团块状。经济以种植业、养殖业、商贸业为主，主要农作物有玉米、小麦、棉花、蔬菜等。京台高速经此。

苗庄 371402-A07-H06
[Miáozhuāng]

在区驻地新湖街道东方向 13.7 千米。宋官屯街道辖自然村。人口 900。据说很久以前，有一家姓苗的人在此安家落户，故名。聚落呈团块状。有小学 1 所、中学 1 所。经济以种植业、养殖业、商贸业为主，主要农作物有玉米、小麦、棉花、蔬菜等。京台高速经此。

解庄 371402-A07-H07
[Xièzhuāng]

在区驻地新湖街道东方向 13.9 千米。宋官屯街道辖自然村。人口 400。早年间，村北有一个陕西解氏知府的家庙，故名解庄。聚落呈团块状。经济以种植业、养殖业、商贸业为主，主要农作物有玉米、小麦、棉花、蔬菜等。有公路经此。

孙家河涯 371402-A07-H08
[Sūnjiāhéyá]

在区驻地新湖街道东方向 12.1 千米。宋官屯街道辖自然村。人口 1 100。清朝，孙姓由山西洪洞县大槐树迁入此地，后因村东临河而更名为孙家河涯。聚落呈团块状。经济以种植业、养殖业、商贸业为主，主要农作物有玉米、小麦、棉花、蔬菜等。有公路经此。

宋官屯 371402-A07-H09
[Sòngguāntún]

在区驻地新湖街道东方向 11.7 千米。宋官屯街道辖自然村。人口 1 900。聚落呈团块状。明永乐年间，在德州正卫之外增设德州左卫，因首领姓宋，官职为百户，故名宋官屯。聚落呈团块状。经济以种植业、养殖业、商贸业为主，主要农作物有玉米、小麦、棉花、蔬菜等。京沪高铁、京台高速、105 国道、104 国道经此。

小翟庄 371402-A07-H10
[Xiǎozháizhuāng]

在区驻地新湖街道东方向 12.5 千米。宋官屯街道辖自然村。人口 300。相传明朝燕王扫北时，在此建了大仓库区，一翟姓将领镇守此地，后人便把此处称为小翟庄。聚落呈团块状。有中学 1 所。经济以种植业、养殖业、商贸业为主，主要农作物有玉米、小麦、棉花、蔬菜等。有公路经此。

张官屯 371402-A07-H11
[Zhāngguāntún]

在区驻地新湖街道东方向 15.7 千米。宋官屯街道辖自然村。人口 500。明代，张姓祖先由山西洪洞县最早迁移此地建村，称张官屯。聚落呈团块状。经济以种植业、养殖业、商贸业为主，主要农作物有玉米、小麦、棉花、蔬菜等。有公路经此。

枣林齐 371402-A07-H12
［Zǎolínqí］

在区驻地新湖街道东方向 16.1 千米。宋官屯街道辖自然村。人口 1 100。明永乐年间，齐姓祖先从山西洪洞县移民至此，在一片枣林西侧建村，取枣林和姓氏之意，故取名枣林齐。聚落呈团块状。经济以种植业、养殖业、商贸业为主，主要农作物有玉米、小麦、棉花、蔬菜等。有公路经此。

王庄 371402-A07-H13
［Wángzhuāng］

在区驻地新湖街道东方向 15.4 千米。宋官屯街道辖自然村。古传有一姓王的大户人家在此居住，因此取名王庄。聚落呈团块状。经济以种植业为主。有公路经此。

席辛庄 371402-A07-H14
［Xíxīnzhuāng］

在区驻地新湖街道东方向 17.8 千米。宋官屯街道辖自然村。人口 600。明洪武年间，村东有一水湾，胡姓在湾沿上筑屋定居，名胡家湾。后来胡姓绝嗣，又迁来席姓，取生活艰辛之意，遂改为席辛庄。聚落呈团块状。经济以种植业、养殖业、商贸业为主，主要农作物有玉米、小麦、棉花、蔬菜等。有公路经此。

西刘集 371402-A07-H15
［Xīliújí］

在区驻地新湖街道东方向 16.5 千米。宋官屯街道辖自然村。人口 900。明永乐年间，刘学兄弟由山西洪洞县大槐树迁来此地建村，后来设有集市，由此而得名刘集。1979 年 10 月，刘集分为两个村，因本村居西，所以称为西刘集。聚落呈团块状。经济以种植业、养殖业、商贸业为主，主要农作物有玉米、小麦、棉花、蔬菜等。有公路经此。

黄河涯 371402-B01-H01
［Huánghéyá］

黄河涯镇人民政府驻地。在区驻地新湖街道南方向 15.0 千米。人口 2 700。因处于俗称老黄河的故道区域，取黄河边之意，故名黄河涯。聚落呈团块状。经济以种植业、养殖业、商贸业为主，主要农作物有玉米、小麦、棉花、蔬菜等。101 省道经此。

胜南 371402-B01-H02
［Shèngnán］

在区驻地新湖街道西南方向 20.5 千米。黄河涯镇辖自然村。人口 400。"文革"期间取名胜利村，随着村庄的不断扩大，后来又分为胜利南村、胜利北村，因居南，所以简称胜南。聚落呈团块状。经济以种植业、养殖业、商贸业为主，主要农作物有玉米、小麦、棉花、蔬菜等。有公路经此。

新耿 371402-B01-H03
［Xīngěng］

在区驻地新湖街道西南方向 13.2 千米。黄河涯镇辖自然村。人口 400。明朝时期由耿姓建村，名耿庄。因开挖漳卫新河，老村被占用，建新村时取名新耿。聚落呈团块状。经济以种植业、养殖业、商贸业为主，主要农作物有玉米、小麦、棉花、蔬菜等。有公路经此。

郭家沟 371402-B01-H04
［Guōjiāgōu］

在区驻地新湖街道西南方向 19.3 千米。黄河涯镇辖自然村。人口 400。明永乐年间，郭姓、王姓祖先从山西洪洞县迁来此地落户建村，遂取名郭王庄。后因在村庄周围挖沟排涝，村庄位于高处，因此改为郭家沟。聚落呈团块状。经济以种植业、养殖业、商贸业为主，主要农作物有玉米、小麦、棉花、蔬菜等。101省道经此。

焦庄 371402-B01-H05

[Jiāozhuāng]

在区驻地新湖街道东南方向17.1千米。黄河涯镇辖自然村。人口1 300。明永乐年间，焦姓从山西洪洞县迁来此地落户建村，遂以姓氏命名为焦庄。聚落呈团块状。经济以种植业、养殖业、商贸业为主，主要农作物有玉米、小麦、棉花、蔬菜等。101省道经此。

胜北 371402-B01-H06

[Shèngběi]

在区驻地新湖街道西南方向20.5千米。黄河涯镇辖自然村。人口600。"文革"期间取名胜利村，随着村庄的不断扩大，后又分为胜利南村、胜利北村，因居北，所以简称胜北。聚落呈团块状。经济以种植业、养殖业、商贸业为主，主要农作物有玉米、小麦、棉花、蔬菜等。有公路经此。

杨庄 371402-B01-H07

[Yángzhuāng]

在区驻地新湖街道西南方向21.5千米。黄河涯镇辖自然村。人口2 000。明永乐年间，杨氏兄弟迁此定居，遂定村名为杨庄。聚落呈团块状。经济以种植业、养殖业、商贸业为主，主要农作物有玉米、小麦、棉花、蔬菜等。有公路经此。

钱庄 371402-B01-H08

[Qiánzhuāng]

在区驻地新湖街道西南方向13.1千米。黄河涯镇辖自然村。人口500。明洪武三十年（1397），因在德州筑城，此处开有钱庄存钱而取名钱庄。聚落呈团块状。经济以种植业、养殖业、商贸业为主，主要农作物有玉米、小麦、棉花、蔬菜等。105国道经此。

宋奇屯 371402-B01-H09

[Sòngqítún]

在区驻地新湖街道南方向16.1千米。黄河涯镇辖自然村。人口2 300。明永乐年间，有一个名叫宋奇的将官将一部分人迁往此地定居，因张姓最多，曾取名宋奇张庄，后简称宋奇屯。聚落呈团块状。经济以种植业、养殖业、商贸业为主，主要农作物有玉米、小麦、棉花、蔬菜等。105国道经此。

伙房 371402-B01-H10

[Huǒfáng]

在区驻地新湖街道西南方向14.1千米。黄河涯镇辖自然村。人口500。明洪武三十年（1397），因在德州筑城，于此处烧饭，故名伙房。聚落呈团块状。经济以种植业、养殖业、商贸业为主，主要农作物有玉米、小麦、棉花、蔬菜等。有公路经此。

红庙 371402-B01-H11

[Hóngmiào]

在区驻地新湖街道南方向18.2千米。黄河涯镇辖自然村。人口800。明永乐年间，董姓祖先从山西洪洞县迁来此地落户建村，因村旁有一红色寺庙，故取村名为红庙。聚落呈团块状。经济以种植业、养殖业、商贸业为主，主要农作物有玉米、小麦、棉花、蔬菜等。101省道经此。

李家庙 371402-B01-H12

[Lǐjiāmiào]

在区驻地新湖街道南方向20.5千米。黄河涯镇辖自然村。人口1 300。明永乐年间，李姓由山西洪洞县大禹李村迁到本地。

因建村前有座庙，祖先李道彬迁来后在庙里居住，故名李家庙。聚落呈团块状。经济以种植业、养殖业、商贸业为主，主要农作物有玉米、小麦、棉花、蔬菜等。101省道经此。

齐庄 371402-B01-H13
[Qízhuāng]

在区驻地新湖街道西南方向 8.5 千米。黄河涯镇辖自然村。人口 700。明朝洪武年间，德州修建城墙，在城南取土烧砖，那时的砖窑林立，民工驻扎在此，喝运河水，搭建窝棚，逐渐形成村落。他们聚齐一起上工，故名齐庄。聚落呈团块状。经济以种植业、养殖业、商贸业为主，主要农作物有玉米、小麦、棉花、蔬菜等。有公路经此。

金庄 371402-B01-H14
[Jīnzhuāng]

在区驻地新湖街道南方向 9.5 千米。黄河涯镇辖自然村。人口 700。明永乐年间，金姓祖先从山西省洪洞县迁来此地落户建村，遂以姓氏命名金庄。聚落呈团块状。经济以种植业、养殖业、商贸业为主，主要农作物有玉米、小麦、棉花、蔬菜等。101省道经此。

前仓 371402-B01-H15
[Qiáncāng]

在区驻地新湖街道南方向 10.5 千米。黄河涯镇辖自然村。人口 1 400。明朝燕王扫北时，有军兵驻扎此地，在沙王庄一带作战，为军兵的仓库和后勤处，因在另一粮仓之前，故取名前仓。聚落呈团块状。经济以种植业、养殖业、商贸业为主，主要农作物有玉米、小麦、棉花、蔬菜等。101省道经此。

许官屯 371402-B02-H01
[Xǔguāntún]

二屯镇人民政府驻地。在区驻地新湖街道东北方向 8.8 千米。人口 300。因位于许官屯火车站西边，故取名许官屯村。聚落呈团块状分布。经济以种植业、商贸业为主，主产小麦、玉米等。有德正制衣厂等企业。京沪铁路、104国道经此。

头百户 371402-B02-H02
[Tóubǎihù]

在区驻地新湖街道西北方向 7.2 千米。二屯镇辖自然村。人口 600。此处以前叫头屯，后期成立村庄，因本村人家不过百户，故名头百户。聚落呈团块状。经济以种植业、养殖业、商贸业为主，主要农作物有玉米、小麦、棉花、蔬菜等。有公路经此。

驸马营 371402-B02-H03
[Fùmǎyíng]

在区驻地新湖街道西北方向 4.5 千米。二屯镇辖自然村。人口 300。明初靖难之役，驸马随军北征驻扎于此，故名。聚落呈团块状。经济以种植业、养殖业、商贸业为主，主要农作物有玉米、小麦、棉花、蔬菜等。105国道经此。

第三店 371402-B02-H04
[Dìsāndiàn]

在区驻地新湖街道西北方向 13.8 千米。二屯镇辖自然村。人口 1 300。原名左所第三屯，清朝时出德州城北上直达京津修有一条官道，官道穿过该村，村民在官道两侧经营商铺，故更名第三店。聚落呈团块状。出土国家一级文物北魏高庆、高贞两块石碑。经济以种植业、养殖业、商贸业为主，主要农作物有玉米、小麦、棉花、蔬菜等。有公路经此。

胡官营 371402–B02–H05

［Húguānyíng］

在区驻地新湖街道西北方向 8.5 千米。二屯镇辖自然村。人口 1 400。因燕王部下胡代海在村东建营，故名胡官营。聚落呈团块状。经济以种植业、养殖业、商贸业为主，主要农作物有玉米、小麦、棉花、蔬菜等。有公路经此。

索庄 371402–B02–H06

［Suǒzhuāng］

在区驻地新湖街道西北方向 5.4 千米。二屯镇辖自然村。人口 1 200。因清朝一文臣索乃功被朝廷驱逐，流落至此地，从而得名索庄。聚落呈团块状。经济以种植业、养殖业、商贸业为主，主要农作物有玉米、小麦、棉花、蔬菜等。105 国道经此。

赵虎 371402–B03–H01

［Zhàohǔ］

赵虎镇人民政府驻地。在区驻地新湖街道东北方向 18.8 千米。人口 700。明洪武二十二年（1389），赵姓兄弟由即墨县迁此定居，以赵匡胤喜骑虎之传说，取老虎威猛之意，取村名赵虎。聚落呈散状分布。有小学 1 所。经济以种植业为主，主产小麦、玉米、棉花。有第一毛纺厂、赵虎建筑工程公司等企业。有公路经此。

方庄 371402–B03–H02

［Fāngzhuāng］

在区驻地新湖街道东北方向 33.1 千米。赵虎镇辖自然村。人口 1 700。在明代大批移民时期，方姓祖先由外地迁入此地落户建村，遂命村名为方庄。聚落呈团块状。经济以种植业、养殖业、商贸业为主，主要农作物有玉米、小麦、棉花、蔬菜等。京沪高铁、德滨高速、104 国道经此。

韩春 371402–B03–H03

［Hánchūn］

在区驻地新湖街道东北方向 34.1 千米。赵虎镇辖自然村。人口 700。韩姓祖先在春天初移民至此落户建村，故名韩春庄，后称韩春。聚落呈团块状。经济以种植业、养殖业、商贸业为主，主要农作物有玉米、小麦、棉花、蔬菜等。京沪高铁、德滨高速、104 国道经此。

刘汉 371402–B03–H04

［Liúhàn］

在区驻地新湖街道东北方向 28.2 千米。赵虎镇辖自然村。人口 600。明永乐年间，刘汉从即墨县迁来此地落户，后逐渐形成村落，村名刘汉。聚落呈团块状。经济以种植业、养殖业、商贸业为主，主要农作物有玉米、小麦、棉花、蔬菜等。京沪高铁、德滨高速、104 国道经此。

避雪店 371402–B03–H05

［Bìxuědiàn］

在区驻地新湖街道东北方向 24.3 千米。赵虎镇辖自然村。人口 1 300。明朝燕王扫北战役时期，燕王朱棣曾经在此路旁的一个店里避雪，故名村避雪店。聚落呈团块状。经济以种植业、养殖业、商贸业为主，主要农作物有玉米、小麦、棉花、蔬菜等。京沪高铁、德滨高速、104 国道经此。

何庄 371402–B03–H06

［Hézhuāng］

在区驻地新湖街道东北方向 40.5 千米。赵虎镇辖自然村。人口 300。明朝万历年间，何姓由即墨县迁此建村，并以姓氏命名为何庄。聚落呈团块状。经济以种植业、养殖业、商贸业为主，主要农作物有玉米、小麦、棉花、蔬菜等。京沪高铁、德滨高速、

104 国道经此。

贾庄 371402-B03-H07
[Jiǎzhuāng]

在区驻地新湖街道东北方向 30.7 千米。赵虎镇辖自然村。人口 500。明朝靖难之役后，贾姓迁移此地落户建村，遂定名为贾庄。聚落呈团块状。经济以种植业、养殖业、商贸业为主，主要农作物有玉米、小麦、棉花、蔬菜等。京沪高铁、德滨高速、104 国道经此。

南杨 371402-B03-H08
[Nányáng]

在区驻地新湖街道东北方向 24.8 千米。赵虎镇辖自然村。人口 200。杨姓最早迁来此地落户，后逐渐形成村落，并以姓名村为杨庄。为避免重名，改称南杨。聚落呈团块状。经济以种植业、养殖业、商贸业为主，主要农作物有玉米、小麦、棉花、蔬菜等。京沪高铁、德滨高速、104 国道经此。

李尧 371402-B03-H09
[Lǐyáo]

在区驻地新湖街道东北方向 30.5 千米。赵虎镇辖自然村。人口 800。明永乐年间，李尧、李舜兄弟二人由即墨县迁来此地落户，后逐渐形成村落，并以老大姓名为村名。聚落呈团块状。经济以种植业、养殖业、商贸业为主，主要农作物有玉米、小麦、棉花、蔬菜等。京沪高铁、德滨高速、104 国道经此。

武庄 371402-B03-H10
[Wǔzhuāng]

在区驻地新湖街道东北方向 29.0 千米。赵虎镇辖自然村。人口 300。明永乐年间，武姓最早迁来此地落户建村，后逐渐形成村落，遂以姓氏命名为武庄。聚落呈团块状。

经济以种植业、养殖业、商贸业为主，主要农作物有玉米、小麦、棉花、蔬菜等。京沪高铁、德滨高速、104 国道经此。

杨大旄 371402-B03-H11
[Yángdàmáo]

在区驻地新湖街道东北方向 29.5 千米。赵虎镇辖自然村。人口 600。在明朝大批移民时期，杨大旄最早迁入此地落户建村，故名杨大旄。聚落呈团块状。经济以种植业、养殖业、商贸业为主，主要农作物有玉米、小麦、棉花、蔬菜等。京沪高铁、德滨高速、104 国道经此。

赵王 371402-B03-H12
[Zhàowáng]

在区驻地新湖街道东北方向 31.1 千米。赵虎镇辖自然村。人口 400。明永乐年间，赵姓和王姓迁来此地落户，后逐渐形成村落，并以姓氏命名村为赵王。聚落呈团块状。经济以种植业、养殖业、商贸业为主，主要农作物有玉米、小麦、棉花、蔬菜等。京沪高铁、德滨高速、104 国道经此。

仲家湾 371402-B03-H13
[Zhòngjiāwān]

在区驻地新湖街道东北方向 24.4 千米。赵虎镇辖自然村。人口 700。明永乐年间，仲姓迁来此地，在一个湾旁落户，后逐渐形成村落，并以姓氏命名村为仲家湾。经济以种植业、养殖业、商贸业为主，主要农作物有玉米、小麦、棉花、蔬菜等。京沪高铁、德滨高速、104 国道经此。

王泽家 371402-B03-H14
[Wángzéjiā]

在区驻地新湖街道东北方向 23.8 千米。赵虎镇辖自然村。人口 500。明永乐年间，王姓王道、王英、王泽三兄弟迁来此地，分别在东、东南、西南三地落户建村，后逐渐形成村落，因为王泽所建，故名王泽家。聚落呈团块状。经济以种植业、养殖业、商贸业为主，主要农作物有玉米、小麦、棉花、蔬菜等。京沪高铁、德滨高速、104国道经此。

王道仁 371402-B03-H15
[Wángdàorén]

在区驻地新湖街道东北方向29.8千米。赵虎镇辖自然村。人口1 000。明永乐年间，王道、王英、王泽三兄弟迁来此地，分别在东、东南、西南三地落户建村，后逐渐形成村落，因为王道带领兄弟来此，故名王道仁。聚落呈团块状。经济以种植业、养殖业、商贸业为主，主要农作物有玉米、小麦、棉花、蔬菜等。京沪高铁、德滨高速、104国道经此。

小高店 371402-B03-H16
[Xiǎogāodiàn]

在区驻地新湖街道东北方向25.9千米。赵虎镇辖自然村。人口800。明代，高姓祖先兄弟二人最早迁入此地，在一官道旁边分别设立一店铺，为弟弟所建，故名小高店。聚落呈团块状。经济以种植业、养殖业、商贸业为主，主要农作物有玉米、小麦、棉花、蔬菜等。京沪高铁、德滨高速、104国道经此。

韩马 371402-B03-H17
[Hánmǎ]

在区驻地新湖街道东北方向30.5千米。赵虎镇辖自然村。人口300。明永乐年间，韩姓和马姓迁移此地落户建村，遂定村名为韩马。聚落呈团块状。经济以种植业、养殖业、商贸业为主，主要农作物有玉米、小麦、棉花、蔬菜等。京沪高铁、德滨高速、104国道经此。

果园 371402-B03-H18
[Guǒyuán]

在区驻地新湖街道东北方向38.7千米。赵虎镇辖自然村。人口300。明朝万历年间，此地为大户郭家的果园，后来因为看守果园的人逐渐形成村落，遂定村名为果园。聚落呈团块状。经济以种植业、养殖业、商贸业为主，主要农作物有玉米、小麦、棉花、蔬菜等。京沪高铁、德滨高速、104国道经此。

小赵 371402-B04-H01
[Xiǎozhào]

抬头寺镇人民政府驻地。在区驻地新湖街道东南方向13.1千米。人口600。明初赵姓建村，为避免与本地另一赵庄重名，故名小赵。聚落呈散状分布。有中学1所。经济以种植业为主，主产小麦、玉米、棉花、蔬菜等。京台高速经此。

抬头寺 371402-B04-H02
[Táitóusì]

在区驻地新湖街道东南方向12.0千米。抬头寺镇辖自然村。人口1 600。明正德年间，董姓自山西迁此定居，以村西古寺名抬头寺为村名。聚落呈团块状。经济以种植业为主，主产小麦、玉米。有公路经此。

大赵 371402-B04-H03
[Dàzhào]

在区驻地新湖街道东南方向13.4千米。抬头寺镇辖自然村。人口500。赵姓在明朝大移民时期由山西洪洞县大槐树迁移此地，遂按姓氏命名为赵家庄。为区别于相邻的赵家庄，因该村人口较多，所以更名为大赵。聚落呈团块状。经济以种植业、养殖业、商贸业为主，主要农作物有玉米、小麦、棉花、蔬菜等。有公路经此。

孙庄 371402-B04-H04
［Sūnzhuāng］

在区驻地新湖街道东北方向 25.6 千米。抬头寺镇辖自然村。人口 700。明永乐年间，孙氏村妇带两个儿子在此定居，故名孙庄。聚落呈团块状。经济以种植业、养殖业、商贸业为主，主要农作物有玉米、小麦、棉花、蔬菜等。京沪高铁、德滨高速、104 国道经此。

吴寨 371402-B04-H05
［Wúzhài］

在区驻地新湖街道东南方向 15.4 千米。抬头寺镇辖自然村。人口 600。元末明初，吴姓祖先由山西洪洞县迁此定居，因明朝将领常遇春克德州时于此安营扎寨，故名吴寨。聚落呈团块状。经济以种植业、养殖业、商贸业为主，主要农作物有玉米、小麦、棉花、蔬菜等。516 省道经此。

大付 371402-B04-H06
［Dàfù］

在区驻地新湖街道东南方向 15.5 千米。抬头寺镇辖自然村。人口 200。明永乐年间，付姓迁此，故称付家店。后付九荣、付九花兄弟两人分家建村，因为大哥所建，故称大付。聚落呈团块状。经济以种植业、养殖业、商贸业为主，主要农作物有玉米、小麦、棉花、蔬菜等。有公路经此。

钱屯 371402-B04-H07
［Qiántún］

在区驻地新湖街道东南方向 12.6 千米。抬头寺镇辖自然村。人口 1 500。钱屯村原有一钱庄，且钱姓人口最多，故名钱家店，后来演变成钱屯。聚落呈团块状。有幼儿园 1 所。经济以种植业、养殖业、商贸业为主，主要农作物有小麦、玉米、棉花、蔬菜。

104 国道经此。

打渔李 371402-B04-H08
［Dǎyúlǐ］

在区驻地新湖街道东南方向 15.7 千米。抬头寺镇辖自然村。人口 300。明初，李姓自山西洪洞县迁此落户建村，因本村东临马颊河，多数人以打鱼为生，由此得名打渔李。聚落呈团块状。经济以种植业、养殖业、商贸业为主，主要农作物有玉米、小麦、棉花、蔬菜等。有公路经此。

香椿刘 371402-B04-H09
［Xiāngchūnliú］

在区驻地新湖街道东南方向 15.4 千米。抬头寺镇辖自然村。人口 500。明朝，刘姓由山西洪洞县迁入此地落户建村，祖祖辈辈靠种植香椿发迹，故名香椿刘。聚落呈团块状。经济以种植业、养殖业、商贸业为主，主要农作物有玉米、小麦、棉花、蔬菜等。有公路经此。

渠庄 371402-B04-H10
［Qúzhuāng］

在区驻地新湖街道东南方向 9.3 千米。抬头寺镇辖自然村。人口 700。1379 年前后，有一渠姓人氏在此安家落户，故名渠庄。聚落呈团块状。经济以种植业、养殖业、商贸业为主，主要农作物有玉米、小麦、棉花、蔬菜等。京台高速经此。

刘集 371402-B04-H11
［Liújí］

在区驻地新湖街道东南方向 14.5 千米。抬头寺镇辖自然村。人口 600。明永乐年间，刘姓由今河北乐亭县大刘庄村迁徙于此，清朝年间成立集贸市场，故名刘集。聚落呈团块状。经济以种植业、养殖业、商贸业为主，主要农作物有玉米、小麦、棉花、蔬菜等。有公路经此。

马虎李 371402-B04-H12

［Mǎhǔlǐ］

在区驻地新湖街道东南方向 13.8 千米。抬头寺镇辖自然村。人口 600。早年间，李姓在村里建房取土时，挖出石头虎和石头马，因而得名马虎李。聚落呈团块状。经济以种植业、养殖业、商贸业为主，主要农作物有玉米、小麦、棉花、蔬菜等。有公路经此。

白庄 371402-B04-H13

［Báizhuāng］

在区驻地新湖街道东南方向 14.4 千米。抬头寺镇辖自然村。人口 200。明初，白姓由山西洪洞县迁入此地落户建村，遂以姓氏命名为白庄。聚落呈团块状。经济以种植业、养殖业、商贸业为主，主要农作物有玉米、小麦、棉花、蔬菜等。516 省道经此。

王坤 371402-B04-H14

［Wángkūn］

在区驻地新湖街道东南方向 12.5 千米。抬头寺镇辖自然村。人口 1 000。明朝末年，王坤建村，故名。聚落呈团块状。经济以种植业、养殖业、商贸业为主，主要农作物有玉米、小麦、棉花、蔬菜等。有公路经此。

袁桥 371402-B05-H01

［Yuánqiáo］

在区驻地新湖街道东南方向 11.0 千米。袁桥镇辖自然村。人口 1 500。明朝年间，袁姓最早来此地建村，以姓氏取名袁家庄。因地处黄河东岸，村西有条减河，1928 年村民集资建桥于河上，该桥取名袁家桥，村名亦随之称为袁桥。聚落呈团块状。经济以种植业、养殖业、商贸业为主，主要

农作物有玉米、小麦、棉花、蔬菜等。有公路经此。

鲍庄 371402-B05-H02

［Bàozhuāng］

在区驻地新湖街道东南方向 15.0 千米。袁桥镇辖自然村。人口 300。明朝，魏国刚、魏国康兄弟二人来此住于鲍家庙，后寺庙毁掉，名村鲍家庄，逐渐演变为鲍庄。聚落呈团块状。经济以种植业、养殖业、商贸业为主，主要农作物有玉米、小麦、棉花、蔬菜等。有公路经此。

曹家庵 371402-B05-H03

［Cáojiā'ān］

在区驻地新湖街道东南方向 14.0 千米。袁桥镇辖自然村。人口 400。曹姓人家最早在此地落户建村，因村东有一姑姑庵，故名曹家庵。聚落呈团块状。经济以种植业、养殖业、商贸业为主，主要农作物有玉米、小麦、棉花、蔬菜等。有公路经此。

东程官屯 371402-B05-H04

［Dōngchéngguāntún］

在区驻地新湖街道东南方向 17.0 千米。袁桥镇辖自然村。人口 500。明朝初年，程姓由官府赐地在此落户，因而得名程官屯。后分为两村，因本村居东，故称东程官屯。聚落呈团块状。经济以种植业、养殖业、商贸业为主，主要农作物有玉米、小麦、棉花、蔬菜等。有公路经此。

西程官屯 371402-B05-H05

［Xīchéngguāntún］

在区驻地新湖街道东南方向 16.5 千米。袁桥镇辖自然村。人口 400。明朝初年，程姓由官府赐地在此落户，因而得名程官屯。后分为两村，因本村居西，故称西程官屯。聚落呈团块状。经济以种植业、养殖业、

商贸业为主，主要农作物有玉米、小麦、棉花、蔬菜等。有公路经此。

杨庄 371402-B05-H06

［Dàyángzhuāng］

在区驻地新湖街道东南方向 11.8 千米。袁桥镇辖自然村。人口 1 600。清朝，杨姓叔侄三人迁此居住，名大杨庄，村北有一小杨庄，后两村合并统称杨庄。聚落呈团块状。经济以种植业、养殖业、商贸业为主，主要农作物有玉米、小麦、棉花、蔬菜等。有公路经此。

东地屋刘 371402-B05-H07

［Dōngdìwūliú］

在区驻地新湖街道东南方向 18.5 千米。袁桥镇辖自然村。人口 300。明朝靖难之役时，刘姓人家因藏于地窖而躲过一劫，故名村地屋刘，后分为两村，该村居东，名东地屋刘。聚落呈团块状。经济以种植业、养殖业、商贸业为主，主要农作物有玉米、小麦、棉花、蔬菜等。有公路经此。

西地屋刘 371402-B05-H08

［Xīdìwūliúcūn］

在区驻地新湖街道东南方向 18.5 千米。袁桥镇辖自然村。人口 400。明朝靖难之役时，刘姓人家因藏于地窖而躲过一劫，故名村地屋刘，后分为两村，该村居西，名西地屋刘。聚落呈团块状。经济以种植业、养殖业、商贸业为主，主要农作物有玉米、小麦、棉花、蔬菜等。有公路经此。

东官道魏 371402-B05-H09

［Dōngguāndàowèi］

在区驻地新湖街道东南方向 16.5 千米。袁桥镇辖自然村。人口 400。魏姓从山西洪洞县迁来定居，因紧靠一条官道，村名官道魏，后分为两村，因该村居东，故名东

官道魏。聚落呈团块状。经济以种植业、养殖业、商贸业为主，主要农作物有玉米、小麦、棉花、蔬菜等。有公路经此。

西官道魏 371402-B05-H10

［Xīguāndàowèi］

在区驻地新湖街道东南方向 16.0 千米。袁桥镇辖自然村。人口 700。魏姓从山西洪洞县迁来定居，因紧靠一条官道，村名官道魏，后分为两村，因该村居西，故名西官道魏。聚落呈团块状。经济以种植业、养殖业、商贸业为主，主要农作物有玉米、小麦、棉花、蔬菜等。有公路经此。

管庄 371402-B05-H11

［Guǎnzhuāng］

在区驻地新湖街道东南方向 15.0 千米。袁桥镇辖自然村。人口 200。明朝洪武年间，管姓祖先由河北省沧州市吴桥管家村迁入此地，以姓氏命名为管庄。聚落呈团块状。经济以种植业、养殖业、商贸业为主，主要农作物有玉米、小麦、棉花、蔬菜等。有公路经此。

胡家庄 371402-B05-H12

［Hújiāzhuāng］

在区驻地新湖街道东南方向 16.0 千米。袁桥镇辖自然村。人口 400。因建村时此地地势低洼积水，形如湖泊，故名湖家庄，后因谐音及村内胡姓为大姓，改称胡家庄。聚落呈团块状。经济以种植业、养殖业、商贸业为主，主要农作物有玉米、小麦、棉花、蔬菜等。有公路经此。

陵城区

城市居民点

东方家园 371403-I01
[Dōngfāng Jiāyuán]

在区境东部。总面积 1.9 公顷。人口 800。以东方升起的太阳之意,取名东方家园。2009 年始建,2010 年正式使用。建筑总面积 29 336 平方米,多层住宅楼 8 栋,现代建筑风格,绿地面积 5 778 平方米,有广场等配套设施。通公交车。

颜城名居 371403-I02
[Yánchéng Míngjū]

在区境南部。总面积 2.8 公顷。人口 1 200。由于小区位置坐落于颜城街南首,故取名颜城名居。2011 年始建,2013 年正式使用。建筑总面积 44 839.59 平方米,多层住宅楼 11 栋,现代建筑风格,绿地面积 11 900 平方米,有广场等配套设施。通公交车。

普利森和园 371403-I03
[Pǔlìsēn Héyuán]

在区境西部。总面积 6.7 公顷。人口 1 700。普利森是开发商的名字,和园象征着和谐的住所。2012 年始建,2014 年正式使用。建筑总面积 48 000 平方米,多层住宅楼 22 栋,现代建筑风格,绿地面积 27 582.48 平方米,有广场等配套设施。通公交车。

农村居民点

郑家寨 371403-B01-H01
[Zhèngjiāzhài]

郑家寨镇人民政府驻地。在区驻地临齐街道东南方向 15.0 千米。人口 1 400。明朝,郑姓建村,故名郑家寨。聚落呈团块状。有文化广场 1 个、小学 1 所。经济以种植业为主,主要农作物为小麦、玉米、棉花等,有蔬菜加工、水产养殖等产业。104 国道经此。

三教堂 371403-B01-H02
[Sānjiàotáng]

在区驻地临齐街道东南方向 13.0 千米。郑家寨镇辖自然村。人口 300。明弘治年间,潘、冯、魏三姓由山西洪洞县来此首居,逐渐形成村落。村内有庙堂名三教堂,村名遂为三教堂。聚落呈团块状。有广播站 1 个。经济以种植业为主,主要农作物为小麦、玉米等。有公路经此。

刘家楼 371403-B01-H03
[Liújiālóu]

在区驻地临齐街道东南方向 17.5 千米。郑家寨镇辖自然村。人口 400。在明永乐年间,刘姓先祖最早迁入此地居住,落户建村,故名刘家庄,后来刘姓家族兴旺发达,家境殷实,修建了一座非常气派的木楼,取名刘家楼,村名也改为刘家楼。聚落呈团块状。有广播站 1 个。经济以种植业为主,主要农作物为小麦、玉米等。有公路经此。

刘纸坊 371403-B01-H04
[Liúzhǐfáng]

在区驻地临齐街道东南方向 17.2 千米。郑家寨镇辖自然村。人口 400。明末清初,先祖由山西洪洞县迁至此处定居,并在此处开一造纸作坊,逐渐形成村落,遂以先祖刘姓及造纸作坊定村名刘家纸坊,简称刘纸坊。聚落呈团块状。有广播站 1 个。经济以种植业为主,主要农作物为小麦、玉米等。有公路经此。

张蛤蟆 371403-B01-H05
[Zhānghámα]

在区驻地临齐街道东南方向 15.1 千米。郑家寨镇辖自然村。人口 600。明初，张和睦由山东昌乐迁此，取村名张和睦家庄，又取谐音名张蛤蟆家庄，久之称为张蛤蟆。聚落呈团块状。有广播站 1 个。经济以种植业为主，主要农作物为小麦、玉米等。有公路经此。

官道位 371403-B01-H06
[Guāndàowèi]

在区驻地临齐街道东南方向 13.2 千米。郑家寨镇辖自然村。人口 400。明弘治年间，魏姓全家由本县滋镇三泗河来此首居，以姓氏命村名魏家庄。后因近靠官道，人称官道魏，久之村名亦随之呼为官道魏家庄，简写为官道位。聚落呈团块状。有广播站 1 个。经济以种植业为主，主要农作物为小麦、玉米等。有公路经此。

小周 371403-B01-H07
[Xiǎozhōu]

在区驻地临齐街道东南方向 13.0 千米。郑家寨镇辖自然村。人口 400。清顺治年间，周姓一家人由山西洪洞县举家挑担来此，因这家人练就一身好箭功，当时人称周挑弓，并以周挑弓为村名，后因村落较小，称小周。聚落呈团块状。有广播站 1 个。经济以种植业为主，主要农作物为小麦、玉米等。有公路经此。

张丰池 371403-B01-H08
[Zhāngfēngchí]

在区驻地临齐街道东南方向 15.0 千米。郑家寨镇辖自然村。人口 500。建于明朝，原名郎家堂，后来经常与本地杨冲宵村发生冲突，为避免"狼"吃"羊"的冲突，以张姓先祖张丰池的名字作为村名，改为张丰池。聚落呈团块状。有广播站 1 个。经济以种植业为主，主要农作物为小麦、玉米等。有公路经此。

张高 371403-B01-H09
[Zhānggāo]

在区驻地临齐街道东南方向 16.1 千米。郑家寨镇辖自然村。人口 300。明弘治年间高姓由山西洪洞县、张姓由山东临邑县太平乡迁此定居，各冠以姓氏命名村名高家庄、张家庄，1958 年建立村级组织时，取两村名首字统称张高家庄，简称张高。聚落呈团块状。有广播站 1 个。经济以种植业为主，主要农作物为小麦、玉米等。有公路经此。

杨张寺 371403-B01-H10
[Yángzhāngsì]

在区驻地临齐街道东南方向 17.2 千米。郑家寨镇辖自然村。人口 300。明嘉靖年间，杨、张两姓由山西洪洞县迁此定居，以两姓氏命村名杨张家庄，后建一寺院，香火甚盛，又称杨张寺。聚落呈团块状。有广播站 1 个。经济以种植业为主，主要农作物为小麦、玉米等。有公路经此。

洼李 371403-B01-H11
[Wālǐ]

在区驻地临齐街道东南方向 12.7 千米。郑家寨镇辖自然村。人口 300。明永乐年间，李姓由山西洪洞县迁此定居，因此地地势低洼而得名洼李。聚落呈团块状。有广播站 1 个。经济以种植业为主，主要农作物为小麦、玉米等。有公路经此。

王庙 371403-B01-H12
[Wángmiào]

在区驻地临齐街道东南方向 12.7 千米。

郑家寨镇辖自然村。人口 300。明末清初，王姓先祖由山西洪洞县迁此定居，曾在此处建土地庙、娘娘庙，故名村王家庙，简称王庙。聚落呈团块状。有广播站 1 个。经济以种植业为主，主要农作物为小麦、玉米等。有公路经此。

碱场店 371403-B01-H13
[Jiǎnchǎngdiàn]

在区驻地临齐街道东南方向 17.1 千米。郑家寨镇辖自然村。人口 1 000。明朝中期，先祖由山西洪洞县迁此居住，初来时此处是一片盐碱地，故名碱场店。聚落呈团块状。有广播站 1 个。经济以种植业为主，主要农作物为小麦、玉米等。有公路经此。

罗家院 371403-B01-H14
[Luójiāyuàn]

在区驻地临齐街道东南方向 17.1 千米。郑家寨镇辖自然村。人口 500。村建于明朝，以姓氏得名罗家庄；后村中有一财主，种有千顷地，并建罗家大院，因此命村名为罗家院。聚落呈团块状。有广播站 1 个。经济以种植业为主，主要农作物为小麦、玉米等。有公路经此。

门徐 371403-B01-H15
[Ménxú]

在区驻地临齐街道东南方向 19.0 千米。郑家寨镇辖自然村。人口 900。村建于明初，以姓氏命名徐家庄，后因村中有一财主，修筑的门楼高大壮观，人称徐家门楼，久之，村以楼名而呼为门徐。聚落呈团块状。有广播站 1 个。经济以种植业为主，主要农作物为小麦、玉米等。有公路经此。

闫福楼 371403-B01-H16
[Yánfúlóu]

在区驻地临齐街道东南方向 14.0 千米。

郑家寨镇辖自然村。人口 500。明永乐年间，闫姓最早迁入此地居住，落户建村，因姓氏命名闫家庄，后来修建了一座非常气派的木楼，村名也改为闫福楼。聚落呈团块状。有广播站 1 个。经济以种植业为主，主要农作物为小麦、玉米等。有公路经此。

高士风 371403-B01-H17
[Gāoshìfēng]

在区驻地临齐街道东南方向 19.0 千米。郑家寨镇辖自然村。人口 700。明朝初年，先祖自山西洪洞县、莱州高密县两地迁来定居，原名小王家，后与小高家合并在一起，叫高王二庄，后改称高士风。聚落呈团块状。有广播站 1 个。经济以种植业为主，主要农作物为小麦、玉米等。有公路经此。

鸦虎寨 371403-B01-H18
[Yāhǔzhài]

在区驻地临齐街道东南方向 17.0 千米。郑家寨镇辖自然村。人口 200。村建于明朝，因村中树上曾落过鸦虎鸟，取吉祥之意而称鸦虎寨。聚落呈团块状。有广播站 1 个。经济以种植业为主，主要农作物为小麦、玉米等。有公路经此。

东祝 371403-B01-H19
[Dōngzhù]

在区驻地临齐街道东南方向 20.0 千米。郑家寨镇辖自然村。人口 400。村建于明朝，以姓氏命村名为祝家庄，后村落渐扩，以湾为界，分东、西两村，此村在东，称东祝。聚落呈团块状。有广播站 1 个。经济以种植业为主，主要农作物为小麦、玉米等。有公路经此。

帽张 371403-B01-H20
[Màozhāng]

在区驻地临齐街道东南方向 18.0 千米。

郑家寨镇辖自然村。人口 300。明朝年间，张姓先祖自山西洪洞县迁此落户，形成村落，并以制作帽子为业，村遂被称为帽张。聚落呈团块状。有广播站 1 个。经济以种植业为主，主要农作物为小麦、玉米等。有公路经此。

大宗 371403-B01-H21
[Dàzōng]

在区驻地临齐街道东南方向 14.0 千米。郑家寨镇辖自然村。人口 300。明万历年间时，宗姓先祖从山西洪洞县迁入此地居住，落户建村，定村名为宗家庄，后来村庄扩大分为大小两个村，本村人口较多，称为大宗。聚落呈团块状。有广播站 1 个。经济以种植业为主，主要农作物为小麦、玉米等。有公路经此。

东金傅寨 371403-B01-H22
[Dōngjīnfùzhài]

在区驻地临齐街道东南方向 16.7 千米。郑家寨镇辖自然村。人口 800。明朝初期，金姓、傅姓俩先祖在此落户建村，称为金傅寨。后分为两个村，本村按方位称东金傅寨。聚落呈团块状。有广播站 1 个。经济以种植业为主，主要农作物为小麦、玉米等。有公路经此。

糜镇 371403-B02-H01
[Mízhèn]

糜镇人民政府驻地。在区驻地临齐街道东北方向 29.0 千米。人口 2 300。相传东汉光武帝刘秀至此迷路，其地有村，因名迷村，宋于此置镇，改"迷"为"糜"，称糜镇。聚落呈团块状。有中学 1 所、小学 1 所、文化站 1 个、广播站 1 个。经济以种植业为主，主要农作物为小麦、玉米等。畜牧业主要养殖猪、羊和家禽。有服装加工和棉花加工业。省道永馆公路、宁济公路经此。

写字王 371403-B02-H02
[Xiězìwáng]

在区驻地临齐街道东北方向 26.0 千米。糜镇辖自然村。人口 500。明万历年间，王姓由山东寿光县迁此落户立村，遂以姓氏命名为王家庄，后因村中有一秀才写一手好字，村名改为写字王。聚落呈团块状。有广播站 1 个。经济以种植业为主，主要农作物为小麦、玉米等。有公路经此。

前李家寺 371403-B02-H03
[Qiánlǐjiāsì]

在区驻地临齐街道东北方向 29.0 千米。糜镇辖自然村。人口 700。均为回族。明永乐年间，李姓由河北沧州曹家庄迁来，皆为回族，信仰伊斯兰教。李氏人丁兴旺，清朝乾隆年间，村内修建了一座清真寺，故名村李家寺。后分成两个村庄，该村在前，为前李家寺。聚落呈团块状。有广播站 1 个。经济以种植业为主，主要农作物为小麦、玉米等。有公路经此。

后李 371403-B02-H04
[Hòulǐ]

在区驻地临齐街道东北方向 28.0 千米。糜镇辖自然村。人口 600。明永乐二年（1404），李姓李潘胡由山东寿光县城西迁到此地，遂以姓氏命名为李家庄。后按方位称后李家庄，简称后李。聚落呈团块状。有广播站 1 个。经济以种植业为主，主要农作物为小麦、玉米等。有公路经此。

回孟 371403-B02-H05
[Huímèng]

在区驻地临齐街道东北方向 29.0 千米。糜镇辖自然村。人口 400。皆为回族。明永乐年间，姓孟的汉族人立村，名村孟家。后来回族人纷纷来此定居。改为回孟。聚落呈团块状。有广播站 1 个。经济以种植业为主，主要农作物为小麦、玉米等。有公路经此。

基山 371403-B02-H06
[Jīshān]

在区驻地临齐街道东北方向 29.4 千米。糜镇辖自然村。人口 1 200。古观星台遗址有四个山头，状如箕宿星座，故此得名箕山，后记载村名为基山。聚落呈团块状。有广播站 1 个。经济以种植业为主，主要农作物为小麦、玉米等。有公路经此。

堤口孙 371403-B02-H07
[Dīkǒusūn]

在区驻地临齐街道东北方向 27.1 千米。糜镇辖自然村。人口 700。明朝万历年间，孙姓孙九仇从山东寿光县迁至此地，因靠鲧治水时所留"鲧堤"堤口之一，所以取村名为堤口孙。聚落呈团块状。有广播站 1 个。经济以种植业为主，主要农作物为小麦、玉米等。有公路经此。

宿家庙 371403-B02-H08
[Sùjiāmiào]

在区驻地临齐街道东北方向 26.0 千米。糜镇辖自然村。人口 300。明永乐年间，宿姓由山东寿光迁此落户立村，后因建有寺庙，故名宿家庙。聚落呈团块状。有广播站 1 个。经济以种植业为主，主要农作物为小麦、玉米等。有公路经此。

曹家 371403-B02-H09
[Cáojiā]

在区驻地临齐街道东北方向 25.0 千米。糜镇辖自然村。人口 500。明末清初为曹姓所建，故名曹家。聚落呈团块状。有广播站 1 个。经济以种植业为主，主要农作物为小麦、玉米等。有公路经此。

李胡 371403-B02-H10
[Lǐhú]

在区驻地临齐街道东北方向 26.1 千米。糜镇辖自然村。人口 300。明永乐二年（1404），李姓从山东寿光县迁此定居，故名李家胡同，后简称李胡。聚落呈团块状。有广播站 1 个。经济以种植业为主，主要农作物为小麦、玉米等。有公路经此。

李韩家 371403-B02-H11
[Lǐhánjiā]

在区驻地临齐街道东北方向 25.0 千米。糜镇辖自然村。人口 700。明成化年间，韩姓自山东寿光县迁入至此落户建村，故名韩家庄。清朝早期，李姓村民自山东寿光县迁此定居，故改称李韩家。聚落呈团块状。有广播站 1 个。经济以种植业为主，主要农作物为小麦、玉米等。有公路经此。

温家 371403-B02-H12
[Wēnjiā]

在区驻地临齐街道东北方向 25.0 千米。糜镇辖自然村。人口 200。明朝永乐年，刘姓建村，因当时村西有一土地庙，庙内有一口钟，钟上刻"以温姓铸钟"，故取名温家。聚落呈团块状。有广播站 1 个。经济以种植业为主，主要农作物为小麦、玉米等。有公路经此。

王举 371403-B02-H13
[Wángjǔ]

在区驻地临齐街道东北方向 23.0 千米。糜镇辖自然村。人口 300。明末清初，王姓从山东寿光县迁居此地落户立村。清朝中期，因村民王雪纯考取举人，故而更村名为王举。聚落呈团块状。有广播站 1 个。经济以种植业为主，主要农作物为小麦、玉米等。有公路经此。

白布张 371403-B02-H14
[Báibùzhāng]

在区驻地临齐街道东北方向26.0千米。糜镇辖自然村。人口500。明末清初，张姓携家眷由山东寿光县迁此定居，因发须飘然、洁白如布而被誉为白布张，村名亦称为白布张。聚落呈团块状。有广播站1个。经济以种植业为主，主要农作物为小麦、玉米等。有公路经此。

董家河 371403-B02-H15
[Dǒngjiāhé]

在区驻地临齐街道东北方向29.1千米。糜镇辖自然村。人口600。明永乐年间，董姓由山东寿光县迁此定居，因邻大禹治水时的笃马河，故取村名为董家河。聚落呈团块状。有广播站1个。经济以种植业为主，主要农作物为小麦、玉米等。有公路经此。

西李楼 371403-B02-H16
[Xīlǐlóu]

在区驻地临齐街道东北方向25.0千米。糜镇辖自然村。人口800。明朝成化年间，李姓立村，建有木楼，遂称李家楼，后分为三个村，本村按照方位名西李楼。聚落呈团块状。有广播站1个。经济以种植业为主，主要农作物为小麦、玉米等。有公路经此。

解孟 371403-B02-H17
[Xièmèng]

在区驻地临齐街道东北方向23.6千米。糜镇辖自然村。人口200。明代，孟姓由本镇的孟家胡同迁来此处。由于与大解村相邻，故名解孟。聚落呈团块状。有广播站1个。经济以种植业为主，主要农作物为小麦、玉米等。有公路经此。

陈辇 371403-B02-H18
[Chénniǎn]

在区驻地临齐街道东北方向28.0千米。糜镇辖自然村。人口800。皆为回族。明永乐年间，陈姓、辇姓表兄弟由临清五叶松镇迁至此地，以二人姓氏称陈辇村。聚落呈团块状。有广播站1个。经济以种植业为主，主要农作物为小麦、玉米等。有公路经此。

宋家 371403-B03-H01
[Sòngjiā]

宋家镇人民政府驻地。在区驻地临齐街道东北方向33.0千米。人口1 500。据传，明永乐年间，宋氏由寿光迁此，后生二子，分居湾南、湾北。湾北称后宋，亦称宋家。聚落呈团块状。有小学1所、广播站1个。有市级非物质文化遗产吹糖人。经济以种植业为主，主要农作物为棉花、辣椒、小麦、玉米等。畜牧业以养殖肉牛、羊为主。工业有服装加工。省道宁济公路经此。

东孟 371403-B03-H02
[Dōngmèng]

在区驻地临齐街道东北方向40.0千米。宋家镇辖自然村。人口300。明朝弘治年间，孟姓由山东寿光县迁此落户，因地势低洼，村得名孟家洼。后来村落分成两村，本村按方位称东孟。聚落呈团块状。有广播站1个。经济以种植业为主，主要农作物为小麦、玉米等。有公路经此。

侯楼 371403-B03-H03
[Hóulóu]

在区驻地临齐街道东北方向32.0千米。宋家镇辖自然村。人口200。明永乐年间，侯姓由山东青州寿光县迁此落户建村，后来家境殷实建有土楼，故称侯楼。聚落呈团块状。有广播站1个。经济以种植业为主，主要农作物为小麦、玉米等。有公路经此。

广播站1个。经济以种植业为主，主要农作物为小麦、玉米等。有公路经此。

前丰李 371403-B03-H04
[Qiánfēnglǐ]

在区驻地临齐街道东北方向32.0千米。宋家镇辖自然村。人口500。明永乐年间，李姓迁此落户立村，因养殖蜜蜂而称蜂王李家。后来村落逐渐扩大成三个村，本村按方位称为前蜂李，后来逐渐演变成前丰李。聚落呈团块状。有广播站1个。经济以种植业为主，主要农作物为小麦、玉米等。有公路经此。

吉古堂 371403-B03-H05
[Jígǔtáng]

在区驻地临齐街道东北方向31.0千米。宋家镇辖自然村。人口500。明朝景泰年间，李姓由山东寿光县迁此落户此村，因此地为古重平城遗址，曾设有击鼓堂，故名击古堂，后来逐渐演变成吉古堂。聚落呈团块状。有广播站1个。经济以种植业为主，主要农作物为小麦、玉米等。有公路经此。

旭升屯 371403-B03-H06
[Xùshēngtún]

在区驻地临齐街道东北方向35.0千米。宋家镇辖自然村。人口400。明朝初年，张姓由山东寿光县迁此落户立村，取祥瑞昌盛之愿而命名为旭升屯。聚落呈团块状。有广播站1个。经济以种植业为主，主要农作物为小麦、玉米等。有公路经此。

周坊 371403-B03-H07
[Zhōufáng]

在区驻地临齐街道东北方向37.0千米。宋家镇辖自然村。人口600。明永乐年间，周姓由山东寿光县迁此落户立村，因靠开油坊为生，故名周坊。聚落呈团块状。有

大曲集 371403-B03-H08
[Dàqūjí]

在区驻地临齐街道东北方向37.0千米。宋家镇辖自然村。人口400。明弘治年间，曲姓由山东寿光县迁此落户立村，因立有集市，村名遂称为曲家集，后因村落逐渐扩大分为两个村，按村落大小称为大曲集。聚落呈团块状。有广播站1个。经济以种植业为主，主要农作物为小麦、玉米等。有公路经此。

大陈 371403-B03-H09
[Dàchén]

在区驻地临齐街道东北方向26.0千米。宋家镇辖自然村。人口100。明永乐年间，陈姓兄弟二人由山东寿光县迁此落户建村，遂以此姓氏命名为陈家庄，也称大陈。聚落呈团块状。有广播站1个。经济以种植业为主，主要农作物为小麦、玉米等。有公路经此。

朱木匠 371403-B03-H10
[Zhūmùjiàng]

在区驻地临齐街道东北方向39.0千米。宋家镇辖自然村。人口500。明永乐年间，朱姓由山东寿光县迁此落户立村，因会做木工且工艺精湛，称朱木匠。聚落呈团块状。有广播站1个。经济以种植业为主，主要农作物为小麦、玉米等。有公路经此。

河沟孙 371403-B03-H11
[Hégōusūn]

在区驻地临齐街道东北方向29.0千米。宋家镇辖自然村。人口100。明末清初，孙姓由山东寿光县迁此落户，因靠近河道建村，故名河沟孙。聚落呈团块状。有广播

站1个。经济以种植业为主，主要农作物为小麦、玉米等。有公路经此。

王庙 371403-B03-H12
［Wángmiào］

在区驻地临齐街道东北方向35.0千米。宋家镇辖自然村。人口400。明永乐年间，王姓由山东寿光县迁此，在一座寺庙旁落户建村，故名王庙。聚落呈团块状。有广播站1个。经济以种植业为主，主要农作物为小麦、玉米等。有公路经此。

管饭堂 371403-B03-H13
［Guǎnfàntáng］

在区驻地临齐街道东北方向38.0千米。宋家镇辖自然村。人口1 000。汉光武帝刘秀与王莽征战时，人困马乏，途经此地，得以饭饱歇息，自此留名管饭堂。聚落呈团块状。有广播站1个。经济以种植业为主，主要农作物为小麦、玉米等。有公路经此。

药王庙 371403-B03-H14
［Yàowángmiào］

在区驻地临齐街道东北方向31.0千米。宋家镇辖自然村。人口200。明朝弘治年间，徐、焦两姓由山东寿光县迁此落户，后修了一座药王庙，遂改村名为药王庙。聚落呈团块状。有广播站1个。经济以种植业为主，主要农作物为小麦、玉米等。有公路经此。

褚集 371403-B03-H15
［Chǔjí］

在区驻地临齐街道东北方向38.0千米。宋家镇辖自然村。人口900。明永乐年间，褚姓由江苏彭城迁此落户建村，故名褚家，后因设有集市，又改称褚集。聚落呈团块状。有广播站1个。经济以种植业为主，主要农作物为小麦、玉米等。有公路经此。

西于河 371403-B03-H16
［Xīyúhé］

在区驻地临齐街道东北方向41.0千米。宋家镇辖自然村。人口600。明永乐年间，于姓由山东寿光县迁此落户建村，因村中有一条河沟，故名河家庄。后来村落逐渐扩大分为东、西两村，本村按方位称西于河。聚落呈团块状。有广播站1个。经济以种植业为主，主要农作物为小麦、玉米等。有公路经此。

麻坊 371403-B03-H17
［Máfáng］

在区驻地临齐街道东北方向41.0千米。宋家镇辖自然村。人口400。明永乐年间，麻姓由山东寿光县迁此落户立村，后因开设作坊而称麻坊。聚落呈团块状。有广播站1个。经济以种植业为主，主要农作物为小麦、玉米等。有公路经此。

黄集 371403-B03-H18
［Huángjí］

在区驻地临齐街道东北方向37.0千米。宋家镇辖自然村。人口600。明朝初年，黄姓由山东寿光县迁此落户立村，后立有集市，故称黄集。聚落呈团块状。有广播站1个。经济以种植业为主，主要农作物为小麦、玉米等。有公路经此。

黑黄 371403-B03-H19
［Hēihuáng］

在区驻地临齐街道东北方向37.0千米。宋家镇辖自然村。人口500。明朝初年，黄姓迁此落户，此地黑水湾水黑色，相传有秃尾龙潜于渊中，其深莫测，故称村为黑水湾黄家，简称黑黄。聚落呈团块状。有广播站1个。经济以种植业为主，主要农作物为小麦、玉米等。有公路经此。

崇兴街 371403-B03-H20

［Chóngxīngjiē］

在区驻地临齐街道东北方向 35.8 千米。宋家镇辖自然村。人口 1 500。汉于此置重平城，又称重平府，北齐天保六年（555）废后，取褒义，而名崇兴街。聚落呈团块状。有广播站 1 个。经济以种植业为主，主要农作物为小麦、玉米等。有公路经此。

东角寨 371403-B04-H01

［Dōngjiǎozhài］

徽王庄镇人民政府驻地。在区驻地临齐街道北方向 15.0 千米。人口 600。明初，山东即墨县迁来兄弟二人在此用荆条围院墙，各居一处，取名荆家寨，谐音角家寨。后分为东、西两村，本村按方位分称东角家寨，沿称东角寨。聚落呈团块状。有小学 1 所、幼儿园 1 所。经济以种植业为主，主要农作物为小麦、玉米等。村民多种植绿化树和杏树。有公路经此。

东孙杠 371403-B04-H02

［Dōngsūngàng］

在区驻地临齐街道北方向 21.0 千米。徽王庄镇辖自然村。人口 600。相传明弘治年间，孙姓夫妇由山东即墨县迁此首居，因夫妇不睦常抬杠拌嘴，久之村名亦随之呼为孙杠庄，后分为两村，本村按方位为东孙杠。聚落呈团块状。有广播站 1 个。经济以种植业为主，主要农作物为小麦、玉米等。有公路经此。

东纸坊 371403-B04-H03

［Dōngzhǐfáng］

在区驻地临齐街道北方向 17.0 千米。徽王庄镇辖自然村。人口 500。明初，孙姓兄弟二人在此以开设纸坊为业，久之村亦称纸坊庄。后村落渐扩，析置两村，本村按方位称东纸坊。聚落呈团块状。有广播站 1 个。经济以种植业为主，主要农作物为小麦、玉米等。有公路经此。

徽王庄 371403-B04-H04

［Huīwángzhuāng］

在区驻地临齐街道北方向 17.0 千米。徽王庄镇辖自然村。人口 1 200。明天顺元年（1457），此处为徽王封地，故名徽王庄。聚落呈团块状。有广播站 1 个。经济以种植业为主，主要农作物为小麦、玉米等。有公路经此。

杨顶庄 371403-B04-H05

［Yángdǐngzhuāng］

在区驻地临齐街道北方向 19.0 千米。徽王庄镇辖自然村。人口 900。杨鼎从前孙镇北杨庄迁此后渐成富户，其富名扬乡里，人称杨鼎家，久之村名亦遂之呼为杨鼎家庄，简称杨顶庄。聚落呈团块状。有广播站 1 个。经济以种植业为主，主要农作物为小麦、玉米等。有公路经此。

松树宿 371403-B04-H06

［Sōngshùsù］

在区驻地临齐街道北方向 15.0 千米。徽王庄镇辖自然村。人口 500。明永乐年间，宿氏由山东即墨县迁此定居，因村民惯于种植松树，沿称松树宿。聚落呈团块状。有广播站 1 个。经济以种植业为主，主要农作物为小麦、玉米等。有公路经此。

桥头孙 371403-B04-H07

［Qiáotóusūn］

在区驻地临齐街道北方向 19.0 千米。徽王庄镇辖自然村。人口 600。明万历年间，孙姓由山东即墨县迁此首居，因村依傍马颊河，且有桥建于河上，故称桥头孙。聚落呈团块状。有广播站 1 个。经济以种植业为主，主要农作物为小麦、玉米等。有公路经此。

桥头宋 371403-B04-H08

［Qiáotóusòng］

在区驻地临齐街道北方向 17.0 千米。徽王庄镇辖自然村。人口 300。明永乐年间，宋姓由山东即墨县迁此首居，因村濒临马颊河，且有桥建于河上，故称桥头宋。聚落呈团块状。有广播站 1 个。经济以种植业为主，主要农作物为小麦、玉米等。有公路经此。

河南刘 371403-B04-H09

［Hénánliú］

在区驻地临齐街道北方向 14.0 千米。徽王庄镇辖自然村。人口 100。明嘉靖年间，刘姓由神头镇刘庄迁来，因临修马颊河，定名为河南刘。聚落呈团块状。有广播站 1 个。经济以种植业为主，主要农作物为小麦、玉米等。有公路经此。

牛王堂 371403-B04-H10

［Niúwángtáng］

在区驻地临齐街道北方向 19.0 千米。徽王庄镇辖自然村。人口 1 000。明弘治年间，村民从山东即墨县迁此定居，因村南建有龙王庙，村借庙名而称龙王堂家庄，后以谐音称牛王堂。聚落呈团块状。有广播站 1 个。经济以种植业为主，主要农作物为小麦、玉米等。有公路经此。

王解 371403-B04-H11

［Wángxiè］

在区驻地临齐街道北方向 17.6 千米。徽王庄镇辖自然村。人口 2 000。相传乾隆皇帝东巡经此，行走匆忙，将鞋忘于店中，称忘鞋店，由此得名王解。聚落呈团块状。有广播站 1 个。经济以种植业为主，主要

农作物为小麦、玉米等。有公路经此。

申家湾 371403-B04-H12

［Shēnjiāwān］

在区驻地临齐街道北方向 14.0 千米。徽王庄镇辖自然村。人口 500。明弘治年间，申姓由山西洪洞县迁此首居，因村落于马颊河故道拐弯处而得名申家湾。聚落呈团块状。有广播站 1 个。经济以种植业为主，主要农作物为小麦、玉米等。有公路经此。

老鸦张 371403-B04-H13

［Lǎoyāzhāng］

在区驻地临齐街道北方向 19.0 千米。徽王庄镇辖自然村。人口 200。明弘治年间，张姓由山东即墨县迁此首居，因村中树多高大，绿林成荫，多有乌鸦结群栖息于此，故称老鸦张。聚落呈团块状。有广播站 1 个。经济以种植业为主，主要农作物为小麦、玉米等。有公路经此。

西庞 371403-B04-H14

［Xīpáng］

在区驻地临齐街道北方向 21.0 千米。徽王庄镇辖自然村。人口 400。明永乐年间，庞姓由山东即墨县迁此定居，位置在东庞西侧，故名西庞。聚落呈团块状。有广播站 1 个。经济以种植业为主，主要农作物为小麦、玉米等。有公路经此。

西王奇 371403-B04-H15

［Xīwángqí］

在区驻地临齐街道北方向 20.0 千米。徽王庄镇辖自然村。人口 400。明初，王奇弟兄三人由山东即墨县迁此首居，村名王奇家庄。后村落析置三村，本村在西侧，故名西王奇。聚落呈团块状。有广播站 1 个。经济以种植业为主，主要农作物为小麦、玉米等。有公路经此。

郭庄 371403-B04-H16

［Guōzhuāng］

在区驻地临齐街道北方向 17.0 千米。徽王庄镇辖自然村。人口 400。明末清初，郭姓由山东昌邑县迁此首居，命村名为郭庄。聚落呈团块状。有广播站 1 个。经济以种植业为主，主要农作物为小麦、玉米等。有公路经此。

杨集 371403-B04-H17

［Yángjí］

在区驻地临齐街道北方向 20.0 千米。徽王庄镇辖自然村。人口 900。明永乐年间，杨姓由山东即墨县迁此定居，因立有集市而得名。聚落呈团块状。有广播站 1 个。经济以种植业为主，主要农作物为小麦、玉米等。有公路经此。

官道孙 371403-B04-H18

［Guāndàosūn］

在区驻地临齐街道北方向 17.0 千米。徽王庄镇辖自然村。人口 1 000。明永乐年间，孙姓由山东即墨县迁此首居，因德州到海丰的官道经此而得名。聚落呈团块状。有广播站 1 个。经济以种植业为主，主要农作物为小麦、玉米等。有公路经此。

槐里 371403-B05-H01

［Huáilǐ］

神头镇人民政府驻地。在区驻地临齐街道东北方向 11.0 千米。人口 1 100。因位于槐林内，清末渐称槐里。聚落呈团块状。有小学 1 所、幼儿园 1 所。经济以种植业为主，主要农作物为小麦、玉米和棉花。畜牧养殖以猪、肉鸡为主。盛产紫叶香椿，曾为贡品。省道永馆公路经此。

东街 371403-B05-H02

［Dōngjiē］

在区驻地临齐街道东方向 12.0 千米。神头镇辖自然村。人口 700。明万历年间，村人康丕杨在朝中任御史，于此塑神像，修建庙宇，曰神头。后村扩展，本村按方位称神头东街，简称东街。聚落呈团块状。有广播站 1 个。经济以种植业为主，主要农作物为小麦、玉米等。有公路经此。

刘东龙 371403-B05-H03

［Liúdōnglóng］

在区驻地临齐街道东方向 15.0 千米。神头镇辖自然村。人口 300。宋时此地名龙斗龙，后由刘姓从昌邑县迁此首居，借姓氏而名刘斗龙，谐音刘东龙。聚落呈团块状。有广播站 1 个。经济以种植业为主，主要农作物为小麦、玉米等。有公路经此。

刘向前 371403-B05-H04

［Liúxiàngqián］

在区驻地临齐街道东方向 14.0 千米。神头镇辖自然村。人口 600。元至元元年（1264），村民刘象乾在朝中为官，因多行好事而扬名乡里，将村名称为刘象乾家庄，后称刘向前。聚落呈团块状。有广播站 1 个。经济以种植业为主，主要农作物为小麦、玉米等。有公路经此。

化缘店 371403-B05-H05

［Huàyuándiàn］

在区驻地临齐街道东方向 16.0 千米。神头镇辖自然村。人口 200。明永乐年间，华严由山东寿光县迁此，后因此地有一庵院，道姑常来村中化缘，久之，谐音呼之为化缘店。聚落呈团块状。有广播站 1 个。经济以种植业为主，主要农作物为小麦、玉米等。有公路经此。

北街 371403-B05-H06

[Běijiē]

在区驻地临齐街道东方向 11.0 千米。神头镇辖自然村。人口 400。明万历年间，村人康丕杨在朝中任御史，于此塑神像，修建庙宇，曰神头。后村扩展，本村按方位称神头北街，简称北街。聚落呈团块状。有广播站 1 个。经济以种植业为主，主要农作物为小麦、玉米等。有公路经此。

史观寺 371403-B05-H07

[Shǐguānsì]

在区驻地临齐街道东方向 22.0 千米。神头镇辖自然村。人口 500。明永乐年间，史姓由山东寿光县来此首居，因村前建有寺院史观寺，故名。聚落呈团块状。有广播站 1 个。经济以种植业为主，主要农作物为小麦、玉米等。有公路经此。

后石庄 371403-B05-H08

[Hòushízhuāng]

在区驻地临齐街道东方向 11.0 千米。神头镇辖自然村。人口 800。明永乐年间，石姓兄弟由河南汝宁迁此落户，名石家庄。为区别于当地另一石家庄，改称后石庄。聚落呈团块状。有广播站 1 个。经济以种植业为主，主要农作物为小麦、玉米等。有公路经此。

吴老庄户 371403-B05-H09

[Wúlǎozhuānghù]

在区驻地临齐街道东方向 12.0 千米。神头镇辖自然村。人口 400。因村中百姓安分守己，老实忠厚，得名吴老庄户。聚落呈团块状。有广播站 1 个。经济以种植业为主，主要农作物为小麦、玉米等。有公路经此。

圈刘 371403-B05-H10

[Quānliú]

在区驻地临齐街道东方向 18.0 千米。神头镇辖自然村。人口 1 100。明洪武年间，刘道山由山东寿光县迁此，以做圈扇为生，村名定为圈刘。聚落呈团块状。有广播站 1 个。经济以种植业为主，主要农作物为小麦、玉米等。有公路经此。

孙禄还 371403-B05-H11

[Sūnlùhuán]

在区驻地临齐街道东方向 18.0 千米。神头镇辖自然村。人口 600。明洪武年间，孙禄由山东寿光县到此落户立村。孙禄暮年，自己告老还家，因而此村称作孙禄还。聚落呈团块状。有广播站 1 个。经济以种植业为主，主要农作物为小麦、玉米等。有公路经此。

寨马张 371403-B05-H12

[Zhàimǎzhāng]

在区驻地临齐街道东方向 17.0 千米。神头镇辖自然村。人口 400。明万历年间，张姓由山东寿光县迁此定居。明末清军南下，沿途烧杀。夜间忽见关羽率将士立马持枪，村民免受灾难，村民易村名为站马张家，谐音寨马张。聚落呈团块状。有广播站 1 个。经济以种植业为主，主要农作物为小麦、玉米等。有公路经此。

月河 371403-B05-H13

[Yuèhé]

在区驻地临齐街道东方向 16.0 千米。神头镇辖自然村。人口 600。明永乐年间，部分村民由山西洪洞县迁来，因此地三面环河似月牙，村得名月河。聚落呈团块状。有广播站 1 个。经济以种植业为主，主要农作物为小麦、玉米等。有公路经此。

李五道 371403-B05-H14
[Lǐwǔdào]

在区驻地临齐街道东方向 7.0 千米。神头镇辖自然村。人口 900。明洪熙元年（1425），李公行带五子由山西洪洞县迁至老李家庄定居，因五子在此居住，且村北临官道，故名李五道。聚落呈团块状。有广播站 1 个。经济以种植业为主，主要农作物为小麦、玉米等。有公路经此。

李家屯 371403-B05-H15
[Lǐjiātún]

在区驻地临齐街道东方向 13.0 千米。神头镇辖自然村。人口 600。明永乐年间，张、徐、李等姓由山东掖县迁此建一玉皇庙，且居于此，取村名五管屯，后村落渐扩，称李家屯。聚落呈团块状。有广播站 1 个。经济以种植业为主，主要农作物为小麦、玉米等。有公路经此。

牟陈家 371403-B05-H16
[Mùchénjiā]

在区驻地临齐街道东方向 19.0 千米。神头镇辖自然村。人口 1 000。明洪武年间，陈姓由山东寿光县迁此。清乾隆年间，陈姓后裔贩运经商，其富惊动知县，赠名陈富陈家，谐音牟陈家。聚落呈团块状。有广播站 1 个。经济以种植业为主，主要农作物为小麦、玉米等。有公路经此。

田老庄户 371403-B05-H17
[Tiánlǎozhuānghù]

在区驻地临齐街道东方向 12.0 千米。神头镇辖自然村。人口 300。明建文帝时期，靖难之役官兵至此，见村民老实本分，得名老实庄户。又因田姓居多，称为田老庄户。聚落呈团块状。有广播站 1 个。经济以种植业为主，主要农作物为小麦、玉米等。有公路经此。

西街 371403-B05-H18
[Xījiē]

在区驻地临齐街道东方向 11.2 千米。神头镇辖自然村。人口 800。明万历年间，村人康丕杨在朝中任御史，于此塑神像，修建庙宇，曰神头。后村扩展，本村按方位称为神头西街，简称西街。聚落呈团块状。有广播站 1 个。经济以种植业为主，主要农作物为小麦、玉米等。有公路经此。

西辛庄 371403-B05-H19
[Xīxīnzhuāng]

在区驻地临齐街道东方向 15.1 千米。神头镇辖自然村。人口 400。明万历年间，邓集部分村民迁此定居，取名新庄，后为区别于当地另一新庄，本村按方位称西辛庄。聚落呈团块状。有广播站 1 个。经济以种植业为主，主要农作物为小麦、玉米等。有公路经此。

西高安然 371403-B05-H20
[Xīgāo'ānrán]

在区驻地临齐街道东方向 10.7 千米。神头镇辖自然村。人口 400。明永乐年间，高万然由河南汝宁迁此首居，村名高安然家庄。后村析置两村，本村按方位称西高安然。聚落呈团块状。有广播站 1 个。经济以种植业为主，主要农作物为小麦、玉米等。有公路经此。

赵马拉 371403-B05-H21
[Zhàomǎlā]

在区驻地临齐街道东方向 14.6 千米。神头镇辖自然村。人口 1 000。皆为回族。赵姓随闯王迁此首居，后传村民赵满琅有降妖伏魔之术，且多为百姓消灾避难，村名改为赵满琅家庄，谐音赵马拉。聚落呈团块状。有广播站 1 个。经济以种植业为主，主要农作物为小麦、玉米等。有公路经此。

邓集 371403-B05-H22

[Dèngjí]

在区驻地临齐街道东方向 16.4 千米。神头镇辖自然村。人口 1 200。明永乐年间，邓集由山东寿光迁此，因立有集市，故称邓集。聚落呈团块状。有广播站 1 个。经济以种植业为主，主要农作物为小麦、玉米等。有公路经此。

马老庄户 371403-B05-H23

[Mǎlǎozhuānghù]

在区驻地临齐街道东方向 13.0 千米。神头镇辖自然村。人口 300。明永乐年间，官兵行至此地，见村中百姓安分守己，老实忠厚，村得名马老庄户。聚落呈团块状。有广播站 1 个。经济以种植业为主，主要农作物为小麦、玉米等。有公路经此。

滋镇 371403-B06-H01

[Zīzhèn]

滋镇人民政府驻地。在区驻地临齐街道东北方向 25.0 千米。人口 2 100。三国时期，曹操曾在此驻军屯粮，并留下"兹人无止境，博大宽无边"的名句，后人摘其首两字，为兹博店。宋置滋博镇，沿之为滋镇。聚落呈团块状。有小学 3 所。经济以商贸业为主，有荣众电子、金麦面业等企业，有德强农场。249 省道经此。

三于家 371403-B06-H02

[Sānyújiā]

在区驻地临齐街道东方向 25.0 千米。滋镇辖自然村。人口 400。皆为回族。明永乐年间，于姓由大于村迁入此地，命村名为三于家。聚落呈团块状。有广播站 1 个。经济以种植业为主，主要农作物为小麦、玉米等。有公路经此。

三洄河 371403-B06-H03

[Sānhuíhé]

在区驻地临齐街道东方向 19.5 千米。滋镇辖自然村。人口 1 000。明朝万历年间，魏姓由山东寿光县迁此落户，因村庄周围河道弯曲回转而得名三洄河。聚落呈团块状。有广播站 1 个。经济以种植业为主，主要农作物为小麦、玉米等。有公路经此。

东宋 371403-B06-H04

[Dōngsòng]

在区驻地临齐街道东方向 24.1 千米。滋镇辖自然村。人口 400。明永乐年间，宋姓由山东寿光县迁此定居，后来为区别于当地另一宋家庄，本村按方位称东宋。聚落呈团块状。有广播站 1 个。经济以种植业为主，主要农作物为小麦、玉米等。有公路经此。

东大辛 371403-B06-H05

[Dōngdàxīn]

在区驻地临齐街道东方向 21.3 千米。滋镇辖自然村。人口 800。清顺治年间，阎文学带子孙来此定居，取名大新庄，后改为大辛庄。后分为三个自然村，本村按方位为东大辛。聚落呈团块状。有广播站 1 个。经济以种植业为主，主要农作物为小麦、玉米等。有公路经此。

兴东 371403-B06-H06

[Xīngdōng]

在区驻地临齐街道东方向 27.0 千米。滋镇辖自然村。人口 600。明朝弘治年间，有董、赵、杨三姓来此定居，以吉祥兴旺之意取村名为兴隆镇。1958 年时设成三个村，本村按方位称兴东。聚落呈团块状。有广播站 1 个。经济以种植业为主，主要农作物为小麦、玉米等。有公路经此。

前仓 371403-B06-H07
[Qiáncāng]

在区驻地临齐街道东方向 19.2 千米。滋镇辖自然村。人口 200。明朝万历年间，先民由山东寿光县迁此定居，因为此地曾经由官府建有粮仓，本村按方位称为前仓。聚落呈团块状。有广播站 1 个。经济以种植业为主，主要农作物为小麦、玉米等。有公路经此。

前许 371403-B06-H08
[Qiánxǔ]

在区驻地临齐街道东方向 20.1 千米。滋镇辖自然村。人口 900。明朝洪熙元年（1425），许姓由山东寿光县迁此定居，后来村落逐渐扩大成两个村庄，本村按方位称前许。聚落呈团块状。有广播站 1 个。经济以种植业为主，主要农作物为小麦、玉米等。有公路经此。

大周 371403-B06-H09
[Dàzhōu]

在区驻地临齐街道东方向 22.0 千米。滋镇辖自然村。人口 600。明朝洪熙元年（1425），周窝风由山东寿光县迁此定居，因此地有同名村，遂以大、小区别，此村为大周。聚落呈团块状。有广播站 1 个。经济以种植业为主，主要农作物为小麦、玉米等。有公路经此。

孙保安 371403-B06-H10
[Sūnbǎo'ān]

在区驻地临齐街道东方向 23.0 千米。滋镇辖自然村。人口 300。明朝初年，孙姓兄弟三人由山东寿光县迁此落户，因老大、老二无子女，只有老三得一子，取宝宝平安之意，故名孙宝安，后谐音变为孙保安。聚落呈团块状。有广播站 1 个。经济以种植业为主，主要农作物为小麦、玉米等。有公路经此。

小蔺 371403-B06-H11
[Xiǎolìn]

在区驻地临齐街道东方向 22.1 千米。滋镇辖自然村。人口 100。在明朝洪武年间，蔺姓由山东寿光县迁此定居，渐成村落，因有座庙而得名蔺家庙。后来王姓来此相邻而居，取村名为小王家，因蔺家庙北靠管道，不断遭到抢劫，致使村民出走他乡，故两村合并，统称小蔺。聚落呈团块状。有广播站 1 个。经济以种植业为主，主要农作物为小麦、玉米等。有公路经此。

张有道 371403-B06-H12
[Zhāngyǒudào]

在区驻地临齐街道东方向 19.2 千米。滋镇辖自然村。人口 1 200。明朝洪武年间，张姓由山东寿光县迁此定居，以屠宰为业，村名改为张一刀家，后来按谐音更名为张有道。聚落呈团块状。有广播站 1 个。经济以种植业为主，主要农作物为小麦、玉米等。有公路经此。

杨洪 371403-B06-H13
[Yánghóng]

在区驻地临齐街道东方向 21.5 千米。滋镇辖自然村。人口 300。清康熙年间，杨世洪任尚书，后其子迁此定居，名为杨世洪庄，简称杨洪。聚落呈团块状。有广播站 1 个。经济以种植业为主，主要农作物为小麦、玉米等。有公路经此。

沙窝王 371403-B06-H14
[Shāwōwáng]

在区驻地临齐街道东方向 19.4 千米。滋镇辖自然村。人口 400。明永乐年间，王姓兄弟三人由山东寿光县来此定居，因村旁风沙聚积成丘而称沙窝王。聚落呈团块状。有广播站1个。经济以种植业为主，主要农作物为小麦、玉米等。有公路经此。

界牌刘 371403-B06-H15
［Jièpáiliú］

在区驻地临齐街道东方向21.6千米。滋镇辖自然村。人口300。清朝初年，刘姓由山东寿光县迁此定居，后村旁立有界牌而得名界牌刘。聚落呈团块状。有广播站1个。经济以种植业为主，主要农作物为小麦、玉米等。有公路经此。

西大辛 371403-B06-II16
［Xīdàxīn］

在区驻地临齐街道东方向20.1千米。滋镇辖自然村。人口500。清顺治年间，闫文学带子孙来此定居，取名大新庄，后来按谐音改为大辛庄。后来分为三个自然村，本村按方位为西大辛。聚落呈团块状。有广播站1个。经济以种植业为主，主要农作物为小麦、玉米等。有公路经此。

马家 371403-B06-H17
［Mǎjiā］

在区驻地临齐街道东方向20.1千米。滋镇辖自然村。人口800。明朝万历年间，马姓由山西迁此落户，因练就一手好称法，村名亦称为马称杆家，简称马家。聚落呈团块状。有广播站1个。经济以种植业为主，主要农作物为小麦、玉米等。有公路经此。

东南寨 371403-B06-H18
［Dōngnánzhài］

在区驻地临齐街道东方向23.6千米。滋镇辖自然村。人口700。元末明初，王铭来此定居，村名王家寨。后分为三个自然村，本村按方位称东南寨。聚落呈团块状。有

有广播站1个。经济以种植业为主，主要农作物为小麦、玉米等。有公路经此。

王洪开 371403-B06-H19
［Wánghóngkāi］

在区驻地临齐街道东方向24.4千米。滋镇辖自然村。人口300。因有户王姓人家，开辟了一片荒地，所种植的花生大丰收，故村名王洪开。聚落呈团块状。有广播站1个。经济以种植业为主，主要农作物为小麦、玉米等。有公路经此。

前孙 371403-B07-H01
［Qiánsūn］

前孙镇人民政府驻地。在区驻地临齐街道北方向25.0千米。人口1 100。孙姓由山西洪洞县迁此定居，因北临东堂集，名集前孙，简称前孙。聚落呈团块状。有中学1所、小学1所、广播站1个。经济以种植业为主，主要农作物为小麦、玉米、棉花、水果。畜牧业主要养殖猪、羊、牛。有木器加工厂等企业。省道乐德公路经此。

三宝店 371403-B07-H02
［Sānbǎodiàn］

在区驻地临齐街道北方向29.3千米。前孙镇辖自然村。人口400。清康熙年间，本村先民由村西北半里之处许老庙迁来，因有三宝而得名。聚落呈团块状。有广播站1个。经济以种植业为主，主要农作物为小麦、玉米等。有公路经此。

东金 371403-B07-H03
［Dōngjīn］

在区驻地临齐街道北方向24.2千米。前孙镇辖自然村。人口300。清乾隆年间，金氏兄弟二人由山东即墨县迁此定居，村名金家庄。1985年，本村按方位称东金。聚落呈团块状。有广播站1个。经济以种

植业为主，主要农作物为小麦、玉米等。有公路经此。

刘大楼 371403-B07-H04
[Liúdàlóu]

在区驻地临齐街道北方向 29.1 千米。前孙镇辖自然村。人口 500。明朝，刘姓由山西迁此定居，因会做大型木楼，称刘打楼，后改称刘大楼。聚落呈团块状。有广播站 1 个。经济以种植业为主，主要农作物为小麦、玉米等。有公路经此。

南金 371403-B07-H05
[Nánjīn]

在区驻地临齐街道北方向 22.1 千米。前孙镇辖自然村。人口 900。明永乐二年（1404），金氏兄弟二人迁此定居，本村因在南而得名南金。聚落呈团块状。有广播站 1 个。经济以种植业为主，主要农作物为小麦、玉米等。有公路经此。

双庙 371403-B07-H06
[Shuāngmiào]

在区驻地临齐街道北方向 29.1 千米。前孙镇辖自然村。人口 200。因建村时村两端各建一庙，遂取村名为双庙。聚落呈团块状。有广播站 1 个。经济以种植业为主，主要农作物为小麦、玉米等。有公路经此。

大辛庄 371403-B07-H07
[Dàxīnzhuāng]

在区驻地临齐街道北方向 27.4 千米。前孙镇辖自然村。人口 300。昔名刘官屯，后为避兵乱而迁此建立新村，取村名为大辛庄。聚落呈团块状。有广播站 1 个。经济以种植业为主，主要农作物为小麦、玉米等。有公路经此。

孙夸 371403-B07-H08
[Sūnkuā]

在区驻地临齐街道北方向 28.1 千米。前孙镇辖自然村。人口 400。明弘治年间，为三个村，后有孙姓由外地来此定居，语言不同，称孙夸。聚落呈团块状。有广播站 1 个。经济以种植业为主，主要农作物为小麦、玉米等。有公路经此。

安善仁 371403-B07-H09
[Ānshànrén]

在区驻地临齐街道北方向 22.2 千米。前孙镇辖自然村。人口 400。从前一位安氏领儿子来此讨荒要饭居住，因为人善良而誉称安善仁，久之村名亦随之呼为安善仁。聚落呈团块状。有广播站 1 个。经济以种植业为主，主要农作物为小麦、玉米等。有公路经此。

宋新庄 371403-B07-H10
[Sòngxīnzhuāng]

在区驻地临齐街道北方向 24.3 千米。前孙镇辖自然村。人口 300。清康熙年间，宋姓由陵县土桥镇宋集来此建立新村，故取名宋新庄。聚落呈团块状。有广播站 1 个。经济以种植业为主，主要农作物为小麦、玉米等。有公路经此。

小吴 371403-B07-H11
[Xiǎowú]

在区驻地临齐街道北方向 24.3 千米。前孙镇辖自然村。人口 300。相传吴门亲祖迁居此地，故名。聚落呈团块状。有广播站 1 个。经济以种植业为主，主要农作物为小麦、玉米等。有公路经此。

小屯 371403-B07-H12
[Xiǎotún]

在区驻地临齐街道北方向 23.6 千米。

前孙镇辖自然村。人口300。明永乐二年（1404），鲁姓由山东省即墨县迁此，因本村面积较小，故叫小屯。聚落呈团块状。有广播站1个。经济以种植业为主，主要农作物为小麦、玉米等。有公路经此。

张万良 371403-B07-H13
［Zhāngwànliáng］

在区驻地临齐街道北方向30.0千米。前孙镇辖自然村。人口500。1440年，张龙、张户由山东省寿光县迁此定居，因地数顷、粮产万斤而声震乡里，故起村名张万粮，后村名改为张万良。聚落呈团块状。有广播站1个。经济以种植业为主，主要农作物为小麦、玉米等。有公路经此。

李合雨 371403-B07-H14
［Lǐhéyǔ］

在区驻地临齐街道北方向26.0千米。前孙镇辖自然村。人口300。1489年，刘姓由山西移来居住，取风调雨顺之凤愿而名村为刘合雨，后因李姓居多，易名为李合雨。聚落呈团块状。有广播站1个。经济以种植业为主，主要农作物为小麦、玉米等。有公路经此。

李集 371403-B07-H15
［Lǐjí］

在区驻地临齐街道北方向25.0千米。前孙镇辖自然村。人口600。清康熙年间，李姓由山东即墨县迁此定居，后立有集市，因而得名李集。聚落呈团块状。有广播站1个。经济以种植业为主，主要农作物为小麦、玉米等。有公路经此。

杨马棚 371403-B07-H16
［Yángmǎpéng］

在区驻地临齐街道北方向25.0千米。前孙镇辖自然村。人口500。明永乐十八年（1420），杨姓由山西洪洞县迁此定居。因养马数匹，多建马棚，故称杨马棚。聚落呈团块状。有广播站1个。经济以种植业为主，主要农作物为小麦、玉米等。有公路经此。

果李 371403-B07-H17
［Guǒlǐ］

在区驻地临齐街道北方向25.0千米。前孙镇辖自然村。人口400。相传，明洪武二十一年（1388），李姓由山西迁此定居，因种果树园子而得名果园李家庄，沿称果李。聚落呈团块状。有广播站1个。经济以种植业为主，主要农作物为小麦、玉米等。有公路经此。

水王 371403-B07-H18
［Shuǐwáng］

在区驻地临齐街道北方向25.0千米。前孙镇辖自然村。人口600。明洪武二十一年（1388），王姓由山西洪洞县迁此定居，因村地势低洼，常年水如汪洋，而称之水王。聚落呈团块状。有广播站1个。经济以种植业为主，主要农作物为小麦、玉米等。有公路经此。

盐头吕 371403-B07-H19
［Yántóulǚ］

在区驻地临齐街道北方向29.0千米。前孙镇辖自然村。人口500。相传，明弘治年间，吕国千由河北宁津县吕庄迁此定居，因贩盐生意兴盛，村名遂称盐头吕。聚落呈团块状。有广播站1个。经济以种植业为主，主要农作物为小麦、玉米等。有公路经此。

花马张 371403-B07-H20
［Huāmǎzhāng］

在区驻地临齐街道北方向28.0千米。

前孙镇辖自然村。人口 300。明万历年间，张海宪由即墨县迁此定居，因养有花马而得名花马张。聚落呈团块状。有广播站 1 个。经济以种植业为主，主要农作物为小麦、玉米等。有公路经此。

郭家庵 371403-B07-H21

[Guōjiā'ān]

在区驻地临齐街道北方向 24.0 千米。前孙镇辖自然村。人口 300。明弘治年间，郭升玉由山东即墨县迁此定居，以姓氏命村名为郭家庄，后建有庵堂，得村名郭家庵。聚落呈团块状。有广播站 1 个。经济以种植业为主，主要农作物为小麦、玉米等。有公路经此。

马头王 371403-B07-H22

[Mǎtóuwáng]

在区驻地临齐街道北方向 24.0 千米。前孙镇辖自然村。人口 300。相传元延祐二年（1315），王姓由云南来此定居，因以做马杓头为生，村名称为马头王。聚落呈团块状。有广播站 1 个。经济以种植业为主，主要农作物为小麦、玉米等。有公路经此。

边临镇 371403-B08-H01

[Biānlínzhèn]

边临镇人民政府驻地。在区驻地临齐街道北方向 15.0 千米。人口 1 500。原名桃庄，以盛产桃花得名。明成化年间村南建侯庄，为忌"猴吃桃"，易名为鞭轮镇，后谐音变为边临镇。聚落呈团块状。有小学 1 所、幼儿园 1 所。经济以种植业为主，主产小麦、玉米、棉花。养殖业以养殖牛、羊为主。工业有棉纺织、机械加工等。省道乐德公路经此。

三官庙 371403-B08-H02

[Sānguānmiào]

在区驻地临齐街道西方向 13.0 千米。边临镇辖自然村。人口 300。清康熙年间，高、王、张三姓来此首居，后有观音、关帝、土地三庙，久之被呼为三官庙。聚落呈团块状。有广播站 1 个。经济以种植业为主，主要农作物为小麦、玉米等。有公路经此。

仁义店 371403-B08-H03

[Rényìdiàn]

在区驻地临齐街道西方向 16.0 千米。边临镇辖自然村。人口 400。相传，宋末元初，此地有一店铺，店主非常仁义，村落因此得名仁义店。聚落呈团块状。有广播站 1 个。经济以种植业为主，主要农作物为小麦、玉米等。有公路经此。

军高 371403-B08-H04

[Jūngāo]

在区驻地临齐街道西方向 16.0 千米。边临镇辖自然村。人口 800。明朝洪武年间，高姓由山东即墨县迁此定居，因村内常有军队路经驻扎，俗称军高家庄，1983 年更名为军高。聚落呈团块状。有广播站 1 个。经济以种植业为主，主要农作物为小麦、玉米等。有公路经此。

前华 371403-B08-H05

[Qiánhuá]

在区驻地临齐街道西方向 16.0 千米。边临镇辖自然村。人口 300。明永乐年间，杨姓由山东即墨县迁此定居，因以制造铁犁铧为生，村名为杨犁铧家庄，后村析置前、后两村，本村按方位称前杨犁铧，又称前华。聚落呈团块状。有广播站 1 个。经济以种植业为主，主要农作物为小麦、玉米等。有公路经此。

前桐 371403-B08-H06
［Qiántóng］

在区驻地临齐街道西方向 16.0 千米。边临镇辖自然村。人口 500。明永乐年间，因村周筑有围墙，固如壁垒铜墙，久之村名亦呼为铜城。后村析置前、后两村，本村按方位称前铜城，简称前桐。聚落呈团块状。有广播站 1 个。经济以种植业为主，主要农作物为小麦、玉米等。有公路经此。

寨门刘 371403-B08-H07
［Zhàiménliú］

在区驻地临齐街道西方向 16.0 千米。边临镇辖自然村。人口 300。相传，明永乐年间，刘姓由山东即墨县迁此首居，因村中有南北交通要道且筑有寨门，故村名为寨门刘。聚落呈团块状。有广播站 1 个。经济以种植业为主，主要农作物为小麦、玉米等。有公路经此。

律王 371403-B08-H08
［Lǜwáng］

在区驻地临齐街道西方向 14.0 千米。边临镇辖自然村。人口 100。明永乐年间，王姓由山东即墨县迁此落户，因擅长写五言律诗而称律诗王村，后简称律王。聚落呈团块状。有广播站 1 个。经济以种植业为主，主要农作物为小麦、玉米等。有公路经此。

洼李 371403-B08-H09
［Wālǐ］

在区驻地临齐街道西方向 13.0 千米。边临镇辖自然村。人口 200。相传村建于明永乐年间，李姓由山东即墨县迁此定居，因此处地势低洼，常年积水而得名洼李家庄，沿称洼李。聚落呈团块状。有广播站 1 个。经济以种植业为主，主要农作物为小麦、玉米等。有公路经此。

王纪口 371403-B08-H10
［Wángjìkǒu］

在区驻地临齐街道西方向 11.0 千米。边临镇辖自然村。人口 200。相传，明永乐年间，王姓由山东即墨县迁此首居，因水土不服，大夫让其忌口而偏食之，人送绰号王忌口，久之村名随之呼为王忌口家庄，沿称王纪口。聚落呈团块状。有广播站 1 个。经济以种植业为主，主要农作物为小麦、玉米等。有公路经此。

王连榜 371403-B08-II11
［Wángliánbǎng］

在区驻地临齐街道西方向 16.0 千米。边临镇辖自然村。人口 700。明永乐年间，王氏由山东即墨县迁此，以洪炉打铁镰而绰称王镰把，久之村名亦随之呼为王镰把家庄。后人们为念其祖名而易村名为王连榜家庄，沿称王连榜。聚落呈团块状。有广播站 1 个。经济以种植业为主，主要农作物为小麦、玉米等。有公路经此。

生金刘 371403-B08-H12
［Shēngjīnliú］

在区驻地临齐街道西方向 13.0 千米。边临镇辖自然村。人口 600。明朝初年，由本县圈刘村一村妇带一子逃荒来此，捡了一只金鸡，并在此修建房屋，儿子成家立业，取村名为生金刘。聚落呈团块状。有广播站 1 个。经济以种植业为主，主要农作物为小麦、玉米等。有公路经此。

簸箕王 371403-B08-H13
［Bòjiwáng］

在区驻地临齐街道西方向 10.0 千米。边临镇辖自然村。人口 200。相传明弘治二年（1489），王姓由山东即墨县迁此首居，以姓氏命村名为王家庄,因编簸箕而扬名乡里,绰称簸箕王,久之村名亦随之呼为簸箕王。聚落呈团块状。有广播站1个。经济以种植业为主,主要农作物为小麦、玉米等。有公路经此。

范桥 371403-B08-H14
[Fànqiáo]

在区驻地临齐街道西方向9.5千米。边临镇辖自然村。人口500。村建于明永乐年间,范姓由山东即墨县迁此定居,以姓氏命村名为范家庄,因村滨马颊河故道,且有桥建于河上,俗称范家桥,遂村名亦随之呼为范桥。聚落呈团块状。有广播站1个。经济以种植业为主,主要农作物为小麦、玉米等。有公路经此。

马才 371403-B08-H15
[Mǎcái]

在区驻地临齐街道西方向9.5千米。边临镇辖自然村。人口400。相传此地为边临镇一大户放马之处,因建有养马大院,后人多来定居,渐成村落,村名马宅家庄,后取雅意,谐音为马才。聚落呈团块状。有广播站1个。经济以种植业为主,主要农作物为小麦、玉米等。有公路经此。

史家庵 371403-B08-H16
[Shǐjiā'ān]

在区驻地临齐街道西方向9.5千米。边临镇辖自然村。人口500。村建于明永乐年间,史姓由山东即墨县迁此,渐成村落,因村南建有寺庵院而得名史家庵。聚落呈团块状。有广播站1个。经济以种植业为主,主要农作物为小麦、玉米等。有公路经此。

义渡口 371403-B09-H01
[Yìdùkou]

义渡口镇人民政府驻地。在区驻地临齐街道东北方向23.0千米。人口2300。传明成化年间一老翁在此打鱼为生,对过河人重义乐助,后建村,名义渡口。聚落呈团块状。有广播站1个、中学1所、小学2所。经济以种植业、商贸业为主,主产小麦、玉米。有公路经此。

付家庵 371403-B09-H02
[Fùjiā'ān]

在区驻地临齐街道东北方向25.0千米。义渡口镇辖自然村。人口300。明永乐年间,付氏先祖由山东寿光县高各庄迁此建村,后来曾在村头建姑姑庙,故称付家庵。聚落呈团块状。有广播站1个。经济以种植业为主,主要农作物为小麦、玉米等。有公路经此。

太平 371403-B09-H03
[Tàipíng]

在区驻地临齐街道东北方向25.0千米。义渡口镇辖自然村。人口300。相传,明朝后期,王氏由山东寿光县太平庄迁此定居,为念其祖籍,取美好意愿而立村名为太平。聚落呈团块状。有广播站1个。经济以种植业为主,主要农作物为小麦、玉米等。有公路经此。

孙屯 371403-B09-H04
[Sūntún]

在区驻地临齐街道东北方向27.0千米。义渡口镇辖自然村。人口400。相传明朝靖难之役期间,一户姓孙的人家为了防止追杀,挖了地洞逃避,从而幸免一死,后来发展成村,故名孙屯。聚落呈团块状。有广播站1个。经济以种植业为主,主要农作物为小麦、玉米等。有公路经此。

李志拔 371403-B09-H05
[Lǐzhìbá]

在区驻地临齐街道东北方向 24.0 千米。义渡口镇辖自然村。人口 500。传说在很早以前，本村名叫后李家，村里有一个人叫李志拔，能说会道又霸道，故名村李志拔。聚落呈团块状。有广播站 1 个。经济以种植业为主，主要农作物为小麦、玉米等。有公路经此。

李清兰 371403-B09-H06
[Lǐqīnglán]

在区驻地临齐街道东北方向 25.0 千米。义渡口镇辖自然村。人口 200。相传在明朝年间，李姓由寿光迁来此地。清朝年间，村民李清兰做了知县，为了纪念他，便把李清兰的名字命名为村名。聚落呈团块状。有广播站 1 个。经济以种植业为主，主要农作物为小麦、玉米等。有公路经此。

果园 371403-B09-H07
[Guǒyuán]

在区驻地临齐街道东北方向 26.0 千米。义渡口镇辖自然村。人口 1 300。皆为回族。相传村建于明弘治年间，因果树成园，习称村为果园家庄，后演变为果园。聚落呈团块状。有广播站 1 个。经济以种植业为主，主要农作物为小麦、玉米等。有公路经此。

桑林店 371403-B09-H08
[Sānglíndiàn]

在区驻地临齐街道东北方向 26.0 千米。义渡口镇辖自然村。人口 300。明朝末年，本村先祖由山东寿光县大槐树下迁来，因村附近有大面积的桑林，又开了不少店铺，故村名桑林店。聚落呈团块状。有广播站 1 个。经济以种植业为主，主要农作物为小麦、玉米等。有公路经此。

潘家 371403-B09-H09
[Pānjiā]

在区驻地临齐街道东北方向 26.0 千米。义渡口镇辖自然村。人口 900。明永乐年间，潘姓由山东寿光县高各庄来此落户，立村名叫潘家。聚落呈团块状。有广播站 1 个、小学 1 所。经济以种植业为主，主要农作物为小麦、玉米等。有公路经此。

老高 371403-B09-H10
[Lǎogāocūn]

在区驻地临齐街道东北方向 24.0 千米。义渡口镇辖自然村。人口 200。明朝万历年间，高显自山东寿光迁此，初名高家。后繁衍至第四代，兄弟六人分家，四子高大秀分到老宅和村西苇湾，仍居于原村，改名老高。聚落呈团块状。有广播站 1 个。经济以种植业为主，主要农作物为小麦、玉米等。有公路经此。

赵庵 371403-B09-H11
[Zhào'ān]

在区驻地临齐街道东北方向 27.0 千米。义渡口镇辖自然村。人口 300。明朝永乐时期，赵琴从寿光县迁来，建居住点，当时这个地方有座姑姑庙，故起名叫赵庵。聚落呈团块状。有广播站 1 个。经济以种植业为主，主要农作物为小麦、玉米等。有公路经此。

郭肥 371403-B09-H12
[Guōféi]

在区驻地临齐街道东北方向 21.0 千米。义渡口镇辖自然村。人口 500。因有姓郭的猪贩子以贩卖肥猪而知名，故起名郭肥家，后改成郭肥。聚落呈团块状。有广播站 1 个。经济以种植业为主，主要农作物为小麦、玉米等。有公路经此。

铁头 371403-B09-H13
[Tiětóu]

在区驻地临齐街道东北方向 25.0 千米。义渡口镇辖自然村。人口 500。相传明万历年间，张氏由山东寿光县来此定居，建村后以打铁为生，村名因此为铁头。聚落呈团块状。有广播站 1 个。经济以种植业为主，主要农作物为小麦、玉米等。有公路经此。

霍桥 371403-B09-H14
[Huòqiáo]

在区驻地临齐街道东北方向 26.0 千米。义渡口镇辖自然村。人口 200。明朝末年，霍延全从赵家庵迁往马家河北岸安家，河上有座桥，便起村名为霍桥。聚落呈团块状。有广播站 1 个。经济以种植业为主，主要农作物为小麦、玉米等。有公路经此。

丁庄 371403-B10-H01
[Dīngzhuāng]

丁庄镇人民政府驻地。在区驻地临齐街道西方向 10.0 千米。人口 700。丁姓建村，故名。聚落呈团块状。有小学 1 所、幼儿园 1 所。经济以种植业为主，主要农作物为小麦、玉米、棉花、蔬菜。有食品加工、淡水养殖等工副业。省道德石公路经此。

南于庄 371403-B10-H02
[Nányúzhuāng]

在区驻地临齐街道西南方向 12.0 千米。丁庄镇辖自然村。人口 400。建于明永乐十七年(1419)，因于姓较多，而统称为于庄。后为区别于另一于庄，本村按方位称南于庄。聚落呈团块状。有广播站 1 个。经济以种植业为主，主要农作物为小麦、玉米等。有公路经此。

大薛庄 371403-B10-H03
[Dàxuēzhuāng]

在区驻地临齐街道西南方向 12.0 千米。丁庄镇辖自然村。人口 1 700。明洪武二十二年（1389），薛山白由山西洪洞县大槐树迁至此地，中华人民共和国成立后，赵家洼村与薛庄村合并后取名大薛庄。聚落呈团块状。有广播站 1 个。经济以种植业为主，主要农作物为小麦、玉米等。有公路经此。

孙堤口 371403-B10-H04
[Sūndīkǒu]

在区驻地临齐街道西南方向 9.0 千米。丁庄镇辖自然村。人口 600。明朝嘉靖十一年（1532），孙姓来此依河定居，后因河堤破口，形成人行通道，而得名孙堤口。聚落呈团块状。有广播站 1 个。经济以种植业为主，主要农作物为小麦、玉米等。有公路经此。

孙家集 371403-B10-H05
[Sūnjiājí]

在区驻地临齐街道西南方向 14.5 千米。丁庄镇辖自然村。人口 500。明万历十七年（1589），孙姓与赵姓由山西洪洞县迁来，当时以孙姓命名为孙家庄，后立有集市，称孙家集。聚落呈团块状。有广播站 1 个。经济以种植业为主，主要农作物为小麦、玉米等。有公路经此。

河沟刘 371403-B10-H06
[Hégōuliú]

在区驻地临齐街道西南方向 13.5 千米。丁庄镇辖自然村。人口 500。明永乐年间，刘士成由山西洪洞县迁此，因村濒临河沟，又以刘姓为主，后演称河沟刘。聚落呈团块状。有广播站 1 个。经济以种植业为主，主要农作物为小麦、玉米等。有公路经此。

王蛮街 371403-B10-H07
[Wángmánjiē]

在区驻地临齐街道西南方向 9.7 千米。丁庄镇辖自然村。人口 1 900。明成化二十年（1484），王姓由南方来此定居，因古时称南方人为"蛮族"，且开设店铺而得名王蛮店，后街道扩展并立有集市，村名改为王蛮街。聚落呈团块状。有广播站 1 个。经济以种植业为主，主要农作物为小麦、玉米等。有公路经此。

疙瘩孙 371403-B10-H08
[Gēdasūn]

在区驻地临齐街道西南方向 14.0 千米。丁庄镇辖自然村。人口 100。明嘉靖十八年（1539），孙傲、孙鄂兄弟二人由山西洪洞县来此定居，因村前有两个土疙瘩，故取名疙瘩孙。聚落呈团块状。有广播站 1 个。经济以种植业为主，主要农作物为小麦、玉米等。有公路经此。

董屠 371403-B10-H09
[Dǒngtú]

在区驻地临齐街道西南方向 10.0 千米。丁庄镇辖自然村。人口 800。明万历年间，董姓自山东即墨县迁此定居，以屠宰为业，久之村名称董屠。聚落呈团块状。有广播站 1 个。经济以种植业为主，主要农作物为小麦、玉米等。有公路经此。

董羊皮 371403-B10-H10
[Dǒngyángpí]

在区驻地临齐街道西南方向 14.6 千米。丁庄镇辖自然村。人口 700。明万历二十七年（1599），董旺由山东即墨县迁此，后因宰羊熟皮而著称，久之村名亦随之呼为董羊皮。聚落呈团块状。有广播站 1 个。

经济以种植业为主，主要农作物为小麦、玉米等。有公路经此。

许桥 371403-B10-H11
[Xǔqiáo]

在区驻地临齐街道西南方向 8.0 千米。丁庄镇辖自然村。人口 700。建于明弘治二年（1489），以许姓命村名为许家庄，后因村临河，且建桥于河，久之村名呼为许桥。聚落呈团块状。有广播站 1 个。经济以种植业为主，主要农作物为小麦、玉米等。有公路经此。

赵家庙 371403-B10-H12
[Zhàojiāmiào]

在区驻地临齐街道西南方向 13.0 千米。丁庄镇辖自然村。人口 600。1290 年，赵氏迁入，因村中建有一庙宇，村名改为赵家庙。聚落呈团块状。有广播站 1 个。经济以种植业为主，主要农作物为小麦、玉米等。有公路经此。

仙人桥 371403-B10-H13
[Xiānrénqiáo]

在区驻地临齐街道西南方向 14.0 千米。丁庄镇辖自然村。人口 1 200。三国时期，刘备被追杀，至此遇河而阻，正挥泪欲绝，忽见河面浮起一座小桥，遂拨马而过，此乃仙桥也。从此沿河渔民在此繁衍生息，取村名为仙人桥。聚落呈团块状。有广播站 1 个。经济以种植业为主，主要农作物为小麦、玉米等。有公路经此。

大于集 371403-C01-H01
[Dàyújí]

于集乡人民政府驻地。在区驻地临齐街道东北方向 6.7 千米。人口 1 000。明洪武年间，于得水由胶东海阳县迁此定居建村，后立有集市，故称于家集。后村落渐扩，

1958 年分称为大于集、小于集，此村为大于集。聚落呈团块状。有幼儿园 1 所、广播站 1 个。经济以种植业为主，主要农作物为小麦、玉米、棉花。有纺织厂、面粉厂。有公路经此。

孙家 371403-C01-H02
[Sūnjiā]

在区驻地临齐街道北方向 8.0 千米。于集乡辖自然村。人口 400。原名孙国莲家，1983 年更名为孙国庄，简称孙家。聚落呈团块状。有广播站 1 个。经济以种植业为主，主要农作物为小麦、玉米等。有公路经此。

孟庙 371403-C01-H03
[Mèngmiào]

在区驻地临齐街道北方向 6.0 千米。于集乡辖自然村。人口 800。明朝初年，孟姓由山西洪洞县迁此定居，后建有庙宇，所以称为孟庙。聚落呈团块状。有广播站 1 个。经济以种植业为主，主要农作物为小麦、玉米等。有公路经此。

宗庵 371403-C01-H04
[Zōng'ān]

在区驻地临齐街道北方向 10.0 千米。于集乡辖自然村。人口 400。明永乐年间，孙姓由山东崂山迁此定居。村内庵院的钟响波及四邻村庄，人称钟家庵，后来谐音改为宗家庵，简称宗庵。聚落呈团块状。有广播站 1 个。经济以种植业为主，主要农作物为小麦、玉米等。有公路经此。

崔楼 371403-C01-H05
[Cuīlóu]

在区驻地临齐街道北方向 8.0 千米。于集乡辖自然村。人口 400。据说，崔氏最早迁来落户，又因是财主在此修过楼，故名崔楼。聚落呈团块状。有广播站 1 个。经

济以种植业为主，主要农作物为小麦、玉米等。有公路经此。

巨洼 371403-C01-H06
[Jùwā]

在区驻地临齐街道北方向 9.0 千米。于集乡辖自然村。人口 500。明朝弘治年间，巨姓由山东即墨县迁此定居，因为此地处于马颊河南岸，地势低洼而得名巨家洼，简称巨洼。聚落呈团块状。有广播站 1 个。经济以种植业为主，主要农作物为小麦、玉米等。有公路经此。

张五开 371403-C01-H07
[Zhāngwǔkāi]

在区驻地临齐街道北方向 11.0 千米。于集乡辖自然村。人口 200。明万历年间，村民张五开乐善好施，借粮从不计较斤两且从不要账，人送外号"张不量"，后人为纪念他，遂将村名改为张五开。聚落呈团块状。有广播站 1 个。经济以种植业为主，主要农作物为小麦、玉米等。有公路经此。

徐庄 371403-C01-H08
[Xúzhuāng]

在区驻地临齐街道北方向 7.0 千米。于集乡辖自然村。人口 400。相传明永乐年间，徐姓由山东即墨迁此定居，遂以姓氏命名为徐庄。聚落呈团块状。有广播站 1 个。经济以种植业为主，主要农作物为小麦、玉米等。有公路经此。

杨书办 371403-C01-H09
[Yángshūbàn]

在区驻地临齐街道北方向 7.0 千米。于集乡辖自然村。人口 400。相传明洪武年间，杨姓由山西洪洞县迁此定居，后有杨姓村民在县衙做书办，遂称杨书办。聚落呈团块状。有广播站 1 个。经济以种植业为主，

主要农作物为小麦、玉米等。有公路经此。

王杠 371403-C01-H10
［Wánggàng］

在区驻地临齐街道北方向 7.0 千米。于集乡辖自然村。人口 400。明朝弘治年间，王姓由山东即墨县迁此定居，据说此人惯用木杠，能担千斤，故称王杠。聚落呈团块状。有广播站 1 个。经济以种植业为主，主要农作物为小麦、玉米等。有公路经此。

王路寺 371403-C01-H11
［Wánglùsì］

在区驻地临齐街道北方向 11.0 千米。于集乡辖自然村。人口 500。传说有一位王姓村民卖油为生，每次卖完油后在寺院门口点钱，有一次点钱时，油壶的油全部漏掉，人们戏称王漏寺，后村名演变成王路寺。聚落呈团块状。有广播站 1 个。经济以种植业为主，主要农作物为小麦、玉米等。有公路经此。

石泗淮 371403-C01-H12
［Shísìhuái］

在区驻地临齐街道北方向 10.0 千米。于集乡辖自然村。人口 500。明朝万历年间，于姓从大于集村迁此定居，因为当时村中有十四棵槐树而得名十四槐家庄，后因谐音演变成石泗淮。聚落呈团块状。有广播站 1 个。经济以种植业为主，主要农作物为小麦、玉米等。有公路经此。

芦庄 371403-C01-H13
［Lúzhuāng］

在区驻地临齐街道北方向 6.0 千米。于集乡辖自然村。人口 800。明朝正德年间，芦姓、田姓由山东即墨县迁此定居，后统称芦田家，后又变为芦庄。聚落呈团块状。

有广播站 1 个。经济以种植业为主，主要农作物为小麦、玉米等。有公路经此。

西朱 371403-C01-H14
［Xīzhū］

在区驻地临齐街道北方向 11.0 千米。于集乡辖自然村。人口 200。相传明靖难之役祸及当地，有村民说凡家门挂朱家花者可免于祸乱，百姓照办，自然太平无事，自此称为朱家花，谐音朱家坊。后来分为东、西两村，本村按方位称西朱。聚落呈团块状。有广播站 1 个。经济以种植业为主，主要农作物为小麦、玉米等。有公路经此。

谢屯 371403-C01-H15
［Xiètún］

在区驻地临齐街道北方向 12.0 千米。于集乡辖自然村。人口 300。相传，明正德年间，谢姓由山西洪洞迁此定居，因曾有官兵屯驻于此，故得名谢屯。聚落呈团块状。有广播站 1 个。经济以种植业为主，主要农作物为小麦、玉米等。有公路经此。

小钱家 371403-C01-H16
［Xiǎoqiánjiā］

在区驻地临齐街道北方向 5.0 千米。于集乡辖自然村。人口 200。清朝康熙年间，钱姓由山西洪洞县迁此定居，遂以姓氏名村为小钱家。聚落呈团块状。有广播站 1 个。经济以种植业为主，主要农作物为小麦、玉米等。有公路经此。

阎官屯 371403-C01-H17
［Yánguāntún］

在区驻地临齐街道北方向 7.0 千米。于集乡辖自然村。人口 300。相传，清乾隆年间有一姜姓官员解甲归田，官府赐田于此。后有一阎姓官员在此屯兵，更名为阎官屯。聚落呈团块状。有广播站 1 个。经济以种植业为主，主要农作物为小麦、玉米等。有公路经此。

陈宝亮 371403-C01-H18
[Chénbǎoliàng]

在区驻地临齐街道北方向 12.0 千米。于集乡辖自然村。人口 800。传说在靖难之役之后，陈士叶从即墨县搬迁到此落户，其共有四个孙子，老大宝亮后代无人，且又当家，后人为纪念他，故取村名为陈宝亮。聚落呈团块状。有广播站 1 个。经济以种植业为主，主要农作物为小麦、玉米等。有公路经此。

乐陵市

城市居民点

南鑫时代花园 371481-I01
[Nánxīn Shídài Huāyuán]

在市境西南部。人口 1 900。总面积 4.0 公顷。寓意跨时代的人居环境，故名南鑫时代花园。2005 年建设，2006 年正式使用。建筑总面积 69 000 平方米，多层住宅楼 19 栋，绿化率 20%。有健身器材等配套设施。通公交车。

开元小区 371481-I02
[Kāiyuán Xiǎoqū]

在市境西北部。人口 1 800。总面积 5.0 公顷。因紧邻开元大道而得名。2001 年建设，2003 年正式使用。建筑总面积 95 000 平方米，多层住宅楼 20 栋，现代建筑风格，绿化率 30%，有健身器材等配套设施。通公交车。

黄金水岸小区 371481-I03
[Huángjīnshuǐ'àn Xiǎoqū]

在市境西部。人口 2 500。总面积 5.8 公顷。因紧邻元宝湖，取水岸之意而得名。2004 年建设，2006 年正式使用。建筑总面积 110 000 平方米，多层住宅楼 26 栋，现代建筑风格，绿化率 40%，有健身器材等配套设施。通公交车。

枣城家园 371481-I04
[Zǎochéng Jiāyuán]

在市境西部。人口 3 000。总面积 6.2 公顷。2006 年建设，2007 年正式使用。乐陵为金丝小枣之乡，小区名寓意人民甜甜美美的生活。建筑总面积 113 000 平方米，多层住宅楼 30 栋，现代建筑风格，绿化率 25%。有健身器材等配套设施。通公交车。

农村居民点

马桥 371481-A01-H01
[Mǎqiáo]

在市驻地市中街道西南方向 4.0 千米。市中街道辖自然村。人口 300。明永乐年间，马姓人家居多，且因村西头小河上有一桥，故取名马桥。聚落呈团块状。有文化广场 1 个、文化墙 1 处。经济以种植业为主，主要农作物为小麦、玉米，盛产姜。省道盐济公路经此。

药王庙 371481-A01-H02
[Yàowángmiào]

在市驻地市中街道东北方向 2.5 千米。市中街道辖自然村。人口 500。明朝一中医给皇姑治好病，皇帝遂为其在村中修一座药王庙，本村因庙而得名。聚落呈团块状。有文化广场 1 个。经济以种植业为主，主要农作物为小麦、玉米、小枣。有公路经此。

尹西吴 371481-A01-H03
[Yǐnxīwú]

在市驻地市中街道西南方向 4.0 千米。市中街道辖自然村。人口 600。燕王扫北后，尹锡吴从山东寿春迁来建村，村名为尹锡吴，后演变成尹西吴。聚落呈团块状。有文化广场 1 个。经济以种植业为主，主要农作物为小麦、玉米、小枣。248 省道经此。

臧家 371481-A01-H04
[Zāngjiā]

在市驻地市中街道西北方向 5.0 千米。市中街道辖自然村。人口 1 400。明永乐二年（1404），臧中时由山东即墨迁居此地建村，村名臧家。聚落呈团块状。有文化广场 1 个。经济以种植业为主，主要农作物为小麦、玉米、小枣。有公路经此。

张碧霄 371481-A01-H05
[Zhāngbìxiāo]

在市驻地市中街道西南方向 7.0 千米。市中街道辖自然村。人口 400。明永乐年间，有名叫张碧霄的人从南京一带迁来，落户立村，故叫张碧霄。聚落呈团块状。有文化广场 1 个。经济以种植业为主，主要农作物为小麦、玉米、小枣。有公路经此。

许赵 371481-A01-H06
[Xǔzhào]

在市驻地市中街道东南方向 4.0 千米。市中街道辖自然村。人口 500。据传宋朝初期一许姓农民和一赵姓铁匠先后来此地定居建村，村名许赵。聚落呈团块状。有文化广场 1 个。经济以种植业为主，主要农作物为小麦、玉米、小枣。有公路经此。

小魏 371481-A01-H07
[Xiǎowèi]

在市驻地市中街道西南方向 2.5 千米。市中街道辖自然村。人口 400。明永乐三年（1405），魏氏由山西洪洞县迁此建村，村名为魏家。因本村在县内和双庙赵小魏家重名，1981 年改为小魏。聚落呈团块状。有文化广场 1 个。经济以种植业为主，主要农作物为小麦、玉米、小枣。有公路经此。

西崔 371481-A01-H08
[Xīcuī]

在市驻地市中街道东南方向 4.0 千米。市中街道辖自然村。人口 600。崔姓建东、西两村，本村居西，故名西崔。聚落呈团块状。有文化广场 1 个。经济以种植业为主，主要农作物为小麦、玉米，种植西瓜、蔬菜等。有公路经此。

五里岔 371481-A01-H09
[Wǔlǐchà]

在市驻地市中街道东北方向 3.6 千米。市中街道辖自然村。人口 900。清初，本村因距县城五里路，路上又有五个岔道，故取名为五里岔。聚落呈团块状。有文化广场 1 个。经济以种植业为主，主要农作物为小麦、玉米，种植西瓜、蔬菜等。有公路经此。

善化桥 371481-A01-H10
[Shànhuàqiáo]

在市驻地市中街道西南方向 7.5 千米。市中街道辖自然村。人口 600。传说明朝有一人叫崔善化，在马颊河修了座木桥，该桥历经洪水而独未被冲垮，故村名善化桥。聚落呈团块状。有文化广场 1 个。经济以种植业为主，主要农作物为小麦、玉米、小枣。248 省道经此。

刘家阁 371481-A01-H11

[Liújiāgé]

在市驻地市中街道东北方向 4.0 千米。市中街道辖自然村。人口 600。明刘氏在村东建一玉皇阁，故村名刘家阁。聚落呈团块状。有文化广场 1 个。经济以种植小麦、玉米、西瓜、蔬菜等为主。有公路经此。

后颜 371481-A01-H12

[Hòuyán]

在市驻地市中街道西南方向 5.5 千米。市中街道辖自然村。人口 600。明成华年间，颜公平、颜公臣兄弟二人来此立村，弟颜公臣所立村在后，故得名后颜。聚落呈团块状。有文化广场 1 个。经济以种植业为主，主要农作物为小麦、玉米、西瓜、蔬菜等。有公路经此。

大桥 371481-A01-H13

[Dàqiáo]

在市驻地市中街道西南方向 5.5 千米。市中街道辖自然村。人口 800。此村建于明朝末年，原名五里堡。后来村民在马颊河上修了桥，改叫大桥。聚落呈团块状。有文化广场 1 个。经济以种植业为主，主要农作物为小麦、玉米、小枣。248 省道经此。

胡家 371481-A02-H01

[Hújiā]

在市驻地市中街道西北方向 8.8 千米。胡家街道辖自然村。人口 800。明朝，胡姓最早迁入此地落户建村，故名胡家。聚落呈团块状。有文化广场 1 个。经济以种植业为主，主要农作物为小麦、玉米、苹果。248 省道经此。

千顷张 371481-A02-H02

[Qiānqǐngzhāng]

在市驻地市中街道西北方向 8.8 千米。胡家街道辖自然村。人口 1 300。据传该地有一个叫张铭的地主，号称拥有土地过千顷，挂过千顷牌，故命名为千顷张。聚落呈团块状。有文化广场 1 个。经济以种植业为主，主要农作物为小麦、玉米、苹果。有公路经此。

炉房 371481-A02-H03

[Lúfáng]

在市驻地市中街道西北方向 12.3 千米。胡家街道辖自然村。人口 800。居民曾以开烘炉房维持生计，故名炉房。聚落呈团块状。有文化广场 1 个。经济以种植业为主，主要农作物为小麦、玉米、红薯。248 省道经此。

北小宋 371481-A02-H04

[Běixiǎosòng]

在市驻地市中街道西北方向 8.0 千米。胡家街道辖自然村。人口 700。宋姓兄弟中的弟弟在此处立村，又位于县城西北，故名北小宋。聚落呈团块状。有文化广场 1 个。经济以种植业为主，主要农作物为小麦、玉米、苹果。248 省道经此。

城北康 371481-A02-H05

[Chéngběikāng]

在市驻地市中街道西北方向 7.3 千米。胡家街道辖自然村。人口 800。康姓建村，位于县城北部，故名城北康。聚落呈团块状。有文化广场 1 个。经济以种植业为主，主要农作物为小麦、玉米、苹果。248 省道经此。

孙皮 371481-A02-H06
[Sūnpí]

在市驻地市中街道西北方向 7.8 千米。胡家街道辖自然村。人口 700。因孙姓皮匠建村，故名孙皮。聚落呈团块状。有文化广场 1 个。经济以种植业为主，主要农作物为小麦、玉米、苹果。248 省道经此。

北大孟 371481-A02-H07
[Běidàmèng]

在市驻地市中街道西北方向 8.9 千米。胡家街道辖自然村。人口 600。孟姓兄弟中的老大在此定居，且位于县城北，故名北大孟。聚落呈团块状。有文化广场 1 个。经济以种植业为主，主要农作物为小麦、玉米。有公路经此。

北大宋 371481-A02-H08
[Běidàsòng]

在市驻地市中街道西北方向 8.9 千米。胡家街道辖自然村。人口 700。宋姓兄弟中的哥哥在此处立村，又位于县城西北，故名北大宋。聚落呈团块状。有文化广场 1 个。经济以种植业为主，主要农作物为小麦、玉米、红薯。248 省道经此。

北马 371481-A02-H09
[Běimǎ]

在市驻地市中街道西北方向 7.3 千米。胡家街道辖自然村。人口 800。马姓建村，位于县城北部，故名北马。聚落呈团块状。有文化广场 1 个。经济以种植业为主，主要农作物为小麦、玉米、小枣。有公路经此。

史家坟 371481-A02-H10
[Shǐjiāfén]

在市驻地市中街道西北方向 10.1 千米。胡家街道辖自然村。人口 1 200。史姓建村，燕王扫北时，该地遍地是坟场，故名史家坟。聚落呈团块状。有文化广场 1 个。经济以种植业为主，主要农作物为小麦、玉米、苹果。有公路经此。

王起 371481-A02-H11
[Wángqǐ]

在市驻地市中街道西北方向 9.0 千米。胡家街道辖自然村。人口 900。据传，明永乐年间，王起来此地建村，故名王起。聚落呈团块状。有文化广场 1 个。经济以种植业为主，主要农作物为小麦、玉米、苹果。有公路经此。

齐油坊 371481-A02-H12
[Qíyóufáng]

在市驻地市中街道西北方向 9.8 千米。胡家街道辖自然村。人口 600。齐姓开油坊维持生计，故名齐油坊。聚落呈团块状。有文化广场 1 个。经济以种植业为主，主要农作物为小麦、玉米、苹果。有公路经此。

双庙赵 371481-A03-H01
[Shuāngmiàozhào]

在市驻地市中街道东方向 3.5 千米。云红街道辖自然村。人口 600。赵氏建村，因村西头有两个庙，故名双庙赵。聚落呈团块状。有农家书屋 1 个、文化广场 1 个。经济以种植业为主，主要农作物为小麦、玉米、小枣。315 省道经此。

马桥 371481-A03-H02
[Mǎqiáo]

在市驻地市中街道东方向 3.2 千米。云红街道辖自然村。人口 800。曾叫马家庵，后来在附近七里河上修建一座桥，故改名为马桥。聚落呈团块状。有文化广场 1 个。经济以种植业为主，主要农作物为小麦、玉米、小枣。315 省道经此。

任苏 371481-A03-H03
[Rénsū]

在市驻地市中街道东方向 8.1 千米。云红街道辖自然村。人口 1 200。据传，明永乐年间，任、苏二姓建村，故命名任苏村。聚落呈团块状。有文化广场 1 个。经济以种植业为主，主要农作物为小麦、玉米、小枣。315 省道经此。

董家 371481-A03-H04
[Dǒngjiā]

在市驻地市中街道东方向 2.0 千米。云红街道辖自然村。人口 1 100。原名小张家，明永乐二年（1404），董姓来此，村改名为董家。聚落呈团块状。有文化广场 1 个。经济以种植业为主，主要农作物为小麦、玉米、小枣。247 省道经此。

东邢家 371481-A03-H05
[Dōngxíngjiā]

在市驻地市中街道东方向 3.7 千米。云红街道辖自然村。人口 700。邢氏建村，位于县城东部，故名东邢家。聚落呈团块状。有文化广场 1 个。经济以种植业为主，主要农作物为小麦、玉米、小枣。315 省道经此。

韩武举 371481-A03-H06
[Hánwǔjǔ]

在市驻地市中街道东方向 4.7 千米。云红街道辖自然村。人口 500。因乾隆年间出了一名韩姓的武举，故名韩武举。聚落呈团块状。有文化广场 1 个。经济以种植业为主，主要农作物为小麦、玉米、小枣。315 省道经此。

洼里贾 371481-A03-H07
[Wālǐjiǎ]

在市驻地市中街道东方向 5.1 千米。云红街道辖自然村。人口 900。贾氏建村，因地势低洼，故村名叫洼里贾。聚落呈团块状。有文化广场 1 个。经济以种植业为主，主要农作物为小麦、玉米、小枣。315 省道经此。

刘家桥 371481-A03-H08
[Liújiāqiáo]

在市驻地市中街道东方向 3.3 千米。云红街道辖自然村。人口 700。刘姓建村，因靠近马颊河，河上有座桥，故名刘家桥。聚落呈团块状。有文化广场 1 个。经济以种植业为主，主要农作物为小麦、玉米、小枣。315 省道经此。

穆家堰 371481-A03-H09
[Mùjiāyàn]

在市驻地市中街道东方向 7.4 千米。云红街道辖自然村。人口 800。穆氏建村，又因靠近堰，所以起名穆家堰。聚落呈团块状。有文化广场 1 个。经济以种植业为主，主要农作物为小麦、玉米、小枣。315 省道经此。

切糕徐 371481-A03-H10
[Qiēgāoxú]

在市驻地市中街道东方向 2.3 千米。云红街道辖自然村。人口 400。徐氏建村，因做切糕出名，故村名切糕徐。聚落呈团块状。有文化广场 1 个。经济以种植业为主，主要农作物为小麦、玉米、小枣。315 省道经此。

薛家楼 371481-A03-H11
[Xuējiālóu]

在市驻地市中街道东方向 3.1 千米。云红街道辖自然村。人口 1 000。明永乐二年（1404），薛氏建村，后因本村又修了两座楼，故名薛家楼。聚落呈团块状。有文化广场 1 个。经济以种植业为主，主要农作物为小麦、玉米、小枣。315 省道经此。

匡家 371481-A03-H12
[Kuāngjiā]

在市驻地市中街道东方向 7.5 千米。云红街道辖自然村。人口 1 200。匡氏建村，故名。聚落呈团块状。有文化广场 1 个。经济以种植业为主，主要农作物为小麦、玉米、小枣。315 省道经此。

南大李 371481-A03-H13
[Nándàlǐ]

在市驻地市中街道东方向 2.9 千米。云红街道辖自然村。人口 900。李姓建村，位于县城以南，故名南大李。聚落呈团块状。有文化广场 1 个。经济以种植业为主，主要农作物为小麦、玉米、小枣。315 省道经此。

郭家 371481-A04-H01
[Guōjiā]

在市驻地市中街道西方向 5.1 千米。郭家街道辖自然村。人口 700。郭姓建村，故名郭家。聚落呈团块状。有幼儿园 2 所。经济以种植业为主，主要农作物为小麦、玉米、小枣。314 省道经此。

枣牌刘 371481-A04-H02
[Zǎopáiliú]

在市驻地市中街道西方向 5.5 千米。郭家街道辖自然村。人口 300。刘姓建村，清朝乾隆皇帝赐"枣王"牌匾，故名枣牌刘。聚落呈团块状。有幼儿园 1 所。经济以种植业为主，主要农作物为小麦、玉米、小枣。有公路经此。

大安 371481-A04-H03
[Dà'ān]

在市驻地市中街道西方向 6.0 千米。郭家街道辖自然村。人口 1 200。安守芬建村，人数多，故名大安。聚落呈团块状。有幼儿园 1 所。经济以种植业为主，主要农作物为小麦、玉米。314 省道经此。

枣牌杜 371481-A04-H04
[Zǎopáidù]

在市驻地市中街道西方向 8.5 千米。郭家街道辖自然村。人口 800。杜姓建村，清朝乾隆皇帝赐"枣王"牌匾，故名枣牌杜。聚落呈团块状。有幼儿园 1 所。经济以种植业为主，主要农作物为小麦、玉米。有公路经此。

张风楼 371481-A04-H05
[Zhāngfēnglóu]

在市驻地市中街道西方向 6.7 千米。郭家街道辖自然村。人口 300。相传在清朝康熙年间，张氏建村，曾名张破楼，后因该叫法不雅，遂改名张风楼。聚落呈团块状。有幼儿园 1 所。经济以种植业为主，主要农作物为小麦、玉米。有公路经此。

七里店 371481-A04-H06
[Qīlǐdiàn]

在市驻地市中街道西方向 5.8 千米。郭家街道辖自然村。人口 800。因建村时距县城七华里，且位于交通要道，在此有一家开了个大车店，故名七里店。聚落呈团块状。有幼儿园 1 所。经济以种植业为主，主要农作物为小麦、玉米。有公路经此。

五里朱 371481-A04-H07
[Wǔlǐzhū]

在市驻地市中街道西方向 4.9 千米。郭家街道辖自然村。人口 800。朱姓建村，距县城五华里，故得名五里朱。聚落呈团块状。有幼儿园 1 所。经济以种植业为主，主要农作物为小麦、玉米。有公路经此。

大张 371481-A04-H08

[Dàzhāng]

在市驻地市中街道西方向 7.8 千米。郭家街道辖自然村。人口 1 000。因张姓为大户，人口较多，故名大张。聚落呈团块状。有幼儿园 1 所、小学 1 所。经济以种植业为主，主要农作物为小麦、玉米。314 省道经此。

北小胡 371481-A04-H09

[Běixiǎohú]

在市驻地市中街道西方向 8.8 千米。郭家街道辖自然村。人口 200。胡姓建村，又因位于后来的寨头堡公社北部，故名北小胡。聚落呈团块状。有幼儿园 1 所、小学 1 所。经济以种植业为主，主要农作物为小麦、玉米。314 省道经此。

麻线王 371481-A04-H10

[Máxiànwáng]

在市驻地市中街道西方向 6.3 千米。郭家街道辖自然村。人口 400。王姓建村，当时以麻线生意为生，故名麻线王。聚落呈团块状。有文化广场 1 个、幼儿园 1 所、小学 1 所。经济以种植业为主，主要农作物为小麦、玉米。有公路经此。

大牛韩 371481-A04-H11

[Dàniúhán]

在市驻地市中街道西方向 5.7 千米。郭家街道辖自然村。人口 500。相传清朝修了一座寺庙，庙前有一大湾，湾中有头金牛经常和喂牛的人在湾中戏水，后来有人打掉了牛角，从此金牛再也没出现，故称打

韩牛，后来又改称为大牛韩。聚落呈团块状。有文化广场 1 个、幼儿园 1 所、小学 1 所。经济以种植业为主，主要农作物为小麦、玉米。有公路经此。

赵明月 371481-B01-H01

[Zhàomíngyuè]

杨安镇人民政府驻地。在市驻地市中街道西南方向 8.7 千米。人口 700。明永乐年间，赵明月建村，故名。聚落呈团块状。有文化广场 1 个、幼儿园 1 所、小学 1 所。经济以种植业为主，主要农作物为小麦、玉米。省道盐济路经此。

安子李 371481-B01-H02

[Ānzǐlǐ]

在市驻地市中街道西南方向 10.4 千米。杨安镇辖自然村。人口 1 200。相传北宋杨家将征战经此处，曾在此晾晒过马鞍子。明永乐年间，李氏建村，名鞍子李，后演变为安子李。聚落呈团块状。有文化广场 1 个、幼儿园 1 所、小学 1 所。经济以种植业为主，主要农作物为小麦、玉米、辣椒。315 省道经此。

杨安镇北街 371481-B01-H03

[Yáng'ānzhènběijiē]

在市驻地市中街道西南方向 10.5 千米。杨安镇辖自然村。人口 900。据传，宋朝穆桂英领兵在此行兵布阵，故得名杨安镇（阵）。后来分东街、西街、南街、北街，东街、北街合并称杨安镇北街。聚落呈团块状。有文化广场 1 个、幼儿园 1 所、小学 1 所。经济以种植业为主，主要农作物为小麦、玉米、辣椒。248 省道经此。

大王 371481-B01-H04

[Dàwáng]

在市驻地市中街道西南方向 11.5 千米。

杨安镇辖自然村。人口 1 000。王氏众兄弟中老大、老二在此建村，遂名大王。聚落呈团块状。有文化广场 1 个、幼儿园 1 所、小学 1 所。经济以种植业为主，主要农作物为小麦、玉米、辣椒。315 省道经此。

堤北董 371481-B01-H05
[Dīběidǒng]

在市驻地市中街道西南方向 9.0 千米。杨安镇辖自然村。人口 1 100。董姓建村，因位于金堤北面，故得名堤北董。聚落呈团块状。有文化广场 1 个、幼儿园 1 所、小学 1 所。经济以种植业为主，主要农作物为小麦、玉米、辣椒。248 省道经此。

冯辛庄 371481-B01-H06
[Féngxīnzhuāng]

在市驻地市中街道西南方向 14.5 千米。杨安镇辖自然村。人口 800。明永乐年间，路氏祖先建路家新庄，后人们习称辛庄。后又有冯氏迁入，改称冯辛庄。聚落呈团块状。有文化广场 1 个、幼儿园 1 所。经济以种植业为主，主要农作物为小麦、玉米。248 省道经此。

高文衢 371481-B01-H07
[Gāowénqú]

在市驻地市中街道西南方向 13.9 千米。杨安镇辖自然村。人口 800。明永乐年间，高文衢建村，故名。聚落呈团块状。有文化广场 1 个、小学 1 所。经济以种植业为主，主要农作物为小麦、玉米、辣椒。248 省道经此。

剪毛王 371481-B01-H08
[Jiǎnmáowáng]

在市驻地市中街道西南方向 15.8 千米。杨安镇辖自然村。人口 1 100。王氏众兄弟为躲避官方捉拿，用剪子剪去头上一撮头发为记，故村名剪毛王。聚落呈团块状。有文化广场 1 个、幼儿园 1 所。经济以种植业为主，主要农作物为小麦、玉米、辣椒。248 省道经此。

杨安镇南街 371481-B01-H09
[Yáng'ānzhènnánjiē]

在市驻地市中街道西南方向 11.5 千米。杨安镇辖自然村。人口 600。据传，宋朝穆桂英领兵在此行兵布阵，故得名杨安镇（阵）。后来分东街、西街、南街、北街，本村属于南街，故名杨安镇南街。聚落呈团块状。有文化广场 1 个、幼儿园 1 所。经济以种植业为主，主要农作物为小麦、玉米、辣椒。248 省道经此。

庞家 371481-B01-H10
[Pángjiā]

在市驻地市中街道西南方向 8.0 千米。杨安镇辖自然村。人口 400。明永乐年间，庞氏建村，故名。聚落呈团块状。有文化广场 1 个。经济以种植业为主，主要农作物为小麦、玉米、辣椒。248 省道经此。

商家 371481-B01-H11
[Shāngjiā]

在市驻地市中街道西南方向 12.2 千米。杨安镇辖自然村。人口 700。明永乐年间，商九思建村，故名。聚落呈团块状。有文化广场 1 个、幼儿园 1 所。经济以种植业为主，主要农作物为小麦、玉米、辣椒。248 省道经此。

双庙白 371481-B01-H12
[Shuāngmiàobái]

在市驻地市中街道西南方向 9.5 千米。杨安镇辖自然村。人口 600。白氏建村，因本村修了玉皇庙和关帝庙，故得村名双庙白。聚落呈团块状。有文化广场 1 个。经济以种植业为主，主要农作物为小麦、玉米、辣椒。315 省道经此。

洼里陈 371481-B01-H13

［Wālǐchén］

在市驻地市中街道西南方向 14.5 千米。杨安镇辖自然村。人口 600。明永乐年间，陈氏建村，因地势低洼，故村名洼里陈。聚落呈团块状。有文化广场 1 个。经济以种植业为主，主要农作物为小麦、玉米、辣椒。315 省道经此。

王陌阡 371481-B01-H14

［Wángmòqiān］

在市驻地市中街道西南方向 5.9 千米。杨安镇辖自然村。人口 800。王迈阡建村，取村名为王迈阡，后演变成王陌阡。聚落呈团块状。有文化广场 1 个。经济以种植业为主，主要农作物为小麦、玉米、辣椒。315 省道经此。

王寨子 371481-B01-H15

［Wángzhàizi］

在市驻地市中街道西南方向 18.5 千米。杨安镇辖自然村。人口 1 800。王氏建村，后设立了集市，村名王寨子。聚落呈团块状。有文化广场 1 个、幼儿园 1 所、小学 1 所。经济以种植业为主，主要农作物为小麦、玉米、辣椒。315 省道经此。

吴北斗 371481-B01-H16

［Wúběidǒu］

在市驻地市中街道西南方向 8.2 千米。杨安镇辖自然村。人口 700。因村内先人吴北斗在济南为官，很有威望，故村名为吴北斗。聚落呈团块状。有文化广场 1 个。经济以种植业为主，主要农作物为小麦、玉米、辣椒。248 省道经此。

杨安镇西街 371481-B01-H17

［Yáng'ānzhènxījiē］

在市驻地市中街道西南方向 11.0 千米。杨安镇辖自然村。人口 1 400。据传，宋朝穆桂英领兵在此行兵布阵，故得名杨安镇（阵）。后来分东街、西街、南街、北街，本村属于西街，故取名杨安镇西街。聚落呈团块状。有文化广场 1 个、幼儿园 1 所。经济以种植业为主，主要农作物为小麦、玉米、辣椒。248 省道经此。

小王家 371481-B01-H18

［Xiǎowángjiā］

在市驻地市中街道西南方向 13.0 千米。杨安镇辖自然村。人口 1 000。王氏建村，因村较小，故得名小王家。聚落呈团块状。有文化广场 1 个、幼儿园 1 所。经济以种植业为主，主要农作物为小麦、玉米、辣椒。315 省道经此。

洼里许 371481-B01-H19

［Wālǐxǔ］

在市驻地市中街道西南方向 21.0 千米。杨安镇辖自然村。人口 1 300。许氏建村，村处于大洼之中，故得名洼里许。聚落呈团块状。有文化广场 1 个、幼儿园 1 所、小学 1 所。经济以种植业为主，主要农作物为小麦、玉米、辣椒。248 省道经此。

左家集 371481-B01-H20

［Zuǒjiājí］

在市驻地市中街道西南方向 16.0 千米。杨安镇辖自然村。人口 1 100。左氏立村，后立了集市，故名左家集。聚落呈团块状。有文化广场 1 个、幼儿园 1 所。经济以种植业为主，主要农作物为小麦、玉米、辣椒。248 省道经此。

王屯 371481-B01-H21
[Wángtún]

在市驻地市中街道西南方向 7.9 千米。杨安镇辖自然村。人口 900。明永乐年间，王氏建村，故名。聚落呈团块状。有文化广场 1 个、幼儿园 1 所。经济以种植业为主，主要农作物为小麦、玉米、辣椒。248 省道经此。

朱集 371481-B02-H01
[Zhūjí]

朱集镇人民政府驻地。在市驻地市中街道东北方向 8.7 千米。人口 700。明永乐年间，李彬由山西洪洞县迁此建村，村名义和镇。清嘉庆年间，朱姓人丁兴旺，又建立集市，更名为朱集。聚落呈团块状。有文化广场 1 个、幼儿园 2 所。经济以种植业为主，主要农作物为小麦、玉米、辣椒、小枣。有枣制品加工等工副业。有公路经此。

张存志 371481-B02-H02
[Zhāngcúnzhì]

在市驻地市中街道东北方向 8.8 千米。朱集镇辖自然村。人口 900。张存志及先人立村，故名。聚落呈团块状。有文化广场 1 个。经济以种植业为主，主要农作物为小麦、玉米、小枣。有公路经此。

灶户田 371481-B02-H03
[Zàohùtián]

在市驻地市中街道东北方向 9.3 千米。朱集镇辖自然村。人口 1 100。田姓管理灶粮，故村名灶户田。聚落呈团块状。有文化广场 1 个、幼儿园 1 所。经济以种植业为主，主要农作物为小麦、玉米、小枣。有公路经此。

东八里庄 371481-B02-H04
[Dōngbālǐzhuāng]

在市驻地市中街道东北方向 6.3 千米。朱集镇辖自然村。人口 600。苏氏建村，因距离乐陵县城八里，位于县城东面，故村名东八里庄。聚落呈团块状。有文化广场 1 个、幼儿园 1 所。经济以种植业为主，主要农作物为小麦、玉米、小枣。有公路经此。

金郭 371481-B02-H05
[Jīnguō]

在市驻地市中街道东北方向 16.5 千米。朱集镇辖自然村。人口 700。郭姓建村，因重名，称金郭。聚落呈团块状。有文化广场 1 个、幼儿园 1 所。经济以种植业为主，主要农作物为小麦、玉米、小枣。有公路经此。

枣王 371481-B02-H06
[Zǎowáng]

在市驻地市中街道东北方向 13.2 千米。朱集镇辖自然村。人口 600。王进贵立村，盛产小枣，故村名枣王。聚落呈团块状。有文化广场 1 个、幼儿园 1 所。经济以种植业为主，主要农作物为小麦、玉米、小枣。有公路经此。

张明川 371481-B02-H07
[Zhāngmíngchuān]

在市驻地市中街道东北方向 10.0 千米。朱集镇辖自然村。人口 600。张八老率子张明川建村，故名。聚落呈团块状。有文化广场 1 个、幼儿园 1 所。经济以种植业为主，主要农作物为小麦、玉米、小枣。有公路经此。

小芦 371481-B02-H08
［Xiǎolú］

在市驻地市中街道东北方向 10.9 千米。朱集镇辖自然村。人口 700。牛念祖立村，村名小牛家。小牛家村穷，后因邻近的十甲王村中的薛姓富足，取"炉（芦）化雪（薛）"之意，改为小芦。聚落呈团块状。有文化广场 1 个、幼儿园 1 所。经济以种植业为主，主要农作物为小麦、玉米、小枣。有公路经此。

北杨 371481-B02-H09
［Běiyáng］

在市驻地市中街道东北方向 16.1 千米。朱集镇辖自然村。人口 700。杨氏立村，因重名，名北杨。聚落呈团块状。有文化广场 1 个、幼儿园 1 所。经济以种植业为主，主要农作物为小麦、玉米、小枣。有公路经此。

大常家 371481-B02-H10
［Dàchángjiā］

在市驻地市中街道东北方向 10.5 千米。朱集镇辖自然村。人口 600。常氏兄弟到乐陵县旧碱河两岸建村，兄居河南岸，名大常家。聚落呈团块状。有文化广场 1 个、幼儿园 1 所。经济以种植业为主，主要农作物为小麦、玉米、小枣。有公路经此。

王智吴 371481-B02-H11
［Wángzhìwú］

在市驻地市中街道东北方向 12.5 千米。朱集镇辖自然村。人口 700。王晏公建村，立村名大王庄。后来村内有个叫王智吴的人，名声很大，故村名改为王智吴。聚落呈团块状。有文化广场 1 个、幼儿园 1 所。经济以种植业为主，主要农作物为小麦、玉米、小枣。有公路经此。

李胡马 371481-B02-H12
［Lǐhúmǎ］

在市驻地市中街道东北方向 12.4 千米。朱集镇辖自然村。人口 1 300。本村李、胡、马三个姓氏人口众多，以姓氏命名为李胡马。聚落呈团块状。有文化广场 1 个、幼儿园 1 所。经济以种植业为主，主要农作物为小麦、玉米、小枣。有公路经此。

杩头苏 371481-B02-H13
［Màtóusū］

在市驻地市中街道东北方向 9.9 千米。朱集镇辖自然村。人口 900。苏兆民建村，因村庄形似杩勺头形，故取村名杩勺头苏，后演变成杩头苏。聚落呈团块状。有文化广场 1 个、幼儿园 1 所。经济以种植业为主，主要农作物为小麦、玉米、小枣。有公路经此。

洼李 371481-B02-H14
［Wālǐ］

在市驻地市中街道东北方向 12.6 千米。朱集镇辖自然村。人口 800。李氏建村，由于本村地势低洼，故名洼李。聚落呈团块状。有文化广场 1 个、幼儿园 1 所。经济以种植业为主，主要农作物为小麦、玉米、小枣。有公路经此。

焦赵 371481-B02-H15
［Jiāozhào］

在市驻地市中街道东北方向 10.4 千米。朱集镇辖自然村。人口 800。焦氏建村，定名为焦家。后与邻村赵家合并为焦赵。聚落呈团块状。有文化广场 1 个、幼儿园 1 所。经济以种植业为主，主要农作物为小麦、玉米、小枣。有公路经此。

王双志 371481-B02-H16
[Wángshuāngzhì]

在市驻地市中街道东北方向 11.7 千米。朱集镇辖自然村。人口 600。明永乐年间，王志成、王志名兄弟二人立村，名小王家。后兄弟不和，立誓各姓各的王，各长各的志气，村名改为双志，后演变成王双志。聚落呈团块状。有文化广场 1 个、幼儿园 1 所。经济以种植业为主，主要农作物为小麦、玉米、小枣。有公路经此。

王斗枢 371481-B02-H17
[Wángdǒushū]

在市驻地市中街道东北方向 9.2 千米。朱集镇辖自然村。人口 600。王斗枢兄弟三人建村，命名为王斗枢。聚落呈团块状。有文化广场 1 个、幼儿园 1 所。经济以种植业为主，主要农作物为小麦、玉米、小枣。有公路经此。

荣家 371481-B02-H18
[Róngjiā]

在市驻地市中街道东北方向 13.8 千米。朱集镇辖自然村。人口 900。由李氏家族建村，定名李家庄。后李氏家族没落，荣氏家族迁入壮大，改村名为荣家。聚落呈团块状。有文化广场 1 个、幼儿园 1 所。经济以种植业为主，主要农作物为小麦、玉米、小枣。有公路经此。

霍家 371481-B02-H19
[Huòjiā]

在市驻地市中街道东北方向 12.0 千米。朱集镇辖自然村。人口 600。明永乐元年（1403），霍姓由山西省迁来，以姓氏命名为霍家。聚落呈团块状。有文化广场 1 个、幼儿园 1 所。经济以种植业为主，主要农作物为小麦、玉米、小枣。有公路经此。

马铁匠 371481-B02-H20
[Mǎtiějiàng]

在市驻地市中街道东北方向 16.6 千米。朱集镇辖自然村。人口 900。马氏兄弟立村，以打铁谋生，故命名为马铁匠。聚落呈团块状。有文化广场 1 个、幼儿园 1 所。经济以种植业为主，主要农作物为小麦、玉米、小枣。有公路经此。

三间堂 371481-B02-H21
[Sānjiāntáng]

在市驻地市中街道东北方向 13.0 千米。朱集镇辖自然村。人口 1 900。明朝时村东南修了三间庙堂远近闻名，故得名三间堂。聚落呈团块状。有文化广场 1 个、幼儿园 1 所。经济以种植业为主，主要农作物为小麦、玉米、小枣。有公路经此。

前任寨 371481-B02-H22
[Qiánrénzhài]

在市驻地市中街道东北方向 17.0 千米。朱集镇辖自然村。人口 800。唐朝末年，此处为任姓寨主驻扎之地，为与同姓寨主相区别，该村改为前任寨。聚落呈团块状。有文化广场 1 个、幼儿园 1 所。经济以种植业为主，主要农作物为小麦、玉米、小枣。有公路经此。

大徐 371481-B02-H23
[Dàxú]

在市驻地市中街道东北方向 13.7 千米。朱集镇辖自然村。人口 1 200。徐氏立村，命名为大徐。聚落呈团块状。有幼儿园 2 所、文化广场 1 个。经济以种植业为主，主要农作物为小麦、玉米、小枣。有公路经此。

崔魏高 371481-B02-H24
［Cuīwèigāo］

在市驻地市中街道东北方向 14.7 千米。朱集镇辖自然村。人口 700。明永乐年间，崔、魏、高三姓分别立村崔家、魏家、高君堂，后三村合并改称崔魏高。聚落呈团块状。有文化广场 1 个、幼儿园 1 所。经济以种植业为主，主要农作物为小麦、玉米、小枣。有公路经此。

李小庵 371481-B02-H25
［Lǐxiǎo'ān］

在市驻地市中街道东北方向 16.1 千米。朱集镇辖自然村。人口 900。李氏立村，后因其子李小庵文武双全，乐善好施，深得民心，改村名为李小庵。聚落呈团块状。有文化广场 1 个、幼儿园 1 所。经济以种植业为主，主要农作物为小麦、玉米、小枣。有公路经此。

林家 371481-B02-H26
［Línjiā］

在市驻地市中街道东北方向 8.4 千米。朱集镇辖自然村。人口 700。林姓立村，故名。聚落呈团块状。有文化广场 1 个、幼儿园 1 所。经济以种植业为主，主要农作物为小麦、玉米、小枣。有公路经此。

焦家 371481-B02-H27
［Jiāojiā］

在市驻地市中街道东北方向 10.0 千米。朱集镇辖自然村。人口 800。燕王扫北后，本村只剩下焦礼绪一户，故以姓氏命名为焦家。聚落呈团块状。有文化广场 1 个、幼儿园 1 所。经济以种植业为主，主要农作物为小麦、玉米、小枣。有公路经此。

王猛 371481-B02-H28
［Wángměng］

在市驻地市中街道东北方向 15.9 千米。朱集镇辖自然村。人口 800。王猛立村，故名。聚落呈团块状。有文化广场 1 个、幼儿园 1 所。经济以种植业为主，主要农作物为小麦、玉米、小枣。有公路经此。

席家 371481-B02-H29
［Xíjiā］

在市驻地市中街道东北方向 13.5 千米。朱集镇辖自然村。人口 1 600。席宋贤、席宋王兄弟二人立村，故名。聚落呈团块状。有文化广场 1 个、幼儿园 1 所。经济以种植业为主，主要农作物为小麦、玉米、小枣。有公路经此。

王玉池 371481-B02-H30
［Wángyùchí］

在市驻地市中街道东北方向 15.1 千米。朱集镇辖自然村。人口 800。王玉池立村，故名。聚落呈团块状。有文化广场 1 个、幼儿园 1 所。经济以种植业为主，主要农作物为小麦、玉米、小枣。有公路经此。

黄夹 371481-B03-H01
［Huángjiā］

黄夹镇人民政府驻地。在市驻地市中街道西北方向 12.9 千米。人口 1 900。明永乐年间称黄家店，后演变简化为黄夹。聚落呈团块状。有文化广场 4 个、小学 1 所、幼儿园 1 所。经济以种植业为主，主要农作物为小麦、玉米、小枣。有木制加工等企业。有公路经此。

梁锥希森新村 371481-B03-H02
［Liángzhuīxīsēnxīncūn］

在市驻地市中街道西北方向 15.1 千米。

黄夹镇辖自然村。人口 400。梁氏建村，因经营锥子的生意，故取名梁锥。2002 年，梁希森先生为村民免费修建新楼房，故村更名为梁锥希森新村。聚落呈团块状。有小学 1 所。经济以生态农业、观光旅游为主，形成鲁西黄牛养殖繁育、屠宰加工、生物制品、蚯蚓养殖、沼气发电、生物饲料肥料加工等为一体的环保生态农业循环产业链。有公路经此。

宋集 371481–B03–H03

[Sòngjí]

在市驻地市中街道西北方向 18.3 千米。黄夹镇辖自然村。人口 1 500。宋姓建村，立有集市，故名宋集。聚落呈团块状。有文化广场 1 个、小学 1 所。经济以种植业为主，主要农作物为小麦、玉米。有公路经此。

刘车炮 371481–B03–H04

[Liúchēpào]

在市驻地市中街道西北方向 15.1 千米。黄夹镇辖自然村。人口 300。刘姓建村，清朝官府在此地设了一门大炮，故名刘车炮。聚落呈团块状。有文化广场 1 个、幼儿园 1 所。经济以种植业为主，主要农作物为小麦、玉米。京沪高速经此。

李清 371481–B03–H05

[Lǐqīng]

在市驻地市中街道西北方向 12.7 千米。黄夹镇辖自然村。人口 600。李姓建村，故名。聚落呈团块状。有文化广场 1 个。经济以种植业为主，主要农作物为小麦、玉米。有公路经此。

马棚崔 371481–B03–H06

[Mǎpéngcuī]

在市驻地市中街道西北方向 15.0 千米。

黄夹镇辖自然村。人口 500。据传，穆桂英征北时在此喂马，明永乐二年（1404），崔氏迁入，故命名为马棚崔。聚落呈团块状。有文化广场 1 个。经济以种植业为主，主要农作物为小麦、玉米、大豆。有公路经此。

安子杨 371481–B03–H07

[Ānziyáng]

在市驻地市中街道西北方向 12.6 千米。黄夹镇辖自然村。人口 1 000。杨天禄夫妇携四子迁来此地，取希望孩子们都平平安安之意，建村并命名为安子杨。聚落呈团块状。有文化广场 1 个。经济以种植业为主，主要农作物为小麦、玉米、大豆。有公路经此。

大海李 371481–B03–H08

[Dàhǎilǐ]

在市驻地市中街道西北方向 16.5 千米。黄夹镇辖自然村。人口 800。据传，在秦朝以前，湾里还存着海水。李氏建村，故取名海李。后划分成大、小海李两个村，本村面积较大，故为大海李。聚落呈团块状。有文化广场 1 个。经济以种植业为主，主要农作物为小麦、玉米。有公路经此。

大史家 371481–B03–H09

[Dàshǐjiā]

在市驻地市中街道西北方向 18.0 千米。黄夹镇辖自然村。人口 600。史姓建村，因重名，此村较大，故命名为大史家。聚落呈团块状。有文化广场 1 个。经济以种植业为主，主要农作物为小麦、玉米。有公路经此。

东大桑树 371481–B03–H10

[Dōngdàsāngshù]

在市驻地市中街道西北方向 20.0 千米。

黄夹镇辖自然村。人口 1 400。据传，西汉末年，刘秀在村中一棵大桑树下歇息，故取名大桑树，后分为两个自然村，本村居东，故名东大桑树。聚落呈团块状。有文化广场 1 个。经济以种植业为主，主要农作物为小麦、玉米。有公路经此。

古楼张 371481-B03-H11
[Gǔlóuzhāng]

在市驻地市中街道西北方向 16.0 千米。黄夹镇辖自然村。人口 600。张姓迁来时有一个轱辘挑子，故名轱辘张，后因谐音演变成古楼张。聚落呈团块状。有文化广场 1 个。经济以种植业为主，主要农作物为小麦、玉米。有公路经此。

后仓 371481-B03-H12
[Hòucāng]

在市驻地市中街道西北方向 15.7 千米。黄夹镇辖自然村。人口 2 100。相传杨家将到此安营设仓，后分成前、后村，本村为后仓。聚落呈团块状。有文化广场 1 个、小学 1 所。经济以种植业为主，主要农作物为小麦、玉米。有公路经此。

后粉陈 371481-B03-H13
[Hòufěnchén]

在市驻地市中街道西北方向 14.0 千米。黄夹镇辖自然村。人口 200。陈姓兄弟分别建前后村，因他们做细粉出名，本村位后，故名后粉陈。聚落呈团块状。有文化广场 1 个、小学 1 所。经济以种植业为主，主要农作物为小麦、玉米。有公路经此。

后张木良 371481-B03-H14
[Hòuzhāngmùliáng]

在市驻地市中街道西北方向 17.4 千米。黄夹镇辖自然村。人口 1 300。明清时候，有位姓张的大善人，别人向他借粮食，他从不计较还多少，故改村名为张不量，后演变成张木良。后来分为前后两村，本村为后张木良。聚落呈团块状。有文化广场 1 个、小学 1 所。经济以种植业为主，主要农作物为小麦、玉米。有公路经此。

霍家寨 371481-B03-H15
[Huòjiāzhài]

在市驻地市中街道西北方向 17.0 千米。黄夹镇辖自然村。人口 1 000。霍氏建村，后为防御外敌，在村周围修筑了寨墙，故取名霍家寨。聚落呈团块状。有文化广场 1 个、小学 1 所。经济以种植业为主，主要农作物为小麦、玉米。有公路经此。

老官张 371481-B03-H16
[Lǎoguānzhāng]

在市驻地市中街道西北方向 16.6 千米。黄夹镇辖自然村。人口 900。张氏立村名为老鹳张，后因"鹳"太难写，慢慢演变成老官张。聚落呈团块状。有文化广场 1 个。经济以种植业为主，主要农作物为小麦、玉米。有公路经此。

老君堂 371481-B03-H17
[Lǎojūntáng]

在市驻地市中街道西北方向 16.0 千米。黄夹镇辖自然村。人口 400。本村原有一座老君庙，正殿上供奉着太上老君，故叫老君堂。聚落呈团块状。有文化广场 1 个、小学 1 所。经济以种植业为主，主要农作物为小麦、玉米。有公路经此。

张牌 371481-B03-H18
[Zhāngpái]

在市驻地市中街道西北方向 18.0 千米。黄夹镇辖自然村。人口 2 400。张氏建村，张家是大户，势力很强，村子的防守很坚固，好像盾牌似的，素有"金米银牌"之称，故命名为张牌。聚落呈团块状。有文化广场 1 个、幼儿园 1 所、小学 1 所。经济以种植业为主，主要农作物为小麦、玉米、大豆。有公路经此。

前粉陈 371481-B03-H19
[Qiánfěnchén]

在市驻地市中街道西北方向 13.7 千米。黄夹镇辖自然村。人口 500。陈姓兄弟分别建前后村，因他们做细粉出名，本村位前，故名前粉陈。聚落呈团块状。有文化广场 1 个、小学 1 所。经济以种植业为主，主要农作物为小麦、玉米。有公路经此。

前灶户孙 371481-B03-H20
[Qiánzàohùsūn]

在市驻地市中街道西北方向 19.8 千米。黄夹镇辖自然村。人口 400。孙氏祖先建村，因曾设灶煎盐为生，故起名为灶户孙，后来分为前后两村，本村在前，故叫前灶户孙。聚落呈团块状。有文化广场 1 个、小学 1 所。经济以种植业为主，主要农作物为小麦、玉米。有公路经此。

前张木良 371481-B03-H21
[Qiánzhāngmùliáng]

在市驻地市中街道西北方向 17.7 千米。黄夹镇辖自然村。人口 800。明清时候，有姓张的大善人，别人向他借粮食，从不计较还多少，故改村名为张不量，后演变成张木良。后来分为前后两村，本村为前张木良。聚落呈团块状。有文化广场 1 个。经济以种植业为主，主要农作物为小麦、玉米。有公路经此。

王明吴 371481-B03-H22
[Wángmíngwú]

在市驻地市中街道西北方向 17.4 千米。黄夹镇辖自然村。人口 1 100。祖先王大节建村，王大节生五子，望子成名，故取名王名五，后演化成王明吴。聚落呈团块状。有文化广场 1 个、小学 1 所。经济以种植业为主，主要农作物为小麦、玉米。有公路经此。

西大桑树 371481-B03-H23
[Xīdàsāngshù]

在市驻地市中街道西北方向 20.0 千米。黄夹镇辖自然村。人口 1 300。据传，西汉末年，刘秀在村中一棵大桑树下歇息，故取名大桑树，后分为两个自然村，本村居西，改为西大桑树。聚落呈团块状。有文化广场 1 个。经济以种植业为主，主要农作物为小麦、玉米。有公路经此。

小海李 371481-B03-H24
[Xiǎohǎilǐ]

在市驻地市中街道西北方向 17.0 千米。黄夹镇辖自然村。人口 500。据传，在秦朝以前，湾里还存着海水。李氏建村，故取名海李。后划分成大、小海李两个村，本村面积较小，故为小海李。聚落呈团块状。有文化广场 1 个。经济以种植业为主，主要农作物为小麦、玉米。有公路经此。

辛店 371481-B03-H25
[Xīndiàn]

在市驻地市中街道西北方向 21.0 千米。黄夹镇辖自然村。人口 1 200。辛氏建村，并开了个店，故取名辛店。聚落呈团块状。有文化广场 1 个。经济以种植业为主，主要农作物为小麦、玉米。有公路经此。

于货郎 371481-B03-H26
[Yúhuòláng]

在市驻地市中街道西北方向 12.0 千米。黄夹镇辖自然村。人口 900。相传本村有一座玉皇庙，村民行侠仗义，爱打抱不平，如狼似虎，故得名玉皇狼，后逐渐演变成于货郎。聚落呈团块状。有文化广场 1 个。经济以种植业为主，主要农作物为小麦、玉米。有公路经此。

丁坞 371481-B04-H01
[Dīngwù]

丁坞镇人民政府驻地。在市驻地市中街道西方向 11.6 千米。人口 1 600。明燕王路经此地，大军经过，眼看有屠村之难时天降大雾，军队看不到村庄而幸免，村民以丁姓为主，故名丁家雾，后演变为丁家坞，简称丁坞。聚落呈团块状。有幼儿园 2 所、文化广场 1 个。经济以种植业、养殖业为主，主产小麦、玉米、棉花、小枣等，养殖鸡、鸭等。有家具生产、棉花加工等业。省道乐德路经此。

宋寺 371481-B04-H02
[Sòngsì]

在市驻地市中街道西方向 8.1 千米。丁坞镇辖自然村。人口 1 000。唐朝在此修一大寺院叫白塔寺，又有姓宋的大户，故立村名宋家寺，简称宋寺。聚落呈团块状。有文化广场 1 个。经济以种植业、养殖业为主，主要农作物为小麦、玉米，养殖猪、羊、鸡。314 省道经此。

殷屯 371481-B04-H03
[Yīntún]

在市驻地市中街道西方向 11.5 千米。丁坞镇辖自然村。人口 900。殷氏立村，名殷家屯，简称殷屯。聚落呈团块状。有文化广场 1 个。经济以种植业、养殖业为主，主要农作物为小麦、玉米，养殖猪、羊、鸡。314 省道经此。

苑小李 371481-B04-H04
[Yuànxiǎolǐ]

在市驻地市中街道西方向 14.2 千米。丁坞镇辖自然村。人口 300。苑德胜立村，后其五子分前后而居。后李姓、张姓迁入，分为 5 个村，本村按姓氏、位置命名为苑小李村。聚落呈团块状。有文化广场 1 个。经济以种植业、养殖业为主，主要农作物为小麦、玉米，养殖猪、羊、鸡。314 省道经此。

苑西 371481-B04-H05
[Yuànxī]

在市驻地市中街道西方向 14.3 千米。丁坞镇辖自然村。人口 500。苑德胜立村，后将其五子分前后而居。后李姓、张姓迁入，分为 5 个村，本村按姓氏、位置命名为苑西。聚落呈团块状。有文化广场 1 个。经济以种植业、养殖业为主，主要农作物为小麦、玉米，养殖猪、羊、鸡。314 省道经此。

褚家 371481-B04-H06
[Chǔjiā]

在市驻地市中街道西方向 17.4 千米。丁坞镇辖自然村。人口 1 000。褚崇泉建村，定村名为褚家。聚落呈团块状。有文化广场 1 个。经济以种植业为主，主要农作物为小麦、玉米。314 省道经此。

郭屯 371481-B04-H07
[Guōtún]

在市驻地市中街道西方向 12.5 千米。丁坞镇辖自然村。人口 1 100。郭瑞立村，取名郭屯。聚落呈团块状。有文化广场 1 个。经济以种植业、养殖业为主，主要农作物为小麦、玉米，养殖猪、羊、鸡。有沙发家具厂、塑料制品厂。314 省道经此。

闫美贾 371481-B04-H08
［Yánměijiǎ］

在市驻地市中街道西方向 10.4 千米。丁坞镇辖自然村。人口 700。贾姓建村较早，故取名贾家。后因靠近闫美玉大队，故改名为闫美贾。聚落呈团块状。有文化广场 1 个。经济以种植业、养殖业为主，主要农作物为小麦、玉米，养殖猪、羊、鸡。314 省道经此。

闫美玉 371481-B04-H09
［Yánměiyù］

在市驻地市中街道西方向 9.6 千米。丁坞镇辖自然村。人口 900。阎美玉建村，称为阎美玉，后改为闫美玉。聚落呈团块状。有文化广场 1 个。经济以种植业、养殖业为主，主要农作物为小麦、玉米，养殖猪、羊、鸡。济乐高速公路、314 省道经此。

陈吴 371481-B04-H10
［Chénwú］

在市驻地市中街道西方向 9.0 千米。丁坞镇辖自然村。人口 500。传说陈姓和吴姓两家祖先建村，后来两家结为亲戚，从此立村名为陈吴。聚落呈团块状。有文化广场 1 个。经济以种植业为主，主要农作物为小麦、玉米。314 省道经此。

黄家 371481-B04-H11
［Huángjiā］

在市驻地市中街道西方向 18.8 千米。丁坞镇辖自然村。人口 600。黄氏建村，取名为黄家。聚落呈团块状。有文化广场 1 个。经济以种植业、养殖业为主，主要农作物为小麦、玉米，养殖猪、羊、鸡。有公路经此。

齐家 371481-B04-H12
［Qíjiā］

在市驻地市中街道西方向 12.9 千米。丁坞镇辖自然村。人口 700。齐氏建村，取名齐家。聚落呈团块状。有文化广场 1 个。经济以种植业、养殖业为主，主要农作物为小麦、玉米，养殖猪、羊、鸡。本村有企业 3 个。314 省道经此。

前何庙 371481-B04-H13
［Qiánhémiào］

在市驻地市中街道西方向 17.0 千米。丁坞镇辖自然村。人口 600。何久迁于此地，因有古庙一座，定名为何庙，后分居前后两村，本村在前，故名前何庙。聚落呈团块状。有文化广场 1 个。经济以种植业、养殖业为主，主要农作物为小麦、玉米，养殖猪、羊、鸡。314 省道经此。

前生张 371481-B04-H14
［Qiánshēngzhāng］

在市驻地市中街道西方向 18.0 千米。丁坞镇辖自然村。人口 800。张姓建村，取村名生员外张家，后简称生张。后因兄弟分家，分为两村，本村在前，故名前生张。聚落呈团块状。有文化广场 1 个。经济以种植业、养殖业为主，主要农作物为小麦、玉米，养殖猪、羊、鸡。有公路经此。

前田河 371481-B04-H15
［Qiántiánhé］

在市驻地市中街道西方向 15.8 千米。丁坞镇辖自然村。人口 600。先祖曹仕诠立村，因在朱家河的南岸，故名前田河。聚落呈团块状。有文化广场 1 个。经济以种植业、养殖业为主，主要农作物为小麦、玉米，养殖猪、羊、鸡。314 省道经此。

后何庙 371481-B04-H16
[Hòuhémiào]

在市驻地市中街道西方向 17.0 千米。丁坞镇辖自然村。人口 1 000。清朝时期，村前有一座玉皇庙，村在庙北，又因庄民多姓何，故名后何庙。聚落呈团块状。有文化广场 1 个。经济以种植业、养殖业为主，主要农作物为小麦、玉米，养殖猪、羊、鸡。314 省道经此。

后生张 371481-B04-H17
[Hòushēngzhāng]

在市驻地市中街道西方向 18.2 千米。丁坞镇辖自然村。人口 1 000。张姓建村，取村名生员外张家，后简称生张。后因兄弟分家，分为两村，本村在后，故名后生张。聚落呈团块状。有文化广场 1 个。经济以种植业、养殖业为主，主要农作物为小麦、玉米，养殖猪、羊、鸡。有木制品加工厂。314 省道经此。

后田河 371481-B04-H18
[Hòutiánhé]

在市驻地市中街道西方向 17.0 千米。丁坞镇辖自然村。人口 800。1404 年，田福林、田福长兄弟二人建村，因村位于朱家河以北，故取村名为后田河。聚落呈团块状。有文化广场 1 个、中学 1 所。经济以种植业、养殖业为主，主要农作物为小麦、玉米，养殖猪、羊、鸡。有木材加工企业。314 省道经此。

城后贾 371481-B04-H19
[Chénghòujiǎ]

在市驻地市中街道西方向 18.9 千米。丁坞镇辖自然村。人口 300。贾姓立村，靠近城后李，命名为城后贾。聚落呈团块状。有文化广场 1 个。经济以种植业、养殖业为主，主要农作物为小麦、玉米，养殖猪、羊、鸡。314 省道经此。

大杨寨 371481-B04-H20
[Dàyángzhài]

在市驻地市中街道西方向 16.4 千米。丁坞镇辖自然村。人口 600。杨氏建村立寨，故名杨寨。后分为两个村，本村为大杨寨。聚落呈团块状。有文化广场 1 个。经济以种植业、养殖业为主，主要农作物为小麦、玉米，养殖猪、羊、鸡。314 省道经此。

曹寨 371481-B04-H21
[Cáozhài]

在市驻地市中街道西方向 18.8 千米。丁坞镇辖自然村。人口 1 300。曹氏立村，取村名曹寨。聚落呈团块状。有文化广场 1 个、小学 1 所。经济以种植业、养殖业为主，主要农作物为小麦、玉米，养殖牛。有木材加工厂、涂料厂。314 省道经此。

沟盘李 371481-B04-H22
[Gōupánlǐ]

在市驻地市中街道西方向 9.8 千米。丁坞镇辖自然村。人口 400。李崇禹建村，因附近有勾盘河，故取村名为勾盘李，后演化成沟盘李。聚落呈团块状。有文化广场 1 个。经济以种植业为主，主要农作物为小麦、玉米。314 省道经此。

纪楼 371481-B04-H23
[Jìlóu]

在市驻地市中街道西方向 17.9 千米。丁坞镇辖自然村。人口 1 100。纪氏建村，后因纪氏考中七品知县，在家盖了一座楼，因此改名为纪楼。聚落呈团块状。有文化广场 1 个、小学 1 所。经济以种植业、养殖业为主，主要农作物为小麦、玉米，养殖猪、羊、鸡。有实木家具企业、预制件厂。314 省道经此。

鞠家 371481-B05-H01
[Jūjiā]

花园镇人民政府驻地。在市驻地市中街道南方向 14.2 千米。人口 400。明永乐年间，鞠氏建村，以姓氏命名。聚落呈团块状。有文化广场 1 个、幼儿园 1 所。经济以种植业为主，主要农作物为小麦、玉米。有永兴糖果食品有限公司。有公路经此。

花园 371481-B05-H02
[Huāyuán]

在市驻地市中街道东南方向 16.2 千米。花园镇辖自然村。人口 800。据传因花园内有金钟花，起名叫金花园。后来简称花园。聚落呈团块状。有文化广场 1 个、幼儿园 1 所。经济以种植业为主，主要农作物为小麦、玉米。有公路经此。

关王堂 371481-B05-H03
[Guānwángtáng]

在市驻地市中街道东南方向 11.3 千米。花园镇辖自然村。人口 1 100。因村内有庙，所以名关王庙，后改为关王堂。聚落呈团块状。有幼儿园 2 所、文化广场 1 个。经济以种植业为主，主要农作物为小麦、玉米。有公路经此。

李吉旦 371481-B05-H04
[Lǐjídàn]

在市驻地市中街道东南方向 15.4 千米。花园镇辖自然村。人口 800。原名李家，清道光年间，本村每年向朝廷进贡大鸡蛋，故起名李鸡蛋家，后演变成李吉旦。聚落呈团块状。有文化广场 1 个。经济以种植业为主，主要农作物为小麦、玉米。248 省道经此。

芙蓉街 371481-B05-H05
[Fúróngjiē]

在市驻地市中街道东南方向 14.7 千米。花园镇辖自然村。人口 600。因村内立集，故名芙蓉街。聚落呈团块状。有文化广场 1 个。经济以种植业为主，主要农作物为小麦、玉米。有公路经此。

杨顶 371481-B05-H06
[Yángdǐng]

在市驻地市中街道东南方向 14.4 千米。花园镇辖自然村。人口 1 000。杨鼎建村，名杨顶。聚落呈团块状。有文化广场 1 个。经济以种植业为主，主要农作物为小麦、玉米。有公路经此。

灶户房 371481-B05-H07
[Zàohùfáng]

在市驻地市中街道东南方向 16.7 千米。花园镇辖自然村。人口 1 300。据说为了少向政府交钱粮，皇妃编造这村无好地，全部是皂地，故名皂户房，后改为灶户房。聚落呈团块状。有文化广场 1 个。经济以种植业为主，主要农作物为小麦、玉米。有公路经此。

城子后 371481-B05-H08
[Chéngzihòu]

在市驻地市中街道东南方向 11.4 千米。花园镇辖自然村。人口 700。因位于乐陵故城后边而得名城子后。聚落呈团块状。有文化广场 1 个。经济以种植业为主，主要农作物为小麦、玉米。有公路经此。

东河崖 371481-B05-H09
[Dōnghéyá]

在市驻地市中街道东南方向 16.8 千米。花园镇辖自然村。人口 900。在沟河崖的东边，故名。聚落呈团块状。有文化广场 1 个、幼儿园 1 所。经济以种植业为主，主要农作物为小麦、玉米。有公路经此。

范桥 371481-B05-H10
[Fànqiáo]

在市驻地市中街道东南方向 15.7 千米。花园镇辖自然村。人口 1 000。明朝时，当地有一条运粮河，有一家姓范的在运粮河附近立村，为交通方便，河上建有桥，故取村名为范桥。聚落呈团块状。有文化广场 1 个。经济以种植业为主，主要农作物为小麦、玉米。有公路经此。

恭敬李 371481-B05-H11
[Gōngjìnglǐ]

在市驻地市中街道东南方向 17.0 千米。花园镇辖自然村。人口 800。由永太庄、双庙李合并，称恭敬李，意为联合团结，互相恭敬之意。聚落呈团块状。有文化广场 1 个、幼儿园 1 所。经济以种植业为主，主要农作物为小麦、玉米。有公路经此。

故城 371481-B05-H12
[Gùchéng]

在市驻地市中街道东南方向 13.0 千米。花园镇辖自然村。人口 700。本村后边有重合城，是故城的南关，由此得名故城。聚落呈团块状。有文化广场 1 个、小学 1 所、幼儿园 1 所。经济以种植业为主，主要农作物为小麦、玉米。有公路经此。

关家 371481-B05-H13
[Guānjiā]

在市驻地市中街道东南方向 20.0 千米。花园镇辖自然村。人口 900。燕王扫北后，关姓由外地迁来定居，取名关家。聚落呈团块状。有文化广场 1 个。经济以种植业为主，主要农作物为小麦、玉米。248 省道经此。

韩恕 371481-B05-H14
[Hánshù]

在市驻地市中街道东南方向 13.5 千米。花园镇辖自然村。人口 280。据传，明永乐年间，韩恕由河北枣强县迁此建村，故得名韩恕。聚落呈团块状。有文化广场 1 个、小学 1 所。经济以种植业为主，主要农作物为小麦、玉米。有公路经此。

刘庙 371481-B05-H15
[Liúmiào]

在市驻地市中街道东南方向 15.7 千米。花园镇辖自然村。人口 600。刘姓建村，后来又在村内修建一座庙，故得名刘庙。聚落呈团块状。有文化广场 1 个。经济以种植业为主，主要农作物为小麦、玉米。248 省道经此。

刘武官 371481-B05-H16
[Liúwǔguān]

在市驻地市中街道东南方向 12.5 千米。花园镇辖自然村。人口 1 100。明宣德五年（1430），刘敦由山西洪洞县迁此立村，相传刘姓出了一名武官，故取名刘武官。聚落呈团块状。有文化广场 1 个、小学 1 所、幼儿园 3 所。经济以种植业为主，主要农作物为小麦、玉米。有公路经此。

曲店 371481-B05-H17
[Qūdiàn]

在市驻地市中街道东南方向 18.5 千米。花园镇辖自然村。人口 700。明永乐年间，曲氏由河北武夷县迁来立村，后在此开店，故得名曲家店，后演变成曲店。聚落呈团块状。有文化广场 1 个。经济以种植业为主，主要农作物为小麦、玉米。有公路经此。

十字道 371481-B05-H18
[Shízìdào]

在市驻地市中街道东南方向 18.3 千米。花园镇辖自然村。人口 900。因处于十字道而得名。聚落呈团块状。有文化广场 1 个、小学 1 所。经济以种植业为主，主要农作物为小麦、玉米。有公路经此。

思子李 371481-B05-H19
[Sīzǐlǐ]

在市驻地市中街道东南方向 13.9 千米。花园镇辖自然村。人口 500。村西头修庙时，挖出一个铁钟，钟上刻有思子李三字，从而命名为思子李。聚落呈团块状。有文化广场 1 个。经济以种植业为主，主要农作物为小麦、玉米。有公路经此。

花辛庄 371481-B05-H20
[Huāxīnzhuāng]

在市驻地市中街道东南方向 18.5 千米。花园镇辖自然村。人口 300。原名辛庄，后因该大队属于花园公社，改名为花辛庄。聚落呈团块状。有文化广场 1 个。经济以种植业为主，主要农作物为小麦、玉米。有公路经此。

孙丁 371481-B05-H21
[Sūndīng]

在市驻地市中街道东南方向 17.2 千米。花园镇辖自然村。人口 800。由孙家和丁家两村合并，村名改为孙丁。聚落呈团块状。有文化广场 1 个。经济以种植业为主，主要农作物为小麦、玉米。有公路经此。

郑店 371481-B06-H01
[Zhèngdiàn]

郑店镇人民政府驻地。在市驻地市中街道西南方向 26.1 千米。人口 3800。明洪武年间，郑氏落户后在此开店，故名郑家店，后简称郑店。聚落呈团块状。有幼儿园 2 所。经济以种植业、养殖业为主，主产小麦、玉米、棉花、韭菜、马铃薯、辣椒等，养殖蛋鸡、肉鸭、猪。工业以家具生产、建筑材料、消防器材、电线等为主。省道盐济路经此。

旧乐陵 371481-B06-H02
[Jiùlàolíng]

在市驻地市中街道西南方向 19.6 千米。郑店镇辖自然村。人口 1 100。据记载，本村为宋乐陵故城，后县城迁往富平镇，即今乐陵城，故本村更名为旧乐陵。聚落呈团块状。有文化广场 1 个。经济以种植业、养殖业为主，主产小麦、玉米、棉花等，养殖猪、蚂蚱、肉鸡等。有公路经此。

常庄 371481-B06-H03
[Chángzhuāng]

在市驻地市中街道西南方向 24.5 千米。郑店镇辖自然村。人口 1 700。因庄东西长，取名为常庄。聚落呈团块状。有文化广场 1 个、幼儿园 1 所、小学 1 所。经济以种植业为主，主要农作物为小麦、玉米。248 省道经此。

崔家楼 371481-B06-H04
[Cuījiālóu]

在市驻地市中街道西南方向 23.2 千米。郑店镇辖自然村。人口 700。崔复化建村，后本村建土楼三座，故名崔家楼。聚落呈团块状。有文化广场 1 个。经济以种植业为主，主要农作物为小麦、玉米。248 省道经此。

德辛庄 371481-B06-H05
[Déxīnzhuāng]

在市驻地市中街道西南方向 27.0 千米。

郑店镇辖自然村。人口 700。本村原坐落于村北朱家坟地，因常遭土匪抢劫，故迁到现址，县官起名辛立镇，后又因本村靠近德惠新河，故更名为德辛庄。聚落呈团块状。有文化广场 1 个。经济以种植业为主，主要农作物为小麦、玉米。济乐高速、248 省道经此。

奎台东 371481-B06-H06
[Kuítáidōng]

在市驻地市中街道西南方向 30.6 千米。郑店镇辖自然村。人口 800。据传，村南路东有一大土台，形似龟状，故得名龟台，后改为奎台。因人口众多分为两村，本村居东，故名奎台东。聚落呈团块状。有文化广场 1 个、小学 1 所。经济以种植业为主，主要农作物为小麦、玉米。有公路经此。

奎台西 371481-B06-H07
[Kuítáixī]

在市驻地市中街道西南方向 30.6 千米。郑店镇辖自然村。人口 700，据传，村南路东有一大土台，形似龟状，故得名龟台村，后改为奎台。因人口众多分为两村，本村居西，故名奎台西。聚落呈团块状。有文化广场 1 个。经济以种植业为主，主要农作物为小麦、玉米。有公路经此。

后李 371481-B06-H08
[Hòulǐ]

在市驻地市中街道西南方向 25.6 千米。郑店镇辖自然村。人口 600。李安广建村，因村前另有一李家村，本村居后，故得名后李。聚落呈团块状。有文化广场 1 个。经济以种植业为主，主要农作物为小麦、玉米。济乐高速、248 省道经此。

前靳 371481-B06-H09
[Qiánjìn]

在市驻地市中街道西南方向 27.8 千米。郑店镇辖自然村。人口 800。靳姓立村，名靳家。后族人众多，分成南、北两村，本村居南，为前靳。聚落呈团块状。有文化广场 1 个。经济以种植业为主，主要农作物为小麦、玉米。248 省道经此。

洼里韩 371481-B06-H10
[Wālǐhán]

在市驻地市中街道西南方向 20.0 千米。郑店镇辖自然村。人口 800。韩氏韩德春立村，名韩家。因地势低洼，后改为洼里韩。聚落呈团块状。有文化广场 1 个。经济以种植业为主，主要农作物为小麦、玉米。248 省道经此。

小买虎 371481-B06-H11
[Xiǎomǎihǔ]

在市驻地市中街道西南方向 20.1 千米。郑店镇辖自然村。人口 1 400。卓姓由商河县买虎站村迁来，立村名小买虎。聚落呈团块状。有文化广场 1 个。经济以种植业为主，主要农作物为小麦、玉米。248 省道经此。

盘城孟 371481-B06-H12
[Pánchéngmèng]

在市驻地市中街道西南方向 25.1 千米。郑店镇辖自然村。人口 900。孟氏兄弟三人立村，因本村建在盘古城的旧址上，故取名盘城孟。聚落呈团块状。有文化广场 1 个。经济以种植业为主，主要农作物为小麦、玉米。248 省道经此。

郑店南街 371481-B06-H13
[Zhèngdiànnánjiē]

在市驻地市中街道西南方向 26.0 千米。郑店镇辖自然村。人口 1 300。明洪武年间，郑氏落户在此开店，故取村名为郑家店，简称郑店。后分为东街、西街、南街、北街。本村为郑店南街。聚落呈团块状。有文化广场 1 个。经济以种植业为主，主要农作物为小麦、玉米。248 省道经此。

官道刘 371481-B06-H14
[Guāndàoliú]

在市驻地市中街道西南方向 17.5 千米。郑店镇辖自然村。人口 700。明朝嘉靖年间，刘氏率二子由前刘村迁此立村定居，因靠近官道，故取名官道刘。聚落呈团块状。有文化广场 1 个。经济以种植业为主，主要农作物为小麦、玉米。济乐高速、248 省道经此。

王集 371481-B06-H15
[Wángjí]

在市驻地市中街道西南方向 19.4 千米。郑店镇辖自然村。人口 1 400。据记载，王奉先从青州寿光县迁入，以姓氏为村名，因在此设立集市，故得名王集。聚落呈团块状。有文化广场 1 个、小学 1 所、中学 1 所。经济以种植业为主，主要农作物为小麦、玉米。248 省道经此。

玉皇堂信家 371481-B06-H16
[Yùhuángtángxìnjiā]

在市驻地市中街道西南方向 19.1 千米。郑店镇辖自然村。人口 700。明永乐年间，信氏由山西洪洞县迁至此地立村，因村西有一玉皇庙，故取名为玉皇堂信家。聚落呈团块状。有文化广场 1 个。经济以种植业为主，主要农作物为小麦、玉米。248 省道经此。

疙瘩陈 371481-B06-H17
[Gēdachén]

在市驻地市中街道西南方向 19.6 千米。郑店镇辖自然村。人口 800。金元祐年间，陈氏建村。后因村后盐碱地多，多土堆，改称疙瘩陈。聚落呈团块状。有文化广场 1 个。经济以种植业为主，主要农作物为小麦、玉米。248 省道经此。

张北台东 371481-B06-H18
[Zhāngběitáidōng]

在市驻地市中街道西南方向 21.9 千米。郑店镇辖自然村。人口 700。明永乐年间，张北台立村，村名张北台。后因人口众多而分为两村，本村为张北台东。聚落呈团块状。有文化广场 1 个。经济以种植业为主，主要农作物为小麦、玉米。248 省道经此。

盆张 371481-B06-H19
[Pénzhāng]

在市驻地市中街道西南方向 22.8 千米。郑店镇辖自然村。人口 1 000。1540 年，张氏二兄弟建村，因村坐落于洼处，似如盆状，故立村名为盆张。聚落呈团块状。有文化广场 1 个。经济以种植业为主，主要农作物为小麦、玉米。248 省道经此。

北赵集 371481-B06-H20
[Běizhàojí]

在市驻地市中街道西南方向 23.7 千米。郑店镇辖自然村。人口 700。1403 年，赵七翁迁入此地，因本村设有集市，故立村名为赵集。后因本村南有一村名为南赵集，故村名改称北赵集。聚落呈团块状。有文化广场 1 个。经济以种植业为主，主要农作物为小麦、玉米、大豆。248 省道经此。

郑店东街 371481-B06-H21
[Zhèngdiàndōngjiē]

在市驻地市中街道西南方向 25.6 千米。郑店镇辖自然村。人口 1 400。明洪武年间，郑氏落户在此开店，故取村名郑家店，简称郑店。后分为东街、西街、南街、北街。本村为郑店东街。聚落呈团块状。有文化广场 1 个。经济以种植业为主，主要农作物为小麦、玉米。248 省道经此。

郑店西街 371481-B06-H22
[Zhèngdiànxījiē]

在市驻地市中街道西南方向 26.4 千米。郑店镇辖自然村。人口 900。明洪武年间，郑氏落户在此开店，故取村名郑家店，简称郑店。后分为东街、西街、南街、北街。本村为郑店西街。聚落呈团块状。有文化广场 1 个。经济以种植业为主，主要农作物为小麦、玉米。248 省道经此。

葛家 371481-B06-H23
[Gějiā]

在市驻地市中街道西南方向 28.3 千米。郑店镇辖自然村。人口 900。明万历年间，大臣葛树礼叔父由寿光县迁来定居，立村名为葛家。聚落呈团块状。有文化广场 1 个。经济以种植业为主，主要农作物为小麦、玉米、大豆。248 省道经此。

大房 371481-B06-H24
[Dàfáng]

在市驻地市中街道西南方向 21.9 千米。郑店镇辖自然村。人口 800。明永乐年间，房氏兄弟三人建村，后三兄弟分居，本村为兄长居住，故名大房。聚落呈团块状。有文化广场 1 个。经济以种植业为主，主要农作物为小麦、玉米、大豆。248 省道经此。

大许 371481-B06-H25
[Dàxǔ]

在市驻地市中街道西南方向 23.7 千米。郑店镇辖自然村。人口 700。明永乐年间，许氏祖先迁居于此，因人丁兴旺，故取名大许。聚落呈团块状。有文化广场 1 个。经济以种植业为主，主要农作物为小麦、玉米、大豆。248 省道经此。

东房集 371481-B06-H26
[Dōngfángjí]

在市驻地市中街道西南方向 21.9 千米。郑店镇辖自然村。人口 700。明永乐年间，房氏兄弟三人建村，后三兄弟分居，因老二居住东边为东房家，后本村立有集市，故改名为东房集。聚落呈团块状。有文化广场 1 个。经济以种植业为主，主要农作物为小麦、玉米、大豆。248 省道经此。

黄集 371481-B06-H27
[Huángjí]

在市驻地市中街道西南方向 33.9 千米。郑店镇辖自然村。明永乐二年（1404），黄得中带族人分别建了 12 个村庄，本村因设有集市，故命村名为黄集。聚落呈团块状。有文化广场 1 个。经济以种植业为主，主要农作物为小麦、玉米、大豆。248 省道经此。

刘呈基 371481-B06-H28
[Liúchéngjī]

在市驻地市中街道西南方向 21.8 千米。郑店镇辖自然村。人口 1000。明永乐二年（1404），刘呈基迁居此地，以姓名立村名为刘呈基。聚落呈团块状。有文化广场 1 个。经济以种植业为主，主要农作物为小麦、玉米。248 省道经此。

灰菜李 371481-B06-H29

[Huīcàilǐ]

　　在市驻地市中街道西南方向 20.9 千米。郑店镇辖自然村。人口 900。明永乐年间，李氏李安广立村。因村四周多盐碱地，多生长灰菜，故称灰菜李。聚落呈团块状。有文化广场 1 个。经济以种植业为主，主要农作物为小麦、玉米。248 省道经此。

小房 371481-B06-H30

[Xiǎofáng]

　　在市驻地市中街道西南方向 22.5 千米。郑店镇辖自然村。人口 700。明永乐年间，房氏兄弟三人由河北枣强县迁至此处，后三兄弟分居，本村为老三居住，故名小房。聚落呈团块状。有文化广场 1 个。经济以种植业为主，主要农作物为小麦、玉米。248 省道经此。

谢家 371481-B06-H31

[Xièjiā]

　　在市驻地市中街道西南方向 19.7 千米。郑店镇辖自然村。人口 800。1390 年，谢氏迁此立村，故名谢家。聚落呈团块状。有文化广场 1 个。经济以种植业为主，主要农作物为小麦、玉米。248 省道经此。

张心白 371481-B06-H32

[Zhāngxīnbái]

　　在市驻地市中街道西南方向 20.2 千米。郑店镇辖自然村。人口 800。明永乐年间，张心白立村。后世子孙张贵为纪念祖先，改村名为张心白。聚落呈团块状。有文化广场 1 个。经济以种植业为主，主要农作物为小麦、玉米、大豆。248 省道经此。

赵梳头 371481-B06-H33

[Zhàoshūtóu]

　　在市驻地市中街道西南方向 21.5 千米。郑店镇辖自然村。人口 1 200。明永乐五年（1407），赵千立村，因其习惯坐于临街大门口梳头，被乡亲们戏称赵梳头，村名由此得来。聚落呈团块状。有文化广场 1 个。经济以种植业为主，主要农作物为小麦、玉米、大豆。248 省道经此。

樊屯 371481-B06-H34

[Fántún]

　　在市驻地市中街道西南方向 20.7 千米。郑店镇辖自然村。人口 1 600。明永乐年间，樊氏由寿光县凌樊桥迁居此地，以姓氏命名为樊桥，后演变为樊屯。聚落呈团块状。有文化广场 1 个、小学 1 所。经济以种植业为主，主要农作物为小麦、玉米、大豆。248 省道经此。

化楼 371481-B07-H01

[Huàlóu]

　　化楼镇人民政府驻地。在市驻地市中街道西南方向 24.8 千米。人口 300。明永乐年间，化氏迁来，因有一小土楼，名村化楼。聚落呈团块状。有幼儿园 2 所。经济以种植业、养殖业为主，主要农作物为小麦、玉米、大豆，养殖鸡、鸭、羊。有机械加工等企业。有公路经此。

大蔡家 371481-B07-H02

[Dàcàijiā]

　　在市驻地市中街道西南方向 11.2 千米。化楼镇辖自然村。人口 700。永乐年间，蔡氏从青州迁来此地立村，故名大蔡家。聚落呈团块状。有文化广场 1 个。经济以种植业为主，主要农作物为小麦、玉米、大豆。有公路经此。

郭寺 371481-B07-H03

[Guōsì]

在市驻地市中街道西南方向 25.0 千米。化楼镇辖自然村。人口 800。郭姓立村，因修了一座寺院，遂改村名为郭寺。聚落呈团块状。有文化广场 1 个、幼儿园 1 所。经济以种植业为主，主要农作物为小麦、玉米。有公路经此。

东高 371481-B07-H04

[Dōnggāo]

在市驻地市中街道西南方向 27.4 千米。化楼镇辖自然村。人口 900。明永乐年间，高景立村，因村址坐落于马颊河南面，取村名河阳高家。后因高氏人丁兴旺，分居东西两边，本村居东，故称东高。聚落呈团块状。有文化广场 1 个、幼儿园 1 所。经济以种植业为主，主要农作物为小麦、玉米。有公路经此。

霍家庄 371481-B07-H05

[Huòjiāzhuāng]

在市驻地市中街道西南方向 27.5 千米。化楼镇辖自然村。人口 700。明永乐年间，霍姓霍景华立村，取名霍家庄。聚落呈团块状。有文化广场 1 个、幼儿园 1 所。经济以种植业为主，主要农作物为小麦、玉米。有公路经此。

跃丰屯 371481-B07-H06

[Yuèfēngtún]

在市驻地市中街道西南方向 22.7 千米。化楼镇辖自然村。人口 900。据传，燕王扫北后，打仗有功残废之将士，聚居在此，当时叫军屯，因靠近跃丰河，1981 年改为跃丰屯。聚落呈团块状。有文化广场 1 个、幼儿园 1 所。经济以种植业为主，主要农作物为小麦、玉米、大豆。有公路经此。

杨桥 371481-B07-H07

[Yángqiáo]

在市驻地市中街道西南方向 30.6 千米。化楼镇辖自然村。人口 1 400。明景泰三年（1452），杨氏五兄弟建村，因村旁马颊河上有一石桥，故名杨桥。聚落呈团块状。有文化广场 1 个、幼儿园 2 所。经济以种植业为主，主要农作物为小麦、玉米。315 省道经此。

河刘 371481-B07-H08

[Héliú]

在市驻地市中街道西南方向 25.1 千米。化楼镇辖自然村。人口 700。明景泰年间，刘姓建村，因临古运粮河，故取村名为河刘。聚落呈团块状。有文化广场 1 个、幼儿园 1 所。经济以种植业为主，主要农作物为小麦、玉米。有公路经此。

徐胡庄 371481-B07-H09

[Xúhúzhuāng]

在市驻地市中街道西南方向 28.2 千米。化楼镇辖自然村。人口 800。本村有一口古井名徐胡，故村名为徐胡庄。聚落呈团块状。有文化广场 1 个、幼儿园 1 所。经济以种植业为主，主要农作物为小麦、玉米。315 省道经此。

孙南湖 371481-B07-H10

[Sūnnánhú]

在市驻地市中街道西南方向 21.8 千米。化楼镇辖自然村。人口 1 300。清朝时，本村有一个叫孙南湖的人在济南当差，村子便命名为孙南湖。聚落呈团块状。有文化广场 1 个。经济以种植业为主，主要农作物为小麦、玉米。315 省道经此。

东文庙 371481-B07-H11
[Dōngwénmiào]

在市驻地市中街道西南方向 21.2 千米。化楼镇辖自然村。人口 600。本村修了座圣人庙，故称文庙村。后因村中间有一条官道，分成两村，本村居东，称东文庙。聚落呈团块状。有文化广场 1 个、幼儿园 1 所。经济以种植业为主，主要农作物为小麦、玉米。有公路经此。

西文庙 371481-B07-H12
[Xīwénmiào]

在市驻地市中街道西南方向 21.4 千米。化楼镇辖自然村。人口 500。本村修了座圣人庙，称文庙村。后因村中间有一条官道，分成两村，本村居西，称西文庙。聚落呈团块状。有文化广场 1 个。经济以种植业为主，主要农作物为小麦、玉米。有公路经此。

徐三保 371481-B07-H13
[Xúsānbǎo]

在市驻地市中街道西南方向 20.2 千米。化楼镇辖自然村。人口 700。明代初年，徐龙、徐虎、徐豹三兄弟建村。徐豹定居本村，以姓名取村名徐三豹，后演变为徐三保。聚落呈团块状。有文化广场 1 个。经济以种植业为主，主要农作物为小麦、玉米。315 省道经此。

张大褂张东村 371481-B07-H14
[Zhāngdàguàzhāngdōngcūn]

在市驻地市中街道西南方向 21.3 千米。化楼镇辖自然村。人口 600。明永乐年间，有一位张姓老奶奶带着小孩到此落户，因平时爱穿大褂子，人们就称她为张大褂，村以此命名。后分为两村，本村因位东，故名张大褂张东村。聚落呈团块状。有文化广场 1 个。经济以种植业为主，主要农作物为小麦、玉米。有公路经此。

张大褂张西村 371481-B07-H15
[Zhāngdàguàzhāngxīcūn]

在市驻地市中街道西南方向 21.3 千米。化楼镇辖自然村。人口 600。明永乐年间，有一位张姓老奶奶带着小孩到此落户，因平时爱穿大褂子，人们就称她为张大褂，村以此命名。后分为两村，本村因位西，故名张大褂张西村。聚落呈团块状。有文化广场 1 个、幼儿园 1 所。经济以种植业为主，主要农作物为小麦、玉米。有公路经此。

张太华 371481-B07-H16
[Zhāngtàihuá]

在市驻地市中街道西南方向 30.9 千米。化楼镇辖自然村。人口 900。明洪武年间，张士诚立村名为张家，后以其五世孙太华命村名。聚落呈团块状。有文化广场 1 个。经济以种植业为主，主要农作物为小麦、玉米。有公路经此。

白家 371481-B07-H17
[Báijiā]

在市驻地市中街道西南方向 23.7 千米。化楼镇辖自然村。人口 1 000。以回族为主。明永乐二年（1404），白吉公、白吉平兄弟二人立村，取庄名为白家。聚落呈团块状。有文化广场 1 个、幼儿园 1 所、学校 1 所。经济以种植业为主，主要农作物为小麦、玉米。315 省道经此。

东郑 371481-B07-H18
[Dōngzhèng]

在市驻地市中街道西南方向 22.5 千米。化楼镇辖自然村。人口 700。郑氏立村，因村庄位于聊官厂东北角，故立村名为东郑。

聚落呈团块状。有文化广场 1 个。经济以种植业为主,主要农作物为小麦、玉米。有公路经此。

前谭 371481-B07-H19
[Qiántán]

在市驻地市中街道西南方向 22.7 千米。化楼镇辖自然村。人口 700。明永乐二年(1404),谭氏建村,名谭家庄。因族大人多分为两村,本村名前谭。聚落呈团块状。有文化广场 1 个、学校 1 所。经济以种植业为主,主要农作物为小麦、玉米、大豆等。有公路经此。

双庙高 371481-B07-H20
[Shuāngmiàogāo]

在市驻地市中街道西南方向 30.2 千米。化楼镇辖自然村。人口 600。明永乐二年(1404),高姓立村,取村名高家庄。后因村有两庙,故改名为双庙高。聚落呈团块状。有文化广场 1 个、学校 1 所。经济以种植业为主,主要农作物为小麦、玉米、大豆等。有公路经此。

孙茂梧 371481-B07-H21
[Sūnmàowú]

在市驻地市中街道西南方向 29.0 千米。化楼镇辖自然村。人口 700。燕王扫北后,孙茂梧立村,取村名为孙茂梧。聚落呈团块状。有文化广场 1 个。经济以种植业为主,主要农作物为小麦、玉米、大豆等。有公路经此。

王桥 371481-B07-H22
[Wángqiáo]

在市驻地市中街道西南方向 25.7 千米。化楼镇辖自然村。人口 700。明永乐年间,王姓立村,当时马颊河有一石桥,故取村名为王桥。聚落呈团块状。有文化广场 1 个、

学校 1 所。经济以种植业为主,主要农作物为小麦、玉米。315 省道经此。

五合 371481-B07-H23
[Wǔhé]

在市驻地市中街道西南方向 27.9 千米。化楼镇辖自然村。人口 1 000。原为傅家、马家、王家、李家、张家 5 个村,1947 年合并,改称五合。聚落呈团块状。有文化广场 1 个、幼儿园 2 所。经济以种植业为主,主要农作物为小麦、玉米、大豆等。315 省道经此。

西高 371481-B07-H24
[Xīgāo]

在市驻地市中街道西南方向 27.7 千米。化楼镇辖自然村。人口 1 000。明永乐年间,高景立村,因村址坐落于马颊河南面,取村名为河阳高家。后因高氏人丁兴旺,分居东西两边,本村居西,故称西高。聚落呈团块状。有文化广场 1 个。经济以种植业为主,主要农作物为小麦、玉米、大豆等。有公路经此。

后张屯 371481-B07-H25
[Hòuzhāngtún]

在市驻地市中街道西南方向 26.6 千米。化楼镇辖自然村。人口 1 000。张氏立村,取名张屯,后因族人众多,分居两村,本村称后张屯。聚落呈团块状。有文化广场 1 个、幼儿园 2 所。经济以种植业为主,主要农作物为小麦、玉米等。有公路经此。

李泗川 371481-B07-H26
[Lǐsìchuān]

在市驻地市中街道西南方向 24.3 千米。化楼镇辖自然村。人口 600。明永乐年间,李泗川由青州寿光县迁此定居,命村名为李泗川。聚落呈团块状。有文化广场 1 个、

学校 1 所。经济以种植业为主，主要农作物为小麦、玉米、大豆等。315 省道经此。

孔镇 371481-B08-H01
[Kǒngzhèn]

孔镇镇人民政府驻地。在市驻地市中街道西南 23.6 千米。人口 1 800。西汉末年，王莽追赶刘秀至此未赶上，空赶一阵，因而取名空阵，后演变为孔镇。聚落呈团块状。有幼儿园 1 所、小学 1 所。经济以种植业为主，主要农作物为小麦、玉米、大豆等。养殖业以养殖肉鸡、猪为主。有机械加工、木制加工等业。有公路经此。

北吕 371481-B08-H02
[Běilǚ]

在市驻地市中街道西南方向 12.5 千米。孔镇镇辖自然村。人口 600。相传明永乐年间吕氏来此定居，以姓氏命名为吕家。后因重名，本村居北，故称北吕。聚落呈团块状。有文化广场 1 个。经济以种植业为主，主要农作物为小麦、玉米、大豆等。有公路经此。

台后屯 371481-B08-H03
[Táihòutún]

在市驻地市中街道西南方向 28.8 千米。孔镇镇辖自然村。人口 600。据传明朝时村东有个很大的台子，当地群众习称台子屯。后分成两个自然村，本村位于台子后，称台后屯。聚落呈团块状。有文化广场 1 个。经济以种植业为主，主要农作物为小麦、玉米、大豆等。有公路经此。

东朱寨 371481-B08-H04
[Dōngzhūzhài]

在市驻地市中街道西南方向 20.4 千米。孔镇镇辖自然村。人口 700。燕王扫北后，朱姓建村立寨，故名朱寨。后分为两个自然村。本村位于东边，称东朱寨。聚落呈团块状。有文化广场 1 个。经济以种植业为主，主要农作物为小麦、玉米等。有公路经此。

簸箕刘 371481-B08-H05
[Bòjiliú]

在市驻地市中街道西南方向 21.9 千米。孔镇镇辖自然村。人口 900。燕王扫北后刘姓建村，因此地呈簸箕形，故名簸箕刘。聚落呈团块状。有文化广场 1 个。经济以种植业为主，主要农作物为小麦、玉米、大豆等。有公路经此。

陈才高 371481-B08-H06
[Chéncáigāo]

在市驻地市中街道西南方向 13.8 千米。孔镇镇辖自然村。人口 800。燕王扫北后，陈才高建村，故名。聚落呈团块状。有文化广场 1 个、幼儿园 1 所。经济以种植业为主，主要农作物为小麦、玉米、大豆等。有公路经此。

大后院 371481-B08-H07
[Dàhòuyuàn]

在市驻地市中街道西南方向 17.6 千米。孔镇镇辖自然村。人口 800。因居东西楼子庄后面，村较大，故名大后院。聚落呈团块状。有文化广场 1 个、幼儿园 1 所。经济以种植业为主，主要农作物为小麦、玉米等。有公路经此。

大宋 371481-B08-H08
[Dàsòng]

在市驻地市中街道西南方向 20.1 千米。孔镇镇辖自然村。人口 1 000。明永乐年间，宋氏祖先由河南省迁来此地，立村名为大宋。聚落呈团块状。有文化广场 1 个、幼儿园 1 所。经济以种植业为主，主要农作物为小麦、玉米等。有公路经此。

东曹 371481-B08-H09
[Dōngcáo]

在市驻地市中街道西南方向 25.5 千米。孔镇镇辖自然村。人口 700。明崇祯年间，曹氏由青州寿光县迁此建村，名曹家。1937 年分两个自然村，本村居东，称东曹。聚落呈团块状。有文化广场 1 个、幼儿园 1 所。经济以种植业为主，主要农作物为小麦、玉米等。有公路经此。

东郭桥 371481-B08-H10
[Dōngguōqiáo]

在市驻地市中街道西南方向 26.5 千米。孔镇镇辖自然村。人口 800。燕王扫北后，郭姓立村，因村前靠近马颊河，在河上建了桥，村位于桥东边，故名东郭桥。聚落呈团块状。有文化广场 1 个、幼儿园 1 所。经济以种植业为主，主要农作物为小麦、玉米等。有公路经此。

街南宋 371481-B08-H11
[Jiēnánsòng]

在市驻地市中街道西南方向 23.9 千米。孔镇镇辖自然村。人口 1 200。明景泰年间，宋成迁来孔镇街南立村，后因位于孔镇街南，习称街南宋。聚落呈团块状。有文化广场 1 个、幼儿园 2 所。经济以种植业为主，主要农作物为小麦、玉米等。有公路经此。

李官庄 371481-B08-H12
[Lǐguānzhuāng]

在市驻地市中街道西南方向 24.4 千米。孔镇镇辖自然村。人口 700。因李姓较多，故名李官庄。聚落呈团块状。有文化广场 1 个。经济以种植业为主，主要农作物为小麦、玉米等。有公路经此。

刘闫韩 371481-B08-H13
[Liúyánhán]

在市驻地市中街道西南方向 15.7 千米。孔镇镇辖自然村。人口 1 100。明永乐年间，刘姓立村，后陆续迁来闫姓、韩姓，更名为刘闫韩。聚落呈团块状。有幼儿园 1 所、文化广场 1 个。经济以种植业为主，主要农作物为小麦、玉米等。有公路经此。

吕桥 371481-B08-H14
[Lǚqiáo]

在市驻地市中街道西南方向 17.9 千米。孔镇镇辖自然村。人口 700。明永乐年间，吕云立村，命名为吕家。后马颊河上修了桥，故更名为吕桥。聚落呈团块状。有文化广场 1 个。经济以种植业为主，主要农作物为小麦、玉米等。有公路经此。

弭家 371481-B08-H15
[Mǐjiā]

在市驻地市中街道西南方向 26.9 千米。孔镇镇辖自然村。人口 800。燕王扫北后，弭姓立村，命名为弭家。聚落呈团块状。有文化广场 1 个、幼儿园 1 所、小学 1 所。经济以种植业为主，主要农作物为小麦、玉米等。有公路经此。

前坡 371481-B08-H16
[Qiánpō]

在市驻地市中街道西南方向 16.0 千米。孔镇镇辖自然村。人口 700。明永乐年间，张迁、张达兄弟二人立村，因此地宽广而地势不平，属于坡降地势，因此得村名前坡。聚落呈团块状。有文化广场 1 个。经济以种植业为主，主要农作物为小麦、玉米等。有公路经此。

王木腿 371481-B08-H17
[Wángmùtuǐ]

在市驻地市中街道西南方向 18.9 千米。孔镇镇辖自然村。人口 800。相传西汉末年，王莽追赶刘秀到达此地，因王莽未能追赶上刘秀的队伍而退兵，故立名为王莽退，后逐渐演变成王木腿。聚落呈团块状。有有文化广场 1 个、幼儿园 1 所、小学 1 所。经济以种植业为主，主要农作物为小麦、玉米等。有公路经此。

大文家 371481-B08-H18
[Dàwénjiā]

在市驻地市中街道西南方向 16.0 千米。孔镇镇辖自然村。人口 1 200。明永乐二年（1404），文姓迁来此地落户，后分成两村，本村位东，被称为大文家。聚落呈团块状。有文化广场 1 个。经济以种植业为主，主要农作物为小麦、玉米、大豆等。有公路经此。

姚孙 371481-B08-H19
[Yáosūn]

在市驻地市中街道西南方向 11.9 千米。孔镇镇辖自然村。人口 900。明永乐初年，姚、孙二姓迁入立村，故命名为姚孙。聚落呈团块状。有文化广场 1 个、幼儿园 1 所。经济以种植业为主，主要农作物为小麦、玉米等。有公路经此。

大殷 371481-B08-H20
[Dàyīn]

在市驻地市中街道西南方向 18.7 千米。孔镇镇辖自然村。人口 1 000。燕王扫北后，殷青迁居此地，名大殷。聚落呈团块状。有文化广场 1 个、幼儿园 1 所。经济以种植业为主，主要农作物为小麦、玉米等。有公路经此。

张吉店 371481-B08-H21
[Zhāngjídiàn]

在市驻地市中街道西南方向 16.8 千米。孔镇镇辖自然村。人口 800。相传，王莽追赶刘秀，刘秀被追赶至此，留榻于此店，画饼充饥，刘帝叹曰"画饼充饥张吉店"，因此得名张吉店。聚落呈团块状。有文化广场 1 个、幼儿园 1 所。经济以种植业为主，主要农作物为小麦、玉米、大豆等。有公路经此。

张桥 371481-B08-H22
[Zhāngqiáo]

在市驻地市中街道西南方向 14.8 千米。孔镇镇辖自然村。人口 800。明永乐年间，张氏立村，因村东马颊河上有座桥，故立村名张桥。聚落呈团块状。有文化广场 1 个、幼儿园 1 所。经济以种植业为主，主要农作物为小麦、玉米、大豆等。有公路经此。

赵桥 371481-B08-H23
[Zhàoqiáo]

在市驻地市中街道西南方向 13.1 千米。孔镇镇辖自然村。人口 1 100。明永乐二年（1404），赵动由即墨县迁来，立村赵家。后因附近马颊河上建桥，改叫赵桥。聚落呈团块状。有文化广场 1 个、小学 1 所。经济以种植业为主，主要农作物为小麦、玉米等。有公路经此。

郑家 371481-B08-H24
[Zhèngjiā]

在市驻地市中街道西南方向 15.0 千米。孔镇镇辖自然村。人口 800。明永乐年间，郑纯立村，取名郑家。聚落呈团块状。有文化广场 1 个、小学 1 所。经济以种植业为主，主要农作物为小麦、玉米等。有公路经此。

孟家 371481-B08-H25
［Mèngjiā］

在市驻地市中街道西南方向19.4千米。孔镇镇辖自然村。人口700。明永乐年间，孟寿义迁来，因姓孟的人发展快，秀才、富人多，故名孟家。聚落呈团块状。有文化广场1个。经济以种植业为主，主要农作物为小麦、玉米等。有公路经此。

范屯 371481-B08-H26
［Fàntún］

在市驻地市中街道西南方向19.5千米。孔镇镇辖自然村。人口1 100。清康熙十七年（1678），范湖从吉林省榆树县迁来，立村取名范屯。聚落呈团块状。有文化广场1个、幼儿园1所。经济以种植业为主，主要农作物为小麦、玉米等。有公路经此。

兴隆镇 371481-B09-H01
［Xīnglóngzhèn］

铁营镇人民政府驻地。在市驻地市中街道东南方向4.7千米。人口1 200。明永乐年间，宋氏由段家迁此立村，名新庄，后逐渐兴旺发达，于清雍正年间改为兴隆镇。聚落呈团块状。有文化广场1个、幼儿园1所。经济以种植业为主，主要农作物为小麦、玉米、高粱、大豆、洋葱、蒜菜等。有预制厂、造纸厂、微肥厂、食品饮料厂。省道乐胡路经此。

桑庄 371481-B09-H02
［Sāngzhuāng］

在市驻地市中街道东方向10.5千米。铁营镇辖自然村。人口2 000。明永乐年间，桑氏建村，命村名为桑庄。聚落呈团块状。有文化广场1个。经济以种植业为主，主要农作物为小麦、玉米、苹果、梨、花生等。养鸡业兴旺。247省道经此。

大王庄 371481-B09-H03
［Dàwángzhuāng］

在市驻地市中街道东方向4.7千米。铁营镇辖自然村。人口1 300。明永乐十三年（1415），王氏立村，故名。聚落呈团块状。有文化广场1个。经济以种植业为主，主要农作物为小麦、玉米等。有公路经此。247省道经此。

涝洼郑 371481-B09-H04
［Làowāzhèng］

在市驻地市中街道东方向4.5千米。铁营镇辖自然村。人口700。明永乐年间，郑氏建村，因地势低洼，常受洪涝灾害的威胁，故名涝洼郑。聚落呈团块状。有文化广场1个。经济以种植业为主，主要农作物为小麦、玉米等。滨德高速公路、247省道经此。

东营 371481-B09-H05
［Dōngyíng］

在市驻地市中街道东方向8.4千米。铁营镇辖自然村。人口600。传说燕王发动靖难之役时，曾在此安营扎寨。明万历年间，铁城迁此定居，取名铁营。后分为三村，本村以方位名东营。聚落呈团块状。有文化广场1个、幼儿园1所。经济以种植业为主，主要农作物为小麦、玉米、大豆等。247省道经此。

南营 371481-B09-H06
［Nányíng］

在市驻地市中街道东方向8.3千米。铁营镇辖自然村。人口700。传说燕王发动靖难之役时，曾在此安营扎寨。明万历年间，铁城迁此定居，取名铁营。后分为三村，本村以方位名南营。聚落呈团块状。有文化广场1个。经济以种植业为主，主要农作物为小麦、玉米等。247省道经此。

国家坊 371481-B09-H07
[Guójiāfáng]

在市驻地市中街道东方向 3.4 千米。铁营镇辖自然村。人口 1 100。明永乐年间，国氏先迁居于此，因经营过作坊，故得村名国家坊。聚落呈团块状。有文化广场 1 个。经济以种植业为主，主要农作物为小麦、玉米、大豆等。247 省道经此。

大白张 371481-B09-H08
[Dàbáizhāng]

在市驻地市中街道东方向 11.1 千米。铁营镇辖自然村。人口 1 000。明永乐元年（1403），张氏来此定居，因此地有大白杨树，故村得名大白张。聚落呈团块状。有文化广场 1 个。经济以种植业为主，主要农作物为小麦、玉米、大豆等。247 省道经此。

封家桥 371481-B09-H09
[Fēngjiāqiáo]

在市驻地市中街道东方向 3.9 千米。铁营镇辖自然村。人口 1 000。明永乐年间，封恭树迁此定居，因西临马颊河，村民以封恭树为首筑桥，故取村名为封家桥。聚落呈团块状。有文化广场 1 个。经济以种植业为主，主要农作物为小麦、玉米、大豆等。247 省道经此。

张场 371481-B09-H10
[Zhāngchǎng]

在市驻地市中街道东方向 9.9 千米。铁营镇辖自然村。人口 200。清乾隆二十五年（1760），张松迁此定居。因此地曾是乐陵东关张泼家族的场院地，故立村取名为张场。聚落呈团块状。有文化广场 1 个。经济以种植业为主，主要农作物为小麦、玉米、大豆等。有公路经此。

西堡 371481-B09-H11
[Xīpù]

在市驻地市中街道东方向 9.7 千米。铁营镇辖自然村。人口 1 600。据传燕王扫北后，孙氏建村，沿马颊河金堤十里设一堡，故取名孙堡，后因东边有个孙家堡，为了便于区分，本村习称西堡。聚落呈团块状。有文化广场 1 个。经济以种植业为主，主要农作物为小麦、玉米、大豆等。有公路经此。

辛庄 371481-B09-H12
[Xīnzhuāng]

在市驻地市中街道东方向 8.2 千米。铁营镇辖自然村。人口 700。据传，明朝崇祯年间，张彩焕迁至此地定居，立村取名为新庄，后演变为辛庄。聚落呈团块状。有文化广场 1 个。经济以种植业为主，主要农作物为小麦、玉米、大豆等。247 省道经此。

西段 371481-C01-H01
[Xīduàn]

西段乡人民政府驻地。在市驻地市中街道西北方向 11.8 千米。人口 1 700。据传，明景泰年间，段氏迁来建村，后因东边的三间堂乡有个东段村，故因位置命名为西段。聚落呈团块状。有文化广场 1 个、小学 1 所、幼儿园 3 所。经济以种植业为主，主要农作物为小麦、玉米、大豆等。有公路经此。

程家王 371481-C01-H02
[Chéngjiāwáng]

在市驻地市中街道西北方向 12.7 千米。西段乡辖自然村。人口 800。明洪武三十年（1397），王德林立村，命名为小王家。又因靠近程家大队，故命名为程家王。聚落呈团块状。有文化广场1个。经济以种植业为主，主要农作物为小麦、玉米和苹果、梨、地瓜等。248省道经此。

东大梁 371481-C01-H03
［Dōngdàliáng］

在市驻地市中街道西北方向12.2千米。西段乡辖自然村。人口1 300。明朝万历年间，梁君爱立村，名梁家。后因梁氏分居，本村居东，故名东大梁。聚落呈团块状。有文化广场1个。经济以种植业为主，主要农作物为小麦、玉米和苹果、梨、地瓜等。有公路经此。

东赵 371481-C01-H04
［Dōngzhào］

在市驻地市中街道西北方向14.2千米。西段乡辖自然村。人口900。明永乐二年（1404），赵氏建村，后因分居，本村居东，故称东赵。聚落呈团块状。有文化广场1个。经济以种植业为主，主要农作物为小麦、玉米和苹果、梨、地瓜等。有公路经此。

坊子 371481-C01-H05
［Fāngzi］

在市驻地市中街道西北方向13.5千米。西段乡辖自然村。人口1 000。燕王扫北后，此村只剩下冯、贾二姓土著民居住，此村便称坊子。聚落呈团块状。有文化广场1个。经济以种植业为主，主要农作物为小麦、玉米和苹果、梨、地瓜等。248省道经此。

郝桥 371481-C01-H06
［Hǎoqiáo］

在市驻地市中街道西北方向14.7千米。西段乡辖自然村。人口1 100。燕王扫北后，郝姓建村。郝氏在鬲津河上修桥供人们通过，后人便把村名定为郝桥。聚落呈团块状。有文化广场1个。经济以种植业为主，主

要农作物为小麦、玉米和苹果、梨、地瓜等。有公路经此。

孙七家 371481-C01-H07
［Sūnqījiā］

在市驻地市中街道西北方向13.5千米。西段乡辖自然村。人口1 000。明永乐年间，孙氏祖先孙七爷建村，故名孙七家。聚落呈团块状。有文化广场1个。经济以种植业为主，主要农作物为小麦、玉米和苹果、梨、地瓜等。有公路经此。

西赵 371481-C01-H08
［Xīzhào］

在市驻地市中街道西北方向14.5千米。西段乡辖自然村。人口1 200。明永乐二年（1404），赵氏四兄弟建村，后因分居，本村居西，故称西赵。聚落呈团块状。有文化广场1个。经济以种植业为主，主要农作物为小麦、玉米和苹果、梨、地瓜等。有公路经此。

张店 371481-C01-H09
［Zhāngdiàn］

在市驻地市中街道西北方向13.2千米。西段乡辖自然村。人口1 200。燕王扫北后，张姓在村头开店，故名张店。聚落呈团块状。有文化广场1个、小学1所。经济以种植业为主，主要农作物为小麦、玉米和苹果、梨、地瓜等。有公路经此。

张库吏 371481-C01-H10
［Zhāngkùlì］

在市驻地市中街道西北方向14.2千米。西段乡辖自然村。人口1 000。因古代在此设有军库，且管理军库的库吏姓张，故取名张库吏。聚落呈团块状。有文化广场1个、幼儿园1所。经济以种植业为主，主要农作物为小麦、玉米和苹果、梨、地瓜等。有公路经此。

张元标 371481-C01-H11
[Zhāngyuánbiāo]

在市驻地市中街道西北方向 16.6 千米。西段乡辖自然村。人口 900。燕王扫北后，张元标从京东乐亭县迁来，立村名张元标。聚落呈团块状。有文化广场 1 个、小学 1 所。经济以种植业为主，主要农作物为小麦、玉米和苹果、梨、地瓜等。有公路经此。

大孙 371481-C02-H01
[Dàsūn]

大孙乡人民政府驻地。在市驻地市中街道西北方向 20.9 千米。人口 2 000。明永乐二年（1404），孙氏祖先由河北省迁安县迁至乐陵县西北，取名小王村，后改为大孙。聚落呈团块状。有中学 1 所、小学 1 所。经济以种植业为主，主产小麦、棉花、花生、西瓜，有"乐陵市花果山"之称。有汽车滤芯加工厂。有公路经此。

刘百万 371481-C02-H02
[Liúbǎiwàn]

在市驻地市中街道西北方向 25.6 千米。大孙乡辖自然村。人口 600。元朝末年，有一大财主，姓刘，官府命他捐"百万银钱"，因此村名叫刘百万。聚落呈团块状。有文化广场 1 个。经济以种植业为主，主要农作物为小麦、玉米和蔬菜、红薯等。有公路经此。

新发李 371481-C02-H03
[Xīnfālǐ]

在市驻地市中街道西北方向 23.8 千米。大孙乡辖自然村。人口 2 300。明洪武七年（1374），李瑾、李信、李亲、李耀、李显兄弟五人迁于此，命名为新发李。聚落呈团块状。有文化广场 1 个。经济以种植业为主，主要农作物为小麦、玉米和蔬菜、红薯等。有公路经此。

孙白玉 371481-C02-H04
[Sūnbáiyù]

在市驻地市中街道西北方向 19.9 千米。大孙乡辖自然村。人口 1 000。据传，本村有一名叫孙白玉的人，以自己姓名取村名。聚落呈团块状。有文化广场 1 个。经济以种植业为主，主要农作物为小麦、玉米和蔬菜、红薯等。有公路经此。

武家 371481-C02-H05
[Wǔjiā]

在市驻地市中街道西北方向 27.6 千米。大孙乡辖自然村。人口 1 100。明永乐二年（1404），武会园迁此定居，因有编织簸箕的手艺，故起名为簸箕武，简称武家。聚落呈团块状。有文化广场 1 个。经济以种植业为主，主要农作物为小麦、玉米和蔬菜、苹果等。有公路经此。

辛集 371481-C02-H06
[Xīnjí]

在市驻地市中街道西北方向 25.7 千米。大孙乡辖自然村。人口 1 300。明永乐二年（1404），辛氏迁此定居，遂命名为辛集。聚落呈团块状。有文化广场 1 个。经济以种植业为主，主要农作物为小麦、玉米和蔬菜、苹果、红薯等。有公路经此。

水晶官庄 371481-C02-H07
[Shuǐjīngguānzhuāng]

在市驻地市中街道西北方向 25.7 千米。大孙乡辖自然村。人口 3 000。借官地水晶湾之名命名为水清官庄，后改为水晶官庄。聚落呈团块状。有文化广场 1 个。经济以种植业为主，主要农作物为小麦、玉米和蔬菜、苹果、红薯等。有公路经此。

吴官庄 371481-C02-H08

[Wúguānzhuāng]

在市驻地市中街道西北方向 23.6 千米。大孙乡辖自然村。人口 2 000。清乾隆五十八年（1793），吴氏吴邦舜迁居于此，故名。聚落呈团块状。有文化广场 1 个。经济以种植业为主，主要农作物为小麦、玉米和蔬菜、苹果、红薯等。有公路经此。

梁庙 371481-C03-H01

[Liángmiào]

寨头堡乡人民政府驻地。在市驻地市中街道南方向 8.4 千米。人口 600。建村时曾有梁、王两大姓氏，两家共同修了一座庙，故名两家庙，后梁姓渐成大户，演变为梁家庙，后简为今名。聚落呈团块状。有文化广场 1 个、幼儿园 1 所。经济以种植业为主，主要农作物为小麦、玉米和棉花等。养殖鸡、鸭等家禽。有帆布厂等。有公路经此。

寨头堡 371481-C03-H02

[Zhàitóupù]

在市驻地市中街道南方向 7.3 千米。寨头堡乡辖自然村。人口 900。村原有堡子湾、堡台，故名寨头堡。聚落呈团块状。有文化广场 1 个。经济以种植业为主，主要农作物为小麦、玉米和大豆等。有公路经此。

阎孟家 371481-C03-H03

[Yánmèngjiā]

在市驻地市中街道南方向 6.6 千米。寨头堡乡辖自然村。人口 900。相传燕王扫北以后，本村只剩下三户孟姓居民。永乐年间，阎姓迁来定居，故名阎孟家。聚落呈团块状。有文化广场 1 个。经济以种植业为主，主要农作物为小麦、玉米和西瓜、苹果等。有公路经此。

杜家 371481-C03-H04

[Dùjiā]

在市驻地市中街道南方向 7.1 千米。寨头堡乡辖自然村。人口 700。明永乐年间，杜姓迁居此地落户，故名杜家。聚落呈团块状。有文化广场 1 个。经济以种植业为主，主要农作物为小麦、玉米和苹果等。有公路经此。

幸福庄 371481-C03-H05

[Xìngfúzhuāng]

在市驻地市中街道南方向 8.6 千米。寨头堡乡辖自然村。人口 600。原名辛庄，后改为幸福庄，寓意幸福美满。聚落呈团块状。有文化广场 1 个。经济以种植业为主，主要农作物为小麦、玉米和小枣、苹果等。有公路经此。

闫芙蓉 371481-C03-H06

[Yánfúróng]

在市驻地市中街道南方向 5.7 千米。寨头堡乡辖自然村。人口 1 100。明永乐年间，闫宝荣建村，立村名为闫宝荣。后取芙蓉花富贵吉祥之意，改村名为闫芙蓉。聚落呈团块状。有文化广场 1 个、小学 1 所。经济以种植业为主，主要农作物为小麦、玉米和金丝小枣、西瓜等特色经济产物。有公路经此。

西郑庙 371481-C03-H07

[Xīzhèngmiào]

在市驻地市中街道南方向 8.2 千米。寨头堡乡辖自然村。人口 800。明朝时期，郑姓村民在村东头修了一座庙，故得名郑家庙。后因重名，且本村位置在西，改为西郑庙。聚落呈团块状。有文化广场 1 个。经济以种植业为主，主要农作物为小麦、玉米和西瓜、苹果等。有公路经此。

冢上 371481-C03-H08
[Zhǒngshàng]

在市驻地市中街道南方向 7.7 千米。寨头堡乡辖自然村。人口 700。明永乐年间，李氏建村，后有冢遗址，故得名冢上。聚落呈团块状。有文化广场 1 个。经济以种植业为主，主要农作物为小麦、玉米和苹果等。有公路经此。

南王 371481-C03-H09
[Nánwáng]

在市驻地市中街道南方向 9.2 千米。寨头堡乡辖自然村。人口 600。明永乐年间，王姓建村，取名王家。后因重名，故改成南王。聚落呈团块状。有文化广场 1 个。经济以种植业为主，主要农作物为小麦、玉米和苹果等。有公路经此。

双庙韩 371481-C03-H10
[Shuāngmiàohán]

在市驻地市中街道南方向 10.1 千米。寨头堡乡辖自然村。人口 900。明永乐年间，韩姓建村。后因修了泰山奶奶庙和关帝庙，故名双庙韩。聚落呈团块状。有文化广场 1 个。经济以种植业为主，主要农作物为小麦、玉米和苹果等。有公路经此。

油苏 371481-C03-H11
[Yóusū]

在市驻地市中街道南方向 9.1 千米。寨头堡乡辖自然村。人口 800。明朝燕王扫北以后，苏氏建村，因开油坊为生，故取村名为油苏。聚落呈团块状。有文化广场 1 个。经济以种植业为主，主要农作物为小麦、玉米和苹果等。有公路经此。

枣顾 371481-C03-H12
[Zǎogù]

在市驻地市中街道南方向 11.0 千米。寨头堡乡辖自然村。人口 700。明朝燕王扫北后，顾姓兄弟建村，后因此地有大片枣林，故名枣顾家，简称枣顾。聚落呈团块状。有文化广场 1 个。经济以种植业为主，主要农作物为小麦、玉米等。有公路经此。

荆林 371481-C03-H13
[Jīnglín]

在市驻地市中街道南方向 10.6 千米。寨头堡乡辖自然村。人口 600。明朝燕王扫北后，李氏兄弟二人建村，因此地土质碱化，荆条茂密，故定村名为荆林。聚落呈团块状。有文化广场 1 个。经济以种植业为主，主要农作物为小麦、玉米和苹果等。有公路经此。

禹城市

城市居民点

大禹盛景 371482-I01
[Dàyǔ Shèngjǐng]

在市境东北部。面积 10.46 公顷。人口 3 500。因靠近大禹公园，故名大禹盛景。2010 年始建，2012 年正式使用。建筑总面积 136 400 平方米，多层住宅楼 30 栋，现代建筑风格，绿化率 33.2%。有健身休闲广场等配套设施。通公交车。

书香门第 371482-I02
[Shūxiāngméndì]

在市境南部。面积 5.78 公顷。人口 2 200。希望小区充满文雅气息，故名书香门第。2012 年始建，2013 年正式使用。建筑总面积 91 000 平方米，多层住宅楼 18 栋，现代建筑风格，绿化率 30.5%。有健身休闲广场等配套设施。通公交车。

福秀水城 371482-I03
[Fúxiù Shuǐchéng]

在市境南部。面积 8.3 公顷。人口 2 500。寓意是在禹城环湖傍水的锦绣家园，故名福秀水城。2008 年始建，2009 年正式使用。建筑总面积 135 000 平方米，住宅楼 23 栋，其中高层 7 栋、多层 16 栋，现代建筑风格，绿化面积 47 500 平方米。有健身休闲广场、花园等配套设施。通公交车。

农村居民点

白衣堂 371482-A01-H01
[Báiyītáng]

在市驻地市中街道东北方向 3.4 千米。市中街道辖自然村。人口 400。清道光年间，在村东修建白衣堂庙，遂以白衣堂为村名。聚落呈团块状。有文体广场 1 个。经济以种植业为主。有公路经此。

北街 371482-A01-H02
[Běijiē]

在市驻地市中街道西北方向 3.3 千米。市中街道辖自然村。人口 1 100。因位于北城门内而得名。有文化广场 1 个。聚落呈团块状。有学校 1 所。经济以商贸业为主。有公路经此。

草寺 371482-A01-H03
[Cǎosì]

在市驻地市中街道东北方向 5.0 千米。市中街道辖自然村。人口 500。明永乐年间，毕氏由淄川迁此定居，因东靠古刹寺院，院内大殿西山下养有无名兰根奇草，故名草寺。聚落呈团块状。有幼儿园 1 所、小学 1 所。经济以种植业为主。有公路经此。

柴庄 371482-A01-H04
[Cháizhuāng]

在市驻地市中街道北方向 2.0 千米。市中街道辖自然村。人口 500。以姓氏命名为柴庄。聚落呈团块状。有文体广场 1 个。经济以种植业为主。有公路经此。

东魏庄 371482-A01-H05
[Dōngwèizhuāng]

在市驻地市中街道西南方向 12.0 千米。市中街道辖自然村。人口 300。明永乐年间，村民由北京魏家胡同迁来立村，以姓氏命村名为魏庄，后因居住分布情况分为两个村，本村以方位称东魏庄。聚落呈团块状。有文体广场 1 个。经济以种植业为主。101 省道经此。

果林 371482-A01-H06
[Guǒlín]

在市驻地市中街道西南方向 5.3 千米。市中街道辖自然村。人口 1 200。1956 年后广种果树，可谓果树成林，故名果林。聚落呈团块状。有文体广场 1 个。经济以种植业为主。101 省道经此。

红庙 371482-A01-H07
[Hóngmiào]

在市驻地市中街道西南方向 5.9 千米。市中街道辖自然村。明永乐年间，村内建庙叫红庙，故村名又称红庙展庄，后简称红庙。人口 300。聚落呈团块状。有文体广场 1 个。经济以种植业为主。有公路经此。

黄店 371482-A01-H08
[Huángdiàn]

在市驻地市中街道东南方向 13.0 千米。市中街道辖自然村。人口 700。一千多年前，黄、鸡两姓搬来此地开店，叫黄鸡店，后来叫成黄店。聚落呈团块状。有文体广场 1 个。经济以种植业为主。有公路经此。

刘少胡 371482-A01-H09
[Liúshàohú]

在市驻地市中街道东北方向 3.5 千米。市中街道辖自然村。人口 400。相传有刘氏少年，为医其母之病，夜拜北斗，感动北斗星君下界，次日，少年真长胡子飘于胸前，因此得名。聚落呈团块状。有文体广场 1 个。经济以种植业为主。有公路经此。

立新 371482-A01-H10
[Lìxīn]

在市驻地市中街道南方向 7.5 千米。市中街道辖自然村。人口 300。元代村名为鞑子庄。1966 年因提倡"破四旧、立四新"改名为立新。聚落呈团块状。有文体广场 1 个。经济以种植业为主。有公路经此。

龙王李 371482-A01-H11
[Lóngwánglǐ]

在市驻地市中街道西南方向 15.0 千米。市中街道辖自然村。人口 300。据说在清朝初年，李氏从安仁街迁来建村。后来因为村前有土岗，说是土龙王，故又改名龙王李。聚落呈团块状。有文体广场 1 个。经济以种植业为主。有公路经此。

前马屯 371482-A01-H12
[Qiánmǎtún]

在市驻地市中街道西南方向 8.0 千米。市中街道辖自然村。人口 300。汉朝年间，一个叫耿弇的大将军率领军队在此安营扎寨饮马、喂马，故村名为前饮马屯。明末清初取名为前马屯。聚落呈团块状。有文体广场 1 个。经济以种植业为主。有公路经此。

前屯 371482-A01-H13
[Qiántún]

在市驻地市中街道南方向 7.3 千米。市中街道辖自然村。人口 200。明洪武年间，此地多红头蚊子，导致瘟疫传播，唯有编簸箩一家人幸免，从此得村名簸箩屯。后分成两村，本村按方位称前屯。聚落呈团块状。有文体广场 1 个。经济以种植业为主。有公路经此。

秦老庄 371482-A01-H14
[Qínlǎozhuāng]

在市驻地市中街道西南方向 3.5 千米。人口 2 000。明永乐年间，此地秦氏族人旺，族人相继外迁定居，故名村秦家老庄，后称秦老庄。聚落呈团块状。有文体广场 1 个、幼儿园 6 所、学校 1 所。经济以商贸业为主。津浦铁路经此。

三义庙 371482-A01-H15
[Sānyìmiào]

在市驻地市中街道西南方向 8.0 千米。市中街道辖自然村。人口 300。清顺治年间，因有三义庙，故命村名为三义庙。聚落呈团块状。有文体广场 1 个。经济以种植业为主。有公路经此。

尚务头 371482-A01-H16
[Shàngwùtóu]

在市驻地市中街道西南方向 10.0 千米。市中街道辖自然村。人口 700。元朝时期，本村有一年闹瘟疫，是红头蚊子传染的，尚氏用笼子护头防蚊子咬，活了下来，改名为尚揞头，后写为尚务头。聚落呈团块状。有文体广场1个。经济以种植业为主。101省道经此。

寺后李 371482-A01-H17

[Sìhòulǐ]

在市驻地市中街道东北方向3.5千米。市中街道辖自然村。人口700。李氏在明初自诸城迁至西关兴云寺后定居立村，故名寺后李。聚落呈团块状。有文体广场1个。经济以种植业为主。有公路经此。

王桥 371482-A01-H18

[Wángqiáo]

在市驻地市中街道西南方向12.5千米。市中街道辖自然村。人口800。清朝康熙年间，王氏祖先王来芳、王玉芳由诸城迁来，后在村东河上建桥，故名王桥。聚落呈团块状。有文体广场1个。经济以种植业为主。京沪铁路、101省道经此。

王寺庄 371482-A01-H19

[Wángsìzhuāng]

在市驻地市中街道东南方向13.5千米。市中街道辖自然村。人口600。500年前，一家姓王的在村西修了一座寺庙，从而叫王寺庄。聚落呈团块状。经济以种植业为主。有公路经此。

夏季庄 371482-A01-H20

[Xiàjìzhuāng]

在市驻地市中街道西南方向9.0千米。市中街道辖自然村。人口500。清朝末期，禹城县太爷来村视察水灾，一瞎鸡掉入井中淹死，故村名取谐音为夏季庄。聚落呈团块状。有文体广场1个。经济以种植业为主。101省道经此。

肖寺刘 371482-A01-H21

[Xiāosìliú]

在市驻地市中街道西南方向12.0千米。人口400。在明朝年间迁来两户姓刘的、姓肖的，因村东有个寺院，所以称肖寺刘。聚落呈团块状。有文体广场1个。经济以种植业为主。有公路经此。

杨城子 371482-A01-H22

[Yángchéngzi]

在市驻地市中街道西南方向3.7千米。市中街道辖自然村。人口300。唐乾元二年（759），因城被水淹及，而徙迁善村，此后，弃城逐渐演变为杨城子。聚落呈团块状。有文体广场1个。经济以商贸业为主。有公路经此。

杨河套 371482-A01-H23

[Yánghétào]

在市驻地市中街道北方向2.5千米。市中街道辖自然村。人口900。明永乐年间，杨氏自山西洪洞县大槐树村迁此立村，因村坐落于徒骇河转弯之处，故名杨家河套，后名杨河套。聚落呈团块状。有文体广场1个、学校1所。经济以种植业为主。有公路经此。

杨金庄 371482-A01-H24

[Yángjīnzhuāng]

在市驻地市中街道南方向5.0千米。市中街道辖自然村。人口600。相传300年以前，有个叫杨金的人从本乡解河口迁来落户，取村名为杨金庄。聚落呈团块状。有文体广场1个。经济以种植业为主。有公路经此。

月牙湾 371482-A01-H25
[Yuèyáwān]

在市驻地市中街道北方向 4.0 千米。市中街道辖自然村。人口 1 000。因村前有一水湾，形似月牙，以此命村名为月牙湾。聚落呈团块状。有文体广场 1 个。经济以种植业为主。京福高速经此。

朱庄 371482-A01-H26
[Zhūzhuāng]

在市驻地市中街道西南方向 13.0 千米。市中街道辖自然村。人口 200。明永乐年间，朱氏由诸城迁来立村，以姓氏命村名为朱庄。聚落呈团块状。有文体广场 1 个。经济以种植业为主。有公路经此。

前寨子 371482-A01-I27
[Qiánzhàizi]

在市驻地市中街道西南方向 3.0 千米。市中街道辖自然村。人口 700。明永乐年间，郑氏自诸城县大槐树迁此立村，命村名为郑家寨。因与后村高家寨相邻，郑家寨居前，故更名为前寨子。聚落呈团块状。有文体广场 1 个。经济以商贸业为主。有公路经此。

老城北街 371482-A01-H28
[Lǎochéngběijiē]

在市驻地市中街道西北方向 3.3 千米。市中街道辖自然村。人口 1 100。唐乾元二年（759），旧城遭水始迁今址，在迁善村重建县城。清嘉庆十三年（1808）进行修建城池工程，增建四门，该村因位于北城门内而得名。聚落呈团块状。有文化广场 1 个、学校 1 所。经济以商贸业为主。有公路经此。

老城西街 371482-A01-H29
[Lǎochéngxījiē]

在市驻地市中街道西北方向 3.3 千米。市中街道辖自然村。人口 900。相传，唐乾元二年（759），旧城毁于水后重建池城，明万历元年（1573）扩建城池，增建四门，因迁来居民定居于十字街西侧，便成西街。聚落呈团块状。有文化广场 1 个、幼儿园 1 所。经济以商贸业为主。有公路经此。

红布张 371482-A01-H30
[Hóngbùzhāng]

在市驻地市中街道西北方向 1.5 千米。市中街道辖自然村。人口 200。明永乐年间，张氏从富自诸城迁此定居立村，以染红布为业，故取村名为红布张。聚落呈团块状。有文体广场 1 个、幼儿园 1 所、学校 1 所。经济以商贸业为主。有公路经此。

天宫 371482-A01-H31
[Tiāngōngcūn]

在市驻地市中街道西南方向 14.8 千米。市中街道辖自然村。人口 800。因村北有天宫寺院，故命村名为天宫。聚落呈团块状。有文体广场 1 个。经济以种植业为主。有公路经此。

西李全 371482-A01-H32
[Xīlǐquán]

在市驻地市中街道西南方向 3.5 千米。人口 900。市中街道辖自然村。相传，明末清初，李氏从诸城迁来此地建村，因东有李全庄，故称西李全。聚落呈团块状。有文体广场 1 个、幼儿园 1 所。经济以种植业为主。有公路经此。

杓头李 371482-A01-H33
[Sháotóulǐ]

在市驻地市中街道西南方向 12.0 千米。市中街道辖自然村。人口 400。明朝末年，闹瘟疫，有一家做木杓子的活下来了，故命为杓头李。聚落呈团块状。有文体广场 1 个。经济以种植业为主。青银高速经此。

西街 371482-B01-H01
[Xījiē]

伦镇人民政府驻地。在市驻地市中街道西南方向 19.4 千米。人口 400。以地理方位而得名。聚落呈团块状分布。经济以种植业、养殖业为主，产芹菜、卷心菜、羽衣甘蓝、酸莓等。有针织、木板、家具、肉联等厂。有公路经此。

北选 371482-B01-H02
[Běixuǎn]

在市驻地市中街道西南方向 17.7 千米。伦镇辖自然村。因位于源阳大街北侧得名。人口 600。聚落呈团块状。有文体广场 1 个、幼儿园 1 所。经济以种植业、养殖业为主，主要种植小麦、玉米。有公路经此。

大耿 371482-B01-H03
[Dàgěng]

在市驻地市中街道西南方向 21.6 千米。伦镇辖自然村。以姓氏命名为耿庄。为和小耿相区别，故称大耿。聚落呈团块状。有文体广场 1 个。经济以种植业为主。济邯铁路经此。

岱屯 371482-B01-H04
[Dàitún]

在市驻地市中街道西南方向 14.9 千米。伦镇辖自然村。人口 900。岱氏系疫后的原住户，以姓氏定村名。聚落呈团块状。有文体广场 1 个、幼儿园 1 所。经济以种植业为主。有公路经此。

东城子坡 371482-B01-H05
[Dōngchéngzipō]

在市驻地市中街道西南方向 20.1 千米。伦镇辖自然村。人口 800。因村坐落在古高唐城遗址南处，以排水沟为界，分为两村，本村居东，故称东城子坡。聚落呈团块状。有文体广场 1 个、幼儿园 1 所。经济以种植业为主。有公路经此。

高庙梁庄 371482-B01-H06
[Gāomiàoliángzhuāng]

在市驻地市中街道西南方向 19.2 千米。伦镇辖自然村。人口 400。明洪武年间，梁氏迁来立村，后因村西修高庙，遂改名为高庙梁庄。聚落呈团块状。有文体广场 1 个。经济以种植业、养殖业为主，主要种植小麦、玉米。有公路经此。

官庄 371482-B01-H07
[Guānzhuāng]

在市驻地市中街道西南方向 19.2 千米。伦镇辖自然村。人口 200。2012 年将原村旧址拆除，新建此小区，小区仍以原村名命名。聚落呈团块状。有文体广场 1 个。经济以种植业、养殖业为主，主要种植小麦、玉米。有公路经此。

军屯 371482-B01-H08
[Jūntún]

在市驻地市中街道西南方向 22.7 千米。伦镇辖自然村。因清末洪秀全领导的农民起义军曾驻屯此村，故村名演改为军屯。聚落呈团块状。有文体广场 1 个。经济以种植业、养殖业为主，主要种植小麦、玉米。有公路经此。

筐头刘庄 371482-B01-H09
［Kuāngtóuliúzhuāng］

在市驻地市中街道西南方向 14.1 千米。伦镇辖自然村。人口 300。清末修老赵牛河用筐头挑土出名，遂将村命名为筐头刘庄。聚落呈团块状。有文体广场 1 个、幼儿园 1 所。经济以种植业、养殖业为主，主要种植小麦、玉米。有公路经此。

李怀泉 371482-B01-H10
［Lǐhuáiquán］

在市驻地市中街道西南方向 11.1 千米。伦镇辖自然村。人口 500。明洪武元年（1368），李武迁来立村，为纪念其父李怀泉，故以其父名命村名。聚落呈团块状。有文体广场 1 个。经济以种植业为主。有公路经此。

牌子 371482-B01-H11
［Páizi］

在市驻地市中街道西南方向 13.6 千米。伦镇辖自然村。人口 600。清乾隆二十年（1755），因建庙时挖出一块铜牌子，故村名牌子。聚落呈团块状。有文体广场 1 个。经济以种植业、养殖业为主，主要种植小麦、玉米。308 国道经此。

秦庄 371482-B01-H12
［Qínzhuāng］

在市驻地市中街道西南方向 24.8 千米。伦镇辖自然村。人口 500。以姓氏命村名为秦庄。聚落呈团块状。有文体广场 1 个。经济以种植业为主，主要种植小麦、玉米。有公路经此。

生张 371482-B01-H13
［Shēngzhāng］

在市驻地市中街道西南方向 20.9 千米。伦镇辖自然村。人口 600。以姓氏冠以"生"字，取生生不息之意。聚落呈团块状。有文体广场 1 个。经济以种植业、养殖业为主，主要种植小麦、玉米。有公路经此。

沈屯 371482-B01-H14
［Shěntún］

在市驻地市中街道西南方向 18.5 千米。伦镇辖自然村。人口 500。以姓氏定村名。聚落呈团块状。有文体广场 1 个、幼儿园 1 所。经济以种植业、养殖业为主，主要种植小麦、玉米。济邯铁路经此。

水坡杨 371482-B01-H15
［Shuǐpōyáng］

在市驻地市中街道西南方向 23.3 千米。伦镇辖自然村。人口 500。清康熙二十五年（1686），杨氏迁来立村，因村西地势低洼积水，故以姓氏命名为水坡杨。聚落呈团块状。有幼儿园 1 所、小学 1 所。经济以种植业为主。济邯铁路经此。

寺前李 371482-B01-H16
［Sìqiánlǐ］

在市驻地市中街道西南方向 25.4 千米。伦镇辖自然村。人口 500。唐中和三年（883），李氏迁居此地，因村坐落在五龙寺前，故起村名为寺前李。聚落呈团块状。有文体广场 1 个。经济以种植业为主。有公路经此。

宋寨子 371482-B01-H17
［Sòngzhàizi］

在市驻地市中街道西南方向 16.5 千米。伦镇辖自然村。人口 500。明洪武年间，宋氏迁来立村，因村址系古营寨所在地，故村名宋寨子。经济以种植业为主。聚落呈团块状。有文体广场 1 个、幼儿园 1 所。有公路经此。

太合庄 371482-B01-H18
[Tàihézhuāng]

在市驻地市中街道西南方向11.6千米。伦镇辖自然村。人口300。原系周家水坡和夏家水坡，后两村合并，村名为太合庄。聚落呈团块状。有文体广场1个、小学1所。经济以种植业为主。有公路经此。

台楼 371482-B01-H19
[Táilóu]

在市驻地市中街道西南方向22.0千米。伦镇辖自然村。人口600。台氏家中修建楼房一座，来往行人常在楼下歇脚，惯称台家楼，后逐渐演变为台楼。聚落呈团块状。有文体广场1个。经济以种植业、养殖业为主，主要种植小麦、玉米。有公路经此。

堂子街 371482-B01-H20
[Tángzijiē]

在市驻地市中街道西南方向19.7千米。伦镇辖自然村。人口1 400。明永乐元年（1403），温氏迁至此村，后来因人口逐渐增多，演变为堂子街。聚落呈团块状。有幼儿园1所、小学1所。经济以种植业为主。有公路经此。

万庄 371482-B01-H21
[Wànzhuāng]

在市驻地市中街道西南方向12.8千米。伦镇辖自然村。人口500。万氏师祖于明崇祯元年（1628）由诸城迁来立村，以姓氏定村名。聚落呈团块状。有文体广场1个。经济以种植业为主。有公路经此。

小孙 371482-B01-H22
[Xiǎosūn]

在市驻地市中街道西南方向15.8千米。伦镇辖自然村。人口200。明正统十一年（1446），孙氏由诸城迁来立村，为与大孙庄区别，故称小孙。聚落呈团块状。有文体广场1个。经济以种植业、养殖业为主，主要种植小麦、玉米。有公路经此。

西城子坡 371482-B01-H23
[Xīchéngzipō]

在市驻地市中街道西南方向20.1千米。伦镇辖自然村。人口1 000。因村坐落在古高唐城遗址南处，以排水沟为界，分为两村，本村居西，故称西城子坡。聚落呈团块状。有文体广场1个、幼儿园2所。经济以种植业为主。有公路经此。

燕西 371482-B01-H24
[Yànxī]

在市驻地市中街道西南方向17.9千米。伦镇辖自然村。相传燕青曾驻兵于此，为与燕东区别，得名燕西。人口600。聚落呈团块状。有文体广场1个。经济以种植业为主。有公路经此。

袁营 371482-B01-H25
[Yuányíng]

在市驻地市中街道西南方向24.1千米。伦镇辖自然村。人口1 400。因姓氏得村名袁营。聚落呈团块状。有文体广场1个、小学1所、中学1所、幼儿园1所。经济以种植业、养殖业为主，主要种植小麦、玉米。济邯铁路经此。

张架子 371482-B01-H26
[Zhāngjiàzi]

在市驻地市中街道西南方向15.8千米。伦镇辖自然村。人口300。明崇祯年间，张氏从牦牛张逃荒至此，扎架为屋，村名即源于此。聚落呈团块状。有文体广场1个。经济以种植业、养殖业为主，主要种植小麦、玉米。有公路经此。

张水坡 371482-B01-H27
[Zhāngshuǐpō]

在市驻地市中街道西南方向 11.4 千米。伦镇辖自然村。人口 400。明正德元年（1506），张思礼迁居至此，以姓氏为村名。聚落呈团块状。有文体广场 1 个、幼儿园 1 所。经济以种植业为主。有公路经此。

赵庄 371482-B01-H28
[Zhàozhuāng]

在市驻地市中街道西南方向 26.0 千米。伦镇辖自然村。人口 500。赵氏系原住户，以姓氏定村名为赵庄。聚落呈团块状。有文体广场 1 个。经济以种植业、养殖业为主，主要种植小麦、玉米。308 国道经此。

北街 371482-B01-H29
[Běijiē]

在市驻地市中街道西南方向 18.1 千米。伦镇辖自然村。人口 600。因位于伦镇街北部得名。聚落呈团块状。有文体广场 1 个。经济以种植业为主，主要种植小麦、玉米。有公路经此。

房寺 371482-B02-H01
[Fángsì]

房寺镇人民政府驻地。在市驻地市中街道西方向 15.0 千米。人口 2 000。房寺始建于唐，寺旁有一通往京城驿道，房氏于道旁开店，建村后称房家寺，后称房寺。聚落呈团状分布。有文体广场 1 个、文化大院 1 个、幼儿园 3 所、小学 2 所。经济以种植业、旅游业为主，主产小麦、玉米、地瓜，有花果山、千亩桃园、千亩夯梨、禹西农业开发区等农业特色旅游景点。有特色小吃鼓馕子烧饼，有通裕、振华锻造等大型企业，以钢铁加工制造为主。永莘公路经此。

北马 371482-B02-H02
[Běimǎ]

在市驻地市中街道西北方向 19.7 千米。房寺镇辖自然村。人口 500。明朝嘉靖年间，山西洪洞县一马姓人家逃荒要饭来到此地，后来立村名叫马庄，为了区别于本乡南部马庄，改称北马。聚落呈团块状。有文体广场 1 个。经济以种植业为主。有公路经此。

北夏 371482-B02-H03
[Běixià]

在市驻地市中街道西北方向 21.5 千米。房寺镇辖自然村。人口 400。明永乐年间，从山西省洪洞县迁来夏姓一家，邻近有三个夏庄，以方位称北夏。聚落呈团块状。有文体广场 1 个。经济以种植业为主。有公路经此。

陈寨 371482-B02-H04
[Chénzhài]

在市驻地市中街道西方向 9.6 千米。房寺镇辖自然村。人口 700。明洪武年间，陈有庆由诸城迁来立村，取名陈家寨，后简称陈寨。聚落呈团块状。有学校 1 所、幼儿园 1 所。经济以种植业为主。316 省道经此。

崔李 371482-B02-H05
[Cuīlǐ]

在市驻地市中街道西方向 14.4 千米。房寺镇辖自然村。人口 1 200。明代，李氏三老从平原县小李寨迁来立村，因与崔氏成婚，故得村名崔李。聚落呈团块状。有文体广场 1 个、幼儿园 1 所。经济以种植业为主。有公路经此。

大程 371482-B02-H06

［Dàchéng］

在市驻地市中街道西北方向 16.3 千米。房寺镇辖自然村。人口 1 500。因姓氏得名，后因重名，本村较大，故名大程。聚落呈团块状。有文体广场 1 个、幼儿园 2 所、学校 1 所。经济以种植业为主。有公路经此。

东店 371482-B02-H07

［Dōngdiàn］

在市驻地市中街道西北方向 18.1 千米。房寺镇辖自然村。人口 700。明洪武年间，李氏由山西省洪洞县大槐树迁来立村，以开店为业，位于村东，故得村名东店。聚落呈团块状。经济以种植业为主，主要种植小麦、玉米。有公路经此。

大尚 371482-B02-H08

［Dàshàng］

在市驻地市中街道西方向 20.2 千米。房寺镇辖自然村。人口 800。明洪武年间，尚氏迁来立村，后因村大，改称大尚。聚落呈团块状。有文体广场 1 个。经济以种植业为主。有公路经此。

红星 371482-B02-H09

［Hóngxīng］

在市驻地市中街道西北方向 22.3 千米。房寺镇辖自然村。人口 1 900。因红星小学得名。聚落呈团块状。有文体广场 1 个、幼儿园 1 所、学校 1 所。经济以种植业为主。有公路经此。

后姜 371482-B02-H10

［Hòujiāng］

在市驻地市中街道西南方向 18.2 千米。房寺镇辖自然村。人口 800。相传，明末，一姜姓人家从北京密云县甜水井迁来，村称姜家园，后分为两村，该村称后姜。聚落呈团块状。有文体广场 1 个。经济以种植业为主。有公路经此。

虎头尚庄 371482-B02-H11

［Hǔtóushàngzhuāng］

在市驻地市中街道西方向 8.9 千米。房寺镇辖自然村。人口 300。明末清初，尚姓一家由诸城迁来此地，观地形像个虎头，命名为虎头尚庄。聚落呈团块状。有文体广场 1 个。经济以种植业为主。316 省道经此。

贾集 371482-B02-H12

［Jiǎjí］

在市驻地市中街道西南方向 19.6 千米。房寺镇辖自然村。人口 600。贾氏在朝为官，村中立集，故改名为贾集。聚落呈团块状。有文体广场 1 个。经济以种植业为主。有公路经此。

焦庄 371482-B02-H13

［Jiāozhuāng］

在市驻地市中街道西北方向 18.5 千米。房寺镇辖自然村。人口 800。明洪武年间，焦氏千德迁来立村，以姓氏取村名为焦庄。聚落呈团块状。有文体广场 1 个、幼儿园 1 所、学校 1 所。经济以种植业为主。有公路经此。

靳庄 371482-B02-H14

［Jìnzhuāng］

在市驻地市中街道西南方向 20.1 千米。房寺镇辖自然村。人口 500。明朝万历年间，靳氏由山西省洪洞县大槐树下迁来定居，以姓氏命村名为靳庄。聚落呈团块状。有文体广场 1 个。经济以种植业为主。有公路经此。

蔺刘 371482-B02-H15
[Lìnliú]

在市驻地市中街道西北方向 18.2 千米。房寺镇辖自然村。人口 400。明朝末期，蔺氏从河北省德平大蔺庄迁来，取村名为蔺庄，刘氏后迁入，改称蔺刘。聚落呈团块状。有文体广场 1 个。经济以种植业为主。有公路经此。

楼子王 371482-B02-H16
[Lóuziwáng]

在市驻地市中街道西北方向 14.1 千米。房寺镇辖自然村。人口 600。明朝，一王姓人家由高唐县沙王庄迁来，在此修了一座石碑楼子，后立村名为楼子王。聚落呈团块状。有文体广场 1 个。经济以种植业为主。有公路经此。

吕道口 371482-B02-H17
[Lǚdàokǒu]

在市驻地市中街道西南方向 17.9 千米。房寺镇辖自然村。人口 900。明嘉靖年间，吕氏迁来立村为吕家堂，有大河通往漯河口，故演称吕道口。聚落呈团块状。有文体广场 1 个。经济以种植业为主。有公路经此。

吕庄 371482-B02-H18
[Lǚzhuāng]

在市驻地市中街道西北方向 18.6 千米。房寺镇辖自然村。人口 300。吕氏天旺于清初从本县善集乡吕道口迁来立村，以姓氏命村名为吕庄。聚落呈团块状。经济以种植业为主。有公路经此。

马庙 371482-B02-H19
[Mǎmiào]

在市驻地市中街道西北方向 17.6 千米。房寺镇辖自然村。人口 1 100。清朝乾隆年间，马三宝迁来修了一座庙，得名马家庙，后称为马庙。聚落呈团块状。有文体广场 1 个。经济以种植业为主。有公路经此。

马聂 371482-B02-H20
[Mǎniè]

在市驻地市中街道西北方向 20.3 千米。房寺镇辖自然村。人口 600。明末清初，一乜姓人家由河南洛阳迁来，在此立村名乜庄。由北京密云县迁来马姓人家，立村名马庄。后二村合并为马聂。聚落呈团块状。有文体广场 1 个。经济以种植业为主。有公路经此。

南店 371482-B02-H21
[Nándiàn]

在市驻地市中街道西方向 17.9 千米。房寺镇辖自然村。人口 1 100。因在房寺镇政府之南，遂得名南店。聚落呈团块状。有文体广场 1 个。经济以种植业为主。有公路经此。

南刘 371482-B02-H22
[Nánliú]

在市驻地市中街道西方向 19.6 千米。房寺镇辖自然村。人口 600。明洪武年间，刘氏迁来立村，后因在镇政府之南，改称为南刘。聚落呈团块状。有文体广场 1 个。经济以种植业为主。有公路经此。

庞桥 371482-B02-H23
[Pángqiáo]

在市驻地市中街道西方向 8.6 千米。房寺镇辖自然村。人口 300。明万历十八年（1590），庞氏由安仁南街迁此定居，因村北有木桥一座，取村名为庞桥。聚落呈团块状。有文体广场 1 个。经济以种植业为主。316 省道经此。

前姜 371482-B02-H24
[Qiánjiāng]

在市驻地市中街道西北方向 17.1 千米。房寺镇辖自然村。人口 1 100。相传，明末，一姜姓人家迁来，村称姜家园，后分为两村，本村称前姜。聚落呈团块状。有文体广场 1 个。经济以种植业为主。有公路经此。

冉寨 371482-B02-H25
[Rǎnzhài]

在市驻地市中街道西北方向 19.8 千米。房寺镇辖自然村。人口 500。清朝末年，从东平县迁来一名叫冉白牛的在此立村，后又修筑寨栅，故名冉寨。聚落呈团块状。有文体广场 1 个。经济以种植业为主。有公路经此。

任庄 371482-B02-H26
[Rénzhuāng]

在市驻地市中街道西南方向 18.4 千米。房寺镇辖自然村。人口 200。明永乐年间，任世珍由山西省洪洞县迁来立村，因姓氏起名为任庄。聚落呈团块状。有文体广场 1 个。经济以种植业为主。有公路经此。

尚纸坊 371482-B02-H27
[Shàngzhǐfáng]

在市驻地市中街道西方向 10.9 千米。房寺镇辖自然村。人口 700。明永乐年间，尚氏由诸城迁此定居，以造纸为生，故命名为尚纸坊。聚落呈团块状。有文体广场 1 个。经济以种植业为主。316 省道经此。

善集 371482-B02-H28
[Shànjí]

在市驻地市中街道西方向 14.8 千米。房寺镇辖自然村。人口 500。明永乐年间，因有集市，村民皆有善意，俗称善集。聚落呈团块状。有文体广场 1 个、幼儿园 1 所。经济以种植业为主。有公路经此。

稍瓜张 371482-B02-H29
[Shāoguāzhāng]

在市驻地市中街道西方向 19.5 千米。房寺镇辖自然村。人口 900。明洪武年间，张氏迁来立村，据稍瓜打金牛神话故事，取村名为稍瓜张。聚落呈团块状。有文体广场 1 个。经济以种植业为主。有公路经此。

石佛寺 371482-B02-H30
[Shífósì]

在市驻地市中街道西方向 13.2 千米。房寺镇辖自然村。人口 700。传说洪水冲来石佛三尊，村民为石佛建寺，故称石佛寺。聚落呈团块状。有文体广场 1 个、幼儿园 1 所、学校 1 所。经济以种植业为主。有公路经此。

石门王 371482-B02-H31
[Shíménwáng]

在市驻地市中街道西南方向 22.0 千米。房寺镇辖自然村。人口 400。明永乐年间，王氏迁来定居，故以墓石门和姓氏命村名为石门王。聚落呈团块状。有文体广场 1 个、幼儿园 1 所、学校 1 所。经济以种植业为主。青银高速经此。

狮子昝 371482-B02-H32
[Shīzizǎn]

在市驻地市中街道西北方向 15.9 千米。房寺镇辖自然村。人口 700。据传，一阵黑旋风刮来石狮落入此地，因此地有昝姓居住，遂命村名为狮子昝。聚落呈团块状。有文体广场 1 个。经济以种植业为主。有公路经此。

孙楼 371482-B02-H33

［Sūnlóu］

在市驻地市中街道西北方向 18.6 千米。房寺镇辖自然村。人口 1 200。明永乐年间，孙姓一家由北京密云县迁来，会做木楼，因姓氏和木楼取名为孙楼。聚落呈团块状。有文体广场 1 个。经济以种植业为主。有公路经此。

孙桥 371482-B02-H34

［Sūnqiáo］

在市驻地市中街道西南方向 17.4 千米。房寺镇辖自然村。人口 500。明永乐年间，孙氏由诸城迁此定居，因村南漯河原有桥一座，故取村名为孙桥。聚落呈团块状。有文体广场 1 个。经济以种植业为主。有公路经此。

孙王 371482-B02-H35

［Sūnwáng］

在市驻地市中街道西北方向 19.3 千米。房寺镇辖自然村。人口 400。相传，明永乐年间，迁来一孙姓人家，后迁来一王姓人家，故取名孙王。聚落呈团块状。有文体广场 1 个。经济以种植业为主。有公路经此。

小范 371482-B02-H36

［Xiǎofàn］

在市驻地市中街道西北方向 14.1 千米。房寺镇辖自然村。人口 700。范氏养孝、养泉兄弟二人于明代由本镇老范村迁来立村，故得村名小范。聚落呈团块状。有文体广场 1 个、幼儿园 1 所、学校 1 所。经济以种植业为主。有公路经此。

邢店 371482-B02-H37

［Xíngdiàn］

在市驻地市中街道西北方向 14.1 千米。房寺镇辖自然村。人口 1 100。金代，姓邢的和姓纪的合开店房，后称邢店。聚落呈团块状。有学校 1 所、幼儿园 1 所。经济以种植业为主。有公路经此。

颜穆 371482-B02-H38

［Yánmù］

在市驻地市中街道西北方向 19.2 千米。房寺镇辖自然村。人口 700。相传，清朝，穆氏迁来，后颜氏迁来此立村，改名颜穆。聚落呈团块状。有文体广场 1 个。经济以种植业为主。有公路经此。

杨架庄 371482-B02-H39

［Yángjiàzhuāng］

在市驻地市中街道西北方向 19.6 千米。房寺镇辖自然村。人口 700。村中杨氏人多，每年 4 月 18 日抬驾赶香会，故后来称杨驾庄，谐音杨架。聚落呈团块状。有文体广场 1 个、幼儿园 1 所。经济以种植业为主。有公路经此。

于王 371482-B02-H40

［Yúwáng］

在市驻地市中街道西北方向 20.9 千米。房寺镇辖自然村。人口 800。相传，金代承安年间，于、王两家从山西省洪洞县迁来立村，称于王。聚落呈团块状。有文体广场 1 个。经济以种植业为主。有公路经此。

苑庄 371482-B02-H41

［Yuànzhuāng］

在市驻地市中街道西北方向 17.7 千米。房寺镇辖自然村。人口 800。明朝年间，由北京密云县千家苑庄迁来一苑姓人家，立村名苑庄。聚落呈团块状。有文体广场 1 个。经济以种植业为主。有公路经此。

曲庄 371482-B02-H42

［Qūzhuāng］

在市驻地市中街道西方向 13.6 千米。房寺镇辖自然村。人口 400。清朝，曲姓一家由御桥韩东南曲庄迁来，立村名曲庄。聚落呈团块状。有文体广场 1 个。经济以种植业为主。316 省道经此。

郑牛 371482-B02-H43

［Zhèngniú］

在市驻地市中街道西北方向 12.4 千米。房寺镇辖自然村。人口 300。明朝，有姓郑的和姓牛的两家在此立村，故名郑牛。聚落呈团块状。有文体广场 1 个。经济以种植业为主。有公路经此。

张庄 371482-B03-H01

［Zhāngzhuāng］

张庄镇人民政府驻地。在市驻地市中街道西北方向 15.0 千米。人口 1 000。明永乐年间，张氏兄弟由北京密云县石匣村迁此定居，以其姓氏命村名。聚落呈团块状分布。有文化广场 1 个、文化站 1 个、中学 1 所、小学 1 所、幼儿园 1 所。经济以种植业为主，主产小麦、玉米，土特产品有张庄排骨、辣子鸡、豆腐皮。西部、北部是镇工业园，以玻璃制品、生物制品、畜产品加工、发制品为主。101 省道经此。

蔡窑 371482-B03-H02

［Càiyáo］

在市驻地市中街道西北方向 10.0 千米。张庄镇辖自然村。人口 400。明永乐年间，蔡氏由青州诸城县迁此立村，以烧窑为生，故得村名蔡窑。聚落呈团块状。有文体广场 1 个。经济以种植业为主，主要种植小麦、玉米、棉花。101 省道经此。

大段 371482-B03-H03

［Dàduàn］

在市驻地市中街道西北方向 17.2 千米。张庄镇辖自然村。人口 900。明永乐年间，段氏兄弟二人迁来成一大村，故名大段。聚落呈团块状。有文体广场 1 个。经济以种植业为主，主要种植小麦、玉米、棉花。101 省道经此。

大洼王 371482-B03-H04

［Dàwāwáng］

在市驻地市中街道西北方向 13.8 千米。张庄镇辖自然村。人口 700。明永乐二年（1404），王氏迁来立村，因地势低洼，故以姓氏命名村名为洼王庄，后因本村较大，故改称大洼王。聚落呈团块状。有文体广场 1 个、幼儿园 1 所、小学 1 所。经济以种植业为主，主要种植小麦、玉米、棉花。有公路经此。

郝胡 371482-B03-H05

［Hǎohú］

在市驻地市中街道西北方向 15.2 千米。张庄镇辖自然村。人口 600。明永乐二年（1404），郝氏和胡氏迁来建村，以姓氏命名为郝胡。聚落呈团块状。有文体广场 1 个。经济以种植业为主，主要种植小麦、玉米、棉花。101 省道经此。

李元庄 371482-B03-H06

［Lǐyuánzhuāng］

在市驻地市中街道西北方向 15.6 千米。张庄镇辖自然村。人口 900。明永乐年间，李元迁此立村，以其姓名命村名为李元庄。聚落呈团块状。有小学 1 所。经济以种植业为主，主要种植小麦、玉米、棉花。101 省道经此。

琉璃庙　371482-B03-H07
［Liúlímiào］

在市驻地市中街道西北方向 13.4 千米。张庄镇辖自然村。人口 400。村人刘巨当镇殿将军时，于此处修建一座彩色琉璃庙宇，故改村名为琉璃庙。聚落呈团块状。有文体广场 1 个。经济以种植业为主，主要种植小麦、玉米、棉花。101 省道经此。

前黄　371482-B03-H08
［Qiánhuáng］

在市驻地市中街道西北方向 14.1 千米。张庄镇辖自然村。人口 600。明永乐二年（1404），黄氏迁此立村，以其姓氏命名为黄庄，为区别于相邻的黄庄，本村改称前黄。聚落呈团块状。有文体广场 1 个。经济以种植业为主，主要种植小麦、玉米、棉花。101 省道经此。

前王　371482-B03-H09
［Qiánwáng］

在市驻地市中街道西北方向 14.6 千米。张庄镇辖自然村。人口 800。明永乐二年（1404），王氏兄弟迁来分别立村，兄在前建村，故以其姓氏命名为前王。聚落呈团块状。有文体广场 1 个。经济以种植业为主，主要种植小麦、玉米、棉花。101 省道经此。

三庙　371482-B03-H10
［Sānmiào］

在市驻地市中街道西北方向 15.2 千米。张庄镇辖自然村。人口 600。当年村西修一拥有三个大殿的庙宇，故得村名三庙。聚落呈团块状。经济以种植业为主，主要种植小麦、玉米、棉花。101 省道经此。

洼里冯　371482-B03-H11
［Wālǐféng］

在市驻地市中街道西北方向 11.3 千米。张庄镇辖自然村。人口 600。明初，冯氏由青州诸城县迁此立村，因建于低洼之处，故取名为洼里冯。聚落呈团块状。有文体广场 1 个。经济以种植业为主，主要种植小麦、玉米、棉花。有公路经此。

小油坊　371482-B03-H12
［Xiǎoyóufáng］

在市驻地市中街道西北方向 8.6 千米。张庄镇辖自然村。人口 500。明朝末年，李氏由本镇大油坊村迁来立村，取村名为小油坊。聚落呈团块状。有文体广场 1 个。经济以种植业为主，主要种植小麦、玉米、棉花。101 省道经此。

周奎禹　371482-B03-H13
［Zhōukuíyǔ］

在市驻地市中街道西北方向 12.7 千米。张庄镇辖自然村。人口 400。当年有一个叫周奎禹的财主，此人扶危济困，人们为纪念他，以其姓名命村名。聚落呈团块状。有文体广场 1 个。经济以种植业为主，主要种植小麦、玉米、棉花。有公路经此。

宗集　371482-B03-H14
［Zōngjí］

在市驻地市中街道西北方向 17.8 千米。张庄镇辖自然村。人口 800。因此村宗氏迁来人多，族旺，又立有集市，故更村名为宗集。聚落呈团块状。经济以种植业为主，主要种植小麦、玉米、棉花。有公路经此。

北孙　371482-B03-H15
［Běisūn］

在市驻地市中街道西北方向 14.8 千米。

张庄镇辖自然村。人口 700。明永乐二年（1404），孙氏迁此立村，以其姓氏命村名为孙庄，后根据方位改称北孙。聚落呈团块状。有文体广场 1 个。经济以种植业为主，主要种植小麦、玉米、棉花。有公路经此。

辛店 371482-B04-H01
[Xīndiàn]

辛店镇人民政府驻地。在市驻地市中街道北方向 21.0 千米。人口 1 100。明初由康氏立村，名康家洼，永乐年间百姓由诸城迁此设店经商，更名为新店，后演称今名。有文化站 1 个、中学 1 所、小学 1 所、幼儿园 1 所。经济以种植业为主，主产小麦、玉米，地方特色为渔业养殖、牲畜养殖，发展特色乡村旅游业。有公路经此。

陈楼 371482-B04-H02
[Chénlóu]

在市驻地市中街道北方向 23.6 千米。辛店镇辖自然村。人口 400。永乐二年（1404），陈中、陈学兄弟二人自山东诸城迁入，故取名陈楼。聚落呈团块状。经济以种植业为主。有公路经此。

大李 371482-B04-H03
[Dàlǐ]

在市驻地市中街道北方向 20.9 千米。辛店镇辖自然村。人口 800。明永乐年间，李姓由安徽凤阳县移居迁此立村定居，取名大李。聚落呈团块状。有文体广场 1 个。经济以种植业为主。有幼儿园 1 所、小学 1 所。有公路经此。

大秦 371482-B04-H04
[Dàqín]

在市驻地市中街道东北方向 22.6 千米。辛店镇辖自然村。人口 300。清乾隆十四年（1749），秦玉良迁来立村，以其姓氏命村名，为与小秦庄相区别，故称大秦。聚落呈团块状。有文体广场 1 个。经济以种植业为主。有公路经此。

大谢 371482-B04-H05
[Dàxiè]

在市驻地市中街道东北方向 22.1 千米。辛店镇辖自然村。人口 600。明嘉靖十二年（1533），谢氏迁居此处立村，后为与小谢庄相区别，故改为大谢。聚落呈团块状。有文体广场 1 个、幼儿园 1 所。经济以种植业为主。有公路经此。

东董 371482-B04-H06
[Dōngdǒng]

在市驻地市中街道北方向 16.7 千米。辛店镇辖自然村。人口 500。明永乐年间，董、店、杨三户人迁来立村，故名董店杨村，后来简称董庄。为与西董区分，改名为东董。聚落呈团块状。有文体广场 1 个。经济以种植业为主。有公路经此。

官庄 371482-B04-H07
[Guānzhuāng]

在市驻地市中街道北方向 15.8 千米。辛店镇辖自然村。人口 600。在多年前，黄河发大水把上游的大量泥沙冲向下游形成肥沃的土地，官方劝各地人们来这里落户安家，取名官庄。聚落呈团块状。经济以种植业为主。有公路经此。

后赵 371482-B04-H08
[Hòuzhào]

在市驻地市中街道东北方向 16.9 千米。辛店镇辖自然村。人口 400。有赵氏自河南迁来定居立村，故名后赵。聚落呈团块状。有文体广场 1 个。经济以种植业为主，主要种植小麦、玉米。有公路经此。

李佰辛 371482-B04-H09
[Lǐbǎixīn]

在市驻地市中街道东北方向 21.1 千米。辛店镇辖自然村。人口 400。明永乐年间，有李氏迁来立村，后家族兴旺，增百人，村民辛苦建设家园，取村名为李佰辛。聚落呈团块状。经济以种植业为主。有公路经此。

前刘 371482-B04-H10
[Qiánliú]

在市驻地市中街道北方向 18.2 千米。辛店镇辖自然村。人口 300。明永乐年间，刘氏迁来立村，因村后有德泉寺，故以姓氏命村名为寺前刘，后来演变为前刘。聚落呈团块状。经济以种植业为主。有公路经此。

任庄 371482-B04-H11
[Rénzhuāng]

在市驻地市中街道东北方向 26.6 千米。辛店镇辖自然村。人口 400。明万历十七年（1589），任氏迁来立村，以姓氏命村名为任庄。聚落呈团块状。有幼儿园 1 所。经济以种植业为主。有公路经此。

沙河辛 371482-B04-H12
[Shāhéxīn]

在市驻地市中街道北方向 23.2 千米。辛店镇辖自然村。人口 600。清乾隆四年（1739），村民集体北移至沙河边缘定居立村，故命名为沙河辛。聚落呈团块状。经济以种植业为主。有公路经此。

苏庄 371482-B04-H13
[Sūzhuāng]

在市驻地市中街道北方向 22.3 千米。辛店镇辖自然村。人口 400。明永乐年间，苏氏由山东诸城迁来立村，因姓氏得名。聚落呈团块状。经济以种植业为主。有公路经此。

王寨 371482-B04-H14
[Wángzhài]

在市驻地市中街道东北方向 28.6 千米。辛店镇辖自然村。人口 1200。明成化五年（1469），王表由诸城迁来立村，以姓氏命村名为王寨。聚落呈团块状。有文体广场 1 个、幼儿园 2 所、小学 1 所。经济以种植业为主。有公路经此。

小杨 371482-B04-H15
[Xiǎoyáng]

在市驻地市中街道北方向 20.5 千米。辛店镇辖自然村。人口 300。明永乐年间，杨氏迁来立村，因当时人口少，以姓氏命村名为小杨。聚落呈团块状。经济以种植业为主。有公路经此。

辛店街 371482-B04-H16
[Xīndiànjiē]

在市驻地市中街道东北方向 19.5 千米。辛店镇辖自然村。人口 1000。当年村庄西迁，名新店，后演变为辛店街。聚落呈团块状。有文体广场 1 个、幼儿园 1 所、小学 1 所、中学 1 所。经济以渔业养殖、畜牧业为主。有公路经此。

修庄 371482-B04-H17
[Xiūzhuāng]

在市驻地市中街道北方向 24.5 千米。辛店镇辖自然村。人口 500。明永乐二年（1404），修庄、修征迁来立村，因姓氏得名。聚落呈团块状。有文体广场 1 个。经济以种植业为主。有公路经此。

南街 371482-B05-H01

[Nánjiē]

安仁镇人民政府驻地。在市驻地市中街道西南方向 12.6 千米。人口 800。宋金时代曾在此地设立军营，故名安营，意为安营扎寨。明洪武年间，由山东诸城、山西洪洞县和北京密云等地迁来数户人家，因定居成村，大家安居乐业，仁义相处，改名为安仁。后划分为南街、北街、东街、西街，该村为南街。幼儿园 1 所、文体广场 1 个。经济以种植业为主，主产小麦、玉米，有罐头、五金铸造、电光源、石材料等厂。有公路经此。

冯旺 371482-B05-H02

[Féngwàng]

在市驻地市中街道西南方向 11.3 千米。安仁镇辖自然村。人口 900。明万历年间，冯氏迁此立村，取兴旺之意，取名冯旺。聚落呈团块状。有文体广场 1 个。经济以种植业为主，主要种植小麦、玉米。有公路经此。

韩庄 371482-B05-H03

[Hánzhuāng]

在市驻地市中街道西南方向 8.4 千米。安仁镇辖自然村。人口 600。清中期，韩氏由历城县韩家道口迁来，以姓氏命名为韩庄。聚落呈团块状。有文体广场 1 个。经济以种植业为主，主要种植小麦、玉米。有公路经此。

贾庄 371482-B05-H04

[Jiǎzhuāng]

在市驻地市中街道西南方向 8.3 千米。安仁镇辖自然村。人口 300。明朝末期，有贾四光兄弟二人在此居住，故名。聚落呈团块状。有文体广场 1 个。经济以种植业为主，主要种植小麦、玉米。有公路经此。

芦庄 371482-B05-H05

[Lúzhuāng]

在市驻地市中街道西南方向 18.1 千米。安仁镇辖自然村。人口 600。相传，唐宋年间，此处有一片芦荡与河相连，故村名芦庄。聚落呈团块状。有文体广场 1 个。经济以种植业为主，主要种植小麦、玉米。有公路经此。

孟庄 371482-B05-H06

[Mèngzhuāng]

在市驻地市中街道西南方向 9.3 千米。安仁镇辖自然村。人口 500。清初，孟氏由诸城迁此，以姓氏命名为孟庄。聚落呈团块状。有文体广场 1 个。经济以种植业为主，主要种植小麦、玉米。有公路经此。

孙庄 371482-B05-H07

[Sūnzhuāng]

在市驻地市中街道西南方向 17.2 千米。安仁镇辖自然村。人口 1 500。明万历年间，孙氏由诸城迁此立村，以姓氏命名为孙庄。聚落呈团块状。有文体广场 1 个、小学 1 所、幼儿园 2 所。经济以种植业为主，主要种植小麦、玉米。308 国道经此。

药王 371482-B05-H08

[Yàowáng]

在市驻地市中街道西南方向 15.3 千米。安仁镇辖自然村。人口 900。据传，王氏迁来立村，因卖药谋生者居多，而得名药王。聚落呈团块状。有文体广场 1 个。经济以种植业为主，主要种植小麦、玉米。有公路经此。

赵集东街 371482-B05-H09
[Zhàojídōngjiē]

在市驻地市中街道西南方向 8.3 千米。安仁镇辖自然村。人口 700。明万历年间，赵氏在此建立集市，为赵家集，后分为两村，本村为赵集东街。聚落呈团块状。有文体广场 1 个。经济以种植业为主，主要种植小麦、玉米、大棚蔬菜。有公路经此。

赵集西街 371482-B05-H10
[Zhàojíxījiē]

在市驻地市中街道西南方向 8.1 千米。安仁镇辖自然村。人口 500。明万历年间，赵氏在此建立集市，为赵家集，后分为两村，本村为赵集西街。聚落呈团块状。有文体广场 1 个、幼儿园 1 所、学校 1 所。经济以种植业为主，主要种植小麦、玉米、大棚蔬菜。有公路经此。

大卢 371482-B05-H11
[Dàlú]

在市驻地市中街道西南方向 8.9 千米。安仁镇辖自然村。人口 500。明朝中期，芦氏由大程牌坊楼迁来，因东南有肖芦，故命名为大芦庄，后改为大卢。聚落呈团块状。有文体广场 1 个。经济以种植业为主，主要种植小麦、玉米。有公路经此。

辛寨 371482-B06-H01
[Xīnzhài]

辛寨镇人民政府驻地。在市驻地市中街道西南方向 22.0 千米。人口 1 800。明朝，因洪水侵扰，村落西移，筑新寨，后演称辛寨。有中学 1 所、小学 1 所、幼儿园 1 所、文化站 1 个。经济以种植业为主，主产小麦、玉米、蔬菜，有生鸡屠宰、加工、冷藏产业。有公路经此。

陈寺 371482-B06-H02
[Chénsì]

在市驻地市中街道西南方向 20.7 千米。辛寨镇辖自然村。人口 500。东北角有观音寺遗址，陈氏率先居住，故名陈寺。聚落呈团块状。有文体广场 1 个。经济以种植业为主。308 国道经此。

纯李 371482-B06-H03
[Chúnlǐ]

在市驻地市中街道西南方向 20.9 千米。辛寨镇辖自然村。人口 400。因村中李氏独居，遂得村名为纯李。聚落呈团块状。有文体广场 1 个。经济以种植业为主。有公路经此。

各户屯 371482-B06-H04
[Gèhùtún]

在市驻地市中街道西南方向 20.9 千米。辛寨镇辖自然村。人口 1 100。因有外村姓氏先后迁入，形成诸多姓氏之村，逐渐演变为各户屯。聚落呈团块状。有文体广场 1 个、学校 1 所。经济以种植业为主。有公路经此。

官庄 371482-B06-H05
[Guānzhuāng]

在市驻地市中街道西南方向 26.7 千米。辛寨镇辖自然村。人口 600。清康熙年间，此处古为运官粮的码头，故名官粮头，后改称官庄。聚落呈团块状。有文体广场 1 个。经济以种植业为主。有公路经此。

贾楼 371482-B06-H06
[Jiǎlóu]

在市驻地市中街道西南方向 16.2 千米。辛寨镇辖自然村。人口 400。古时有座土楼，人称假楼，后演变为贾楼。聚落呈团块状。

有文体广场 1 个。经济以种植业为主。有公路经此。

景庄 371482-B06-H07
［Jǐngzhuāng］

在市驻地市中街道西南方向 19.1 千米。辛寨镇辖自然村。人口 500。明末，河西刘大财主景廷逵有一花园，人称景家花园。后立村名为景庄。聚落呈团块状。有文体广场 1 个、幼儿园 1 所。经济以种植业为主。308 国道经此。

九寨寺 371482-B06-H08
［Jiǔzhàisì］

在市驻地市中街道西南方向 19.7 千米。辛寨镇辖自然村。人口 600。明弘治三年（1490），九村集资于村东建一大寺，故村名改为九寨寺。聚落呈团块状。有文体广场 1 个、学校 1 所。经济以种植业为主。316 省道经此。

李楼 371482-B06-H09
［Lǐlóu］

在市驻地市中街道西南方向 22.6 千米。辛寨镇辖自然村。人口 800。明万历二十四年（1596），李氏移来定居，后家业兴盛，修建土楼，称为李楼。聚落呈团块状。有文体广场 1 个。经济以种植业为主。308 国道经此。

洛河 371482-B06-H10
［Luòhé］

在市驻地市中街道西南方向 21.5 千米。辛寨镇辖自然村。人口 500。本村历史上有一条河，名为漯河，村以河名。后为方便书写，改为洛河。聚落呈团块状。有文体广场 1 个。经济以种植业为主。有公路经此。

马官屯 371482-B06-H11
［Mǎguāntún］

在市驻地市中街道西南方向 18.6 千米。辛寨镇辖自然村。人口 700。因姓氏得名。聚落呈团块状。有文体广场 1 个。经济以种植业为主。有公路经此。

马旺 371482-B06-H12
［Mǎwàng］

在市驻地市中街道西南方向 17.6 千米。辛寨镇辖自然村。人口 600。因马氏族人兴旺，故名马旺。聚落呈团块状。有文体广场 1 个、幼儿园 1 所。经济以种植业为主。316 省道经此。

苗林 371482-B06-H13
［Miáolín］

在市驻地市中街道西南方向 26.6 千米。辛寨镇辖自然村。人口 700。明太祖时，苗氏由山西洪洞县迁来，村因姓氏得名。聚落呈团块状。有文体广场 1 个。经济以种植业为主。有公路经此。

前油坊 371482-B06-H14
［Qiányóufáng］

在市驻地市中街道西南方向 17.6 千米。辛寨镇辖自然村。人口 400。相传，李氏居住建村，以开油坊为生，后形成前后两村，本村为前油坊。聚落呈团块状。有文体广场 1 个、幼儿园 2 所。经济以种植业为主。有公路经此。

沈堂 371482-B06-H15
［Shěntáng］

在市驻地市中街道西南方向 20.1 千米。辛寨镇辖自然村。人口 400。清乾隆年间，沈氏率先建村，因常年积水成塘，故得村名沈塘，后称沈堂。聚落呈团块状。有文体广场 1 个。经济以种植业为主。有公路经此。

王坊 371482-B06-H16
［Wángfáng］

在市驻地市中街道西南方向 18.4 千米。辛寨镇辖自然村。人口 600。明永乐年间，王可行迁来立村，以开粉坊为生，得村名王坊。聚落呈团块状。有文体广场 1 个。经济以种植业为主。有公路经此。

魏寨子 371482-B06-H17
［Wèizhàizi］

在市驻地市中街道西南方向 21.2 千米。辛寨镇辖自然村。人口 900。为防匪患，围村筑有土寨，后因寨内魏氏较多，得村名魏寨子。聚落呈团块状。有文体广场 1 个、学校 1 所。经济以种植业为主。308 国道经此。

温庄 371482-B06-H18
［Wēnzhuāng］

在市驻地市中街道西南方向 18.3 千米。辛寨镇辖自然村。人口 500。明永乐年间，温氏从山西洪洞县迁来立村，以其姓氏命村庄名为温庄。聚落呈团块状。有文体广场 1 个。经济以种植业为主。有公路经此。

先锋 371482-B06-H19
［Xiānfēng］

在市驻地市中街道西南方向 16.9 千米。辛寨镇辖自然村。人口 1 300。1965 年，四村惨遭震难，在党和政府的帮助下重建家园，四村合一后改名为先锋。聚落呈散状。有文体广场 1 个、学校 1 所。经济以种植业为主。有公路经此。

小刘 371482-B06-H20
［Xiǎoliú］

在市驻地市中街道西南方向 23.4 千米。辛寨镇辖自然村。人口 1100。早年，刘士岱迁来，因姓氏得村名刘庄，为与大刘庄相区别，故称小刘。聚落呈团块状。有文体广场 1 个。经济以种植业为主。有公路经此。

徐楼 371482-B06-H21
［Xúlóu］

在市驻地市中街道西南方向 22.4 千米。辛寨镇辖自然村。人口 600。明永乐年间，徐氏由山西洪洞县迁来立村修楼，故得村名徐楼。聚落呈团块状。有文体广场 1 个。经济以种植业为主。308 国道经此。

杨圈 371482-B06-H22
［Yángquān］

在市驻地市中街道西南方向 22.5 千米。辛寨镇辖自然村。人口 1 100。清康熙年间，杨范由山西省洪洞县迁来定居，取名杨圈。聚落呈团块状。有文体广场 1 个、学校 1 所。经济以种植业为主。308 国道经此。

尹庄 371482-B06-H23
［Yǐnzhuāng］

在市驻地市中街道西南方向 19.2 千米。辛寨镇辖自然村。人口 600。1580 年，尹氏迁来立村，以其姓氏定村名为尹庄。聚落呈团块状。有文体广场 1 个、学校 1 所。经济以种植业为主。有公路经此。

于屯 371482-B06-H24
［Yútún］

在市驻地市中街道西南方向 24.8 千米。辛寨镇辖自然村。人口 700。于氏家族庞大，故村名于屯。聚落呈团块状。有文体广场 1

个、学校 1 所。经济以种植业为主。有公路经此。

郅辛 371482-B06-H25

[Zhìxīn]

在市驻地市中街道西南方向 18.9 千米。辛寨镇辖自然村。人口 700。清顺治元年（1644），郅圣美迁来定居，为让子孙后代永记前辈创业艰辛，遂得名郅辛。聚落呈团块状。有文体广场 1 个。经济以种植业为主。316 省道经此。

梁庙 371482-B06-H26

[liángmiào]

在市驻地市中街道西南方向 16.5 千米。辛寨镇辖自然村。人口 600。梁氏由山西洪洞县迁来立村，因村西有一座土地庙，故取村名为梁庙。聚落呈团块状。经济以种植业为主。有公路经此。

安庄 371482-B06-H27

[Ānzhuāng]

在市驻地市中街道西南方向 19.4 千米。辛寨镇辖自然村。人口 1 000。因姓氏得名安庄。聚落呈团块状。有文体广场 1 个、小学 1 所。经济以种植业为主。308 国道经此。

梁庄 371482-B07-H01

[Liángzhuāng]

梁家镇人民政府驻地。在市驻地市中街道北方向 10.0 千米。人口 400。明永乐年间，梁氏由诸城迁此立村，以其姓氏命村名。有中学 1 所、小学 1 所、幼儿园 2 所、文化站 1 个。经济以种植业为主，主产小麦、玉米、大蒜。有公路经此。

大杜 371482-B07-H02

[Dàdù]

在市驻地市中街道西北方向 18.5 千米。梁家镇辖自然村。人口 800。明朝战乱，先民自诸城迁入本村，因杜氏人多，故名大杜。聚落呈团块状。有文体广场 1 个。经济以种植业为主，主要种植小麦、玉米。有公路经此。

大王 371482-B07-H03

[Dàwáng]

在市驻地市中街道东北方向 15.0 千米。梁家镇辖自然村。人口 500。明初，王氏由诸城前来名王庄，村出一名进士，名王三俊，字见心，故人称王见心庄，后演传为王辛庄。因世代繁衍，分迁一支于村西立村，名小王，该村故称大王。聚落呈团块状。有文体广场 1 个。经济以种植业、养殖业为主。有公路经此。

大杨 371482-B07-H04

[Dàyáng]

在市驻地市中街道西北方向 14.5 千米。梁家镇辖自然村。人口 400。明初，杨氏从诸城南关红沟崖迁来，故名大杨。聚落呈团块状。有小学 1 所。经济以种植业为主。有公路经此。

国屯 371482-B07-H05

[Guótún]

在市驻地市中街道西北方向 20.0 千米。梁家镇辖自然村。人口 1 100。明永乐年间，国氏由诸城迁此建村，以姓名村。聚落呈团块状。有文体广场 1 个。经济以种植业为主，主要种植小麦、玉米。有公路经此。

碱王 371482-B07-H06
［Jiǎnwáng］

在市驻地市中街道东北方向 16.5 千米。梁家镇辖自然村。人口 500。相传，北宋末年，王氏由北京丰台迁居于此，立村于碱荒坡野之中，故名碱场王庄，简称碱王。聚落呈团块状。有文体广场 1 个。经济以种植业、养殖业为主。有公路经此。

来凤 371482-B07-H07
［Láifèng］

在市驻地市中街道北方向 16.0 千米。梁家镇辖自然村。人口 500。清朝康熙十一年（1672），此地有一大树，百鸟环绕，似凤来巢，故以吉祥嘉言更名为来凤。聚落呈团块状。有小学 1 所、中学 1 所。经济以种植业、养殖业为主。有公路经此。

马庙 371482-B07-H08
［Mǎmiào］

在市驻地市中街道西北方向 17.0 千米。梁家镇辖自然村。人口 1 100。1662 年，一户姓马的人家在此修建一座庙，起名为马家庙，简称马庙。聚落呈团块状。有文体广场 1 个。经济以种植业为主，主要种植小麦、玉米。有公路经此。

毛子张 371482-B07-H09
［Máozizhāng］

在市驻地市中街道东北方向 14.0 千米。梁家镇辖自然村。人口 400。明永乐年间，张氏立村。清道光年间，村人多参加捻军抗清，故清政府侮为长毛贼张庄，后改为毛子张。聚落呈团块状。有文体广场 1 个。经济以种植业、养殖业为主。有公路经此。

明湖寨 371482-B07-H10
［Mínghúzhài］

在市驻地市中街道东北方向 16.5 千米。梁家镇辖自然村。人口 300。相传战国时期孙膑在此地摆迷阵，大败魏将庞涓，后人忌讳"迷魂"二字，遂以谐音命名为明湖寨。聚落呈团块状。有文体广场 1 个。经济以种植业、养殖业为主。有公路经此。

双庙屯 371482-B07-H11
［Shuāngmiàotún］

在市驻地市中街道西北方向 21.0 千米。梁家镇辖自然村。人口 1 100。明永乐年间，村东西各有一庙，故定名为双庙屯。聚落呈团块状。有文体广场 1 个。经济以种植业为主，主要种植小麦、玉米。有公路经此。

孙院 371482-B07-H12
［Sūnyuàn］

在市驻地市中街道东北方向 15.5 千米。梁家镇辖自然村。人口 700。明永乐年间，孙氏由诸城迁来，后称孙院。聚落呈团块状。有文体广场 1 个。经济以种植业、养殖业为主。有公路经此。

王贵庭 371482-B07-H13
［Wángguìtíng］

在市驻地市中街道西北方向 17.5 千米。梁家镇辖自然村。人口 300。明永乐年间，王公贵庭自诸城南街迁来建村，以其姓名命村名。聚落呈团块状。有文体广场 1 个。经济以种植业为主，主要种植小麦、玉米。有公路经此。

王院 371482-B07-H14
［Wángyuàn］

在市驻地市中街道东北方向 15.5 千米。

梁家镇辖自然村。人口 400。明永乐年间，王氏由诸城迁来，后称王院。聚落呈团块状。有文体广场 1 个。经济以种植业、养殖业为主。有公路经此。

吴院 371482-B07-H15

[Wúyuàn]

在市驻地市中街道东北方向 16.0 千米。梁家镇辖自然村。人口 400。明永乐年间，吴氏由诸城迁来，后称吴院。聚落呈团块状。有文体广场 1 个。经济以种植业、养殖业为主。有公路经此。

西小张 371482-B07-H16

[Xīxiǎozhāng]

在市驻地市中街道西北方向 13.5 千米。梁家镇辖自然村。人口 500。明初，燕王扫北后，诸城张氏一家迁来定居，故名西小张。聚落呈团块状。有文化广场 1 个。经济以种植业、养殖业为主。有公路经此。

夏庄 371482-B07-H17

[Xiàzhuāng]

在市驻地市中街道东北方向 22.0 千米。梁家镇辖自然村。人口 200。明朝初期，夏氏由诸城迁来定居，以姓氏命名为夏庄。聚落呈团块状。经济以种植业、养殖业为主。有公路经此。

长里孙 371482-B07-H18

[Chánglǐsūn]

在市驻地市中街道东北方向 15.5 千米。梁家镇辖自然村。人口 600。明初，孙氏迁居于此。清道光年间，村人参加捻军的众多，故官府咒以长毛贼孙庄，后更名为长里孙。聚落呈团块状。有文体广场 1 个。经济以种植业、养殖业为主。有公路经此。

孙东 371482-B08-H01

[Sūndōng]

十里望回族镇人民政府驻地。在市驻地市中街道西方向 4.0 千米。人口 100。其中回族占 90%。明末清初，韩氏两家落于此处，名韩家河套。后改名孙庄。1959 年为方便回汉两族生活，分为两村，本村为孙东。经济以种植业为主，主产小麦、玉米，有畜产品加工。回民"八大碗"、羊汤、"油香"是民族特色小吃。有公路经此。

粉王 371482-B08-H02

[Fěnwáng]

在市驻地市中街道西北方向 4.0 千米。十里望回族镇辖自然村。人口 1 100。明朝，王姓三兄弟迁来，以做粉皮、粉条为生，故村名粉王。聚落呈团块状。有幼儿园 1 所、学校 1 所。经济以种植业为主。有公路经此。

高板 371482-B08-H03

[Gāobǎn]

在市驻地市中街道西北方向 6.0 千米。十里望回族镇辖自然村。人口 300。1404 年，高氏由诸城迁来，村名高庄，后又迁至高搬庄，改为高板。聚落呈团块状。经济以种植业为主。有公路经此。

管道张 371482-B08-H04

[Guǎndàozhāngn]

在市驻地市中街道西北方向 8.0 千米。十里望回族镇辖自然村。人口 300。明朝时期，本村正处官道上，又因张姓最早在此立村，所以得名官道张。聚落呈团块状。经济以种植业为主。有公路经此。

韩寨 371482-B08-H05
[Hánzhài]

在市驻地市中街道西北方向 5.0 千米。十里望回族镇辖自然村。人口 1 200。其中回族占 90%。明永乐二年（1404），韩氏迁来，后称韩寨。聚落呈团块状。经济以种植业为主。有公路经此。

郝庄 371482-B08-H06
[Hǎozhuāng]

在市驻地市中街道西北方向 5.5 千米。十里望回族镇辖自然村。人口 500。明初，郝氏从河北省密云县迁来，故名郝庄。聚落呈团块状。经济以种植业为主。有公路经此。

金庄 371482-B08-H07
[Jīnzhuāng]

在市驻地市中街道西北方向 7.0 千米。十里望回族镇辖自然村。人口 700。其中回族占 90%。金氏迁来建村，故名金庄。聚落呈团块状。经济以种植业、养殖业为主，有牛羊屠宰、加工。有公路经此。

李庄 371482-B08-H08
[Lǐzhuāng]

在市驻地市中街道西方向 2.0 千米。十里望回族镇辖自然村。人口 300。明朝弘治年间，李氏由诸城迁来定居，故名李庄。聚落呈团块状。经济以种植业为主。101 省道经此。

刘普站 371482-B08-H09
[Liúpǔzhàn]

在市驻地市中街道西北方向 8.0 千米。十里望回族镇辖自然村。人口 300。明朝中期，刘氏由诸城迁入，取名为刘普驿，后更名为刘普站。聚落呈团块状。经济以种植业为主。有公路经此。

毛园 371482-B08-H10
[Máoyuán]

在市驻地市中街道西北方向 10.0 千米。十里望回族镇辖自然村。人口 1 200。明朝末年，毛姓三兄弟迁来，因种菜出名，遂名毛园。聚落呈团块状。有小学 1 所。经济以种植业为主。京沪铁路经此。

南陈 371482-B08-H11
[Nánchén]

在市驻地市中街道西方向 6.0 千米。十里望回族镇辖自然村。人口 100。以回族为主。清乾隆年间，陈氏在此居住，此村因有"韩寨的南天门"之称而得名。聚落呈团块状。经济以种植业为主。有公路经此。

南营 371482-B08-H12
[Nányíng]

在市驻地市中街道西南方向 5.0 千米。十里望回族镇辖自然村。人口 1 200。早年间军队驻扎于此，后又分南北两村，此地为南部行营，故村名南营。聚落呈团块状。经济以种植业为主。101 省道经此。

前河 371482-B08-H13
[Qiánhé]

在市驻地市中街道西方向 2.0 千米。十里望回族镇辖自然村。人口 1 200。原为宋家河套，后因多种原因姓氏达十多个，故名前河。聚落呈团块状。有幼儿园 1 所、小学 1 所。经济以种植业、商贸业为主。有公路经此。

田屯 371482-B08-H14
[Tiántún]

在市驻地市中街道西北方向 10.0 千米。十里望回族镇辖自然村。人口 200。传说清代田氏在此居住,故名田屯。聚落呈团块状。经济以种植业为主。有公路经此。

小白 371482-B08-H15
[Xiǎobái]

在市驻地市中街道西北方向 5.0 千米。十里望回族镇辖自然村。人口 300。其中回族占 90%。1690 年,白氏迁居于此,后因比大白村小,故称小白。聚落呈团块状。经济以种植业、养殖业为主,有牛羊肉屠宰、加工。有公路经此。

徐庄 371482-B08-H16
[Xúzhuāng]

在市驻地市中街道西北方向 4.0 千米。十里望回族镇辖自然村。人口 900。明朝初期,徐氏从齐河县晏城老徐庄迁来,故名徐庄。聚落呈团块状。有幼儿园 1 所。经济以种植业为主。有公路经此。

御桥 371482-B08-H17
[Yùqiáo]

在市驻地市中街道西南方向 4.0 千米。十里望回族镇辖自然村。人口 500。清朝乾隆十六年（1751）,皇帝南巡,在此专修一座行辇御桥,故得名。聚落呈团块状。有小学 1 所、幼儿园 1 所。经济以种植业为主。101 省道经此。

张汉杨庄 371482-B08-H18
[Zhānghànyángzhuāng]

在市驻地市中街道西北方向 7.0 千米。十里望回族镇辖自然村。人口 300。清朝末期,张氏迁入此地,他的名字叫张汉杨,以名命名村为张汉杨庄。聚落呈团块状。经济以种植业为主。有公路经此。

店子 371482-B08-H19
[Diànzi]

在市驻地市中街道西方向 4.5 千米。十里望回族镇辖自然村。人口 500。当年村北官道路口有一店,皇帝到泰山进香在此歇息,故得村名店子。聚落呈团块状。经济以种植业为主。316 省道经此。

莒镇 371482-B09-H01
[Jǔzhèn]

莒镇人民政府驻地。在市驻地市中街道南方向 35.0 千米。人口 1 600。古为周代齐邑之莒城,城废后成为村,改称莒镇,在宋朝时改为莒镇街,至明永乐年间,叫莒镇屯,后此村建集市称莒镇街,得名莒镇。聚落呈团块状。有中学 1 所、小学 1 所、幼儿园 1 所。经济以种植业为主,主产小麦、玉米、蔬菜。有公路经此。

别屯 371482-B09-H02
[Biétún]

在市驻地市中街道西南方向 31.4 千米。莒镇辖自然村。人口 800。明末,别氏由山西省洪洞县大槐树处迁来立村,以姓氏命村名为别屯。聚落呈团块状。有文化广场 1 个。经济以种植业为主。有公路经此。

靛王 371482-B09-H03
[Diànwáng]

在市驻地市中街道西南方向 29.2 千米。莒镇辖自然村。人口 300。明朝中期,此处靠种靛为生,和小王庄合并后,改名靛王。聚落呈团块状。有文化广场 1 个。经济以种植业为主。有公路经此。

董屯 371482-B09-H04
[Dǒngtún]

在市驻地市中街道西南方向 25.4 千米。

莒镇辖自然村。人口 900。明朝崇祯年间，董姓由山西洪洞县大槐树迁来居住，以姓氏命名。聚落呈团块状。有文化广场 1 个。经济以种植业为主。有公路经此。

后总寺庙 371482-B09-H05
[Hòuzǒngsìmiào]

在市驻地市中街道西南方向 30.4 千米。莒镇辖自然村。人口 800。当年因村东有一庙宇，为总寺庙，因处于庙后，故取名后总寺庙。聚落呈团块状。有文化广场 1 个。经济以种植业为主。有公路经此。

金砖李 371482 B09 H06
[Jīnzhuānlǐ]

在市驻地市中街道西南方向 26.8 千米。莒镇辖自然村。人口 300。清乾隆年间，李氏迁来，路人曾在村头墙上写过金砖李三字，因此得名金砖李。聚落呈团块状。有文化广场 1 个。经济以种植业为主。有公路经此。

皮户孙 371482-B09-H07
[Píhùsūn]

在市驻地市中街道西南方向 26.4 千米。莒镇辖自然村。人口 200。明末清初，孙氏迁来，早前全村经营皮革生意，故称为皮户孙。聚落呈团块状。有文化广场 1 个。经济以种植业为主。有公路经此。

前总寺庙 371482-B09-H08
[Qiánzǒngsìmiào]

在市驻地市中街道西南方向 30.7 千米。莒镇辖自然村。人口 500。村前有一座总寺庙，起名为前总寺庙，故村称为前总寺庙。聚落呈团块状。有文化广场 1 个。经济以种植业为主。有公路经此。

宿家楼 371482-B09-H09
[Sùjiālóu]

在市驻地市中街道西南方向 28.7 千米。莒镇辖自然村。人口 800。村中宿姓人口多，因姓氏得名。聚落呈团块状。有文化广场 1 个。经济以种植业为主。有公路经此。

李屯 371482-C01-H01
[Lǐtún]

李屯乡人民政府驻地。在市驻地市中街道西南方向 30.0 千米。人口 950。明永乐二年（1404），苑白兰自山西省洪洞县迁此立屯，后李谦从乐陵县迁此，两姓商定，以姓氏合名称村为李复苑屯，后演为李屯。有幼儿园 1 所。经济以种植业为主，产小麦、玉米、蕹菜、南瓜、莲藕、小胡萝卜、洋蓟、芥菜苗等，有板皮加工、草苇编工艺品加工、轿车坐垫加工等产业。有公路经此。

程庄 371482-C01-H02
[Chéngzhuāng]

在市驻地市中街道西南方向 28.4 千米。李屯乡辖自然村。人口 400。康熙年间，程氏迁到此地来，后以姓氏命名为程庄。聚落呈团块状。有文体广场 1 个、农家书屋 1 个。经济以种植业为主。有公路经此。

打渔高 371482-C01-H03
[Dǎyúgāo]

在市驻地市中街道西南方向 24.1 千米。李屯乡辖自然村。人口 500。明朝永乐七年（1409），高氏搬到此地，以打鱼为生，以姓氏命名为打渔高。聚落呈团块状。有文体广场 1 个、农家书屋 1 个。经济以种植业为主。有公路经此。

大冯 371482-C01-H04

[Dàféng]

在市驻地市中街道西南方向 24.7 千米。李屯乡辖自然村。人口 600。明朝永乐二十年（1422），冯氏搬到此地，以姓氏命名为大冯。聚落呈团块状。有文体广场 1 个、农家书屋 1 个。经济以种植业为主。有公路经此。

大纸坊 371482-C01-H05

[Dàzhǐfáng]

在市驻地市中街道西南方向 26.9 千米。李屯乡辖自然村。人口 900。明永乐元年（1403），王氏迁来立村，以造纸为业，命村名为大纸坊。聚落呈团块状。有文体广场 1 个、农家书屋 1 个。经济以种植业为主。有公路经此。

丁寺 371482-C01-H06

[Dīngsì]

在市驻地市中街道西南方向 31.4 千米。李屯乡辖自然村。人口 1 100。因原村舍扩大，毗邻小丁庄及寺院，遂三者合并定村名为丁寺。聚落呈团块状。经济以种植业为主。有公路经此。

后庙 371482-C01-H07

[Hòumiào]

在市驻地市中街道西南方向 28.7 千米。李屯乡辖自然村。人口 700。因在将军庙村北侧，故称后将军庙，简称后庙。聚落呈团块状。有文体广场 1 个、农家书屋 1 个。经济以种植业为主。有公路经此。

后赵 371482-C01-H08

[Hòuzhào]

在市驻地市中街道西南方向 27.3 千米。李屯乡辖自然村。人口 700。1422 年，赵氏迁来立村，后分为前、后两村，此处为后赵。聚落呈团块状。有文体广场 1 个、农家书屋 1 个。经济以种植业为主。有公路经此。

焦庄 371482-C01-H09

[Jiāozhuāng]

在市驻地市中街道西南方向 24.1 千米。李屯乡辖自然村。人口 700。1637 年，焦氏搬到此地，以姓氏命名为焦庄。聚落呈团块状。有文体广场 1 个、农家书屋 1 个。经济以种植业为主。有公路经此。

梨杭 371482-C01-H10

[Líháng]

在市驻地市中街道西南方向 30.6 千米。李屯乡辖自然村。人口 500。元天历元年（1328），王氏在此以种植梨树为生，故命名为梨杭。聚落呈团块状。有文体广场 1 个、农家书屋 1 个。经济以种植业为主。有公路经此。

前庙 371482-C01-H11

[Qiánmiào]

在市驻地市中街道西南方向 30.7 千米。李屯乡辖自然村。人口 400。村庄位于将军庙前，故称前庙。聚落呈团块状。有文体广场 1 个、农家书屋 1 个。经济以种植业为主。有公路经此。

新高 371482-C01-H12

[Xīngāo]

在市驻地市中街道西南方向 26.8 千米。李屯乡辖自然村。人口 400。清朝嘉庆元年（1796），高氏搬到此地，后在村前立新村，称为新高。聚落呈团块状。有文体广场 1 个、农家书屋 1 个、小学 1 所、中学 1 所。经济以种植业为主。有公路经此。

白布高 371482-C01-H13

[Báibùgāo]

在市驻地市中街道西南方向 24.4 千米。李屯乡辖自然村。人口 800。高士宗迁入此地，以织布为生，故称白布高。聚落呈团块状。有文体广场 1 个、农家书屋 1 个。经济以种植业为主。有公路经此。

宁津县

城市居民点

东方花园 371422-I01

[Dōngfāng Huāyuán]

在区境东南部。人口 2 600。面积 9.6 公顷。因是位于县城东方的一座花园式小区而得名。2003 年始建，2005 年正式使用。建筑总面积 100 000 平方米，多层住宅楼 21 栋，现代建筑风格，绿化率 0.6%。有幼儿园、门诊、广场等配套设施。通公交车。

福宁壹号 371422-I02

[Fúníngyīhào]

在区境南部。人口 1 200。面积 2.4 公顷。"福宁"寓意幸福、安宁，"壹号"指如同一整体，居民和谐，环境优美，幸福安康。2012 年始建，2014 年正式使用。建筑总面积 57 542 平方米，高层住宅楼 6 栋，现代建筑风格。有花园、广场等配套设施。通公交车。

宏兴家园 371422-I03

[Hóngxīng Jiāyuán]

在区境东部。人口 300。面积 0.5 公顷。以兴旺发达命名。2004 年始建，2006 年正式使用。建筑总面积 95 000 平方米，多层住宅楼 3 栋，现代建筑风格，绿化率 20%。通公交车。

公安局家属院 371422-I04

[Gōng'ānjú Jiāshǔyuàn]

在区境东南部。人口 200。面积 0.3 公顷。1997 年由公安局本单位员工集资建设，故名。1996 年始建，1997 年正式使用。建筑总面积 6 100 平方米，多层住宅楼 1 栋，平房 10 栋，现代建筑风格，绿化率 10%。有小学、便民超市、卫生所等配套设施。通公交车。

交通局家属院 371422-I05

[Jiāotōngjú Jiāshǔyuàn]

在区境东南部。人口 200。面积 0.6 公顷。小区居民基本由交通局员工组成，因此而得名。1998 年始建，2000 年正式使用。建筑总面积 12 725 平方米，多层住宅楼 4 栋，现代建筑风格，绿化率 10%。有小学、幼儿园、便民超市、卫生所等配套设施。通公交车。

盛景嘉园 371422-I06

[Shèngjǐng Jiāyuán]

在区境东南部。人口 1 000。面积 2.8 公顷。"景"指小区内景观，"嘉园"指幸福美满之家园。2009 年始建，2011 年正式使用。建筑总面积 362 000 平方米，多层住宅楼 11 栋，现代建筑风格，绿化率 50%，有花园、广场等配套设施。通公交车。

盛西家园 371422-I07

[Shèngxī Jiāyuán]

在区境西部。人口 700。面积 0.7 公顷。因在繁荣县城西边区域而命名。1998 年始建，2000 年正式使用。建筑总面积 3 070 000 平方米，多层住宅楼 6 栋，现代建筑风格，绿化率 40%。有花园、广场、体育场等配套设施。通公交车。

太合雅苑 371422-I08

[Tàihé Yǎyuàn]

在区境东南部。人口 800。面积 1.3 公顷。因幸福安康、合家欢乐的寓意而得名。2006 年始建，2008 年正式使用。建筑总面积 24 034 平方米，多层住宅楼 5 栋，现代建筑风格，绿化率 10%。有广场等配套设施。通公交车。

文昌小区 371422-I09

[Wénchāng Xiǎoqū]

在区境东南部。人口 1 100。面积 3.3 公顷。以紧邻文昌路而得名。2000 年始建，2003 年正式使用。建筑总面积 50 000 平方米，多层住宅楼 15 栋，现代建筑风格，绿化率 25%。有广场等配套设施。通公交车。

祥云馨居 371422-I10

[Xiángyún Xīnjū]

在区境西部。人口 300。面积 0.6 公顷。取吉祥温馨家庭之意命名。2005 年始建，2007 年正式使用。建筑总面积 13 800 平方米，多层住宅楼 2 栋，现代建筑风格，有小学、幼儿园、便民超市、卫生所等配套设施。通公交车。

贵和雅苑 371422-I11

[Guìhé Yǎyuàn]

在区境南部。人口 1 100。面积 3.0 公顷。寓意高贵、优雅而得名。2012 年始建，2014 年正式使用。建筑总面积 54 110 平方米，高层住宅楼 4 栋，现代建筑风格，绿化率 0.1%，有小学、幼儿园、便民超市、卫生所等配套设施。通公交车。

惠和家园 371422-I12

[Huìhé Jiāyuán]

在区境西南部。人口 1 200。面积 5.1 公顷。该小区为宁津县保障性住房小区，"惠"取意为给群众实惠，"和"取意为家和万事兴，故命名为惠和家园。2012 年始建，2014 年正式使用。建筑总面积 73 010 平方米，多层住宅楼 11 栋，现代建筑风格，绿化率 9%，有花园、广场等配套设施。通公交车。

农村居民点

八里庄 371422-A01-H01

[Bālǐzhuāng]

在县驻地津城街道东北方向 5.0 千米。津城街道辖自然村。人口 1 100。明永乐年间，刘升由山东即墨迁来，因距县城八里，故名八里庄。聚落呈团块状。有文化广场 1 个、文化墙 1 处、幼儿园 1 所。经济以种植业为主，主要农作物为小麦、玉米。有公路经此。

岱家庙 371422-A01-H02

[Dàijiāmiào]

在县驻地津城街道东北方向 6.3 千米。津城街道辖自然村。人口 500。明朝，戴姓由山东即墨迁来，以姓和古庙称戴家庙。后改为岱家庙。聚落呈团块状。有文化广场 1 个、文化墙 1 处。经济以种植业为主，主要农作物为小麦、玉米。有公路经此。

东关 371422-A01-H03

[Dōngguān]

在县驻地津城街道西方向 0.8 千米。津城街道辖自然村。人口 800。因位于县城东侧，故名东关。聚落呈团块状。有文化广场 1 个、文化墙 1 处、小学 1 所。经济以种植业和商贸业为主，主要农作物为小麦、玉米。有公路经此。

东李拔贡 371422-A01-H04
［Dōnglǐbágòng］

在县驻地津城街道东北方向 5.2 千米。津城街道辖自然村。人口 300。明永乐二年（1404），张奎关从山东即墨老鸦张迁来，原因村周沟渠较多，名李八沟。至清初改名李拔贡，后分为二村，本村居东，故称东李拔贡。聚落呈团块状。有文化广场 1 个、文化墙 1 处。经济以种植业为主，主要农作物为小麦、玉米。有公路经此。

侯家道 371422-A01-H05
［Hóujiādào］

在县驻地津城街道西北方向 1.5 千米。津城街道辖自然村。人口 300。1300 年，侯氏由京玉田县迁来，以姓氏命名村为侯家胡同。因村中心有一很深的道沟，后称侯家道。聚落呈团块状。有文化广场 1 个、文化墙 1 处。经济以种植业为主，主要农作物为小麦、玉米。有公路经此。

街市牌 371422-A01-H06
［Jiēshìpái］

在县驻地津城街道西北方向 1.3 千米。津城街道辖自然村。人口 200。本村姓氏复杂，均为祖先来城做生意定居，原称北门外，后改名街市牌。聚落呈团块状。有文化广场 1 个、文化墙 1 处。经济以种植业为主，主要农作物为小麦、玉米。有公路经此。

码头孙 371422-A01-H07
［Mǎtóusūn］

在县驻地津城街道东北方向 6.0 千米。津城街道辖自然村。人口 400。明永乐二年（1404），孙志贤由山东即墨迁来，因位处朱家河一码头，故称码头孙。聚落呈团块状。有文化广场 1 个、文化墙 1 处。经济以种植业为主，主要农作物为小麦、玉米。有公路经此。

南关东 371422-A01-H08
［Nánguāndōng］

在县驻地津城街道西南方向 2.3 千米。津城街道辖自然村。人口 600。原系旧城南门，称南关。1958 年后分为两村，本街居东，故称南关东。聚落呈团块状。有文化广场 1 个、文化墙 1 处。经济以种植业为主，主要农作物为小麦、玉米。有公路经此。

沙河董 371422-A01-H09
［Shāhédǒng］

在县驻地津城街道东北方向 7.8 千米。津城街道辖自然村。人口 600。明永乐二年（1404），董姓先由山东即墨迁此，因位处沙河，故名沙河董。聚落呈团块状。有文化广场 1 个、文化墙 1 处。经济以种植业为主，主要农作物为小麦、玉米。有公路经此。

神牌 371422-A01-H10
［Shénpái］

在县驻地津城街道东北方向 5.5 千米。津城街道辖自然村。人口 600。清光绪年间，村南修庙，用木牌写上神的名字，放庙内供奉，故称神牌。聚落呈团块状。有文化广场 1 个、文化墙 1 处。经济以种植业为主，主要农作物为小麦、玉米。有公路经此。

五胡同 371422-A01-H11
［Wǔhútong］

在县驻地津城街道西北方向 1.9 千米。津城街道辖自然村。人口 500。1400 年，由山西洪洞县迁来杨、齐、王、陈、曲、草六姓，组成六个小村、五个胡同，故称五胡同。聚落呈团块状。有文化广场 1 个。经济以种植业为主，主要农作物为小麦、玉米。有公路经此。

闫沙洼 371422-A01-H12
［Yánshāwā］

在县驻地津城街道西北方向 2.0 千米。津城街道辖自然村。人口 300。原系朱家河一码头，后码头消失，积沙成堆，闫氏迁入，以姓取名闫沙洼。聚落呈团块状。有文化广场 1 个、文化墙 1 处。经济以种植业为主，主要农作物为小麦、玉米。有公路经此。

张得锅 371422-A01-H13
［Zhāngdéguō］

在县驻地津城街道西南方向 6.4 千米。津城街道辖自然村。人口 200。1400 年左右，张姓由山东即墨迁来，明朝时期，村西刘家村封了灶地后，本村渐衰败，故改村名为张得锅。聚落呈团块状。有文化广场 1 个、文化墙 1 处。经济以种植业为主，主要农作物为小麦、玉米。有公路经此。

西张县 371422-A01-H14
［Xīzhāngxiàn］

在县驻地津城街道西方向 5.1 千米。津城街道辖自然村。人口 400。唐朝初，张姓由山西汾阳来宁津当知县，在此落户，故名张知县。后分为二村，本村居西，称西张县。聚落呈团块状。有文化广场 1 个。经济以种植业为主，主要农作物为小麦、玉米。有公路经此。

苑庄 371422-A01-H15
［Yuànzhuāng］

在县驻地津城街道东北方向 3.0 千米。津城街道辖自然村。人口 600。原有苑、赵二姓居住，因距县城八里，原称八里苑庄，至清光绪年间，改称苑庄。聚落呈团块状。有幼儿园 1 所。经济以种植业为主，主要农作物为小麦、玉米。有公路经此。

谢集 371422-A01-H16
［Xiéjí］

在县驻地津城街道西方向 5.4 千米。津城街道辖自然村。人口 800。明永乐年间，谢姓由山西洪洞迁来，后立集市，故名谢集。聚落呈团块状。有文化广场 1 个、文化墙 1 处。经济以种植业和加工业、副业为主，主要农作物为小麦、玉米。有公路经此。

小苏家 371422-A01-H17
［Xiǎosūjiā］

在县驻地津城街道东北方向 4.3 千米。津城街道辖自然村。人口 200。明成化年间，苏仁爱由山西洪洞迁来，取名小苏家。聚落呈团块状。有文化广场 1 个、文化墙 1 处。经济以种植业为主，主要农作物为小麦、玉米。有公路经此。

王石 371422-A01-H18
［Wángshí］

在县驻地津城街道东南方向 5.5 千米。津城街道辖自然村。人口 600。约 500 年前，王姓由山东即墨迁来，现址原有一祠堂，祠堂有几根高大的石柱，故取名王柱石，后简称王石。聚落呈团块状。有文化广场 1 个、文化墙 1 处。经济以种植业为主，主要农作物为小麦、玉米。314 省道经此。

魏庄 371422-A01-H19
［Wèizhuāng］

在县驻地津城街道东北方向 3.0 千米。津城街道辖自然村。人口 400。因一口铁钟上铸有魏成有、魏成福字样，故名魏庄。聚落呈团块状。有文化广场 1 个、文化墙 1 处。经济以种植业为主，主要农作物为小麦、玉米。有公路经此。

南关西 371422-A01-H20
［Nánguānxī］

在县驻地津城街道西南方向 1.4 千米。津城街道辖自然村。人口 600。原系旧城南门，称南关。1958 年后分为两村，本街居西，故称南关西。聚落呈散状。有文化广场 1 个。经济以种植业为主，主要农作物为小麦、玉米。有公路经此。

李家园 371422-A01-H21
［Lǐjiāyuán］

在县驻地津城街道西北方向 0.7 千米。津城街道辖自然村。人口 500。李姓在明永乐二年（1404）由山东即墨迁来，因李家有个养花的出名，故称李家花园，后简称李家园。聚落呈团块状。有文化广场 1 个、广播站 1 个。经济以种植业为主，主要农作物为小麦、玉米。有公路经此。

李皇 371422-A01-H22
［Lǐhuáng］

在县驻地津城街道东北方向 5.4 千米。津城街道辖自然村。人口 100。明永乐二年（1404），李姓由山东即墨迁来，原名李庄。明朝皇帝在此选了娘娘，故称李皇亲家，后简称李皇。聚落呈团块状。有文化广场 1 个、广播站 1 个。经济以种植业为主，主要农作物为小麦、玉米。有公路经此。

东店 371422-A02-H01
［Dōngdiàn］

在县驻地津城街道南方向 8.9 千米。宁城街道辖自然村。人口 500。因东店有个实在人开的店，很有名气，久而久之，就习称东店。聚落呈团块状。有文化广场 1 个、文化墙 1 处。经济以种植业为主，主要农作物为小麦、玉米。有公路经此。

东弭家河 371422-A02-H02
［Dōngmǐjiāhé］

在县驻地津城街道东南方向 7.2 千米。宁城街道辖自然村。人口 300。因本村靠朱家河，弭姓迁来，称东弭家河。聚落呈团块状。有文化广场 1 个、文化墙 1 处。经济以种植业为主，主要农作物为小麦、玉米。有公路经此。

义和庄 371422-A02-H03
［Yìhézhuāng］

在县驻地津城街道东南方向 7.2 千米。宁城街道辖自然村。人口 400。宋朝年间，刘、韩、杨三姓由山西洪洞大槐树下迁来，称刘韩杨村，至清朝，为表三姓的和气，改称义和庄。聚落呈团块状。有文化广场 1 个、文化墙 1 处、幼儿园 1 所。经济以种植业为主，主要农作物为小麦、玉米。314 省道经此。

前老鸦林 371422-A02-H04
［Qiánlǎoyālín］

在县驻地津城街道东南方向 5.5 千米。宁城街道辖自然村。人口 400。明永乐二年（1404），刘姓由山东寿光南街迁来。此地村后原有一大树林，引来很多乌鸦，故定名老鸦林，后分为两村，本村因居前，故名前老鸦林。聚落呈团块状。有文化广场 1 个、文化墙 1 处。经济以种植业为主，主要农作物为小麦、玉米。有公路经此。

百佛堂 371422-A02-H05
［Bǎifótáng］

在县驻地津城街道西南方向 8.6 千米。宁城街道辖自然村。人口 600。村西修庙宇一座，塑佛像一百尊，故名百佛堂。聚落呈团块状。有文化广场 1 个、文化墙 1 处、幼儿园 1 所。经济以种植业为主，主要农作物为小麦、玉米。有公路经此。

皂户刘 371422-A02-H06

[Zàohùliú]

在县驻地津城街道西南方向 2.0 千米。宁城街道辖自然村。人口 1 100。原名刘家村，明朝，皇帝在本村封了灶地，故名灶户刘，逐渐演变为皂户刘。聚落呈团块状。有文化广场 1 个、文化墙 1 处。经济以种植业为主，主要农作物为小麦、玉米。有公路经此。

洼刘 371422-A02-H07

[Wāliú]

在县驻地津城街道东北方向 1.1 千米。宁城街道辖自然村。人口 700。因原有刘姓居住，兼地势较洼，故名洼刘。聚落呈团块状。有小学 1 所。经济以种植业为主，主要农作物为小麦、玉米。有公路经此。

财神庙 371422-A02-H08

[Cáishénmiào]

在县驻地津城街道西南方向 1.2 千米。宁城街道辖自然村。人口 100。明朝末年，外地难民流落到财神庙居住立村，以庙名村。聚落呈团块状。有文化广场 1 个、文化墙 1 处。经济以种植业为主，主要农作物为小麦、玉米。有公路经此。

苍白 371422-A02-H09

[Cāngbái]

在县驻地津城街道东南方向 5.5 千米。宁城街道辖自然村。人口 600。明朝燕王扫北时，当地人请他留一村名作纪念，他看到一片苍子开着白花，名村苍白。聚落呈团块状。有幼儿园 1 所。经济以种植业为主，主要农作物为小麦、玉米。314 省道经此。

帽杨 371422-A02-H10

[Màoyáng]

在县驻地津城街道西南方向 4.0 千米。宁城街道辖自然村。人口 1 300。明永乐三年（1405），杨姓由山东即墨县迁来，因善做帽子，故名帽杨。聚落呈团块状。有文化广场 1 个、文化墙 1 处。经济以种植业为主，主要农作物为小麦、玉米。有公路经此。

高楼寺姜家 371422-A02-H11

[Gāolóusìjiāngjiā]

在县驻地津城街道东南方向 9.0 千米。宁城街道辖自然村。人口 900。1490 年，姜姓由山西大槐树下迁来，邻庄高庄有一座大寺院，寺内有个大香炉，故名高炉寺姜家，后改为高楼寺姜家。聚落呈团块状。有文化广场 1 个、文化墙 1 处。经济以种植业为主，主要农作物为小麦、玉米。有公路经此。

贾家窑 371422-A02-H12

[Jiǎjiāyáo]

在县驻地津城街道西南方向 2.5 千米。宁城街道辖自然村。人口 100。明末清初，贾氏由外地迁来立村，修有砖窑，以烧砖为生，因此以姓取名贾家窑。聚落呈团块状。有文化广场 1 个、文化墙 1 处。经济以种植业为主，主要农作物为小麦、玉米。有公路经此。

仁义生 371422-A02-H13

[Rényìshēng]

在县驻地津城街道南方向 3.4 千米。宁城街道辖自然村。人口 400。1 000 年前，一名叫任义生的人来此落户，以其名命村名为仁义生。聚落呈团块状。经济以商贸业为主。有公路经此。

小香 371422-A02-H14
[Xiǎoxiāng]

在县驻地津城街道东南方向 4.3 千米。宁城街道辖自然村。人口 300。明永乐年间，赵姓由北京密云迁来，以做香为业，故名香房。后因村比大香房小，故称小香。聚落呈团块状。有文化广场 1 个、文化墙 1 处。经济以种植业为主，主要农作物为小麦、玉米。有公路经此。

小店 371422-A02-H15
[Xiǎodiàn]

在县驻地津城街道南方向 9.0 千米。宁城街道辖自然村。人口 600。因最先有个开小店的人落户，故名。聚落呈团块状。有文化广场 1 个、文化墙 1 处、幼儿园 1 所。有公路经此。

张万 371422-A02-H16
[Zhāngwàn]

在县驻地津城街道西南方向 8.8 千米。宁城街道辖自然村。人口 600。张姓从山东即墨县迁来，到第八代有张万、张千、张化、张训兄弟四人，因张万为长兄，故得村名张万。聚落呈团块状。有文化广场 1 个、文化墙 1 处。经济以种植业为主，主要农作物为小麦、玉米。有公路经此。

八里堂 371422-A02-H17
[Bālǐtáng]

在县驻地津城街道西南方向 10.5 千米。宁城街道辖自然村。人口 900。明景泰年间，刘氏由山东寿光县迁来，以离宁津城八里地为由，名村八里堂。聚落呈团块状。有文化广场 1 个、文化墙 1 处。经济以种植业为主，主要农作物为小麦、玉米。有公路经此。

中镇 371422-A02-H18
[Zhōngzhèn]

在县驻地津城街道南方向 7.2 千米。宁城街道辖自然村。人口 200。明永乐年间，李仁德迁来建村，原名兴旺庄。后改名李家镇。后分为三村，该村居中，故名中镇。聚落呈团块状。有文化广场 1 个、文化墙 1 处。经济以种植业为主，主要农作物为小麦、玉米。有公路经此。

柴胡店 371422-B01-H01
[Cháihúdiàn]

柴胡店镇人民政府驻地。在县驻地津城街道东方向 9.0 千米。人口 1 800。明朝初期，此地是北京通往南京的官道，因柴、胡两姓合资在路旁开客店，故名柴胡店。聚落呈团块状。有幼儿园 2 所、小学 1 所。经济以种植业、加工业为主，主要农作物有玉米、小麦等。有电梯制造、木材加工、化工制品、新材料等企业。有公路经此。

东崔 371422-B01-H02
[Dōngcuī]

在县驻地津城街道东方向 19.0 千米。柴胡店镇辖自然村。人口 500。明朝，崔近朝由山西洪洞县迁来，村因姓名崔家。后因居东，得名东崔。聚落呈团块状。有幼儿园 1 所。经济以种植业为主，主要农作物为小麦、玉米。有公路经此。

东店刘 371422-B01-H03
[Dōngdiànliú]

在县驻地津城街道东方向 9.3 千米。柴胡店镇辖自然村。人口 800。明初，刘明远兄弟二人由北京密云迁来，德州解放后分为二村，本村居东，故称东店刘。聚落呈团块状。经济以种植业为主，主要农作物为小麦、玉米。有公路经此。

杜家庙 371422-B01-H04

[Dùjiāmiào]

在县驻地津城街道东方向 19.2 千米。柴胡店镇辖自然村。人口 100。明永乐年间，村民由临邑县德平镇郭家湾迁此，后来杜集的人在村西头修了一座庙，从而改称杜家庙。聚落呈团块状。有文化广场 1 个、广播站 1 个。经济以种植业为主，主要农作物为小麦、玉米。有公路经此。

前寨子 371422-B01-H05

[Qiánzhàizi]

在县驻地津城街道东南方向 15.0 千米。柴胡店镇辖自然村。人口 1 200。明朝燕王扫北时，曾在此安营扎寨，故称前寨子。聚落呈团块状。有文化广场 1 个、广播站 1 个、幼儿园 1 所、小学 1 所。经济以种植业为主，主要农作物为小麦、玉米。有公路经此。

大辛庄 371422-B01-H06

[Dàxīnzhuāng]

在县驻地津城街道东方向 12.2 千米。柴胡店镇辖自然村。人口 600。张、王、李三姓于明永乐年间由山东即墨迁来，组建成村且面积较大，故得名大新村，后改为大辛庄。聚落呈团块状。有文化广场 1 个、广播站 1 个。经济以种植业为主，主要农作物为小麦、玉米。有公路经此。

孟集 371422-B01-H07

[Mèngjí]

在县驻地津城街道东方向 15.8 千米。柴胡店镇辖自然村。人口 900。明永乐二年（1404），孟、张两姓由北京密云县孟家岭迁来，因此地大面积栽种蔬菜，农历二、七立集市，故称孟集。聚落呈团块状。有文化广场 1 个、广播站 1 个、小学 2 所、幼儿园 1 所。经济以种植业为主，主要农作物为小麦、玉米。有公路经此。

李油房 371422-B01-H08

[Lǐyóufáng]

在县驻地津城街道东方向 14.0 千米。柴胡店镇辖自然村。人口 200。明朝年间，李道弟兄弟三人由山东即墨迁来，以开油房为业，得名李油坊，后更名李油房。聚落呈团块状。有文化广场 1 个、广播站 1 个。经济以种植业为主，主要农作物为小麦、玉米。有公路经此。

张集 371422-B01-H09

[Zhāngjí]

在县驻地津城街道东方向 13.7 千米。柴胡店镇辖自然村。人口 800。原系三个自然村，后立了集，三村合一，统称张家集，简称张集。聚落呈团块状。有幼儿园 2 所。经济以种植业为主，主要农作物为小麦、玉米。有公路经此。

赵铁锅 371422-B01-H10

[Zhàotiěguō]

在县驻地津城街道东方向 19.0 千米。柴胡店镇辖自然村。人口 700。明永乐年间，赵元正由山东即墨搬至此地，有制造铁锅之技艺，得名赵铁锅。聚落呈团块状。有文化广场 1 个、广播站 1 个。经济以种植业为主，主要农作物为小麦、玉米。有高速公路经此。

赵酒房 371422-B01-H11

[Zhàojiǔfáng]

在县驻地津城街道东南方向 17.7 千米。柴胡店镇辖自然村。人口 500。赵姓从山西洪洞县大槐树下迁来，以姓氏定名，后得名赵酒房。聚落呈团块状。有文化广场 1 个、广播站 1 个。经济以种植业为主，主要农作物为小麦、玉米。有公路经此。

太平庄 371422-B01-H12
[Tàipíngzhuāng]

在县驻地津城街道东方向 9.8 千米。柴胡店镇辖自然村。人口 500。明永乐年间，武氏由山东即墨迁来，开镖行，镖号太平号，后改称太平庄。聚落呈团块状。有文化广场 1 个、广播站 1 个。经济以种植业为主，主要农作物为小麦、玉米。有公路经此。

王世英 371422-B01-H13
[Wángshìyīng]

在县驻地津城街道东南方向 12.2 千米。柴胡店镇辖自然村。人口 200。明永乐年间，一位卖艺人名叫王世英，此人文武双全，杀富济贫，后死于本村，故称村王世英。聚落呈团块状。有文化广场 1 个、广播站 1 个。经济以种植业为主，主要农作物为小麦、玉米。有公路经此。

皮虎林 371422-B01-H14
[Píhǔlín]

在县驻地津城街道东方向 17.6 千米。柴胡店镇辖自然村。人口 300。本地原有一片森林，林内有虎，居民恐惧。后皮姓三兄弟来此，进林除虎，发现是一只死虎。建村后，取名皮虎林。聚落呈团块状。经济以种植业为主，主要农作物为小麦、玉米。有公路经此。

李士固 371422-B01-H15
[Lǐshìgù]

在县驻地津城街道东方向 16.5 千米。柴胡店镇辖自然村。人口 200。明弘治年间，李士固兄弟四人由北京密云迁来，以名称村李士固。聚落呈团块状。有文化广场 1 个、广播站 1 个。经济以种植业为主，主要农作物为小麦、玉米。有公路经此。

柴庙 371422-B01-H16
[Cháimiào]

在县驻地津城街道东方向 9.1 千米。柴胡店镇辖自然村。人口 700。明永乐年间，刘大成由山东即墨迁来，村内原有一座庙，庙中道人姓柴，故称柴庙。聚落呈团块状。有文化广场 1 个、广播站 1 个。经济以种植业为主，主要农作物为小麦、玉米。有公路经此。

楼子王家 371422-B01-H17
[Lóuziwángjiā]

在县驻地津城街道东南方向 11.3 千米。柴胡店镇辖自然村。人口 500。此村原有一座土楼，王氏祖迁居后，得名楼子王家。聚落呈团块状。有文化广场 1 个、广播站 1 个。经济以种植业为主，主要农作物为小麦、玉米。有公路经此。

广明庵 371422-B01-H18
[Guǎngmíng'ān]

在县驻地津城街道东南方向 9.5 千米。柴胡店镇辖自然村。人口 800。明永乐年间，王展升由山东青岛迁来，此处原有一尼姑庙，号光明庵，后村称广明庵。聚落呈团块状。有文化广场 1 个、广播站 1 个。经济以种植业为主，主要农作物为小麦、玉米。有公路经此。

小辛庄 371422-B01-H19
[Xiǎoxīnzhuāng]

在县驻地津城街道南方向 14.5 千米。柴胡店镇辖自然村。人口 200。刘氏由槐树庄迁来，村原名长庄，后因洪水冲塌庄两头，改称小新庄，后习称小辛庄。聚落呈团块状。经济以种植业为主，主要农作物为小麦、玉米。有公路经此。

张顶家 371422-B01-H20
［Zhāngdǐngjiā］

在县驻地津城街道东方向 17.3 千米。柴胡店镇辖自然村。人口 200。明朝年间，张姓由北京密云迁来，弟兄三人分家时，祖先分得一片井园，故取村名为张井家，后井园分散，改名为张顶家。聚落呈团块状。有文化广场 1 个、广播站 1 个。经济以种植业为主，主要农作物为小麦、玉米。有公路经此。

王德普 371422-B01-H21
［Wángdépǔ］

在县驻地津城街道东方向 18.9 千米。柴胡店镇辖自然村。人口 1 300。明朝燕王扫北后，王恩为了纪念祖先，故以名讳，名村王德普。聚落呈团块状。有文化广场 1 个、广播站 1 个。经济以种植业为主，主要农作物为小麦、玉米。有公路经此。

夏王家 371422-B01-H22
［Xiàwángjiā］

在县驻地津城街道东方向 18.9 千米。柴胡店镇辖自然村。人口 400。明万历年间，夏姓兄弟二人由山西洪洞县迁来，故名夏庄。1946 年与王庄合并，统称夏王家。聚落呈团块状。有文化广场 1 个、广播站 1 个。经济以种植业为主，主要农作物为小麦、玉米。有公路经此。

彭胡同 371422-B01-H23
［Pénghútong］

在县驻地津城街道东方向 14.9 千米。柴胡店镇辖自然村。人口 400。明永乐年间，彭姓由山东即墨迁来，因村有一条大胡同，故称彭胡同。聚落呈团块状。有文化广场 1 个、广播站 1 个。经济以种植业为主，主要农作物为小麦、玉米。有公路经此。

李道口 371422-B01-H24
［Lǐdàokǒu］

在县驻地津城街道东方向 13.0 千米。柴胡店镇辖自然村。人口 500。金大定年间，李、曲两姓迁入后，因李姓占优势，且村前有一道较深的道沟，故名李道口。聚落呈团块状。有文化广场 1 个、广播站 1 个。经济以种植业为主，主要农作物为小麦、玉米。有公路经此。

西葛勇 371422-B01-H25
［Xīgěyǒng］

在县驻地津城街道东南方向 17.1 千米。柴胡店镇辖自然村。人口 500。1540 年，葛大勇由原德平县葛老庄迁入，以葛大勇的名字取名。又因与东葛勇相对，故名西葛勇。聚落呈团块状。有文化广场 1 个、广播站 1 个。经济以种植业为主，主要农作物为小麦、玉米。有公路经此。

毕子刘 371422-B01-H26
［Bìziliú］

在县驻地津城街道东方向 12.7 千米。柴胡店镇辖自然村。人口 500。1850 年，刘姓人丁兴旺，以做箅子为业，故称箅子刘，1984 年改为毕子刘。聚落呈团块状。有文化广场 1 个、广播站 1 个。经济以种植业为主，主要农作物为小麦、玉米。有公路经此。

辛庄 371422-B01-H27
［Xīnzhuāng］

在县驻地津城街道东南方向 15.8 千米。柴胡店镇辖自然村。人口 300。清朝康熙年间，王章、王印兄弟二人迁入，由于是新的村庄，原名新庄，后演变为辛庄。聚落呈团块状。有文化广场 1 个、广播站 1 个。经济以种植业为主，主要农作物为小麦、玉米。有公路经此。

青积务　371422-B01-H28

[Qīngjīwù]

在县驻地津城街道东方向 19.4 千米。柴胡店镇辖自然村。人口 900。此乃青城囤积之处，务指自宋、元以来官民通商的地名，故名。聚落呈团块状。有文化广场 1 个、广播站 1 个、小学 1 所。经济以种植业为主，主要农作物为小麦、玉米。有公路经此。

马厂　371422-B01-H29

[Mǎchǎng]

在县驻地津城街道东南方向 15.5 千米。柴胡店镇辖自然村。人口 700。五代时期为跑马道，故名马厂。聚落呈团块状。有文化广场 1 个、广播站 1 个。经济以种植业为主，主要农作物为小麦、玉米。有公路经此。

马道子　371422-B01-H30

[Mǎdàozi]

在县驻地津城街道东南方向 17.3 千米。柴胡店镇辖自然村。人口 200。五代时期为跑马道，故名马道子。聚落呈团块状。有文化广场 1 个、广播站 1 个。经济以种植业为主，主要农作物为小麦、玉米。有公路经此。

姜家　371422-B01-H31

[Jiāngjiā]

在县驻地津城街道东南方向 21.6 千米。柴胡店镇辖自然村。人口 500。明永乐年间，姜好贤由本乡张学武乡前水郡庄迁此，故名姜家。聚落呈团块状。有文化广场 1 个、广播站 1 个。经济以种植业为主，主要农作物为小麦、玉米。有公路经此。

南小赵家　371422-B01-H32

[Nánxiǎozhàojiā]

在县驻地津城街道东南方向 18.3 千米。柴胡店镇辖自然村。人口 100。明永乐二年（1404），赵稳由山西洪洞县迁来，故名小赵家。因居南，得名南小赵家。聚落呈团块状。有文化广场 1 个、广播站 1 个。经济以种植业为主，主要农作物为小麦、玉米。有公路经此。

逯铁匠　371422-B01-H33

[Lùtiějiàng]

在县驻地津城街道东方向 13.8 千米。柴胡店镇辖自然村。人口 400。明永乐二年（1404），逯氏由山东即墨迁来，以铁匠为业，故名逯铁匠。聚落呈团块状。有文化广场 1 个、广播站 1 个。经济以种植业为主，主要农作物为小麦、玉米。有公路经此。

长官　371422-B02-H01

[Zhǎngguān]

长官镇人民政府驻地。在县驻地津城街道东北方向 20.0 千米。人口 6 800。以汉族为主，其中回族占 0.7%。元朝在此设长官司，故名。聚落呈团块状分布。有文化广场 1 个、广播站 1 个、幼儿园 2 所、小学 1 所。有德州市文物保护单位长官清真寺。经济以种植业和加工业为主，主要农作物为玉米、小麦等。有机械加工、毛皮加工、化工制品等企业。有公路经此。

王德厚　371422-B02-H02

[Wángdéhòu]

在县驻地津城街道东北方向 20.3 千米。长官镇辖自然村。人口 1 600。明永乐二年（1404），王德厚由山东即墨迁来，故名。聚落呈团块状。有文化广场 1 个、广播站 1 个。经济以种植业为主，主要农作物有玉米、小麦等。有公路经此。

张凤巢 371422-B02-H03

［Zhāngfèngcháo］

在县驻地津城街道东北方向 22.6 千米。长官镇辖自然村。人口 1 300。明永乐二年（1404），张凤巢夫妇由山东即墨迁来，得村名张凤巢。聚落呈团块状。有文化广场 1 个、广播站 1 个、幼儿园 1 所。经济以种植业为主，主要农作物有玉米、小麦等。有公路经此。

仉庄 371422-B02-H04

［Zhǎngzhuāng］

在县驻地津城街道东北方向 22.4 千米。长官镇辖自然村。人口 1 400。因为仉姓立村，故名仉庄。聚落呈团块状。有文化广场 1 个、广播站 1 个、幼儿园 1 所、小学 1 所。经济以种植业为主，主要农作物有玉米、小麦等。有公路经此。

曹塘 371422-B02-H05

［Cáotáng］

在县驻地津城街道西北方向 19.6 千米。长官镇辖自然村。人口 2 200。明永乐年间，曹晏清由河北省永平府昌黎县迁此定居，因村前有一池塘，故名曹塘。聚落呈团块状。有文化广场 1 个、广播站 1 个。经济以种植业为主，主要农作物为小麦、玉米。有公路经此。

盐头李 371422-B02-H06

［Yántóulǐ］

在县驻地津城街道西北方向 20.2 千米。长官镇辖自然村。人口 1 300。明永乐二年（1404），李氏由山东即墨迁此，后在此建一盐码头，故名盐头李。聚落呈团块状。有文化广场 1 个、广播站 1 个。经济以种植业为主，主要农作物有玉米、小麦等。有公路经此。

张大古 371422-B02-H07

［Zhāngdàgǔ］

在县驻地津城街道东北方向 19.0 千米。长官镇辖自然村。人口 600。明永乐二年（1404），张宽由山东即墨迁来此处定居，至三世，张文、张政兄弟二人分家，家中有鼓和锣两种乐器，张文分得鼓，取村名张大古。聚落呈团块状。有文化广场 1 个、广播站 1 个。经济以种植业为主，主要农作物有玉米、小麦等。有公路经此。

田庄 371422-B02-H08

［Tiánzhuāng］

在县驻地津城街道北方向 19.6 千米。长官镇辖自然村。人口 1 400。1421 年后，田氏由胶东即墨迁此定居，故名田庄。聚落呈团块状。有幼儿园 1 所、小学 1 所、中学 1 所。经济以种植业为主，主要农作物有玉米、小麦等。有公路经此。

康郑 371422-B02-H09

［Kāngzhèng］

在县驻地津城街道北方向 15.3 千米。长官镇辖自然村。人口 300。明永乐二年（1404），康氏由双碓郑窑场迁此建村，以姓命村名康庄。后郑氏迁来居住，故名康郑。聚落呈带状。有幼儿园 1 所、小学 1 所。经济以种植业为主，主要农作物有玉米、小麦等。有公路经此。

辛集 371422-B02-H10

［Xīnjí］

在县驻地津城街道北方向 15.2 千米。长官镇辖自然村。人口 600。明永乐二年（1404），李氏由山东即墨大王庄槐树下迁此建村，新立集市，命村名为李辛集，后改称辛集。聚落呈团块状。有文化广场 1 个、广播站 1 个。经济以种植业为主，主要农作物有玉米、小麦等。有公路经此。

薛庄 371422-B02-H11
[Xuēzhuāng]

在县驻地津城街道北方向 18.7 千米。长官镇辖自然村。人口 600。明永乐二年（1404），薛治平由北京密云迁来，故称薛家庄，简称薛庄。聚落呈团块状。有文化广场 1 个、广播站 1 个。经济以种植业为主，主要农作物有玉米、小麦等。有公路经此。

杜集 371422-B03-H01
[Dùjí]

杜集镇人民政府驻地。在县驻地津城街道东方向 17.0 千米。人口 1 300。明永乐二年（1404），杜氏由北京密云迁来，故名大杜家，清朝中期在此立集，以姓命村名为杜家集，后称杜集。聚落呈团块状。有学校 2 所。经济以种植业为主，主要农作物为玉米、小麦等。有公路经此。

仲伍街 371422-B03-H02
[Zhòngwǔjiē]

在县驻地津城街道东北方向 12.1 千米。杜集镇辖自然村。人口 1 000。明永乐二年（1404），古、韩两姓由山西洪洞县迁居至此，形成村落，因村东距杨盘、西距大柳镇、南距柴胡店镇、北距长官镇各 15 里，位于中心，故取名中伍街，后改称仲伍街。聚落呈团块状。有文化广场 1 个、广播站 1 个。经济以种植业为主，主要农作物为小麦、玉米。有公路经此。

刘三华 371422-B03-H03
[Liúsānhuá]

在县驻地津城街道东北方向 14.1 千米。杜集镇辖自然村。人口 300。刘堂于明朝由山西洪洞大槐树迁来，刘灿华原是探花官，为纪念祖先，取名刘灿华，1980 年后改称刘三华。聚落呈团块状。有文化广场 1 个、广播站 1 个。经济以种植业为主，主要农作物为小麦、玉米。有公路经此。

前杨保 371422-B03-H04
[Qiányángbǎo]

在县驻地津城街道东北方向 21.2 千米。杜集镇辖自然村。人口 400。北宋年间，杨家将抚辽在杨盘安营扎寨，先锋杨宗保曾在此地安营，为纪念此事，故名杨保家。后分为二村，本村居前，故名前杨保。聚落呈团块状。有文化广场 1 个、广播站 1 个。经济以种植业为主，主要农作物为小麦、玉米。有公路经此。

仲苏 371422-B03-H05
[Zhòngsū]

在县驻地津城街道东北方向 13.9 千米。杜集镇辖自然村。人口 300。以苏应宁为首的叔伯兄弟四人由现乐陵县黄夹镇迁入此地，因位处仲伍街之后，故名仲苏。聚落呈团块状。有文化广场 1 个、广播站 1 个。经济以种植业为主，主要农作物为小麦、玉米。有公路经此。

前水庄 371422-B03-H06
[Qiánshuǐzhuāng]

在县驻地津城街道东北方向 6.5 千米。杜集镇辖自然村。人口 700。明永乐二年（1404），张姓由山东即墨迁来，以前叫张家庙，后改为千挑梢家。后因本村居后水郡庄前，故名前水庄。聚落呈团块状。有文化广场 1 个、广播站 1 个。经济以种植业为主，主要农作物为小麦、玉米。有公路经此。

后杨保 371422-B03-H07

[Hòuyángbǎo]

在县驻地津城街道东北方向 20.3 千米。杜集镇辖自然村。人口 700。北宋年间，杨家将抚辽在杨盘安营扎寨，先锋杨宗保曾在此地安营，为纪念此事，故名杨保家。后分为二村，本村居后，故名后杨保。聚落呈团块状。有文化广场 1 个、广播站 1 个。经济以种植业为主，主要农作物为小麦、玉米。有公路经此。

后水郡 371422-B03-H08

[Hòushuǐjùn]

在县驻地津城街道东北方向 10.6 千米。杜集镇辖自然村。人口 1 000。明永乐二年（1404），张奎由山东即墨迁来，以前叫张家庙，后因王莽赶刘秀，刘秀曾住此村，村被封为厚水郡庄，沿称为后水郡。聚落呈团块状。有文化广场 1 个、广播站 1 个。经济以种植业为主，主要农作物为小麦、玉米。有公路经此。

魏庵 371422-B03-H09

[Wèi'ān]

在县驻地津城街道东北方向 18.9 千米。杜集镇辖自然村。人口 2 800。魏勤、魏俭兄弟二人于明永乐年间由山西洪洞县迁居此地，因村中有一尼姑庵，故名魏庵。聚落呈团块状。有幼儿园 1 所。经济以种植业为主，主要农作物为小麦、玉米。有公路经此。

伍大庄 371422-B03-H10

[Wǔdàzhuāng]

在县驻地津城街道东北方向 17.8 千米。杜集镇辖自然村。人口 1 600。明永乐二年（1404），魏、谢、李、张、关五姓由山西洪洞县迁此，故取名五大庄，后称伍大庄。聚落呈团块状。有幼儿园 1 所。经济以种植业为主，主要农作物为小麦、玉米。有公路经此。

东舒 371422-B03-H11

[Dōngshū]

在县驻地津城街道东北方向 13.0 千米。杜集镇辖自然村。人口 500。明永乐年间，舒道文由山海关外小兴州奉诏迁居此地，以姓命名为舒庄，后分居两村，本村居东，故称东舒。聚落呈团块状。有文化广场 1 个、广播站 1 个。经济以种植业为主，主要农作物为小麦、玉米。有公路经此。

前郝 371422-B03-H12

[Qiánhǎo]

在县驻地津城街道东北方向 12.1 千米。杜集镇辖自然村。人口 700。明朝，郝氏由山东即墨迁此，名郝庄，清光绪二十六年（1900），分为二村，本村居前，故称前郝。聚落呈团块状。有文化广场 1 个、广播站 1 个。经济以种植业为主，主要农作物为小麦、玉米。有公路经此。

后陈纸房 371422-B03-H13

[Hòuchénzhǐfáng]

在县驻地津城街道东北方向 20.9 千米。杜集镇辖自然村。人口 300。明朝年间，陈氏兄弟由山西洪洞县迁来，因以造纸为业，定居后，故称后陈纸房。聚落呈团块状。有幼儿园 1 所。经济以种植业为主，主要农作物为小麦、玉米。有公路经此。

宏治刘 371422-B03-H14

[Hóngzhìliú]

在县驻地津城街道东北方向 12.6 千米。杜集镇辖自然村。人口 1 000。刘、韩二姓于明永乐二年（1404）由山东即墨迁来，故名大刘庄。明末挖出宏治钱，改村名为宏治刘。聚落呈团块状。有文化广场1个、广播站1个。经济以种植业、养殖业为主，主要农作物为小麦、玉米。有公路经此。

刘双全 371422-B03-H15

［Liúshuāngquán］

在县驻地津城街道东北方向15.0千米。杜集镇辖自然村。人口400。刘纯于明永乐二年（1404）由山东青州府迁居到此，后因三世祖名讳刘九功字双全，故名刘双全。聚落呈团块状。有文化广场1个、广播站1个。经济以种植业为主，主要农作物为小麦、玉米。有公路经此。

小段 371422-B03-H16

［Xiǎoduàn］

在县驻地津城街道东北方向15.1千米。杜集镇辖自然村。人口400。明永乐二年（1404），段韩宽由山西洪洞县段家岺迁来，故称小段。聚落呈团块状。有文化广场1个、广播站1个。经济以种植业为主，主要农作物为小麦、玉米。有公路经此。

张旭 371422-B03-H17

［Zhāngxù］

在县驻地津城街道东北方向15.1千米。杜集镇辖自然村。人口800。金天会年间，张宿兄弟三人由现济阳县迁来，以祖先名讳取名为张宿，清末改称张旭。聚落呈团块状。有文化广场1个、广播站1个。经济以种植业为主，主要农作物为小麦、玉米。有公路经此。

常洼 371422-B03-H18

［Chángwā］

在县驻地津城街道东北方向16.0千米。杜集镇辖自然村。人口500。明燕王扫北时，常姓在此居住，村周地势低洼，故称常洼。聚落呈团块状。有幼儿园1所、小学1所。

经济以种植业、养殖业为主，主要农作物为小麦、玉米。有公路经此。

张纸房 371422-B03-H19

［Zhāngzhǐfáng］

在县驻地津城街道东北方向16.1千米。杜集镇辖自然村。人口400。张文广、张文龙、张文斗兄弟三人由乐陵县张庄迁来，以造纸为业，取村名为张纸房。聚落呈团块状。有文化广场1个、广播站1个。经济以种植业为主，主要农作物为小麦、玉米。有公路经此。

张边头 371422-B03-H20

［Zhāngbiāntóu］

在县驻地津城街道东北方向14.0千米。杜集镇辖自然村。人口800。明永乐年间，因张某抓住盐店少两之破绽与官府打赢官司，官府抓住张某偏头这一生理特征，给村取名张扁头家，后改称张边头。聚落呈团块状。有幼儿园1所、小学1所。经济以种植业为主，主要农作物为小麦、玉米。有公路经此。

钟楼张 371422-B03-H21

［Zhōnglóuzhāng］

在县驻地津城街道东北方向17.7千米。杜集镇辖自然村。人口900。明永乐二年（1404），张八与杨文两家由山东即墨迁来，铸铁钟钢磬各一口，悬钟楼之上，故称钟楼张。聚落呈团块状。有文化广场1个、广播站1个。经济以种植业为主，主要农作物为小麦、玉米。有公路经此。

王士虎 371422-B03-H22

［Wángshìhǔ］

在县驻地津城街道东北方向7.5千米。杜集镇辖自然村。人口100。明永乐二年（1404），王姓由山西洪洞县老槐树下迁来定居，因此地有一寺院，以姓氏取名王寺虎，后改王士虎。聚落呈团块状。有幼儿园1所、小学1所。经济以种植业为主，主要农作物为小麦、玉米。有公路经此。

张泮湖 371422-B03-H23
[Zhāngpànhú]

在县驻地津城街道东北方向16.8千米。杜集镇辖自然村。人口300。张泮湖于明永乐二年（1404）由顺天府密云迁来定居，定村名为张泮湖。聚落呈团块状。有文化广场1个、广播站1个。经济以种植业为主，主要农作物为小麦、玉米。有公路经此。

枣李 371422-B03-H24
[Zǎolǐ]

在县驻地津城街道东北方向16.2千米。杜集镇辖自然村。人口500。李姓由山西洪洞县迁来，植枣树，故名枣李。聚落呈团块状。有幼儿园1所、小学1所。经济以种植业为主，主要农作物为小麦、玉米。有公路经此。

后张定 371422-B03-H25
[Hòuzhāngdìng]

在县驻地津城街道东北方向8.4千米。杜集镇辖自然村。人口100。原名张磨盘家，后名王双全家，又改称张定家。1970年分为三处，因本村居后，故名后张定。聚落呈团块状。有文化广场1个、广播站1个。经济以种植业为主，主要农作物为小麦、玉米。有公路经此。

杨铁匠 371422-B03-H26
[Yángtiějiàng]

在县驻地津城街道东北方向6.4千米。杜集镇辖自然村。人口100。从前有个姓杨的铁匠来此耍手艺，与村人关系甚好，故名杨铁匠。聚落呈团块状。有文化广场1个、

广播站1个。经济以种植业为主，主要农作物为小麦、玉米。有公路经此。

杨树高 371422-B03-H27
[Yángshùgāo]

在县驻地津城街道东北方向15.4千米。杜集镇辖自然村。人口500。高岐元父子三人于明永乐二年（1404）由山东即墨迁来，村东原有一棵大杨树，故名杨树高。聚落呈团块状。有文化广场1个、广播站1个。经济以种植业为主，主要农作物为小麦、玉米。有公路经此。

龙庄 371422-B03-H28
[Lóngzhuāng]

在县驻地津城街道东北方向15.8千米。杜集镇辖自然村。人口500。明永乐年间，胡、苏两姓由山西洪洞县迁居此地，因村前街有条深沟，形状似龙，故名龙庄。聚落呈团块状。有文化广场1个、广播站1个。经济以种植业为主，主要农作物为小麦、玉米。有公路经此。

来庄 371422-B03-H29
[Láizhuāng]

在县驻地津城街道东北方向15.5千米。杜集镇辖自然村。人口100。明初叫史杨庄。明永乐二年（1404），韩、刘二姓由山东即墨迁来，认为史杨不吉利，因其是后来的，取名来庄。聚落呈团块状。有文化广场1个、广播站1个。经济以种植业为主，主要农作物为小麦、玉米。有公路经此。

河沟李 371422-B03-H30
[Hégōulǐ]

在县驻地津城街道东北方向16.4千米。杜集镇辖自然村。人口300。明永乐二年（1404），李洁义由原三河县石门李家迁来，因居处朱家河旁，故名河沟李。聚落呈团

块状。有文化广场1个、广播站1个。经济以种植业为主，主要农作物为小麦、玉米。有公路经此。

王铁匠 371422-B03-H31
[Wángtiějiàng]

在县驻地津城街道东北方向8.9千米。杜集镇辖自然村。人口300。明朝一姓王的铁匠，他手艺高，在四里八乡有名望，在此落户，故取名王铁匠。聚落呈团块状。有文化广场1个、广播站1个。经济以种植业为主，主要农作物为小麦、玉米。有公路经此。

银相公 371422-B03-H32
[Yínxiànggong]

在县驻地津城街道东北方向17.8千米。杜集镇辖自然村。人口500。本村从前学戏的人多，很多人扮演相公的戏角，又因有银姓，故立村名为银相公。聚落呈团块状。有文化广场1个、广播站1个。经济以种植业为主，主要农作物为小麦、玉米。有公路经此。

保店 371422-B04-H01
[Bǎodiàn]

保店镇人民政府驻地。在县驻地津城街道西南方向12.0千米。保店镇辖自然村。人口1600。秦汉名胡苏亭，隋初置胡苏县，唐改临津县，北宋废临津县改称保安镇。金复为临津县城。不久县城东迁，改称保店。聚落呈团块状。有幼儿园1所、小学1所。经济以种植业、加工业为主，主要农作物为玉米、小麦等。有塑料、五金、机械加工等企业。有公路经此。

二堂苏 371422-B04-H02
[Èrtángsū]

在县驻地津城街道西南方向5.8千米。

保店镇辖自然村。人口400。明朝，苏、张二姓迁来，村南有座二郎神庙，故名二郎堂苏，后俗称二堂苏。聚落呈团块状。有幼儿园1所。经济以种植业、商贸业为主，主要农作物为玉米、小麦等。有公路经此。

冯王 371422-B04-H03
[Féngwáng]

在县驻地津城街道西南方向8.9千米。保店镇辖自然村。人口300。明弘治年间，冯姓迁来，以姓名村冯庄。后王姓迁来，以姓命村为王庄。1961年二村合并，统称冯王。聚落呈团块状。有文化广场1个、广播站1个。经济以种植业、商贸业为主，主要农作物为玉米、小麦等。有公路经此。

红庙李 371422-B04-H04
[Hóngmiàolǐ]

在县驻地津城街道西北方向7.1千米。保店镇辖自然村。人口600。李夫宽由山东即墨迁来，村内出土庙基一处，砖石书有"红庙"二字，故名红庙李。聚落呈团块状。有幼儿园1所。经济以种植业、商贸业为主，主要农作物为玉米、小麦等。有公路经此。

井庄 371422-B04-H05
[Jǐngzhuāng]

在县驻地津城街道西北方向6.2千米。保店镇辖自然村。人口400。原名刘家阁，明永乐年间，井氏由山东即墨迁此后，井氏后人增多，故改名为井庄。聚落呈团块状。有文化广场1个、广播站1个。经济以种植业、商贸业为主，主要农作物为玉米、小麦等。有公路经此。

灰刘 371422-B04-H06
[Huīliú]

在县驻地津城街道西南方向14.8千米。保店镇辖自然村。人口700。古时因村内出产石灰，前明诸王修治宫室苑囿时用此石灰，故村得名灰窝，后因村内刘姓居多，称为灰窝刘，简称灰刘。聚落呈团块状。有文化广场 1 个、广播站 1 个。经济以种植业、商贸业为主，主要农作物为玉米、小麦等。有公路经此。

灰街 371422-B04-H07

[Huījiē]

在县驻地津城街道西南方向 15.4 千米。保店镇辖自然村。人口 700。古时因村内出产石灰，前明诸王修治宫室苑囿时用此石灰，故村得名灰窝街，简称灰街。聚落呈团块状。经济以种植业、商贸业为主，主要农作物为玉米、小麦等。有公路经此。

黄镇 371422-B04-H08

[Huángzhèn]

在县驻地津城街道西方向 16.2 千米。保店镇辖自然村。人口 1000。原名为高范二排，后黄姓迁入，改称黄家镇，后简称黄镇。聚落呈团块状。有幼儿园 1 所、小学 1 所。经济以种植业、商贸业为主，主要农作物为玉米、小麦等。有公路经此。

刘仙庄 371422-B04-H09

[Liúxiānzhuāng]

在县驻地津城街道西南方向 15.3 千米。保店镇辖自然村。人口 400。明朝，刘氏由山东即墨迁来，因有九座土楼，原名刘家楼。传说楼内有仙家居住，改称刘仙庄。聚落呈团块状。有文化广场 1 个、广播站 1 个。经济以种植业、商贸业为主，主要农作物为玉米、小麦等。有公路经此。

刘大碗 371422-B04-H10

[Liúdàwǎn]

在县驻地津城街道西南方向 6.3 千米。保店镇辖自然村。人口 700。原名双泉寺，明朝刘姓由山东即墨迁来，以留下饭碗之意改为留碗庄，后习称刘大碗。聚落呈团块状。有幼儿园 1 所。经济以种植业、商贸业为主，主要农作物为玉米、小麦等。有公路经此。

蒙家洼 371422-B04-H11

[Méngjiāwā]

在县驻地津城街道西南方向 12.2 千米。保店镇辖自然村。人口 1 200。明弘治年间，蒙氏由山西洪洞县迁来，因居处地势低洼，故称蒙家洼。聚落呈团块状。有幼儿园 1 所、小学 1 所。经济以种植业、商贸业为主，主要农作物为玉米、小麦等。有公路经此。

东哱罗寨 371422-B04-H12

[Dōngbōluózhài]

在县驻地津城街道西方向 16.6 千米。保店镇辖自然村。人口 400。据传说，李仓、李培兄弟二人由山西洪洞县迁入，清朝初年，哱罗铁穆尔安营扎寨，建立哱罗寨。后以方位称东哱罗寨。聚落呈团块状。有文化广场 1 个、广播站 1 个。经济以种植业、商贸业为主，主要农作物为玉米、小麦等。有公路经此。

彭井 371422-B04-H13

[Péngjǐng]

在县驻地津城街道西方向 10.7 千米。保店镇辖自然村。人口 200。明永乐二年（1404），彭姓与井氏由山东即墨迁来，各以姓命村名为彭庄、井庄，后二村合一，称彭井。聚落呈团块状。有幼儿园 1 所、小学 1 所。经济以种植业、商贸业为主，主要农作物为玉米、小麦等。有公路经此。

苏振刚 371422-B04-H14
［Sūzhèngāng］

在县驻地津城街道西方向 6.3 千米。保店镇辖自然村。人口 200。苏振刚迁来，村原名苏家楼，苏振刚去世后，以其名讳改称苏振刚。聚落呈团块状。有文化广场 1 个、广播站 1 个。经济以种植业、商贸业为主，主要农作物为玉米、小麦等。有公路经此。

孙古柳 371422-B04-H15
［Sūngǔliǔ］

在县驻地津城街道西方向 6.6 千米。保店镇辖自然村。人口 500。明永乐二年（1404），孙姓携两子由山东即墨迁来，因此处有一棵古老而高大的柳树，故名孙古柳。聚落呈团块状。有小学 1 所。经济以种植业、商贸业为主，主要农作物为玉米、小麦等。有公路经此。

洼里王 371422-B04-H16
［Wālǐwáng］

在县驻地津城街道西南方向 15.0 千米。保店镇辖自然村。人口 300。明朝，王氏祖先由山东即墨迁来，因地形低洼，改称洼里王。聚落呈团块状。有文化广场 1 个、广播站 1 个。经济以种植业、商贸业为主，主要农作物为玉米、小麦等。313 省道经此。

王兴吾 371422-B04-H17
［Wángxīngwú］

在县驻地津城街道西南方向 6.3 千米。保店镇辖自然村。人口 400。明永乐年间，王兴吾由山西洪洞县迁来建村，以名讳起村名王兴吾。聚落呈团块状。有文化广场 1 个、广播站 1 个。经济以种植业、商贸业为主，主要农作物为玉米、小麦等。有公路经此。

王吏目庄 371422-B04-H18
［Wánglìmùzhuāng］

在县驻地津城街道西方向 12.7 千米。保店镇辖自然村。人口 500。明永乐二年（1404），王如立由山东即墨迁来。因王姓出一名吏目官，故称王吏目庄。聚落呈团块状。有幼儿园 1 所、小学 1 所。经济以种植业、商贸业为主，主要农作物为玉米、小麦等。有公路经此。

张宅东 371422-B04-H19
［Zhāngzháidōng］

在县驻地津城街道西方向 8.4 千米。保店镇辖自然村。人口 600。明永乐年间，张、胡、贾三姓由山东即墨迁来，后张俊出任知府，称张宅家，简称张宅。后分为二村，此村居东，故名张宅东。聚落呈团块状。有文化广场 1 个、广播站 1 个。经济以种植业、商贸业为主，主要农作物为玉米、小麦等。有公路经此。

张定家 371422-B04-H20
［Zhāngdìngjiā］

在县驻地津城街道西方向 9.6 千米。保店镇辖自然村。人口 500。明万历年间，张鼎杆由山东即墨迁此定居，以人名取庄名为张鼎杆庄，后简称张定家。聚落呈团块状。有文化广场 1 个、广播站 1 个。经济以种植业、商贸业为主，主要农作物为玉米、小麦等。有公路经此。

战庄 371422-B04-H21
［Zhànzhuāng］

在县驻地津城街道西南方向 11.8 千米。保店镇辖自然村。人口 500。明永乐年初，战氏由山东黄县九里战庄迁来，因降伏猛虎，故取名打虎战庄，后称战庄。聚落呈团块状。有文化广场 1 个、广播站 1 个。

经济以种植业、商贸业为主，主要农作物为玉米、小麦等。有公路经此。

大柳 371422-B05-H01
[Dàliǔ]

大柳镇人民政府驻地。在县驻地津城街道北方向 10.0 千米。人口 1 700。以村中大柳树得名。聚落呈团块状。有中学 1 所、小学 1 所、幼儿园 1 所。经济以种植业、商贸业和加工业为主，主要农作物为玉米、小麦等，有花卉种植业。有宁津三大名吃之一的"大柳面"。有木材、化工铸造、新能源开发、家具、商贸等企业。有公路经此。

七间厅 371422-B05-H02
[Qījiāntīng]

在县驻地津城街道东北方向 11.5 千米。大柳镇辖自然村。人口 600。元至元年初，李世和任宁津县令，在城外设七间公寓，故名七间厅。聚落呈团块状。有小学 1 所。经济以种植业、商贸业为主，农作物主要有玉米、小麦等。加工业以木器加工餐桌餐椅为主。有公路经此。

后魏 371422-B05-H03
[Hòuwèi]

在县驻地津城街道东北方向 16.5 千米。大柳镇辖自然村。人口 800。明永乐二年（1404），魏礼带领三个孙子骑黑马由山西洪洞县迁来，故名黑马魏庄，后称后魏。聚落呈团块状。有小学 1 所。经济以种植业、商贸业为主，农作物主要有玉米、小麦等。加工业以木器加工餐桌餐椅为主。有公路经此。

孟金寺 371422-B05-H04
[Mèngjīnsì]

在县驻地津城街道东北方向 17.0 千米。

大柳镇辖自然村。人口 500。约 300 年前，刘氏由北京密云迁来，原名小刘庄。后因村东有孟金寺，故名。聚落呈团块状。有小学 1 所。经济以种植业、商贸业为主，农作物主要有玉米、小麦等。加工业以木器加工餐桌餐椅为主。有公路经此。

宋夏家 371422-B05-H05
[Sòngxiàjiā]

在县驻地津城街道东北方向 11.0 千米。大柳镇辖自然村。人口 500。原系宋庄、夏庄两个自然村，1958 年二村合一，故名宋夏家。聚落呈团块状。有小学 1 所。经济以种植业、商贸业为主，农作物主要有玉米、小麦等。加工业以木器加工餐桌餐椅为主。有公路经此。

小郭庄 371422-B05-H06
[Xiǎoguōzhuāng]

在县驻地津城街道北方向 14.0 千米。大柳镇辖自然村。人口 300。明永乐二年（1404），郭氏自北京密云迁来，以姓命村名为小郭庄。聚落呈团块状。有小学 1 所。经济以种植业、商贸业为主，农作物主要有玉米、小麦等。加工业以木器加工餐桌餐椅为主。有公路经此。

庞家寺 371422-B05-H07
[Pángjiāsì]

在县驻地津城街道西北方向 12.5 千米。大柳镇辖自然村。人口 1 300。因村北原有一普照寺庙，后古寺损坏，又因村中大部分百姓姓庞，故改名庞家寺。聚落呈团块状。有小学 1 所。经济以种植业、商贸业为主，农作物主要有玉米、小麦等。加工业以木器加工餐桌餐椅为主。有公路经此。

张斋 371422-B05-H08
[Zhāngzhāi]

在县驻地津城街道北方向 14.3 千米。大柳镇辖自然村。人口 1 200。明永乐元年（1403），村民由顺天府密云县迁来，以人名命名为张学斋，后简称张斋。聚落呈团块状。有小学 1 所。经济以种植业、商贸业为主，农作物主要有玉米、小麦等。加工业以木器加工餐桌餐椅为主。有公路经此。

拔福刘 371422-B05-H09
[Báfúliú]

在县驻地津城街道西北方向 9.3 千米。大柳镇辖自然村。人口 300。明万历年间，村民从山东即墨迁来，过一条水沟时，车轮陷进淤泥，大家奋力拔出，拔坏车辐，刘氏主张落户在此，故名拔福刘。聚落呈团块状。有小学 1 所。经济以种植业、商贸业为主，农作物主要有玉米、小麦等。加工业以木器加工餐桌餐椅为主。有公路经此。

李架子 371422-B05-H10
[Lǐjiàzi]

在县驻地津城街道东北方向 15.0 千米。大柳镇辖自然村。人口 600。村民迁居，过一条水沟时，车轮陷进淤泥，大家奋力拔出，拔坏车辐，李姓居民将车盘架到一边，故村取名李架子。聚落呈团块状。有小学 1 所。经济以种植业、商贸业为主，农作物主要有玉米、小麦等。加工业以木器加工餐桌餐椅为主。有公路经此。

茂孙 371422-B05-H11
[Màosūn]

在县驻地津城街道北方向 13.0 千米。大柳镇辖自然村。人口 600。明永乐二年（1404），孙姓由山东即墨迁来，为纪念祖先建村，取愿子孙人丁兴旺之意，故名茂孙。聚落呈团块状。有小学 1 所。经济以种植业、商贸业为主，农作物主要有玉米、小麦等。加工业以木器加工餐桌餐椅为主。有公路经此。

财帛李 371422-B05-H12
[Cáibólǐ]

在县驻地津城街道东北方向 20.0 千米。大柳镇辖自然村。人口 500。明永乐二年（1404），李姓由山东即墨迁来，以种菜为业，原取名菜白李，后改称财帛李，意为渴望发财。聚落呈团块状。有小学 1 所。经济以种植业、商贸业为主，农作物主要有玉米、小麦等。加工业以木器加工餐桌餐椅为主。有公路经此。

鄄子 371422-B05-H13
[Juànzi]

在县驻地津城街道东北方向 19.5 千米。大柳镇辖自然村。人口 700。明朝初年，杨光显由现海丰县迁来，原名青草洼，后改称圈子，又按谐音称鄄子。聚落呈团块状。有小学 1 所。经济以种植业、商贸业为主，农作物主要有玉米、小麦等。加工业以木器加工餐桌餐椅为主。有公路经此。

高伊范 371422-B05-H14
[Gāoyīfàn]

在县驻地津城街道北方向 12.0 千米。大柳镇辖自然村。人口 600。明永乐年间，高姓由山西洪洞县迁来，后伊姓、范姓相继迁来，称高伊范。聚落呈团块状。有小学 1 所。经济以种植业、商贸业为主，农作物主要有玉米、小麦等。加工业以木器加工餐桌餐椅为主。有公路经此。

大曹 371422-B06-H01

[Dàcáo]

大曹镇人民政府驻地。在县驻地津城街道西南方向 20.0 千米。人口 800。明朝，曹氏由山西洪洞县迁来，以姓取名大曹。聚落呈团块状。有幼儿园 1 所、小学 1 所。经济以种植业、加工业为主，产玉米、小麦等，加工业有塑胶、机械、化工、塑铝门窗等产业。有公路经此。

乔王代 371422-B06-H02

[Qiáowángdài]

在县驻地津城街道西南方向 19.6 千米。大曹镇辖自然村。人口 700。乔姓由本乡大桥、王姓由山西洪洞、戴姓由山东即墨迁来，后统称乔王代。聚落呈团块状。有幼儿园 1 所、小学 1 所。经济以种植业、商贸业为主，主要农作物为玉米、小麦等。有公路经此。

八沟孙 371422-B06-H03

[Bāgōusūn]

在县驻地津城街道西南方向 21.4 千米。大曹镇辖自然村。人口 300。孙氏祖先由山东即墨迁来，因村周围有八条自然沟，故名八沟孙。聚落呈团块状。有文化广场 1 个、广播站 1 个。经济以种植业、商贸业为主，主要农作物为玉米、小麦等。有公路经此。

刘槐 371422-B06-H04

[Liúhuái]

在县驻地津城街道西南方向 24.7 千米。大曹镇辖自然村。人口 500。明永乐年间，刘姓由山东即墨迁来，因此地槐树较多，故名刘槐。聚落呈团块状。经济以种植业、商贸业为主，主要农作物为玉米、小麦等。有公路经此。

西哱罗寨 371422-B06-H05

[Xībōluózhài]

在县驻地津城街道西南方向 16.7 千米。大曹镇辖自然村。人口 200。元代，有个叫哱罗帖木耳的大将曾率兵到此安营扎寨，取名哱罗寨。本村居西，故名西哱罗寨。聚落呈团块状。有文化广场 1 个、广播站 1 个。经济以种植业、商贸业为主，主要农作物为玉米、小麦等。有公路经此。

孙其宾 371422-B06-H06

[Sūnqíbīn]

在县驻地津城街道西南方向 20.4 千米。大曹镇辖自然村。人口 300。明永乐年间，孙氏一世祖孙度由山东即墨迁来，靖难之役时，孙其宾幸存，故名村孙其宾。聚落呈团块状。有文化广场 1 个、广播站 1 个。经济以种植业、商贸业为主，主要农作物为玉米、小麦等。有公路经此。

宋桥 371422-B06-H07

[Sòngqiáo]

在县驻地津城街道西南方向 21.6 千米。大曹镇辖自然村。人口 500。明朝，宋氏由山东即墨迁来，位于朱家旱河东岸，后因在朱家河上修了一座桥，取名宋桥。聚落呈团块状。有文化广场 1 个、广播站 1 个。经济以种植业、商贸业为主，主要农作物为玉米、小麦等。有公路经此。

宋蒋 371422-B06-H08

[Sòngjiǎng]

在县驻地津城街道西南方向 23.2 千米。大曹镇辖自然村。人口 400。原系小王宋、小王蒋两个自然村，1980 年后，二村合一，统称宋蒋。聚落呈团块状。有幼儿园 1 所、小学 1 所。经济以种植业、商贸业为主，主要农作物为玉米、小麦等。有公路经此。

屠张　371422-B06-H09
[Túzhāng]

在县驻地津城街道西南方向 17.6 千米。大曹镇辖自然村。人口 300。明朝，张氏由山东即墨迁来，因以屠宰为生，故名屠张。聚落呈团块状。有文化广场 1 个、广播站 1 个。经济以种植业、商贸业为主，主要农作物为玉米、小麦等。有公路经此。

张鳌　371422-B06-H10
[Zhāng'áo]

在县驻地津城街道西南方向 25.4 千米。大曹镇辖自然村。人口 1 300。李闯王下属的一名叫张鳌的将军来此为僧，修建寺院，故称张鳌。聚落呈团块状。有幼儿园 1 所、小学 1 所。经济以种植业、养殖业、商贸业为主，主要农作物为玉米、小麦等。有公路经此。

朱王奉　371422-B06-H11
[Zhūwángfèng]

在县驻地津城街道西南方向 17.7 千米。大曹镇辖自然村。人口 500。明万历年间，朱姓由山东即墨迁来，后朱棣皇帝下令杀绝朱姓，为摆脱被杀的命运，由朱改姓王，取名朱王奉。聚落呈团块状。有文化广场 1 个、广播站 1 个。经济以种植业、商贸业为主，主要农作物为玉米、小麦等。313 省道经此。

棘棵王　371422-B06-H12
[Jíkēwáng]

在县驻地津城街道西南方向 22.9 千米。大曹镇辖自然村。人口 500。明永乐二年（1404），王姓由山东即墨迁来，此村原酸枣树很多，棘棵丛生，故名棘棵王。聚落呈团块状。有文化广场 1 个、广播站 1 个。经济以种植业、商贸业为主，主要农作物为玉米、小麦等。有公路经此。

油房赵　371422-B06-H13
[Yóufángzhào]

在县驻地津城街道西南方向 21.5 千米。大曹镇辖自然村。人口 700。明朝一官史名赵者，迁入此地，称油房赵。聚落呈团块状。有幼儿园 1 所。经济以种植业、商贸业为主，主要农作物为玉米、小麦等。有公路经此。

火盆陈　371422-B06-H14
[Huǒpénchén]

在县驻地津城街道西南方向 21.3 千米。大曹镇辖自然村。人口 4 000。陈氏由山东即墨迁来，以烧火盆为业，故名火盆陈。聚落呈团块状。有文化广场 1 个、广播站 1 个。经济以种植业、养殖业为主，主要农作物为玉米、小麦等。有公路经此。

王布谏　371422-B06-H15
[Wángbùjiàn]

在县驻地津城街道西南方向 18.3 千米。大曹镇辖自然村。人口 500。明朝末年，王法桐由山东即墨迁来，后王姓有一做官者，为布谏官，故名王布谏。聚落呈团块状。有文化广场 1 个、广播站 1 个。经济以种植业、商贸业为主，主要农作物为玉米、小麦等。有公路经此。

盖佃王　371422-B06-H16
[Gàidiànwáng]

在县驻地津城街道西南方向 21.9 千米。大曹镇辖自然村。人口 300。明永乐年间，王世杰由山东即墨迁来，因生活困难，给人干长工，因而村得名丐佃王，后改称盖佃王。聚落呈团块状。有文化广场 1 个、广播站 1 个。经济以种植业、商贸业为主，主要农作物为玉米、小麦等。有公路经此。

范集 371422-B06-H17

［Fànjí］

在县驻地津城街道西南方向 18.2 千米。大曹镇辖自然村。人口 600。明末，范氏迁入，并立集市，故称范家集，简称范集。聚落呈团块状。有文化广场 1 个、广播站 1 个。经济以种植业、商贸业为主，主要农作物为玉米、小麦等。有公路经此。

西刘朝 371422-B06-H18

［Xīliúcháo］

在县驻地津城街道西南方向 17.6 千米。大曹镇辖自然村。人口 600。明朝年间，刘氏由山东即墨迁来，由于刘氏世代在朝任官，故名刘朝士。后分为二村，本村居西，称为西刘朝。聚落呈团块状。有文化广场 1 个、广播站 1 个。经济以种植业、商贸业为主，主要农作物为玉米、小麦等。有公路经此。

西塘 371422-B06-H19

［Xītáng］

在县驻地津城街道西南方向 21.1 千米。大曹镇辖自然村。人口 1 100。因比周围的村庄都低，像池塘一样，且有一东塘，故名西塘。聚落呈团块状。有幼儿园 1 所、小学 1 所。经济以种植业、商贸业为主，主要农作物为玉米、小麦等。有公路经此。

赵竿竹 371422-B06-H20

［Zhàogānzhú］

在县驻地津城街道西南方向 21.0 千米。大曹镇辖自然村。人口 300。赵氏、朱氏由山东即墨迁来，后赵姓人多户大，将朱姓赶至杨化庄，故取名为赵竿（赶）竹（朱）。聚落呈团块状。有文化广场 1 个、广播站 1 个。经济以种植业、商贸业为主，主要农作物为玉米、小麦等。有公路经此。

郭红 371422-B06-H21

［Guōhóng］

在县驻地津城街道西南方向 21.3 千米。大曹镇辖自然村。人口 300。明朝，郭氏兄弟由山东即墨迁来，因嘴大又红，被送外号郭嘴红，故村名郭红。聚落呈团块状。有文化广场 1 个、广播站 1 个。经济以种植业、商贸业为主，主要农作物为玉米、小麦等。有公路经此。

野竹李 371422-B06-H22

［Yězhúlǐ］

在县驻地津城街道西南方向 27.8 千米。大曹镇辖自然村。人口 1 000。宋朝，林冲被发配路经此地野猪林，李姓迁来后，村易称野猪李，后感"猪"字不雅，改称野竹李。聚落呈团块状。有幼儿园 1 所、小学 1 所。经济以种植业、商贸业为主，主要农作物为玉米、小麦等。有公路经此。

相衙镇 371422-B07-H01

［Xiāngyázhèn］

相衙镇人民政府驻地。在县驻地津城街道西方向 9.0 千米。人口 400。古代帝王立相为辅，此处为相的居所衙，故名。聚落呈团块状。有幼儿园 1 所。经济以种植业、加工业为主，主要农作物为玉米、小麦等。有温控设备制造、纺织、健身器材、发动机配件等企业。有公路经此。

刘道庄 371422-B07-H02

［Liúdàozhuāng］

在县驻地津城街道西北方向 11.0 千米。相衙镇辖自然村。人口 300。明永乐年间，刘门老太君携二子刘道、刘安奉诏由济南府历城县大户刘庄迁至宁津县城西十五里处定居，后以第一世祖长子姓名而定村名为刘道庄。聚落呈团块状。经济以种植业、商贸业为主，主要农作物为玉米、小麦等。有公路经此。

李庄　371422-B07-H03

［Lǐzhuāng］

在县驻地津城街道西北方向 15.0 千米。相衙镇辖自然村。人口 100。明永乐二年（1404），李达由山东即墨迁来，以姓定名洪东李，意为洪庄东侧，1984 年后改成李庄。聚落呈团块状。有文化广场 1 个、广播站 1 个。经济以种植业、商贸业为主，主要农作物为玉米、小麦等。有公路经此。

前纸房　371422-B07-H04

［Qiánzhǐfáng］

在县驻地津城街道西北方向 17.0 千米。相衙镇辖自然村。人口 600。明万历年间，张文举由山东即墨迁来，以造纸为业，取村名张家纸房。后兄弟三人分居，故有前、后、西纸房之称，本村居前，故称前纸房。聚落呈团块状。有文化广场 1 个、广播站 1 个。经济以种植业、商贸业为主，主要农作物为玉米、小米等。有公路经此。

张道口　371422-B07-H05

［Zhāngdàokǒu］

在县驻地津城街道西北方向 17.0 千米。相衙镇辖自然村。人口 400。明永乐年间，张鹏、张蛟兄弟二人由山东即墨老鸹张村迁来，因此处为黄河歧口处，故称张道口。聚落呈团块状。有文化广场 1 个、广播站 1 个。经济以种植业为主，主要农作物为玉米、小米等。有公路经此。

芝麻李　371422-B07-H06

［Zhīmalǐ］

在县驻地津城街道西北方向 7.9 千米。相衙镇辖自然村。人口 200。明永乐二年（1404），李氏由山东即墨县迁至此地，后因村民善种芝麻，商人称村为芝麻李。聚落呈团块状。有文化广场 1 个、广播站 1 个。经济以种植业、商贸业为主。有公路经此。

王双槐　371422-B07-H07

［Wángshuānghuái］

在县驻地津城街道西北方向 17.0 千米。相衙镇辖自然村。人口 400。明永乐年间，王世德由山东即墨迁来，因当地有两株古槐，故称王双槐。聚落呈团块状。有文化广场 1 个、广播站 1 个。经济以种植业、商贸业为主，主要农作物为玉米、小米等。有公路经此。

万粮张　371422-B07-H08

［Wànliángzhāng］

在县驻地津城街道西北方向 11.0 千米。相衙镇辖自然村。人口 200。1401 年，张氏由山东即墨迁来，因粮食丰足，故名万粮张。聚落呈团块状。有文化广场 1 个、广播站 1 个。经济以种植业、商贸业为主，主要农作物为玉米、小米等。有公路经此。

王圃囤　371422-B07-H09

［Wángpǔtún］

在县驻地津城街道西北方向 12.0 千米。相衙镇辖自然村。人口 300。1561 年，王甲龙、王甲虎、王甲象兄弟三人由山东即墨迁来，因常年编草圃囤为生，故得名王圃囤。聚落呈团块状。有文化广场 1 个、广播站 1 个。经济以种植业、商贸业为主，主要农作物为玉米、小米等。有公路经此。

东芦集　371422-B07-H10

［Dōnglújí］

在县驻地津城街道西北方向 8.8 千米。相衙镇辖自然村。人口 400。明永乐年间，卢氏由河南开封府商水县阁岗村迁来，改村名为东卢集，后称东芦集。聚落呈团块状。有文化广场 1 个、广播站 1 个。经济以种植业、商贸业为主，主要农作物为玉米、小米等。有公路经此。

苗马李 371422–B07–H11
[Miáomǎlǐ]

在县驻地津城街道西北方向 14.0 千米。相衙镇辖自然村。人口 200。原为马庄，明朝年间，李德方、苗一亮两家先后由山东即墨迁来，取名苗马李。聚落呈团块状。有文化广场 1 个、广播站 1 个。经济以种植业、商贸业为主，主要农作物为玉米、小米等。有公路经此。

王铎 371422–B07–H12
[Wángduó]

在县驻地津城街道西北方向 14.0 千米。相衙镇辖自然村。人口 400。明朝年间，王姓弟兄三人王铎、王英、王隆携眷由山西省洪洞县大槐树下迁来此地，故名王铎。聚落呈团块状。有小学 1 所、中学 1 所。经济以种植业、商贸业为主，主要农作物为玉米、小米等。有公路经此。

编席杨 371422–B07–H13
[Biānxíyáng]

在县驻地津城街道西北方向 16.0 千米。相衙镇辖自然村。人口 400。明万历年间，杨氏由山东即墨迁来，以编席谋生，故名编席杨。聚落呈团块状。有文化广场 1 个、广播站 1 个。经济以种植业、商贸业为主，主要农作物为玉米、小米等。有公路经此。

八庄 371422–B07–H14
[Bāzhuāng]

在县驻地津城街道西北方向 12.0 千米。相衙镇辖自然村。人口 500。1410 年，李邦宦由山东即墨杨格二庄迁居于此，以编织妇女的头带网子为生，故名扒网匠庄，后简化为八庄。聚落呈团块状。有文化广场 1 个、广播站 1 个。经济以种植业、商贸业为主，主要农作物为玉米、小米等。有公路经此。

孔圣庙 371422–B07–H15
[Kǒngshèngmiào]

在县驻地津城街道西北方向 19.0 千米。相衙镇辖自然村。人口 600。明永乐年间，于、闫二姓由山东即墨迁此，原有孔子庙一座，沿用庙称，称孔圣庙。聚落呈团块状。有文化广场 1 个、广播站 1 个。经济以种植业、商贸业为主，主要农作物为玉米、小米等。有公路经此。

黑白 371422–B07–H16
[Hēibái]

在县驻地津城街道西北方向 14.0 千米。相衙镇辖自然村。人口 400。1548 年，白氏兄弟二人由山东即墨迁来，到达本村时正值黎明时刻，故以此命村名为黑白。聚落呈团块状。有文化广场 1 个、广播站 1 个。经济以种植业、商贸业为主，主要农作物为玉米、小米等。有公路经此。

楼子李 371422–B07–H17
[Lóuzilǐ]

在县驻地津城街道西北方向 17.0 千米。相衙镇辖自然村。人口 600。明永乐年间，李喜成由山东即墨南关甜水井迁来，因以编篓为业，故取名篓子李，后改称楼子李。聚落呈团块状。有文化广场 1 个、广播站 1 个。经济以种植业、商贸业为主，主要农作物为玉米、小米等。有公路经此。

时集 371422–B08–H01
[Shíjí]

时集镇人民政府驻地。在县驻地津城

街道北方向 4.0 千米。人口 900。因姓氏和集市得名。聚落呈团块状。有幼儿园 1 所、小学 1 所。经济以种植业、加工业为主，主要种植玉米、小麦、白蜡、国槐。有农业专业合作社。加工业以温控设备制造、新型建材设备、汽车油箱制造、水泥制品、化工、生物科技等为主。有公路经此。

博古张 371422-B08-H02
[Bógǔzhāng]

在县驻地津城街道北方向 5.0 千米。时集镇辖自然村。人口 100。明永乐年间，张姓一家的二儿子在本村落户，用鹁鸪与张氏家族通信，故名鹁鸪张家。清代末年，更村名为博古张。聚落呈团块状。有文化广场 1 个、广播站 1 个。经济以种植业、商贸业为主。有公路经此。

郭皋 371422-B08-H03
[Guōgāo]

在县驻地津城街道西北方向 6.5 千米。时集镇辖自然村。人口 600。明永乐二年（1404），郭姓由山东即墨迁居此地，因七世祖郭皋中了进士，遂命村名为郭皋。聚落呈团块状。有文化广场 1 个、广播站 1 个。经济以种植业、商贸业为主。有公路经此。

虎皮张 371422-B08-H04
[Hǔpízhāng]

在县驻地津城街道西北方向 10.0 千米。时集镇辖自然村。人口 600。张姓从山东即墨迁来此地落户立村，因其经营狗皮生意，始称狗皮张，后改为虎皮张。聚落呈团块状。有幼儿园 1 所、小学 1 所。有公路经此。

李八卦 371422-B08-H05
[Lǐbāguà]

在县驻地津城街道西北方向 9.8 千米。

时集镇辖自然村。人口 200。相传李姓迁来此地定居，以算卦为业，故名。聚落呈团块状。有文化广场 1 个、广播站 1 个。经济以种植业、商贸业为主，主要农作物为玉米、小米等。有公路经此。

李朋 371422-B08-H06
[Lǐpéng]

在县驻地津城街道西北方向 8.9 千米。时集镇辖自然村。人口 600。明永乐年间，李朋由山东省即墨迁此，遂改称李朋家，简称李朋。聚落呈团块状。有文化广场 1 个、广播站 1 个。经济以种植业、商贸业为主，主要农作物为玉米、小米等。有公路经此。

马厂 371422-B08-H07
[Mǎchǎng]

在县驻地津城街道西北方向 8.5 千米。时集镇辖自然村。人口 600。明永乐二年（1404），王玉赞自山东即墨迁来此地建村，因村北有个马厂，初名王马厂，后简称马厂。聚落呈团块状。有文化广场 1 个、广播站 1 个。经济以种植业、商贸业为主，主要农作物为玉米、小米等。有公路经此。

王庭 371422-B08-H08
[Wāngtíng]

在县驻地津城街道西北方向 9.2 千米。时集镇辖自然村。人口 100。明永乐年间，王显庭兄弟二人由山东即墨迁来此地立村，原名王显庭，后简称王庭。聚落呈团块状。有文化广场 1 个、广播站 1 个。经济以种植业、商贸业为主，主要农作物为玉米、小米等。有公路经此。

刘万仓 371422-B08-H09
[Liúwàncāng]

在县驻地津城街道西北方向 5.2 千米。时集镇辖自然村。人口 700。明永乐二年

（1404），刘瓦由山东即墨迁来此地定居，刘瓦死后葬于妾墓，将帽顶取回葬于妻墓，故名刘帽顶庄。后改为刘万仓。聚落呈团块状。有文化广场1个、广播站1个。经济以种植业、商贸业为主，主要农作物为玉米、小米等。有公路经此。

门家阁 371422-B08-H10
[Ménjiāgé]

在县驻地津城街道西北方向12.0千米。时集镇辖自然村。人口200。明永乐年间，门姓由本乡门家道迁来此地立村，因该地有一阁远近闻名，故名门家阁。聚落呈团块状。有文化广场1个、广播站1个。经济以种植业、商贸业为主，主要农作物为玉米、小米等。有公路经此。

刘菜园 371422-B08-H11
[Liúcàiyuán]

在县驻地津城街道西北方向2.0千米。时集镇辖自然村。人口200。明永乐二年（1404），刘唐、刘尧、刘舜、刘禹由山西洪洞县迁此建村，因以种菜为生，故起名刘菜园。聚落呈团块状。有文化广场1个、广播站1个。经济以种植业、商贸业为主，主要农作物为玉米、小米等。有公路经此。

双庙 371422-B08-H12
[Shuāngmiào]

在县驻地津城街道西北方向4.0千米。时集镇辖自然村。人口300。1924年，郝法泽由现城关镇大付庄迁来，因有两座寺庙，故名双庙。聚落呈团块状。有文化广场1个、广播站1个。经济以种植业、商贸业为主，主要农作物为玉米、小米等。有公路经此。

守墓刘 371422-B08-H13
[Shǒumùliú]

在县驻地津城街道西北方向8.2千米。时集镇辖自然村。人口100。明永乐二年（1404），刘大敬之父带领刘大敬、刘大悦、刘大成兄弟三人由山东即墨迁此，其父死后，刘大敬守墓三年，故起名守墓刘。聚落呈团块状。有文化广场1个、广播站1个。经济以种植业、商贸业为主，主要农作物为玉米、小米等。有公路经此。

臧庄 371422-B08-H14
[Zāngzhuāng]

在县驻地津城街道西北方向3.0千米。时集镇辖自然村。人口700。明永乐二年（1404），臧姓由山东即墨迁来建村，故名臧庄。聚落呈团块状。有文化广场1个、广播站1个。经济以种植业、商贸业为主，主要农作物为玉米、小米等。有公路经此。

前片杨 371422-B08-H15
[Qiánpiànyáng]

在县驻地津城街道西北方向12.0千米。时集镇辖自然村。人口300。明永乐二年（1404），杨腾兄弟二人由山东即墨迁来此地定居，以织褡裢布片为生，故名褡裢片杨。后分两村，本村居前，故名前片杨。聚落呈团块状。有文化广场1个、广播站1个。经济以种植业、商贸业为主，主要农作物为玉米、小米等。有公路经此。

谢庄 371422-B08-H16
[Xièzhuāng]

在县驻地津城街道西北方向6.0千米。时集镇辖自然村。人口100。相传此处为明朝燕王扫北后遗留下的老村，因全村均姓谢，故名谢庄。聚落呈团块状。有文化广场1个、广播站1个。经济以种植业、商贸业为主，主要农作物为玉米、小米等。有公路经此。

周集　371422-B08-H17
［Zhōují］

在县驻地津城街道西北方向5.0千米。时集镇辖自然村。人口600。明朝靖难之役后，周姓由山东即墨迁来此地建村，设有集市，故名周集。聚落呈团块状。有文化广场1个、广播站1个。经济以种植业、商贸业为主。有公路经此。

张大庄　371422-B09-H01
［Zhāngdàzhuāng］

张大庄镇人民政府驻地。在县驻地津城街道北方向20.5千米。人口3 600。因村大且张姓居多，故名。聚落呈团块状。有幼儿园1所、小学1所。经济以种植业、加工业为主，主要农作物为玉米、小麦、白菜等，加工业以牛皮纸、机械设备、化工制品、火柴等生产为主。有公路经此。

十王庙　371422-B09-H02
［Shíwángmiào］

在县驻地津城街道北方向18.3千米。张大庄镇辖自然村。人口500。明永乐二年（1404），由山东省即墨迁来此地，由于村西有一座庙，庙内塑有十大阎王，故称十王庙。聚落呈团块状。有文化广场1个、广播站1个。经济以种植业、商贸业为主，主要农作物为玉米、小麦等。有公路经此。

双碓　371422-B09-H03
［Shuāngduì］

在县驻地津城街道北方向19.0千米。张大庄镇辖自然村。人口1 500。古代此地有两捣来石碓，故名双碓。聚落呈团块状。有小学1所、中学1所。经济以种植业、

商贸业为主，主要农作物为玉米、小麦等。有企业1个。有公路经此。

后郑　371422-B09-H04
［Hòuzhèng］

在县驻地津城街道西北方向23.0千米。张大庄镇辖自然村。人口400。明燕王扫北后，先祖另立新村，统称白集。白集为前街，后郑为后街，后两村合称郑庄，又改称后郑。聚落呈团块状。有文化广场1个、广播站1个。经济以种植业、商贸业为主，主要农作物为玉米、小麦等。有公路经此。

大白　371422 B09 H05
［Dàbái］

在县驻地津城街道西北方向23.0千米。张大庄镇辖自然村。人口400。白果由山东即墨迁来，故名大白。聚落呈团块状。有文化广场1个、广播站1个。经济以种植业、商贸业为主，主要农作物为玉米、小麦等。有公路经此。

大鱼李　371422-B09-H06
［Dàyúlǐ］

在县驻地津城街道西北方向22.0千米。张大庄镇辖自然村。人口1 500。500年前，李姓迁居此地，以打鱼为业，故立村名为打鱼李，后改为大鱼李。聚落呈团块状。有文化广场1个、广播站1个。经济以种植业、商贸业为主，主要农作物为玉米、小麦等。有企业1个。有公路经此。

张太监　371422-B09-H07
［Zhāngtàijiàn］

在县驻地津城街道西北方向21.0千米。张大庄镇辖自然村。人口600。明朝年间，张、李两姓由山东即墨迁此，因张姓出一名太监，势力颇大，故立村名张太监。聚落呈团块状。有文化广场1个、广播站1个。

经济以种植业、商贸业为主，主要农作物为玉米、小麦等。有公路经此。

张纸房 371422-B09-H08
［Zhāngzhǐfáng］

在县驻地津城街道北方向 18.0 千米。张大庄镇辖自然村。人口 200。明朝年间，张天荣由山东即墨迁此，以造纸为业，故称张纸房。聚落呈团块状。有文化广场 1 个、广播站 1 个。经济以种植业、商贸业为主，主要农作物为玉米、小麦等。有公路经此。

张香西 371422-B09-H09
［Zhāngxiāngxī］

在县驻地津城街道西北方向 19.0 千米。张大庄镇辖自然村。人口 800。原为张家窑厂、王家香房、西王家窑厂三个自然村，后三村合一，统称张香西。聚落呈团块状。有文化广场 1 个、广播站 1 个。经济以种植业、商贸业为主，主要农作物为玉米、小麦等。有公路经此。

杏行 371422-B09-H10
［Xìngháng］

在县驻地津城街道北方向 23.0 千米。张大庄镇辖自然村。人口 1 500。明永乐二年（1404），徐、张两姓由山东即墨迁来定居，村中杏树很多，故名杏行。聚落呈团块状。经济以种植业、商贸业为主，主要农作物为玉米、小麦等。有公路经此。

清明寺 371422-B09-H11
［Qīngmíngsì］

在县驻地津城街道北方向 20.0 千米。张大庄镇辖自然村。人口 700。明永乐二年（1404），先民迁居此地，由于村北有一座唐朝大庙，名为清名寺，故以此得名。聚落呈团块状。有文化小广场 1 个。经济

王营伍 371422-C01-H01
［Wángyíngwǔ］

刘营伍乡人民政府驻地。在县驻地津城街道北方向 11.0 千米。人口 1 200。此处为历代屯兵之处，称营伍庄。明永乐二年（1404），王思礼兄弟三人由山东省乐安县龙晏王庄迁来，故称王营伍。聚落呈团块状。有幼儿园 1 所。经济以种植业、加工业为主，主要农作物为玉米、小麦等。有木器厂。有公路经此。

老君堂 371422-C01-H02
［Lǎojūntáng］

在县驻地津城街道西北方向 12.4 千米。刘营伍乡辖自然村。人口 700。因村西有一老君庙，故名老君堂。聚落呈团块状。有文化广场 1 个、广播站 1 个。经济以种植业为主，主要农作物为玉米、小米等。有公路经此。

杨官马 371422-C01-H03
［Yángguānmǎ］

在县驻地津城街道西北方向 10.4 千米。刘营伍乡辖自然村。人口 300。明朝燕王扫北南归时，曾屯兵于安州寨，此地给官家养马，故名养官马家，至清末演变为杨官马。聚落呈团块状。有文化广场 1 个、广播站 1 个。经济以种植业为主，主要农作物为玉米、小米等。有公路经此。

河北张 371422-C01-H04
［Héběizhāng］

在县驻地津城街道西北方向 8.8 千米。刘营伍乡辖自然村。人口 1 100。明永乐年间，张大川由山东罗安郡鱼邻大张庄迁来，村前有一条河，将村包了起来，故名河抱

张，清末习称河北张。聚落呈团块状。有文化广场 1 个、广播站 1 个。经济以种植业为主，主要农作物为玉米、小米等。有公路经此。

庞寨子　371422-C01-H05
[Pángzhàizi]

在县驻地津城街道西北方向 9.2 千米。刘营伍乡辖自然村。人口 400。明正统十三年（1448），庞九安由本县南庞迁来，清咸丰二年（1852），庞际云考取进士，更名为庞寨子。聚落呈团块状。有文化广场 1 个、广播站 1 个。经济以种植业为主，主要农作物为玉米、小米等。有公路经此。

崔寨　371422-C01-H06
[Cuīzhài]

在县驻地津城街道西北方向 8.8 千米。刘营伍乡辖自然村。人口 1 000。燕王靖难之师在此屯兵扎寨。明永乐二年（1404），崔有亮由陇海路附近罗安州迁来，故名崔寨。聚落呈团块状。有文化广场 1 个、广播站 1 个。经济以种植业为主，主要农作物为玉米、小米等。有公路经此。

前刘　371422-C01-H07
[Qiánliú]

在县驻地津城街道西北方向 10.9 千米。刘营伍乡辖自然村。人口 200。明永乐二年（1404），刘兴由山东即墨迁来，因以编筐为业，故名编筐刘。后子孙分居四处，本村居前，称前编筐刘，简称前刘。聚落呈团块状。有文化广场 1 个、广播站 1 个。经济以种植业为主，主要农作物为玉米、小米等。有公路经此。

龙潭　371422-C01-H08
[Lóngtán]

在县驻地津城街道西北方向 12.1 千米。

刘营伍乡辖自然村。人口 2 600。明永乐二年（1404），张氏建村，因河南岸堤上有座龙王古庙，庙前有数丈深潭，故名龙潭。聚落呈团块状。有幼儿园 1 所、小学 1 所。经济以种植业为主，主要农作物为玉米、小米等。有公路经此。

曹茂伍　371422-C01-H09
[Cáomàowǔ]

在县驻地津城街道西北方向 11.3 千米。刘营伍乡辖自然村。人口 500。由山东即墨迁来，原名榆树林。四世祖明伦字懋伍，性慷慨，精武术，远近闻名，故改榆树林为曹懋伍，1987 年后改称曹茂伍。聚落呈团块状。有文化广场 1 个、广播站 1 个。经济以种植业为主，主要农作物为玉米、小米等。有公路经此。

刘旺言　371422-C01-H10
[Liúwàngyán]

在县驻地津城街道西北方向 11.5 千米。刘营伍乡辖自然村。人口 700。明永乐年间，刘旺言由山东即墨迁来，以名讳取村名刘旺言。聚落呈团块状。有文化广场 1 个、广播站 1 个。经济以种植业为主，主要农作物为玉米、小米等。有公路经此。

郭营伍　371422-C01-H11
[Guōyíngwǔ]

在县驻地津城街道西北方向 11.1 千米。刘营伍乡辖自然村。人口 900。明永乐年间，郭姓由山东即墨迁来，因燕王在此驻过军队，故称郭营伍。聚落呈团块状。有幼儿园 1 所、小学 1 所。经济以种植业为主，主要农作物为玉米、小米等。有公路经此。

庆云县

城市居民点

迎宾花园 371423-I01
[Yíngbīn Huāyuán]

在县城中部。人口 1 700。总面积 9.7 公顷。以为迎接来宾而建立的小区之意命名。2000 年始建，2003 年正式使用。建筑总面积 97 000 平方米，多层住宅楼 17 栋，现代建筑风格。有幼儿园、便民超市等配套设施。不通公交车。

北海家园 371423-I02
[Běihǎi Jiāyuán]

在县城北部。人口 2 600。总面积 12.0 公顷。因靠近北海公园而得名。2007 年始建，2007 年正式使用。建筑总面积 112 085 平方米，多层住宅楼 28 栋，现代建筑风格。有幼儿园、便民超市等配套设施。不通公交车。

阳光花园 371423-I03
[Yángguāng Huāyuán]

在县城东南部。人口 1 800。总面积 11.6 公顷。以阳光普照、绿化多之意命名。2004 年始建，2006 年正式使用。建筑总面积 170 000 平方米，多层住宅楼 17 栋，现代建筑风格。有幼儿园、便民超市等配套设施。不通公交车。

怡景家园 371423-I04
[Yíjǐng Jiāyuán]

在县城中部。人口 2 000。总面积 10.1 公顷。以美景怡养性情之意命名。2009 年始建，2011 年正式使用。建筑总面积 122 833 平方米，多层住宅楼 30 栋，现代建筑风格。绿化率 20%，有幼儿园、便民超市等配套设施。通公交车。

西湖润园 371423-I05
[Xīhú Rùnyuán]

在县城中部。人口 1 700。总面积 7.2 公顷。因西侧有小湖美景而得名。2007 年始建，2008 年正式使用。多层住宅楼 19 栋，现代建筑风格。有幼儿园、便民超市等配套设施。不通公交车。

鸿瑞花园 371423-I06
[Hóngruì Huāyuán]

在县城中部。人口 2 000。总面积 10.25 公顷。取鸿运、吉祥之意命名。2004 年始建，2006 年正式使用。建筑总面积 76 000 平方米，多层住宅楼 20 栋，现代建筑风格。有幼儿园、便民超市等配套设施。不通公交车。

农村居民点

信家 371423-A01-H01
[Xìnjiā]

在县驻地渤海路街道南方向 0.8 千米。渤海路街道辖自然村。人口 700。明永乐二年（1404），信氏自洪洞县迁此立庄，故名。聚落呈团块状分布。经济以木材加工、建材加工、运输、服装经营等业为主。有公路经此。

杨习武 371423-A01-H02
[Yángxíwǔ]

在县驻地渤海路街道东北方向 2.1 千米。渤海路街道辖自然村。人口 900。1800 年后，杨方显、杨方常兄弟迁居此处，因此地为其父杨肖寤庄田，乃取村名为肖寤庄，后改村名为杨习武。聚落呈团块状分布。有农家书屋 1 个。经济以种植业为主。

有公路经此。

东杜树刘 371423-A01-H03

［Dōngdùshùliú］

在县驻地渤海路街道东北方向 4.5 千米。渤海路街道辖自然村。人口 1 000。明永乐时期，刘姓由诸城县迁来定居，因此处有杜梨树，以树名村，叫杜树刘家庄。后分为东杜树刘、西杜树刘两个村，此村为东杜树刘。聚落呈团块状分布。有文化广场 1 个。经济以种植业为主。有公路经此。

李云曲 371423-A01-II04

［Lǐyúnqū］

在县驻地渤海路街道东北方向 3.3 千米。渤海路街道辖自然村。人口 700。明永乐二年（1404），李氏兄弟五人由山东即墨李家沟村迁居，二弟名云衢，落户该村，以名命村。聚落呈团块状分布。有图书室 1 个、文化广场 1 个。经济以工业加工业和商贸物流业为主。有公路经此。

解集 371423-A01-H05

［xièjí］

在县驻地渤海路街道西南方向 1.1 千米。渤海路街道辖自然村。人口 900。明正德年间，解姓从青县迁来，因立集，故叫解家集，简称解集。聚落呈团块状分布。有图书馆 1 个、学校 1 所。经济以种植业为主。有公路经此。

于店 371423-A01-H06

［Yúdiàn］

在县驻地渤海路街道东北方向 8.2 千米。渤海路街道辖自然村。人口 1 500。明永乐二年（1404），于姓迁此立村，村名于家寨，后改称于家店，简称于店。聚落呈团块状分布。有图书室 1 个、文化广场 1个。有无棣故城遗址。经济以种植业为主。有公路经此。

甄家 371423-A01-H07

［Zhēnjiā］

在县驻地渤海路街道北方向 4.3 千米处。渤海路街道辖自然村。人口 1 200。明初，甄成携家人由获鹿县迁此，故名。聚落呈团块状分布。有学校 1 所。经济以种植业为主。有公路经此。

魏洼 371423-A01-H08

［Wèiwā］

在县驻地渤海路街道东北方向 7.4 千米，渤海路街道辖自然村。人口 500。明洪武年间，村民从山西洪洞县陆续迁来，因村庄地势比四周洼，故取村名魏洼。聚落呈团块状分布。有小学 1 所。经济以种植业、养殖业和加工业为主，主要农作物有小麦、玉米。有公路经此。

养马王 371423-A01-H09

［Yǎngmǎwáng］

在县驻地渤海路街道西南方向 2.0 千米。渤海路街道辖自然村。人口 1 200。清朝时，王姓组织群众以反清复明为己任，俗称这支队伍为响马，故村名养马王。聚落呈团块状分布。有图书室 1 个。经济以种植业为主。315 省道经此。

北侯 371423-A01-H10

［Běihóu］

在县驻地渤海路街道北方向 4.6 千米。渤海路街道辖自然村。人口 900。1414 年，侯宝坤、侯宝宁两兄弟自山西洪洞县迁此立村，村名侯家庄。后因南边也有侯家庄，遂更名为北侯家庄，简称北侯。聚落呈团块状分布。有农家书屋 1 个。经济以种植业为主。有公路经此。

齐家 371423-A01-H11
[Qíjiā]

在县驻地渤海路街道北方向 2.4 千米。渤海路街道辖自然村。人口 600。原有齐家、屠家、篓子李三大自然村。中华人民共和国成立初期三村合并，统称齐家庄，简称齐家。聚落呈团块状分布。有图书室 1 个。有名胜古迹延陵台、景点海岛金山寺。经济以种植业为主，另有加工业、商贸运输业等。有公路经此。

范庵 371423-B01-H01
[Fàn'ān]

庆云镇人民政府驻地。在县驻地渤海路街道东南方向 1.1 千米。人口 1 300。明朝，一范姓夫妻携 5 个女儿乞讨到此，住在一座尼姑庵里，故称范家庵，简称范庵。聚落呈团块状分布。有农家书屋 1 个。经济以经营副食、服装、五金、机具、土产杂品等为主。有公路经此。

周尹 371423-B01-H02
[Zhōuyǐn]

在县驻地渤海路街道西北方向 8.5 千米。庆云镇辖自然村。人口 1 300。明永乐二年（1404），周茨蓬随东迁人群来到此处，并留居于此，渐成村落，便以周茨蓬为村名。中华人民共和国成立后，与小尹合并，改称周尹。聚落呈团块状分布。有农家书屋 1 个。经济以种植业为主。有公路经此。

石佛寺 371423-B01-H03
[Shífósì]

在县驻地渤海路街道西南方向 5.2 千米。庆云镇辖自然村。人口 1 000。唐朝时村东有一寺院，寺中有石佛，故名。聚落呈散状分布。有幼儿园 1 所、小学 1 所。古迹有石佛寺庙。经济以种植业、养殖业和商贸业为主，主要农作物有小麦、玉米，养殖业以养蛋鸡为主。有公路经此。

汾水王 371423-B01-H04
[Fénshuǐwáng]

在县驻地渤海路街道北方向 5.2 千米。庆云镇辖自然村。人口 1 200。明永乐二年（1404），王姓由山西洪洞县迁来定居，因钩盘河流经王家、杨家、马家三村，故分别取村名为分水王、分水杨、分水马，人称"三分水"，该村后讹传为汾水王。聚落呈团块状分布。有小学 1 所。古迹有金山寺遗址。经济以种植业为主。有公路经此。

寇家 371423-B01-H05
[Kòujiā]

在县驻地渤海路街道北方向 4.2 千米。庆云镇辖自然村。人口 800。明末清初，山西夏口寇姓兄弟南迁，一人迁至此处定居，立村名为寇家。聚落呈团块状分布。有文教活动室 1 个。经济以种植业为主，主要农作物有小麦、玉米，蔬菜以大葱、大蒜、大白菜、大萝卜为主。有公路经此。

屠户崔 371423-B01-H06
[Túhùcuī]

在县驻地渤海路街道北方向 6.3 千米。庆云镇辖自然村。人口 700。明永乐二年（1404），崔姓兄弟三人由山西洪洞县迁此定居。三兄弟有一人擅长打猎，经常给县官送野兔，后县官定村名为兔户崔家庄，后因谐音变为屠户崔。聚落呈团块状分布。经济以养殖山羊、绵羊为主。有公路经此。

王知县 371423-B01-H07
[Wángzhīxiàn]

在县驻地渤海路街道北方向 6.6 千米。

庆云镇辖自然村。人口 600。明永乐二年（1404），王仁贤由山西洪洞县迁此立村，取村名王仁贤家庄，后因谐音变为王知县。聚落呈团块状分布。有农家书屋 1 个。经济以种植业和养殖鸡、鸭为主，有大规模养鸭基地。有公路经此。

雹泉庙 371423-B01-H08
[Báoquánmiào]

在县驻地渤海路街道北方向 9.4 千米。庆云镇辖自然村。人口 200。明永乐二年（1404），有李姓迁此定居，在村西修建雹泉庙一座，故名。聚落呈团块状分布。有图书室 1 个。经济以种植业为主、加工业为辅。有公路经此。

杨庄子 371423-B01-H09
[Yángzhuāngzi]

在县驻地渤海路街道北方向 9.4 千米。庆云镇辖自然村。人口 1 300。清代有杨氏弟兄三人从河北王毛前村迁入，故名。聚落呈团块状分布。有小学 1 所。有庆云县第一个党支部纪念馆。经济以种植业和养殖业为主，有特色山楂园。有公路经此。

李博士 371423-B01-H10
[Lǐbóshì]

在县驻地渤海路街道北方向 7.5 千米。庆云镇辖自然村。人口 500。明永乐二年（1404），李姓由山西洪洞县迁来定居。后来李姓出了一位博士，遂称其村为李博士。聚落呈团块状分布。有小学 1 所。经济以种植业和养殖业为主，特色经济为标准化的良种鸡养殖。有公路经此。

张桃符 371423-B01-H11
[Zhāngtáofú]

在县驻地渤海路街道西南方向 3.4 千米。庆云镇辖自然村。人口 700。张姓田园

产业甚多，明初为躲避兵燹，其弃产逃走。明永乐二年（1404），朝廷大规模移民立村，故称张逃户家，后更名为张桃符。聚落呈团块状分布。有图书室 1 个。经济以种植业和养殖业为主，建有蛋鸡养殖基地。315 省道经此。

程太监 371423-B01-H12
[Chéngtàijiàn]

在县驻地渤海路街道西南方向 4.2 千米。庆云镇辖自然村。人口 400。明嘉靖年间，程姓由庆云城西程家迁来定居。隆庆年间，程家一人入宫做了太监，故名。聚落呈团块状分布。有图书室 1 个。经济以种植业为主，特色农产品有大叶香菜。有公路经此。

常家 371423-B02-H01
[Chángjiā]

常家镇人民政府驻地。在县驻地渤海路街道东南方向 10.1 千米。人口 1 600。明永乐二年（1404），常姓从山西平安县大寨村迁来定居，以姓名村。聚落呈团块状分布。有市级重点文物保护单位天主教堂。经济以猪、肉牛养殖为主。有公路经此。

王挂甲 371423-B02-H02
[Wángguàjiǎ]

在县驻地渤海路街道东南方向 9.4 千米。常家镇辖自然村。人口 300。明正德年间，正德皇帝在村东头一棵枣树下挂衣甲，故名。聚落呈团块状分布。有图书室 1 个。经济以种植业为主。有公路经此。

前王 371423-B02-H03
[Qiánwáng]

在县驻地渤海路街道东方向 12.2 千米。常家镇辖自然村。人口 600。明初，王姓由浙江临安迁入，分三处居住，后根据所处

方位，分为前、后、中王家庄三个村，该村为前王。聚落呈团块状分布。有图书室1个。古迹有忠烈王公祠。经济以种植业为主。205国道经此。

吕家 371423-B02-H04

[Lǚjiā]

在县驻地渤海路街道东南方向10.1千米。常家镇辖自然村。人口1 200。明永乐二年（1404），吕姓自山西洪洞县迁此定居，村名吕家庄，后称吕家。聚落呈团块状分布。有农家书屋1个、小学1所。名胜古迹有全林寺遗址。经济以种植业和养殖业为主，主要农作物有小麦、玉米，养殖鸡、猪等。有公路经此。

大刘 371423-B02-H05

[Dàliú]

在县驻地渤海路街道东方向6.3千米。常家镇辖自然村。人口1 100。明永乐年间，刘氏家族由山西洪洞县迁此立村，取村名刘家庄。后有一支在村东自立新村，称原村为大刘家，简称大刘。聚落沿公路成带状分布。有图书室1个。经济以特色种植业为主，特色树种有红枫、国槐、白蜡等。有公路经此。

南板营 371423-B02-H06

[Nánbǎnyíng]

在县驻地渤海路街道东北方向4.2千米。常家镇辖自然村。人口600。公元1426年秋，明宣宗率大军在此"立木为寨，板打为营"，后人称此地为板营。因村居于板营南部，名南板营。聚落呈团块状分布。有图书室1个。经济以种植业、畜牧业为主。有公路经此。

大高 371423-B02-H07

[Dàgāo]

在县驻地渤海路街道东方向13.4千米。常家镇辖自然村。人口600。相传，东海渤海郡太守高洪后裔在此建村，取名大高家庄，简称大高。聚落呈团块状分布。有图书室1个、小学1所。经济以加工业为主，种植、养殖为辅。205国道经此。

史家坊 371423-B02-H08

[Shǐjiāfāng]

在县驻地渤海路街道东北方向10.1千米。常家镇辖自然村。人口1 000。史姓于清代从乐陵西关迁入立村，村中建起牌坊，人称"史家牌坊"，久之遂成村名，简称史家坊。聚落呈团块状分布。经济以百货经营、商贸、运输业为主，种植、养殖为辅。有公路经此。

张巧 371423-B02-H09

[Zhāngqiǎo]

在县驻地渤海路街道东方向10.1千米。常家镇辖自然村。人口600。明朝，张福携子从东郎坞迁出，张福三子张巧在此立村，取村名张巧家庄，后称张巧。聚落呈团块状分布。有图书室1个。经济以种植业和养殖业为主，百货经营、工业加工、商贸、运输为辅。有公路经此。

大唐 371423-B02-H10

[Dàtáng]

在县驻地渤海路街道东南方向11.4千米。常家镇辖自然村。人口800。明朝，唐车迁入庆云定居，村名唐家庄。后因另立新庄，叫小唐家庄，此庄则被称为大唐家庄，后简称大唐。聚落呈团块状分布。有图书室1个。经济以种植业和养殖业为主，建筑、服饰箱包加工等为辅。有公路经此。

西张　371423-B02-H11

[Xīzhāng]

在县驻地渤海路街道东方向 7.5 千米。常家镇辖自然村。人口 1 800。明洪武年间，张姓由山东诸城迁入此地，因当地已有张家庄，且该村居西，故名西张家庄，后简称西张。聚落呈团块状分布。有图书室 1 个、小学 1 所。经济以养殖、种植、配件加工等为主。205 国道经此。

李营　371423-B02-H12

[Lǐyíng]

在县驻地渤海路街道东北方向 12.2 千米。常家镇辖自然村。人口 1 000。明永乐二年（1404），李姓由山西洪洞县迁此定居，后因军营屯驻此地，故名。聚落呈团块状分布。有图书室 1 个。经济以种植业和养殖业为主，餐饮、绿化树种植、修配为辅。有公路经此。

南尚堂　371423-B03-H01

[Nánshàngtáng]

尚堂镇人民政府驻地。在县驻地渤海路街道南方向 9.4 千米。人口 1 500。明永乐二年（1404），刘姓由山西洪洞县迁此立村，因此处有座和尚庙，地势甚高，故名高尚堂，后逐渐叫成“尚家堂”。由于村子较大，后分为南尚堂、北尚堂两村，该村为南尚堂。聚落呈团块状分布。有图书室 1 个。经济以种植业为主，主要农作物有小麦、玉米，特色产品为扒鸡。滨德高速经此。

前王　371423-B03-H02

[Qiánwáng]

在县驻地渤海路街道东南方向 10.1 千米。尚堂镇辖自然村。人口 1 000，明永乐二年（1404），王氏兄弟由山东泰安迁此占产立庄，兄所立村庄为大王家庄，弟所立村庄为小王家庄。又因小王庄在前、大王庄在后，故改称前王。聚落呈团块状分布。有小学 1 所。经济以种植业为主。有公路经此。

李家店　371423-B03-H03

[Lǐjiādiàn]

在县驻地渤海路街道南方向 6.5 千米。尚堂镇辖自然村。人口 2 900。因此地处于交通要道，李姓老太太在此开店，生意兴隆，店名为李家店，遂成村名。聚落呈团块状分布。有图书室 1 个。经济以种植业为主。有公路经此。

西宗　371423-B03-H04

[Xīzōng]

在县驻地渤海路街道东南方向 3.5 千米。尚堂镇辖自然村。人口 1 200。明永乐二年（1404），宗龙由河北冀州抬头村迁至此处立村，后分为东宗、西宗两村，该村为西宗。聚落呈团块状分布。有图书室 1 个。经济以小百货、金融器材加工为主，种植业为辅。有公路经此。

西吴　371423-B03-H05

[Xīwú]

在县驻地渤海路街道南方向 8.3 千米。尚堂镇辖自然村。人口 900。明永乐二年（1404），吴姓兄弟自河北枣强县迁居庆云县城南，一住西庄名西吴家庄，一住东庄名东吴家庄，简称东吴、西吴，该村为西吴。聚落呈团块状分布。有农家书屋 1 个。经济以种植业为主，小百货经营、废品收购为辅。有公路经此。

西仓　371423-B03-H06

[Xīcāng]

在县驻地渤海路街道南方向 10.5 千米。

尚堂镇辖自然村。人口900。古代为义仓所在地。明永乐二年（1404），李迅、孙刚、马健结义三兄弟奉诏由山西洪洞县迁此定居，居于西者为西仓。聚落呈团块状分布。有农家书屋1个。经济以种植、养殖业为主，农机配件经营、小百货经营为辅。246省道经此。

西郎坞 371423-B03-H07

[Xīlángwù]

在县驻地渤海路街道南方向11.4千米。尚堂镇辖自然村。人口1 500。早年有崔氏兄弟在此居住，兄弟俩都是官人，人称崔郎，此处河上有两个船坞，弟居东码头，兄居西码头，故村名就被叫成东崔郎坞、西崔郎坞，后简称东郎坞、西郎坞，该村为西郎坞。聚落呈团块状分布。村庄古迹有慈母井。经济以种植、养殖业为主、以小百货制造、工业加工为辅。246省道经此。

北侯 371423-B03-H08

[Běihóu]

在县驻地渤海路街道南方向7.5千米。尚堂镇辖自然村。人口600。明永乐二年（1404），侯氏兄弟二人由山西洪洞县迁此，南北相对立村，该村在北，故名。聚落形态呈团块状分布。有村民活动室1个、图书室1个。经济以小百货制造业、建筑业为主。有公路经此。

北堂 371423-B03-H09

[Běitáng]

在县驻地渤海路街道东南方向9.4千米。尚堂镇辖自然村。人口1 300。明永乐二年（1404），刘姓由山西洪洞县迁此立村，因该处有座和尚庙，地势甚高，故称尚高堂。后分为北尚堂、南尚堂两个村，该村为北尚堂，简称北堂。聚落呈团块状分布。有图书室1个、小学1所。滨德高速、246省道经此。

东刘 371423-B03-H10

[Dōngliú]

在县驻地渤海路街道东南方向9.1千米。尚堂镇辖自然村。人口1 300。明永乐二年（1404），刘姓由山西洪洞县迁居此处，因位于尚堂东面，改村名为东刘。聚落呈团块状分布。有图书室1个。经济以种植小麦、玉米和养殖蘑菇为主。有公路经此。

东郎坞 371423-B03-H11

[Dōnglángwù]

在县驻地渤海路街道南方向14.2千米。尚堂镇辖自然村。人口2 000。早年有崔氏兄弟在此居住，兄弟俩都是官人，人称崔郎，此处河上有两个船坞，弟居东码头，兄居西码头，故村名就被叫成东崔郎坞、西崔郎坞，后简称东郎坞、西郎坞，该村为东郎坞。聚落呈团块状分布。有图书室1个、小学1所。经济以加工业为主。有公路经此。

南王 371423-B03-H12

[Nánwáng]

在县驻地渤海路街道东南方向9.5千米。尚堂镇辖自然村。人口700。明永乐二年（1404），先民奉命迁居于此，因在尚堂之南，王姓居多，故称南王。聚落呈团块状分布。有图书室1个、小学1所。经济以种植业为主。有公路经此。

南侯 371423-B03-H13

[Nánhóu]

在县驻地渤海路街道西南方向9.4千米。尚堂镇辖自然村。人口1 200。明永乐二年（1404），侯氏兄弟二人由山西洪洞县迁此，南北相对立村，该村在南，故名。聚落呈团块状分布。有图书室1个、小学1所。古迹有古井1个。经济以箱包加工、小百货经营、农机配件销售、经营加油站为主。有公路经此。

主要农作物有小麦、玉米，兼有运输业和加工制造业。有公路经此。

李梓 371423-B03-H14
[Lǐzǐ]

在县驻地渤海路街道南方向 5.3 千米。尚堂镇辖自然村。人口 400。明永乐二年（1404），李姓兄弟三人由山西洪洞县迁来，老大李梓在此定居，故名。聚落呈团块状分布。有图书室 1 个、小学 1 所。经济以小百货经营、金融器材经营、建筑业、养殖业为主。246 省道经此。

冯家 371423 B03 H15
[Féngjiā]

在县驻地渤海路街道南方向 11.4 千米。尚堂镇辖自然村。人口 500。明永乐二年（1404），冯麟从山西洪洞县瓦寺庄大槐树下迁至庆云定居建村，故名。聚落呈团块状分布。有图书室 1 个、小学 1 所。经济以种植莲藕、养殖肉牛等为主。有公路经此。

小勾 371423-B03-H16
[Xiǎogōu]

在县驻地渤海路街道南方向 12.1 千米。尚堂镇辖自然村。人口 700。明洪武时期，勾氏兄弟四人从山西省洪洞县大槐树迁此占产立庄，居北称小勾家庄，简称小勾。聚落呈团块状分布。有图书室 1 个、小学 1 所。经济以加工制造业为主。有公路经此。

小姚 371423-B03-H17
[Xiǎoyáo]

在县驻地渤海路街道南方向 10.1 千米。尚堂镇辖自然村。人口 400。明洪武年间，姚氏由山西洪洞县迁此立庄，名小姚家庄，后简称小姚。聚落呈团块状分布。有图书室 1 个、小学 1 所。经济以种植业为主，

朱家 371423-B03-H18
[Zhūjiā]

在县驻地渤海路街道南方向 10.6 千米。尚堂镇辖自然村。人口 400。明永乐年间，朱慈五奉诏从山西洪洞县迁此立庄，取村名朱家庄，后简称朱家。聚落呈团块状分布。有图书室 1 个、小学 1 所。经济以特色树种种植为主，主要有白蜡、国槐、柳树等。有公路经此。

纪王桥 371423-B03-II19
[Jìwángqiáo]

在县驻地渤海路街道南方向 5.3 千米。尚堂镇辖自然村。人口 1 700。明永乐二年（1404），王氏从山西洪洞县野鹊王家迁至纪王（地名）依桥而居，故名。聚落呈团块状分布。有图书室 1 个、小学 1 所。古迹有教堂 1 个。经济以塑料加工业为主。有公路经此。

崔西北 371423-B04-H01
[Cuīxīběi]

崔口镇人民政府驻地。在县驻地渤海路街道东北方向 30.1 千米。人口 800。最早名崔家庄，因姓氏得名，后因方位改为崔西北。聚落呈带状分布。有图书室 1 个、小学 1 所。经济以种植业和电阻器、体育器材加工为主。有公路经此。

杨程赵 371423-B04-H02
[Yángchéngzhào]

在县驻地渤海路街道东北方向 31.1 千米。崔口镇辖自然村。人口 1 500。明永乐年间，村内有杨、程、赵三姓，故名。聚落呈团块状分布。有图书室 1 个。经济以种植业为主。有公路经此。

西齐 371423-B04-H03

[Xīqí]

在县驻地渤海路街道东北方向 36.3 千米。崔口镇辖自然村。人口 300。因该村离齐周务较近且又在其西面，遂改为西齐周务，简称西齐。聚落呈团块状分布。有图书室 1 个。经济以种植业为主。有公路经此。

崔东北 371423-B04-H04

[Cuīdōngběi]

在县驻地渤海路街道东北方向 34.2 千米。崔口镇辖自然村。人口 1 400。明永乐初年大规模移民时崔姓迁来，后又有其他诸姓从山西洪洞县陆续迁来，因在崔口镇，故以方位命名为崔东北。聚落呈团块状分布。有图书室 1 个。经济以种植业为主。有公路经此。

陈庄 371423-B04-H05

[Chénzhuāng]

在县驻地渤海路街道东北方向 30.3 千米。崔口镇辖自然村。人口 500。明永乐二年（1404），陈姓一支从山西洪洞县迁此地，以姓氏定村名为陈庄。聚落呈团块状分布。有图书室 1 个。经济以种植业、养殖业、加工业和商贸运输业为主，养殖业以养牛、猪为主。有公路经此。

周辛 371423-B04-H06

[Zhōuxīn]

在县驻地渤海路街道东北方向 33.4 千米。崔口镇辖自然村。人口 900。1800 年，周姓自扬州迁来定居，"辛"是辛勤劳苦的意思，故名。聚落呈团块状分布。有图书室 1 个。经济以种植业为主。有公路经此。

齐东南 371423-B04-H07

[Qídōngnán]

在县驻地渤海路街道东北方向 39.4 千米。崔口镇辖自然村。人口 700。因有齐、周二姓，原名齐周家，后以方位改为齐东南。聚落呈团块状分布。有图书室 1 个。有古迹弥陀寺。经济以种植业为主。有公路经此。

李孝忠 371423-B05-H01

[Lǐxiàozhōng]

东辛店镇人民政府驻地。在县驻地渤海路街道西南方向 4.2 千米。人口 500。本村在乐陵县衙当差的李元魁请知县将村名改为李孝忠。聚落呈散状分布。经济以种植业为主。有公路经此。

南赵 371423-B05-H02

[Nánzhào]

在县驻地渤海路街道西南方向 9.4 千米。东辛店镇辖自然村。人口 900。明永乐二年（1404），直隶永平府玉田县赵氏三兄弟迁来，定居于马颊河两岸，北为北赵，南为河涯赵，后改为南赵。聚落呈散状分布。有图书室 1 个。经济以种植业为主。有公路经此。

万粮张 371423-B05-H03

[Wànliángzhāng]

在县驻地渤海路街道西南方向 8.3 千米。东辛店镇辖自然村。人口 1 300。原有坐地户张姓，明初从京东玉田县迁来大族张姓，同时从山东潍县迁来王姓，故村名王连张，后改为万粮张。聚落呈散状分布。有图书室 1 个、小学 1 所。经济以种植业为主。有公路经此。

王官 371423-B05-H04
[Wángguān]

在县驻地渤海路街道西南方向8.2千米。东辛店镇辖自然村。人口400。明万历年间，王姓有人当了司徇官，村名慢慢叫成"王官"。聚落呈团块状分布。有图书室1个。经济以种植业为主。有公路经此。

鲁家 371423-B05-H05
[Lǔjiā]

在县驻地渤海路街道西方向5.3千米。东辛店镇辖自然村。人口400。明朝，鲁姓从商河鲁王庄迁来立村，故名。聚落呈散状分布。有图书室1个、小学1所。经济以种植业为主。有公路经此。

东辛店 371423-B05-H06
[Dōngxīndiàn]

在县驻地渤海路街道西南方向5.3千米。东辛店镇辖自然村。人口900。邑内有两个辛店村，为便于区分，居于西者名西辛店，居于东者名东辛店。"辛"是辛勤、辛苦的意思。聚落呈团块状分布。经济以种植业为主。315省道经此。

大范 371423-B05-H07
[Dàfàn]

在县驻地渤海路街道西南方向7.5千米。东辛店镇辖自然村。人口1100。明永乐二年（1404），范仲淹十五世孙范铎由山东沾化县迁此占产立庄，庄名为大范家庄，后简称大范。聚落呈团块状分布。有图书室1个。经济以种植业为主。有公路经此。

张货郎 371423-B05-H08
[Zhānghuòláng]

在县驻地渤海路街道西方向5.3千米。东辛店镇辖自然村。人口700。明燕王扫北之后，村民发现了一只狼，便大声招呼，将狼打死。事情不胫而走，人称村为招呼狼，后以谐音变成张货郎。聚落呈团块状分布。有图书室1个。经济以种植业和食品加工业为主。有公路经此。

大李 371423-B05-H09
[Dàlǐ]

在县驻地渤海路街道西方向6.5千米。东辛店镇辖自然村。人口600。据《李氏族谱》记载，明永乐二年（1404），李姓兄弟三人由山西省洪洞县迁此，后分东西两户，东户逐渐形成大李家村，简称大李。聚落呈团块状分布。经济以特色蔬菜种植业为主。有公路经此。

大丁庙 371423-B05-H10
[Dàdīngmiào]

在县驻地渤海路街道西北方向10.1千米。东辛店镇辖自然村。人口600。明永乐二年（1404），山西省洪洞县丁、陈表兄弟迁此定居，因村前有一观音庙，俗称丁家庙。后因附近有两个丁家庙，改为大丁庙。聚落呈团块状分布。经济以种植业为主，特色农产品有茄子、西葫、西红柿等。有公路经此。

石高 371423-B05-H11
[Shígāo]

在县驻地渤海路街道西北方向11.4千米。东辛店镇辖自然村。人口500。石家寨村附近有一个小高家庄，后两村合并，名石高。聚落呈团块状分布。经济以种植蔬菜为主，特色农产品有黄瓜、西红柿等无公害蔬菜。有公路经此。

李壮宇 371423-B05-H12
[Lǐzhuàngyǔ]

在县驻地渤海路街道西北方向 7.5 千米。东辛店镇辖自然村。人口 900。据《李氏族谱》记载，清代，李氏兄弟由潍坊市郊迁居，落户乐陵，定村名为李壮宇。聚落呈团块状分布。经济以种植业、制造业、运输业为主，特色农产品有西红柿、辣椒、茄子等。有公路经此。

北孔 371423-B05-H13
[Běikǒng]

在县驻地渤海路街道西北方向 8.3 千米。东辛店镇辖自然村。人口 600。孔继禹由东孔家庄迁至本村，以所处位置称该村为北孔。聚落呈团块状分布。经济以蔬菜种植和肉鸡养殖为主。有公路经此。

严务 371423-C01-H01
[Yánwù]

严务乡人民政府驻地。在县驻地渤海路街道东北方向 20.1 千米。人口 3 900。明洪武初年，朝廷在此设河泊所，管理渔盐税务，名阎家务，久之遂成村名，简称阎务，后因谐音变为严务。聚落呈团块状分布。有中学 1 所、小学 1 所、幼儿园 3 所。经济以种植业、工业加工、商贸运输为主。有公路经此。

王皇 371423-C01-H02
[Wánghuáng]

在县驻地渤海路街道东北方向 18.3 千米。严务乡辖自然村。人口 1 200。明代，皇帝选亲队伍经过该村，一王姓姑娘抱着一只大公鸡骑在墙上看热闹，该姑娘被认为有富贵命，故该村改为王皇亲庄，后简称王皇。聚落呈团块状分布。经济以种植业为主。有公路经此。

柴林庄 371423-C01-H03
[Cháilínzhuāng]

在县驻地渤海路街道东北方向 19.4 千米。严务乡辖自然村。人口 1 800。因王皇村出了一位皇后，去世后厝灵在此处，故名抬灵庄，后因谐音称柴林庄。聚落呈团块状分布。有农家书屋 1 个。经济以种植业为主。有公路经此。

后庄科 371423-C01-H04
[Hòuzhuāngkē]

在县驻地渤海路街道东北方向 25.3 千米。严务乡辖自然村。人口 1 200。相传，大禹治水开挖漳卫新河时，选了很多制高点为标志，称庄科顶子。明永乐二年（1404），移民立村，名庄科。后部分庄户迁到庙后立村，村名后庄科。聚落呈团块状分布。有小学 1 所。村内有古迹王母庙。经济以种植业为主，发展工业加工、商贸运输等业。有公路经此。

大淀 371423-C01-H05
[Dàdiàn]

在县驻地渤海路街道东北方向 25.3 千米。严务乡辖自然村。人口 1 800。明末，大族张姓张廷石带领家人迁此垦荒立村。张廷石开店为生，村称张大淀，后逐渐演变成大淀。聚落呈团块状分布。有图书室 1 个。经济以种植业和养殖业为主。有公路经此。

蒋黄邱 371423-C01-H06
[Jiǎnghuángqiū]

在县驻地渤海路街道东北方向 13.4 千米。严务乡辖自然村。人口 500。该村原名王家。清康熙年间，蒋氏迁此。王皇村的贵人葬于该村附近，后王姓迁走，故村名蒋黄邱。聚落呈团块状分布。有图书室 1 个。

经济以种植业为主，主要农作物有玉米、小麦。有公路经此。

小武 371423-C01-H07

[Xiǎowǔ]

在县驻地渤海路街道东北方向 25.3 千米。严务乡辖自然村。人口 1 200。乾隆年间，武姓来此落户，村名武家庄。后因村小人少，写成小武家庄，后演变成小武。聚落呈团块状分布。有图书室 1 个。经济以种植业、工业加工、商贸运输业为主。有公路经此。

中丁 371423-C02-H01

[Zhōngdīng]

中丁乡人民政府驻地。在县驻地渤海路街道东南方向 16.3 千米。人口 1 100。明永乐二年（1404），丁氏兄弟由枣强县迁此，分别立村，前丁、中丁、后丁由此得名。聚落沿交通线呈带状分布。经济以种植业为主，主要农作物有小麦、玉米。有公路经此。

杨和寺 371423-C02-H02

[Yánghésì]

在县驻地渤海路街道东南方向 18.3 千米。中丁乡辖自然村。人口 1 300。村南有一寺庙，相传为唐代所建，因住持俗姓杨，故村称杨和尚寺，简称杨和寺。聚落呈团块状分布。有图书室 1 个。经济以种植业为主。有公路经此。

马周 371423-C02-H03

[Mǎzhōu]

在县驻地渤海路街道东南方向 20.1 千米。中丁乡辖自然村。人口 500。明朝，马周迁此立村，村名马周家庄，后简称马周。聚落呈团块状分布。有图书室 1 个。经济以种植业和副业为主，副业有轮胎修补、金融器材、铝合金制作等。有公路经此。

小辛 371423-C02-H04

[Xiǎoxīn]

在县驻地渤海路街道东南方向 21.2 千米。中丁乡辖自然村。人口 200。明永乐二年（1404），刘姓由山西洪洞县迁至直隶枣强县居士台，后迁至此处，因临秦家辛庄，故名小辛庄，简称小辛。聚落呈团块状分布。有图书室 1 个。经济以种植业为主。有公路经此。

张家 371423-C02-H05

[Zhāngjiā]

在县驻地渤海路街道东南方向 17.5 千米。中丁乡辖自然村。人口 800。明永乐二年（1404），张姓迁此，取村名张家庄，后简称张家。聚落呈团块状分布。有图书室 1 个。经济以小百货经营、轮胎维修为主。有公路经此。

东苗 371423-C02-H06

[Dōngmiáo]

在县驻地渤海路街道东南方向 16.4 千米。中丁乡辖自然村。人口 1200。明永乐二年（1404），苗姓由河北枣强县迁此，立村名为苗家庄。后分为西苗家庄和东苗家庄，简称西苗和东苗，此村为东苗。聚落呈团块状分布。有图书室 1 个、小学 1 所。经济以种植业为主。有公路经此。

后大店 371423-C02-H07

[Hòudàdiàn]

在县驻地渤海路街道东南方向 18.4 千米。中丁乡辖自然村。人口 700。明永乐二年（1404），赵、郭二姓由山西洪洞县迁来，因有一客店规模较大，人称大店，久之，遂成村名。后分为前大店、后大店两村，该村为后大店。聚落呈团块状分布。有图书室 1 个。经济以金融机具加工业为主。有公路经此。

田家 371423-C02-H08

［Tiánjiā］

在县驻地渤海路街道东南方向 18.3 千米。中丁乡辖自然村。人口 700。明永乐时期，田姓奉诏由河北省石家庄市赞皇县迁此占产立庄，故名。聚落呈团块状分布。有图书室 1 个。经济以种植业为主。有公路经此。

后段 371423-C02-H09

［Hòuduàn］

在县驻地渤海路街道东南方向 18.5 千米。中丁乡辖自然村。人口 700。段姓由海兴县迁此定居，定村名为段家庄，后为方便区分，简称后段。聚落呈团块状分布。有图书室 1 个。经济以种植业和加工业主，加工业主要有档案盒加工、广告牌制作等。有公路经此。

徐园子 371423-C03-H01

［Xúyuánzi］

徐园子乡人民政府驻地。在县驻地渤海路街道东北方向 21.5 千米。人口 1 200。明永乐年间，曾有大庄户徐姓在此种菜，并在菜园旁建屋居住，后陆续有人迁此落户，渐成村落，称作徐家园子，后变成徐园子。聚落沿交通线呈带状分布。经济以种植业和养殖业为主，主要农作物有小麦、玉米和大葱，养殖业以养牛、养羊为主。有公路经此。

巴沽 371423-C03-H02

［Bāgū］

在县驻地渤海路街道东方向 22.2 千米。徐园子乡辖自然村。人口 700。明永乐二年（1404），张姓奉诏迁此立庄，建村时因古马颊河道弯弯曲曲，形似尾巴，故村名为巴沽张家，后简称巴沽。聚落呈团块状分布。有图书室 1 个。农业以种植业为主，主要农作物有小麦、玉米。有公路经此。

东赵 371423-C03-H03

［Dōngzhào］

在县驻地渤海路街道东方向 20.1 千米。徐园子乡辖自然村。人口 700。东赵、后赵原为一个自然村，称花牛赵，又名赵家庄。后为便于管理，分为东赵、后赵两村，该村为东赵。聚落呈团块状分布。有图书室 1 个。经济以种植业和工业加工为主。有公路经此。

后道口 371423-C03-H04

［Hòudàokǒu］

在县驻地渤海路街道东方向 19.4 千米。徐园子乡辖自然村。人口 800。因地处杨道口村、黄道口村后方，故名。聚落呈团块状分布。有图书室 1 个。经济以种植业和养殖业为主，工业加工为辅。有公路经此。

东安务 371423-C03-H05

［Dōng'ānwù］

在县驻地渤海路街道东北方向 21.3 千米。徐园子乡辖自然村。人口 900。明洪武初年，朝廷在此设关税卡，名安家务。明永乐二年（1404），武、陈二姓由山西洪洞县迁此定居，后以方位分为三个村，该村名东安务。聚落呈团块状分布。有小学 1 所。经济以种植业为主。有公路经此。

张培元 371423-C03-H06

［Zhāngpéiyuán］

在县驻地渤海路街道东北方向 25.3 千米。徐园子乡辖自然村。人口 1300。明永乐二年（1404），张、章二姓由山西洪洞县迁此立村,因村民张培元持家有方,故名。聚落呈团块状分布。有图书室1个。经济以种植业为主。有公路经此。

柴家 371423-C03-H07

[Cháijiā]

在县驻地渤海路街道东北方向26.3千米。徐园子乡辖自然村。人口1 200。相传,明朝初期,柴姓一支最早来此占产立庄,故名。聚落呈团块状分布。有图书室1个。经济以种植业和养殖业为主,主要农作物有小麦、玉米,养殖业以肉鸭养殖为主。有公路经此。

刘贵 371423-C03-H08

[Liúguì]

在县驻地渤海路街道东北方向20.1千米。徐园子乡辖自然村。人口1 200。明朝末期,官员刘贵受小人栽赃入狱,出狱后在此隐姓埋名生活,村名遂改为刘贵家庄,简称刘贵。聚落呈团块状分布。有图书室1个。经济以种植业为主,主要农作物有小麦、玉米、大葱。有公路经此。

临邑县

城市居民点

万泰佳苑 371424-I01

[Wàntài Jiāyuàn]

在县境中部。人口3 000。总面积7.2公顷。因开发公司为临邑万泰置业有限公司,故名。2013年始建,2014年正式使用。建筑总面积107 406.6平方米,多层住宅楼25栋,现代建筑风格,绿化率33.2%。有学校、超市、娱乐广场等配套设施。有公路经此。

七彩家园 371424-I02

[Qīcǎi Jiāyuán]

在县境中部。人口1 800。总面积4.1公顷。七彩家园寓意小区生活丰富多彩。2006年始建,2008年正式使用。建筑总面积72 000平方米,多层住宅楼6栋,现代建筑风格。绿化面积12 000平方米。通公交车。

比德弗花园 371424-I03

[Bǐdéfú Huāyuán]

在县境中部。1 070户。总面积8.3公顷。其含义译于英文beautiful(美丽)的谐音,寓意为美丽的、完美的居住家园。2010年始建,2012年正式使用。建筑总面积170 000平方米,住宅楼35栋,其中小高层9栋、多层26栋,欧式建筑风格。绿化面积27 000平方米,有学校、超市、广场等配套设施。通公交车。

农村居民点

南北庄 371424-A01-H01

[Nánběizhuāng]

在县驻地邢侗街道东南方向4.5千米。邢侗街道辖自然村。人口800。村中间有一大湾,早年湾东、西各有一村,后来两村合并,统称南北庄。聚落呈团块状分布。有文化广场1个。经济以种植业为主,主要农作物有小麦、玉米和棉花。

邓三庄 371424-A01-H02

[Dèngsānzhuāng]

在县驻地邢侗街道南方向5.0千米。邢侗街道辖自然村。人口200。明朝初年,邓姓立村,名邓家庄。邓家庄、桃园李、南双庙三村相距甚近,当地习称邓三庄。聚落呈团块状分布。有文化广场1个。经济以种植业为主，主要农作物有小麦、玉米和棉花。

三官庙 371424-A01-H03
[Sānguānmiào]

在县驻地邢侗街道东南方向 3.6 千米。邢侗街道辖自然村。人口 600。此处原有一座古庙，庙内塑有三座神像。据传，三尊神是兄弟三人，他们都曾在朝为官，该庙遂称三官庙。明朝，河北枣强移民在庙前立村，村以庙名。聚落呈团块状分布。有文化广场 1 个。经济以种植业为主，主要农作物有小麦、玉米和棉花。有公路经此。

张家坊 371424-A01-H04
[Zhāngjiāfáng]

在县驻地邢侗街道东南方向 4.8 千米。邢侗街道辖自然村。人口 600。相传，明朝初年，张氏立村，因做香坊生意，故名。聚落呈团块状分布。有文化广场 1 个、幼儿园 1 所。经济以种植业为主，主要农作物有小麦、玉米和棉花。

灵官庙 371424-A01-H05
[Língguānmiào]

在县驻地邢侗街道南方向 3.8 千米。邢侗街道辖自然村。人口 500。明朝初年，张姓立村。后村中出了位名人王灵官，村人为了纪念他，修了一座庙，名王灵官庙，后村名变为灵官庙。聚落呈团块状分布。有文化广场 1 个。经济以种植业为主，主要农作物有小麦、玉米和棉花。有公路经此。

东街 371424-A01-H06
[Dōngjiē]

在县驻地邢侗街道北方向 2.0 千米。邢侗街道辖自然村。人口 3 200。该村始建于宋朝。明朝年间，临邑县城下设东南西北四街、四关，该村因位于十字街以东而得名。聚落呈团块状分布。有幼儿园 3 所。经济以种植业为主。有公路经此。

西五里庙 371424-A01-H07
[Xīwǔlǐmiào]

在县驻地邢侗街道南方向 1.6 千米。邢侗街道辖自然村。人口 700。明朝年间，许姓、马姓迁至临邑县城南五里处一座古庙，分别立村，许姓居庙西，故名。聚落呈团块状分布。有文化广场 1 个、学校 1 所。经济以种植业为主，主要农作物有小麦、玉米和棉花。有公路经此。

张密家 371424-A01-H08
[Zhāngmìjiā]

在县驻地邢侗街道西南方向 0.7 千米。邢侗街道辖自然村。人口 500。明朝初年，张姓迁此，靠近陈家庙立村，因善养蜜蜂，村名张蜜家，后演变成张密家。聚落呈团块状分布。有文化广场 1 个、幼儿园 1 所。经济以种植业为主，主要农作物有小麦、玉米和棉花。

王落户 371424-A01-H09
[Wángluòhù]

在县驻地邢侗街道东北方向 2.6 千米。邢侗街道辖自然村。人口 1 100。清朝初年，王姓由河北枣强落户于此，故名。聚落呈团块状分布。有文化广场 1 个。经济以种植业为主，主要农作物有小麦、玉米和棉花。

贾家 371424-A01-H10
[Jiǎjiā]

在县驻地邢侗街道东北方向 3.1 千米。邢侗街道辖自然村。人口 300。明朝年间，贾姓由河北枣强县迁此立村，故名。聚落呈团块状分布。有文化广场 1 个。经济以种植业为主，主要农作物有小麦、玉米和棉花。

徐孟柳家 371424-A01-H11
[Xúmèngliǔjiā]

在县驻地邢侗街道东北方向 3.1 千米。邢侗街道辖自然村。人口 600。明朝初年，徐孟杨、徐孟柳兄弟二人立村，因老大无后，便以弟名为村名。聚落呈团块状分布。有文化广场 1 个、学校 1 所。经济以种植业为主，主要农作物有小麦、玉米和棉花。有公路经此。

马家 371424-A01-H12
[Mǎjiā]

在县驻地邢侗街道东方向 5.0 千米。邢侗街道辖自然村。人口 200。明朝初年，马姓由河北枣强县迁此立村，故名。聚落呈团块状分布。有文化广场 1 个。经济以种植业为主，主要农作物有小麦、玉米和棉花。

机房 371424-A01-H13
[Jīfáng]

在县驻地邢侗街道东北方向 4.5 千米。邢侗街道辖自然村。人口 600。明朝年间，常、王二姓立村，因村民善纺织，家家纺线，户户织布，进村犹如进了织布机房，村名逐渐叫成机房。聚落呈团块状分布。有文化广场 1 个。经济以种植业为主，主要农作物有小麦、玉米和棉花。

苗家集 371424-A01-H14
[Miáojiājí]

在县驻地邢侗街道东方向 5.2 千米。邢侗街道辖自然村。人口 600。明朝初年大移民时期，苗姓从河北枣强县迁此立村，后该村立集，村名改为苗家集。聚落呈团块状分布。有文化广场 1 个。经济以种植业为主，主要农作物有小麦、玉米和棉花。

高家庙 371424-A01-H15
[Gāojiāmiào]

在县驻地邢侗街道东北方向 5.8 千米。邢侗街道辖自然村。人口 500。明朝永乐年间，高氏老太带领子孙七口在土地庙东立村，故名。聚落呈团块状分布。有文化广场 1 个。经济以种植业为主，主要农作物有小麦、玉米和棉花。有公路经此。

卞庙 371424-A01-H16
[Biànmiào]

在县驻地邢侗街道东方向 1.5 千米。邢侗街道辖自然村。人口 500。明朝初年，卞姓由河北枣强县迁此立村，因村中有座寺庙，故名。聚落呈团块状分布。有文化广场 1 个、学校 1 所。经济以种植业为主，主要农作物有小麦、玉米和棉花。有公路经此。

王截半 371424-A01-H17
[Wángjiébàn]

在县驻地邢侗街道东南方向 5.2 千米。邢侗街道辖自然村。人口 600。明朝永乐年间，王氏迁此立村。村名一说，因清初王姓出了一班杀富济贫、除恶扶善的豪杰得名，后因"杰"与"截"、"班"与"半"谐音，讹传成王截半；另一说，因范、王二庄缴纳皇粮国税各摊截半而名。聚落呈团块状分布。有文化广场 1 个。经济以种植业为主，主要农作物有小麦、玉米和棉花。

侯家 371424-A01-H18
[Hóujiā]

在县驻地邢侗街道东南方向 5.3 千米。邢侗街道辖自然村。人口 200。明朝初年，侯姓夫妇二人由登州府莱阳县迁此立村，故名。聚落呈团块状分布。有文化广场 1 个。

经济以种植业为主，主要农作物有小麦、玉米和棉花。

范家 371424-A01-H19
[Fànjiā]

在县驻地邢侗街道东南方向 4.8 千米。邢侗街道辖自然村。人口 200。明朝年间，范氏兄弟二人由河北枣强县迁至临邑。一人迁至今孟寺镇范家楼立村，一人定居于此，故名。聚落呈团块状分布。有文化广场 1 个。经济以种植业为主，主要农作物有小麦、玉米和棉花。

苗常家 371424-A01-H20
[Miáochángjiā]

在县驻地邢侗街道东北方向 5.0 千米。邢侗街道辖自然村。人口 500。明朝初年，苗姓立村，依据姓氏、村庄形状，村名苗长家，后变为苗常家。聚落呈团块状分布。有文化广场 1 个。经济以种植业为主，主要农作物有小麦、玉米和棉花。

苗家坊 371424-A01-H21
[Miáojiāfāng]

在县驻地邢侗街道东南方向 2.8 千米。邢侗街道辖自然村。人口 900。明朝初年，苗姓由河北枣强县迁此立村，村名苗家坊。聚落呈团块状分布。有文化广场 1 个、幼儿园 1 所。经济以种植业为主，主要农作物有小麦、玉米和棉花。有公路经此。

路家庙 371424-A01-H22
[Lùjiāmiào]

在县驻地邢侗街道东南方向 1.9 千米。邢侗街道辖自然村。人口 600。明隆庆、万历年间，路尚义由山东临淄迁此，傍泰山娘娘庙建村，故名。聚落呈团块状分布。有文化广场 1 个、学校 1 所。经济以种植业为主，主要农作物有小麦、玉米和棉花。

邱许家 371424-A01-H23
[Qiūxǔjiā]

在县驻地邢侗街道东南方向 3.8 千米。邢侗街道辖自然村。人口 600。元朝末年，许姓由徐州迁此立村，村名许家。清初，邱家为避兵患、匪患，迁入许家，村改名为邱许家。聚落呈团块状分布。有文化广场 1 个。经济以种植业为主，主要农作物有小麦、玉米和棉花。有公路经此。

翟家 371424-A01-H24
[Zháijiā]

在县驻地邢侗街道东南方向 4.2 千米。邢侗街道辖自然村。人口 300。明朝永乐年间，翟升由河北枣强县迁此立村，故名。聚落呈团块状分布。有文化广场 1 个。经济以种植业为主，主要农作物有小麦、玉米和棉花。有公路经此。

王家楼 371424-A01-H25
[Wángjiālóu]

在县驻地邢侗街道东北方向 3.2 千米。邢侗街道辖自然村。人口 400。明朝年间，汪姓迁此立村。后来，王姓从本乡迁入，并逐渐成为村中望族，故村改名为王家楼。聚落呈团块状分布。有文化广场 1 个。经济以种植业为主，主要农作物有小麦、玉米和棉花。

荆家 371424-A01-H26
[Jīngjiā]

在县驻地邢侗街道东北方向 3.3 千米。邢侗街道辖自然村。人口 500。明朝初年，荆姓由河北枣强县迁此立村，故名。聚落呈团块状分布。有文化广场 1 个。经济以种植业为主，主要农作物有小麦、玉米和棉花。

前张仙白家 371424-A01-H27
[Qiánzhāngxiānbáijiā]

在县驻地邢侗街道东南方向 4.4 千米。邢侗街道辖自然村。人口 600。明朝初年，张仙白逃荒至此落户，村名张仙白家。多年后，分为前后两村，该村居南，故名。聚落呈团块状分布。有文化广场 1 个。经济以种植业为主，主要农作物有小麦、玉米和棉花。

后张仙白家 371424-A01-H28
[Hòuzhāngxiānbáijiā]

在县驻地邢侗街道东南方向 5.4 千米。邢侗街道辖自然村。人口 1 000。明朝初年，张仙白逃荒至此落户，村名张仙白家。多年后，分为前后两村，该村居北，故名。聚落呈团块状分布。有文化广场 1 个。经济以种植业为主，主要农作物有小麦、玉米和棉花。

北街 371424-A01-H29
[Běijiē]

在县驻地邢侗街道西北方向 3.0 千米。邢侗街道辖自然村。人口 1 300。明朝年间，临邑县城下设东南西北四街、四关，该村因位于十字街以北而得名。聚落呈团块状分布。有文化广场 1 个。经济以种植业为主，主要农作物有小麦、玉米和棉花。有公路经此。

董家 371424-A01-H30
[Dǒngjiā]

在县驻地邢侗街道东南方向 1.3 千米。邢侗街道辖自然村。人口 600。明朝初年，董姓由河北枣强县迁入。后董姓繁衍成村中大姓，村名遂改为董家。聚落呈团块状分布。有文化广场 1 个。经济以种植业为主，主要农作物有小麦、玉米和棉花。

孙家 371424-A02-H01
[Sūnjiā]

在县驻地邢侗街道西方向 8.0 千米。临盘街道辖自然村。人口 400。明初，孙氏夫妇从河北枣强迁此定居，并种了一片桃园，村名孙家桃园，简称孙家。聚落呈团块状分布。有文化广场 1 个、幼儿园 1 所。有古迹兴国寺。经济以种植业为主，主要农作物有小麦、玉米和棉花。104 国道经此。

前杨家 371424-A02-H02
[Qiányángjiā]

在县驻地邢侗街道西方向 9.5 千米。临盘街道辖自然村。人口 700。相传在明朝时期，杨姓立村，村名杨家。后为区别于村北另一杨姓村庄而改为前杨家。聚落呈团块状分布。有文化广场 1 个。经济以种植业为主，主要农作物有小麦、玉米和棉花。

卢坊 371424-A02-H03
[Lúfáng]

在县驻地邢侗街道西北方向 8.0 千米。临盘街道辖自然村。人口 400。据传，村建于东汉末年。当初村民善打铁，村内多红炉，故村名炉坊，后逐渐变为卢坊。聚落呈团块状分布。有幼儿园 1 所。经济以种植业为主，主要农作物有小麦、玉米和棉花。

南菅庄 371424-A02-H04
[Nánjiānzhuāng]

在县驻地邢侗街道西南方向 5.5 千米。临盘街道辖自然村。人口 600。明朝永乐年间，菅氏兄弟四人由山西白杨县迁此，分别立南菅庄、北菅庄。该村居南，为南菅庄。聚落呈团块状分布。有幼儿园 1 所。经济以种植业为主，主要农作物有小麦、玉米和棉花。

三梭王家 371424-A02-H05
[Sānsuōwángjiā]

在县驻地邢侗街道西北方向11.5千米。临盘街道辖自然村。人口600。据《王氏族谱》记载，王氏原籍山西太原府东平洲三梭王庄，以织三梭布为业。明永乐年间，王氏讳龙、虎、豹三兄弟奉诏外迁，龙至曹县，豹至掖县，虎落于此立村，仍以"三梭王"为名。聚落呈团块状分布。有文化广场1个。经济以种植业为主，主要农作物有小麦、玉米和棉花。

钟王庄 371424-A02-H06
[Zhōngwángzhuāng]

在县驻地邢侗街道西南方向12.5千米。临盘街道辖自然村。人口300。明朝初年大移民时期，王姓立村，因附近三官庙前有座钟楼，故名钟楼王庄，后逐渐叫成"钟王庄"。聚落呈团块状分布。有文化广场1个。经济以种植业为主，主要农作物有小麦、玉米和棉花。

南孙家 371424-A02-H07
[Nánsūnjiā]

在县驻地邢侗街道东南方向8.0千米。临盘街道辖自然村。人口400。据传，明朝初年，刘姓和马姓迁此定居。村东南不远处小尹家多出匪盗，村民常受小尹家欺辱，当地称此为"孙"，亦即"怂"之意，因而得名孙家。后该村为与临盘街道孙家村区分，改为南孙家。聚落呈团块状分布。有文化广场1个。经济以种植业为主，主要农作物有小麦、玉米和棉花。

夏油坊 371424-A02-H08
[Xiàyóufáng]

在县驻地邢侗街道东南方向8.0千米。临盘街道辖自然村。人口200。明朝隆庆年间，夏姓、马姓祖先迁此立村，以夏姓为主，合开油坊，故名。聚落呈团块状分布。有文化广场1个。经济以种植业为主，主要农作物有小麦、玉米和棉花。有公路经此。

夏胡同 371424-A02-H09
[Xiàhútong]

在县驻地邢侗街道西方向22.5千米。临盘街道辖自然村。人口600。清朝乾隆年间，夏氏兄弟迁此立村，兄弟二人各建宅院一片，中间以胡同为界，故名。聚落呈团块状分布。有文化广场1个。经济以种植业为主，主要农作物有小麦、玉米和棉花。

姜家坊 371424-A02-H10
[Jiāngjiāfáng]

在县驻地邢侗街道西北方向8.5千米。临盘街道辖自然村。人口500。明朝初年，姜姓立村，村名姜家。后来，村里建起了各种作坊，因此，村名改为姜家坊。聚落呈团块状分布。有文化广场1个。经济以种植业为主，主要农作物有小麦、玉米和棉花。

娘娘架 371424-A02-H11
[Niángniangjià]

在县驻地邢侗街道西方向6.0千米。临盘街道辖自然村。人口100。相传，村内修建了一座娘娘庙，因传说泰山娘娘驾临，故村名改为娘娘驾，后逐渐叫成"娘娘架"。聚落呈团块状分布。有文化广场1个。经济以种植业为主，主要农作物有小麦、玉米和棉花。有公路经此。

小马家 371424-A02-H12
[Xiǎomǎjiā]

在县驻地邢侗街道西方向7.5千米。临盘街道辖自然村。人口300。据传，马姓立村，村名小马家。聚落呈团块状分布。有文化广场 1 个。经济以种植业为主，主要农作物有小麦、玉米和棉花。有公路经此。

张国良家 371424-A02-H13
[Zhāngguóliángjiā]

在县驻地邢侗街道西北方向 7.0 千米。临盘街道辖自然村。人口 400。明朝嘉靖年间，张氏立村，名张家庄。相传，清道光年间，该村姑娘张国良武艺高强，很有名气，村名逐渐叫成张姑娘家或张国良家。聚落呈团块状分布。有文化广场 1 个。经济以种植业为主，主要农作物有小麦、玉米和棉花。

张士代 371424-A02-H14
[Zhāngshìdài]

在县驻地邢侗街道西南方向 8.0 千米。临盘街道辖自然村。人口 300。据传，明朝年间，张姓迁此立村，后族人张树代治家有方，颇有名望，故村又称张树代，后逐渐叫成张士代。聚落呈团块状分布。有文化广场 1 个。经济以种植业为主，主要农作物有小麦、玉米和棉花。

曹店 371424-A02-H15
[Cáodiàn]

在县驻地邢侗街道西南方向 12.0 千米。临盘街道辖自然村。人口 1 000。明朝年间，曹、焦二姓从河北枣强县迁此定居，合伙开店，因此得村名曹焦店，后简称曹店。聚落呈团块状分布。有文化广场 1 个、幼儿园 1 所、学校 1 所。经济以种植业为主，主要农作物有小麦、玉米和棉花。有公路经此。

李士清 371424-A02-H16
[Lǐshìqīng]

在县驻地邢侗街道西南方向 8.5 千米。临盘街道辖自然村。人口 200。明朝年间，张姓立村，其子夭亡，过李姓朋友之子继嗣，因该村北邻太平寺，故村名李寺清，后讹传为李士清。聚落呈团块状分布。有文化广场 1 个。经济以种植业为主，主要农作物有小麦、玉米和棉花。有公路经此。

李家庵 371424-A02-H17
[Lǐjiā'ān]

在县驻地邢侗街道西方向 10.0 千米。临盘街道辖自然村。人口 200。明朝永乐年间，李姓由山东诸城迁此立村，因村东有一尼姑庵，故名。聚落呈团块状分布。有文化广场 1 个。经济以种植业为主，主要农作物有小麦、玉米和棉花。

王家 371424-A02-H18
[Wángjiā]

在县驻地邢侗街道西南方向 12.0 千米。临盘街道辖自然村。人口 400。据传，明朝初年，燕王扫北时，村民多数罹难，独王姓一家幸存，建"王家村"。聚落呈团块状分布。有文化广场 1 个。经济以种植业为主，主要农作物有小麦、玉米和棉花。有公路经此。

杨斜家 371424-A02-H19
[Yángxiéjiā]

在县驻地邢侗街道西方向 12.0 千米。临盘街道辖自然村。人口 300。清朝年间，四户杨姓自大杨家迁出，在大杨家村东北 2 里处立村。为缅怀祖宅，房屋斜建，导致村庄聚落斜向分布，村庄故名"杨斜家"。聚落呈团块状分布。有文化广场 1 个。经济以种植业为主，主要农作物有小麦、玉米和棉花。

焦家寨 371424-A02-H20
[Jiāojiāzhài]

在县驻地邢侗街道西方向 10.0 千米。临盘街道辖自然村。人口 200。明朝初年，焦姓立村，因燕王扫北时，曾在此安营扎寨，故名。聚落呈团块状分布。有文化广场1个。经济以种植业为主，主要农作物有小麦、玉米和棉花。

牛角店 371424-A02-H21

［Niújiǎodiàn］

在县驻地邢侗街道西南方向10.0千米。临盘街道辖自然村。人口2 500。元朝初年，牛姓迁此开店立村，故村名牛家店，后讹传为牛角店。聚落呈团块状分布。有文化广场1个、幼儿园1所、学校2所。经济以种植业为主，主要农作物有小麦、玉米和棉花。有公路经此。

王佃宇 371424-A02-H22

［Wángdiànyǔ］

在县驻地邢侗街道西方向11.0千米。临盘街道辖自然村。人口500。明朝年间，村里出了个名医王佃宇，村名逐渐叫成"王佃宇"。聚落呈团块状分布。有文化广场1个。经济以种植业为主，主要农作物有小麦、玉米和棉花。有公路经此。

王家屯 371424-A02-H23

［Wángjiātún］

在县驻地邢侗街道西南方向13.5千米。临盘街道辖自然村。人口200。明朝永乐年间，王刚原姓宋，在此建村，名宋家。后弃父姓随母姓，并改村名为王家屯。聚落呈团块状分布。有文化广场1个。经济以种植业为主，主要农作物有小麦、玉米和棉花。

盘河镇 371424-A02-H24

［Pánhézhèn］

在县驻地邢侗街道西方向11.0千米。临盘街道辖自然村。人口1 300。据传，村建于战国时代，因地处古代沟盘河岸边而

得名。聚落呈团块状分布。有文化广场1个。经济以种植业为主，主要农作物有小麦、玉米和棉花。104国道经此。

陈家楼 371424-A02-H25

［Chénjiālóu］

在县驻地邢侗街道西方向10.0千米。临盘街道辖自然村。人口600。明朝洪武年间，陈姓立村。后有一风水先生预言该村风水好，未来村里皆为土楼，故村名改为陈家楼。聚落呈团块状分布。有文化广场1个。经济以种植业为主，主要农作物有小麦、玉米和棉花。

小陈家 371424-A02-H26

［Xiǎochénjiā］

在县驻地邢侗街道西方向10.0千米。临盘街道辖自然村。人口200。明朝洪武年间，陈姓从河北景县迁此立村，村名陈家楼。民国时期，陈姓一支由陈家楼北迁2里立村，名小陈家。聚落呈团块状分布。有文化广场1个。经济以种植业为主，主要农作物有小麦、玉米和棉花。

肖家 371424-A02-H27

［Xiāojiā］

在县驻地邢侗街道西方向8.5千米。临盘街道辖自然村。人口600。明朝初年，肖姓由河北枣强县迁此立村，故名。聚落呈团块状分布。有文化广场1个、学校1所。经济以种植业为主，主要农作物有小麦、玉米和棉花。

营子街 371424-A02-H28

［Yíngzijiē］

在县驻地邢侗街道西南方向9.0千米。临盘街道辖自然村。人口800。传说明朝燕王扫北时，兵荒马乱，瘟疫流行，尸体遍野，红头苍蝇危害尤甚，故得村名蝇子街，

后改为营子街。聚落呈团块状分布。有文化广场1个、幼儿园1所、学校1所。经济以种植业为主，主要农作物有小麦、玉米和棉花。有公路经此。

袁宋家 371424-A02-H29
[Yuánsòngjiā]

在县驻地邢侗街道西方向9.0千米。临盘街道辖自然村。人口400。明末清初，宋姓立村，名宋家。约在1947年，因距袁郑村极近，改名为袁宋家。聚落呈团块状分布。有文化广场1个。经济以种植业为主，主要农作物有小麦、玉米和棉花。有公路经此。

马寨子 371424-A02-H30
[Mǎzhàizi]

在县驻地邢侗街道西南方向8.5千米。临盘街道辖自然村。人口400。该村系一古老村庄，明朝马姓名璋者在朝为官，故村改名为马璋寨，后人习称马寨子。聚落呈团块状分布。有文化广场1个。经济以种植业为主，主要农作物有小麦、玉米和棉花。有公路经此。

魏庄 371424-A02-H31
[Wèizhuāng]

在县驻地邢侗街道西南方向13.5千米。临盘街道辖自然村。人口500。明朝年间，一魏姓壮汉从菏泽迁此定居，故名。聚落呈团块状分布。有文化广场1个。经济以种植业为主，主要农作物有小麦、玉米和棉花。

黑朱家 371424-A02-H32
[Hēizhūjiā]

在县驻地邢侗街道西北方向9.0千米。临盘街道辖自然村。人口400。明朝初年，燕王扫北时，该村只有一朱姓妇女幸存。由于此人容貌较黑，身体健壮，在此重新建家园而得村名黑朱家。聚落呈团块状分布。有文化广场1个。经济以种植业为主，主要农作物有小麦、玉米和棉花。

董家寨 371424-A02-H33
[Dǒngjiāzhài]

在县驻地邢侗街道西北方向8.5千米。临盘街道辖自然村。人口400。明朝年间，董姓立村。燕王扫北时，曾沿沙河（原钩盘河）扎过连营十八寨，该村是其中之一，故名。聚落呈团块状分布。有文化广场1个、学校1所。经济以种植业为主，主要农作物有小麦、玉米和棉花。

洪家寨 371424-A02-H34
[Hóngjiāzhài]

在县驻地邢侗街道西北方向8.5千米。临盘街道辖自然村。人口200。明朝初年，燕王扫北时曾在此安营扎寨，该村仅存洪姓一户，后村取名洪家寨。聚落呈团块状分布。有文化广场1个。经济以种植业为主，主要农作物有小麦、玉米和棉花。

张家寨 371424-A02-H35
[Zhāngjiāzhài]

在县驻地邢侗街道西北方向8.0千米。临盘街道辖自然村。人口500。相传，明朝初年，燕王扫北时，官兵曾沿沙河（原钩盘河）扎过连营十八寨，此寨由张姓将军在此驻扎，故名张家寨，简称张寨。聚落呈团块状分布。有文化广场1个。经济以种植业为主，主要农作物有小麦、玉米和棉花。

孟家寨 371424-A02-H36
[Mèngjiāzhài]

在县驻地邢侗街道西北方向9.5千米。临盘街道辖自然村。人口800。明朝初年，孟姓立村。燕王扫北时，曾沿沙河（原钩盘河）扎过连营十八寨，孟家寨是其中之一，由此得名。聚落呈团块状分布。有文化广场1个、幼儿园1所。经济以种植业为主，主要农作物有小麦、玉米和棉花。

周家寨 371424-A02-H37
[Zhōujiāzhài]

在县驻地邢侗街道西北方向7.5千米。临盘街道辖自然村。人口600。明朝年间，周姓立村。燕王扫北时，曾沿沙河（原钩盘河）扎过连营十八寨，该村是其中之一，故名。聚落呈团块状分布。有文化广场1个。经济以种植业为主，主要农作物有小麦、玉米和棉花。

邢柳行 371424-A03-H01
[Xíngliǔháng]

在县驻地邢侗街道西北方向2.0千米。恒源街道辖自然村。人口700。邢氏讳百通，后裔迁入宋家柳行，因村中有两行柳树而得名。明万历年间，邢侗官至陕西太仆寺少卿。宋氏衰落，村名遂改为邢家柳行，简称邢柳行。聚落呈团块状分布。有文化广场1个。经济以种植业为主，主要农作物有小麦、玉米和棉花。永莘公路经此。

乔家庄 371424-A03-H02
[Qiáojiāzhuāng]

在县驻地邢侗街道西方向6.5千米。人口300。明朝年间，乔姓从本县后乔家迁此立村，故名。聚落呈团块状分布。有文化广场1个。经济以种植业为主，主要农作物有小麦、玉米和棉花。

朱家坊 371424-A03-H03
[Zhūjiāfāng]

在县驻地邢侗街道西方向3.5千米。恒源街道辖自然村。人口100。明朝初年，官府开挖一条运粮河，名朱家河。河两岸建有粮仓，朱姓看守粮仓，后逐渐发展成为村落，名朱家坊。聚落呈团块状分布。有文化广场1个。经济以种植业为主，主要农作物有小麦、玉米和棉花。

刘波海家 371424-A03-H04
[Liúbōhǎijiā]

在县驻地邢侗街道西方向7.5千米。恒源街道辖自然村。人口700。明朝年间，刘氏讳波海，从本县耿刘庄（今孟寺镇辖自然村）迁此立村，名刘波海家。聚落呈团块状分布。有文化广场1个。经济以种植业为主，主要农作物有小麦、玉米和棉花。

后仓 371424-A03-H05
[Hòucāng]

在县驻地邢侗街道西方向4.0千米。恒源街道辖自然村。人口600。明朝年间，李姓在朱家河南、北两岸立村，沿河多营寨和粮仓，该村即粮仓故址，因位于河北岸，故名。聚落呈团块状分布。有文化广场1个。经济以种植业为主，主要农作物有小麦、玉米和棉花。临武公路经此。

大卢家 371424-A03-H06
[Dàlújiā]

在县驻地邢侗街道西方向5.0千米。恒源街道辖自然村。人口700。据传，卢氏本姓夏侯，于明朝初年立村。夏侯谐音"下猴"，故改姓卢。因村西有小卢家，该村遂称大卢家。聚落呈团块状分布。有文化广场1个。经济以种植业为主，主要农作物有小麦、玉米和棉花。

张油官家 371424-A03-H07
[Zhāngyóuguānjiā]

在县驻地邢侗街道西方向5.5千米。恒源街道辖自然村。人口800。明朝初年，张姓立村，以榨油为业，后官家成为常用客户，故名。聚落呈团块状分布。有文化广场 1 个、学校 1 所。经济以种植业为主，主要农作物有小麦、玉米和棉花。永莘公路经此。

陈家庙 371424-A03-H08
[Chénjiāmiào]

在县驻地邢侗街道西北方向 2.0 千米。恒源街道辖自然村。人口 1 000。明弘治年间，陈姓立村，因村西有一座寺庙，故名。聚落呈团块状分布。有文化广场 1 个。经济以种植业为主，主要农作物有小麦、玉米和棉花。

齐家庄 371424-A03-H09
[Qíjiāzhuāng]

在县驻地邢侗街道西南方向 5.0 千米。恒源街道辖自然村。人口 800。清初，齐姓迁入，村改名为齐家庄。聚落呈团块状分布。有文化广场 1 个。经济以种植业为主，主要农作物有小麦、玉米和棉花。

龙湾 371424-A03-H10
[Lóngwān]

在县驻地邢侗街道西南方向 6.5 千米。恒源街道辖自然村。人口 800。传说，古时有条龙死于村中湾内，葬于湾旁。明朝永乐年间，姜、胡、张三姓同时迁此立村，取村名为龙湾。聚落呈团块状分布。有文化广场 1 个。经济以种植业为主，主要农作物有小麦、玉米和棉花。

刘标家 371424-A03-H11
[Liúbiāojiā]

在县驻地邢侗街道西方向 5.5 千米。恒源街道辖自然村。人口 100。清朝中期，刘文标立村，名刘标家。聚落呈团块状分布。有文化广场 1 个。经济以种植业为主，主要农作物有小麦、玉米和棉花。有公路经此。

凉王庙 371424-A03-H12
[Liángwángmiào]

在县驻地邢侗街道西南方向 10.0 千米。恒源街道辖自然村。人口 300。相传古代一村妇见无头凉王骑马从此过，惊曰"这人无头还骑马"，凉王即从马落，起飓风飞沙走石，将凉王尸体掩埋，土丘高数丈。后村民在土丘上建庙三间，塑凉王像，村名由此而来。另又传凉王五将战死于此。聚落呈团块状分布。有文化广场 1 个。经济以种植业为主，主要农作物有小麦、玉米和棉花。

贾家 371424-A03-H13
[Jiǎjiā]

在县驻地邢侗街道西南方向 6.0 千米。恒源街道辖自然村。人口 400。明朝，贾姓从山西迁此建村，故名。聚落呈团块状分布。有文化广场 1 个。经济以种植业为主，主要农作物有小麦、玉米和棉花。

李家胡同 371424-A03-H14
[Lǐjiāhútong]

在县驻地邢侗街道西南方向 3.5 千米。恒源街道辖自然村。人口 1 100。明初，李居用奉诏迁徙，于临邑城南八里处定居，村名李家胡同。聚落呈团块状分布。有文化广场 1 个。经济以种植业为主，主要农作物有小麦、玉米和棉花。有公路经此。

傅家庙 371424-A03-H15
[Fùjiāmiào]

在县驻地邢侗街道西南方向 5.0 千米。恒源街道辖自然村。人口 400。据传，后唐时期，傅姓迁此立村，因村东有一寺庙，故名。聚落呈团块状分布。有文化广场 1 个。经济以种植业为主，主要农作物有小麦、玉米和棉花。

前仓 371424-A03-H16
[Qiáncāng]

在县驻地邢侗街道西南方向 4.0 千米。恒源街道辖自然村。人口 300。明朝年间，李姓在朱家河南、北两岸立村，沿河多营寨和粮仓。该村即粮仓故址，因位于河南岸，故名。聚落呈团块状分布。有文化广场 1 个。经济以种植业为主，主要农作物有小麦、玉米和棉花。有公路经此。

前八里 371424-A03-H17
[Qiánbālǐ]

在县驻地邢侗街道西方向 4.0 千米。恒源街道辖自然村。人口 700。明朝年间，李、邢二姓迁此，因距县城八里，分别立村后八里、前八里。该村居南，故名。聚落呈团块状分布。有文化广场 1 个。经济以种植业为主，主要农作物有小麦、玉米和棉花。

十里堡 371424-A03-H18
[Shílǐpù]

在县驻地邢侗街道西南方向 5.0 千米。恒源街道辖自然村。人口 700。明朝末年，吴、李二姓迁此立村，因该村东北距临邑县城十里而名十里堡。聚落呈团块状分布。有文化广场 1 个。经济以种植业为主，主要农作物有小麦、玉米和棉花。有公路经此。

大柳树 371424-A03-H19
[Dàliǔshù]

在县驻地邢侗街道西南方向 4.5 千米。恒源街道辖自然村。人口 500。明初，张姓建村，名"张新家"。万历年间，村中有棵柳树长得特别粗大，后将村名改为"大柳树"。聚落呈团块状分布。有文化广场 1 个。经济以种植业为主，主要农作物有小麦、玉米和棉花。

崔家庄 371424-A03-H20
[Cuījiāzhuāng]

在县驻地邢侗街道西南方向 8.0 千米。恒源街道辖自然村。人口 400。明朝，崔姓迁此建村，故名。聚落呈团块状分布。有文化广场 1 个。经济以种植业为主，主要农作物有小麦、玉米和棉花。

草寺子 371424-A03-H21
[Cǎosìzi]

在县驻地邢侗街道西南方向 6.5 千米。恒源街道辖自然村。人口 700。因村东南有古刹华严寺，故名草寺子。聚落呈团块状分布。有文化广场 1 个、学校 1 所。经济以种植业为主，主要农作物有小麦、玉米和棉花。

三官庙 371424-B01-H01
[Sānguānmiào]

临邑镇人民政府驻地。在县驻地邢侗街道北方向 2.0 千米。人口 400。相传，唐初，李姓迁此立村，因村中有三官庙，故名。聚落呈团块状分布。有文化广场 1 个。经济以种植业为主，主要农作物有小麦、玉米和棉花。有公路经此。

国家寨 371424-B01-H02
[Guójiāzhài]

在县驻地邢侗街道北方向 9.0 千米。临邑镇辖自然村。人口 1 200。明永乐年间，国姓迁此定居，且渐成望族，村遂名国家寨。聚落呈团块状分布。有文化广场 1 个。经济以种植业为主，主要农作物有小麦、玉米和棉花。

齐官寨 371424-B01-H03
[Qíguānzhài]

在县驻地邢侗街道北方向 10.0 千米。

临邑镇辖自然村。人口700。据传，唐太宗征辽时曾路过此地，并在此安营扎寨，时有7位将军荣立战功，村由此得名七官寨，后演变成齐官寨。聚落呈团块状分布。有文化广场1个。经济以种植业为主，主要农作物有小麦、玉米和棉花。

卞庙 371424-B01-H04
[Biànmiào]

在县驻地邢侗街道东北方向2.5千米。临邑镇辖自然村。人口1200。明朝初年，卞姓迁此立村，因村中有座寺庙，故名。聚落呈团块状分布。有文化广场1个。经济以种植业为主，主要农作物有小麦、玉米和棉花。有公路经此。

刘道行家 371424-B01-H05
[Liúdàoxíngjiā]

在县驻地邢侗街道北方向4.0千米。临邑镇辖自然村。人口800。明朝末年，刘道行迁此立村，故名。聚落呈团块状分布。有文化广场1个。经济以种植业为主，主要农作物有小麦、玉米和棉花。有公路经此。

前樊家 371424-B01-H06
[Qiánfánjiā]

在县驻地邢侗街道北方向3.0千米。临邑镇辖自然村。人口600。回族村庄。明正德年间，樊甫聚从刘家寨迁此立村，名樊家庄。之后，因在庄北立后樊家，该村遂名前樊家，曾名樊家老庄。聚落呈团块状分布。有学校1所。经济以种植业为主，主要农作物有小麦、玉米和棉花。有公路经此。

后樊家 371424-B01-H07
[Hòufánjiā]

在县驻地邢侗街道北方向3.5千米。临

邑镇辖自然村。人口700。明正德年间，樊甫聚从刘家寨迁此立村，名樊家庄。后樊姓分出一支迁至该村东北一里许立村，名后樊家。聚落呈团块状分布。有文化广场1个。经济以种植业为主，主要农作物有小麦、玉米和棉花。有公路经此。

大郭家 371424-B01-H08
[Dàguōjiā]

在县驻地邢侗街道东北方向10.5千米。临邑镇辖自然村。人口900。明朝年间，郭姓由山西洪洞县迁此立村，故名。聚落呈团块状分布。有文化广场1个、学校1所。经济以种植业为主，主要农作物有小麦、玉米和棉花。

大陈家 371424-B01-H09
[Dàchénjiā]

在县驻地邢侗街道东北方向9.5千米。临邑镇辖自然村。人口600。元朝年间，陈洪建村，名陈家。后部分村民南迁一里许另立小陈家村，该村遂名大陈家。聚落呈团块状分布。有文化广场1个。经济以种植业为主，主要农作物有小麦、玉米和棉花。有公路经此。

季家寨 371424-B01-H10
[Jìjiāzhài]

在县驻地邢侗街道北方向8.0千米。临邑镇辖自然村。人口2 500。明朝以前，季姓立村，因附近几村为御强寇，各修围墙，形似兵寨，故名。聚落呈团块状分布。有文化广场1个、学校2所。经济以种植业为主，主要农作物有小麦、玉米和棉花。有公路经此。

张法古 371424-B01-H11
[Zhāngfǎgǔ]

在县驻地邢侗街道西北方向3.0千米。

临邑镇辖自然村。人口 800。明朝初年，钟、张、杨三姓迁此立村，因张姓人多，且该村多盐碱地，蓬蒿丛生，村名张蓬庄。后改为张法古，取效法古人之意。聚落呈团块状分布。有文化广场 1 个、学校 2 所。经济以种植业为主，主要农作物有小麦、玉米和棉花。

李仙台 371424-B01-H12
[Lǐxiāntái]

在县驻地邢侗街道东北方向 7.0 千米。临邑镇辖自然村。人口 700。明永乐年间，许、王、李、孙诸姓从河北枣强迁此。后李宪台在江西某县任知县，村遂改名为李宪台，后演变成李仙台。聚落呈团块状分布。有文化广场 1 个、学校 1 所。经济以种植业为主，主要农作物有小麦、玉米和棉花。有公路经此。

王草子 371424-B01-H13
[Wángcǎozǐ]

在县驻地邢侗街道东北方向 5.5 千米。临邑镇辖自然村。人口 700。明朝初年，王姓迁此立村，因此地人烟稀少、杂草丛生，如遇荒年，村民以食草种子度日，故村名王草子。聚落呈团块状分布。有文化广场 1 个。经济以种植业为主，主要农作物有小麦、玉米和棉花。

祥洼街 371424-B01-H14
[Xiángwājiē]

在县驻地邢侗街道北方向 7.5 千米。临邑镇辖自然村。人口 900。元朝年间，景德胜因遭水灾逃荒至本县管饭堂前狼窝街立村。当时，此地是一片洼地，豺狼窝居，故名狼窝街。中华人民共和国成立后，村更名为祥洼街。聚落呈团块状分布。有文化广场 1 个。经济以种植业为主，主要农作物有小麦、玉米和棉花。

老马家 371424-B01-H15
[Lǎomǎjiā]

在县驻地邢侗街道北方向 4.5 千米。临邑镇辖自然村。人口 1 400。明朝初年，戴、李二姓迁此立村，后马姓迁入。明末清初，马姓逐渐发展为村中望族，村名遂改为老马家。聚落呈团块状分布。有文化广场 1 个、学校 1 所。经济以种植业为主，主要农作物有小麦、玉米和棉花。宁济公路经此。

朱家胡同 371424-B01-H16
[Zhūjiāhútong]

在县驻地邢侗街道北方向 5.0 千米。临邑镇辖自然村。人口 1 400。明朝永乐年间，朱子真奉诏迁此立村，因村民房屋顺一条小道两边延伸，形似胡同，故名。聚落呈团块状分布。有文化广场 1 个、学校 1 所。经济以种植业为主，主要农作物有小麦、玉米和棉花。宁济公路经此。

靳家 371424-B01-H17
[Jìnjiā]

在县驻地邢侗街道北方向 10.5 千米。临邑镇辖自然村。人口 700。明朝永乐年间，宋、靳等姓迁此。清朝末年，靳姓自立村庄，名靳家。聚落呈团块状分布。有文化广场 1 个。经济以种植业为主，主要农作物有小麦、玉米和棉花。

东苏庙 371424-B01-H18
[Dōngsūmiào]

在县驻地邢侗街道西北方向 5.0 千米。临邑镇辖自然村。人口 400。明朝年间，苏姓迁此立村，村中有庙，后苏姓一名后人在四里八乡颇有名望，村遂改名为苏家庙。后分为东苏庙、西苏庙两村，该村居东，为东苏庙。聚落呈团块状分布。有文化广场 1 个。经济以种植业为主，主要农作物有小麦、玉米和棉花。

任家楼 371424-B01-H19
[Rénjiālóu]

在县驻地邢侗街道西北方向 3.5 千米。临邑镇辖自然村。人口 900。据传，元末明初，因战乱、瘟疫肆虐，该村仅剩一座空楼。明朝初年，任善迁此立村，名任家楼。聚落呈团块状分布。有文化广场 1 个。经济以种植业为主，主要农作物有小麦、玉米和棉花。

孙王庄 371424-B01-H20
[Sūnwángzhuāng]

在县驻地邢侗街道东北方向 8.0 千米。临邑镇辖自然村。人口 300。明朝永乐年间，王氏兄弟二人由河北枣强迁此立村，后有孙姓迁入，改村名为孙王庄。聚落呈团块状分布。有文化广场 1 个。经济以种植业为主，主要农作物有小麦、玉米和棉花。

钟家 371424-B01-H21
[Zhōngjiā]

在县驻地邢侗街道北方向 5.0 千米。临邑镇辖自然村。人口 300。明朝永乐年间，钟姓从钟家油坊迁此立村，故名。聚落呈团块状分布。有文化广场 1 个。经济以种植业为主，主要农作物有小麦、玉米和棉花。

演马庄 371424-B01-H22
[Yǎnmǎzhuāng]

在县驻地邢侗街道东北方向 4.5 千米。临邑镇辖自然村。人口 400。明朝燕王南征，演马于此，故名。聚落呈团块状分布。有文化广场 1 个、学校 1 所。经济以种植业为主，主要农作物有小麦、玉米和棉花。

李士玉家 371424-B01-H23
[Lǐshìyùjiā]

在县驻地邢侗街道东北方向 9.0 千米。临邑镇辖自然村。人口 500。明朝初年，李姓迁此立村，后李氏后人李士玉成为邢御史的门生，村以人名。聚落呈团块状分布。经济以种植业为主，主要农作物有小麦、玉米和棉花。

李家寨 371424-B01-H24
[Lǐjiāzhài]

在县驻地邢侗街道北方向 7.0 千米。临邑镇辖自然村。人口 500。明朝末年，李姓迁入，并渐成村中望族，故村名为李家寨。聚落呈团块状分布。有文化广场 1 个、学校 1 所。经济以种植业为主，主要农作物有小麦、玉米和棉花。

李耀明 371424-B01-H25
[Lǐyàomíng]

在县驻地邢侗街道东北方向 9.0 千米。临邑镇辖自然村。人口 400。明朝年间，王、周、李三姓迁此，因李耀明在当地颇有名望，改村名为李耀明。聚落呈团块状分布。有文化广场 1 个、学校 2 所。经济以种植业为主，主要农作物有小麦、玉米和棉花。

王库房 371424-B01-H26
[WángkùFáng]

在县驻地邢侗街道北方向 1.9 千米。临邑镇辖自然村。人口 300。明朝初年，刘姓迁此立村，名小刘家。永乐年间，王广迁入。清朝初年，该村王姓后人在县衙管库房，村名逐渐改为王库房。聚落呈团块状分布。有文化广场 1 个。经济以种植业为主，主要农作物有小麦、玉米和棉花。

烟墩 371424-B01-H27

［Yāndūn］

在县驻地邢侗街道东北方向 6.5 千米。临邑镇辖自然村。人口 300。元朝年间建村，因该村东北有一座烽火台，村民习称烟墩，村因此得名。聚落呈团块状分布。有文化广场 1 个。经济以种植业为主，主要农作物有小麦、玉米和棉花。

陈家 371424-B01-H28

［Chénjiā］

在县驻地邢侗街道北方向 4.5 千米。临邑镇辖自然村。人口 400。明朝年间，邢、陈、刘姓迁此立村，后陈姓一后人与官府相熟，逐渐改村名为陈家。聚落呈团块状分布。有文化广场 1 个。经济以种植业为主，主要农作物有小麦、玉米和棉花。

石家洼 371424-B01-H29

［Shíjiāwā］

在县驻地邢侗街道东北方向 8.0 千米。临邑镇辖自然村。人口 700。元末明初，四户石姓人家从河北枣强迁此立村，因村北是一片大洼地，故名。聚落呈团块状分布。有文化广场 1 个。经济以种植业为主，主要农作物有小麦、玉米和棉花。

东双庙 371424-B02-H01

［Dōngshuāngmiào］

临南镇政府驻地。在县驻地邢侗街道南方向 13.2 千米。人口 500。明朝永乐年间，卢姓奉诏由河北枣强迁此定居，因村东、西两头各有一庙，故名卢双庙。后分为东、西两村，该村居东，故名东双庙。聚落呈团块状分布。有文化广场 1 个。经济以种植业为主，主要农作物有小麦、玉米和棉花。有公路经此。

夏口街 371424-B02-H02

［Xiàkǒujiē］

在县驻地邢侗街道东南方向 20.0 千米。临南镇辖自然村。人口 2 100。宋朝时开挖赵游河，该村在河之下口，村遂名下口，后演变成夏口街。聚落呈团块状分布。有文化广场 1 个、学校 2 所、幼儿园 3 所。经济以种植业为主，主要农作物有小麦、玉米和棉花。有公路经此。

清凉店 371424-B02-H03

［Qīngliángdiàn］

在县驻地邢侗街道东南方向 11.5 千米。临南镇辖自然村。人口 900。相传，唐代，村西北建有清凉禅院，寺内有一水井，盛夏异常清凉，燕王朱棣赐名清凉殿。后村名演绎为清凉店。聚落呈团块状分布。有文化广场 1 个、学校 1 所、幼儿园 1 所。经济以种植业为主，主要农作物有小麦、玉米和棉花。有公路经此。

小洼 371424-B02-H04

［Xiǎowā］

在县驻地邢侗街道南方向 14.5 千米。临南镇辖自然村。人口 600。明永乐年间，狄姓和孟姓迁此立村，因此地地势低洼，遂更村名为小洼。聚落呈团块状分布。有文化广场 1 个。经济以种植业为主，主要农作物有小麦、玉米和棉花。

张乐子 371424-B02-H05

［Zhānglèzi］

在县驻地邢侗街道南方向 13.0 千米。临南镇辖自然村。人口 200。明朝年间，三户张姓人家立村，名小张家。因地势低洼，涝灾频发，人们习惯称村为张涝子，后逐渐叫成张乐子。聚落呈团块状分布。经济以种植业为主，主要农作物有小麦、玉米和棉花。

东吕家寨 371424-B02-H06
[Dōnglǚjiāzhài]

在县驻地邢侗街道南方向 16.0 千米。临南镇辖自然村。人口 300。明朝初年，吕姓迁此立村，名吕家寨。后以村中南北大道为界，该村位于道东，名东吕家寨。聚落呈团块状分布。有文化广场 1 个。经济以种植业为主，主要农作物有小麦、玉米和棉花。有公路经此。

东宋家 371424-B02-H07
[Dōngsòngjiā]

在县驻地邢侗街道南方向 18.5 千米。临南镇辖自然村。人口 300。明朝永乐年间，宋姓迁此建村，后来为与宫家东侧的宋家庄相区分，更名为东宋家。聚落呈团块状分布。有文化广场 1 个。经济以种植业为主，主要农作物有小麦、玉米和棉花。

于家庙 371424-B02-H08
[Yújiāmiào]

在县驻地邢侗街道南方向 15.5 千米。临南镇辖自然村。人口 600。明朝，于姓迁此，近庙建村，故名。聚落呈团块状分布。有文化广场 1 个。经济以种植业为主，主要农作物有小麦、玉米和棉花。

于辛庄 371424-B02-H09
[Yúxīnzhuāng]

在县驻地邢侗街道南方向 15.5 千米。临南镇辖自然村。人口 1 000。明朝初年，河北枣强居民奉诏迁此立村，属官庄，于、唐、王三姓首迁，于姓为尊，定名为于兴庄。后逐渐读为于辛庄。聚落呈团块状分布。有文化广场 1 个。经济以种植业为主，主要农作物有小麦、玉米和棉花。

刘家双庙 371424-B02-H10
[Liújiāshuāngmiào]

在县驻地邢侗街道西南方向 18.0 千米。临南镇辖自然村。人口 800。明朝永乐年间，燕王扫北后，刘姓迁此立村，后在村东建起一座大庙，由南、北两座小庙组成，故名。聚落呈团块状分布。有文化广场 1 个。经济以种植业为主，主要农作物有小麦、玉米和棉花。

刘家大屯 371424-B02-H11
[Liújiādàtún]

在县驻地邢侗街道东南方向 19.5 千米。临南镇辖自然村。人口 500。明朝洪武年间，两户刘姓立村，取名刘家屯。至清朝，村中几户人家迁到村东南二里处，建刘家小屯，刘家屯遂改称刘家大屯。聚落呈团块状分布。有文化广场 1 个。经济以种植业为主，主要农作物有小麦、玉米和棉花。

李佛头 371424-B02-H12
[Lǐfótóu]

在县驻地邢侗街道东南方向 11.5 千米。临南镇辖自然村。人口 500。明朝永乐年间，李姓由山西洪洞县大槐树迁此立村，因村内供奉一佛头塑像，故名李佛头。聚落呈团块状分布。有文化广场 1 个。经济以种植业为主，主要农作物有小麦、玉米和棉花。

前屯子 371424-B02-H13
[Qiántúnzi]

在县驻地邢侗街道东南方向 9.5 千米。临南镇辖自然村。人口 300。明朝前，王姓迁此立村，后分为前屯子和后屯子两村。该村居前，叫前屯子。聚落呈团块状分布。有文化广场 1 个。经济以种植业为主，主要农作物有小麦、玉米和棉花。有公路经此。

史光现 371424-B02-H14
［Shǐguāngxiàn］

在县驻地邢侗街道东南方向 14.5 千米。临南镇辖自然村。人口 300。明朝初年，一个名叫史光现的人来此立村，村以人名。聚落呈团块状分布。有文化广场 1 个。经济以种植业为主，主要农作物有小麦、玉米和棉花。

后屯子 371424-B02-H15
［Hòutúnzi］

在县驻地邢侗街道东南方向 9.5 千米。临南镇辖自然村。人口 100。明朝前，王姓迁此立村，后分为前屯子和后屯子。该村居后，叫后屯子。聚落呈团块状分布。有文化广场 1 个。经济以种植业为主，主要农作物有小麦、玉米和棉花。

周家 371424-B02-H16
［Zhōujiā］

在县驻地邢侗街道南方向 19.5 千米。临南镇辖自然村。人口 800。明朝年间，三户周姓人家由河北枣强迁此立村，故名。聚落呈团块状分布。有文化广场 1 个。经济以种植业为主，主要农作物有小麦、玉米和棉花。

周道口 371424-B02-H17
［Zhōudàokǒu］

在县驻地邢侗街道西南方向 14.0 千米。临南镇辖自然村。人口 1 000。明朝，周姓由济阳县周楼迁此，村南土马河上有八道柯桥，村以地势得名。聚落呈团块状分布。有文化广场 1 个、学校 1 所。经济以种植业为主，主要农作物有小麦、玉米和棉花。

夏河沟 371424-B02-H18
［Xiàhégōu］

在县驻地邢侗街道东南方向 1.5 千米。临南镇辖自然村。人口 600。明朝永乐年间，夏姓由北京东边山海县迁此，因地形（沟渠）而名。聚落呈团块状分布。有文化广场 1 个。经济以种植业为主，主要农作物有小麦、玉米和棉花。有公路经此。

大聂家 371424-B02-H19
［Dànièjiā］

在县驻地邢侗街道东南方向 16.0 千米。临南镇辖自然村。人口 1 200。明朝年间，聂氏兄弟二人由小街子迁出，各立一村。兄为大，立村名大聂家。聚落呈团块状分布。有文化广场 1 个。经济以种植业为主，主要农作物有小麦、玉米和棉花。

太平辛 371424-B02-H20
［Tàipíngxīn］

在县驻地邢侗街道东南方向 17.5 千米。临南镇辖自然村。人口 40。辽太平元年（1021），即辛酉年立村，故以年号和时间定村名为太平辛。聚落呈团块状分布。有文化广场 1 个。经济以种植业为主，主要农作物有小麦、玉米和棉花。

宁家寺 371424-B02-H21
［Nìngjiāsì］

在县驻地邢侗街道东南方向 12.5 千米。临南镇辖自然村。人口 1 000。明朝正德年间，宁氏福能由章丘县北宁家迁徙至此立村，因东南百米处有古刹安国寺，故名。聚落呈团块状分布。有文化广场 1 个。经济以种植业为主，主要农作物有小麦、玉米和棉花。

宁家楼 371424-B02-H22
［Nìngjiālóu］

在县驻地邢侗街道东南方向 12.0 千米。临南镇辖自然村。人口 900。明朝初年，赵氏由河北枣强迁此立村，因修有土楼，故名赵家楼。赵姓五世时，宁氏势力渐大，强占土楼，村名遂改为宁家楼。聚落呈团块状分布。有文化广场 1 个。经济以种植业为主，主要农作物有小麦、玉米和棉花。

张牧羊 371424-B02-H23
［Zhāngmùyáng］

在县驻地邢侗街道东南方向 14.5 千米。临南镇辖自然村。人口 500。明初，张氏景奎、景玉、景山三兄弟奉诏徙居临邑。因张氏兄弟以牧羊为业，故名。聚落呈团块状分布。有文化广场 1 个。经济以种植业为主，主要农作物有小麦、玉米和棉花。

朱家楼 371424-B02-H24
［Zhūjiālóu］

在县驻地邢侗街道东南方向 17.0 千米。临南镇辖自然村。人口 1 100。明朝永乐二年（1404），朱氏奉诏移民于此。后家业发达，修有土楼，遂改名朱家楼。聚落呈团块状分布。有文化广场 1 个、学校 1 所。经济以种植业为主，主要农作物有小麦、玉米和棉花。

杨香家 371424-B02-H25
［Yángxiāngjiā］

在县驻地邢侗街道东南方向 9.0 千米。临南镇辖自然村。人口 500。清乾隆年间，杨检携子杨香迁居王家屯，后因王姓没落，遂改村名为杨香家。聚落呈团块状分布。有文化广场 1 个。经济以种植业为主，主要农作物有小麦、玉米和棉花。

王家寨 371424-B02-H26
［Wángjiāzhài］

在县驻地邢侗街道东南方向 17.5 千米。临南镇辖自然村。人口 300。明朝期间，王姓迁入于家寨子西头。民国初年，王姓自于家寨子分出，西迁 500 米另行立村，名王家寨子，简称王家寨。聚落呈团块状分布。有文化广场 1 个。经济以种植业为主，主要农作物有小麦、玉米和棉花。

钟楼 371424-B02-H27
［Zhōnglóu］

在县驻地邢侗街道东南方向 17.5 千米。临南镇辖自然村。人口 700。元末明初，原来的村庄毁于兵灾，仅存一钟楼，故以钟楼为村名。聚落呈团块状分布。有文化广场 1 个、幼儿园 1 所。经济以种植业为主，主要农作物有小麦、玉米和棉花。

簸箕王家 371424-B02-H28
［Bòjiwángjiā］

在县驻地邢侗街道东南方向 11.5 千米。临南镇辖自然村。人口 500。明朝永乐年间建村，因村周围多生簸箕柳，且王姓为多，故改称簸箕王家。聚落呈团块状分布。有文化广场 1 个。经济以种植业为主，主要农作物有小麦、玉米和棉花。

石家庄 371424-B02-H29
［Shíjiāzhuāng］

在县驻地邢侗街道东南方向 9.0 千米。临南镇辖自然村。人口 1 300。回族占 100%。该村原名林家井，明永乐后，石氏三兄弟龙、虎、豹迁入林家井，石姓渐成望族。此后，林家井改称石家庄。聚落呈团块状分布。有文化广场 1 个、学校 1 所。经济以种植业为主，主要农作物有小麦、玉米和棉花。有公路经此。

德平 371424-B03-H01
[Dépíng]

德平镇人民政府驻地。在县驻地邢侗街道东北35.0千米。人口4 500。此地汉朝为平昌县，魏属安德郡，五代后唐时从郡、县名中各取一字为名。聚落呈团块状分布。有文化广场1个、学校1所、幼儿园1所。古迹有白磷书院、汉白玉丈八佛、汉末文人祢衡故里遗址和祢衡井。经济以种植业和食品加工业为主，主要农作物有小麦、玉米，工业以食品加工为主。省道永馆公路经此。

葛老庄 371424-B03-H02
[Gělǎozhuāng]

在县驻地邢侗街道北方向34.5千米。德平镇辖自然村。人口400。明洪武末年，葛士能迁入，后村称葛老庄。聚落呈团块状分布。有文化广场1个。经济以种植业为主，主要农作物有小麦、玉米和棉花。

花王家 371424-B03-H03
[Huāwángjiā]

在县驻地邢侗街道北方向33.0千米。德平镇辖自然村。人口500。元朝年间，当地万姓为元朝蒙古族兀鲁氏后裔。该村是当时的驸马府，万驸马得名花王，故驸马府又名花王府，后村逐渐被叫成花王家。聚落呈团块状分布。有文化广场1个。经济以种植业为主，主要农作物有小麦、玉米和棉花。

养马 371424-B03-H04
[Yǎngmǎ]

在县驻地邢侗街道北方向33.0千米。德平镇辖自然村。人口600。据传，明朝年间，官府曾在此处设立养马场，故名。聚落呈团块状分布。有文化广场1个、学校1所、幼儿园1所。经济以种植业为主，主要农作物有小麦、玉米和棉花。

宫家 371424-B03-H05
[Gōngjiā]

在县驻地邢侗街道北方向33.0千米。德平镇辖自然村。人口200。清朝年间，宫姓迁此立村，故名。聚落呈团块状分布。有文化广场1个。经济以种植业为主，主要农作物有小麦、玉米和棉花。

陈家集 371424-B03-H06
[Chénjiājí]

在县驻地邢侗街道北方向32.0千米。德平镇辖自然村。人口600。据传，明朝初年，宗、陈二姓从山东寿光迁此立村。至清朝，陈姓逐渐发展为村中望族，并立集，村遂名陈家集。聚落呈团块状分布。有文化广场1个。经济以种植业为主，主要农作物有小麦、玉米和棉花。

大鲍家 371424-B03-H07
[Dàbàojiā]

在县驻地邢侗街道北方向30.0千米。德平镇辖自然村。人口600。明朝初年，鲍氏迁此立村，名鲍家。后部分村民又陆续迁出，分别立村小鲍家、东鲍家、西鲍家，该村遂改名大鲍家。聚落呈团块状分布。有文化广场1个、学校1所。经济以种植业为主，主要农作物有小麦、玉米和棉花。有公路经此。

六股路 371424-B03-H08
[Liùgǔlù]

在县驻地邢侗街道北方向29.0千米。德平镇辖自然村。人口700。明朝永乐年间，青州府寿光县移民迁此立村，因村西有相互交叉的六股大道，故名。聚落呈团块状分布。有文化广场1个、幼儿园1所。经济以种植业为主，主要农作物有小麦、玉米和棉花。

十里堡 371424-B03-H09

[Shílǐpù]

在县驻地邢侗街道北方向 1.5 千米。德平镇辖自然村。人口 700。相传，明朝初年，张、于二姓从青州府寿光县迁此立村，因西北距德平城十华里，故称十里堡。聚落呈团块状分布。有文化广场 1 个。经济以种植业为主，主要农作物有小麦、玉米和棉花。有公路经此。

林家寨 371424 B03 H10

[Línjiāzhài]

在县驻地邢侗街道北方向 27.5 千米。德平镇辖自然村。人口 700。明朝初年，林姓由青州府寿光县迁此立村，因村建于兵寨旧址，故名。聚落呈团块状分布。有文化广场 1 个、学校 1 所。经济以种植业为主，主要农作物有小麦、玉米和棉花。

王赞恒 371424-B03-H11

[Wángzànhéng]

在县驻地邢侗街道北方向 28.0 千米。德平镇辖自然村。人口 1200。明朝初年，王姓由青州府寿光县迁此立村，名王家。清乾隆年间，该村出了个富翁王赞恒，村逐渐更名为王赞恒。聚落呈团块状分布。有文化广场 1 个、幼儿园 1 所。经济以种植业为主，主要农作物有小麦、玉米和棉花。有公路经此。

杜家 371424-B03-H12

[Dùjiā]

在县驻地邢侗街道北方向 26.0 千米。德平镇辖自然村。人口 500。明朝天顺年间，杜惠由寿光县迁此立村，故名。聚落呈团块状分布。有文化广场 1 个。经济以种植

业为主，主要农作物有小麦、玉米和棉花。

陈家寨 371424-B03-H13

[Chénjiāzhài]

在县驻地邢侗街道北方向 34.0 千米。德平镇辖自然村。人口 600。明朝永乐年间，陈棠由山西洪洞县牛头陈家迁此立村，故名。聚落呈团块状分布。有文化广场 1 个、学校 1 所、幼儿园 1 所。经济以种植业为主，主要农作物有小麦、玉米和棉花。

李家炉坊 371424-B03-H14

[Lǐjiālúfáng]

在县驻地邢侗街道北方向 34.0 千米。德平镇辖自然村。人口 900。明朝初年，李姓从青州府寿光县迁入，村民多有炼铁技术，故名。聚落呈团块状分布。有文化广场 1 个。经济以种植业为主，主要农作物有小麦、玉米和棉花。

郭家桥 371424-B03-H15

[Guōjiāqiáo]

在县驻地邢侗街道北方向 35.0 千米。德平镇辖自然村。人口 1 000。明朝永乐年间，郭姓从青州府寿光县迁此立村，因村西马颊河上有座桥，故名。聚落呈团块状分布。有文化广场 1 个、幼儿园 1 所。经济以种植业为主，主要农作物有小麦、玉米和棉花。

满家 371424-B03-H16

[Mǎnjiā]

在县驻地邢侗街道北方向 35.5 千米。德平镇辖自然村。人口 500。明朝前村名为满家胡同，元末明初村民多死于战乱，明初移民时，宋姓由寿光石门亭最早迁入，后有郭姓从德平城后郭家迁来，村名改称满家。聚落呈团块状分布。有文化广场 1 个、学校 1 所、幼儿园 2 所。经济以种植业为主，

主要农作物有小麦、玉米和棉花。

郭家湾 371424-B03-H17
[Guōjiāwān]

在县驻地邢侗街道北方向 35.0 千米。德平镇辖自然村。人口 500。明朝年间，郭评迁此傍湾建村，故名。聚落呈团块状分布。有文化广场 1 个。经济以种植业为主，主要农作物有小麦、玉米和棉花。有公路经此。

赵家 371424-B03-H18
[Zhàojiā]

在县驻地邢侗街道北方向 35.0 千米。德平镇辖自然村。人口 300。明朝永乐年间，赵凯从青州府寿光县迁此立村，故名。聚落呈团块状分布。有文化广场 1 个、幼儿园 1 所。经济以种植业为主，主要农作物有小麦、玉米和棉花。有公路经此。

大吴家庙 371424-B03-H19
[Dàwújiāmiào]

在县驻地邢侗街道北方向 37.5 千米。德平镇辖自然村。人口 700。明万历年间，吴大德迁入，村中修建泰山娘娘庙，故村更名为吴家庙。1956 年，分为两村，该村居庙西，称大吴家庙。聚落呈团块状分布。有文化广场 1 个、幼儿园 1 所。经济以种植业为主，主要农作物有小麦、玉米和棉花。有公路经此。

房家集 371424-B03-H20
[Fángjiājí]

在县驻地邢侗街道北方向 37.0 千米。德平镇辖自然村。人口 700。明朝永乐年间，房祯迁此立村，至万历年间立集，村名遂改为房家集。聚落呈团块状分布。有文化广场 1 个。经济以种植业为主，主要农作物有小麦、玉米和棉花。

大刘家 371424-B03-H21
[Dàliújiā]

在县驻地邢侗街道北方向 37.0 千米。德平镇辖自然村。人口 700。明朝永乐十三年（1415），刘门庞氏携三子迁此立村，名刘家庄。因该村规模大、人口多，故村名改为大刘家。聚落呈团块状分布。有文化广场 1 个、学校 1 所、幼儿园 2 所。经济以种植业为主，主要农作物有小麦、玉米和棉花。

杨官庙 371424-B03-H22
[Yángguānmiào]

在县驻地邢侗街道北方向 29.0 千米。德平镇辖自然村。人口 300。相传，杨登为官显赫，立村建庙，村名杨官庙。聚落呈团块状分布。有文化广场 1 个、幼儿园 1 所。经济以种植业为主，主要农作物有小麦、玉米和棉花。

西新庄 371424-B03-H23
[Xīxīnzhuāng]

在县驻地邢侗街道北方向 1.5 千米。德平镇辖自然村。人口 400。明朝永乐年间立村，因晚于周围村庄立村时间，故名新庄。因德平城东北 5 千米（原满家乡）有一个新庄，因此，该村亦称西新庄。聚落呈团块状分布。有文化广场 1 个。经济以种植业为主，主要农作物有小麦、玉米和棉花。

曹家冢 371424-B03-H24
[Cáojiāzhǒng]

在县驻地邢侗街道北方向 34.0 千米。德平镇辖自然村。人口 600。村西 150 米处有西汉丞相曹参墓，村以此得名，亦名曹家冢子。聚落呈团块状分布。有文化广场 1 个。经济以种植业为主，主要农作物有小麦、玉米和棉花。

大单家 371424-B03-H25

[Dàshànjiā]

在县驻地邢侗街道北方向 27.5 千米。德平镇辖自然村。人口 700。明永乐年间，单美田由青州府寿光县迁至张家庙村北立村，名单家庄。20 世纪 40 年代，村西端划出立村，名小庄，该村更名为大单家。聚落呈团块状分布。有文化广场 1 个。经济以种植业为主，主要农作物有小麦、玉米和棉花。有公路经此。

茄子李家 371424-B03-H26

[Qiézilǐjiā]

在县驻地邢侗街道北方向 27.0 千米。德平镇辖自然村。人口 1 200。明朝年间，李姓迁此立村，名李家。据传，该村村民擅长茄子种植，村名逐渐叫成"茄子李家"。聚落呈团块状分布。有文化广场 1 个、学校 1 所、幼儿园 1 所。经济以种植业为主，主要农作物有小麦、玉米和棉花。

孙家 371424-B03-H27

[Sūnjiā]

在县驻地邢侗街道北方向 28.5 千米。德平镇辖自然村。人口 300。明朝年间，孙姓迁此立村，名孙家。聚落呈团块状分布。有文化广场 1 个。经济以种植业为主，主要农作物有小麦、玉米和棉花。

戚家寨 371424-B03-H28

[Qījiāzhài]

在县驻地邢侗街道北方向 28.0 千米。德平镇辖自然村。人口 1 200。明朝年间，戚姓从青州府寿光县迁此立村，名戚家寨。聚落呈团块状分布。有文化广场 1 个。经济以种植业为主，主要农作物有小麦、玉米和棉花。有公路经此。

宫家屯 371424-B03-H29

[Gōngjiātún]

在县驻地邢侗街道北方向 32.0 千米。德平镇辖自然村。人口 700。明朝初年建村，至清朝中期，宫姓渐成村中望族，村名逐渐叫成宫家屯。聚落呈团块状分布。有文化广场 1 个。经济以种植业为主，主要农作物有小麦、玉米和棉花。

碱场马家 371424-B03-H30

[Jiǎnchǎngmǎjiā]

在县驻地邢侗街道北方向 31.0 千米。德平镇辖自然村。人口 500。明朝永乐年间，马姓迁此立村，因村周边多碱地，故名。聚落呈团块状分布。有文化广场 1 个。经济以种植业为主，主要农作物有小麦、玉米和棉花。

东贾家 371424-B03-H31

[Dōngjiǎjiā]

在县驻地邢侗街道北方向 31.5 千米。德平镇辖自然村。人口 600。明朝初年，贾姓迁此立两村，该村位东，故名东贾家。聚落呈团块状分布。有文化广场 1 个、学校 1 所。经济以种植业为主，主要农作物有小麦、玉米和棉花。

碱场李 371424-B03-H32

[Jiǎnchǎnglǐ]

在县驻地邢侗街道北方向 30.0 千米。德平镇辖自然村。人口 700。明朝初年，李姓迁此立村，因周边多碱地，故名。聚落呈团块状分布。有文化广场 1 个、幼儿园 2 所。经济以种植业为主，主要农作物有小麦、玉米和棉花。

阎家 371424-B03-H33

[Yánjiā]

在县驻地邢侗街道北方向 31.5 千米。

德平镇辖自然村。人口 1 100。明正德年间，阎藩由寿光迁至德平县城北里许定居，取村名阎家。有鲁西北平原民居代表性建筑阎家古屋。聚落呈团块状分布。有文化广场 1 个、学校 1 所、幼儿园 1 所。经济以种植业为主，主要农作物有小麦、玉米和棉花。

林子街 371424-B04-H01

[Línzijiē]

林子镇人民政府驻地。在县驻地邢侗街道北方向 13.0 千米。人口 1 700。传说村中本有大寺院，松柏参天，故村有柏林殿之称，明代易名为林子街。聚落呈团块状分布。有文化广场 1 个、学校 1 所、幼儿园 1 所。经济以种植业为主，主要农作物有小麦、玉米和棉花。有公路经此。

曹家寨 371424-B04-H02

[Cáojiāzhài]

在县驻地邢侗街道北方向 4.0 千米。林子镇辖自然村。人口 900。明朝年间，曹氏从山东博兴县曹王庄迁此立村，故名。聚落呈团块状分布。有文化广场 1 个、幼儿园 1 所。经济以种植业为主，主要农作物有小麦、玉米和棉花。

东天齐庙 371424-B04-H03

[Dōngtiānqímiào]

在县驻地邢侗街道北方向 11.0 千米。林子镇辖自然村。人口 600。明朝初年，徐孔鲤迁居陵县城东六十里许天齐庙东立村，村以庙名。聚落呈团块状分布。有文化广场 1 个。经济以种植业为主，主要农作物有小麦、玉米和棉花。

李元寨 371424-B04-H04

[Lǐyuánzhài]

在县驻地邢侗街道北方向 4.0 千米。林子镇辖自然村。人口 1 200。明朝初年战乱时期，该村曾是兵寨。李元迁此立村，故名。聚落呈团块状分布。有文化广场 1 个、学校 1 所、幼儿园 1 所。经济以种植业为主，主要农作物有小麦、玉米和棉花。有公路经此。

徐店 371424-B04-H05

[Xúdiàn]

在县驻地邢侗街道北方向 10.0 千米。林子镇辖自然村。人口 800。明朝年间，徐姓迁此，以开店为业，逐渐发展为村落，村名徐店。聚落呈团块状分布。有文化广场 1 个、幼儿园 1 所。经济以种植业为主，主要农作物有小麦、玉米和棉花。

苗甫庵 371424-B04-H06

[Miáofǔ'ān]

在县驻地邢侗街道西北方向 11.5 千米。林子镇辖自然村。人口 600。李氏迁此，在一尼姑庵"苗甫庵"附近立村，村以庵名。聚落呈团块状分布。有文化广场 1 个、学校 1 所、幼儿园 1 所。经济以种植业为主，主要农作物有小麦、玉米和棉花。有公路经此。

东张家 371424-B04-H07

[Dōngzhāngjiā]

在县驻地邢侗街道西北方向 11.5 千米。林子镇辖自然村。人口 800。明朝初年，张氏兄弟二人迁此立村，名双张家。1984 年社改乡后，双张家一分为二，该村居东，名东张家。聚落呈团块状分布。有文化广场 1 个。经济以种植业为主，主要农作物有小麦、玉米和棉花。有公路经此。

西张家 371424-B04-H08

[Xīzhāngjiā]

在县驻地邢侗街道西北方向 11.5 千米。

林子镇辖自然村。人口 800。明朝初年，张氏兄弟二人迁此立村，名双张家。1984 年社改乡后，双张家一分为二，该村居西，名西张家。聚落呈团块状分布。有文化广场 1 个。经济以种植业为主，主要农作物有小麦、玉米和棉花。

马家寺　371424-B04-H09
[Mǎjiāsì]

在县驻地邢侗街道北方向 9.5 千米。林子镇辖自然村。人口 1 000。明朝年间，马姓迁此，近寺建村，故名。聚落呈团块状分布。有文化广场 1 个。经济以种植业为主，主要农作物有小麦、玉米和棉花。

赵龙岗　371424-B04-H10
[ZhàoLónggǎng]

在县驻地邢侗街道北方向 12.5 千米。林子镇辖自然村。人口 800。明朝年间立村，以该村粮商赵龙岗命名。聚落呈团块状分布。有文化广场 1 个。经济以种植业为主，主要农作物有小麦、玉米和棉花。有公路经此。

刘双槐家　371424-B04-H11
[Liúshuānghuáijiā]

在县驻地邢侗街道北方向 15.5 千米。林子镇辖自然村。人口 700。因该村村民刘双槐在当地颇有名望，故村改名为刘双槐家。聚落呈团块状分布。有文化广场 1 个、幼儿园 1 所。经济以种植业为主，主要农作物有小麦、玉米和棉花。

李道士家　371424-B04-H12
[Lǐdàoshìjiā]

在县驻地邢侗街道北方向 14.0 千米。林子镇辖自然村。人口 600。明朝初年，在德平县至济南府的官道西侧，李姓道士在此主持一个道观，村遂以李道士命名。聚落呈团块状分布。有文化广场 1 个。经济以种植业为主，主要农作物有小麦、玉米和棉花。

小庞家　371424-B04-H13
[Xiǎopángjiā]

在县驻地邢侗街道北方向 12.0 千米。林子镇辖自然村。人口 300。明朝初年，多户庞姓迁此，分别立村，该村居东，人口较少，故名小庞家。聚落呈团块状分布。有文化广场 1 个。经济以种植业为主，主要农作物有小麦、玉米和棉花。

西天齐庙　371424-B04-H14
[Xītiānqímiào]

在县驻地邢侗街道北方向 11.0 千米。林子镇辖自然村。人口 400。该村位居天齐庙以西，村遂改名为西天齐庙。聚落呈团块状分布。有文化广场 1 个。经济以种植业为主，主要农作物有小麦、玉米和棉花。有公路经此。

弭家　371424-B04-H15
[Mǐjiā]

在县驻地邢侗街道北方向 4.0 千米。林子镇辖自然村。人口 800。明朝永乐年间，弭姓在此立村，故名。聚落呈团块状分布。有文化广场 1 个。经济以种植业为主，主要农作物有小麦、玉米和棉花。有公路经此。

赵棒棰　371424-B04-H16
[Zhàobàngchuí]

在县驻地邢侗街道北方向 15.5 千米。林子镇辖自然村。人口 600。明朝初年，赵棒椿从山西洪洞县迁此立村，因此人善旋棒棰手艺，村名遂改为赵棒棰。聚落呈团块状分布。有文化广场 1 个。经济以种植业为主，主要农作物有小麦、玉米和棉花。有公路经此。

前官道 371424-B04-H17

[Qiánguāndào]

在县驻地邢侗街道西北方向 10.0 千米。林子镇辖自然村。人口 200。明朝建村，该村位于西官道村前，故名。聚落呈团块状分布。有文化广场 1 个。经济以种植业为主，主要农作物有小麦、玉米和棉花。

宋家洼 371424-B04-H18

[Sòngjiāwā]

在县驻地邢侗街道北方向 11.5 千米。林子镇辖自然村。人口 400。明朝年间，三户宋姓迁此立村，因村庄周边地势低洼，故名。聚落呈团块状分布。有文化广场 1 个。经济以种植业为主，主要农作物有小麦、玉米和棉花。有公路经此。

董家 371424-B04-H19

[Dǒngjiā]

在县驻地邢侗街道北方向 16.0 千米。林子镇辖自然村。人口 300。明朝永乐年间，董金朝带领族人迁此立村，故名。聚落呈团块状分布。有文化广场 1 个。经济以种植业为主，主要农作物有小麦、玉米和棉花。

侯家 371424-B04-H20

[Hóujiā]

在县驻地邢侗街道北方向 15.5 千米。林子镇辖自然村。人口 500。明朝年间，侯姓迁此立村，故名。聚落呈团块状分布。有文化广场 1 个。经济以种植业为主，主要农作物有小麦、玉米和棉花。有公路经此。

孔家 371424-B04-H21

[Kǒngjiā]

在县驻地邢侗街道北方向 13.5 千米。林子镇辖自然村。人口 500。明朝年间，孔姓由曲阜迁此立村，故名。聚落呈团块状分布。有文化广场 1 个。经济以种植业为主，主要农作物有小麦、玉米和棉花。

梨行 371424-B04-H22

[Líháng]

在县驻地邢侗街道北方向 12.5 千米。林子镇辖自然村。人口 400。明朝永乐年间，赵姓迁此立村，因种植大片梨树，且梨树成行，故名。聚落呈团块状分布。有文化广场 1 个。经济以种植业为主，主要农作物有小麦、玉米和棉花。有公路经此。

东官道 371424-B04-H23

[Dōngguāndào]

在县驻地邢侗街道北方向 10.0 千米。林子镇辖自然村。人口 300。明朝建村，因当时有德平至陵县的官道从村西经过，故名。聚落呈团块状分布。有文化广场 1 个。经济以种植业为主，主要农作物有小麦、玉米和棉花。

西官道 371424-B04-H24

[Xīguāndào]

在县驻地邢侗街道西北方向 12.5 千米。林子镇辖自然村。人口 100。明朝建村，因村东原有德平至陵县的官道通过，故名。聚落呈团块状分布。有文化广场 1 个。有爱国主义教育基地革命烈士陵园。经济以种植业为主，主要农作物有小麦、玉米和棉花。

张苍子家 371424-B04-H25

[Zhāngcāngzǐjiā]

在县驻地邢侗街道北方向 14.0 千米。林子镇辖自然村。人口 300。明朝年间，张姓一人乳名"苍子"，从河北枣强县迁此立村，故名。聚落呈团块状分布。有文化广场 1 个。经济以种植业为主，主要农作物有小麦、玉米和棉花。

兴隆寺 371424-B05-H01
［Xīnglóngsì］

兴隆镇人民政府驻地。在县驻地邢侗街道西南方向 15.0 千米。人口 700。明初建村，取"邻里相处以仁为先"之意命村名为里仁庄。后因村东古刹兴隆寺更今名。聚落呈团块状分布。有文化广场 1 个、学校 2 所、幼儿园 1 所。有兴隆寺遗址。农业以种植业为主，主要农作物有小麦、玉米，兼有加工业等。省道永莘公路经此。

郭家集 371424-B05-H02
［Guōjiājí］

在县驻地邢侗街道西南方向 14.0 千米。兴隆镇辖自然村。人口 1 300。明末清初，郭氏迁入并立集，遂改村名为郭家集。聚落呈团块状分布。有文化广场 1 个、学校 1 所、幼儿园 1 所。经济以种植业为主，主要农作物有小麦、玉米和棉花。

田口 371424-B05-H03
［Tiánkǒu］

在县驻地邢侗街道西南方向 21.0 千米。兴隆镇辖自然村。人口 2 200。明朝永乐年间，田姓建村，因村位于徒骇河北岸的渡口处，故名。聚落呈带状分布。有文化广场 1 个、学校 1 所。经济以种植业为主，主要农作物有小麦、玉米和棉花。有公路经此。

季家寨 371424-B05-H04
［Jìjiāzhài］

在县驻地邢侗街道西南方向 18.0 千米。兴隆镇辖自然村。人口 200。明朝初年，季姓迁此建村，故名。聚落呈团块状分布。有学校 1 所。经济以种植业为主，主要农作物有小麦、玉米和棉花。

王志会家 371424-B05-H05
［Wángzhìhuìjiā］

在县驻地邢侗街道西南方向 20.5 千米。兴隆镇辖自然村。人口 500。据传，清朝年间，王志会迁此立村，故名王志会家。聚落呈团块状分布。有文化广场 1 个。经济以种植业为主，主要农作物有小麦、玉米和棉花。

小辛庄 371424-B05-H06
［Xiǎoxīnzhuāng］

在县驻地邢侗街道西南方向 17.0 千米。兴隆镇辖自然村。人口 200。清朝年间，王、张两姓迁此立村，由于建村晚，故名小新庄，后逐渐变为小辛庄。聚落呈团块状分布。有文化广场 1 个、幼儿园 1 所。经济以种植业为主，主要农作物有小麦、玉米和棉花。

苗屯 371424-B05-H07
［Miáotún］

在县驻地邢侗街道西南方向 13.5 千米。兴隆镇辖自然村。人口 1 000。明朝初年，苗、张、李三姓从河北枣强迁此立村，因苗姓人口居多，定村名为苗屯。聚落呈团块状分布。有文化广场 1 个、学校 1 所、幼儿园 1 所。经济以种植业为主，主要农作物有小麦、玉米和棉花。省道永莘公路经此。

西袁家 371424-B05-H08
［Xīyuánjiā］

在县驻地邢侗街道西南方向 14.0 千米。兴隆镇辖自然村。人口 200。明朝永乐年间，袁姓奉诏由山西迁此立村，因村东三里处有一袁庄，该村遂称西袁家。聚落呈团块状分布。有文化广场 1 个、学校 1 所、幼儿园 1 所。经济以种植业为主，主要农作物有小麦、玉米和棉花。

杨家庙 371424-B05-H09

[Yángjiāmiào]

在县驻地邢侗街道西南方向 11.5 千米。兴隆镇辖自然村。人口 300。明朝年间，杨氏由迁此立村，因村东、西两头有土地庙和药王庙，故名。聚落呈团块状分布。有文化广场 1 个、幼儿园 1 所。经济以种植业为主，主要农作物有小麦、玉米和棉花。

阎家 371424-B05-H10

[Yánjiā]

在县驻地邢侗街道南方向 16.0 千米。兴隆镇辖自然村。人口 900。明朝永乐年间，阎姓迁此立村，故名。聚落呈团块状分布。有文化广场 1 个。经济以种植业为主，主要农作物有小麦、玉米和棉花。

夏三屯 371424-B05-H11

[Xiàsāntún]

在县驻地邢侗街道西南方向 16.5 千米。兴隆镇辖自然村。人口 600。明朝永乐年间，夏氏三兄弟迁此立村，故名。聚落呈团块状分布。有文化广场 1 个。经济以种植业为主，主要农作物有小麦、玉米和棉花。

冯家屯 371424-B05-H12

[Féngjiātún]

在县驻地邢侗街道西南方向 18.5 千米。兴隆镇辖自然村。人口 700。因冯姓立村，故名。聚落呈团块状分布。有文化广场 1 个、幼儿园 1 所。经济以种植业为主，主要农作物有小麦、玉米和棉花。

段角店 371424-B05-H13

[Duànjiǎodiàn]

在县驻地邢侗街道西南方向 17.0 千米。兴隆镇辖自然村。人口 1 000。明朝初期，段姓迁此建村，因有村民经商开店，故名。聚落呈团块状分布。有文化广场 1 个、学校 1 所、幼儿园 1 所。经济以种植业为主，主要农作物有小麦、玉米和棉花。

车卢徐三庄 371424-B05-H14

[Chēlúxúsānzhuāng]

在县驻地邢侗街道西南方向 18.0 千米。兴隆镇辖自然村。人口 700。明朝永乐年间，车、卢、徐三姓迁此定居，故名。聚落呈团块状分布。有文化广场 1 个。经济以种植业为主，主要农作物有小麦、玉米和棉花。

王相家 371424-B05-H15

[Wángxiāngjiā]

在县驻地邢侗街道南方向 19.0 千米。兴隆镇辖自然村。人口 600。明朝末年，王相母子逃荒至此。因王相力能举鼎，故村改名为王相家。聚落呈团块状分布。经济以种植业为主，主要农作物有小麦、玉米和棉花。

北魏家 371424-B05-H16

[Běiwèijiā]

在县驻地邢侗街道西南方向 18.0 千米。兴隆镇辖自然村。人口 400。据传，明朝永乐年间，一魏姓老太太从河南迁此立村，因村南 8 里处有一魏庄，故取名北魏家。聚落呈团块状分布。有文化广场 1 个。经济以种植业为主，主要农作物有小麦、玉米和棉花。

史家 371424-B05-H17

[Shǐjiā]

在县驻地邢侗街道西南方向 21.0 千米。兴隆镇辖自然村。人口 400。明朝永乐年间，史姓由河北枣强迁此立村，故名。聚落呈团块状分布。有文化广场 1 个。经济以种植业为主，主要农作物有小麦、玉米和棉花。

张天玉家 371424-B05-H18
[Zhāngtiānyùjiā]

在县驻地邢侗街道西南方向 12.5 千米。兴隆镇辖自然村。人口 300。明朝年间，张天玉逃荒至此立村，故名。聚落呈团块状分布。有文化广场 1 个。经济以种植业为主，主要农作物有小麦、玉米和棉花。

高庄 371424-B05-H19
[Gāozhuāng]

在县驻地邢侗街道西南方向 14.5 千米。兴隆镇辖自然村。人口 600。明朝年间，高氏由山东诸城迁此立村，故名。聚落呈团块状分布。有文化广场 1 个。经济以种植业为主，主要农作物有小麦、玉米和棉花。

王家 371424-B05-H20
[Wángjiā]

在县驻地邢侗街道西南方向 16.5 千米。兴隆镇辖自然村。人口 900。明朝，王姓从滨州蒲台兰八庄迁此建村，由此得名王家。聚落呈团块状分布。有文化广场 1 个。经济以种植业为主，主要农作物有小麦、玉米和棉花。

刘鲍辛家 371424-B05-H21
[Liúbàoxīnjiā]

在县驻地邢侗街道西南方向 16.5 千米。兴隆镇辖自然村。人口 1 200。明朝年间，刘帮辛迁此建立官庄，村名刘帮辛家，后改为刘鲍辛家。聚落呈团块状分布。有文化广场 1 个。经济以种植业为主，主要农作物有小麦、玉米和棉花。

小尤陈 371424-B05-H22
[Xiǎoyóuchén]

在县驻地邢侗街道西南方向 15.0 千米。兴隆镇辖自然村。人口 400。明朝初年，尤、陈二姓共同立庄，名尤陈庄。清初，部分村民迁至村西北 700 米处立村，名小尤陈。聚落呈团块状分布。有文化广场 1 个。经济以种植业为主，主要农作物有小麦、玉米和棉花。

老尤陈 371424-B05-H23
[Lǎoyóuchén]

在县驻地邢侗街道西南方向 15.0 千米。兴隆镇辖自然村。人口 500。明朝初年，尤、陈二姓共同立庄，名尤陈庄。清初，部分村民迁至村西北立小尤陈村，该村遂名老尤陈。聚落呈团块状分布。有文化广场 1 个。经济以种植业为主，主要农作物有小麦、玉米和棉花。

孟寺 371424-B06-H01
[Mèngsì]

孟寺镇人民政府驻地。在县驻地邢侗街道东方向 12.4 千米。人口 1 000。明末清初，孟姓迁此立村，因早年该地有一寺院，故名。聚落呈带状分布。有文化广场 1 个、学校 1 所、幼儿园 1 所。经济以种植业为主，主要农作物有小麦、玉米、棉花，特产有孙安下货、崔马豆腐皮等。企业有临邑康喜食品有限公司。有公路经此。

王母店 371424-B06-H02
[Wángmǔdiàn]

在县驻地邢侗街道东方向 8.0 千米。孟寺镇辖自然村。人口 1 100。早年村旁有庙，供奉王母娘娘塑像，王母店名由此而来。聚落呈团块状分布。有文化广场 1 个、幼儿园 1 所。经济以种植业为主，主要农作物有小麦、玉米和棉花。

马保庄 371424–B06–H03

[Mǎbǎozhuāng]

在县驻地邢侗街道东方向 14.5 千米。孟寺镇辖自然村。人口 500。为缅怀先人马三保，取村名马三保庄，后简称马保庄。聚落呈团块状分布。有文化广场 1 个。经济以种植业为主，主要农作物有小麦、玉米和棉花。

东神井 371424–B06–H04

[Dōngshénjǐng]

在县驻地邢侗街道东方向 11.5 千米。孟寺镇辖自然村。人口 600。传说，芙蓉街有一姑娘一夜掘井七十二眼，故村名神井。后分为三村，该村位于东边，故名。聚落呈团块状分布。有文化广场 1 个、学校 1 所。经济以种植业为主，主要农作物有小麦、玉米和棉花。

东岳店 371424–B06–H05

[Dōngyuèdiàn]

在县驻地邢侗街道东方向 15.0 千米。孟寺镇辖自然村。人口 600。明朝年间，岳姓在此开店，因此村名岳店。后分为东岳店、西岳店两村，该村居东，故名东岳店。聚落呈团块状分布。有文化广场 1 个。经济以种植业为主，主要农作物有小麦、玉米和棉花。

中店子 371424–B06–H06

[Zhōngdiànzi]

在县驻地邢侗街道东方向 9.5 千米。孟寺镇辖自然村。人口 600。明初，黄姓、李姓、林姓迁此，相继在道旁开店，形成东店、中店、西店。清乾隆末年左右只剩中店，村以店名。聚落呈团块状分布。有文化广场 1 个。经济以种植业为主，主要农作物有小麦、玉米和棉花。有公路经此。

刘中楼 371424–B06–H07

[Liúzhōnglóu]

在县驻地邢侗街道东方向 13.5 千米。孟寺镇辖自然村。人口 400。明朝年间，刘姓迁此立村，因村前有一钟楼，后逐渐叫成刘中楼。聚落呈团块状分布。有文化广场 1 个。经济以种植业为主，主要农作物有小麦、玉米和棉花。

刘家寨 371424–B06–H08

[Liújiāzhài]

在县驻地邢侗街道东方向 9.5 千米。孟寺镇辖自然村。人口 400。明朝前，该村名周母娘。刘姓始于秦汉，唐居关中，宋迁至枣强，明永乐徙居周母娘，后村改名刘家寨。聚落呈团块状分布。有文化广场 1 个。经济以种植业为主，主要农作物有小麦、玉米和棉花。

前白菜刘家 371424–B06–H09

[Qiánbáicàiliújiā]

在县驻地邢侗街道东方向 14.0 千米。孟寺镇辖自然村。人口 600。刘姓立村，因善种大白菜，故得村名白菜刘家。明末，因宋姓族人立后白菜刘家村，原村改称前白菜刘家。聚落呈团块状分布。有文化广场 1 个。经济以种植业为主，主要农作物有小麦、玉米和棉花。

前胡庙 371424–B06–H10

[Qiánhúmiào]

在县驻地邢侗街道东方向 13.0 千米。孟寺镇辖自然村。人口 600。明朝初年，胡凯兄弟二人迁此，分别在泰山娘娘庙前后各立村庄。该村位于庙南，故名前胡庙。聚落呈团块状分布。有文化广场 1 个。经济以种植业为主，主要农作物有小麦、玉米和棉花。

前范楼 371424-B06-H11
[Qiánfànlóu]

在县驻地邢侗街道东方向 10.0 千米。孟寺镇辖自然村。人口 600。明朝永乐年间，范氏三兄弟迁此，近一阁楼分别立村前范楼、中范楼、后范楼。后中范楼并入前范楼。聚落呈团块状分布。有文化广场 1 个。经济以种植业为主，主要农作物有小麦、玉米和棉花。有公路经此。

后王庵 371424-B06-H12
[Hòuwáng'ān]

在县驻地邢侗街道东方向 8.0 千米。孟寺镇辖自然村。人口 600。明朝年间，几户王姓迁此，分别在一尼姑庵前、后建村。此村在尼姑庵以北，因称后王庵。聚落呈团块状分布。有文化广场 1 个。经济以种植业为主，主要农作物有小麦、玉米和棉花。

后神井 371424-B06-H13
[Hòushénjǐng]

在县驻地邢侗街道东方向 10.0 千米。孟寺镇辖自然村。人口 200。传说，芙蓉街有一姑娘一夜掘井七十二眼。故村名神井。后分为三村，该村位于北边，故名后神井。聚落呈团块状分布。有文化广场 1 个。经济以种植业为主，主要农作物有小麦、玉米和棉花。

后胡庙 371424-B06-H14
[Hòuhúmiào]

在县驻地邢侗街道东方向 12.5 千米。孟寺镇辖自然村。人口 200。明朝初年，胡凯兄弟二人迁此，分别在泰山娘娘庙前、后各立村庄。该村位于泰山娘娘庙后，故名后胡庙。聚落呈团块状分布。有文化广场 1 个。经济以种植业为主，主要农作物有小麦、玉米和棉花。

大马湾 371424-B06-H15
[Dàmǎwān]

在县驻地邢侗街道东方向 8.5 千米。孟寺镇辖自然村。人口 400。明永乐年间，燕王扫北途经此地，将士饮马而去，村得名饮马湾。清朝初年，村内张姓另立村庄，名小饮马湾，该村遂名大饮马湾，后叫成大马湾。聚落呈团块状分布。有文化广场 1 个。经济以种植业为主，主要农作物有小麦、玉米和棉花。

寄庄户 371424-B06-H16
[Jìzhuānghù]

在县驻地邢侗街道东南方向 12.5 千米。孟寺镇辖自然村。人口 700。明朝初年，李姓一家从河北南迁路过此地，因子女多无力抚养，便将一子寄养于此地，因此得村名寄庄户。聚落呈团块状分布。有文化广场 1 个。经济以种植业为主，主要农作物有小麦、玉米和棉花。有公路经此。

小马湾 371424-B06-H17
[Xiǎomǎwān]

在县驻地邢侗街道东方向 8.5 千米。孟寺镇辖自然村。人口 200。明永乐年间，燕王扫北途经此地，将士饮马而去，村得名饮马湾。清朝初年，村内张姓另立村庄，名小饮马湾，后叫成小马湾。聚落呈团块状分布。有文化广场 1 个。经济以种植业为主，主要农作物有小麦、玉米和棉花。

崔马庄 371424-B06-H18
[Cuīmǎzhuāng]

在县驻地邢侗街道东方向 13.0 千米。孟寺镇辖自然村。人口 700。东汉前，该村名崔家庄。刘秀曾在此催马赶路。演变成崔马庄。聚落呈团块状分布。有文化广场 1 个。经济以种植业为主，主要农作物有小麦、玉米和棉花。

杨寿家 371424-B06-H19

［Yángshòujiā］

在县驻地邢侗街道东方向7.5千米。孟寺镇辖自然村。人口200。明初，杨氏立村。杨氏八世祖讳利川，寿过百岁，村遂更名为杨寿家。聚落呈团块状分布。有文化广场1个。经济以种植业为主，主要农作物有小麦、玉米和棉花。

枣园 371424-B06-H20

［Zǎoyuán］

在县驻地邢侗街道东方向14.5千米。孟寺镇辖自然村。人口700。明初，李枣园奉诏迁此立村，故村名李枣园，后简称枣园。聚落呈团块状分布。有文化广场1个。经济以种植业为主，主要农作物有小麦、玉米和棉花。

王卢家 371424-B06-H21

［Wánglújiā］

在县驻地邢侗街道东方向10.0千米。孟寺镇辖自然村。人口200。明朝末年，王姓迁此立村，因地势低洼，芦苇遍地，称王芦家，后逐渐叫成王卢家。聚落呈团块状分布。有文化广场1个。经济以种植业为主，主要农作物有小麦、玉米和棉花。

羊栏 371424-B06-H22

［Yánglán］

在县驻地邢侗街道东南方向13.0千米。孟寺镇辖自然村。人口200。明朝初年立村，村民放牧，把羊群栏起就地宿营，由此得村名羊栏子，后逐步叫成羊栏。聚落呈团块状分布。有文化广场1个。经济以种植业为主，主要农作物有小麦、玉米和棉花。

聂辛家 371424-B06-H23

［Nièxīnjiā］

在县驻地邢侗街道东方向13.0千米。孟寺镇辖自然村。人口600。清朝康熙年间，在朝当差的聂新携族人立村，名聂新家，后逐渐变为聂辛家。聚落呈团块状分布。经济以种植业为主，主要农作物有小麦、玉米和棉花。有公路经此。

被马店 371424-B06-H24

［Bèimǎdiàn］

在县驻地邢侗街道东方向16.5千米。孟寺镇辖自然村。人口600。据传，此处古时地处官道，有店。汉光武帝刘秀上南阳，曾在此歇脚被马，村以此得名。聚落呈团块状分布。有文化广场1个。经济以种植业为主，主要农作物有小麦、玉米和棉花。

西神井 371424-B06-H25

［Xīshénjǐng］

在县驻地邢侗街道东南方向11.0千米。孟寺镇辖自然村。人口600。传说，芙蓉街有一姑娘一夜掘井七十二眼，故村名神井。后分为三村，该村位于西边，故名。聚落呈团块状分布。有文化广场1个。经济以种植业为主，主要农作物有小麦、玉米和棉花。

岳家庄 371424-B06-H26

［Yuèjiāzhuāng］

在县驻地邢侗街道东方向16.0千米。孟寺镇辖自然村。人口200。岳飞族弟岳顺由河南汤阴避难至此立村，故名。聚落呈团块状分布。有文化广场1个。经济以种植业为主，主要农作物有小麦、玉米和棉花。

张家庄 371424-B06-H27
[Zhāngjiāzhuāng]

在县驻地邢侗街道东南方向 16.0 千米。孟寺镇辖自然村。人口 600。明朝年间，张姓由河北枣强迁此立庄，故名。聚落呈团块状分布。有文化广场 1 个。经济以种植业为主，主要农作物有小麦、玉米和棉花。有公路经此。

官庄营子 371424-B06-H28
[Guānzhuāngyíngzi]

在县驻地邢侗街道东方向 15.0 千米。孟寺镇辖自然村。人口 800。明朝移民时，退役军人组成的村庄称军屯或营，统称官庄，村因此得名。聚落呈团块状分布。有文化广场 1 个、幼儿园 1 所。经济以种植业为主，主要农作物有小麦、玉米和棉花。

前王庵 371424-B06-H29
[Qiánwáng'ān]

在县驻地邢侗街道东方向 7.5 千米。孟寺镇辖自然村。人口 400。明朝年间，几户王姓由河北景县迁此，分别在一尼姑庵前、后建村，此村在尼姑庵以南，因称前王庵。聚落呈团块状分布。有文化广场 1 个。经济以种植业为主，主要农作物有小麦、玉米和棉花。有公路经此。

翟家 371424-B07-H01
[Zháijiā]

翟家镇人民政府驻地。在县驻地邢侗街道北方向 23.0 千米。人口 800。相传，明朝燕王扫北以后，翟姓迁此立村，故名。聚落呈团块状分布。有文化广场 1 个、中学 1 所、幼儿园 1 所。经济以种植业为主，主要农作物有小麦、玉米和棉花。有公路经此。

褚家庵 371424-B07-H02
[Chǔjiā'ān]

在县驻地邢侗街道北方向 22.5 千米。翟家镇辖自然村。人口 400。明朝初年，褚氏劫富济贫，他去世后，其夫人出家为尼。后人集资在村中央修建尼姑庵和三龙侯庙，村因此得名。聚落呈团块状分布。有文化广场 1 个。经济以种植业为主，主要农作物有小麦、玉米和棉花。

鲧堤刘家 371424-B07-H03
[Gǔndīliújiā]

在县驻地邢侗街道北方向 20.0 千米。翟家镇辖自然村。人口 600。刘姓从山东寿光县迁此，近鲧堤建村，故名。聚落呈团块状分布。有文化广场 1 个。经济以种植业为主，主要农作物有小麦、玉米和棉花。

王家营 371424-B07-H04
[Wángjiāyíng]

在县驻地邢侗街道北方向 22.0 千米。翟家镇辖自然村。人口 1 500。战国时期，大将王翦在此地驻军安营，后此处成村落，名王家营。聚落呈团块状分布。有文化广场 1 个。经济以种植业为主，主要农作物有小麦、玉米和棉花。

前于家 371424-B07-H05
[Qiányújiā]

在县驻地邢侗街道北方向 19.5 千米。翟家镇辖自然村。人口 700。村民全部为回族。在清朝末年，于姓兄弟迁来此地建村，名于家。后兄弟中一人迁往村前，另立村庄，名前于家。聚落呈团块状分布。有文化广场 1 个、学校 1 所、幼儿园 1 所。村东北发现隋墓一座，出土有碑石、八耳莲瓣罐等文物。经济以种植业为主，主要农作物有小麦、玉米和棉花。有公路经此。

郭家庙 371424-B07-H06

［Guōjiāmiào］

在县驻地邢侗街道东北方向 23.0 千米。翟家镇辖自然村。人口 600。明朝，郭姓迁此处定居，村西南修建有一宗祠，村因此得名郭家庙。聚落呈团块状分布。有文化广场 1 个。经济以种植业为主，主要农作物有小麦、玉米和棉花。有公路经此。

双庙吴家 371424-B07-H07

［Shuāngmiàowújiā］

在县驻地邢侗街道东北方向 23.5 千米。翟家镇辖自然村。人口 200。明朝永乐年间，吴虎、吴豹兄弟二人迁此立村。二人各修一庙，村名双庙吴家。聚落呈团块状分布。有文化广场 1 个。经济以种植业为主，主要农作物有小麦、玉米和棉花。

前徐理还家 371424-B07-H08

［Qiánxúlǐhuánjiā］

在县驻地邢侗街道北方向 23.5 千米。翟家镇辖自然村。人口 700。明朝年间，徐姓由山东寿光迁入。徐氏名理者老年辞官还家，村易名为徐理还家。后有村民迁出，移居于村前立村，名前徐理还家。聚落呈团块状分布。有文化广场 1 个。经济以种植业为主，主要农作物有小麦、玉米和棉花。

王舒耀家 371424-B07-H09

［Wángshūyàojiā］

在县驻地邢侗街道北方向 17.0 千米。翟家镇辖自然村。人口 1 000。明朝，德平遭遇大水灾，村民王舒耀去州府为民请命，故后人将村名改为王舒耀家。聚落呈团块状分布。有文化广场 1 个。经济以种植业为主，主要农作物有小麦、玉米和棉花。

小周家 371424-B07-H10

［Xiǎozhōujiā］

在县驻地邢侗街道北方向 25.0 千米。翟家镇辖自然村。人口 100。明朝永乐年间，周姓讳进科、进增、进表三兄弟迁此立村。后来，进表迁至村后居住，发展成村，名小周家。聚落呈团块状分布。有文化广场 1 个。经济以种植业为主，主要农作物有小麦、玉米和棉花。

前党家 371424-B07-H11

［Qiándǎngjiā］

在县驻地邢侗街道北方向 24.0 千米。翟家镇辖自然村。人口 400。明朝初年，党天湖弟兄四人迁此立村，名党家。后其中一支党姓迁到蔡李还家村，改村名为后党家，该村遂改称前党家。聚落呈团块状分布。有文化广场 1 个。经济以种植业为主，主要农作物有小麦、玉米和棉花。有公路经此。

张莲灯 371424-B07-H12

［Zhāngliándēng］

在县驻地邢侗街道东北方向 25.5 千米。翟家镇辖自然村。人口 200。明朝年间，张姓举子名张连，改村名为张连登，后讹传为今名。聚落呈团块状分布。有文化广场 1 个。经济以种植业为主，主要农作物有小麦、玉米和棉花。有公路经此。

王对楼家 371424-B07-H13

［Wángduìlóujiā］

在县驻地邢侗街道东北方向 24.5 千米。翟家镇辖自然村。人口 300。据传，明朝初年，王姓由山东寿光县迁此立村，因一举子给该村修楼两座，故该村名改为王对楼家。聚落呈团块状分布。有文化广场 1 个。经济以种植业为主，主要农作物有小麦、玉米和棉花。

三岳王 371424-B07-H14
［Sānyuèwáng］

在县驻地邢侗街道北方向25.5千米。翟家镇辖自然村。人口100。明朝初年，王心廉在王火炉家村东南三里立村，其生有三子，故村名三家王，又名三里王家，后讹传为三岳王。聚落呈团块状分布。有文化广场1个。经济以种植业为主，主要农作物有小麦、玉米和棉花。

贾家 371424-B07-H15
［Jiǎjiā］

在县驻地邢侗街道北方向18.0千米。翟家镇辖自然村。人口900。明朝年间，贾南宁、贾东夏从德平西北贾家阁迁此立村，故名。聚落呈团块状分布。有文化广场1个。经济以种植业为主，主要农作物有小麦、玉米和棉花。有公路经此。

赵鹁鸽家 371424-B07-H16
［Zhàobógējiā］

在县驻地邢侗街道北方向17.5千米。翟家镇辖自然村。人口400。明朝崇祯年间，赵兴山迁此建村，因此人喜养鹁鸽，故村名赵鹁鸽家。聚落呈团块状分布。有文化广场1个、学校1所、幼儿园1所。经济以种植业为主，主要农作物有小麦、玉米和棉花。有公路经此。

殷家庙 371424-B07-H17
［Yīnjiāmiào］

在县驻地邢侗街道北方向21.0千米。翟家镇辖自然村。人口300。明朝永乐年间，殷姓立村，因村东有一座郑王庙，故名。聚落呈团块状分布。有文化广场1个。经济以种植业为主，主要农作物有小麦、玉米和棉花。

簸箕李家 371424-B07-H18
［Bòjilǐjiā］

在县驻地邢侗街道北方向18.5千米。翟家镇辖自然村。人口100。唐朝中期，李姓从商河迁此立村，因村民善柳编，尤以簸箕为主，故取村名簸箕李家。聚落呈团块状分布。有文化广场1个。经济以种植业为主，主要农作物有小麦、玉米和棉花。

后吴家 371424-B07-H19
［Hòuwújiā］

在县驻地邢侗街道东北方向23.0千米。翟家镇辖自然村。人口100。清朝初年，本乡双庙吴村几户吴姓村民迁此立村，因村南有吴家村，故名后吴家。聚落呈团块状分布。有文化广场1个。经济以种植业为主，主要农作物有小麦、玉米和棉花。

孟家 371424-B07-H20
［Mèngjiā］

在县驻地邢侗街道东北方向24.0千米。翟家镇辖自然村。人口700。明朝年间，孟姓由山东寿光县迁来此地立村，故名。聚落呈团块状分布。有文化广场1个。经济以种植业为主，主要农作物有小麦、玉米和棉花。

坊子街 371424-B07-H21
［Fángzijiē］

在县驻地邢侗街道东北方向25.5千米。翟家镇辖自然村。人口700。明朝初年，于姓立村，因有村民开设纸香作坊，故名于家坊。至清朝立集后，改名为坊子街。聚落呈团块状分布。有文化广场1个。经济以种植业为主，主要农作物有小麦、玉米和棉花。有公路经此。

小杨家 371424-B07-H22
［Xiǎoyángjiā］

在县驻地邢侗街道北方向24.5千米。翟家镇辖自然村。人口400。明朝初年,杨姓由山西洪洞大槐树迁此立村,故名。聚落呈团块状分布。有文化广场1个。经济以种植业为主,主要农作物有小麦、玉米和棉花。有公路经此。

理合务街 371424-B08-H01
［Lǐhéwùjiē］

理合务镇人民政府驻地。在县驻地邢侗街道东北方向21.5千米。人口1 800。因该地位于古钩盘河边,明朝政府曾有河务管理机构设立于此,故村称理河务,后逐渐叫成理合务。聚落呈团块状分布。有文化广场1个、学校1所、幼儿园2所。农业以果蔬种植为主,特色农产品有西葫、冬枣、西红柿、大蒜等。有成型煤加工、锻件制造、食品加工等厂。有公路经此。

东宫 371424-B08-H02
［Dōnggōng］

在县驻地邢侗街道东北方向18.0千米。理合务镇辖自然村。人口300。明朝永乐年间,宫氏家行、来行兄弟二人从寿光县迁此,分别在道东、西立村,弟村位东,故名。聚落呈团块状分布。有文化广场1个。经济以种植业为主,主要农作物有小麦、玉米和棉花。

刘鹅头家 371424-B08-H03
［Liú'étóujiā］

在县驻地邢侗街道东北方向26.5千米。理合务镇辖自然村。人口600。明永乐年间,刘金荣迁此立村。刘金荣之子刘鹅的才学在乡里中为首,因首为头,村遂名刘鹅头家。聚落呈团块状分布。有文化广场1个、学校1所、幼儿园1所。经济以种植业为主,主要农作物有小麦、玉米和棉花。

前王家 371424-B08-H04
［Qiánwángjiā］

在县驻地邢侗街道东北方向19.0千米。理合务镇辖自然村。人口400。明朝初年,王姓由青州府寿光县前王村迁此立村,为铭记故土,故村名取为前王家。聚落呈团块状分布。有文化广场1个。经济以种植业为主,主要农作物有小麦、玉米和棉花。

后王家 371424-B08-H05
［Hòuwángjiā］

在县驻地邢侗街道东北方向19.0千米。理合务镇辖自然村。人口300。明朝初年,王姓由青州府寿光县后王村迁此立村,为铭记故土,故村名取为后王家。聚落呈团块状分布。有文化广场1个。经济以种植业为主,主要农作物有小麦、玉米和棉花。

孙天赐家 371424-B08-H06
［Sūntiāncìjiā］

在县驻地邢侗街道东北方向18.5千米。理合务镇辖自然村。人口600。明朝年间,孙姓从登州府莱阳县迁此立村。后村民孙天赐在当地颇有名望,村以人名。聚落呈团块状分布。有文化广场1个。经济以种植业为主,主要农作物有小麦、玉米和棉花。

孙旋风家 371424-B08-H07
［Sūnxuánfēngjiā］

在县驻地邢侗街道东北方向19.5千米。理合务镇辖自然村。人口200。相传,元末明初,孙先奉迁此立村,村名孙先奉家。后人以谐音讹传村名为孙旋风家。聚落呈团块状分布。有文化广场1个。经济以种植业为主,主要农作物有小麦、玉米和棉花。

孙灯家 371424-B08-H08
[Sūndēngjiā]

在县驻地邢侗街道东北方向 19.0 千米。理合务镇辖自然村。人口 100。据说，战国时期，孙膑与庞涓在此作战，曾在此两村挂灯笼为阵眼，得村名东孙灯、西孙灯。1968 年，因修德惠新河，西孙灯并入焦楼，东孙灯更名为孙灯家。聚落呈团块状分布。有文化广场 1 个。经济以种植业为主，主要农作物有小麦、玉米和棉花。

孙家镇 371424-B08-H09
[Sūnjiāzhèn]

在县驻地邢侗街道东北方向 19.0 千米。理合务镇辖自然村。人口 700。明朝年间，孙姓从河北枣强迁此立村，名孙家镇。聚落呈团块状分布。有文化广场 1 个。经济以种植业为主，主要农作物有小麦、玉米和棉花。

小吴家 371424-B08-H10
[Xiǎowújiā]

在县驻地邢侗街道东北方向 21.0 千米。理合务镇辖自然村。人口 300。明朝年间，吴姓从寿光迁此立村，故名。聚落呈团块状分布。经济以种植业为主，主要农作物有小麦、玉米和棉花。

张姜家 371424-B08-H11
[Zhāngjiāngjiā]

在县驻地邢侗街道东北方向 22.5 千米。理合务镇辖自然村。人口 400。明初，张、姜二姓从寿光迁此，故名。聚落呈团块状分布。有文化广场 1 个。经济以种植业为主，主要农作物有小麦、玉米和棉花。

张泗滨家 371424-B08-H12
[Zhāngsìbīnjiā]

在县驻地邢侗街道东北方向 25.5 千米。理合务镇辖自然村。人口 400。明初立村，后该村出了个富商张泗滨，村名遂改为张泗滨家。聚落呈团块状分布。有文化广场 1 个。经济以种植业为主，主要农作物有小麦、玉米和棉花。

张茂宜家 371424-B08-H13
[Zhāngmàoyíjiā]

在县驻地邢侗街道东北方向 20.0 千米。理合务镇辖自然村。人口 500。明朝年间，张茂懿迁此立村，名张茂懿家。后人为便于识认、书写，将村名改为今名。聚落呈团块状分布。有文化广场 1 个。经济以种植业为主，主要农作物有小麦、玉米和棉花。

张家集 371424-B08-H14
[Zhāngjiājí]

在县驻地邢侗街道东北方向 27.0 千米。理合务镇辖自然村。人口 500。明初，张帮厚迁此立村。1921 年，本村立集，村名慢慢叫成张家集。聚落呈团块状分布。有文化广场 1 个。经济以种植业为主，主要农作物有小麦、玉米和棉花。

小朱家 371424-B08-H15
[Xiǎozhūjiā]

在县驻地邢侗街道东北方向 23.5 千米。理合务镇辖自然村。人口 200。明朝年间，朱姓迁此，近庙建村，故名朱家庙。因村庄规模较小，又更名为小朱家。聚落呈团块状分布。有文化广场 1 个。经济以种植业为主，主要农作物有小麦、玉米和棉花。

李官家 371424-B08-H16

[Lǐguānjiā]

在县驻地邢侗街道东北方向 21.5 千米。理合务镇辖自然村。人口 500。据传，明朝年间，一李姓官吏家境败落，流落于此建村安家，故名。聚落呈团块状分布。有文化广场 1 个。经济以种植业为主，主要农作物有小麦、玉米和棉花。

沙于家 371424-B08-H17

[Shāyújiā]

在县驻地邢侗街道东北方向 17.0 千米。理合务镇辖自然村。人口 1 100。明朝，于姓由寿光县迁此立村，因村东首有沙丘而名。聚落呈团块状分布。有文化广场 1 个、幼儿园 1 所。经济以种植业为主，主要农作物有小麦、玉米和棉花。

沙窝李家 371424-B08-H18

[Shāwōlǐjiā]

在县驻地邢侗街道东北方向 22.5 千米。理合务镇辖自然村。人口 300。明朝年间，李姓迁此立村，因村周围地势低洼、多沙土，故名。聚落呈团块状分布。有文化广场 1 个。经济以种植业为主，主要农作物有小麦、玉米和棉花。

洼里王家 371424-B08-H19

[Wālǐwángjiā]

在县驻地邢侗街道东北方向 17.5 千米。理合务镇辖自然村。人口 300。明朝年间，李、王二姓从登州府莱阳县老鸹窝村迁此立村，因地势低洼，取村名洼李王家。后李姓消失，村名改为洼里王家。聚落呈团块状分布。有文化广场 1 个。经济以种植业为主，主要农作物有小麦、玉米和棉花。有公路经此。

王家寨 371424-B08-H20

[Wángjiāzhài]

在县驻地邢侗街道东北方向 21.0 千米。理合务镇辖自然村。人口 1 700。明朝初年，王姓从寿光县车王庄迁此立村，故名。聚落呈团块状分布。有文化广场 1 个、学校 1 所、幼儿园 1 所。经济以种植业为主，主要农作物有小麦、玉米和棉花。

王辛家 371424-B08-H21

[Wángxīnjiā]

在县驻地邢侗街道东北方向 21.5 千米。理合务镇辖自然村。人口 300。清道光年间，王家寨几户村民迁此立村，名王家新庄，后逐渐叫成王辛家。聚落呈团块状分布。有文化广场 1 个。经济以种植业为主，主要农作物有小麦、玉米和棉花。

田家寨 371424-B08-H22

[Tiánjiāzhài]

在县驻地邢侗街道东北方向 18.5 千米。理合务镇辖自然村。人口 600。明永乐年间，田氏在王家寨东南毗邻建村，故名。聚落呈团块状分布。有文化广场 1 个。经济以种植业为主，主要农作物有小麦、玉米和棉花。

田家庵 371424-B08-H23

[Tiánjiā'ān]

在县驻地邢侗街道东北方向 23.5 千米。理合务镇辖自然村。人口 600。明朝初年，田、马二姓立村，后马姓消失，且村内建有尼姑庵，遂改名田家庵。聚落呈团块状分布。有文化广场 1 个、幼儿园 1 所。经济以种植业为主，主要农作物有小麦、玉米和棉花。

大蔺家 371424-B08-H24
［Dàlìnjiā］

在县驻地邢侗街道东北方向 18.5 千米。理合务镇辖自然村。人口 1 400。明朝，蔺德平在县城南 30 里处立村定居，定村名为蔺家寨。后至明末，同宗蔺姓又迁来并在现翟家镇定居立村，名小蔺家，该村遂称大蔺家。聚落呈团块状分布。有文化广场 1 个、学校 1 所、幼儿园 1 所。为省级传统村落。经济以种植业为主，主要农作物有小麦、玉米和棉花。有公路经此。

宿安街 371424-C01-H01
［Sù'ānjiē］

宿安乡人民政府驻地。在县驻地邢侗街道东北方向 12.5 千米。人口 2 600。《山东通志》载：唐太宗征辽时宿此安然，命军士负土筑城，未就，遂名宿安堤。后明成祖围济南重筑之，改名燕王堤，后复旧名，称宿安街。聚落呈带状分布。有中学、小学、幼儿园各 1 所。名胜古迹有山东著名书法家魏启厚先生所书"邢侗故里"牌坊。粮食作物以小麦、玉米为主，主要经济作物有苹果、无花果、香瓜等。有铸铁、木板、预制制造厂。有公路经此。

东张家 371424-C01-H02
［Dōngzhāngjiā］

在县驻地邢侗街道东北方向 14.5 千米。宿安乡辖自然村。人口 300。明洪武末年，张氏居此立村，因村西还有一个回民村，人们习称西张家，故该村逐渐叫成东张家。聚落呈团块状分布。有文化广场 1 个。经济以种植业为主，主要农作物有小麦、玉米和棉花。

东徐家楼 371424-C01-H03
［Dōngxújiālóu］

在县驻地邢侗街道东北方向 13.0 千米。宿安乡辖自然村。人口 2 500。明朝永乐年间，徐氏迁此立村，因村内建有 5 座土楼，村名逐渐叫成徐家楼。1990 年，分为东、西徐家楼，该村位于水塘以东，故名。聚落呈团块状分布。有文化广场 1 个。经济以种植业为主，主要农作物有小麦、玉米和棉花。

东街 371424-C01-H04
［Dōngjiē］

在县驻地邢侗街道东北方向 12.5 千米。宿安乡辖自然村。人口 600。唐太宗征辽在此宿营，命军士负土筑城，遂名宿安堤。后分为东、西、南、北四街，该村为东街。聚落呈团块状分布。有文化广场 1 个。经济以种植业为主，主要农作物有小麦、玉米和棉花。有公路经此。

东辛家 371424-C01-H05
［Dōngxīnjiā］

在县驻地邢侗街道东北方向 13.0 千米。宿安乡辖自然村。人口 2 500。明成祖年间，辛氏和程氏迁此立村，名辛家，后分为东、西辛家。该村在东，故名。聚落呈团块状分布。有文化广场 1 个。经济以种植业为主，主要农作物有小麦、玉米和棉花。有公路经此。

于家庵 371424-C01-H06
［Yújiā'ān］

在县驻地邢侗街道东北方向 11.5 千米。宿安乡辖自然村。人口 300。明朝初年，于姓从河北枣强迁此立村，因村东有一尼姑庵，故名。聚落呈团块状分布。有文化广场 1 个、学校 1 所。经济以种植业为主，主要农作物有小麦、玉米和棉花。

五龙堂 371424-C01-H07

[Wǔlóngtáng]

在县驻地邢侗街道东北方向 15.0 千米。宿安乡辖自然村。人口 800。元顺帝时,许九恩兄弟二人立村,后又修建庙堂、雕五龙,村遂更名为五龙堂。聚落呈团块状分布。有文化广场 1 个。经济以种植业为主,主要农作物有小麦、玉米和棉花。

党家 371424-C01-H08

[Dǎngjiā]

在县驻地邢侗街道东北方向 15.5 千米。宿安乡辖自然村。人口 500。清初,党姓由章丘县迁入,并渐为村中望族,村名遂改为党家。聚落呈团块状分布。有文化广场 1 个。经济以种植业为主,主要农作物有小麦、玉米和棉花。

前刘家寨 371424-C01-H09

[Qiánliújiāzhài]

在县驻地邢侗街道东北方向 12.0 千米。宿安乡辖自然村。人口 1 200。据传,明朝初年,樊、尚、刘三姓迁此分别立村,后刘姓财主将三村合一,统称刘家寨。1986年 10 月分为前刘家寨、后刘家寨,该村因位于东西大道以南,故名。聚落呈团块状分布。有文化广场 1 个、学校 1 所、幼儿园 1 所。经济以种植业为主,主要农作物有小麦、玉米和棉花。

北街 371424-C01-H10

[Běijiē]

在县驻地邢侗街道东北方向 12.5 千米。宿安乡辖自然村。人口 700。唐太宗征辽在此宿营,命军士负土筑城,遂名宿安堤。后分为东、西、南、北四街,该村为北街。聚落呈团块状分布。有文化广场 1 个。经济以种植业为主,主要农作物有小麦、玉米和棉花。有公路经此。

陶家寨 371424-C01-H11

[Táojiāzhài]

在县驻地邢侗街道东北方向 14.5 千米。宿安乡辖自然村。人口 300。明永乐年间,陶氏奉诏从河北枣强迁此立村,故名。聚落呈团块状分布。有文化广场 1 个。经济以种植业为主,主要农作物有小麦、玉米和棉花。

后刘家寨 371424-C01-H12

[Hòuliújiāzhài]

在县驻地邢侗街道东北方向 12.0 千米。宿安乡辖自然村。人口 700。据传,明朝初年,樊、尚、刘三姓迁此分别立村,后刘姓财主将三村合一,统称刘家寨。1986 年10 月分为前刘家寨、后刘家寨,该村因位于东西大道以北,故名。聚落呈团块状分布。有文化广场 1 个。经济以种植业为主,主要农作物有小麦、玉米和棉花。

周家 371424-C01-H13

[Zhōujiā]

在县驻地邢侗街道东北方向 14.0 千米。宿安乡辖自然村。人口 300。明朝中期,周姓由临邑城西小周家迁此立村,故名。聚落呈团块状分布。有文化广场 1 个。经济以种植业为主,主要农作物有小麦、玉米和棉花。

夏家 371424-C01-H14

[Xiàjiā]

在县驻地邢侗街道东北方向 14 千米。宿安乡辖自然村。人口 500。明朝初年,夏姓从河北枣强迁此立村,故名。聚落呈团块状分布。有文化广场 1 个。经济以种植业为主,主要农作物有小麦、玉米和棉花。

大徐家 371424-C01-H15

[Dàxújiā]

在县驻地邢侗街道东北方向 15.5 千米。宿安乡辖自然村。人口 300。明永乐年间，徐氏奉诏从山东莱阳县迁此立村，名徐家寨。明末清初，一户徐姓东迁建村，名小徐家，该村逐渐叫成大徐家。聚落呈团块状分布。有文化广场 1 个。经济以种植业为主，主要农作物有小麦、玉米和棉花。

姜家寨 371424-C01-H16

[Jiāngjiāzhài]

在县驻地邢侗街道东北方向 14.5 千米。宿安乡辖自然村。人口 500。明朝初年，姜姓从河北枣强迁此立村，故名。聚落呈团块状分布。有文化广场 1 个。经济以种植业为主，主要农作物有小麦、玉米和棉花。

小孙家 371424-C01-H17

[Xiǎosūnjiā]

在县驻地邢侗街道东北方向 12.0 千米。宿安乡辖自然村。人口 100。清朝年间，孙姓迁此立村，由于村庄规模较小，逐渐叫成小孙家。聚落呈团块状分布。有文化广场 1 个。经济以种植业为主，主要农作物有小麦、玉米和棉花。

小张家 371424-C01-H18

[Xiǎozhāngjiā]

在县驻地邢侗街道东北方向 13.5 千米。宿安乡辖自然村。人口 200。明初，张氏迁此立村，故名。聚落呈团块状分布。有文化广场 1 个。经济以种植业为主，主要农作物有小麦、玉米和棉花。

小杨家 371424-C01-H19

[Xiǎoyángjiā]

在县驻地邢侗街道东北方向 15.5 千米。宿安乡辖自然村。人口 600。明朝初年，肖、杨两姓迁此立村，名肖杨家。后因"肖""小"音近，逐渐叫成小杨家。聚落呈团块状分布。有文化广场 1 个。经济以种植业为主，主要农作物有小麦、玉米和棉花。有公路经此。

小营 371424-C01-H20

[Xiǎoyíng]

在县驻地邢侗街道东北方向 15.0 千米。宿安乡辖自然村。人口 1 000。东汉光武帝刘秀出兵南阳，平定天下时，曾在此安营扎寨，故名。聚落呈团块状分布。有文化广场 1 个。经济以种植业为主，主要农作物有小麦、玉米和棉花。有公路经此。

小许家 371424-C01-H21

[Xiǎoxǔjiā]

在县驻地邢侗街道东北方向 11.0 千米。宿安乡辖自然村。人口 500。明末，许姓由本县城南教场迁入。至清朝中期，许姓成为村中望族，村遂改名小许家。聚落呈团块状分布。有文化广场 1 个。经济以种植业为主，主要农作物有小麦、玉米和棉花。

小辛庄 371424-C01-H22

[Xiǎoxīnzhuāng]

在县驻地邢侗街道东北方向 15.5 千米。宿安乡辖自然村。人口 100。明朝初年，辛姓从河北枣强迁此立村，因村庄规模较小，故名。聚落呈团块状分布。有文化广场 1 个。经济以种植业为主，主要农作物有小麦、玉米和棉花。

杨辛家 371424-C01-H23

[Yángxīnjiā]

在县驻地邢侗街道东北方向 15.5 千米。宿安乡辖自然村。人口 300。明朝年间，原为陈家、杨家两村，后两村合一，名杨新家。

后因"辛""新"同音,逐渐叫成杨辛家。聚落呈团块状分布。有文化广场1个。经济以种植业为主,主要农作物有小麦、玉米和棉花。

熊家 371424-C01-H24
[Xióngjiā]

在县驻地邢侗街道东北方向14.0千米。宿安乡辖自然村。人口1100。明万历年间,熊姓由博兴逃荒至此并立村,故名。聚落呈团块状分布。有文化广场1个。经济以种植业为主,主要农作物有小麦、玉米和棉花。

齐河县

城市居民点

黄河都市花园 371425-I01
[Huánghé Dūshì Huāyuán]

在县城中部。人口6 000。总面积14.3公顷。因地处繁华地段,故名。2007年始建,2010年正式使用。建筑总面积220 000平方米,住宅楼26栋,其中高层6栋、多层20栋,中式建筑风格。绿化率30%,有文化中心、文化广场、农贸市场、超市等配套设施。通公交车。

怡心园 371425-I02
[Yíxīn Yuán]

在县城中部。人口1 100。总面积0.5公顷。因小区东邻倪伦河,西邻沁湖公园,居住环境好,故取和悦心情之词"怡心"命名。2004年始建,2006年正式使用。建筑总面积58 000平方米,多层住宅楼16栋,现代建筑风格。绿化率40%,有健身广场、超市、中学、小学、公园等配套设施。通公交车。

齐都花园 371425-I03
[Qídū Huāyuán]

在县城中部。人口2 000。总面积0.7公顷。因该小区紧靠倪伦河,风景秀美,像都市中的花园,故取齐河的"齐"字和都市的"都"字,命名为齐都花园。2001年始建,2011年正式使用。建筑总面积130 000平方米,多层住宅楼20栋,现代建筑风格。绿化率40%,有文化广场、幼儿园、超市、菜市场等配套设施。通公交车。

贵和华城 371425-I04
[Guìhé Huáchéng]

在县城北部。人口5 000。总面积25.0公顷。设计遵循"人与环境和谐共存""以和为贵"的理念,故取名贵和华城。2006年始建,2008年正式使用。建筑总面积600 000平方米,住宅楼49栋,其中高层11栋、多层38栋,现代建筑风格。绿化率40%,有幼儿园、文化广场等配套设施。通多路公交车。

农村居民点

表白寺 371425-B01-H01
[Biǎobáisì]

表白寺镇人民政府驻地。在县驻地晏城街道东北方向17.0千米。人口300。唐代建宝林寺,一名表白寺,以寺名村。聚落呈团块状分布。有文化广场1个、幼儿园1所。有云南生态园等景点。经济以种植业为主,主要农作物有小麦、玉米、棉花。有公路经此。

孙耿 371425-B01-H02
[Sūngěng]

在县驻地晏城街道东北方向15.0千米。表白寺镇辖自然村。人口2 000。明永乐年间，孙、耿两姓从枣强迁此建村，故名。聚落呈团块状分布。有文化广场1个、小学1所。古迹有郝氏宅院、清代宅院等。经济以种植业为主，主要农作物有小麦、玉米、棉花。有公路经此。

孔家庄 371425-B01-H03
[Kǒngjiāzhuāng]

在县驻地晏城街道东北方向17.0千米。表白寺镇辖自然村。人口1 100。明洪武年间，孔氏由枣强迁来建村，故名，亦称孔家。聚落呈团块状分布。有文化广场1个、小学1所。经济以种植业为主，主要农作物有小麦、玉米、棉花。有公路经此。

张举人 371425-B01-H04
[Zhāngjǔrén]

在县驻地晏城街道东北方向18.0千米。表白寺镇辖自然村。人口1 100。明永乐二年（1404），张氏由河北枣强迁此建村，名张家庄。明万历年后至清代，张姓连续中多名举人，遂改村名为张举人。聚落呈团块状分布。有文化广场1个。经济以种植业为主，主要农作物有小麦、玉米、棉花。有公路经此。

蔡西 371425-B01-H05
[Càixī]

在县驻地晏城街道东北方向10.0千米。表白寺镇辖自然村。人口500。明初，蔡氏由诸城迁此建村，名蔡家庄。因村处于南北路两侧，后渐分为蔡东、蔡西两村，此村为蔡西。聚落呈团块状分布。有文化广场1个。经济以种植业为主，主要农作物有小麦、玉米、棉花。有公路经此。

崔许庄 371425-B01-H06
[Cuīxǔzhuāng]

在县驻地晏城街道东北方向13.0千米。表白寺镇辖自然村。人口1 000。明初，崔氏和许氏迁此分建崔家庄和许家庄，后合并为崔许庄。聚落呈团块状分布。有文化广场1个。经济以种植业为主，主要农作物有小麦、玉米、棉花。有公路经此。

大戴 371425-B01-H07
[Dàdài]

在县驻地晏城街道东北方向19.0千米。表白寺镇辖自然村。人口700。元朝末年，戴氏从河北枣强迁此建村，名戴家庄。后形成两村，东边户数较多，称大戴。聚落呈团块状分布。有文化广场1个。经济以种植业为主，主要农作物有小麦、玉米、棉花。有公路经此。

大周 371425-B01-H08
[Dàzhōu]

在县驻地晏城街道东北方向18.0千米。表白寺镇辖自然村。人口600。清康熙年间，周氏由济阳县东孙耿迁来建村，改名大周。聚落呈团块状分布。有文化广场1个。经济以种植业为主，主要农作物有小麦、玉米、棉花。有公路经此。

单家庄 371425-B01-H09
[Shànjiāzhuāng]

在县驻地晏城街道东北方向18.0千米。表白寺镇辖自然村。人口600。明初，单家一户由河北枣强县迁此建单家庄。聚落呈团块状分布。有文化广场1个。经济以种植业为主，主要农作物有小麦、玉米、棉花。有公路经此。

于家门 371425-B01-H10
[Yújiāmén]

在县驻地晏城街道东北方向17.0千米。表白寺镇辖自然村。人口1 200。明代燕王扫北时，因村是夏口至济南的必经大路，建有门楼，故取名于家门。聚落呈团块状分布。有文化广场3个。经济以种植业为主，主要农作物有小麦、玉米、棉花。有公路经此。

王家庄 371425-B01-H11
[Wángjiāzhuāng]

在县驻地晏城街道东北方向15.4千米。表白寺镇辖自然村。人口700。清初，王氏由河北枣强迁此，故名。聚落呈团块状分布。有文化广场1个、幼儿园1所。经济以种植业为主，主要农作物有小麦、玉米、棉花。有公路经此。

焦庙 371425-B02-H01
[Jiāomiào]

焦庙镇人民政府驻地。在县驻地晏城街道西南方向20.0千米。人口1000。明初，因焦姓修庙而得名。聚落呈团块状分布。有文化广场1个、小学1所。经济以种植业为主，主要农作物有小麦、玉米。有玉皇阁酿酒饮料有限公司、宏丰机械厂等企业。309国道、省道齐南公路经此。

季寨 371425-B02-H02
[Jìzhài]

在县驻地晏城街道西南方向25.0千米。焦庙镇辖自然村。人口2100。元初，季姓聚居于此，改村名为季寨。聚落呈团块状分布。有文化广场1个、小学1所。经济以种植业为主，主要农作物有小麦、玉米、棉花。有名吃"季寨面食"。省道齐南公路经此。

流水河 371425-B02-H03
[Liúshuǐhé]

在县驻地晏城街道西南方向28.0千米。焦庙镇辖自然村。人口400。相传刘秀被追杀逃此，在河畔村枣林中睡下，被蝼蛄挠醒而得救。刘秀称帝后，河畔村庄得名龙睡着，后演变为流水河。聚落呈团块状分布。有文化广场1个。经济以种植业为主，主要农作物有小麦、玉米、棉花。有公路经此。

冯李 371425-B02-H04
[Fénglǐ]

在县驻地晏城街道西南方向25.0千米。焦庙镇辖自然村。人口600。明洪武年间，李二躬从清河县李杭迁此。清嘉庆年间，冯姓迁此村东建冯庄。后两村合并，改称冯李。聚落呈团块状分布。有文化广场1个。有省级文物保护单位冯李汉墓、明初石刻冯李石狮。经济以种植业为主，主要农作物有小麦、玉米、棉花。有公路经此。

靛池 371425-B02-H05
[Diànchí]

在县驻地晏城街道西南方向19.0千米。焦庙镇辖自然村。人口800。明永乐年间，李福、李建兄弟定居在此，以开染坊店染青布闻名。因村东首较洼，是染坊店靛蓝水存放的地方，叫靛池，渐被叫为村名。聚落呈团块状分布。有文化广场1个。经济以种植业为主，主要农作物有小麦、玉米、棉花。有公路经此。

东张 371425-B02-H06
[Dōngzhāng]

在县驻地晏城街道南方向19.8千米。焦庙镇辖自然村。人口500。原名张村街，后一分为二成东张、西张两村，该村为东张。聚落呈团块状分布。有文化广场1个。经济以种植业为主，主要农作物有小麦、玉米、棉花。有公路经此。

杜庄 371425-B02-H07
[Dùzhuāng]

在县驻地晏城街道西南方向 23.3 千米。焦庙镇辖自然村。人口 800。明末，杜氏由山西洪洞县迁来建村，故名。聚落呈团块状分布。有文化广场 1 个、小学 1 所。经济以种植业为主，主要农作物有小麦、玉米、棉花。有公路经此。

郭窑 371425-B02-H08
[Guōyáo]

在县驻地晏城街道西南方向 20.7 千米。焦庙镇辖自然村。人口 700。明末，郭氏从诸城县迁来立村，后郭家靠烧瓦盆子为生，故改村名为郭家窑，简称郭窑。聚落呈团块状分布。有文化广场 1 个。经济以种植业为主，主要农作物有小麦、玉米、棉花。309 国道经此。

黑马 371425-B02-H09
[Hēimǎ]

在县驻地晏城街道西南方向 20.6 千米。焦庙镇辖自然村。人口 700。明永乐年间，因从山西洪洞县迁来的人中有一位骑黑色大马，故得村名黑马。聚落呈团块状分布。有文化广场 1 个。经济以种植业为主，主要农作物有小麦、玉米、棉花。有公路经此。

红庙 371425-B02-H10
[Hóngmiào]

在县驻地晏城街道西南方向 22.2 千米。焦庙镇辖自然村。人口 400。明初称人合村，后因村南有一处红色大庙，改村名为红庙。聚落呈团块状分布。有文化广场 1 个、小学 1 所、幼儿园 1 所。经济以种植业为主，主要农作物有小麦、玉米、棉花。省道齐南公路经此。

华集 371425-B02-H11
[Huájí]

在县驻地晏城街道西南方向 21.0 千米。焦庙镇辖自然村。人口 1 300。明初，淮安府山阳县移民来此，取名华家庄。后设集市，遂改为华集。聚落呈团块状分布。有文化广场 1 个、幼儿园 1 所。经济以种植业为主，主要农作物有小麦、玉米、棉花。省道齐南公路经此。

贾市 371425-B02-H12
[Jiǎshì]

在县驻地晏城街道南方向 15.0 千米。焦庙镇辖自然村。人口 900。明永乐年间，贾氏由章丘迁来建村，因有劳动力市场，故名。聚落呈团块状分布。有文化广场 1 个、小学 1 所。经济以种植业为主，主要农作物有小麦、玉米、棉花。有公路经此。

姜堂 371425-B02-H13
[Jiāngtáng]

在县驻地晏城街道西南方向 19.7 千米。焦庙镇辖自然村。人口 1 200。从山西洪洞县迁来的几姓立姜家堂村，简称姜堂。聚落呈团块状分布。有文化广场 1 个。经济以种植业为主，主要农作物有小麦、玉米、棉花。有公路经此。

解庄 371425-B02-H14
[Xièzhuāng]

在县驻地晏城街道西南方向 21.8 千米。焦庙镇辖自然村。人口 300。明末清初，解家叔侄二人从青州府诸城县逃荒来此安家，村名改称解家庄，简称解庄。聚落呈团块状分布。有文化广场 1 个。经济以种植业为主，主要农作物有小麦、玉米、棉花。有公路经此。

李官屯 371425-B02-H15

[Lǐguāntún]

在县驻地晏城街道南方向 17.4 千米。焦庙镇辖自然村。人口 400。明朝，李家有个大官李阁老住在西街，由此叫李官屯。聚落呈团块状分布。有文化广场 1 个。经济以种植业为主，主要农作物有小麦、玉米、棉花。有公路经此。

李楼 371425-B02-H16

[lǐlóu]

在县驻地晏城街道西南方向 23.4 千米。焦庙镇辖自然村。人口 900。明初，李二公从山西省洪洞县迁来。万历年间，李家四世有人中了进士，建起两层楼，村名渐被称为李家楼，简称李楼。聚落呈团块状分布。有文化广场 1 个。经济以种植业为主，主要农作物有小麦、玉米、棉花。有公路经此。

齐营 371425-B02-H17

[Qíyíng]

在县驻地晏城街道西南方向 19.5 千米。焦庙镇辖自然村。人口 500。明代著名抗倭将领、军事家戚继光率军作战时曾在此安营扎寨，故得名戚家营，后演变为齐营。聚落呈团块状分布。有文化广场 1 个。经济以种植业为主，主要农作物有小麦、玉米、棉花。有公路经此。

谯庄 371425-B02-H18

[Qiáozhuāng]

在县驻地晏城街道西南方向 21.0 千米。焦庙镇辖自然村。人口 1 100。明永乐年间，谯赫律从山西洪洞县迁来建村，故名。聚落呈团块状分布。有文化广场 1 个、小学 1 所。经济以种植业为主，主要农作物有小麦、玉米、棉花。有公路经此。

曲屯 371425-B02-H19

[Qūtún]

在县驻地晏城街道西南方向 14.6 千米。焦庙镇辖自然村。人口 1 100。清初，曲氏三户从山西迁此安家，改村名为曲家屯，简称曲屯。聚落呈团块状分布。有文化广场 1 个。经济以种植业为主，主要农作物有小麦、玉米、棉花。309 国道经此。

石门张 371425-B02-H20

[Shíménzhāng]

在县驻地晏城街道西南方向 16.5 千米。焦庙镇辖自然村。人口 600。明万历年间，该村姓张的王爷在自己门前修起一处石门，并取庄名石门张家庄，简称石门张。聚落呈团块状分布。有文化广场 1 个。经济以种植业为主，主要农作物有小麦、玉米、棉花。有公路经此。

王老 371425-B02-H21

[Wánglǎo]

在县驻地晏城街道西南方向 20.4 千米。焦庙镇辖自然村。人口 500。明朝时，村人患霍乱病而死，只剩下王姓一家，村名遂改为王家老庄，简称王老。聚落呈团块状分布。有文化广场 1 个。经济以种植业为主，主要农作物有小麦、玉米、棉花。有公路经此。

小寨 371425-B02-H22

[Xiǎozhài]

在县驻地晏城街道西南方向 24.0 千米。焦庙镇辖自然村。人口 500。元至元中期，此处为镇国上将军、左副都元帅、济南知府、德州总管刘通驻扎之寨，称刘总管寨。后人口不断减少，渐称为小寨。聚落呈团块状分布。有文化广场 1 个。有古迹刘总管碑。经济以种植业为主，主要农作物有小麦、玉米、棉花。有公路经此。

杨场 371425-B02-H23
［Yángchǎng］

在县驻地晏城街道西南方向 18.2 千米。焦庙镇辖自然村。人口 400。据传，明代，杨氏财主为显阔气，"场"用木板铺成，遂成村名。聚落呈团块状分布。有文化广场 1 个、小学 1 所。经济以种植业为主，主要农作物有小麦、玉米、棉花。有公路经此。

张杨庄 371425-B02-H24
［Zhāngyángzhuāng］

在县驻地晏城街道西南方向 23.4 千米。焦庙镇辖自然村。人口 1 200。据传，明洪武元年（1368），张、曹两家从山西洪洞县相继迁此。明洪武十三年（1380），杨家逃到此处立村，名张杨庄。聚落呈团块状分布。有文化广场 1 个。经济以种植业为主，主要农作物有小麦、玉米、棉花。有公路经此。

赵官屯 371425-B02-H25
［Zhàoguāntún］

在县驻地晏城街道西南方向 16.0 千米。焦庙镇辖自然村。人口 600。明末，张、赵两姓迁来建村，后来赵龙、赵虎两兄弟做了官，村名改为赵官屯。聚落呈团块状分布。有文化广场 1 个。经济以种植业为主，主要农作物有小麦、玉米、棉花。有公路经此。

钟庄 371425-B02-H26
［Zhōngzhuāng］

在县驻地晏城街道西南方向 19.6 千米。焦庙镇辖自然村。人口 500。元末明初，钟离氏由山西洪洞县迁来建村，名钟离庄，后习称钟庄。聚落呈团块状分布。有文化广场 1 个。经济以种植业为主，主要农作物有小麦、玉米、棉花。有公路经此。

赵官 371425-B03-H01
［Zhàoguān］

赵官镇人民政府驻地。在县驻地晏城街道西南方向 37.0 千米。人口 2 800。1640年前后，因赵姓为望族，故名。聚落呈团块状分布。有文化广场 1 个、中学 1 所、小学 1 所。有省级文物保护单位孟氏民居。经济以种植业和工业为主，主要农作物有小麦、玉米、棉花。有赵官煤矿。324 省道经此。

崔桥 371425-B03-H02
［Cuīqiáo］

在县驻地晏城街道西南方向 42.0 千米。赵官镇辖自然村。人口 1 100。明初，崔氏兄弟由山西洪洞县迁此，明末清初修石桥，名崔家桥，村以桥名。聚落呈团块状分布。有文化广场 1 个、小学 1 所。经济以种植业为主，主要农作物有小麦、玉米、棉花。有公路经此。

银杏树 371425-B03-H03
［Yínxìngshù］

在县驻地晏城街道西南方向 38.8 千米。赵官镇辖自然村。人口 1 000。因村内有600 余年树龄的银杏树，以树名村。聚落呈团块状分布。有文化广场 1 个、小学 1 所。有齐河县文物保护单位千年银杏树。经济以种植业为主，主要农作物有小麦、玉米、棉花。有公路经此。

大马头 371425-B03-H04
［Dàmǎtóu］

在县驻地晏城街道西南方向 36.8 千米。赵官镇辖自然村。人口 600。明初，山西洪洞县大槐树移民来此定居，村临大清河，有盐码头，故渐名码头村，后演变成大马头。聚落呈团块状分布。有文化广场 1 个。经济以种植业为主，主要农作物有小麦、玉米、棉花。有公路经此。

大徐庄 371425-B03-H05
[Dàxúnzhuāng]

在县驻地晏城街道西南方向 35.4 千米。赵官镇辖自然村。人口 900。明永乐年间，徐学第从山西山阴县迁此立村，名徐家庄，后称大徐庄。聚落呈团块状分布。有文化广场 1 个。经济以种植业为主，主要农作物有小麦、玉米、棉花。有公路经此。

东水坡 371425-B03-H06
[Dōngshuǐpō]

在县驻地晏城街道西南方向 40.6 千米。赵官镇辖自然村。人口 700。明洪武年间，李氏由北方寺迁至大清河边立村，因村原在东岸滩区，连年上水，故村名改为东水坡。聚落呈团块状分布。有文化广场 1 个。经济以种植业为主，主要农作物有小麦、玉米、棉花。有公路经此。

东赵 371425-B03-H07
[Dōngzhào]

在县驻地晏城街道西南方向 40.4 千米。赵官镇辖自然村。人口 600。明万历年间，赵氏自山西省洪洞县迁此建村，名赵家庄，1958 年改称东赵。聚落呈团块状分布。有文化广场 1 个。经济以种植业为主，主要农作物有小麦、玉米、棉花。有公路经此。

董桥 371425-B03-H08
[Dǒngqiáo]

在县驻地晏城街道西南方向 40.2 千米。赵官镇辖自然村。人口 1 100。明末，董氏自董寺迁入，在黄河渡口处修桥，村得名董家桥。聚落呈团块状分布。有文化广场 1 个。经济以种植业为主，主要农作物有小麦、玉米、棉花。有公路经此。

傅庄 371425-B03-H09
[Fùzhuāng]

在县驻地晏城街道西南方向 40.6 千米。赵官镇辖自然村。人口 1 100。明洪武年间，傅氏由山西洪洞县迁此盖一阁楼定居，村因此得名傅家楼，后演变为傅庄。聚落呈团块状分布。有文化广场 1 个。经济以种植业为主，主要农作物有小麦、玉米、棉花。有公路经此。

官庄 371425-B03-H10
[Guānzhuāng]

在县驻地晏城街道西南方向 37.8 千米。赵官镇辖自然村。人口 900。明初，马氏由山西洪洞县迁来建村。清廷为治理黄河，在村东大堤上建官厅，自此村名改为官庄。聚落呈团块状分布。有文化广场 1 个。经济以种植业为主，主要农作物有小麦、玉米、棉花。有公路经此。

黄口 371425-B03-H11
[Huángkǒu]

在县驻地晏城街道西南方向 39.4 千米。赵官镇辖自然村。人口 900。黄河常决口，为叫后代牢记黄河张口吃人的苦处，改村名为黄口。聚落呈团块状分布。有文化广场 1 个。经济以种植业为主，主要农作物有小麦、玉米、棉花。有公路经此。

刘集 371425-B03-H12
[Liújí]

在县驻地晏城街道西南方向 33.9 千米。赵官镇辖自然村。人口 800。明初，刘氏由山西洪洞县迁来，设集市，因称刘集。聚落呈团块状分布。有文化广场 1 个。经济以种植业为主，主要农作物有小麦、玉米、棉花。有公路经此。

刘黄庄 371425-B03-H13
［Liúhuángzhuāng］

在县驻地晏城街道西南方向 37.8 千米。赵官镇辖自然村。人口 800。明洪武四年（1371），刘光辉自山西洪洞县大槐树下迁此，因是一片碱地，定村名为刘家荒庄，后改名刘黄庄。聚落呈团块状分布。有文化广场 1 个。经济以种植业为主，主要农作物有小麦、玉米、棉花。有公路经此。

吕官屯 371425-B03-H14
［Lǚguāntún］

在县驻地晏城街道西南方向 35.0 千米。赵官镇辖自然村。人口 1 600。元代，吕氏、官氏立村，名吕官屯。聚落呈团块状分布。有文化广场 1 个。经济以种植业为主，主要农作物有小麦、玉米、棉花。有公路经此。

南何庄 371425-B03-H15
［Nánhézhuāng］

在县驻地晏城街道西南方向 41.4 千米。赵官镇辖自然村。人口 600。原为宋代大员外庄柯的花园，名何庄。因村前有棵紫槿树，当地人称该村紫槿何庄。又因庄东南有一大寺庙，亦称花园寺何庄。1959 年改称南何庄。聚落呈团块状分布。有文化广场 1 个。经济以种植业为主，主要农作物有小麦、玉米、棉花。有公路经此。

王厅 371425-B03-H16
［Wángtīng］

在县驻地晏城街道西南方向 41.4 千米。赵官镇辖自然村。人口 1 300。元初，王氏由河南获嘉县迁此，后村内修对华厅、接官厅、厢房厅三处大厅，渐称村名为王厅。聚落呈团块状分布。有文化广场 1 个、小学 1 所。有市、县级非物质文化遗产王青松说唱评书、竹马舞。经济以种植业为主，主要农作物有小麦、玉米、棉花。有公路经此。

西水坡 371425-B03-H17
［Xīshuǐpō］

在县驻地晏城街道西南方向 36.7 千米。赵官镇辖自然村。人口 700。村南、村东各有河，河水泛滥常淹村，遂起村名水坡，后因所在位置改名西水坡。聚落呈团块状分布。有小学 1 所。经济以种植业为主，主要农作物有小麦、玉米、棉花。有公路经此。

西赵庄 371425-B03-H18
［Xīzhàozhuāng］

在县驻地晏城街道西南方向 40.5 千米。赵官镇辖自然村。人口 1 000。南宋建炎三年（1129），赵氏从洪洞县迁来建赵家庄，后因所在位置改称西赵庄。聚落呈团块状分布。有文化广场 1 个。经济以种植业为主，主要农作物有小麦、玉米、棉花。有公路经此。

小周 371425-B04-H01
［Xiǎozhōu］

祝阿镇人民政府驻地。在县驻地晏城街道西南方向 6.7 千米。人口 800。1855 年黄河泛滥冲毁村庄，黄、周两家重建家园，名黄周庄，后演变为小周。聚落呈团块状分布。有职业中专 1 所、小学 1 所、幼儿园 1 所。经济以种植业和食品加工业为主，主要农作物有小麦、玉米、棉花。有公路经此。

八里庄 371425-B04-H02
［Bālǐzhuāng］

在县驻地晏城街道西南方向 8.2 千米。祝阿镇辖自然村。人口 1 200。八里庄明代就有，因村距齐河城西门八里而得名。聚落呈团块状分布。有文化广场1个、幼儿园1所、小学1个。经济以种植业为主，主要农作物有小麦、玉米、棉花。有公路经此。

北关 371425-B04-H03
[Běiguān]

在县驻地晏城街道东南方向10.6千米。祝阿镇辖自然村。人口600。原齐河城北门外为北关，1973年，北关居民因县城搬迁而迁于临黄堤下房台上，村始称北关。聚落呈团块状分布。有文化广场1个。经济以种植业和渔业为主。有黄河鲤鱼、刀鱼、黄河大米等土特产品。309国道经此。

曹营 371425-B04-H04
[Cáoyíng]

在县驻地晏城街道西南方向18.0千米。祝阿镇辖自然村。人口600。据传，清初，曹乐从洪洞县槐树胡同迁此建村，后因此处驻过军队，遂称曹营。聚落呈团块状分布。有文化广场1个。经济以种植业为主，主要农作物有小麦、玉米、棉花。有公路经此。

东袁庄 371425-B04-H05
[Dōngyuánzhuāng]

在县驻地晏城街道西南方向14.4千米。祝阿镇辖自然村。人口700。明洪武至永乐年间，袁姓由山西大槐树下迁来，立东、西袁庄，该村地处黄河左岸，为东袁庄，1976年整村搬至黄河堤坝房台之上。聚落呈团块状分布。有文化广场1个。经济以种植业为主，主要农作物有小麦、玉米、棉花。有公路经此。

李家岸 371425-B04-H06
[Lǐjiā'àn]

在县驻地晏城街道西南方向14.4千米。祝阿镇辖自然村。人口500。明嘉靖年间，李氏从河北枣强迁入，原村位于黄河西坝东河滩内，取名岸堤里。清咸丰年间，村址挪于黄河堤坝西侧，故改名李家岸。聚落呈团块状分布。有文化广场1个、小学1所。经济以种植业为主，主要农作物有小麦、水稻、玉米、棉花。京福高速公路、309国道经此。

高屯 371425-B04-H07
[Gāotún]

在县驻地晏城街道西南方向10.6千米。祝阿镇辖自然村。人口600。据传，明万历年间，京城国舅高二落户于此，村取其姓，名高屯。聚落呈团块状分布。有文化广场1个。经济以种植业为主，主要农作物有小麦、玉米、棉花。有公路经此。

葛谢 371425-B04-H08
[Gěxiè]

在县驻地晏城街道东南方向5.7千米。祝阿镇辖自然村。人口1 100。清初，葛氏、谢氏从诸城迁来，后定村名为葛谢。聚落呈团块状分布。有文化广场1个。经济以种植业为主，主要农作物有小麦、玉米、棉花。有公路经此。

官庄 371425-B04-H09
[Guānzhuāng]

在县驻地晏城街道西南方向6.1千米。祝阿镇辖自然村。人口700。据传，明初，徐氏、官氏由山西迁来分别建村，后两村连为一体，取名徐官庄，习惯叫官庄。聚落呈团块状分布。有文化广场1个。有省级非物质文化遗产项目绣球灯舞。经济以种植业为主，主要农作物有小麦、玉米、棉花。有公路经此。

后河 371425-B04-H10
[Hòuhé]

在县驻地晏城街道西南方向 9.4 千米。祝阿镇辖自然村。人口 700。明初，孙氏由洪洞县迁来建庄，后黄河于此改道，村名演变为后河。聚落呈团块状分布。有文化广场 1 个。经济以种植业为主，主要农作物有小麦、玉米、棉花。309 国道经此。

李茂盛 371425-B04-H11
[Lǐmàoshèng]

在县驻地晏城街道东南方向 9.8 千米。祝阿镇辖自然村。人口 600。明洪武年间，李氏由诸城南关青杨树街迁来，以李茂盛之名为村名。聚落呈团块状分布。有文化广场 1 个。经济以种植业为主，主要农作物有小麦、玉米、棉花。有公路经此。

马坊 371425-B04-H12
[Mǎfáng]

在县驻地晏城街道西南方向 16.8 千米。祝阿镇辖自然村。人口 1 100。明代，马氏从诸城迁此建村，取名马坊屯，简称马坊。聚落呈团块状分布。有文化广场 1 个。经济以种植业为主，主要农作物有小麦、玉米、棉花。309 国道经此。

孟庄 371425-B04-H13
[Mèngzhuāng]

在县驻地晏城街道东南方向 11.4 千米。祝阿镇辖自然村。人口 300。明永乐十八年（1420），直隶玉田县人孟僎来县任知县，家居城西，村名演变为孟庄。1973 年因黄河北展，村址搬迁至黄河堤边房台上。聚落呈团块状分布。有文化广场 1 个。经济

以种植业为主，主要农作物有小麦、玉米、棉花。309 国道经此。

米三里 371425-B04-H14
[Mǐsānlǐ]

在县驻地晏城街道东南方向 9.9 千米。祝阿镇辖自然村。人口 1 000。为回族、汉族聚居村，其中回族占 90%。1837 年，米氏老太太带 6 个儿子由老寨子村迁此立村，村距县城北门三里，故取名米三里。聚落呈团块状分布。有文化广场 1 个。有县级文物保护单位岳王庙遗址。经济以屠宰牛、羊为主。特色产品有米家五香牛肉。309 国道经此。

坡赵 371425-B04-H15
[Pōzhào]

在县驻地晏城街道东南方向 9.9 千米。祝阿镇辖自然村。人口 1 000。因清代初期村中习武的人多，时常有人动武伤人，外村人叫赵庄为泼赵庄，后改为坡赵。聚落呈团块状分布。有文化广场 1 个、小学 1 所。经济以种植业为主，主要农作物有小麦、玉米、棉花。309 国道经此。

仁合庄 371425-B04-H16
[Rénhézhuāng]

在县驻地晏城街道东南方向 9.9 千米。祝阿镇辖自然村。人口 500。相传，先民从山西洪洞县大槐树下迁来立村，村民和睦，定村名仁合庄。聚落呈团块状分布。有文化广场 1 个。经济以种植业为主，主要农作物有小麦、玉米、棉花。有公路经此。

石屯 371425-B04-H17
[Shítún]

在县驻地晏城街道东南方向 5.4 千米。祝阿镇辖自然村。人口 700。明嘉靖年间，石氏从诸城迁此，繁衍为大族，故名石屯。

聚落呈团块状分布。有文化广场 1 个、小学 1 所。经济以种植业为主，主要农作物有小麦、玉米、棉花。有公路经此。

石门高 371425-B04-H18
[Shíméngāo]

在县驻地晏城街道东南方向 5.8 千米。祝阿镇辖自然村。人口 900。明初，高氏由高唐迁此立村，后因村前的石坎北有座石门，故改名为石门高。聚落呈团块状分布。有文化广场 1 个。经济以种植业为主，主要农作物有小麦、玉米、棉花。有公路经此。

王辛 371425-B04-H19
[Wángxīn]

在县驻地晏城街道西南方向 9.9 千米。祝阿镇辖自然村。人口 1 100。明末清初，翟氏从翟庄来此落户立村。后王氏从河头王庄迁来，改村名为王家辛庄，后演变为王辛。聚落呈团块状分布。有文化广场 1 个。经济以种植业为主，主要农作物有小麦、玉米、棉花。济聊高速、309 国道、省道齐南公路经此。

萧屯 371425-B04-H20
[Xiāotún]

在县驻地晏城街道西南方向 13.0 千米。祝阿镇辖自然村。人口 1 800。元末明初，萧氏迁来，取名萧家屯，简称萧屯。聚落呈团块状分布。有文化广场 1 个。经济以种植业为主，主要农作物有小麦、玉米、棉花。有公路经此。

油房赵 371425-B04-H21
[Yóufángzhào]

在县驻地晏城街道东南方向 11.0 千米。祝阿镇辖自然村。人口 1 000。明洪武年间，赵氏由南京椿树胡同迁此，以开油房为生，

故村名油房赵。聚落呈团块状分布。有文化广场 1 个。经济以种植业为主，主要农作物有小麦、玉米、棉花。有公路经此。

訾庄 371425-B04-H22
[Zīzhuāng]

在县驻地晏城街道东南方向 7.4 千米。祝阿镇辖自然村。人口 900。明万历年间，訾氏从诸城迁来立村，故名。1976 年由北展堤内搬迁于此。聚落呈团块状分布。有文化广场 1 个。经济以加工业和养殖业为主。有养猪场和工艺刻字、机械加工企业。有公路经此。

仁里集 371425-B05-H01
[Rénlǐjí]

仁里集镇人民政府驻地。在县驻地晏城街道西南方向 37.9 千米。人口 1 800。明洪武年间，洪洞县大槐树下移民聚居于此立村，名野鹊窝，曾称鹊里店，清代称野里，清末定名仁里集。聚落呈团块状分布。有文化广场 1 个、中学 1 所、小学 1 所、幼儿园 1 所。经济以种植业为主，主要农作物有小麦、玉米、棉花。有公路经此。

柴家洼 371425-B05-H02
[Cháijiāwā]

在县驻地晏城街道西南方向 34.2 千米。仁里集镇辖自然村。人口 800。清乾隆年间，黄河泛滥，积水成灾，村遂改名柴家洼。聚落呈团块状分布。有文化广场 1 个。经济以种植业为主，主要农作物有小麦、玉米、棉花。有公路经此。

大柴庄 371425-B05-H03
[Dàcháizhuāng]

在县驻地晏城街道西南方向 36.7 千米。仁里集镇辖自然村。人口 900。明洪武年间，柴氏由山西省洪洞县迁此立村，取名柴庄。

后因村西处有一小柴庄，故改名大柴庄，简称大柴。聚落呈团块状分布。有文化广场1个。经济以种植业为主，主要农作物有小麦、玉米、棉花。有公路经此。

大高庄 371425-B05-H04
[Dàgāozhuāng]

在县驻地晏城街道西南方向42.8千米。仁里集镇辖自然村。人口800。明万历年间，高复礼由河北大明府南直隶开州迁此建村，取名高家庄。后分成东高庄、西高庄、中高庄三村，中高庄人口多，又叫大高庄。聚落呈团块状分布。有文化广场1个。经济以种植业为主，主要农作物有小麦、玉米、棉花。有公路经此。

大田庄 371425-B05-H05
[Dàtiánzhuāng]

在县驻地晏城街道西南方向38.8千米。仁里集镇辖自然村。人口600。明洪武年间，田氏由山西洪洞县迁此立村，后部分人搬到村西称小田庄，原村称大田庄。聚落呈团块状分布。村东似冢土堆多为宋元遗址，为县级文物保护单位。有文化广场1个、小学1所。经济以种植业为主，主要农作物有小麦、玉米、棉花。有公路经此。

大王庄 371425-B05-H06
[Dàwángzhuāng]

在县驻地晏城街道西南方向38.8千米。仁里集镇辖自然村。人口1 800。明建文元年（1399），王进由河南开封城南花牛店迁此立村，取名大王家庄，后演变为大王庄。聚落呈团块状分布。有文化广场1个、小学1所、幼儿园1所。经济以种植业为主，主要农作物有小麦、玉米、棉花。有公路经此。

大张 371425-B05-H07
[Dàzhāng]

在县驻地晏城街道西南方向41.5千米。仁里集镇辖自然村。人口1 000。明正德年间，张全由平原县王打卦迁此落户，村名张家庄。为与东张庄区别，更名为大张。聚落呈团块状分布。有文化广场1个、小学1所、幼儿园1所。经济以种植业为主，主要农作物有小麦、玉米、棉花。有公路经此。

董集 371425-B05-H08
[Dǒngjí]

在县驻地晏城街道西南方向39.2千米。仁里集镇辖自然村。人口900。明洪武年间，董氏由山西洪洞县迁此立村，并立集市，取名董家集，简称董集。聚落呈团块状分布。有文化广场1个。经济以种植业为主，主要农作物有小麦、玉米、棉花。有公路经此。

高赵 371425-B05-H09
[Gāozhào]

在县驻地晏城街道西南方向42.6千米。仁里集镇辖自然村。人口900。明永乐年间，高强、赵壮志俩人由山西省洪洞县大槐树下迁此立村，取村名高赵。聚落呈团块状分布。有文化广场1个。经济以种植业为主，主要农作物有小麦、玉米、棉花。有公路经此。

郭庄 371425-B05-H10
[Guōzhuāng]

在县驻地晏城街道西南方向36.8千米。仁里集镇辖自然村。人口900。明永乐年间，郭氏五兄弟由山西省洪洞县迁此立村，取名郭家老庄，后演变为郭庄。聚落呈团块状分布。有文化广场1个。经济以种植业为主，主要农作物有小麦、玉米、棉花。有公路经此。

国庄 371425-B05-H11
[Guózhuāng]

在县驻地晏城街道西南方向 40.8 千米。仁里集镇辖自然村。人口 500。明正统年间，国氏从汶上县迁此立村，取名国家庄，后演变为国庄。聚落呈团块状分布。有文化广场 1 个。经济以种植业为主，主要农作物有小麦、玉米、棉花。有公路经此。

后刘庄 371425-B05-H12
[Hòuliúzhuāng]

在县驻地晏城街道西南方向 38.5 千米。仁里集镇辖自然村。人口 1 000。明洪武年间，刘氏、王氏姑表兄弟俩人从山西洪洞县迁此定居，取村名刘家庄。后部分刘姓后人移居村北另建村，取名后刘庄。聚落呈团块状分布。有文化广场 1 个。经济以种植业为主，主要农作物有小麦、玉米、棉花。有公路经此。

黄楼 371425-B05-H13
[Huánglóu]

在县驻地晏城街道西南方向 43.8 千米。仁里集镇辖自然村。人口 1 000。明永乐年间，黄玉福由山西省洪洞县迁此立村，后来村南头盖了两座土楼，故更名黄家楼，简称黄楼。聚落呈团块状分布。有文化广场 1 个、小学 1 所、幼儿园 1 所。经济以种植业为主，主要农作物有小麦、玉米、棉花。有公路经此。

客王 371425-B05-H14
[Kèwáng]

在县驻地晏城街道西南方向 41.8 千米。仁里集镇辖自然村。人口 300。明末，客尚义由山西省洪洞县迁此立村，同时迁来的还有王氏，故取名客家小王庄，简称客王。聚落呈团块状分布。有文化广场 1 个。经济以种植业为主，主要农作物有小麦、玉米、棉花。有公路经此。

李集 371425-B05-H15
[Lǐjí]

在县驻地晏城街道西南方向 41.1 千米。仁里集镇辖自然村。人口 700。明永乐年间，郝家友由山西洪洞县大槐树下迁此落户。后李氏迁来成了大户，又立大集，故改名李家集，简称李集。聚落呈团块状分布。有文化广场 1 个、小学 1 所。经济以种植业为主，主要农作物有小麦、玉米、棉花。有公路经此。

律墓赵 371425-B05-H16
[Lùmùzhào]

在县驻地晏城街道西南方向 38.9 千米。仁里集镇辖自然村。人口 300。明洪武三十年（1397），赵氏由洪洞县大槐树迁此立村，名赵家庄。其去世后，儿子在坟墓旁搭棚守孝 3 年并定律条：每天背 3 筐土、给 3 个土坯添坟。3 年后，墓占地 1 亩，高约 18 米，遂改村名为律墓赵。聚落呈团块状分布。有文化广场 1 个。经济以种植业为主，主要农作物有小麦、玉米、棉花。有公路经此。

牛集 371425-B05-H17
[Niújí]

在县驻地晏城街道西南方向 42.4 千米。仁里集镇辖自然村。人口 600。清康熙初年，村名改为牛家集，1945 年后定名牛集。聚落呈团块状分布。有文化广场 1 个。经济以种植业为主，主要农作物有小麦、玉米、棉花。有公路经此。

汝庄 371425-B05-H18
[Yúzhuāng]

在县驻地晏城街道西南方向 41.6 千米。

仁里集镇辖自然村。人口 500。明永乐年间，汝文平由洪洞县迁此立村，名汝庄。聚落呈团块状分布。有文化广场 1 个。经济以种植业为主，主要农作物有小麦、玉米、棉花。有公路经此。

桑海子 371425-B05-H19
[Sānghǎizi]

在县驻地晏城街道西南方向 40.2 千米。仁里集镇辖自然村。人口 500。明永乐年间，桑玉柱由山西洪洞县大槐树迁此落户，因村南有一大坑，坑边有一水泉，人们称海眼，故起村名桑家海子，简称桑海子。聚落呈团块状分布。有文化广场 1 个、小学 1 所。经济以种植业为主，主要农作物有小麦、玉米、棉花。有公路经此。

石围子 371425-B05-H20
[Shíwéizi]

在县驻地晏城街道西南方向 38.1 千米。仁里集镇辖自然村。人口 600。明成化年间，石佩从长清县石庄迁来。1938 年为防备日伪骚扰，人们在村周围修筑土围墙，村更名石围子。聚落呈团块状分布。有文化广场 1 个。经济以种植业为主，主要农作物有小麦、玉米、棉花。有公路经此。

索庄 371425-B05-H21
[Suǒzhuāng]

在县驻地晏城街道西南方向 41.5 千米。仁里集镇辖自然村。人口 900。明永乐年间，索氏由洪洞县迁此建村，故名。聚落呈团块状分布。有文化广场 1 个。经济以种植业为主，主要农作物有小麦、玉米、棉花。有公路经此。

田楼 371425-B05-H22
[Tiánlóu]

在县驻地晏城街道西南方向 43.6 千米。

仁里集镇辖自然村。人口 1 600。明代，田氏兄弟由平邑县北五十里水寨张家庄迁此。清末，盖了三层楼，改村名为田家楼，后简称田楼。聚落呈团块状分布。有文化广场 1 个、小学 1 所。有县级文物保护单位田氏祠堂。经济以种植业为主，主要农作物有小麦、玉米、棉花。有公路经此。

西高 371425-B05-H23
[Xīgāo]

在县驻地晏城街道西南方向 43.1 千米。仁里集镇辖自然村。人口 600。清顺治年间，高氏后代为种地方便，从大高庄迁此，此处有一女性石像，俗称"太虎石"或"石大姑"，故取村名太虎石高庄，简称小高庄，1949 年更名西高。聚落呈团块状分布。有文化广场 1 个。古迹有石像残像 1 座。经济以种植业为主，主要农作物有小麦、玉米、棉花。有公路经此。

萧姚 371425-B05-H24
[Xiāoyáo]

在县驻地晏城街道西南方向 41.9 千米。仁里集镇辖自然村。人口 900。明永乐年间，萧廷真由山西洪洞县迁到萧家井居住。明嘉靖年间，姚氏由仁里集北姚庄迁来建村。1958 年两村合并，称萧姚。聚落呈团块状分布。有文化广场 1 个、小学 1 所。经济以种植业为主，主要农作物有小麦、玉米、棉花。有公路经此。

辛店屯 371425-B05-H25
[Xīndiàntún]

在县驻地晏城街道西南方向 34.4 千米。仁里集镇辖自然村。人口 2 900。1913 年前后，辛氏开店铺，远近闻名，故以店取名辛店屯。聚落呈团块状分布。有文化广场 1 个、小学 1 所、幼儿园 1 所。经济以种植业为主，主要农作物有小麦、玉米、棉花。有公路经此。

枣杨庄 371425-B05-H26

[Zǎoyángzhuāng]

在县驻地晏城街道西南方向 40.1 千米。仁里集镇辖自然村。人口 900。明洪武二年（1369），杨大福由山西省洪洞县大槐树迁此立村。清代，因村东有大片的枣树，故更名枣杨庄。聚落呈团块状分布。有文化广场 1 个。有县级文物保护单位汉代古墓。经济以种植业为主，主要农作物有小麦、玉米、棉花。有公路经此。

韩胡庄 371425-B05-H27

[Hánhúzhuāng]

在县驻地晏城街道西南方向 39.3 千米。仁里集镇辖自然村。人口 700。原有韩家庄。明洪武二年（1369），胡氏由山西洪洞县大槐树迁至赵官镇大胡庄，称胡家庄，后两村连为一体，改名韩胡庄。聚落呈团块状分布。有文化广场 1 个。有县级文物保护单位韩胡遗址。经济以种植业为主，主要农作物有小麦、玉米、棉花。有公路经此。

潘店 371425-B06-H01

[Pāndiàn]

潘店镇人民政府驻地。在县驻地晏城街道西南方向 33.2 千米。人口 2 000。唐初，潘氏于此开店，故村名潘家店，简称潘店。聚落呈团块状分布。有文化广场 1 个、小学 1 所、幼儿园 1 所。有县级文物保护单位西街石桥、张德林碑。经济以种植业为主，主要农作物有小麦、玉米、棉花。309 国道经此。

曹庙 371425-B06-H02

[Cáomiào]

在县驻地晏城街道西南方向 25.4 千米。潘店镇辖自然村。人口 1 100。明洪武年间，曹氏迁来定居，因东南有古庙，故取村名曹庙。聚落呈团块状分布。有文化广场 1 个。经济以种植业为主，主要农作物有小麦、玉米、棉花。有公路经此。

西腰站 371425-B06-H03

[Xīyāozhàn]

在县驻地晏城街道西南方向 26.8 千米。潘店镇辖自然村。人口 700。1862 年，太平天国军与清军作战时在此被洪水拦腰截断而失败，为纪念这段历史而改村名为腰站。因村跨大沟东西，称沟西的为西腰站，沟东为东腰站，此村为西腰站。聚落呈团块状分布。有文化广场 1 个、小学 1 所。经济以种植业为主，主要农作物有小麦、玉米、棉花。309 国道经此。

蜂王 371425-B06-H04

[Fēngwáng]

在县驻地晏城街道西南方向 35.1 千米。潘店镇辖自然村。人口 700。明初，王氏自山西洪洞县迁来，因养蜜蜂闻名，取村名蜂王庄，简称蜂王。聚落呈团块状分布。有文化广场 1 个。经济以种植业为主，主要农作物有小麦、玉米、棉花。309 国道经此。

何庄 371425-B06-H05

[Hézhuāng]

在县驻地晏城街道西南方向 27.3 千米。潘店镇辖自然村。人口 600。元代，赵氏由山西洪洞虾蚂湾迁此，一条河从村的西面和北面流过，故取村名河庄，又因何姓较多，后改为何庄。聚落呈团块状分布。有文化广场 1 个。经济以种植业为主，主要农作物有小麦、玉米、棉花。有公路经此。

洪孙 371425-B06-H06
[Hóngsūn]

在县驻地晏城街道西南方向 35.1 千米。潘店镇辖自然村。人口 600。元末,孙氏迁此立村,名孙家庄。村东的南北大堤决口,被洪水冲成大坑,因此得名洪孙。聚落呈团块状分布。有文化广场 1 个。有市级文物保护单位洪孙村墓。经济以种植业为主,主要农作物有小麦、玉米、棉花。有公路经此。

季庄 371425-B06-H07
[Jìzhuāng]

在县驻地晏城街道西南方向 24.6 千米。潘店镇辖自然村。人口 1 300。明洪武初年,季氏由山东即墨县迁来建村,得名季家庄,演变为季庄。聚落呈团块状分布。有文化广场 1 个。经济以种植业为主,主要农作物有小麦、玉米、棉花。有公路经此。

金马 371425-B06-H08
[Jīnmǎ]

在县驻地晏城街道西南方向 32.8 千米。潘店镇辖自然村。人口 600。相传有一个金马驹子经常围着这个村庄转,于是人们取村名金马庄,后演变为金马。聚落呈团块状分布。有文化广场 1 个。经济以种植业为主,主要农作物有小麦、玉米、棉花。有公路经此。

靖庄 371425-B06-H09
[Jìngzhuāng]

在县驻地晏城街道西南方向 31.4 千米。潘店镇辖自然村。人口 1 400。明末,靖氏迁此定居建村,故名。聚落呈团块状分布。有文化广场 1 个。经济以种植业为主,主要农作物有小麦、玉米、棉花。济聊高速、309 国道经此。

李官屯 371425-B06-H10
[Lǐguāntún]

在县驻地晏城街道西南方向 29.5 千米。潘店镇辖自然村。人口 600。清光绪年间,因李布政在朝任布政使,在村东北角建石碑坊 1 座,使村名声大振,故改名李官屯。聚落呈团块状分布。有文化广场 1 个。经济以种植业为主,主要农作物有小麦、玉米、棉花。309 国道经此。

潘庄 371425-B06-H11
[Pānzhuāng]

在县驻地晏城街道西南方向 29.6 千米。潘店镇辖自然村。人口 1 000。明永乐年间,潘氏从夏津迁来建村,故名。聚落呈团块状分布。有文化广场 1 个。有潘汇江、潘克西两烈士纪念碑。经济以种植业为主,主要农作物有小麦、玉米、棉花。有公路经此。

十里雾 371425-B06-H12
[Shílǐwù]

在县驻地晏城街道西南方向 30.6 千米。潘店镇辖自然村。人口 1 300。相传刘秀被追杀,危急时天突降大雾,刘秀于雾中奔跑 10 里到一村后雾散日出,化险为夷,村由此得名十里雾。聚落呈团块状分布。有小学 1 所。经济以种植业为主,主要农作物有小麦、玉米、棉花。有公路经此。

田海子 371425-B06-H13
[Tiánhǎizi]

在县驻地晏城街道西南方向 36.4 千米。潘店镇辖自然村。人口 700。明永乐年间,田氏从田庄迁来立村,因地势较洼,雨后积水,称之为海子,村得名田家海子,简称田海子。聚落呈团块状分布。有文化广场 1 个。经济以种植业为主,主要农作物有小麦、玉米、棉花。有公路经此。

王对宇 371425-B06-H14
［Wángduìyǔ］

在县驻地晏城街道西南方向 34.6 千米。潘店镇辖自然村。人口 1 000。清代村人王对宇武艺出众，声名远播，渐以人名成村名。聚落呈团块状分布。有文化广场 1 个。经济以种植业为主，主要农作物有小麦、玉米、棉花。有公路经此。

雾头 371425-B06-H15
［Wùtóu］

在县驻地晏城街道西南方向 29.2 千米。潘店镇辖自然村。人口 700。相传，刘秀被追杀逃至此地，危急时刻突然天降大雾，化险为夷。刘秀称帝后，降雾之村得名雾头。聚落呈团块状分布。有文化广场 1 个、小学 1 所。经济以种植业为主，主要农作物有小麦、玉米、棉花。309 国道经此。

薛官屯 371425-B06-H16
［Xuēguāntún］

在县驻地晏城街道西南方向 25.4 千米。潘店镇辖自然村。人口 2 200。明朝，村人陈三清抢劫皇粮，薛姓武官前来镇压后将村名改为薛官屯。聚落呈团块状分布。有文化广场 2 个、小学 1 所。有县级文物保护单位王氏祖茔。经济以种植业为主，主要农作物有小麦、玉米、棉花。有公路经此。

杨家河口 371425-B06-H17
［Yángjiāhékǒu］

在县驻地晏城街道西南方向 31.4 千米。潘店镇辖自然村。人口 600。明朝永乐年间，刘、杨两姓从潘店迁此建村，临赵牛河，且杨氏人多，故村名杨家河口。聚落呈团块状分布。有文化广场 1 个、小学 1 所。经济以种植业为主，主要农作物有小麦、玉米、棉花。有公路经此。

姚庄 371425-B06-H18
［Yáozhuāng］

在县驻地晏城街道西南方向 33.5 千米。潘店镇辖自然村。人口 1 100。明洪武年间，姚氏从山西洪洞县迁来建姚家庄，简称姚庄。聚落呈团块状分布。有文化广场 1 个。有县级保护单位姚庄遗址。经济以种植业为主，主要农作物有小麦、玉米、棉花。有公路经此。

药王庙 371425-B06-H19
［Yàowángmiào］

在县驻地晏城街道西南方向 34.0 千米。潘店镇辖自然村。人口 600。相传，明弘治年间，名医孙思邈在此治病救人，人称药王，后人修药王庙供奉，村以庙名。聚落呈团块状分布。有文化广场 1 个。经济以种植业为主，主要农作物有小麦、玉米、棉花。有公路经此。

有粮庄 371425-B06-H20
［Yǒuliángzhuāng］

在县驻地晏城街道西南方向 33.8 千米。潘店镇辖自然村。人口 500。明末，村有三间无梁殿。清代，刘墉以此无梁殿之"梁""粮"谐音与皇帝斗智，使山东三年赋税之粮得免。后因讳"无粮"改名有粮庄。聚落呈团块状分布。有文化广场 1 个。经济以种植业为主，主要农作物有小麦、玉米、棉花。有公路经此。

于科 371425-B06-H21
［Yúkē］

在县驻地晏城街道西南方向 34.0 千米。潘店镇辖自然村。人口 900。唐朝末年，村有三棵粗大的榆树，后村名演变为于科。聚落呈团块状分布。有文化广场 1 个。经济以种植业为主，主要农作物有小麦、玉米、棉花。有公路经此。

张老庄 371425-B06-H22
［Zhānglǎozhuāng］

在县驻地晏城街道西南方向 30.0 千米。潘店镇辖自然村。人口 800。明朝洪武年间，张氏三兄弟由山西洪洞县迁此建村，取名张家老庄，简称张老庄。聚落呈团块状分布。有文化广场 1 个。有县级文物保护单位张家祠堂。经济以种植业为主，主要农作物有小麦、玉米、棉花。有公路经此。

张楼 371425-B06-H23
［Zhānglóu］

在县驻地晏城街道西南方向 34.0 千米。潘店镇辖自然村。人口 600。明末，张久恩兄弟三人由天津马蹄庄迁此定居。村内修楼，故名。聚落呈团块状分布。有文化广场 1 个、小学 1 所。经济以种植业为主，主要农作物有小麦、玉米、棉花。有公路经此。

朱庄 371425-B06-H24
［Zhūzhuāng］

在县驻地晏城街道西南方向 39.0 千米。潘店镇辖自然村。人口 700。明初，朱氏从茌平县东冷庄迁来，改村名为朱庄。聚落呈团块状分布。有文化广场 1 个。经济以种植业为主，主要农作物有小麦、玉米、棉花。309 国道经此。

鸡鸣王 371425-B06-H25
［Jīmíngwáng］

在县驻地晏城街道西南方向 27.0 千米。潘店镇辖自然村。人口 200。西汉初年，王氏建村。西汉末年，刘秀败走南阳，到此地时正好鸡叫头遍。后改村名为鸡鸣王。聚落呈团块状分布。有文化广场 1 个。经济以种植业为主，主要农作物有小麦、玉米、棉花。有公路经此。

胡官屯 371425-B07-H01
［Húguāntún］

胡官屯镇人民政府驻地。在县驻地晏城街道西南方向 31.6 千米。人口 1 100。三国时期，一胡姓将领率兵屯驻于济水东岸，取名胡官屯。聚落呈团块状分布。有文化广场 1 个、中学 1 所、小学 1 所、幼儿园 1 所。经济以种植业和加工业为主，主要农作物有小麦、玉米、棉花。工业有石灰厂、泽鑫毛巾厂、万兴石灰制品有限公司等企业。省道齐南公路经此。

白草林 371425-B07-H02
［Báicǎolín］

在县驻地晏城街道西南方向 29.8 千米。胡官屯镇辖自然村。人口 700。清代，张氏家族自河北雄县迁此立村，因居处白草甚多，故取村名白草林。聚落呈团块状分布。有文化广场 1 个。经济以种植业为主，主要农作物有小麦、玉米、棉花。有公路经此。

大耿 371425-B07-H03
［Dàgěng］

在县驻地晏城街道西南方向 26.7 千米。胡官屯镇辖自然村。人口 550。明初，朱元璋平定平原府，大将军耿再成驻兵于村，于是改村名为大耿庄，简称大耿。聚落呈团块状分布。有文化广场 1 个。经济以种植业为主，主要农作物有小麦、玉米、棉花。有公路经此。

大李庄 371425-B07-H04
［Dàlǐzhuāng］

在县驻地晏城街道西南方向 28.9 千米。胡官屯镇辖自然村。人口 900。明初，李聪自密云迁此立村，村中遍种胡树，开花季节，黄花满野，故村名黄花园。后来胡树断根，李家兴旺，遂改名为大李庄。聚落呈团块状分布。有小学1所。经济以种植业为主，主要农作物有小麦、玉米、棉花。有公路经此。

段庄 371425-B07-H05
[Duànzhuāng]

在县驻地晏城街道西南方向29.8千米。胡官屯镇辖自然村。人口1 000。明洪武二年（1369），段氏兄弟三人自山西洪洞县迁至济水岸边立村，后称作段庄。聚落呈团块状分布。有文化广场1个。经济以种植业为主，主要农作物有小麦、玉米、棉花。有公路经此。

房庄 371425-B07-H06
[Fángzhuāng]

在县驻地晏城街道西南方向26.4千米。胡官屯镇辖自然村。人口700。唐代，房氏由大房庄迁河西岸此地立村，取名小房家庄，简称房庄。聚落呈团块状分布。有文化广场1个。经济以种植业为主，主要农作物有小麦、玉米、棉花。有公路经此。

副军屯 371425-B07-H07
[Fùjūntún]

在县驻地晏城街道西南方向28.8千米。胡官屯镇辖自然村。人口600。明建文年间，燕王将领副统军屯兵于此，于是改村名为副军屯。聚落呈团块状分布。有文化广场1个。经济以种植业为主，主要农作物有小麦、玉米、棉花。有公路经此。

富足店 371425-B07-H08
[Fùzúdiàn]

在县驻地晏城街道西南方向26.8千米。胡官屯镇辖自然村。人口1 200。相传，明代，姬、韩两姓迁此，取村名姬韩店。民国时长清县县长巡查至此，说"姬韩"谐音"饥寒"，便改村名为富足店。聚落呈团块状分布。有文化广场1个、小学1所。有泸公王酒业、康尔达矿山机械等企业。省道齐南公路经此。

孔老 371425-B07-H09
[Kǒnglǎo]

在县驻地晏城街道西南方向29.5千米。胡官屯镇辖自然村。人口1 000。明初，孔氏自曲阜县城迁居此地建村，取名孔家庄。后来，孔宏昌等人迁出另立新村，原庄改称孔家老庄，简称孔老。聚落呈团块状分布。有文化广场1个。经济以种植业为主，主要农作物有小麦、玉米、棉花。有公路经此。

马官屯 371425-B07-H10
[Mǎguāntún]

在县驻地晏城街道西南方向25.4千米。胡官屯镇辖自然村。人口500。1895年前，村名马姑庵，因一姓马的尼姑是村里老户而得名。1895年改称马官屯。聚落呈团块状分布。有文化广场1个。有市级文物保护单位马官屯遗址。经济以种植业为主，主要农作物有小麦、玉米、棉花。有公路经此。

蛇窝 371425-B07-H11
[Shéwō]

在县驻地晏城街道西南方向32.9千米。胡官屯镇辖自然村。人口800。明末，此地有处庙，庙内多蛇，人称蛇窝。后有人迁此建村，村名渐被叫为蛇窝。聚落呈团块状分布。有文化广场1个。经济以种植业为主，主要农作物有小麦、玉米、棉花。有公路经此。

司营 371425-B07-H12
[Sīyíng]

在县驻地晏城街道西南方向 27.6 千米。胡官屯镇辖自然村。人口 800。司氏家族立村。后来，村中驻军队安营盘，于是改名司家营，简作司营。聚落呈团块状分布。有文化广场 1 个。经济以种植业为主，主要农作物有小麦、玉米、棉花。省道齐南公路经此。

杨道口 371425-B07-H13
[Yángdàokǒu]

在县驻地晏城街道西南方向 22.7 千米。胡官屯镇辖自然村。人口 800。清光绪十五年（1889），黄河在村南一杨姓人家门前决口。后因在此设立渡口，称杨家道口。聚落呈团块状分布。经济以种植业为主，主要农作物有小麦、玉米、棉花。有公路经此。

阴河 371425-B07-H14
[Yīnhé]

在县驻地晏城街道西南方向 25.7 千米。胡官屯镇辖自然村。人口 1 500。原名黑风口。据传，黄河鱼多，到翻河（鱼因水中缺氧仰面朝天，称翻河）时，鱼全仰面朝天，半死半活，可是在顺水至黑风口河段时便会翻身游向深水，因此黑风口被称作阴活，后演变为阴河。聚落呈团块状分布。有文化广场 1 个、小学 1 所。经济以种植业和加工业为主，主要农作物有小麦、玉米、棉花。有晨光机械铸造加工厂等企业。有公路经此。

寨南卢 371425-B07-H15
[Zhàinánlú]

在县驻地晏城街道西南方向 25.2 千米。胡官屯镇辖自然村。人口 800。南宋年间，卢有财自山西迁居此地，因其在季寨之南，又称寨南卢庄，简称寨南卢。聚落呈团块状分布。有文化广场 1 个。经济以种植业为主，主要农作物有小麦、玉米、棉花。有公路经此。

郑官庄 371425-B07-H16
[Zhèngguānzhuāng]

在县驻地晏城街道西南方向 24.8 千米。胡官屯镇辖自然村。人口 1 300。明嘉靖年间，郑氏自诸城县迁此立村，后一郑姓子弟在军中做了高官，村名演变为郑官庄。聚落呈团块状分布。有文化广场 1 个、小学 1 所。经济以种植业为主，主要农作物有小麦、玉米、棉花。有公路经此。

周苏 371425-B07-H17
[Zhōusū]

在县驻地晏城街道西南方向 30.1 千米。胡官屯镇辖自然村。人口 800。明初，周玉乐、苏大永自山西洪洞县迁居此地建村，村名周苏。聚落呈团块状分布。有文化广场 1 个。经济以种植业为主，主要农作物有小麦、玉米、棉花。省道齐南公路经此。

宣章屯 371425-B08-H01
[Xuānzhāngtún]

宣章屯镇人民政府驻地。在县城驻地晏城街道东北方向 15.8 千米。人口 1 300。明朝燕王扫北时，宣、战两家来此立村，因此处屯兵，得名宣战屯。后张氏人多，战氏人少，1913 年更名为宣张屯，后改为宣章屯。聚落呈团块状分布。有文化广场 1 个。经济以种植业和食品加工业为主，主要农作物有小麦、玉米、棉花。有恒光食品有限公司，其特色农产品有生粉、精粉、调料等。有公路经此。

大金岭 371425-B07-H02
［Dàjīnlǐng］

在县驻地晏城街道东北方向 14.2 千米。宣章屯镇辖自然村。人口 600。明洪武年间设屯，后部分人家迁居村东，称小金家岭，原村遂称大金岭。聚落呈团块状分布。有文化广场 1 个。经济以种植业为主，主要农作物有小麦、玉米、棉花。有公路经此。

甘隅头 371425-B07-H03
［Gānyútóu］

在县驻地晏城街道东北方向 22.0 千米。宣章屯镇辖自然村。人口 2 200。明燕王扫北后，由河北枣强迁来甘氏家族住在十字街口，故称甘家隅首，后演变为甘隅头。聚落呈团块状分布。有文化广场 2 个、小学 1 所。经济以种植业为主，主要农作物有小麦、玉米、棉花。有公路经此。

高桥 371425-B07-H04
［Gāoqiáo］

在县驻地晏城街道东北方向 16.4 千米。宣章屯镇辖自然村。人口 700。明永乐三年（1405），高知行从河北密云县高家胡同来此定居，因西北有一座桥，故取名高桥。聚落呈团块状分布。有文化广场 1 个。经济以种植业为主，主要农作物有小麦、玉米、棉花。有公路经此。

耿庄 371425-B07-H05
［Gěngzhuāng］

在县驻地晏城街道北方向 17.7 千米。宣章屯镇辖自然村。人口 800。明永乐年间，耿氏由诸城迁此立村，取名耿家庄，简称耿庄。聚落呈团块状分布。有文化广场 1 个。经济以种植业为主，主要农作物有小麦、玉米、棉花。有公路经此。

胡家楼 371425-B07-H06
［Hújiālóu］

在县驻地晏城街道北方向 23.6 千米。宣章屯镇辖自然村。人口 600。明初，胡士英由南京迁此立村，村内建一土楼，故名胡家楼。聚落呈团块状分布。有文化广场 1 个。经济以种植业为主，主要农作物有小麦、玉米、棉花。有公路经此。

康庄 371425-B07-H07
［Kāngzhuāng］

在县驻地晏城街道北方向 15.4 千米。宣章屯镇辖自然村。人口 750。明末，陵县神头康氏兄弟来此定居建村，取名康家庄，简称康庄。聚落呈团块状分布。有文化广场 1 个。经济以种植业为主，主要农作物有小麦、玉米、棉花。有公路经此。

老吕 371425-B07-H08
［Lǎolǚ］

在县驻地晏城街道东北方向 24.3 千米。宣章屯镇辖自然村。人口 1 500。明代燕王扫北时，吕氏兄弟由河南吕家秦移此立村，名吕家庄。明末，吕氏后代另立一村，名小吕，原吕家庄改称老吕庄，简称老吕。聚落呈团块状分布。有文化广场 1 个。经济以种植业为主，主要农作物有小麦、玉米、棉花。有公路经此。

李振屯 371425-B07-H09
［Lǐzhèntún］

在县驻地晏城街道西北 13.8 千米。宣章屯镇辖自然村。人口 600。明燕王扫北时在此屯过兵马，后李振在此建村，故取村名李振屯。聚落呈团块状分布。有文化广场 1 个。经济以种植业为主，主要农作物有小麦、玉米、棉花。有公路经此。

麦坡口 371425-B07-H10
[Màipōkǒu]

在县驻地晏城街道东北方向 22.2 千米。宣章屯镇辖自然村。人口 1 000。清乾隆年间，大清河决口，将地面淤平，因土质肥沃，当年小麦大丰收，故村名改为麦坡口。聚落呈团块状分布。有文化广场 1 个。经济以种植业为主，主要农作物有小麦、玉米、棉花。有公路经此。

戚官屯 371425-B07-H11
[Qīguāntún]

在县驻地晏城街道东北方向 33.0 千米。宣章屯镇辖自然村。人口 800。明燕王扫北时在此屯过兵马，后戚氏迁来，其中一人在京为官，故村名更为戚官屯。聚落呈团块状分布。有文化广场 1 个。经济以种植业为主，主要农作物有小麦、玉米、棉花，种植黄芪、丹参、皂角等中药材。有公路经此。

钱玉屯 371425-B07-H12
[Qiányùtún]

在县驻地晏城街道东北方向 11.9 千米。宣章屯镇辖自然村。人口 1 700。明末，钱、于两氏从河北枣强迁来立村，燕王扫北时在此屯过兵马，得名钱于屯，后称钱玉屯。聚落呈团块状分布。有文化广场 1 个。经济以种植业为主，主要农作物有小麦、玉米、棉花。有公路经此。

王保 371425-B07-H13
[Wángbǎo]

在县驻地晏城街道东北方向 17.5 千米。宣章屯镇辖自然村。人口 700。明永乐年间，王氏由河北省南宫城南大王庄迁此立村，得名王宝庄，后演变为王保。聚落呈团块状分布。有文化广场 1 个。经济以种植业为主，主要农作物有小麦、玉米、棉花。有公路经此。

吴家庄 371425-B07-H14
[Wújiāzhuāng]

在县驻地晏城街道东北方向 15.4 千米。宣章屯镇辖自然村。人口 700。明朝，吴氏兄弟两人从山西省洪洞县迁此居住，更名吴家庄。聚落呈团块状分布。有文化广场 1 个。经济以种植业为主，主要农作物有小麦、玉米、棉花。有公路经此。

辛法 371425-B07-H15
[Xīnfǎ]

在县驻地晏城街道东北方向 19.2 千米。宣章屯镇辖自然村。人口 900。明永乐年间，辛氏从河北枣强迁此建村，因此地屯过兵马，人们盼家庭兴旺，故取村名辛发屯，后改为辛法屯，简称辛法。聚落呈团块状分布。有文化广场 1 个。经济以种植业为主，主要农作物有小麦、玉米、棉花。有公路经此。

马集 371425-B09-H01
[Mǎjí]

马集镇人民政府驻地。在县驻地晏城街道西南方向 44.8 千米。人口 1 300。明永乐年间，马阐由山西省洪洞县迁此定居并立集市，故取名马集。聚落呈团块状分布。有文化广场 1 个、小学 1 所、幼儿园 1 所。经济以种植业和加工业为主，主要农作物有小麦、玉米、棉花、花生、西瓜。工业有张辉刺绣、晏都酒业等企业。省道齐南公路经此。

北方寺 371425-B09-H02
[Běifāngsì]

在县驻地晏城街道西南方向 41.8 千米。马集镇辖自然村。人口 1 000。相传，明初，李琪携其妻由山西洪洞县大槐树底下迁来此地，定居于济水西岸一古老寺庙的北头，村因名北方寺头，后称北方寺。聚落呈团块状分布。有文化广场1个。经济以种植业为主，主要农作物有小麦、玉米、棉花。有公路经此。

大辛 371425-B09-H03
[Dàxīn]

在县驻地晏城街道西南方向45.5千米。马集镇辖自然村。人口700。据碑文记载，明洪武年间，辛氏由河北保定迁至此地，借庙暂住，后立村并取名红庙大辛，简称大辛。聚落呈团块状分布。有文化广场1个。经济以种植业为主，主要农作物有小麦、玉米、棉花。有公路经此。

东郑 371425-B09-H04
[Dōngzhèng]

在县驻地晏城街道西南方向46.3千米。马集镇辖自然村。人口800。明洪武二十六年（1393），郑鼎南移居郑庄，其次子郑豹在庄东定居，取村名东郑。有文化广场1个。经济以种植业为主，主要农作物有小麦、玉米、棉花。有公路经此。

雷屯 371425-B09-H05
[Léitún]

在县驻地晏城街道西南方向46.6千米。马集镇辖自然村。人口600。早年此地是屯兵场，清雍正年间，雷姓占多数，故村名雷屯。聚落呈团块状分布。有文化广场1个。经济以种植业为主，主要农作物有小麦、玉米、棉花。通公交车。

李岿 371425-B09-H06
[Lǐkuī]

在县驻地晏城街道西南方向45.3千米。马集镇辖自然村。人口1 000。清咸丰五年

（1855），黄河水冲毁村庄，重建后因李姓人多，改村名为李溃。又村位于黄河弯道处，大堤似耳朵，因改"溃"字为"阝"加"贵"，音未改。后办理第二代身份证时电脑打不出该字，经村民大会通过，定该音字为"岿"，村名因此书写为李岿。聚落呈团块状分布。有文化广场1个。经济以种植业为主，主要农作物有小麦、玉米、棉花。有公路经此。

娄集 371425-B09-H07
[Lóují]

在县驻地晏城街道西南方向42.2千米。马集镇辖自然村。人口800。明末，娄氏由山西洪洞县大槐树迁来定居，又立集市，故村名娄家集，俗称娄集。聚落呈团块状分布。经济以种植业为主，主要农作物有小麦、玉米、棉花。有公路经此。

路庄 371425-B09-H08
[Lùzhuāng]

在县驻地晏城街道西南方向46.2千米。马集镇辖自然村。人口800。明万历年间，路学章由山西省洪洞县迁此立村，取名路家庄，简称路庄。聚落呈团块状分布。有文化广场1个、小学1所。经济以种植业为主，主要农作物有小麦、玉米、棉花。有公路经此。

南方寺 371425-B09-H09
[Nánfāngsì]

在县驻地晏城街道西南方向42.8千米。马集镇辖自然村。人口800。相传，明初，李琪携其妻由山西洪洞县大槐树底下迁来此地，于济水西岸一古老寺庙的南北两头建村，南头的起名南方寺头，后称南方寺。聚落呈团块状分布。有文化广场1个、小学1所。经济以种植业为主，主要农作物有小麦、玉米、棉花。有公路经此。

南五庙 371425-B09-H10
[Nánwǔmiào]

在县驻地晏城街道西南方向 44.1 千米。马集镇辖自然村。人口 600。相传，济水左岸有座五哥庙，明洪武年间，移民到此立村，后分南、北二村，南五哥庙、北五哥庙，该村为南五哥庙，简称南五庙。聚落呈团块状分布。有文化广场 1 个。经济以种植业为主，主要农作物有小麦、玉米、棉花。有公路经此。

潘庄 371425-B09-H11
[Pānzhuāng]

在县驻地晏城街道西南方向 46.9 千米。马集镇辖自然村。人口 700。明末，潘氏三兄弟由山西省洪洞县逃荒到此定居，取名潘家庄，简称潘庄。聚落呈团块状分布。有黄河风景区。有文化广场 1 个。经济以种植业为主，主要农作物有小麦、玉米、棉花。有公路经此。

齐庄 371425-B09-H12
[Qízhuāng]

在县驻地晏城街道西南方向 44.8 千米。马集镇辖自然村。人口 600。明万历年间，齐氏由山西省洪洞县迁来立村，起名齐家庄，简称齐庄。聚落呈团块状分布。有文化广场 1 个。经济以种植业为主，主要农作物有小麦、玉米、棉花。有公路经此。

前刘堂 371425-B09-H13
[Qiánliútáng]

在县驻地晏城街道西南方向 45.0 千米。马集镇辖自然村。人口 700。明初，刘陡从山西洪洞县迁来定居并修祠堂，故村名刘家堂。后分成前、后刘堂，此村在祠堂前，故称前刘堂。聚落呈团块状分布。有文化广场 1 个、小学 1 所。经济以种植业为主，主要农作物有小麦、玉米、棉花。有公路经此。

邱集 371425-B09-H14
[Qiūjí]

在县驻地晏城街道西南方向 46.8 千米。马集镇辖自然村。人口 800。明初，邱氏从肥城石横镇迁来立村，取名邱家庄。因该村立集市，故更村名为邱集。聚落呈团块状分布。有文化广场 1 个、小学 1 所。经济以种植业为主，主要农作物有小麦、玉米。有公路经此。

秋王 371425-B09-II15
[Qiūwáng]

在县驻地晏城街道西南方向 43.2 千米。马集镇辖自然村。人口 1 300。明洪武年间，王安礼由山西省洪洞县枣阳庄迁此建村，村边有秋湖，故得村名秋王。聚落呈团块状分布。有文化广场 1 个。经济以种植业为主，主要农作物有小麦、玉米、棉花。有公路经此。

孙庄 371425-B09-H16
[Sūnzhuāng]

在县驻地晏城街道西南方向 41.1 千米。马集镇辖自然村。人口 800。明永乐年间，孙大云携子由山西洪洞县迁此建村，村名孙家庄，简称孙庄。聚落呈团块状分布。有文化广场 1 个。经济以种植业为主，主要农作物有小麦、玉米、棉花。有公路经此。

王楼 371425-B09-H17
[Wánglóu]

在县驻地晏城街道西南方向 44.9 千米。马集镇辖自然村。人口 1 300。元末，王若珠迁此定居。明末，王族兴盛，故名王家楼，简称王楼。聚落呈团块状分布。有文化广场 1 个、小学 1 所。经济以种植业为主，主要农作物有小麦、玉米、棉花。有公路经此。

吴庄 371425-B09-H18
［Wúzhuāng］

在县驻地晏城街道西南方向 46.4 千米。马集镇辖自然村。人口 700。明初，吴在兴兄弟二人从山西省洪洞县迁此定居，取名吴家庄，简称吴庄。聚落呈团块状分布。有文化广场 1 个。经济以种植业为主，主要农作物有小麦、玉米、棉花。有公路经此。

西岱庙 371425-B09-H19
［Xīdàimiào］

在县驻地晏城街道西南方向 42.4 千米。马集镇辖自然村。人口 700。明朝中期，岱氏在村东修庙一座，故村名岱家庙。后分为两村，该村在西，称为西岱庙。聚落呈团块状分布。有文化广场 1 个、小学 1 所。经济以种植业为主，主要农作物有小麦、玉米、棉花。有公路经此。

西侯 371425-B09-H20
［Xīhóu］

在县驻地晏城街道西南方向 43.1 千米。马集镇辖自然村。人口 800。明初，侯氏从山西省洪洞县迁来，后因村东有小侯庄，故更村名为西侯。聚落呈团块状分布。有文化广场 1 个。经济以种植业为主，主要农作物有小麦、玉米、棉花。有公路经此。

西郑 371425-B09-H21
［Xīzhèng］

在县驻地晏城街道西南方向 47.0 千米。马集镇辖自然村。人口 1200。明洪武二十六年（1393），郑鼎移居郑庄，其子立东郑村，原庄改称西郑。聚落呈团块状分布。有文化广场 1 个。有县级文物保护单位郑家祠堂。经济以种植业为主，主要农作物有小麦、玉米、棉花。有公路经此。

杨庄 371425-B09-H22
［Yángzhuāng］

在县驻地晏城街道西南方向 44.0 千米。马集镇辖自然村。人口 700。明末，杨氏由山西省洪洞县迁此定居，取名杨家庄，简称杨庄。聚落呈团块状分布。有文化广场 1 个。经济以种植业为主，主要农作物有小麦、玉米、棉花。有公路经此。

油坊 371425-B09-H23
［Yóufáng］

在县驻地晏城街道西南方向 42.3 千米。马集镇辖自然村。人口 1 100。元末明初，张氏兄弟俩从山西省洪洞县大槐树迁此立村，并开设油坊，故名。聚落呈团块状分布。有文化广场 1 个。经济以种植业为主，主要农作物有小麦、玉米、棉花。有公路经此。

苑庄 371425-B09-H24
［Yuànzhuāng］

在县驻地晏城街道西南方向 41.8 千米。马集镇辖自然村。人口 1 400。明洪武年间，苑氏从山西省洪洞县大槐树下迁此立村，故名。聚落呈团块状分布。有文化广场 1 个。经济以种植业为主，主要农作物有小麦、玉米、棉花。有公路经此。

周庄 371425-B09-H25
［Zhōuzhuāng］

在县驻地晏城街道西南方向 44.6 千米。马集镇辖自然村。人口 900。明末，周氏由山西省洪洞县迁此建村，取名周家庄。聚落呈团块状分布。有文化广场 1 个。经济以种植业为主，主要农作物有小麦、玉米、棉花。有公路经此。

华店 371425-B10-H01
[Huádiàn]

华店镇人民政府驻地。在县驻地晏城街道西北方向9.5千米。人口1 300。明末，华、国两姓从诸城县迁来，各占一街，村称华国二街，清改名华家店，简称华店。聚落呈团块状分布。有文化广场1个、中学1所、小学1所、幼儿园1所。有华店民营创业园。308国道经此。

大夫营 371425-B10-H02
[Dàifuyíng]

在县驻地晏城街道西南方向10.8千米。华店镇辖自然村。人口1 900。据传，宋末，此处出过有名的大夫，故名。聚落呈团块状分布。有小学1所。经济以种植业为主，主要农作物有小麦、玉米、棉花。有公路经此。

大周 371425-B10-H03
[Dàzhōu]

在县驻地晏城街道西南方向8.1千米。华店镇辖自然村。人口1 100。明洪武年间，周氏从山西洪洞县迁此，后来周家发财致富，村改名大周庄，简称大周。聚落呈团块状分布。有文化广场1个。经济以种植业为主，主要农作物小麦、玉米、棉花等。省道齐南公路经此。

郭庄 371425-B10-H04
[Guōzhuāng]

在县驻地晏城街道西方向10.4千米。华店镇辖自然村。人口900。明末清初，郭公行从诸城县迁此立村，故名。聚落呈团块状分布。有文化广场1个。经济以种植业为主，主要农作物有小麦、玉米、棉花。308国道经此。

韩辛 371425-B10-H05
[Hánxīn]

在县驻地晏城街道西南方向10.5千米。华店镇辖自然村。人口800。清初，韩氏从章丘南关迁入，改村名为韩辛庄，简称韩辛。聚落呈团块状分布。有文化广场1个。经济以种植业为主，主要农作物有小麦、玉米、棉花。有公路经此。

姜楼 371425-B10-H06
[Jiānglóu]

在县驻地晏城街道西南方向13.1千米。华店镇辖自然村。人口1 200。明永乐年间，姜氏从平度县迁此，在村中修楼一座，改村名为姜家楼，简作姜楼。聚落呈团块状分布。有文化广场1个。经济以种植业为主，主要农作物有小麦、玉米、棉花。有公路经此。

姜庄 371425-B10-H07
[Jiāngzhuāng]

在县驻地晏城街道西南方向8.7千米。华店镇辖自然村。人口700。明洪武三十年（1397），姜氏从莱州府平度州迁此立村，名村姜家庄，简称姜庄。聚落呈团块状分布。有文化广场1个、学校1所。经济以种植业为主，主要农作物有小麦、玉米、棉花。有公路经此。

李舍 371425-B10-H08
[Lǐshě]

在县驻地晏城街道西南方向7.3千米。华店镇辖自然村。人口1 000。清初，即墨县李氏三兄弟迁此建村，后来老大、老二外迁，舍下老三在此，故取村名李舍。聚落呈团块状分布。有文化广场1个。有县级文物保护单位演马庙遗址。经济以种植业为主，主要农作物有小麦、玉米、棉花。有公路经此。

龙庄 371425-B10-H09

[Lóngzhuāng]

在县驻地晏城街道西南方向 10.6 千米。华店镇辖自然村。人口 1 000。元末，龙氏由胶东迁来立村，取名龙庄。聚落呈团块状分布。有文化广场 1 个。经济以种植业为主，主要农作物有小麦、玉米、棉花。有公路经此。

明机寨 371425-B10-H10

[Míngjīzhài]

在县驻地晏城街道西南方向 9.6 千米。华店镇辖自然村。人口 600。清末，村名明季寨，后渐写作明机寨。聚落呈团块状分布。有文化广场 1 个、小学 1 所。经济以种植业为主，主要农作物有小麦、玉米、棉花。有公路经此。

倪庄 371425-B10-H11

[Nízhuāng]

在县驻地晏城街道西南方向 12.2 千米。华店镇辖自然村。人口 800。清初，倪氏由登州府莱阳县南关槐树庄迁此定居，命村名为倪家庄，简称倪庄。聚落呈团块状分布。有文化广场 1 个。经济以种植业为主，主要农作物有小麦、玉米、棉花。有公路经此。

邱铺 371425-B10-H12

[Qiūpù]

在县驻地晏城街道西南方向 9.4 千米。华店镇辖自然村。人口 600。元初，村名铺子，后邱家人多，故取名邱家铺子，简称邱铺。聚落呈团块状分布。有文化广场 1 个。经济以种植业为主，主要农作物有小麦、玉米、棉花。有公路经此。

士茂王 371425-B10-H13

[Shìmàowáng]

在县驻地晏城街道西南方向 12.1 千米。华店镇辖自然村。人口 700。明燕王扫北后，王氏自山西洪洞县大槐树迁来，修庙时，在一块石板下挖出一只雕花石猫，因改村名为石猫王，后演变为士茂王。聚落呈团块状分布。有文化广场 1 个。经济以种植业为主，主要农作物有小麦、玉米、棉花。有公路经此。

辛店 371425-B10-H14

[Xīndiàn]

在县驻地晏城街道西南方向 10.8 千米。华店镇辖自然村。人口 900。元末，辛氏从诸城县迁入此地，以开药店为业，故村名辛店。聚落呈团块状分布。有文化广场 1 个。有唐代官道遗迹。经济以种植业为主，主要农作物有小麦、玉米、棉花。有公路经此。

尹屯 371425-B10-H15

[Yǐntún]

在县驻地晏城街道西南方向 9.6 千米。华店镇辖自然村。人口 1 000。明朝，尹天章从山西迁来，其子曾在此屯兵，故村名改为尹屯。聚落呈团块状分布。有文化广场 1 个、小学 1 所。有省级文物保护单位尹屯遗址。经济以种植业为主，主要农作物有小麦、玉米、棉花。有公路经此。

张博士 371425-B10-H16

[Zhāngbóshì]

在县驻地晏城街道西北方向 6.3 千米。华店镇辖自然村。人口 1 200。村原名张家庄，因张姓有博士，改村名为张博士。聚落呈团块状分布。有文化广场 1 个。经济以种植业为主，主要农作物有小麦、玉米、棉花。308 国道、省道济德公路经此。

赵井 371425-B10-H17
[Zhàojǐng]

在县驻地晏城街道西南方向 9.0 千米。华店镇辖自然村。人口 1 600。明洪武年间，赵氏从山西洪洞县迁来落户，打了一眼水井，故村取名赵家井，俗称赵井。聚落呈团块状分布。有文化广场 1 个、小学 1 所。经济以种植业为主，主要农作物有小麦、玉米、棉花。有公路经此。

白庄 371425-B10-H18
[Báizhuāng]

在县驻地晏城街道西北方向 8.2 千米。华店镇辖自然村。人口 600。清初，白氏三兄弟从山西洪洞县迁来，故取村名白家庄，简称白庄。聚落呈团块状分布。有文化广场 1 个。经济以种植业为主，主要农作物有小麦、玉米、棉花。有公路经此。

刘桥 371425-B11-H01
[Liúqiáo]

刘桥镇人民政府驻地。在县驻地晏城街道西南方向 16.1 千米。人口 1 000。明洪武年间，刘氏自山西洪洞县迁至赵牛河东岸建村，并在赵牛河架桥，故村名刘桥。聚落呈团块状分布。有文化广场 1 个、中学 1 所、小学 1 所、幼儿园 1 所。经济以种植业为主，主要农作物有小麦、玉米、棉花、土豆、蜜瓜。有公路经此。

陈庄 371425-B11-H02
[Chénzhuāng]

在县驻地晏城街道西南方向 19.6 千米。刘桥镇辖自然村。人口 700。明洪武初年，陈氏自即墨县南关逃荒至此地立村，后称陈庄。聚落呈团块状分布。有文化广场 1 个。经济以种植业为主，主要农作物有小麦、玉米、棉花。有公路经此。

崔庄 371425-B11-H03
[Cuīzhuāng]

在县驻地晏城街道西南方向 16.2 千米。刘桥镇辖自然村。人口 800。明万历年间，崔氏自诸城县迁居此地，建崔庄。聚落呈团块状分布。有文化广场 1 个。经济以种植业为主，主要农作物有小麦、玉米、棉花。有公路经此。

大刘 371425-B11-H04
[Dàliú]

在县驻地晏城街道西南方向 15.7 千米。刘桥镇辖自然村。人口 1 600。明洪武年间，刘氏自山西洪洞县迁居山东诸城县大刘庄，后人刘申甫迁至此地建村，取名大刘。聚落呈团块状分布。有文化广场 1 个、幼儿园 1 所、小学 1 所。经济以种植业为主，主要农作物有小麦、玉米、棉花。有公路经此。

大马张 371425-B11-H05
[Dàmǎzhāng]

在县驻地晏城街道西南方向 17.8 千米。刘桥镇辖自然村。人口 800。明初，张盖忠自山西迁居此地，取名张庄。某年一官吏在此将自己所骑的马痛打一顿，村名渐被叫为打马张，演变为大马张。聚落呈团块状分布。有文化广场 1 个。经济以种植业为主，主要农作物有小麦、玉米、棉花、土豆。有公路经此。

大孟 371425-B11-H06
[Dàmèng]

在县驻地晏城街道西南方向 21.0 千米。刘桥镇辖自然村。人口 900。明永乐年间，孟子世家五十五代孙孟克城自邹县迁此立村，取名孟庄。其次子后来迁居西北另立新村小孟庄，原孟庄便称大孟。聚落呈团块状分布。有文化广场 1 个。经济以种植业为主，主要农作物有小麦、玉米、棉花。有公路经此。

团块状分布。有文化广场 1 个。经济以种植业为主，主要农作物有小麦、玉米、棉花。有公路经此。

高庄 371425-B11-H07
[Gāozhuāng]

在县驻地晏城街道西南方向 18.7 千米。刘桥镇辖自然村。人口 900。明洪武年间，高氏二人自山西洪洞县大槐树迁居此地立村名高家庄，简称高庄。聚落呈团块状分布。有文化广场 1 个。经济以种植业为主，主要农作物有小麦、玉米、棉花。有公路经此。

李茂吾 371425-B11-H11
[Lǐmàowú]

在县驻地晏城街道西南方向 14.4 千米。刘桥镇辖自然村。人口 900。明洪武二十一年（1388），李学经迁此建村，以其字"茂吾"命村名为李茂吾。聚落呈团块状分布。有文化广场 1 个、小学 1 所。经济以种植业为主，主要农作物有小麦、玉米、棉花。有公路经此。

葛庄 371425-B11-H08
[Gězhuāng]

在县驻地晏城街道西南方向 17.2 千米。刘桥镇辖自然村。人口 900。明朝，葛贯一自诸城县迁此定居，渐成村落，取名葛庄。聚落呈团块状分布。有文化广场 1 个。经济以种植业为主，主要农作物有小麦、玉米、棉花。有公路经此。

凌庄 371425-B11-H12
[Língzhuāng]

在县驻地晏城街道西南方向 16.1 千米。刘桥镇辖自然村。人口 800。宋初，凌氏自河南当昌县迁居此地，建凌庄。聚落呈团块状分布。有文化广场 1 个。经济以种植业为主，主要农作物有小麦、玉米、棉花。有公路经此。

老焦 371425-B11-H09
[Lǎojiāo]

在县驻地晏城街道西南方向 20.2 千米。刘桥镇辖自然村。人口 800。明洪武年间，焦氏自山西洪洞县迁居此地，后来形成老焦、中焦、小焦 3 个村，此村称老焦。聚落呈团块状分布。有文化广场 1 个。经济以种植业为主，主要农作物有小麦、玉米、棉花。有公路经此。

十甲王 371425-B11-H13
[Shíjiǎwáng]

在县驻地晏城街道西南方向 21.9 千米。刘桥镇辖自然村。人口 1 000。明洪武年间，王姓 10 户人家自诸城县相王庄迁居此地，建村十家王。后取吉祥之意，改村名为十甲王。聚落呈团块状分布。有文化广场 1 个。经济以种植业为主，主要农作物有小麦、玉米、棉花。有公路经此。

老李庄 371425-B11-H10
[Lǎolǐzhuāng]

在县驻地晏城街道西南方向 17.0 千米。刘桥镇辖自然村。人口 1 600。明永乐年间，李坤自诸城县迁居此地，建李庄。后附近另立小李庄，原李庄便称老李庄。聚落呈

流洪 371425-B11-H14
[Liúnhóng]

在县驻地晏城街道西南方向 16.2 千米。刘桥镇辖自然村。人口 2 100。村原名刘宏，清代改称流洪。聚落呈团块状分布。有小学 1 所。古迹有慈恩寺、延福寺等名刹。

经济以种植业为主，主要农作物有小麦、玉米、棉花。济聊高速经此。

宋庄 371425-B11-H15
[Sòngzhuāng]

在县驻地晏城街道西南方向 17.7 千米。刘桥镇辖自然村。人口 800。明万历十三年（1585），宋氏兄弟二人自诸城县分别迁居齐河县刘桥、禹城县伦镇，均取名宋家庄，简称宋庄。聚落呈团块状分布。有文化广场 1 个。经济以种植业为主，主要农作物有小麦、玉米、棉花。有公路经此。

西杨庄 371425-B11-II16
[Xīyángzhuāng]

在县驻地晏城街道西南方向 15.7 千米。刘桥镇辖自然村。人口 1 400。唐代此地已有村。后因村中杨姓出了大官，改村名为杨家庄。因有东杨庄，俗称西杨庄。聚落呈团块状分布。有文化广场 1 个、小学 1 所。经济以种植业为主，主要农作物有小麦、玉米、棉花。有公路经此。

于屯 371425-B11-H17
[Yútún]

在县驻地晏城街道西南方向 14.6 千米。刘桥镇辖自然村。人口 900。明朝中期，于淑兰一家自河北迁居此地，后渐成村落，取名于家屯，简称于屯。聚落呈团块状分布。有文化广场 1 个。经济以种植业为主，主要农作物有小麦、玉米、棉花。有公路经此。

赵庄 371425-B11-H18
[Zhàozhuāng]

在县驻地晏城街道西南方向 17.6 千米。刘桥镇辖自然村。人口 800。明初，赵氏三兄弟自山西洪洞县迁居此地立村，取名赵庄。聚落呈团块状分布。有文化广场 1 个。

经济以种植业为主，主要农作物有小麦、玉米、棉花。有公路经此。

朱官屯 371425-B11-H19
[Zhūguāntún]

在县驻地晏城街道西南方向 17.1 千米。刘桥镇辖自然村。人口 1 100。明末，此地是一个屯兵寨子，头领姓朱，遂取村名朱官屯。聚落呈团块状分布。有文化广场 1 个。经济以种植业为主，主要农作物有小麦、玉米、棉花。有公路经此。

安头 371425-C01-H01
[Āntóu]

安头乡人民政府驻地。在县驻地晏城街道东北方向 12.6 千米。人口 800。明永乐二年（1404），安氏头领建村，取名安头。聚落呈团块状分布。有文化广场 1 个、小学 1 所、幼儿园 1 所。经济以种植业为主，主要农作物有小麦、玉米、棉花、花生，特色农产品有五彩花生、特大花生、白沙花生等康安牌系列花生。有公路经此。

薄家岭 371425-C01-H02
[Bójiālǐng]

在县驻地晏城街道东北方向 17.5 千米。安头乡辖自然村。人口 800。明正德年间，薄家兄弟三人由济阳县辛集迁此，此处原是一片土岭，因名薄家岭。聚落呈团块状分布。有文化广场 1 个。经济以种植业为主，主要农作物有小麦、玉米、棉花。通公交车。

鲍官屯 371425-C01-H03
[Bàoguāntún]

在县驻地晏城街道东北方向 14.4 千米。安头乡辖自然村。人口 1 000。元末，官吏鲍刚在此屯兵，取名鲍官屯。聚落呈团块状分布。有文化广场 1 个。经济以种植业为主，主要农作物有小麦、玉米、棉花。有公路经此。

大吴现屯 371425-C01-H04
[Dàwúxiàntún]

在县驻地晏城街道东北方向 15.4 千米。安头乡辖自然村。人口 1 000。明洪武年间，吴现设屯于此，后村北另立村，名小吴现屯，原屯即称大吴现屯。聚落呈团块状分布。有文化广场 1 个。经济以种植业为主，主要农作物有小麦、玉米、棉花。有公路经此。

后里仁 371425-C01-H05
[Hòulǐrén]

在县驻地晏城街道东北方向 16.5 千米。安头乡辖自然村。人口 1 100。先民从河北枣强县迁此建村，因村位于林林庄后，故叫后林林庄，后演变为后里仁。聚落呈团块状分布。有文化广场 1 个。经济以种植业为主，主要农作物有小麦、玉米、棉花。有公路经此。

钱官屯 371425-C01-H06
[Qiánguāntún]

在县驻地晏城街道东北方向 20.9 千米。安头乡辖自然村。人口 1 600。明初，钱按察使带兵屯田于此，取名钱官屯。聚落呈团块状分布。有文化广场 1 个。经济以种植业为主，主要农作物有小麦、玉米、棉花。有公路经此。

任家庄 371425-C01-H07
[Rénjiāzhuāng]

在县驻地晏城街道东北方向 13.8 千米。安头乡辖自然村。人口 600。原为张家庄、贾家庄和任家庄 3 个村，因黄河决口将村淹没，后三村合力共建一村，取名任贾庄，后演变为任家庄。聚落呈团块状分布。有

文化广场 1 个。经济以种植业为主，主要农作物有小麦、玉米、棉花。有公路经此。

三岔口 371425-C01-H08
[Sānchàkǒu]

在县驻地晏城街道东北方向 20.3 千米。安头乡辖自然村。人口 1 200。因村东有一三岔路口，故名三岔口。聚落呈团块状分布。有文化广场 1 个。经济以种植业为主，主要农作物有小麦、玉米、棉花。有公路经此。

王京屯 371425-C01-H09
[Wángjīngtún]

在县驻地晏城街道东北方向 18.9 千米。安头乡辖自然村。人口 2 300。明洪武年间，王敬率兵在此屯兵，村名王敬屯，后"敬"演变为"京"。聚落呈团块状分布。有文化广场 1 个、小学 1 所。经济以种植业为主，主要农作物有小麦、玉米、棉花。有公路经此。

王举人 371425-C01-H10
[Wángjǔrén]

在县驻地晏城街道东北方向 12.4 千米。安头乡辖自然村。人口 400。清宣统三年（1911），村人王世栋中举，改村名为王举人。聚落呈团块状分布。有文化广场 1 个、小学 1 所。经济以种植业为主，主要农作物有小麦、玉米、棉花。有公路经此。

小吴现屯 371425-C01-H11
[Xiǎowúxiàntún]

在县驻地晏城街道东北方向 17.1 千米。安头乡辖自然村。人口 1 100。明永乐年间，李武与王氏家族迁出大吴现屯，在北另立村，取名小吴现屯。聚落呈团块状分布。有文化广场 1 个。经济以种植业为主，主要农作物有小麦、玉米、棉花。有公路经此。

张保屯 371425-C01-H12
[Zhāngbǎotún]

在县驻地晏城街道东北方向 19.2 千米，安头乡辖自然村。人口 3 000。明洪武年间，在此设张保屯。聚落呈团块状分布。有文化广场 4 个、小学 1 所。经济以种植业为主，主要农作物有小麦、玉米、棉花。有公路经此。

冢子张 371425-C01-H13
[Zhǒngzizhāng]

在县驻地晏城街道东北方向 11.0 千米。安头乡辖自然村。人口 600。原名福香张庄，因商周文化遗存玉皇冢而改名冢子张。聚落呈团块状分布。有文化广场 1 个。有县级文物保护单位玉皇冢。经济以种植业为主，主要农作物有小麦、玉米、棉花。有公路经此。

大黄 371425-C02-H01
[Dàhuáng]

大黄乡人民政府驻地。在县驻地晏城街道西北方向 20.8 千米。人口 1 100。明永乐年间，黄氏从黄县迁此定居，村名演变为大黄。聚落呈团块状分布。有文化广场 1 个、图书室 1 个、小学 1 所、幼儿园 1 所。经济以种植业为主，主要农作物有小麦、玉米、棉花。有瑞康食用菌有限公司。有公路经此。

仓上 371425-C02-H02
[Cāngshàng]

在县驻地晏城街道北方向 16.7 千米。大黄乡辖自然村。人口 1 200。相传，大禹在此治水，于地势高处修建粮仓存放粮食，因庄位于仓顶旁边，故取名仓上。聚落呈团块状分布。有文化广场 1 个。经济以种植业为主，主要农作物有小麦、玉米、棉花。有公路经此。

大张 371425-C02-H03
[Dàzhāng]

在县驻地晏城街道西北方向 24.0 千米。大黄乡辖自然村。人口 900。明洪武年间，张济从河北省河间县迁徙骇河北建村，村名大张。聚落呈团块状分布。有文化广场 1 个。经济以种植业为主，主要农作物有小麦、玉米、棉花。有公路经此。

大赵 371425-C02-H04
[Dàzhào]

在县驻地晏城街道北方向 22.9 千米。大黄乡辖自然村。人口 700。明永乐年间，赵氏从河北枣强迁徙骇河南岸建村，取名赵家庄。后因附近有西赵，便取名大赵。聚落呈团块状分布。有文化广场 1 个。经济以种植业为主，主要农作物有小麦、玉米、棉花。有公路经此。

杜家寨 371425-C02-H05
[Dùjiāzhài]

在县驻地晏城街道西北方向 21.2 千米。大黄乡辖自然村。人口 1 200。明代，杜氏迁此建村，村名杜家寨。聚落呈团块状分布。有文化广场 1 个。经济以种植业为主，主要农作物有小麦、玉米、棉花。有公路经此。

二郎庙 371425-C02-H06
[Èrlángmiào]

在县驻地晏城街道西北方向 21.6 千米。大黄乡辖自然村。人口 600。明建文年间，群众修二郎庙祈祷平安，村渐以庙名。聚落呈团块状分布。有文化广场 1 个。经济以种植业为主，主要农作物有小麦、玉米、棉花。省道永莘公路经此。

河南孙庄 371425-C02-H07
[Hénánsūnzhuāng]

在县驻地晏城街道西北方向 21.0 千米。大黄乡辖自然村。人口 700。明代，孙姓从河北枣强县迁此建孙家庄，因村在徒骇河南，渐演变为河南孙庄。聚落沿南北公路呈带状分布。有文化广场 1 个。经济以种植业为主，主要农作物有小麦、玉米、棉花。有公路经此。

黑牛庄 371425-C02-H08
[Hēiniúzhuāng]

在县驻地晏城街道北方向 18.4 千米。大黄乡辖自然村。人口 1 100。明洪武年间设卫屯，因养黑牛闻名，故称黑牛庄。聚落呈团块状分布。有文化广场 1 个。经济以种植业为主，主要农作物有小麦、玉米、棉花。京沪高速经此。

刘连屯 371425-C02-H09
[Liúliántún]

在县驻地晏城街道东北方向 17.6 千米。大黄乡辖自然村。人口 1 200。明洪武年间设刘连屯。聚落呈团块状分布。有文化广场 1 个。经济以种植业为主，主要农作物有小麦、玉米、棉花。有公路经此。

南段 371425-C02-H10
[Nánduàn]

在县驻地晏城街道东北方向 17.6 千米。大黄乡辖自然村。人口 800。明朝，段姓由朱沙迁此定居，取名段家庄。后因该村位于乡驻地之南，更名南段。聚落呈团块状分布。有文化广场 1 个。经济以种植业为主，主要农作物有小麦、玉米、棉花。有公路经此。

彭太屯 371425-C02-H11
[Péngtàitún]

在县驻地晏城街道西北方向 18.8 千米。大黄乡辖自然村。人口 1 000。明洪武年间设彭太屯。聚落呈团块状分布。有文化广场 1 个。经济以种植业为主，主要农作物有小麦、玉米、棉花。有公路经此。

稍瓜李 371425-C02-H12
[Shāoguālǐ]

在县驻地晏城街道西北方向 22.5 千米。大黄乡辖自然村。人口 900。据传，明代有一李老汉在徒骇河南岸定居种稍瓜，村名渐演变为稍瓜李。聚落呈团块状分布。有文化广场 1 个。经济以种植业为主，主要农作物有小麦、玉米、棉花。有公路经此。

生官屯 371425-C02-H13
[Shēngguāntún]

在县驻地晏城街道东北方向 20.2 千米。大黄乡辖自然村。人口 1 200。原名孙官屯，清光绪年间，孙氏断后，生氏迁入，改村名为生官屯。聚落呈团块状分布。有文化广场 1 个、小学 1 所。经济以种植业为主，主要农作物有小麦、玉米、棉花。有公路经此。

石碑杨庄 371425-C02-H14
[Shíbēiyángzhuāng]

在县驻地晏城街道西北方向 22.0 千米。大黄乡辖自然村。人口 900。明永乐年间，杨氏从诸城迁此定居。因村南有石碑、石羊、石人等，渐被叫为石碑杨庄。聚落呈团块状分布。有文化广场 1 个。经济以种植业为主，主要农作物有小麦、玉米、棉花。有公路经此。

王洪屯 371425-C02-H15

[Wánghóngtún]

在县驻地晏城街道北方向 19.4 千米。大黄乡辖自然村。人口 1 100。明洪武年间设王洪屯。聚落呈团块状分布。有文化广场 1 个。经济以种植业为主，主要农作物有小麦、玉米、棉花等。有公路经此。

西赵 371425-C02-H16

[Xīzhào]

在县驻地晏城街道北方向 23.3 千米。大黄乡辖自然村。人口 800。明末，赵氏从山西迁此建赵家庄，后经营盐业，村名遂改为盐店赵，后为区别于大赵，1943 年改为西赵。聚落呈团块状分布。有文化广场 1 个。经济以种植业为主，主要农作物有小麦、玉米、棉花。有公路经此。

甄庄 371425-C02-H17

[Zhēnzhuāng]

在县驻地晏城街道西北方向 23.9 千米。大黄乡辖自然村。人口 1 100。1382 年，甄氏迁到齐河县徒骇河北居住，取名甄家庄，简称甄庄。聚落呈团块状分布。有文化广场 1 个、小学 1 所。经济以种植业为主，主要农作物有小麦、玉米、棉花。有公路经此。

平原县

城市居民点

金河源小区 371426-I01

[Jīnhéyuán Xiǎoqū]

在县境西南部。人口 5 200。总面积 13.0 公顷。因位于城区优越位置，隔津河畔，故名。2003 年始建，2004 年正式使用。建筑总面积 180 000 平方米，多层住宅楼 54 栋，现代建筑风格。绿化率 35%，有休闲广场等配套设施。通公交车。

聚福花园 371426-I02

[Jùfú Huāyuán]

在县境东南部。人口 2 200。总面积 0.4 公顷。聚福寓意聚财聚福，故名。2005 年始建，2006 年正式使用。建筑总面积 70 000 平方米，多层住宅楼 20 栋，现代建筑风格。绿化率 35%，有休闲广场等配套设施。通公交车。

督府小区 371426-I03

[Dūfǔ Xiǎoqū]

在县境东南部。人口 3 200。总面积 9.0 公顷。因位于原督府营村附近得名。2007 年始建，2008 年正式使用。建筑总面积 110 000 平方米，多层住宅楼 34 栋，现代建筑风格。绿化率 35%，有休闲广场等配套设施。通公交车。

农村居民点

大芝坊 371426-A02-H01

[Dàzhīfāng]

在县驻地龙门街道西南方向 8.2 千米。桃园街道辖自然村。人口 1 700。唐朝武周时期挖马颊河时，此地是支给民工钱、粮的总站，故取名大支房，后演变为大芝坊。聚落呈团块状分布。有图书室 1 个、广播站 1 个。文物古迹有森罗殿遗址。是千年古村。经济以种植业为主，主要农作物有小麦、玉米。有公路经此。

王凤楼庄 371426-B01-H01

[Wángfènglóuzhuāng]

王凤楼镇人民政府驻地。在县驻地龙

门街道东方向 10.3 千米。人口 700。明永乐年间，王姓从山西迁来居住，盖了座土楼，因而村改称王富楼庄，后演变为王凤楼庄。聚落呈团块状分布。有广播站 1 个、小学 1 所、幼儿园 1 所。经济以种植业和加工业为主，主要农作物有小麦、玉米、苹果、大蒜等。工业以造纸、食品加工为主，有饲料加工、耐火材料等厂。省道临武公路经此。

王汉庄 371426-B01-H02
［Wánghànzhuāng］

在县驻地龙门街道东方向 12.8 千米。王凤楼镇辖自然村。人口 700。王姓从山西洪洞县大槐树迁来建村，因王翰在当地较有名声，故改名为王翰庄，后演变为王汉庄。聚落呈团块状分布。有图书室 1 个、广播站 1 个。经济以种植业为主，主要农作物有小麦、玉米、苹果、大蒜等。省道临武公路经此。

水务街 371426-B01-H03
［Shuǐwùjiē］

在县驻地龙门街道东方向 24.0 千米。王凤楼镇辖自然村。人口 1 000。牟姓从栖霞县迁来此地建村，后来河水充沛、各种船舶川流不息，遂将此地改为水务街。聚落呈团块状分布。有图书室 1 个、广播站 1 个。经济以种植业为主，主要农作物有小麦、玉米、花生、韭菜等。有公路经此。

店后王庄 371426-B01-H04
［Diànhòuwángzhuāng］

在县驻地龙门街道东方向 15.0 千米。王凤楼镇辖自然村。人口 300。王姓从外地迁来，因靠前曹镇鸣鸡店较近，故村名改为店后王庄。聚落呈团块状分布。有图书室 1 个、广播站 1 个。经济以种植业为主，主要农作物有小麦、玉米等。有公路经此。

匡张庄 371426-B01-H05
［Kuāngzhāngzhuāng］

在县驻地龙门街道东方向 13.0 千米。王凤楼镇辖自然村。人口 200。张氏从山西洪洞县迁来建村，因该村有人自恃武艺高强、狂妄至极，遂被人们称作狂张庄，后改为匡张庄。聚落呈团块状分布。有图书室 1 个、广播站 1 个。经济以种植业为主，主要农作物有小麦、玉米等。省道临武公路经此。

李天栋庄 371426-B01-H06
［Lǐtiāndòngzhuāng］

在县驻地龙门街道东方向 14.0 千米。王凤楼镇辖自然村。人口 800。李天栋迁来建村，故以姓名命名。聚落呈团块状分布。有图书室 1 个、广播站 1 个。经济以种植业为主，主要农作物有小麦、玉米、油葵等。有公路经此。

西冯庄 371426-B01-H07
［Xīféngzhuāng］

在县驻地龙门街道东方向 13.1 千米。王凤楼镇辖自然村。人口 300。冯姓从山西洪洞县大槐树迁来建村，名冯庄。又因有小张庄，位于冯庄之西，遂改为西冯庄。聚落呈团块状分布。有图书室 1 个、广播站 1 个。经济以种植业为主，主要农作物有小麦、玉米、油葵等。有公路经此。

店后李庄 371426-B01-H08
［Diànhòulǐzhuāng］

在县驻地龙门街道东方向 14.2 千米。王凤楼镇辖自然村。人口 400。村庄前为前曹镇鸣鸡店村，后演变为店后李庄。聚落呈团块状分布。有图书室 1 个、广播站 1 个。经济以种植业为主，主要农作物有小麦、玉米、油葵等。有公路经此。

柴家庙 371426-B01-H09
［Cháijiāmiào］

在县驻地龙门街道东方向 15.0 千米。王凤楼镇辖自然村。人口 200。柴姓迁来建村，后因修了座庙，演变为此名。聚落呈团块状分布。有图书室 1 个、广播站 1 个。经济以种植业为主，主要农作物有小麦、玉米、油葵等。有公路经此。

东冯庄 371426-B01-H10
［Dōngféngzhuāng］

在县驻地龙门街道东方向 14.4 千米。王凤楼镇辖自然村。人口 300。冯姓从山西洪洞县大槐树迁来建村，因与本县西部乡镇的冯家重名，遂改为东冯庄。聚落呈团块状分布。有图书室 1 个、广播站 1 个。经济以种植业为主，主要农作物有小麦、玉米、油葵等。有公路经此。

店后徐庄 371426-B01-H11
［Diànhòuxúzhuāng］

在县驻地龙门街道东方向 15.1 千米。王凤楼镇辖自然村。人口 200。徐姓迁此定居，村名徐家。后因位于明鸡店后，遂更名为店后徐庄。聚落呈团块状分布。有图书室 1 个、广播站 1 个。经济以种植业为主，主要农作物有小麦、玉米等。有公路经此。

曹家庙 371426-B01-H12
［Cáojiāmiào］

在县驻地龙门街道东方向 17.1 千米。王凤楼镇辖自然村。人口 700。曹姓从河北献县迁来定居，因在村中修了祠堂（俗称家庙），此后称曹家庙。聚落呈团块状分布。有图书室 1 个、广播站 1 个。经济以种植业为主，主要农作物有小麦、玉米、油葵等。有公路经此。

东张辛 371426-B01-H13
［Dōngzhāngxīn］

在县驻地龙门街道东方向 12.8 千米。王凤楼镇辖自然村。人口 500。张勋夫妇带着四个儿子，从历城县王舍人庄迁入，故得名张新庄，后分为东、西张辛，该村为东张辛。聚落呈团块状分布。有图书室 1 个、广播站 1 个。经济以种植业为主，主要农作物有小麦、玉米、油葵等。有公路经此。

郝家屯 371426-B01-H14
［Hǎojiātún］

在县驻地龙门街道东方向 12.5 千米。王凤楼镇辖自然村。人口 400。郝姓兄弟十二人迁入建村，因郝姓人多势众，故改名为郝家屯。聚落呈团块状分布。有图书室 1 个、广播站 1 个。经济以种植业为主，主要农作物有小麦、玉米、油葵等。有公路经此。

西张辛 371426-B01-H15
［Xīzhāngxīn］

在县驻地龙门街道东方向 13.4 千米。王凤楼镇辖自然村。人口 900。张勋夫妇带着四个儿子，从历城县王舍人庄迁入，故得名张新庄，后分为东、西张辛，该村为西张辛。聚落呈团块状分布。有图书室 1 个、广播站 1 个。经济以种植业为主，主要农作物有小麦、玉米、油葵等。有公路经此。

许庄 371426-B01-H16
［Xǔzhuāng］

在县驻地龙门街道东方向 24.3 千米。王凤楼镇辖自然村。人口 400。许姓从临邑县南许家迁来建村，故名。聚落呈团块状分布。有图书室 1 个、广播站 1 个。经济以种植业为主，主要农作物有小麦、玉米、花生、韭菜等。有公路经此。

小张庄 371426-B01-H17

[Xiǎozhāngzhuāng]

在县驻地龙门街道东方向 23.4 千米。王凤楼镇辖自然村。人口 300。明永乐年间，张姓迁来建村，故名。聚落呈团块状分布。有图书室 1 个、广播站 1 个。经济以种植业为主，主要农作物有小麦、玉米、花生、韭菜等。有公路经此。

杨庄 371426-B01-H18

[Yángzhuāng]

在县驻地龙门街道东方向 22.9 千米。王凤楼镇辖自然村。人口 400。杨姓迁来建村，命名为杨家堂子，后来演变为此名。聚落呈团块状分布。有图书室 1 个、广播站 1 个。经济以种植业为主，主要农作物有小麦、玉米、花生、韭菜等。有公路经此。

胡家屯 371426-B01-H19

[Hújiātún]

在县驻地龙门街道东方向 14.9 千米。王凤楼镇辖自然村。人口 400。胡姓迁来此地落户，逐渐繁衍成村，故名。聚落呈团块状分布。有图书室 1 个、广播站 1 个。经济以种植业为主，主要农作物有小麦、玉米等。有公路经此。

五杨庄 371426-B01-H20

[Wǔyángzhuāng]

在县驻地龙门街道东方向 17.0 千米。王凤楼镇辖自然村。人口 700。杨姓由山西洪洞县迁此建村，因全村由五部分组成，遂叫五杨庄。聚落呈团块状分布。有图书室 1 个、广播站 1 个。经济以种植业为主，主要农作物有小麦、玉米等。有公路经此。

刘帽头 371426-B01-H21

[Liúmàotóu]

在县驻地龙门街道东方向 14.6 千米。王凤楼镇辖自然村。人口 600。因村中牛姓占多数，故得名牛毛头，后刘姓人口兴旺，逐渐演变为此名。聚落呈团块状分布。有图书室 1 个、广播站 1 个。经济以种植业和加工业为主，主要农作物有小麦、玉米等。村内有制板厂和钢丝网厂。有公路经此。

张八庄 371426-B01-H22

[Zhāngbāzhuāng]

在县驻地龙门街道东方向 14.7 千米。王凤楼镇辖自然村。人口 600。张姓由山西迁来建村，据说张家有八辆大骡马车，起名张八桂，后演变为张八庄。聚落呈团块状分布。有图书室 1 个、广播站 1 个。经济以种植业为主，主要农作物有小麦、玉米、花生、韭菜等。有公路经此。

赵河沟 371426-B01-H23

[Zhàohégōu]

在县驻地龙门街道东方向 15.1 千米。王凤楼镇辖自然村。人口 500。赵有德从山西潞安县迁此，在赵王河西岸建村，故名。聚落呈团块状分布。有图书室 1 个、广播站 1 个。经济以种植业为主，主要农作物有小麦、玉米、花生、地瓜等。有公路经此。

王明川庄 371426-B01-H24

[Wángmíngchuānzhuāng]

在县驻地龙门街道东方向 14.5 千米。王凤楼镇辖自然村。人口 800。王明川一家四口从山西洪洞县大槐树迁此地落户，逐渐繁衍成村，故名。聚落呈团块状分布。有图书室 1 个、广播站 1 个。经济以种植业为主，主要农作物有小麦、玉米、花生、地瓜等。有公路经此。

代庄 371426-B01-H25
[Dàizhuāng]

在县驻地龙门街道东方向 15.2 千米。王凤楼镇辖自然村。人口 700。戴姓迁来建村，命名为戴庄，后演变成代庄。聚落呈团块状分布。有图书室 1 个、广播站 1 个。经济以种植业为主，主要农作物有小麦、玉米、韭菜等。有公路经此。

曹塘坊 371426-B01-H26
[Cáotángfáng]

在县驻地龙门街道东方向 24.3 千米。王凤楼镇辖自然村。人口 200。曹姓迁入，经营糖坊，村名演变为曹糖坊，后来演变为此名。聚落呈团块状分布。有图书室 1 个、广播站 1 个。经济以种植业为主，主要农作物有小麦、玉米、韭菜等。有公路经此。

陈油坊 371426-B01-H27
[Chényóufáng]

在县驻地龙门街道东方向 24.5 千米。王凤楼镇辖自然村。人口 300。明朝永乐年间，陈姓迁来建村，陈姓以开油坊为生，故得此名。聚落呈团块状分布。有图书室 1 个、广播站 1 个。经济以种植业为主，主要农作物有小麦、玉米、韭菜等。有公路经此。

古楼店 371426-B01-H28
[Gǔlóudiàn]

在县驻地龙门街道东方向 24.8 千米。王凤楼镇辖自然村。人口 1 200。传说陵县为郡时，远望此地有一鼓楼缩影，近而不见，故得名鼓楼店，后演变为古楼店。聚落呈团块状分布。有图书室 1 个、广播站 1 个。经济以种植业为主，主要农作物有小麦、玉米、韭菜等。有公路经此。

小陶庄 371426-B01-H29
[Xiǎotáozhuāng]

在县驻地龙门街道东方向 24.6 千米。王凤楼镇辖自然村。人口 200。明朝永乐年间，陶姓迁来定居建村，因村小人多，故取名小陶。聚落呈团块状分布。有图书室 1 个、广播站 1 个。经济以种植业为主，主要农作物有小麦、玉米、韭菜等。有公路经此。

小魏庄 371426-B01-H30
[Xiǎowèizhuāng]

在县驻地龙门街道东方向 23.7 千米。王凤楼镇辖自然村。人口 300。魏姓从外地迁来定居建村，故名。聚落呈团块状分布。有图书室 1 个、广播站 1 个。经济以种植业为主，主要农作物有小麦、玉米、韭菜等。有公路经此。

五麻 371426-B01-H31
[Wǔmá]

在县驻地龙门街道东方向 16.4 千米。王凤楼镇辖自然村。人口 900。以姓氏命名为刘庄、仇庄、马庄、麻庄、张庄后，因当时麻庄最大，故统称五麻。聚落呈团块状分布。有图书室 1 个、广播站 1 个。经济以种植业为主，主要农作物有小麦、玉米等。有公路经此。

陈八十 371426-B01-H32
[Chénbāshí]

在县驻地龙门街道东方向 14.5 千米。王凤楼镇辖自然村。人口 200。该村有位陈武师，其 80 岁还能上台打擂，后来就更村名为陈八十。聚落呈团块状分布。有图书室 1 个、广播站 1 个。经济以种植业为主，主要农作物有小麦、玉米、韭菜等。有公路经此。

前曹 371426-B02-H01

[Qiáncáo]

前曹镇人民政府驻地。在县驻地龙门街道东南方向 6.0 千米。人口 600。清代，曹姓从河北献县迁来落户，在洪沟河西岸前、后两处建村，故名前曹、后曹，该村为前曹。聚落呈团块状分布。有小学 1 所、幼儿园 1 所。经济以种植业和加工业为主，主要农作物有小麦、玉米、大葱、土豆等，加工业以服装、纺织、绢花加工为主。有公路经此。

鸣鸡店 371426-B02-H02

[Míngjīdiàn]

在县驻地龙门街道东南方向 9.8 千米。前曹镇辖自然村。人口 1 200。相传，东汉末年，张飞在平原县城鞭打督邮之后，刘备当夜带领关、张出逃，当跑到小米庄时，鸡叫三遍，小米庄遂改名鸣鸡店。聚落呈团块状分布。有图书室 1 个、广播站 1 个。经济以种植业为主，主要农作物有小麦、玉米、棉花、花生、西红柿等。有公路经此。

簸箕张庄 371426-B02-H03

[Bòjizhāngzhuāng]

在县驻地龙门街道东南方向 15.5 千米。前曹镇辖自然村。人口 500。战国时建村，因几乎家家会编簸箕与簸箩，又因张姓户多，后村名演变为簸箕张庄。聚落呈团块状分布。有图书室 1 个、广播站 1 个。经济以种植业为主，主要农作物有小麦、玉米、棉花、花生等。有公路经此。

北何庄 371426-B02-H04

[Běihézhuāng]

在县驻地龙门街道东南方向 10.4 千米。前曹镇辖自然村。人口 500。明朝永乐年间，何姓从山西洪洞县迁来建村，故名。聚落呈团块状分布。有图书室 1 个、广播站 1 个。经济以种植业为主，主要农作物有小麦、玉米、棉花、花生等。有公路经此。

大刘寨 371426-B02-H05

[Dàliúzhài]

在县驻地龙门街道东南方向 12.3 千米。前曹镇辖自然村。人口 500。明朝，刘景从山西迁来建村，取名刘景寨，后形成两个村，现分称大、小刘寨，该村为大刘寨。聚落呈团块状分布。有图书室 1 个、广播站 1 个。经济以种植业为主，主要农作物有小麦、玉米、棉花、花生等。有公路经此。

大孙寨 371426-B02-H06

[Dàsūnzhài]

在县驻地龙门街道东南方向 10.9 千米。前曹镇辖自然村。人口 600。明末清初，孙姓从登州府莱阳县迁来建村。清朝中期，形成大孙寨与小孙寨，该村为大孙寨。聚落呈团块状分布。有图书室 1 个、广播站 1 个。经济以种植业为主，主要农作物有小麦、玉米、棉花、花生等。有公路经此。

大郭庄 371426-B02-H07

[Dàguōzhuāng]

在县驻地龙门街道东南方向 11.2 千米。前曹镇辖自然村。人口 200。明朝永乐年间，郭姓兄弟俩从山西洪洞县迁此处建村，故名。聚落呈团块状分布。有图书室 1 个、广播站 1 个。经济以种植业为主，主要农作物有小麦、玉米、棉花、花生等。有公路经此。

崔庄 371426-B02-H08

[Cuīzhuāng]

在县驻地龙门街道东南方向 11.0 千米。前曹镇辖自然村。人口 200。明朝永乐年间，崔姓建村，以姓氏命名。聚落呈团块状分布。

有图书室 1 个、广播站 1 个。经济以种植业为主，主要农作物有小麦、玉米、棉花、花生等。有公路经此。

房庄 371426-B02-H09
［Fángzhuāng］

在县驻地龙门街道东南方向 12.0 千米。前曹镇辖自然村。人口 300。明末清初，村民为提防匪贼，改村名为防庄，后演变为房庄。聚落呈团块状分布。有图书室 1 个、广播站 1 个。经济以种植业为主，主要农作物有小麦、玉米、棉花、花生等。有公路经此。

方庄 371426-B02-H10
［Fāngzhuāng］

在县驻地龙门街道东南方向 12.1 千米。前曹镇辖自然村。人口 100。该村建于明朝，因方姓户数多，并且在当地有点名声，故改为方庄。聚落呈团块状分布。有图书室 1 个、广播站 1 个。经济以种植业为主，主要农作物有小麦、玉米、棉花、花生等。有公路经此。

白庄 371426-B02-H11
［Báizhuāng］

在县驻地龙门街道东南方向 13.7 千米。前曹镇辖自然村。人口 200。明朝永乐年间，白姓从山西洪洞县迁来建村，故名。聚落呈团块状分布。有图书室 1 个、广播站 1 个。经济以种植业为主，主要农作物有小麦、玉米、棉花、花生等。有公路经此。

董集 371426-B02-H12
［Dǒngjí］

在县驻地龙门街道东南方向 6.6 千米。前曹镇辖自然村。人口 200。清朝末年，董姓从附近董庄迁来建村，随后立集，故取名董集。聚落呈团块状分布。有图书室 1 个、

广播站 1 个。经济以种植业为主，主要农作物有小麦、玉米、棉花、花生等。有公路经此。

蔡庄 371426-B02-H13
［Càizhuāng］

在县驻地龙门街道东南方向 6.8 千米。前曹镇辖自然村。人口 300。元朝，蔡姓从诸城县迁来建村，故名。聚落呈团块状分布。有图书室 1 个、广播站 1 个。经济以种植业为主，主要农作物有小麦、玉米、棉花、花生等。有公路经此。

交兑子 371426 B02-H14
［Jiāoduìzi］

在县驻地龙门街道东南方向 7.5 千米。前曹镇辖自然村。人口 200。清朝，传说有名清官把下属违反朝廷规定征收的钱财，交还与兑付给这里的老百姓，故取名交兑子。聚落呈团块状分布。有图书室 1 个、广播站 1 个。经济以种植业为主，主要农作物有小麦、玉米、棉花、花生等。有公路经此。

侯庄 371426-B02-H15
［Hóuzhuāng］

在县驻地龙门街道东南方向 7.0 千米。前曹镇辖自然村。人口 200。明朝，侯姓建村，后来虽侯姓已经绝户，但至今沿用原名。聚落呈团块状分布。有图书室 1 个、广播站 1 个。经济以种植业为主，主要农作物有小麦、玉米、棉花、花生等。有公路经此。

刘万斛 371426-B02-H16
［Liúwànhú］

在县驻地龙门街道东南方向 14.5 千米。前曹镇辖自然村。人口 600。元朝建村，因村里出了个叫刘万斛的举人，该村遂名刘

万斛。聚落呈团块状分布。有图书室 1 个、广播站 1 个。经济以种植业为主，主要农作物有小麦、玉米、棉花、花生等。有公路经此。

南何庄 371426-B02-H17
[Nánhézhuāng]

在县驻地龙门街道东南方向 10.8 千米。前曹镇辖自然村。人口 300。明朝永乐年间，何姓从山西洪洞县迁来建村，故名。聚落呈团块状分布。有图书室 1 个、广播站 1 个。经济以种植业为主，主要农作物有小麦、玉米、棉花、花生等。有公路经此。

南陈庄 371426-B02-H18
[Nánchénzhuāng]

在县驻地龙门街道东南方向 14.0 千米。前曹镇辖自然村。人口 200。明朝永乐年间，陈姓从山西洪洞县迁来建村。后为与本乡另一陈庄区分，更名为南陈庄。聚落呈团块状分布。有图书室 1 个、广播站 1 个。经济以种植业为主，主要农作物有小麦、玉米、棉花、花生等。有公路经此。

南麻 371426-B02-H19
[Nánmá]

在县驻地龙门街道东南方向 12.3 千米。前曹镇辖自然村。人口 300。明朝，于、麻两姓建村，又为与村北另一麻庄区分，改为南麻。聚落呈团块状分布。有图书室 1 个、广播站 1 个。经济以种植业为主，主要农作物有小麦、玉米、棉花、花生等。有公路经此。

后曹 371426-B02-H20
[Hòucáo]

在县驻地龙门街道东南方向 8.3 千米。前曹镇辖自然村。人口 200。清朝，曹姓从河北献县迁来，在洪河沟西岸前后两处建村，故得名前曹与后曹。因该村居后，故称后曹。聚落呈团块状分布。有图书室 1 个、广播站 1 个。经济以种植业为主，主要农作物有小麦、玉米、棉花、花生等。有公路经此。

后林庄 371426-B02-H21
[Hòulínzhuāng]

在县驻地龙门街道东南方向 10.9 千米。前曹镇辖自然村。人口 200。元末明初，林姓分前、后两处建村，以姓氏命名为前林庄与后林庄，该村为后林庄。聚落呈团块状分布。有图书室 1 个、广播站 1 个。经济以种植业为主，主要农作物有小麦、玉米、棉花、花生等。有公路经此。

后谢家洼 371426-B02-H22
[Hòuxièjiāwā]

在县驻地龙门街道东南方向 12.4 千米。前曹镇辖自然村。人口 400。明永乐二年（1404），谢守明、谢守行兄弟俩从京东永平府昌黎县谢家桥迁来，在一片洼地前、后建村，故取名前、后谢家洼，该村为后谢家洼。聚落呈团块状分布。有图书室 1 个、广播站 1 个。经济以种植业为主，主要农作物有小麦、玉米、棉花、花生等。101 省道经此。

后邹家庙 371426-B02-H23
[Hòuzōujiāmiào]

在县驻地龙门街道东南方向 10.4 千米。前曹镇辖自然村。人口 200。明朝，邹姓兄弟俩从山西迁来，分别在庙前、后建村，故取名为前邹家庙与后邹家庙，该村为后邹家庙。聚落呈团块状分布。有图书室 1 个、广播站 1 个。经济以种植业为主，主要农作物有小麦、玉米、棉花、花生等。有公路经此。

官道张 371426-B02-H24
[Guāndàozhāng]

在县驻地龙门街道东南方向 8.7 千米。前曹镇辖自然村。人口 600。明朝永乐年间，张姓从山西洪洞县迁来，在北京至济南的官道旁建村，取名官道张。聚落呈团块状分布。有图书室 1 个、广播站 1 个。经济以种植业为主，主要农作物有小麦、玉米、棉花、花生等。有公路经此。

宫徐 371426-B02-H25
[Gōngxú]

在县驻地龙门街道东南方向 9.0 千米。前曹镇辖自然村。人口 1 100。汉朝前，宫明杨建村，以姓名命名为宫明杨庄。清朝，徐姓迁来，统称宫徐。聚落呈团块状分布。有图书室 1 个、广播站 1 个。经济以种植业为主，主要农作物有小麦、玉米、棉花、花生等。有公路经此。

毛孙庄 371426-B02-H26
[Máosūnzhuāng]

在县驻地龙门街道东南方向 14.0 千米。前曹镇辖自然村。人口 800。明朝洪武年间，孙姓在一片茅草地中建村，取名茅草孙庄，后来演变为毛孙庄。聚落呈团块状分布。有图书室 1 个、广播站 1 个。经济以种植业为主，主要农作物有小麦、玉米、棉花、花生等。有公路经此。

纪庄 371426-B02-H27
[Jìzhuāng]

在县驻地龙门街道东南方向 15.3 千米。前曹镇辖自然村。人口 400。明朝洪武年间，纪新从现崂山县迁来建村，故名。聚落呈团块状分布。有图书室 1 个、广播站 1 个。经济以种植业为主，主要农作物有小麦、玉米、棉花、花生等。有公路经此。

解庄 371426-B02-H28
[Xièzhuāng]

在县驻地龙门街道东南方向 13.8 千米。前曹镇辖自然村。人口 500。唐朝建村，当初因村中有个姓解的大财主，故得名解八洼，后演变为解庄。聚落呈团块状分布。有图书室 1 个、广播站 1 个。经济以种植业为主，主要农作物有小麦、玉米、棉花、花生等。有公路经此。

金庄 371426-B02-H29
[Jīnzhuāng]

在县驻地龙门街道东南方向 10.4 千米。前曹镇辖自然村。人口 300。西晋末期，金姓由山西洪洞县迁来建村，命村名为金庄。聚落呈团块状分布。有图书室 1 个、广播站 1 个。经济以种植业为主，主要农作物有小麦、玉米、棉花、花生等。有公路经此。

韩家道口 371426-B02-H30
[Hánjiādàokǒu]

在县驻地龙门街道东南方向 9.2 千米。前曹镇辖自然村。人口 400。明朝，韩姓建村于道口旁，故取名韩家道口。聚落呈团块状分布。有图书室 1 个、广播站 1 个。经济以种植业为主，主要农作物有小麦、玉米、棉花、花生等。有公路经此。

马桥 371426-B02-H31
[Mǎqiáo]

在县驻地龙门街道东南方向 14.4 千米。前曹镇辖自然村。人口 200。唐朝，马姓在桥旁建村，故得名马家桥，后演变为马桥。聚落呈团块状分布。有图书室 1 个、广播站 1 个。经济以种植业为主，主要农作物有小麦、玉米、棉花、花生等。有公路经此。

高庄 371426-B02-H32

[Gāozhuāng]

在县驻地龙门街道东南方向16.0千米。前曹镇辖自然村。人口500。明朝，高姓从山西迁来建村，故名。聚落呈团块状分布。有图书室1个、广播站1个。经济以种植业为主，主要农作物有小麦、玉米、棉花、花生等。有公路经此。

黄坊子 371426-B02-H33

[Huángfāngzi]

在县驻地龙门街道东南方向13.0千米。前曹镇辖自然村。人口400。秦朝建村，因村附近修建官道与烽火台，故取名皇坊子，后演变为黄坊子。聚落呈团块状分布。有图书室1个、广播站1个。经济以种植业为主，主要农作物有小麦、玉米、棉花、花生等。有公路经此。

万王庄 371426-B02-H34

[Wànwángzhuāng]

在县驻地龙门街道东南方向10.9千米。前曹镇辖自然村。人口200。明朝，王姓从山西迁来建村，名王筐头庄，又有万姓从山西洪洞县迁来，以姓氏名村万庄。后两村合并，统称万王庄。聚落呈团块状分布。有图书室1个、广播站1个。经济以种植业为主，主要农作物有小麦、玉米、棉花、花生等。有公路经此。

三卢 371426-B02-H35

[Sānlú]

在县驻地龙门街道东南方向12.5千米。前曹镇辖自然村。人口300。明朝永乐年间，卢姓兄弟三人从山西洪洞县迁来，在三处建村，统称三卢。聚落呈团块状分布。有图书室1个、广播站1个。经济以种植业为主，主要农作物有小麦、玉米、棉花、花生等。有公路经此。

任庄 371426-B02-H36

[Rénzhuāng]

在县驻地龙门街道东南方向19.9千米。前曹镇辖自然村。人口200。明朝永乐年间，任姓从城东任庄迁来建村，以姓氏命名。聚落呈团块状分布。有图书室1个、广播站1个。经济以种植业为主，主要农作物有小麦、玉米、棉花、花生等。有公路经此。

前林庄 371426-B02-H37

[Qiánlínzhuāng]

在县驻地龙门街道东南方向11.4千米。前曹镇辖自然村。人口300。元末明初，林姓分前、后两处建村，以姓氏命名为前林庄与后林庄，此村为前林庄。聚落呈团块状分布。有图书室1个、广播站1个。经济以种植业为主，主要农作物有小麦、玉米、棉花、花生等。有公路经此。

双庙于庄 371426-B02-H38

[Shuāngmiàoyúzhuāng]

在县驻地龙门街道东南方向13.2千米。前曹镇辖自然村。人口300。唐朝建村，因村中有玉皇庙、三官庙，再加上于姓为大户，故得名双庙于庄。聚落呈团块状分布。有图书室1个、广播站1个。经济以种植业为主，主要农作物有小麦、玉米、棉花、花生等。有公路经此。

宋美公 371426-B02-H39

[Sòngměigōng]

在县驻地龙门街道东南方向14.6千米。前曹镇辖自然村。人口300。该村建于明朝。后来宋美公从本县仇庄迁入，改村名为宋美公。聚落呈团块状分布。有图书室1个、广播站1个。经济以种植业为主，主要农作物有小麦、玉米、棉花、花生等。有公路经此。

西四街 371426-B03-H01

[Xīsìjiē]

恩城镇人民政府驻地。在县驻地龙门街道西方向 15.0 千米。人口 700。因辖区的西大街、小南街、小北街、署后街统称西四街而得名。聚落呈团块状分布。有图书室 1 个、广播站 1 个。经济以种植业和加工业为主，主要农作物有小麦、玉米、韭菜、黄瓜等，加工业以木器、农产品加工为主。105 国道和省道永馆公路、临武公路经此。

北站 371426-B03-H02

[Běizhàn]

在县驻地龙门街道西方向 13.2 千米。恩城镇辖自然村。人口 1 100。相传，商代驿道过此，并建驿站。又因位于恩城之北，故演变为北站。聚落呈团块状分布。有图书室 1 个、广播站 1 个。经济以种植业为主，主要农作物有小麦、玉米等。有公路经此。

后夏寨 371426-B03-H03

[Hòuxiàzhài]

在县驻地龙门街道西南方向 16.6 千米。恩城镇辖自然村。人口 1 000。该村建于明朝永乐年间。清末民初又演变成前夏寨与后夏寨。本村居后，故名后夏寨。聚落呈团块状分布。有图书室 1 个、广播站 1 个。经济以种植业为主，主要农作物有小麦、玉米等。有公路经此。

榆林庄 371426-B03-H04

[Yúlínzhuāng]

在县驻地龙门街道西北方向 12.0 千米。恩城镇辖自然村。人口 300。明朝洪武年间建村，因附近有一片榆树林，故得名榆林庄。聚落呈团块状分布。有图书室 1 个、广播

站 1 个。经济以种植业为主，主要农作物有小麦、玉米等。有公路经此。

小杨庄 371426-B03-H05

[Xiǎoyángzhuāng]

在县驻地龙门街道西北方向 12.0 千米。恩城镇辖自然村。人口 600。金朝大定年间，杨姓从长山县迁来，在官道东、西道口建村。明朝成化年间，杨姓一部分迁到村东南侧建村，取名小杨庄。聚落呈团块状分布。有图书室 1 个、广播站 1 个。经济以种植业为主，主要农作物有小麦、玉米等。有公路经此。

军海庄 371426-B03-H06

[Jūnhǎizhuāng]

在县驻地龙门街道西方向 12.4 千米。恩城镇辖自然村。人口 200。明朝永乐年间，4 位云南籍的水军将领在此建村，故得名军海庄。聚落呈团块状分布。有图书室 1 个、广播站 1 个。经济以种植业为主，主要农作物有小麦、玉米等。有公路经此。

军营 371426-B03-H07

[Jūnyíng]

在县驻地龙门街道西南方向 13.0 千米。恩城镇辖自然村。人口 700。明朝初年，马姓从山西洪洞县迁来建村，因村内曾有军营，故村名沿称军营。聚落呈团块状分布。有图书室 1 个、广播站 1 个。经济以种植业为主，主要农作物有小麦、玉米等。有公路经此。

前夏寨 371426-B03-H08

[Qiánxiàzhài]

在县驻地龙门街道西方向 17.2 千米。恩城镇辖自然村。人口 800。该村建于明朝永乐年间，清末民初又演变成前夏寨与后夏寨。本村居前，故名前夏寨。聚落呈团

块状分布。有图书室 1 个、广播站 1 个。经济以种植业为主，主要农作物有小麦、玉米等。有公路经此。

南十里铺 371426-B03-H09

［Nánshílǐpù］

在县驻地龙门街道西南方向 15.4 千米。恩城镇辖自然村。人口 500。该村建于明洪武年间，因村址在南京至北京的驿路上，设有递铺，并距恩县十华里，按方位命名南十里铺。聚落呈团块状分布。有图书室 1 个、广播站 1 个。经济以种植业为主，主要农作物有小麦、玉米等。有公路经此。

小洞子头 371426-B03-H10

［Xiǎodòngzitóu］

在县驻地龙门街道西方向 16.0 千米。恩城镇辖自然村。人口 300。传说，北宋天圣八年（1030），为擒王则，在村西挖了一条地洞，居民迁至洞口附近建村，村改名为洞于头。后该村形成两部分，东部称大洞子头，西部为小洞子头，该村为小洞子头。聚落呈团块状分布。有图书室 1 个、广播站 1 个。经济以种植业为主，主要农作物有小麦、玉米、黄瓜、西红柿、甜瓜等。有公路经此。

庞营 371426-B03-H11

［Pángyíng］

在县驻地龙门街道西南方向 13.5 千米。恩城镇辖自然村。人口 800。明朝永乐年间，传说因燕王南下北返时，庞姓大将在此扎过营，后形成村庄，故取名庞营。有图书室 1 个、广播站 1 个。经济以种植业为主，主要农作物有小麦、玉米等。有公路经此。

芦官庄 371426-B03-H12

［Lúguānzhuāng］

在县驻地龙门街道西南方向 18.1 千米。恩城镇辖自然村。人口 300。该村建于清朝，因村东头有座关帝庙，庙上刻有"五谷丰登"四个字，故取名丰登官庄。后因芦姓较多，演变为芦官庄。聚落呈团块状分布。有图书室 1 个、广播站 1 个。经济以种植业为主，主要农作物有小麦、玉米、甘蓝。有公路经此。

西关 371426-B03-H13

［Xīguān］

在县驻地龙门街道西方向 14.5 千米。恩城镇辖自然村。人口 900。明洪武七年（1374），从诸城等地迁来的移民定居于恩县城西门外，遂形成西关村。聚落呈团块状分布。有图书室 1 个、广播站 1 个。经济以种植业为主，主要农作物有小麦、玉米等。有公路经此。

西刘王庄 371426-B03-H14

［Xīliúwángzhuāng］

在县驻地龙门街道西南方向 19.4 千米。恩城镇辖自然村。人口 400。明朝永乐年间，刘、王两姓从山西洪洞县迁来建村，得名刘王庄。1947 年以村内湾坑为界，分为东刘王庄与西刘王庄，该村为西刘王庄。聚落呈团块状分布。有图书室 1 个、广播站 1 个。经济以种植业为主，主要农作物有小麦、玉米、韭菜。有公路经此。

马王庄 371426-B03-H15

［Mǎwángzhuāng］

在县驻地龙门街道西南方向 14.4 千米。恩城镇辖自然村。人口 1 100。清朝初期，王、赵、郭三姓迁来建村。清朝末期，马姓从军营迁入，后因赵、郭两姓有的迁出、有的绝户，故改名为马王庄。聚落呈团块状分布。有图书室 1 个、广播站 1 个、小学 1 所。经济以种植业为主，主要农作物有小麦、玉米等。有公路经此。

魏庄　371426-B03-H16
［Wèizhuāng］

在县驻地龙门街道西南方向 16.0 千米。恩城镇辖自然村。人口 600。清朝同治年间建村，后在魏姓的倡议下，在村后筑起高墙，改名为魏庄。聚落呈团块状分布。有图书室 1 个、广播站 1 个。经济以种植业为主，主要农作物有小麦、玉米等。有公路经此。

东于庄　371426-B03-H17
［Dōngyúzhuāng］

在县驻地龙门街道西方向 11.7 千米。恩城镇辖自然村。人口 900。明朝永乐年间，于姓从高密县迁来建村，因善做粉条，故得名粉条于庄。又因位于恩城以东，后演变为东于庄。有图书室 1 个、广播站 1 个。经济以种植业为主，主要农作物有小麦、玉米等。有公路经此。

东关　371426-B03-H18
［Dōngguān］

在县驻地龙门街道西方向 13.0 千米。恩城镇辖自然村。人口 600。明洪武七年（1374），从雷集（原属恩县，现属夏津县）等地迁来的移民定居于恩县城东门外，遂形成东关村。聚落呈团块状分布。有图书室 1 个、广播站 1 个。经济以种植业为主，主要农作物有小麦、玉米等。有公路经此。

东四街　371426-B03-H19
［Dōngsìjiē］

在县驻地龙门街道西方向 13.4 千米。恩城镇辖自然村。人口 700。原恩县城内街道有东大街、西大街、南大街、北大街，中华人民共和国成立后合称东四街。聚落呈团块状分布。有图书室 1 个、广播站 1 个。古迹有文昌阁。经济以种植业为主，主要农作物有小麦、玉米等。有公路经此。

东烟台　371426-B03-H20
［Dōngyāntái］

在县驻地龙门街道西南方向 17.1 千米。恩城镇辖自然村。人口 500。传说该村建于战国时代，因靠近烽火台（也叫狼烟墩），且位于烟墩东，故得名东烟台。聚落呈团块状分布。有图书室 1 个、广播站 1 个。经济以种植业为主，主要农作物有小麦、玉米等。有公路经此。

傅家庙　371426-B03-H21
［Fùjiāmiào］

在县驻地龙门街道西北方向 11.0 千米。恩城镇辖自然村。人口 200。北宋建隆年间，傅姓迁入。清康熙十八年（1679），村里修了一座庙，故改名为傅家庙。聚落呈团块状分布。有图书室 1 个、广播站 1 个。经济以种植业为主，主要农作物有小麦、玉米等。有公路经此。

后善户　371426-B03-H22
［Hòushànhù］

在县驻地龙门街道西方向 11.6 千米。恩城镇辖自然村。人口 200。明朝永乐年间，从山西洪洞县迁来的移民在土岗后建村，取名后岗子。清末民初，因村民奉神行善，俗称善户，村名遂演变为后善户。聚落呈团块状分布。有图书室 1 个、广播站 1 个。经济以种植业为主，主要农作物有小麦、玉米等。有公路经此。

大北关　371426-B03-H23
［Dàběiguān］

在县驻地龙门街道西方向 13.0 千米。

恩城镇辖自然村。人口 900。明洪武七年（1374），从乐陵、临清、山西洪洞县迁来的移民定居于恩县城北门外，遂形成北关村，遂演变为此名。聚落呈团块状分布。有图书室 1 个、广播站 1 个。经济以种植业为主，主要农作物有小麦、玉米等。有公路经此。

大庄 371426-B03-H24
[Dàzhuāng]

在县驻地龙门街道西北方向 14.5 千米。恩城镇辖自然村。人口 1 400。明朝永乐年间，李姓建村，因大雁南归北飞时，常在村西洼里落脚，故得名大雁李庄，后演变为此名。聚落呈团块状分布。有图书室 1 个、广播站 1 个。经济以种植业为主，主要农作物有小麦、玉米等。有公路经此。

大杨庄 371426-B03-H25
[Dàyángzhuāng]

在县驻地龙门街道西北方向 13.1 千米。恩城镇辖自然村。人口 700。金朝大定年间，杨姓从长山县迁来，在官道东、西道口建村。明朝成化年间，杨姓一部分迁到村东南侧建村，取名小杨庄。原村遂改名为大杨庄。聚落呈团块状分布。有图书室 1 个、广播站 1 个。经济以种植业为主，主要农作物有小麦、玉米等。有公路经此。

大洞子头 371426-B03-H26
[Dàdòngzitóu]

在县驻地龙门街道西方向 15.8 千米。恩城镇辖自然村。人口 800。传说，北宋天圣八年（1030），为擒王则，在村西挖了一条地洞，居民迁至洞口附近建村，改名为洞于头。后该村形成两部分，东部称大洞子头，西部为小洞子头，该村为大洞子头。聚落呈团块状分布。有图书室 1 个、广播站 1 个、小学 1 所。经济以种植业为主，

主要农作物有小麦、玉米、黄瓜、西红柿、甜瓜等。有公路经此。

河圈 371426-B03-H27
[Héquān]

在县驻地龙门街道西南方向 16.5 千米。恩城镇辖自然村。人口 600。该村建于清朝初期。1937 年马颊河闹洪水，村三面被水圈着，后村名演变为河圈。聚落呈团块状分布。有图书室 1 个、广播站 1 个。经济以种植业为主，主要农作物有小麦、玉米等。有公路经此。

陈屯 371426-B03-H28
[Chéntún]

在县驻地龙门街道西南方向 18.1 千米。恩城镇辖自然村。人口 400。明朝成化年间建村。恩县县城解放前与邻村合称陈仓屯，简称陈屯。聚落呈团块状分布。有图书室 1 个、广播站 1 个。经济以种植业为主，主要农作物有小麦、玉米、土豆等。有公路经此。

陈营 371426-B03-H29
[Chényíng]

在县驻地龙门街道西南方向 16.5 千米。恩城镇辖自然村。人口 1 700。传说燕王南下北返时，有一位陈姓军官曾在此扎营，因此村名为陈营。聚落呈团块状分布。有图书室 1 个、广播站 1 个。经济以种植业为主，主要农作物有小麦、玉米等。有公路经此。

高庄 371426-B03-H30
[Gāozhuāng]

在县驻地龙门街道西方向 19.4 千米。恩城镇辖自然村。人口 1 700。该村建于元末明初。明朝，高姓从山西迁入，村名演变为高庄。聚落呈团块状分布。有图书室 1

个、广播站 1 个。经济以种植业为主，主要农作物有小麦、玉米、花生、红薯。有公路经此。

洼后李 371426-B04-H01
[Wāhòulǐ]

王庙镇人民政府驻地。在县驻地龙门街道南方向 13.0 千米。人口 300。明正德年间，李姓迁来，在石家洼北建村，故名。聚落呈团块状分布。有幼儿园 1 个。经济以种植业和加工业为主，主要农作物有小麦、玉米、土豆等。另有纺织业。有公路经此。

张官店 371426-B04-H02
[Zhāngguāndiàn]

在县驻地龙门街道南方向 13.6 千米。王庙镇辖自然村。人口 2 100。战国时建村，后一张姓人辞去巡抚回家开店，故村名演变为现名。聚落呈团块状分布。有图书室 1 个、广播站 1 个、小学 1 所。古迹有平原古城遗址。经济以种植业和加工业为主，主要农作物有小麦、玉米、地瓜等。加工业以饲料加工为主。有公路经此。

东刘滨洪 371426-B04-H03
[Dōngliúbīnhóng]

在县驻地龙门街道南方向 24.0 千米。王庙镇辖自然村。人口 300。明永乐年间，有个叫刘滨洪的迁来建村，取名刘滨洪庄，后又形成东、西两村，该村为东刘滨洪。聚落呈团块状分布。有图书室 1 个、广播站 1 个。经济以种植业为主，主要农作物有小麦、玉米、棉花等。工业以手套加工为主。有公路经此。

东曹庙 371426-B04-H04
[Dōngcáomiào]

在县驻地龙门街道南方向 23.0 千米。

王庙镇辖自然村。人口 400。明初建村，建文年间建庙后，演变为曹家庙。后分东、西两村，该村称东曹庙。聚落呈团块状分布。有图书室 1 个、广播站 1 个。经济以种植业为主，主要农作物有小麦、玉米、棉花、大蒜等。有公路经此。

大务集北街 371426-B04-H05
[Dàwùjíběijiē]

在县驻地龙门街道西南方向 18.0 千米。王庙镇辖自然村。人口 500。明万历年间，霍姓迁来，靠铁古寺建村。后与七姓屯、北杨家、王庄、道口、张家合并一村，后村名因方位演变为大务集北街。聚落呈团块状分布。有图书室 1 个、广播站 1 个。经济以种植业为主，主要农作物有小麦、玉米、棉花等。有公路经此。

大务集南街 371426-B04-H06
[Dàwùjínánjiē]

在县驻地龙门街道西南方向 14.8 千米。王庙镇辖自然村。人口 500。明万历年间，霍姓迁来，靠铁古寺建村。后与七姓屯、北杨家、王庄、道口、张家合并一村，后村名因方位演变为大务集南街。聚落呈团块状分布。有图书室 1 个、广播站 1 个。经济以种植业为主，主要农作物有小麦、玉米、棉花等。有公路经此。

常庄 371426-B04-H07
[Chángzhuāng]

在县驻地龙门街道南方向 15.0 千米。王庙镇辖自然村。人口 300。明初，常姓建村，故名。聚落呈团块状分布。有图书室 1 个、广播站 1 个、幼儿园 1 所。经济以种植业为主，主要农作物有小麦、玉米、棉花等。有公路经此。

段集 371426-B04-H08
[Duànjí]

在县驻地龙门街道东南方向 19.0 千米。王庙镇辖自然村。人口 600。明宣德年间，段姓迁来建村。清光绪二十九年（1903），为与苏集争集，故改村名为段集。聚落呈团块状分布。有图书室 1 个、广播站 1 个。经济以种植业为主，主要农作物有小麦、玉米、棉花等。有公路经此。

菜园子吴 371426-B04-H09
[Càiyuánziwú]

在县驻地龙门街道南方向 21.0 千米。王庙镇辖自然村。人口 600。明建文年间建村，后吴姓迁来落户，因种菜成为大户，故村名演变为菜园子吴。聚落呈团块状分布。有图书室 1 个、广播站 1 个。经济以种植业为主，主要农作物有小麦、玉米、棉花、大蒜等。有公路经此。

车王庄东 371426-B04-H10
[Chēwángzhuāngdōng]

在县驻地龙门街道西南方向 15.0 千米。人口 700。明初，王姓建村，中街形似车辆，名车辆庄，车辆庄分东、西两村，该村居东，后村名演为车王庄东。聚落呈团块状分布。有图书室 1 个、广播站 1 个。经济以种植业为主，主要农作物有小麦、玉米、棉花等。有公路经此。

车王庄西 371426-B04-H11
[Chēwángzhuāngxī]

在县驻地龙门街道西南方向 16.0 千米。王庙镇辖自然村。人口 600。明初，王姓建村，中街形似车辆，名车辆庄，车辆庄分东、西两村，该村居西，后村名演为车王庄西。聚落呈团块状分布。有图书室 1 个、广播站 1 个。经济以种植业为主，主要农作物有小麦、玉米、棉花等。有公路经此。

郭庄 371426-B04-H12
[Guōzhuāng]

在县驻地龙门街道南方向 17.0 千米。王庙镇辖自然村。人口 600。明正德年间，郭、刘迁来建村，以郭姓取名，故名郭庄。聚落呈团块状分布。有图书室 1 个、广播站 1 个。经济以种植业为主，主要农作物有小麦、玉米、棉花等。有公路经此。

三官庙 371426-B04-H13
[Sānguānmiào]

在县驻地龙门街道南方向 15.0 千米。人口 300。明初建村，并建一座三官庙，故名。聚落呈团块状分布。有图书室 1 个、广播站 1 个。经济以种植业为主，主要农作物有小麦、玉米、棉花等。有公路经此。

何庄 371426-B04-H14
[Hézhuāng]

在县驻地龙门街道南方向 13.0 千米。王庙镇辖自然村。人口 300。明朝正德年间，何姓从山西洪洞县迁来建村，故名。聚落呈团块状分布。有图书室 1 个、广播站 1 个。经济以种植业和加工业为主，主要农作物有小麦、玉米、棉花等。加工业主要有手套加工。有公路经此。

刘环东 371426-B04-H15
[Liúhuándōng]

在县驻地龙门街道西南方向 18.0 千米。王庙镇辖自然村。人口 600。明代建村，原名花牛李庄。后刘新环迁来落户，逐渐分为东、西两村，该村因方位改称刘环东。聚落呈团块状分布。有图书室 1 个、广播站 1 个。经济以种植业为主，主要农作物有小麦、玉米、棉花等。有公路经此。

刘环西 371426-B04-H16
[Liúhuánxī]

在县驻地龙门街道西南方向 18.0 千米。王庙镇辖自然村。人口 500。明代建村，原名花牛李庄。后刘新环迁来落户，逐渐分为东、西两村，该村因方位改称刘环西。聚落呈团块状分布。有图书室 1 个、广播站 1 个。经济以种植业为主，主要农作物有小麦、玉米、西瓜等。有公路经此。

前李 371426-B04-H17
[Qiánlǐ]

在县驻地龙门街道南方向 14.0 千米。王庙镇辖自然村。人口 600。明代，李姓迁来，在二郎庙前建村，名二郎庙前李庄，后简化为现名。聚落呈团块状分布。有图书室 1 个、广播站 1 个。经济以种植业为主，主要农作物有小麦、玉米、棉花等。有公路经此。

前杠子李 371426-B04-H18
[Qiángàngzilǐ]

在县驻地龙门街道东南方向 19.0 千米。王庙镇辖自然村。人口 600。明永乐年间，李姓迁来，在一岗子前后建村，该村在前，故名。聚落呈团块状分布。有图书室 1 个、广播站 1 个。经济以种植业为主，主要农作物有小麦、玉米、棉花等。有公路经此。

前王兴明 371426-B04-H19
[Qiánwángxīngmíng]

在县驻地龙门街道南方向 15.0 千米。王庙镇辖自然村。人口 600。明永乐年间，有个叫王兴明的人迁来建村，故村名王兴明。后分为前、后两村，该村在前，故名。聚落呈团块状分布。有图书室 1 个、广播站 1 个。经济以种植业为主，主要农作物有小麦、玉米、大蒜等。有公路经此。

后杠子李 371426-B04-H20
[Hòugàngzilǐ]

在县驻地龙门街道东南方向 19.0 千米。王庙镇辖自然村。人口 700。明永乐年间，李姓迁来，在岗子前后建村，取该村在后，故名。聚落呈团块状分布。有图书室 1 个、广播站 1 个。经济以种植业为主，主要农作物有小麦、玉米、棉花等。有公路经此。

后王兴明 371426-B04-H21
[Hòuwángxīngmíng]

在县驻地龙门街道南方向 15.0 千米。王庙镇辖自然村。人口 400。明永乐年间，有个叫王兴明的人迁来建村，故村名王兴明。后分为前、后两村，该村在后，故名。聚落呈团块状分布。有图书室 1 个、广播站 1 个。经济以种植业为主，主要农作物有小麦、玉米、大蒜等。有公路经此。

李寨 371426-B04-H22
[Lǐzhài]

在县驻地龙门街道南方向 12.0 千米。王庙镇辖自然村。人口 900。明代，李姓从莱阳迁来建村，故名李寨。聚落呈团块状分布。有图书室 1 个、广播站 1 个。经济以种植业为主，主要农作物有小麦、玉米、大蒜等。有公路经此。

梁庄 371426-B04-H23
[Liángzhuāng]

在县驻地龙门街道东南方向 20.0 千米。王庙镇辖自然村。人口 700。明永乐年间，梁姓迁来建村，故名。聚落呈团块状分布。有图书室 1 个、广播站 1 个。经济以种植业为主，主要农作物有小麦、玉米、西瓜、甜瓜等。有公路经此。

沙集 371426-B04-H24
［Shājí］

在县驻地龙门街道南方向 16.0 千米。王庙镇辖自然村。人口 300。明洪武年间建村。清末，义和团曾在村东沙柱上祭刀，又因是集市，故改名沙集。聚落呈团块状分布。有图书室 1 个、广播站 1 个。经济以种植业为主，主要农作物有小麦、玉米、棉花等。有公路经此。

苏集 371426-B04-H25
［Sūjí］

在县驻地龙门街道东南方向 21.0 千米。王庙镇辖自然村。人口 300。明永乐年间，苏姓迁来建村并立集，故名。聚落呈团块状分布。有图书室 1 个、广播站 1 个。经济以种植业为主，主要农作物有小麦、玉米、棉花等。有公路经此。

裴庄 371426-B04-H26
［Péizhuāng］

在县驻地龙门街道南方向 11.0 千米。王庙镇辖自然村。人口 300。明初，裴姓从北京西迁来建村，故名。聚落呈团块状分布。有图书室 1 个、广播站 1 个。经济以种植业为主，主要农作物有小麦、玉米、棉花等。有公路经此。

贾庄 371426-B04-H27
［Jiǎzhuāng］

在县驻地龙门街道南方向 18.0 千米。王庙镇辖自然村。人口 400。明永乐年间，贾姓迁来建村，故名。聚落呈团块状分布。有图书室 1 个、广播站 1 个。经济以种植业为主，主要农作物有小麦、玉米、棉花等。有公路经此。

韩庄 371426-B04-H28
［Hánzhuāng］

在县驻地龙门街道南方向 13.0 千米。王庙镇辖自然村。人口 400。明正德年间，韩姓从益都迁来建村，故名。聚落呈团块状分布。有图书室 1 个、广播站 1 个。经济以种植业和加工业为主，主要农作物有小麦、玉米、棉花等。加工业以手套加工、纺织品加工为主。有公路经此。

唐杜庄 371426-B04-H29
［Tángdùzhuāng］

在县驻地龙门街道西南方向 19.0 千米。王庙镇辖自然村。人口 300。明正德年间，唐、杜两姓迁来建村，故名。聚落呈团块状分布。有图书室 1 个、广播站 1 个。经济以种植业为主，主要农作物有小麦、玉米、棉花等。有公路经此。

土地庙 371426-B04-H30
［Tǔdìmiào］

在县驻地龙门街道南方向 15.0 千米。王庙镇辖自然村。人口 200。明代建村，因修土地庙祈求保佑，村以庙名。聚落呈团块状分布。有图书室 1 个、广播站 1 个。经济以种植业为主，主要农作物有小麦、玉米、棉花等。有公路经此。

孙庄 371426-B04-H31
［Sūnzhuāng］

在县驻地龙门街道西南方向 19.0 千米。王庙镇辖自然村。人口 500。明正德年间，孙姓迁来建村，故名。聚落呈团块状分布。有图书室 1 个、广播站 1 个。经济以种植业为主，主要农作物有小麦、玉米、梨、棉花等。有公路经此。

王呆铺 371426-B05-H01
［Wánggǎopù］

王呆铺镇人民政府驻地。在县驻地龙门街道西北方向 25.0 千米。人口 1 700。北宋时期，村里有一名叫王呆的人，在此立铺接待过往的移民，故名。聚落呈团块状分布。有小学 1 所、幼儿园 1 所。民俗有高跷秧歌。经济以种植业和制造业为主，主要农作物有小麦、玉米、大豆、花生等，制造业以农机制造为主。105 国道经此。

杨诗庄 371426-B05-H02
［Yángshīzhuāng］

在县驻地龙门街道西北方向 25.0 千米。王呆铺镇辖自然村。人口 1 000。该村建于明朝初期。明朝中期，因村民杨学诗在济南当了大官，故改名为杨学诗庄，后来演变为杨诗庄。聚落呈团块状分布。经济以种植业和制造业为主，主要农作物有小麦、玉米、大豆、花生等，制造业以农机制造为主。105 国道经此。

曹庄 371426-B05-H03
［Cáozhuāng］

在县驻地龙门街道西北方向 24.0 千米。王呆铺镇辖自然村。人口 300。清朝，原恩县一县吏曹氏，占据村庄的大多数耕地，故改名曹庄。聚落呈团块状分布。有图书室 1 个、广播站 1 个。经济以种植业为主，主要农作物有小麦、玉米、棉花。105 国道经此。

贾庄 371426-B05-H04
［Jiǎzhuāng］

在县驻地龙门街道西北方向 23.0 千米。王呆铺镇辖自然村。人口 500。明朝永乐年间，王、贾两姓从山西洪洞县迁入建村。后来划区分居，贾姓以姓氏命村名为贾庄。聚落呈团块状分布。有图书室 1 个、广播站 1 个。经济以种植业为主，主要农作物有小麦、玉米、棉花、花生等。有公路经此。

泊庄 371426-B05-H05
［Bózhuāng］

在县驻地龙门街道西北方向 23.0 千米。王呆铺镇辖自然村。人口 600。明朝永乐年间，泊姓从山西洪洞县迁来建村，故名。聚落呈团块状分布。有图书室 1 个、广播站 1 个。经济以种植业为主，主要农作物有小麦、玉米、棉花、花生等。有公路经此。

韩庄 371426-B05-H06
［Hánzhuāng］

在县驻地龙门街道西北方向 26.0 千米。王呆铺镇辖自然村。人口 400。明朝永乐年间，韩姓从山东潍县迁来建村，以姓氏命名。聚落呈团块状分布。有图书室 1 个、广播站 1 个。经济以种植业为主，主要农作物有小麦、玉米、棉花，花生、地瓜等。有公路经此。

邢博泉 371426-B05-H07
［Xíngbóquán］

在县驻地龙门街道西北方向 26.0 千米。王呆铺镇辖自然村。人口 800。明朝建村，邢氏由山东潍坊迁入，刘氏由山西洪洞县迁入，村名仁美关庄，后改为邢博泉。聚落呈团块状分布。有图书室 1 个、广播站 1 个。经济以种植业为主，主要农作物有小麦、玉米、棉花、花生等。有公路经此。

董博泉 371426-B05-H08
［Dǒngbóquán］

在县驻地龙门街道西北方向 27.0 千米。王呆铺镇辖自然村。人口 400。元代，董姓建村，以姓氏命名。聚落呈团块状分布。有图书室 1 个、广播站 1 个。经济以种植业为主，主要农作物有小麦、玉米、棉花、花生等。有公路经此。

张博泉 371426-B05-H09
［Zhāngbóquán］

在县驻地龙门街道西北方向 28.0 千米。王杲铺镇辖自然村。人口 600。明正德年间建村，以姓氏命名。聚落呈团块状分布。有图书室 1 个、广播站 1 个。经济以种植业为主，主要农作物有小麦、玉米、棉花、花生、地瓜等。有公路经此。

许博泉 371426-B05-H10
［Xǔbóquán］

在县驻地龙门街道西北方向 28.0 千米。王杲铺镇辖自然村。人口 100。明朝，许姓在这里建村，以姓氏命名。聚落呈团块状分布。有图书室 1 个、广播站 1 个。经济以种植业为主，主要农作物有小麦、玉米、棉花等。养殖业以养殖肉鸭为主。有公路经此。

王博泉 371426-B05-H11
［Wángbóquán］

在县驻地龙门街道西北方向 23.0 千米。王杲铺镇辖自然村。人口 500。明朝正德年间建村，以姓氏命名。聚落呈团块状分布。有图书室 1 个、广播站 1 个。经济以种植业为主，主要农作物有小麦、玉米、棉花等。有公路经此。

后程 371426-B05-H12
［Hòuchéng］

在县驻地龙门街道西北方向 23.0 千米。王杲铺镇辖自然村。人口 300。程姓由山西省洪洞县迁来，后有弟兄二人成年后以湾为界建前、后程村，该村位于湾北，故名后程。聚落呈团块状分布。有图书室 1 个、广播站 1 个。经济以种植业和加工业为主，主要农作物有小麦、玉米、棉花和花生。加工业有电锯加工、木片加工等。有公路经此。

双庙 371426-B05-H13
［Shuāngmiào］

在县驻地龙门街道西北方向 25.0 千米。王杲铺镇辖自然村。人口 400。明朝建文年间，王良友从潍县东关迁来建村，因前后修了两座庙，村得名双庙王庄，后来演变为双庙。聚落呈团块状分布。有图书室 1 个、广播站 1 个。经济以种植业为主，主要农作物有小麦、玉米。有公路经此。

张华 371426-B06-H01
［Zhānghuá］

张华镇人民政府驻地。在县驻地龙门街道南方向 15.0 千米。人口 800。明永乐年间建村，因村中有张姓、华（化）姓两大姓，遂以姓氏命名。聚落呈团块状分布。有小学 1 所、幼儿园 1 所。经济以种植业和加工业为主，主要农作物有小麦、玉米、棉花。加工业以服装、食品加工为主，有丝绸加工厂、食品加工厂、锻件制造厂等。有公路经此。

望海寺 371426-B06-H02
［Wànghǎisì］

在县驻地龙门街道西南方向 23.0 千米。张华镇辖自然村。人口 400。相传，该村东是一大片洼地，常年积水，好似东海。清朝初期，村内修建了一座寺庙，因此改村名为望海寺。聚落呈团块状分布。有图书室 1 个、广播站 1 个。经济以种植业为主，主要农作物有小麦、玉米、棉花等。有公路经此。

贺沟 371426-B06-H03
[Hègōu]

在县驻地龙门街道西南方向 30.0 千米。张华镇辖自然村。人口 1 100。明朝成化年间，该村贺姓建村，因村内有大沟，故名。聚落呈团块状分布。有图书室 1 个、广播站 1 个。有县级文物保护单位贺氏先茔碑。经济以种植业为主，主要农作物有小麦、玉米、棉花等。有公路经此。

祖庄 371426-B06-H04
[Zǔzhuāng]

在县驻地龙门街道南方向 27.0 千米。张华镇辖自然村。人口 900。明朝洪武年间，祖姓由山西洪洞县仁义乡铜盆村（徐家药铺）迁来，村名遂改为祖庄。聚落呈团块状分布。有图书室 1 个、广播站 1 个。经济以种植业为主，主要农作物有小麦、玉米、棉花等。有公路经此。

韩庄 371426-B06-H05
[Hánzhuāng]

在县驻地龙门街道南方向 26.0 千米。张华镇辖自然村。人口 500。清乾隆年间，韩姓从山东乐安（今广饶县）迁此落户建村，遂以姓氏命名为韩庄。聚落呈团块状分布。有古迹挑杆井。有图书室 1 个、广播站 1 个。经济以种植业和加工业为主，主要农作物有小麦、玉米、棉花、葡萄等。加工业以酒水加工为主，有平原人家酿酒厂。有公路经此。

盆吴庄 371426-B06-H06
[Pénwúzhuāng]

在县驻地龙门街道西南方向 25.0 千米。张华镇辖自然村。人口 500。因吴姓烧盆远近闻名而得名。聚落呈团块状分布。有图书室 1 个、广播站 1 个。经济以种植业为主，主要农作物有小麦、玉米、棉花等。有公路经此。

黄庄 371426-B06-H07
[Huángzhuāng]

在县驻地龙门街道南方向 26.5 千米。张华镇辖自然村。人口 200。明永乐年间，黄姓从山东青州府罗安县黄家台迁来此地落户建村，故名黄庄。聚落呈团块状分布。有图书室 1 个、广播站 1 个。经济以种植业为主，主要农作物有小麦、玉米、棉花等。有公路经此。

梨园 371426-B06-H08
[Líyuán]

在县驻地龙门街道南方向 20.0 千米。张华镇辖自然村。人口 1 200。明朝时，因村内有梨树、菜园，故名。聚落呈团块状分布。有图书室 1 个、广播站 1 个。经济以种植业为主，主要农作物有小麦、玉米、棉花等。有公路经此。

郑官屯 371426-B06-H09
[Zhèngguāntún]

在县驻地龙门街道西南方向 23.0 千米。张华镇辖自然村。人口 1 000。明永乐年间，山西洪洞县的郑子成迁此地落户建村，遂以姓氏命名为郑官屯。聚落呈团块状分布。有图书室 1 个、广播站 1 个。经济以种植业为主，主要农作物有小麦、玉米、棉花等。有公路经此。

刘悦 371426-B06-H10
[Liúyuè]

在县驻地龙门街道南方向 38.0 千米。张华镇辖自然村。人口 900。相传，在北宋年间（一说在明洪武年间），刘悦从山西洪洞县迁来建村，故名。聚落呈团块状分布。有图书室 1 个、广播站 1 个。经济以种植业为主，主要农作物有小麦、玉米、棉花等。有公路经此。

大陈 371426-B06-H11
［Dàchén］

在县驻地龙门街道南方向 27.0 千米。张华镇辖自然村。人口 600。明洪武年间，陈姓由山西洪洞县迁入此地落户建村，村名大陈。聚落呈团块状分布。有图书室 1 个、广播站 1 个。经济以种植业为主，主要农作物有小麦、玉米、棉花等。有公路经此。

侯庄 371426-B06-H12
［Hóuzhuāng］

在县驻地龙门街道西南方向 24.0 千米。张华镇辖自然村。人口 500。明永乐年间，侯姓最早迁入此地落户建村，遂以姓氏命名为侯庄。聚落呈团块状分布。有图书室 1 个、广播站 1 个。经济以种植业为主，主要农作物有小麦、玉米、棉花等。有公路经此。

大崔 371426-B06-H13
［Dàcuī］

在县驻地龙门街道南方向 25.0 千米。张华镇辖自然村。人口 1 300。明洪武年间，崔姓建村，遂以姓氏命名为崔庄。后为区别于本乡小崔庄，遂更名为大崔庄。聚落呈团块状分布。有图书室 1 个、广播站 1 个。经济以种植业为主，主要农作物有小麦、玉米、棉花、梨等。有公路经此。

姜集 371426-B06-H14
［Jiāngjí］

在县驻地龙门街道南方向 26.0 千米。张华镇辖自然村。人口 200。明永乐年间，姜姓建村，并在此立有集市，故名。聚落呈团块状分布。有图书室 1 个、广播站 1 个。经济以种植业为主，主要农作物有小麦、玉米、棉花等。有公路经此。

北张 371426-B07-H01
［Běizhāng］

腰站镇人民政府驻地。在县驻地龙门街道西南方向 12.0 千米。人口 500。隋代，张姓建村，名张庄。又因地处腰站镇北，改称街北张庄，后来演变成北张。聚落呈团块状分布。有图书室 1 个、广播站 1 个。经济以种植业和加工业为主，主要农作物有小麦、玉米、棉花等，加工业以塑料加工为主，有塑料厂等。105 国道经此。

沙庄 371426-B07-H02
［Shāzhuāng］

在县驻地龙门街道西南方向 23.8 千米。腰站镇辖自然村。人口 800。因姓氏而得名。聚落呈团块状分布。有图书室 1 个、广播站 1 个。经济以种植业和加工业为主，主要农作物有小麦、玉米、棉花等，加工业以塑料加工为主，有塑料厂等。有公路经此。

耿楼 371426-B07-H03
［Gěnglóu］

在县驻地龙门街道西南方向 29.3 千米。腰站镇辖自然村。人口 800。明永乐年间，耿姓由山西洪洞县迁来，后盖土楼 99 座，因而村改名耿家楼，后演变为耿楼。聚落呈团块状分布。有图书室 1 个、广播站 1 个。经济以种植业为主，主要农作物有小麦、玉米、棉花等。有公路经此。

孔庄 371426-B07-H04
［Kǒngzhuāng］

在县驻地龙门街道西南方向 29.7 千米。腰站镇辖自然村。人口 300。相传，明清时期，孔姓最早迁入此地落户建村，故名。聚落呈团块状分布。有图书室 1 个、广播站 1 个。经济以种植业为主，主要农作物有小麦、玉米、棉花等。有公路经此。

石佛 371426-B07-H05
[Shífó]

在县驻地龙门街道西南方向 29.5 千米。腰站镇辖自然村。人口 400。由于该村西头路南有一土台，台上有四尊石佛，故名。聚落呈团块状分布。有图书室 1 个、广播站 1 个。经济以种植业为主，主要农作物有小麦、玉米、棉花等。有公路经此。

小屯 371426-B07-H06
[Xiǎotún]

在县驻地龙门街道西南方向 9.0 千米。腰站镇辖自然村。人口 400。明朝初年，梁氏家族与杨氏家族随移民队伍迁移至此建村，取名小屯，意为千军万马可囤积于此。聚落呈团块状分布。有图书室 1 个、广播站 1 个。经济以种植业为主，主要农作物有小麦、玉米、棉花等。有公路经此。

蒲河 371426-B07-H007
[Púhé]

在县驻地龙门街道西南方向 21.0 千米。腰站镇辖自然村。人口 200。因该村东有一段通往马颊河的河岔，且当时村中蒲姓较多，故名。聚落呈团块状分布。有图书室 1 个、广播站 1 个。经济以种植业为主，主要农作物有小麦、玉米、棉花等。有公路经此。

郭庄 371426-B07-H08
[Guōzhuāng]

在县驻地龙门街道西南方向 22.4 千米。腰站镇辖自然村。人口 300。因姓氏而得名。聚落呈团块状分布。有图书室 1 个、广播站 1 个。经济以种植业为主，主要农作物有小麦、玉米、棉花等。有公路经此。

王双堂 371426-B07-H09
[Wángshuāngtáng]

在县驻地龙门街道西南方向 25.2 千米。腰站镇辖自然村。人口 1 600。明弘治年间，宋姓建村，后村民王双堂成为本村首富，村名遂演变为王双堂。聚落呈团块状分布。有图书室 1 个、广播站 1 个。经济以种植业为主，主要农作物有小麦、玉米、棉花等。有公路经此。

姚庄 371426-B07-H10
[Yáozhuāng]

在县驻地龙门街道西南方向 26.2 千米。腰站镇辖自然村。人口 700。因姓氏而得名。聚落呈团块状分布。有图书室 1 个、广播站 1 个。经济以种植业为主，主要农作物有小麦、玉米、棉花等。有公路经此。

柳庄 371426-B07-H11
[Liǔzhuāng]

在县驻地龙门街道西南方向 23.8 千米。腰站镇辖自然村。人口 600。明永乐年间，柳姓迁入此地落户，故名。聚落呈团块状分布。有图书室 1 个、广播站 1 个。经济以种植业为主，主要农作物有小麦、玉米、棉花等。有公路经此。

北街 371426-B07-H12
[Běijiē]

在县驻地龙门街道西南方向 27.8 千米。腰站镇辖自然村。人口 900。相传秦始皇统一六国时，曾设驿站在今腰站村附近。后又分为东街、南街、西街、北街，该村居北，故称北街。聚落呈团块状分布。有图书室 1 个、广播站 1 个。经济以种植业为主，主要农作物有小麦、玉米、棉花等。有公路经此。

南街 371426-B07-H13

[Nánjiē]

在县驻地龙门街道西南方向 27.8 千米。腰站镇辖自然村。人口 300。相传秦始皇统一六国时，曾设驿站在今腰站村附近。后又分为东街、南街、西街、北街，该村居南，故称南街。聚落呈团块状分布。有图书室 1 个、广播站 1 个。经济以种植业为主，主要农作物有小麦、玉米、棉花等。有公路经此。

东街 371426-B07-H14

[Dōngjiē]

在县驻地龙门街道西南方向 27.8 千米。腰站镇辖自然村。人口 300。相传秦始皇统一六国时，曾在今腰站村附近设驿站。后又分为东街、南街、西街、北街，该村居东，故称东街。聚落呈团块状分布。有图书室 1 个、广播站 1 个。经济以种植业为主，主要农作物有小麦、玉米、棉花等。有公路经此。

土屋 371426-B07-H15

[Tǔwū]

在县驻地龙门街道西南方向 27.6 千米。腰站镇辖自然村。人口 600。据载，明万历年间，山西省洪洞县外迁至此的移民中，有人挖了几个土屋暂住，故得村名土坞，后演变为土屋。聚落呈团块状分布。有图书室 1 个、广播站 1 个。经济以种植业为主，主要农作物有小麦、玉米、棉花等。有公路经此。

王打卦 371426-B08-H01

[Wángdǎguà]

王打卦镇人民政府驻地。在县驻地龙门街道西方向 10.0 千米。人口 1 400。明朝永乐年间，王姓由山西洪洞县迁此定居，以姓氏命名为王庄。为纪念王氏青年男子打卦状告御史为民请命，改今名。聚落呈团块状分布。有小学 1 所、幼儿园 1 所。经济以种植业和加工业为主，主要农作物有小麦、玉米、西瓜、芦笋、平菇等。加工业以木器加工为主。有木器加工、蚕药制造等厂。省道永馆公路经此。

代家口 371426-B08-H02

[Dàijiākǒu]

在县驻地龙门街道西方向 8.8 千米。王打卦镇辖自然村。人口 1 600。明朝永乐年间，戴、崔、祖三姓从山西迁来，在马颊河西岸一渡口旁建村，因当时代姓人口较多，得名代家口。聚落呈团块状分布。有广播站 1 个、图书室 1 个。经济以种植业为主，主要农作物有小麦、玉米、黄瓜等。有公路经此。

花园 371426-B08-H03

[Huāyuán]

在县驻地龙门街道西方向 8.4 千米。王打卦镇辖自然村。人口 600。清康熙初年，探花董讷建造花园，故名。聚落呈团块状分布。有广播站 1 个、图书室 1 个。经济以种植业为主，主要农作物有小麦、玉米、苹果、山楂、梨等。有公路经此。

赵庄 371426-B08-H04

[Zhàozhuāng]

在县驻地龙门街道西方向 8.8 千米。王打卦镇辖自然村。人口 600。元朝，赵姓从山西洪洞县迁来，在一大沟南北两侧建村，沟南称枣梨赵庄，沟北称鞍子赵庄，后来统称赵庄。有广播站 1 个、图书室 1 个。经济以种植业和加工业为主，主要农作物有小麦、玉米、苹果、梨等。加工业有木炭加工厂。有公路经此。

义和庄 371426-B08-H05
［Yìhézhuāng］

在县驻地龙门街道西方向 8.8 千米。王打卦镇辖自然村。人口 300。明朝永乐年间建村，全村群众讲团结重义气，改名义和庄。聚落呈团块状分布。有广播站 1 个、图书室 1 个。经济以种植业为主，主要农作物有小麦、玉米。有公路经此。

庄科 371426-B08-H06
［Zhuāngkē］

在县驻地龙门街道西南方向 8.8 千米。王打卦镇辖自然村。人口 700。明朝永乐年间，庄姓从山西洪洞县迁来建村，后因村中有人登科，演变为庄科。聚落呈团块状分布。有广播站 1 个、图书室 1 个。经济以种植业为主，主要农作物有小麦、玉米。有公路经此。

张序班 371426-B08-H07
［Zhāngxùbān］

在县驻地龙门街道西方向 8.8 千米。王打卦镇辖自然村。人口 900。明朝永乐年间，张姓从山西迁来建村，后村分成两半，演变为张序半，后又演变为张序班。聚落呈团块状分布。有广播站 1 个、图书室 1 个。经济以种植业为主，主要农作物有小麦、玉米。有公路经此。

潘邓庄 371426-B08-H08
［Pāndèngzhuāng］

在县驻地龙门街道西方向 8.8 千米。王打卦镇辖自然村。人口 900。明朝永乐年间，潘、邓两姓从山西洪洞县迁来建村，统称潘邓庄。聚落呈团块状分布。有广播站 1 个、图书室 1 个。经济以种植业为主，主要农作物有小麦、玉米、苹果、梨、西瓜等。有公路经此。

肖家牌 371426-B08-H09
［Xiāojiāpái］

在县驻地龙门街道西方向 8.8 千米。王打卦镇辖自然村。人口 500。明朝永乐年间，肖姓从山西洪洞县迁来建村，以制造挡箭牌为生，故取名肖家牌。聚落呈团块状分布。有广播站 1 个、图书室 1 个。经济以种植业为主，主要农作物有小麦、玉米。有公路经此。

三圣堂 371426-B08-H10
［Sānshèngtáng］

在县驻地龙门街道西方向 8.8 千米。王打卦镇辖自然村。人口 600。明朝初期，因位于三圣堂附近建村，取名为三圣堂。聚落呈团块状分布。有广播站 1 个、图书室 1 个。经济以种植业为主，主要农作物有小麦、玉米。有公路经此。

李孟楼 371426-B08-H11
［Lǐmènglóu］

在县驻地龙门街道西方向 8.8 千米。王打卦镇辖自然村。人口 600。明朝，李、孟两姓从河间府迁来建村，后来修了座楼，故村称李孟楼。聚落呈团块状分布。有广播站 1 个、图书室 1 个、幼儿园 1 所。经济以种植业为主，主要农作物有小麦、玉米。有公路经此。

郭家堂 371426-B08-H12
［Guōjiātáng］

在县驻地龙门街道西方向 8.8 千米。王打卦镇辖自然村。人口 900。明朝永乐年间，郭姓从山西洪洞县迁来，在一座佛堂旁建村，故得名郭家堂。聚落呈团块状分布。有广播站 1 个、图书室 1 个。经济以种植业为主，主要农作物有小麦、玉米。有公路经此。

彭庄 371426-B08-H13

[Péngzhuāng]

在县驻地龙门街道西方向 8.8 千米。王打卦镇辖自然村。人口 400。明朝永乐年间，彭姓从山西洪洞县迁来建村，取名彭庄。聚落呈团块状分布。有广播站 1 个、图书室 1 个。经济以种植业为主，主要农作物有小麦、玉米。有公路经此。

前坊子 371426-C01-H01

[Qiánfāngzi]

坊子乡人民政府驻地。在县驻地龙门街道东北方向 10.0 千米。人口 600。北宋时方姓建村，按谐音取名坊子，明代部分户迁村西北角建村，取名后坊子，原村称前坊子。聚落呈团块状分布。有幼儿园 1 所。经济以种植业和加工业为主，主要农作物有小麦、玉米、西葫芦、棉花等。加工业以饲料加工为主。省道永馆公路经此。

姜家庙 371426-C01-H02

[Jiāngjiāmiào]

在县驻地龙门街道东北方向 18.0 千米。坊子乡辖自然村。人口 200。元末明初，张姓从山西迁来建村，后因村中出过将军，修了庙，故取名将军庙，后演变为姜家庙。聚落呈团块状分布。有图书室 1 个、广播站 1 个。经济以种植业和加工业为主，主要农作物有小麦、玉米、西葫芦、棉花、玉米、大豆。工业以饲料加工为主。315 省道经此。

东仓 371426-C01-H03

[Dōngcāng]

在县驻地龙门街道东北方向 8.6 千米。坊子乡辖自然村。人口 500。明朝初期，此地原是一个码头，设有存放物资的仓库，后来河道干涸，形成村庄，取名东仓。聚落呈团块状分布。有图书室 1 个、广播站 1 个。经济以种植业和加工业为主，主要农作物有小麦、玉米、西葫芦、棉花、玉米、大豆。加工业以饲料加工为主。315 省道经此。

东坊子 371426-C01-H04

[Dōngfāngzi]

在县驻地龙门街道东北方向 11.0 千米。坊子乡辖自然村。人口 200。北宋，方姓迁此定居，按谐音取名坊子。明朝，方姓部分人迁往村西北角建村，取名后坊子，原坊子改称东坊子。聚落呈团块状分布。有幼儿园 1 所。经济以种植业和加工业为主，主要农作物有小麦、玉米、西葫芦、棉花、玉米、大豆等。加工业以饲料加工为主。315 省道经此。

东任铺 371426-C01-H05

[Dōngrénpù]

在县驻地龙门街道东北方向 7.8 千米。坊子乡辖自然村。人口 400。原为十里铺，后来由于河流决口，房屋淹毁，在村北公路旁建立新村，遂改名为东任家铺，后简称东任铺。聚落呈团块状分布。有图书室 1 个、广播站 1 个。经济以种植业为主，主要农作物有小麦、玉米、西葫芦、棉花、玉米、大豆。315 省道经此。

东崔庄 371426-C01-H06

[Dōngcuīzhuāng]

在县驻地龙门街道东北方向 14.0 千米。坊子乡辖自然村。人口 900。北宋末年建村，因当时有很多野鸡常在附近觅食，故得名野鸡崔庄。1937 年前后形成两个自然村，该村在东，因此称东崔庄。聚落呈团块状分布。有图书室 1 个、广播站 1 个。经济以种植业为主，主要农作物有小麦、玉米、西葫芦、棉花、玉米、大豆。315 省道经此。

东高 371426–C01–H07
［Dōnggāo］

在县驻地龙门街道东北方向 14.4 千米。坊子乡辖自然村。人口 500。明朝，高姓建村，取名高村。后来分成西高、东高两村，该村为东高。聚落呈团块状分布。有幼儿园 1 所。经济以种植业为主，主要农作物有小麦、玉米、西葫芦、棉花、玉米、大豆。有公路经此。

付庄 371426–C01–H08
［Fùzhuāng］

在县驻地龙门街道东北方向 17.0 千米。坊子乡辖自然村。人口 800。明朝，傅姓建村，称付庄。聚落呈团块状分布。有图书室 1 个、广播站 1 个。经济以种植业为主，主要农作物有小麦、玉米、西葫芦、棉花、玉米、大豆。有公路经此。

侯庄 371426–C01–H09
［Hóuzhuāng］

在县驻地龙门街道东北方向 16.0 千米。坊子乡辖自然村。人口 300。元朝，侯姓建村，故名。聚落呈团块状分布。有图书室 1 个、广播站 1 个。经济以种植业为主，主要农作物有小麦、玉米、西葫芦、棉花、玉米、大豆。有公路经此。

刘大脚 371426–C01–H10
［Liúdàjiǎo］

在县驻地龙门街道东北方向 16.0 千米。坊子乡辖自然村。人口 100。明朝建村，后因迁入一个姓刘的人脚特别大，村名遂演变为刘大脚。聚落呈团块状分布。有图书室 1 个、广播站 1 个。经济以种植业为主，主要农作物有小麦、玉米、西葫芦、棉花、玉米、大豆。有公路经此。

后亭子 371426–C01–H11
［Hòutíngzi］

在县驻地龙门街道东北方向 13.0 千米。坊子乡辖自然村。人口 400。西汉末年建村，因村旁有一个亭子，故得名亭子，后因几户迁往村后建村，分为前亭子与后亭子两村，该村为后亭子。聚落呈团块状分布。有图书室 1 个、广播站 1 个。经济以种植业为主，主要农作物有小麦、玉米、西葫芦、棉花、玉米、大豆。有公路经此。

后杜庄 371426–C01–H12
［Hòudùzhuāng］

在县驻地龙门街道东北方向 17.0 千米。坊子乡辖自然村。人口 300。1368 年，杜姓建村，以姓氏命名为杜庄。后因分居形成前、后杜庄，该村为后杜庄。聚落呈团块状分布。有图书室 1 个、广播站 1 个。经济以种植业为主，主要农作物有小麦、玉米、西葫芦、棉花、玉米、大豆。有公路经此。

后耿庄 371426–C01–H13
［Hòugěngzhuāng］

在县驻地龙门街道东北方向 13.0 千米。坊子乡辖自然村。人口 800。元朝，耿姓建村。后来形成三村，按方位称前耿、后耿和西耿，该村为后耿庄。聚落呈团块状分布。有图书室 1 个、广播站 1 个。经济以种植业为主，主要农作物有小麦、玉米、西葫芦、棉花、玉米、大豆。有公路经此。

后蔡庄 371426–C01–H14
［Hòucàizhuāng］

在县驻地龙门街道东北方向 14.0 千米。坊子乡辖自然村。人口 400。相传，有三户人家在此地前后两处建村，以种菜为生，故取名前、后菜园，后演变为前蔡庄与后蔡庄。聚落呈团块状分布。有图书室 1 个、广播站 1 个。经济以种植业为主，主要农作物有小麦、玉米、西葫芦、棉花、玉米、大豆。315 省道经此。

大蔡庄 371426-C01-H15
[Dàcàizhuāng]

在县驻地龙门街道东北方向 7.6 千米。坊子乡辖自然村。人口 700。明朝建村，村民以种菜种甜瓜出名，得名菜甜瓜庄。后来有几户迁往村东南建小蔡庄，原村演变为大蔡庄。聚落呈团块状分布。有幼儿园 1 所、图书室 1 个。经济以种植业和加工业为主，主要农作物有小麦、玉米、西葫芦、棉花、玉米、大豆。工业以饲料加工为主。有公路经此。

安子王 371426-C01-H16
[Ānzǐwáng]

在县驻地龙门街道东北方向 13.0 千米。坊子乡辖自然村。人口 200。1368 年，安子王建村，故名。聚落呈团块状分布。有图书室 1 个、广播站 1 个。经济以种植业为主，主要农作物有小麦、玉米、西葫芦、棉花、玉米、大豆。有公路经此。

张言 371426-C02-H01
[Zhāngyán]

三唐乡人民政府驻地。在县驻地龙门街道北方向 7.5 千米。人口 200。明永乐年间，有个叫张言的从山西迁来建村，以名命名。聚落呈团块状分布。有幼儿园 1 所。经济以种植业和加工业为主，主要农作物有小麦、玉米、西葫芦、甜瓜等。工业以纺织、饮料加工为主。有纺织、饮料、电动汽车制造等企业。京沪铁路、省道济德公路经此。

大王庄 371426-C02-H02
[Dàwángzhuāng]

在县驻地龙门街道北方向 7.0 千米。三唐乡辖自然村。人口 400。唐朝中期，王姓迁来建村，故名。聚落呈团块状分布。有图书室 1 个、广播站 1 个。经济以种植业为主，主要农作物有小麦、玉米、梨、桃等。有公路经此。

崔家庙 371426-C02-H03
[Cuījiāmiào]

在县驻地龙门街道北方向 4.5 千米。三唐乡辖自然村。人口 400。明朝永乐年间，以姓氏命名为崔家庄，后因在村东头修了座庙，遂改名为崔家庙。聚落呈团块状分布。有广播站 1 个、小学 1 所。有古迹崔家塔。经济以种植业为主，主要农作物有小麦、玉米、金银花等。有公路经此。

桃园站 371426-C02-H04
[Táoyuánzhàn]

在县驻地龙门街道北方向 7.7 千米。三唐乡辖自然村。人口 500。该村建于明末清初，因此地设有驿站，附近有片桃园，故取名桃园站。聚落呈团块状分布。有图书室 1 个、广播站 1 个。经济以种植业为主，主要农作物有小麦、玉米、桃树为主。有公路经此。

碱场坟 371426-C02-H05
[Jiǎnchǎngfén]

在县驻地龙门街道北方向 8.9 千米。三唐乡辖自然村。人口 100。1644 年，张姓建村，因此地碱地多坟也多，后演变为碱场坟。聚落呈团块状分布。有图书室 1 个、广播站 1 个。经济以种植业为主，主要农作物有小麦、玉米等。有公路经此。

小唐庄 371426-C02-H06
［Xiǎotángzhuāng］

　　在县驻地龙门街道北方向 14.7 千米。三唐乡辖自然村。人口 400。明朝末年，唐姓在此种菜园，后以姓氏渐称小唐庄。聚落呈团块状分布。有图书室 1 个、广播站 1 个。经济以种植业为主，主要农作物有小麦、玉米等。有公路经此。

王科庄 371426-C02-H07
［Wángkēzhuāng］

　　在县驻地龙门街道北方向 14.3 千米。三唐乡辖自然村。人口 400。因早年间王珂从山西迁来建村，以做挑货郎为重要生活来源，故取名王珂郎庄，后演变为王科庄。聚落呈团块状分布。有图书室 1 个、广播站 1 个。经济以种植业为主，主要农作物有小麦、玉米等。有公路经此。

老鸦陈 371426-C02-H08
［Lǎoyāchén］

　　在县驻地龙门街道北方向 7.4 千米。三唐乡辖自然村。人口 300。明朝永乐年间，陈姓从山西迁来建村，因附近林中乌鸦成群，故得名老鸦陈。聚落呈团块状分布。有图书室 1 个、广播站 1 个。经济以种植业为主，主要农作物有小麦、玉米等。有公路经此。

曲六店 371426-C02-H09
［Qūliùdiàn］

　　在县驻地龙门街道北方向 14.4 千米。三唐乡辖自然村。人口 700。1644 年，曲姓排行老六者，在北京到济南的官道旁开店，后此处逐渐形成村庄，故得名曲六店。聚落呈团块状分布。有图书室 1 个、广播站 1 个。经济以种植业和养殖业为主，主要农作物有小麦、玉米等，养殖业以养殖蛋鸭为主。有公路经此。

刘站庄 371426-C02-H10
［Liúzhànzhuāng］

　　在县驻地龙门街道北方向 12.4 千米。三唐乡辖自然村。人口 200。明朝永乐年间，刘姓从山西迁此，站稳脚跟，建立家园，故取名刘站庄。聚落呈团块状分布。有图书室 1 个、广播站 1 个。经济以种植业为主，主要农作物有小麦、玉米、黄瓜、甘蓝等。有公路经此。

七里屯 371426-C02-H11
［Qīlǐtún］

　　在县驻地龙门街道北方向 6.9 千米。三唐乡辖自然村。人口 500。该村建于明朝永乐年间，因距平原城七华里，故取名七里屯。聚落呈团块状分布。有图书室 1 个、广播站 1 个。经济以种植业为主，主要农作物有小麦、玉米等。有公路经此。

韩庄 371426-C02-H12
［Hánzhuāng］

　　在县驻地龙门街道北方向 6.7 千米。三唐乡辖自然村。人口 400。明朝洪武年间，韩姓从青州府迁来建村，故名。聚落呈团块状分布。有图书室 1 个、广播站 1 个。经济以种植业为主，主要农作物有小麦、玉米等。有公路经此。

老唐庄 371426-C02-H13
［Lǎotángzhuāng］

　　在县驻地龙门街道北方向 15.7 千米。三唐乡辖自然村。人口 500。明朝永乐年间，唐姓从山西洪洞县迁入，故改名唐庄。后因西边出现小唐庄，后演变为老唐庄。聚落呈团块状分布。有图书室 1 个、广播站 1 个。经济以种植业为主，主要农作物有小麦、玉米等。有公路经此。

梁庄 371426-C02-H14
[Liángzhuāng]

在县驻地龙门街道北方向 13.5 千米。三唐乡辖自然村。人口 600。传说明燕王南下北归时期，村民绝大部分被杀，唯有大财主梁姓一家，因藏在地窖里而幸免，故得名梁庄。聚落呈团块状分布。有图书室 1 个、广播站 1 个。经济以种植业为主，主要农作物有小麦、玉米等。有公路经此。

官道郑 371426-C02-H15
[Guāndàozhèng]

在县驻地龙门街道北方向 12.0 千米。三唐乡辖自然村。人口 100。清朝，郑姓在北京至济南的官道旁建村，故取名官道郑。聚落呈团块状分布。有图书室 1 个、广播站 1 个。经济以种植业为主，主要农作物有小麦、玉米等。有公路经此。

官道王庄 371426-C02-H16
[Guāndàowángzhuāng]

在县驻地龙门街道北方向 10.0 千米。三唐乡辖自然村。人口 600。清朝，王姓在北京通济南的官道旁建村，故取名官道王庄。聚落呈团块状分布。有图书室 1 个、广播站 1 个。经济以种植业为主，主要农作物有小麦、玉米等。有公路经此。

半吉店 371426-C02-H17
[Bànjídiàn]

在县驻地龙门街道北方向 8.8 千米。三唐乡辖自然村。人口 600。汉代，班姓在此开酒店，逐渐形成村庄，故得名班酒店，后演变为半吉店。聚落呈团块状分布。有图书室 1 个、广播站 1 个。经济以种植业为主，主要农作物有小麦、玉米等。有公路经此。

夏津县

城市居民点

一中家属院小区 371427-I01
[Yīzhōng Jiāshǔyuàn Xiǎoqū]

在县城东南部。人口 1 700。总面积 0.3 公顷。因是由夏津县第一中学招标建设的教职工住宅楼，故名。2006 年始建，2008 年正式使用。建筑总面积 38 000 平方米，住宅楼 10 栋，其中高层 2 栋、多层 8 栋，现代建筑风格。绿化率 30%，有中学、小学、幼儿园、便民超市、卫生所等配套设施。通公交车。

县委家属院小区 371427-I02
[Xiànwěi Jiāshǔyuàn Xiǎoqū]

在县城南部。人口 2 300。总面积 0.6 公顷。因是由夏津县委、县政府招标建设的职工住宅楼，故名。1996 年始建，1997 年正式使用。建筑总面积 52 600 平方米，多层住宅楼 19 栋，现代建筑风格。绿化率 30%，有小学、幼儿园、便民超市、卫生所等配套设施。通公交车。

清华园小区 371427-I03
[Qīnghuáyuán Xiǎoqū]

在县城西南部。人口 1 000。总面积 0.3 公顷。因小区靠近夏津县第一高级中学和第二实验中学，取"清华"之名意在希冀学生学业有成，步入最高学府，故名。2008 年始建，2010 年正式使用。建筑总面积 30 000 平方米，多层住宅楼 11 栋，现代建筑风格。绿化率 30%，有小学、幼儿园、便民超市、卫生所等配套设施。通公交车。

丽景国际小区　371427–I04

[Lìjǐng Guójì Xiǎoqū]

在县城西部。人口 1 300。总面积 5.8 公顷。2010 年始建，2011 年正式使用。建筑总面积 100 000 平方米，住宅楼 14 栋，其中高层 10 栋、多层 4 栋，现代建筑风格。绿化率 31%，有小学、幼儿园、便民超市、卫生所等配套设施。通公交车。

九龙尚城小区　371427–I05

[Jiǔlóng Shàngchéng Xiǎoqū]

在县城西北部。人口 1 100。总面积 0.8 公顷。以原址曾有九龙泉、吉祥嘉言而得名。2005 年始建，2006 年正式使用。建筑总面积 38 000 平方米，多层住宅楼 8 栋，现代建筑风格。绿化率 30%，有小学、便民超市、卫生所等配套设施。通公交车。

华夏 A 区小区　371427–I06

[Huáxià Ā Qū Xiǎoqū]

在县城北部。人口 3 500。总面积 10.3 公顷。因开发公司名加序列号命名。2003 年始建，2005 年正式使用。建筑总面积 144 000 平方米，多层住宅楼 31 栋，现代建筑风格。绿化率 32%，有小学、幼儿园、便民超市、卫生所等配套设施。通公交车。

碧水盛景小区　371427–I07

[Bìshuǐshèngjǐng Xiǎoqū]

在县城东北部。人口 3 100。总面积 1.9 公顷。以紧靠县里碧水绕城项目加吉祥嘉言而得名。2011 年始建，2013 年正式使用。建筑总面积 110 035 平方米，多层住宅楼 5 栋，现代建筑风格。绿化率 32%，有中学、小学、便民超市、卫生所等配套设施。通公交车。

翰林苑小区　371427–I08

[Hànlínyuàn Xiǎoqū]

在县城东北部。人口 2 900。总面积 0.96 公顷。因靠近夏津县第一中学，为表达对下一代学有所成的希冀，故名。2011 年始建，2013 年正式使用。建筑总面积 115 000 平方米，住宅楼 13 栋，其中高层 6 栋、多层 7 栋，现代建筑风格。绿化率 35%，有中学、小学、便民超市、卫生所等配套设施。通公交车。

华夏 C 区小区　371427–I09

[Huáxià C Qū Xiǎoqū]

在县城北部。人口 4 900。总面积 9.2 公顷。以开发商名称加序列号命名。2007 年始建，2008 年正式使用。建筑总面积 234 136 平方米，住宅楼 45 栋，其中高层 2 栋、多层 43 栋，现代筑风格。绿化率 36%，有中学、小学、便民超市、卫生所等配套设施。通公交车。

弘康苑小区　371427–I10

[Hóngkāngyuàn Xiǎoqū]

在县城西北部。人口 1 200。总面积 0.89 公顷。以弘大健康之意命名。2012 年始建，2013 年正式使用。建筑总面积 193 710 平方米，住宅楼 13 栋，其中高层 12 栋、多层 1 栋，现代建筑风格。绿化率 30%，有小学、便民超市、卫生所等配套设施。通公交车。

德百玫瑰园小区　371427–I11

[Débǎi Méiguiyuán Xiǎoqū]

在县城西北部。人口 2 800。总面积 9.8 公顷。以开发公司名称命名。2012 年始建，2014 年正式使用。建筑总面积 127 000 平方米，住宅楼 17 栋，其中高层 8 栋、多层 9 栋，现代建筑风格。绿化率 38%，有中学、小学、便民超市、卫生所等配套设施。通公交车。

农村居民点

苗堂 371427-B01-H01
[Miáotáng]

南城镇人民政府驻地。在县驻地银城街道南方向 3.3 千米。人口 300。元末明初，苗氏建村，以姓氏命名。聚落呈带状分布。有文化广场 1 个。经济以种植业为主，主要农作物有棉花、小麦、玉米。有商贸公司。有公路经此。

丁坊 371427-B01-H02
[Dīngfāng]

在县驻地银城街道东南方向 3.5 千米。南城镇辖自然村。人口 1 200。明永乐年间，丁姓自山西洪洞县迁来建村，以姓氏且兼取"坊巷"之义得村名丁坊。聚落呈团块状分布。有小学 1 所。经济以养殖业和纺织业为主，有鸡棚 2 处、纺织厂 1 家。308国道经此。

代楼 371427-B01-H03
[Dàilóu]

在县驻地银城街道南方向 4.0 千米。南城镇辖自然村。人口 400。明万历年间，代荣玉从山西洪洞县迁来建村，并建一小楼，后遂起名为代家楼，简称代楼。聚落呈团块状分布。有文化广场 1 个。经济以加工业为主，有棉花加工厂 2 家。有公路经此。

刘钦庄 371427-B01-H04
[Liúqīnzhuāng]

在县驻地银城街道东南方向 7.5 千米。南城镇辖自然村。人口 500。明永乐年间，刘姓自山西洪洞县迁来建村，因村中贤士刘钦而得村名。聚落呈团块状分布。有文化广场 1 个。经济以养殖业为主，有养殖场 2 处。有公路经此。

地藏寺 371427-B01-H05
[Dìzàngsì]

在县驻地银城街道南方向 5.2 千米。南城镇辖自然村。人口 1 300。因村西有一座大寺，寺中供奉着地藏王菩萨，所以该村起名为地藏寺。聚落呈团块状分布。有文化广场 1 个。经济以养殖业和加工业为主，有肉鸭大棚、养鸡厂、棉纺厂、食用油厂、提净机厂、锯片加工厂。有公路经此。

大刘庄 371427-B01-H06
[Dàliúzhuāng]

在县驻地银城街道东南方向 6.6 千米。南城镇辖自然村。人口 1 300。明朝初建村，因为刘姓聚集在一起的村庄，故名大刘庄。聚落呈团块状分布。有文化广场 1 个。经济以种植业和加工业为主，主要农作物有小麦、玉米等，有肉鸭大棚、养鸡厂、织布厂。308 国道经此。

大朱庄 371427-B01-H07
[Dàzhūzhuāng]

在县驻地银城街道东南方向 4.2 千米。南城镇辖自然村。人口 1 000。明永乐八年（1410），朱姓太母冷氏由山东省胶州湾南笁迁来建村，为与村西另一朱庄相区别，故又称大朱庄。聚落呈团块状分布。有文化广场 1 个。经济以种植业为主，主要农作物有棉花、玉米等。有油毡厂、木炭厂等。有公路经此。

拐里一村 371427-B01-H08
［Guǎilǐyīcūn］

在县驻地银城街道东南方向 8.5 千米。南城镇辖自然村。人口 600。明朝洪武年间建村，相传原为徐里长屯西北的一个拐弯，故得名拐里，又以序号分三个村，该村为拐里一村。聚落呈团块状分布。有文化广场 1 个。经济以加工业为主，有棉花加工厂、锻造及齿轮加工厂、手工艺品加工厂。有公路经此。

白庙 371427-B01-H09
［Báimiào］

在县驻地银城街道东南方向 3.7 千米。南城镇辖自然村。人口 600。因村中建一白玉庙，殿堂宏伟宽敞，闻名遐迩，故以庙名为村名。聚落呈团块状分布。有文化广场 1 个。经济以种植业和加工业为主，主要农作物有小麦、玉米等，有纺纱厂、毛巾厂。有公路经此。

蒋寨 371427-B01-H10
［Jiǎngzhài］

在县驻地银城街道南方向 4.1 千米。南城镇辖自然村。人口 1 100。明永乐年间，蒋氏从山西洪洞县迁来，人丁兴旺后改村名为蒋寨。聚落呈团块状分布。有文化广场 1 个。经济以加工业为主，有棉花加工厂、植物油加工厂等。254 省道经此。

贾庄 371427-B01-H11
［Jiǎzhuāng］

在县驻地银城街道南方向 7.0 千米。南城镇辖自然村。人口 600。明嘉靖年间，贾天才自青州府长山县司马庄迁来建村，以姓氏命名为贾庄。聚落呈团块状分布。经济以加工业为主，有棉花加工厂 2 家。254省道经此。

乔官屯 371427-B01-H12
［Qiáoguāntún］

在县驻地银城街道南方向 6.7 千米。南城镇辖自然村。人口 3 200。元朝中期，乔氏从外地迁来建村，以姓氏命名为乔官屯。聚落呈团块状分布。有文化广场 1 个、小学 1 所、幼儿园 2 所。经济以加工业为主，有棉花加工厂、植物油加工厂、面粉厂、酿酒厂等。254 省道经此。

南刘 371427-B01-H13
［Nánliú］

在县驻地银城街道南方向 4.2 千米。南城镇辖自然村。人口 400。明永乐年间，刘伯纯由山西洪洞县迁来建村，始为刘伯纯庄，后更名为南刘。聚落呈团块状分布。有文化广场 1 个、幼儿园 1 个。经济以养殖业为主，有养猪场 1 个、养鸡场 1 个。有公路经此。

朱庙 371427-B01-H14
［Zhūmiào］

在县驻地银城街道东南方向 5.7 千米。南城镇辖自然村。人口 500。明永乐年间，朱姓自山西洪洞县迁来，初来暂借大庙栖身，建村后遂称朱庙。聚落呈团块状分布。有文化广场 1 个、幼儿园 1 所。经济以加工业为主，有棉花加工厂、纸管加工厂等。有公路经此。

栾庄 371427-B01-H15
［Luánzhuāng］

在县驻地银城街道南方向 4.0 千米。南城镇辖自然村。人口 1 200。明洪武年间，栾廷锡自山洪洞县迁来立村，故名。聚落呈团块状分布。有文化广场 1 个、中学 1 所、小学 2 所。经济以加工业为主，有棉花加工厂、植物油加工厂、混凝土加工厂。有公路经此。

宋楼 371427-B02-H01

[Sònglóu]

宋楼镇人民政府驻地。在县驻地银城街道西南方向 8.0 千米。人口 900。明万历间，宋姓迁至此村，建土楼一座，故村名宋楼。聚落呈团块状分布。有文化广场 1 个。经济以种植业为主，主要农作物有棉花、小麦、玉米、山药。有棉绒厂 5 家。有公路经此。

许堤 371427-B02-H02

[Xǔdī]

在县驻地银城街道西南方向 4.7 千米。宋楼镇辖自然村。人口 700。明洪武年间，许氏从山西洪洞县迁来建村，因村建在陈公堤上，故得名许堤。聚落呈团块状分布。有文化广场 1 个。经济以种植业和加工业为主，有短绒厂、食品加工厂。315 省道经此。

韩庙 371427-B02-H03

[Hánmiào]

在县驻地银城街道西南方向 8.9 千米。宋楼镇辖自然村。人口 700。明洪武年间，韩姓自山西洪洞县迁来建村，因在一庙附近，故得村名韩庙。聚落呈团块状分布。有文化广场 1 个。经济以种植业为主。315 省道经此。

魏店 371427-B02-H04

[Wèidiàn]

在县驻地银城街道西南方向 10.0 千米。宋楼镇辖自然村。人口 1 500。明永乐年间，先民自山西洪洞县迁居夏津，因在路边有魏姓人开店，故取名魏店。聚落呈团块状分布。有小学 1 所。经济以种植业和加工业为主。315 省道经此。

黄官屯 371427-B02-H05

[Huángguāntún]

在县驻地银城街道西南方向 3.8 千米。宋楼镇辖自然村。人口 500。明洪武年间，村人自山西洪洞县迁来屯田，因村傍黄河故道（堤上沙河），故得村名黄河屯。后因屯点长官姓黄，故更名为黄官屯。聚落呈团块状分布。有文化广场 1 个。经济以种植业为主。有短绒棉加工厂 1 个。315 省道、254 省道经此。

侯王庄 371427-B02-H06

[Hóuwángzhuāng]

在县驻地银城街道西南方向 8.0 千米。宋楼镇辖自然村。人口 1 200。明初，侯氏自山西洪洞县迁来建村，故名侯王庄。聚落呈团块状分布。有文化广场 1 个、文化站 1 个。经济以种植业为主。315 省道经此。

香赵庄 371427-B03-H01

[Xiāngzhàozhuāng]

香赵庄镇人民政府驻地。在县驻地银城街道东南方向 10.0 千米。人口 1 300。明朝万历年间，赵姓自山西洪洞县迁来建村，农闲时节，村民多制造神香，故村名改为香赵庄。有文化广场 1 个、幼儿园 1 所。经济以种植业为主。有公路经此。

马桥 371427-B03-H02

[Mǎqiáo]

在县驻地银城街道东南方向 13.2 千米。香赵庄镇辖自然村。人口 400。明朝永乐年间，马氏由河北省南宫县迁来建村，因居马颊河西畔，村头又有大桥，故得村名马桥。聚落呈团块状分布。有文化广场 1 个。经济以种植业为主。308 国道经此。

东姚寨 371427-B03-H03
［Dōngyáozhài］

在县驻地银城街道东方向 14.4 千米。香赵庄镇辖自然村。人口 600。明永乐年间，姚氏自山西洪洞县迁此地建村，因初来时以木柴为栅，故得村名姚寨。后改为东姚寨。聚落呈团块状分布。有文化广场 1 个。经济以种植业和养殖业为主。青银高速经此。

东张庄 371427-B03-H04
［Dōngzhāngzhuāng］

在县驻地银城街道东方向 10.5 千米。香赵庄镇辖自然村。人口 200。明朝永乐年间，张姓自山东即墨县迁来建村，以姓氏得村名张庄。因有重名，改为东张庄。聚落呈团块状分布。有文化广场 1 个。经济以种植业为主。有公路经此。

东齐庄 371427-B03-H05
［Dōngqízhuāng］

在县驻地银城街道东方向 12.2 千米。香赵庄镇辖自然村。人口 400。明朝永乐年间，齐氏由山西洪洞县迁此地立村，名齐庄。后因重名，改为东齐庄。聚落呈团块状分布。有文化广场 1 个。经济以种植业为主。有公路经此。

于庄 371427-B03-H06
［Yúzhuāng］

在县驻地银城街道东方向 11.5 千米。香赵庄镇辖自然村。人口 1 200。明永乐年间，于氏自山东即墨县迁此地建村，因姓氏得名于庄。聚落呈团块状分布。有文化广场 1 个。经济以种植业为主。有公路经此。

仉庄 371427-B03-H07
［Zhǎngzhuāng］

在县驻地银城街道东方向 9.3 千米。香赵庄镇辖自然村。人口 600。明朝咸化年间，仉姓自山西洪洞县迁来建村，以姓氏得村名仉庄。聚落呈团块状分布。有文化广场 1 个。经济以种植业为主。有公路经此。

仓上 371427-B03-H08
［Cāngshàng］

在县驻地银城街道东南方向 12.5 千米。香赵庄镇辖自然村。人口 1 200。明朝万历年间，缴纳的粮草集中在此地，由水路运往北京，故命名为仓上。聚落呈团块状分布。有文化广场 1 个。经济以种植业为主。有公路经此。

刘铺 371427-B03-H09
［Liúpù］

在县驻地银城街道东南方向 12.4 千米。香赵庄镇辖自然村。人口 4 000。明朝万历年间，刘姓自本县刘家河沟迁来建村，因村靠官道铺舍（古时传递公文的驿站），故得村名刘铺。聚落呈团块状分布。有文化广场 1 个。经济以加工业为主，主要企业有鑫亿达棉业。有公路经此。

白马湖 371427-B04-H01
［Báimǎhú］

白马湖镇人民政府驻地。在县驻地银城街道西南方向 16.1 千米。人口 3 300。明永乐年间建村，因此地曾有白马湖，故名。聚落呈团块状分布。有文化广场 1 个。经济以种植业和养殖业为主，主要农作物有小麦、玉米、花生、棉花，主要养殖肉牛。有畜牧产业公司、铸造厂、纺织厂等。有公路经此。

祁庄 371427-B04-H02
[Qízhuāng]

在县驻地银城街道西南方向 12.8 千米。白马湖镇辖自然村。人口 1 700。明永乐年间，祁氏先人自山西洪洞县迁此建村，以姓氏命名为祁庄。聚落呈团块状分布。有文化广场 1 个。经济以种植业和养殖业为主。有公路经此。

箭口 371427-B04-H03
[Jiànkǒu]

在县驻地银城街道西方向 10.8 千米。白马湖镇辖自然村。人口 1 900。传说该处是汉王跑马射箭的地方，故名。聚落呈团块状分布。有文化广场 1 个。经济以种植业和养殖业为主。主要养殖猪、肉鸡。有公路经此。

花园 371427-B04-H04
[Huāyuán]

在县驻地银城街道西方向 9.0 千米。白马湖镇辖自然村。人口 2 000。据传，该村为某一大户养花之所，故称村为花园。聚落呈团块状分布。有幼儿园 1 所。经济以种植业和养殖业为主。有公路经此。

枣林 371427-B04-H05
[Zǎolín]

在县驻地银城街道西南方向 17.2 千米。白马湖镇辖自然村。人口 1 200。明永乐年间，先民自山西洪洞县迁此建村，因当时此地有一片枣林，故称村为枣林。聚落呈团块状分布。有小学 1 所。经济以种植业主。有公路经此。

白坡高庄 371427-B04-H06
[Báipōgāozhuāng]

在县驻地银城街道西方向 11.0 千米。白马湖镇辖自然村。人口 1 000。明永乐年间，村南是一片洼地（即白马湖大洼），因地形而得村名高庄。后为避重名，更名为白坡高庄。聚落呈团块状分布。有文化广场 1 个。经济以种植业和养殖业为主。有公路经此。

东李官屯 371427-B05-H01
[Dōnglǐguāntún]

东李官屯镇人民政府驻地。在县驻地银城街道东方向 15.0 千米。人口 3 800。明万历年间，李氏自山西洪洞县迁此建村，以姓氏命名为李官屯。后分为两个村，东边的为东李官屯，西边的为西李官屯，该村为东李官屯。聚落呈团块状分布。有文化广场 1 个、幼儿园 1 所、小学 1 所、中学 1 所。经济以种植业和商业为主。有公路经此。

东肖官屯 371427-B05-H02
[Dōngxiāoguāntún]

在县驻地银城街道东北方向 16.5 千米。东李官屯镇辖自然村。人口 600。明万历年间，肖氏、王氏自山西洪洞县迁此建村，命名为肖王官屯。后分为东、西肖官屯两个村。此村在东面，所以叫东肖官屯。聚落呈团块状分布。有文化广场 1 个。经济以种植业、养殖业为主。有公路经此。

东范庄 371427-B05-H03
[Dōngfànzhuāng]

在县驻地银城街道东北方向 17.5 千米。东李官屯镇辖自然村。人口 300。明万历年间，范氏自山西洪洞县迁来建村，以姓氏得村名范庄，后改村名为东范庄。聚落呈团块状分布。有文化广场 1 个。经济以种植业为主。有公路经此。

东陈庄 371427-B05-H04
[Dōngchénzhuāng]

在县驻地银城街道东北方向 14.6 千米。东李官屯镇辖自然村。人口 300。清朝末年，陈氏自河北枣强县迁此建村，后因陈姓渐多，村名遂改为陈庄。后为避免重名，又改为东陈庄。聚落呈团块状分布。有文化广场 1 个。经济以种植业和加工业为主。有公路经此。

东靳庄 371427-B05-H05
[Dōngjìnzhuāng]

在县驻地银城街道东北方向 17.4 千米。东李官屯镇辖自然村。人口 900。约 500 年前，后草庙庄的靳伟迁来定居，改村名为靳庄，为避重名，又改为东靳庄。聚落呈团块状分布。有文化广场 1 个、幼儿园 1 所。经济以种植业和养殖业为主。有公路经此。

东高庄 371427-B05-H06
[Dōnggāozhuāng]

在县驻地银城街道东北方向 14.0 千米。东李官屯镇辖自然村。人口 1 200。明洪武年间，高崇山自山西洪洞县迁此建村，命名为高庄。后因重名，改为东高庄。聚落呈团块状分布。有文化广场 1 个。经济以种植业、林业和养殖业为主。有公路经此。

于桥 371427-B05-H07
[Yúqiáo]

在县驻地银城街道东北方向 16.0 千米。东李官屯镇辖自然村。人口 700。明成化年间，于氏自山东掖县迁此建村，村名为于桥。聚落呈团块状分布。有文化广场 1 个。经济以种植业、养殖业和加工业为主。有预制板厂。有公路经此。

刘兴裕 371427-B05-H08
[Liúxīngyù]

在县驻地银城街道东方向 17.0 千米。东李官屯镇辖自然村。人口 1 800。清乾隆年间，村民刘兴裕在方圆百里都很出名，于是改村名为刘兴裕。聚落呈团块状分布。有幼儿园 1 所、小学 1 所。经济以种植业为主。有公路经此。

雷集 371427-B06-H01
[Léijí]

雷集镇人民政府驻地。在县驻地银城街道东北方向 25.0 千米。人口 1 900。元朝中统年间，雷氏由山西洪洞县迁此建村，故名雷集。聚落呈团块状分布。有文化广场 1 个、中学 1 所、小学 1 所。经济以种植业为主，主要作物有小麦、玉米、棉花等，饲养猪、牛、鸡。有公路经此。

马官屯 371427-B06-H02
[Mǎguāntún]

在县驻地银城街道东北方向 23.0 千米。雷集镇辖自然村。人口 1 200。汉朝官府倡导军屯、民屯，因有一马姓兵卒定居该处，故遂命名为马官屯。聚落呈团块状分布。有文化广场 1 个。经济以种植业为主，主要农作物有小麦、玉米、大葱、西瓜。315 省道经此。

马辛庄 371427-B06-H03
[Mǎxīnzhuāng]

在县驻地银城街道东北方向 21.3 千米。雷集镇辖自然村。人口 100。明洪武年间，马氏由山西洪洞县迁来建村，名麻辛，后改为马辛庄。聚落呈团块状分布。有文化广场 1 个。经济以种植业为主，主要农作物有小麦、棉花等。有公路经此。

黄庄 371427-B06-H04

[Huángzhuāng]

在县驻地银城街道东北方向 21.4 千米。雷集镇辖自然村。人口 600。明朝初期，黄氏由山西洪洞县迁此建村，以姓氏命名为黄庄。聚落呈团块状分布。有文化广场 1 个。经济以种植业为主，主要作物有小麦、玉米、棉花、大葱、西瓜、地瓜等。有公路经此。

齐营 371427-B06-H05

[Qíyíng]

在县驻地银城街道东北方向 20.5 千米。雷集镇辖自然村。人口 800。明朝弘治年间，村民由山西洪洞县迁来，该村最初有 7 户人家，故名七家营，后改名为齐营。聚落呈团块状分布。有文化广场 1 个。经济以种植业为主，主要农作物有小麦、棉花等。有公路经此。

东三教堂 371427-B06-H06

[Dōngsānjiàotáng]

在县驻地银城街道东北方向 26.2 千米。雷集镇辖自然村。人口 600。清朝年间，因村东头建一庙堂，内供有圣人、老君、佛像，故村名改为东三教堂。聚落呈团块状分布。有文化广场 1 个。经济以种植业为主。有公路经此。

东于 371427-B06-H07

[Dōngyú]

在县驻地银城街道东北方向 24.0 千米。雷集镇辖自然村。人口 500。明初，于氏自山西洪洞县迁来建村，因有 4 个于庄，本村在四于的东边，故名东于。聚落呈团块状分布。有文化广场 1 个。经济以种植业为主。有公路经此。

东双庙 371427-B06-H08

[Dōngshuāngmiào]

在县驻地银城街道东北方向 25.7 千米。雷集镇辖自然村。人口 1 300。明万历年间，双庙先人由山西洪洞县迁来，因在十字路口有两座破庙，故改名为东双庙。聚落呈团块状分布。有文化广场 1 个。经济以种植业为主。有公路经此。

东郑庄 371427-B06-H09

[Dōngzhèngzhuāng]

在县驻地银城街道东北方向 21.5 千米。雷集镇辖自然村。人口 400。明万历年间，郑子周由山西洪洞县迁来建村，故名。聚落呈团块状分布。有文化广场 1 个。经济以种植业为主。有公路经此。

东马庄 371427-B06-H10

[Dōngmǎzhuāng]

在县驻地银城街道东北方向 20.5 千米。雷集镇辖自然村。人口 300。明洪武年间，马姓族人聚建该村，取名为马庄。后分成东、西两村，该村为东马庄。聚落呈团块状分布。有文化广场 1 个。经济以种植业为主。有公路经此。

倪庄 371427-B06-H11

[Nízhuāng]

在县驻地银城街道东北方向 19.0 千米。雷集镇辖自然村。人口 1 300。明初建村，因村民多为倪姓，故名。聚落呈团块状分布。有文化广场 1 个。经济以种植业为主。有公路经此。

冯堂 371427-B06-H12

[Féngtáng]

在县驻地银城街道东北方向 19.0 千米。雷集镇辖自然村。人口 200。明洪武年间，曹氏由山西洪洞县迁此建村，因村北临马庄，村名遂改为冯堂。聚落呈团块状分布。有文化广场 1 个。经济以种植业和养殖业为主。有公路经此。

刘宪庄 371427-B06-H13
[Liúxiànzhuāng]

在县驻地银城街道东北方向 25.8 千米。雷集镇辖自然村。人口 1 800。明成祖时期，刘乾从山西洪洞县迁来此地，以刘乾的儿子刘宪之名立村。聚落呈团块状分布。有文化广场 1 个。经济以加工业和养殖业为主，有辣椒加工厂、木材加工厂、面粉加工厂、油厂、塑料制品加工厂等。315 省道经此。

前于 371427-B06-H14
[Qiányú]

在县驻地银城街道东北方向 23.7 千米。雷集镇辖自然村。人口 400。明初，于氏自山西洪洞县迁来，初称于庄，后分为前、后两街，前街改为前于。聚落呈团块状分布。有文化广场 1 个。经济以种植业为主，主要农作物有小麦、棉花等。有公路经此。

前魏寨 371427-B06-H15
[Qiánwèizhài]

在县驻地银城街道东北方向 22.0 千米。雷集镇辖自然村。人口 700。明永乐年间，魏氏由山西洪洞县迁此建村，为与附近后魏寨区分，故命名为前魏寨。聚落呈团块状分布。有文化广场 1 个。经济以种植业和养殖业为主。有公路经此。

北范庄 371427-B06-H16
[Běifànzhuāng]

在县驻地银城街道东北方向 24.2 千米。雷集镇辖自然村。人口 500。明初，范氏由山西洪洞县迁此建村，名范庄，后改为北范庄。聚落呈团块状分布。有文化广场 1 个。经济以种植业为主，主要农作物有小麦、棉花等。有公路经此。

古城 371427-B06-H17
[Gǔchéng]

在县驻地银城街道东北方向 25.0 千米。雷集镇辖自然村。人口 1 300。明朝建村，传说北国完颜乌达到此修筑城池，后得名古城。聚落呈团块状分布。有文化广场 1 个。经济以种植业和养殖业为主。有公路经此。

苏留庄 371427-B07-H01
[Sūliúzhuāng]

苏留庄镇人民政府驻地。在县驻地银城街道东北方向 19.0 千米。人口 2 400。明朝万历年间，苏、刘两姓在此建村而得名。聚落呈团块状分布。有文化广场 1 个、幼儿园 2 所、学校 3 所。经济以种植业为主。315 省道经此。

东杨 371427-B07-H02
[Dōngyáng]

在县驻地银城街道东北方向 13.5 千米。苏留庄镇辖自然村。人口 600。明永乐年间，杨氏从山东掖县南关四槐村迁此建村。后村分为两个大队，此大队在东，名东杨。聚落呈团块状分布。有文化广场 1 个、幼儿园 1 所。经济以粮菜种植为主。有公路经此。

东管庄 371427-B07-H03
[Dōngguǎnzhuāng]

在县驻地银城街道东北方向 17.6 千米。苏留庄镇辖自然村。人口 700。明永乐年间，管姓由山西洪洞县迁此建村，以姓氏命名为管庄（曾名化家寺管庄）。1980 年地名普查时更名为东管庄。聚落呈团块状分布。有幼儿园 1 所、学校 1 所。经济以种植业为主。有公路经此。

东韩 371427-B07-H04
[Dōnghán]

在县驻地银城街道东北方向 21.0 千米。苏留庄镇辖自然村。人口 400。明永乐四年（1406），先民从山西洪洞县大槐树庄迁来，因村中多韩姓，故名。聚落呈团块状分布。有文化广场 1 个。经济以种植业为主。315 省道经此。

北于庄 371427-B07-H05
[Běiyúzhuāng]

在县驻地银城街道东北方向 16.8 千米。苏留庄镇辖自然村。人口 700。明万历年间，于姓从山西洪洞县迁此建村。命名为于庄。后因为重名，更名为北于庄。聚落呈团块状分布。有文化广场 1 个、幼儿园 1 所。经济以种植业为主。有公路经此。

北双庙 371427-B07-H06
[Běishuāngmiào]

在县驻地银城街道东北方向 20.8 千米。苏留庄镇辖自然村。人口 500。明洪武年间，刘氏从莱州府迁此建村。后来村民在村头修建两座关帝庙，故改村名为双庙，因重名，又改为北双庙。聚落呈团块状分布。经济以种植业为主。315 省道经此。

北铺店 371427-B07-H07
[Běipùdiàn]

在县驻地银城街道东北方向 15.0 千米。苏留庄镇辖自然村。人口 1 400。明永乐年间，村民从山西洪洞县迁此，以开铺为生，故名北铺店。聚落呈团块状分布。有幼儿园 1 所、学校 1 所。经济以种植业为主。315 省道经此。

大兴庄 371427-B07-H08
[Dàxīngzhuāng]

在县驻地银城街道东北方向 18.1 千米。苏留庄镇辖自然村。人口 2 200。元朝初期，村民由山西洪洞县（一说自山东即墨县）迁此建村，取兴旺发达之意，命名为大兴庄。聚落呈团块状分布。有幼儿园 1 所、学校 1 所。经济以种植业为主。315 省道经此。

报效屯 371427-B07-H09
[Bàoxiàotún]

在县驻地银城街道东北方向 19.2 千米。苏留庄镇辖自然村。人口 1 100。明朝永乐年间建村，后县官差人将此村迁至陈公堤上，村民为不忘天恩，故取村名为报效屯。聚落呈团块状分布。有文化广场 1 个、小学 1 所、幼儿园 1 所。经济以种植业为主。315 省道经此。

侯官屯 371427-B07-H10
[Hóuguāntún]

在县驻地银城街道东北方向 17.5 千米。苏留庄镇辖自然村。人口 1 200。明初，侯氏兄弟 4 人从山西洪洞县大槐树迁来，因此命名为侯官屯。聚落呈团块状分布。有文化广场 1 个、幼儿园 1 所。经济以种植业为主。有公路经此。

刘曹庄 371427-B07-H11
[Liúcáozhuāng]

在县驻地银城街道东北方向 12.3 千米。苏留庄镇辖自然村。人口 1 100。该村原名叫刘草庄，后来因为人们迷信，就把刘草庄改为刘曹辛庄，后来叫刘曹庄。聚落呈团块状分布。有幼儿园 1 个。经济以种植业为主。有公路经此。

后周官屯 371427-B07-H12
［Hòuzhōuguāntún］

在县驻地银城街道东北方向 15.7 千米。苏留庄镇辖自然村。人口 1 100。明洪武年间，一周姓官员带领移民由莱州府（今莱州市）迁此安家落户，故名周官屯。后分前、后两个村，此村居后，故称后周官屯。聚落呈团块状分布。有文化广场 1 个、幼儿园 1 个。经济以种植业为主。有公路经此。

封庄 371427-B07-H13
［Fēngzhuāng］

在县驻地银城街道东北方向 17.0 千米。苏留庄镇辖自然村。人口 1 100。明初，封氏兄弟封千、封万由山西洪洞县大槐树迁至此，并以姓氏为名，改村名为封庄。聚落呈团块状分布。有文化广场 1 个、学校 1 所。经济以种植业为主。315 省道经此。

梁吴庄 371427-B07-H14
［Liángwúzhuāng］

在县驻地银城街道东北方向 22.3 千米。苏留庄镇辖自然村。人口 800。明末建村，因村中以梁姓与吴姓为主，故名。聚落呈团块状分布。有文化广场 1 个。经济以种植业为主。有公路经此。

范窑 371427-B07-H15
［Fànyáo］

在县驻地银城街道东北方向 25.8 千米。苏留庄镇辖自然村。人口 2 100。明初建村，因村中有一范姓人家以烧窑为生，故名范家窑，现简称范窑。聚落呈团块状分布。有文化广场 1 个、幼儿园 1 所、学校 1 所。经济以种植业为主。有公路经此。

盛庄 371427-B07-H16
［Shèngzhuāng］

在县驻地银城街道东北方向 17.0 千米。苏留庄镇辖自然村。人口 800。相传，此村居民由山西洪洞县迁徙而来，以盛氏居多，故称盛庄。聚落呈团块状分布。有文化广场 1 个、幼儿园 1 所。经济以种植业为主。有公路经此。

于家仓 371427-B07-H17
［Yújiācāng］

在县驻地银城街道东北方向 12.1 千米。苏留庄镇辖自然村。人口 1 000。明永乐年间，于姓建村，故名。聚落呈团块状分布。有文化广场 1 个、幼儿园 1 所、学校 1 所。经济以种植业为主。有公路经此。

新盛店 371427-B08-H01
［Xīnshèngdiàn］

新盛店镇人民政府驻地。在县驻地银城街道北方向 14.7 千米。人口 2 400。唐天宝元年（742），县城移至此村。后在清朝年间取兴盛意，改称新盛店。聚落呈团块状分布。有文化广场 1 个、幼儿园 1 所、小学 1 所、中学 1 所。经济以种植业为主。254 省道经此。

西菜园 371427-B08-H02
［Xīcàiyuán］

在县驻地银城街道北方向 13.6 千米。新盛店镇辖自然村。人口 400。明洪武年间，王氏由山西招远县迁此建村，因其当时以种菜为生，故村名王家菜园。后分为三个村，此村位于西边，故名西菜园。聚落呈团块状分布。经济以种植业为主。254 省道经此。

魏庄 371427-B08-H03

[Wèizhuāng]

在县驻地银城街道北方向 11.7 千米。新盛店镇辖自然村。人口 200。相传，明初，魏氏从山西洪洞县迁此地落户，繁衍成村，故名。聚落呈团块状分布。有文化广场 1 个。经济以种植业为主。254 省道经此。

小李庄 371427-B08-H04

[Xiǎolǐzhuāng]

在县驻地银城街道北方向 13.2 千米。新盛店镇辖自然村。人口 1 000。明朝燕王扫北之后，李氏李六公由山西洪洞县迁来此地，立村叫小李庄。聚落呈团块状分布。有文化广场 1 个。经济以种植业为主。有公路经此。

小辛庄 371427-B08-H05

[Xiǎoxīnzhuāng]

在县驻地银城街道北方向 16.5 千米。新盛店镇辖自然村。人口 400。明永乐年间，辛忠、刘木本两家由山西洪洞县迁此定居立村，后刘姓大部分迁外，改村名为小辛庄。聚落呈团块状分布。有文化广场 1 个。经济以种植业为主。254 省道经此。

小陈庄 371427-B08-H06

[Xiǎochénzhuāng]

在县驻地银城街道北方向 14.5 千米。新盛店镇辖自然村。人口 300。据传，明初，陈氏自外地迁此建村，因村小人少，故命村名为小陈庄。聚落呈团块状分布。经济以种植业和养殖业为主。有公路经此。

徐庄 371427-B08-H07

[Xúzhuāng]

在县驻地银城街道北方向 12.2 千米。新盛店镇辖自然村。人口 500。明洪武年间建村，因该村徐姓较多，故称徐庄。聚落呈团块状分布。有文化广场 1 个。经济以种植业为主。有公路经此。

新曹庄 371427-B08-H08

[Xīncáozhuāng]

在县驻地银城街道北方向 16.0 千米。新盛店镇辖自然村。人口 700。明朝永乐年间，曹姓来此地落户建村，村名曹庄，后更名为新曹庄。聚落呈团块状分布。有文化广场 1 个。经济以种植业为主。有公路经此。

新韩庄 371427-B08-H09

[Xīnhánzhuāng]

在县驻地银城街道北方向 12.8 千米。新盛店镇辖自然村。人口 300。清康熙年间，韩氏由山西洪洞县迁此建村，以姓氏命名为韩庄，后更名为新韩庄。聚落呈团块状分布。有文化广场 1 个。经济以种植业为主。有公路经此。

殷堤口 371427-B08-H10

[Yīndīkǒu]

在县驻地银城街道西北方向 16.5 千米。新盛店镇辖自然村。人口 8 000。明永乐年间，殷姓由山西洪洞县迁来此地，并依靠沙河堤建村定居，故名。聚落呈团块状分布。有文化广场 1 个。经济以种植业为主。有公路经此。

永安庄 371427-B08-H11

[Yǒng'ānzhuāng]

在县驻地银城街道北方向 17.5 千米。新盛店镇辖自然村。人口 500。明朝永乐年间，杨鲁由山西洪洞县迁此立村，取名杨庄。后为求吉利，改村名为永安庄。聚落呈团块状分布。有文化广场 1 个。经济以种植业为主。有公路经此。

盐厂 371427-B08-H12

[Yánchǎng]

在县驻地银城街道西北方向 16.6 千米。新盛店镇辖自然村。人口 1 000。明永乐年间，韩氏由山西洪洞县迁此，因村庄周围多系盐碱地，故名盐厂。聚落呈团块状分布。有文化广场 1 个、小学 1 所。经济以种植业为主。有公路经此。

西季庄 371427-B08-H13

[Xījìzhuāng]

在县驻地银城街道西北方向 14.7 千米。新盛店镇辖自然村。人口 500。明万历年间，季氏由山西洪洞县迁此落户，立村叫季庄，后分为东季庄、西季庄，此村为西季庄。聚落呈团块状分布。有幼儿园 1 所。经济以种植业为主。有公路经此。

西张官寨 371427-B08-H14

[Xīzhāngguānzhài]

在县驻地银城街道西北方向 18.7 千米。新盛店镇辖自然村。人口 700。1400 年，因有一张姓官员在此驻扎过，故得名张官寨。后分为东张官寨、西张官寨两村，此村位西，故名西张官寨。聚落呈团块状分布。有文化广场 1 个。经济以种植业为主。有公路经此。

西李官屯 371427-B08-H15

[Xīlǐguāntún]

在县驻地银城街道西北方向 15.0 千米。新盛店镇辖自然村。人口 1 700。明永乐年间，李氏从山西洪洞县迁此建村，希望后代当官，故命名该村为西李官屯。聚落呈团块状分布。有文化广场 1 个、幼儿园 2 所、小学 1 所。经济以种植业为主。有公路经此。

西肖里长屯 371427-B08-H16

[Xīxiāolǐchángtún]

在县驻地银城街道北方向 17.5 千米。新盛店镇辖自然村。人口 200。明万历年间建村，因肖、李、张姓人数最多，故名肖李张屯，后演变成肖里长屯。后分为前、后、西三个村，此村位西，故称西肖里长屯。聚落呈团块状分布。有文化广场 1 个。经济以种植业为主。有公路经此。

西韩庄 371427-B08-H17

[Xīhánzhuāng]

在县驻地银城街道西北方向 16.0 千米。新盛店镇辖自然村。人口 600。明万历年间，韩氏自山西洪洞县迁此建村，以姓氏命名为韩庄。后因该县有多个韩庄，故以方位区分，称西韩庄。聚落呈团块状分布。有文化广场 1 个。经济以种植业为主。有公路经此。

中菜园 371427-B08-H18

[Zhōngcàiyuán]

在县驻地银城街道北方向 13.5 千米。新盛店镇辖自然村。人口 300。明洪武年间，王氏由山西招远县迁此建村，因其当时以种菜为生，故村名王家菜园。后分为三个村，此村位于中间，故名中菜园。聚落呈团块状分布。有文化广场 1 个。经济以种植业为主。有公路经此。

于堤口 371427-B08-H19

[Yúdīkǒu]

在县驻地银城街道北方向 17.6 千米。新盛店镇辖自然村。人口 700。明永乐年间，于氏由山西洪洞县迁此，因紧依西沙河堤建村，故以姓氏命名为于堤口。聚落呈团块状分布。有文化广场 1 个。经济以种植业为主。有公路经此。

周寨 371427-B08-H20

[Zhōuzhài]

在县驻地银城街道北方向 15.0 千米。新盛店镇辖自然村。人口 300。明朝永乐年间，周氏由山西洪洞县迁来此地落户，命村名为周寨。聚落呈团块状分布。有文化广场 1 个。经济以种植业为主。有公路经此。

岳集 371427-B08-H21

[Yuèjí]

在县驻地银城街道北方向 10.0 千米。新盛店镇辖自然村。人口 700。明永乐年间，岳氏由山西洪洞县（一说自河南汤阳县）迁来此地落户成村，并立集市，故名岳集。聚落呈团块状分布。有文化大院。经济以粮、棉、菜种植为主。315 省道经此。

双庙 371427-B09-H01

[Shuāngmiào]

双庙镇人民政府驻地。在县驻地银城街道西方向 10.2 千米。人口 2 900。明洪武年间，于氏和孙氏自山东省登州府招远县迁至此处立足，建一双门土地庙，故得村名双庙。聚落呈团块状分布。有文化广场 1 个、幼儿园 1 所、小学 1 所。经济以种植业为主。308 国道经此。

后柳 371427-B09-H02

[Hòuliǔ]

在县驻地银城街道西方向 6.0 千米。双庙镇辖自然村。人口 1 400。明朝洪武年间，张刚由青州府益都县迁来建村，因此村位一棵大柳树之后，故得村名后大柳树，后简称后柳。聚落呈团块状分布。有小学 1 所、幼儿园 1 所。经济以种植业为主。有公路经此。

曹庄 371427-B09-H03

[Cáozhuāng]

在县驻地银城街道西南方向 9.2 千米。双庙镇辖自然村。人口 1 100。明朝洪武年间，曹姓由山西省洪洞县迁来建村，故名。聚落呈团块状分布。有文化广场 1 个、幼儿园 1 所。经济以种植业为主。有公路经此。

曹辛庄 371427-B09-H04

[Cáoxīnzhuāng]

在县驻地银城街道西南方向 9.2 千米。双庙镇辖自然村。人口 600。清光绪年间，先民由山西省洪洞县迁来建村，因建在曹庄附近，又是新建村，故名曹新庄，后变为曹辛庄。聚落呈团块状分布。有文化广场 1 个。经济以种植业、养殖业为主。有公路经此。

李堂 371427-B09-H05

[Lǐtáng]

在县驻地银城街道西北方向 5.5 千米。双庙镇辖自然村。人口 900。因村内李姓居多，又有李氏祠堂，故立村名李堂。聚落呈团块状分布。有文化广场 1 个。经济以种植业为主。有公路经此。

李文庄 371427-B09-H06

[Lǐwénzhuāng]

在县驻地银城街道西南方向 8.5 千米。双庙镇辖自然村。人口 1 600。明朝永乐年间，先民由山西省洪洞县迁来建村，起名李文庄。聚落呈团块状分布。有文化广场 1 个。经济以种植业为主。有公路经此。

郑保屯 371427-B10-H01

[Zhèngbǎotún]

郑保屯镇人民政府驻地。在县驻地银

城街道西方向 17.0 千米。人口 5 900。明朝时，因村民郑保经商有名，故名郑保屯。聚落呈团块状分布。有文化广场 1 个、幼儿园 5 所、小学 1 所。经济以羊绒加工、汽摩配件加工、种植业、畜牧养殖业为主。308 国道经此。

柳元庄 371427-B10-H02
[Liǔyuánzhuāng]

在县驻地银城街道西北方向 16.7 千米。郑保屯镇辖自然村。人口 1 400。明洪武年间，先民自山西洪洞县迁此建村。据传，当时此地有六个园，村取名叫六园庄，后叫成柳元庄。聚落呈团块状分布。有幼儿园 1 所、小学 1 所。经济以羊绒加工、粮食种植、畜牧养殖为主。有公路经此。

西李庄 371427-B10-H03
[Xīlǐzhuāng]

在县驻地银城街道西北方向 17.3 千米。郑保屯镇辖自然村。人口 1 000。明永乐年间，李太公自山东昌邑县（一说自莱阳县）迁此，以姓氏命村名为李庄。后为避重名，更名为西李庄。聚落呈团块状分布。有文化广场 1 个、幼儿园 1 所、小学 1 所。经济以种植业和养殖业为主。有公路经此。

西邢庄 371427-B10-H04
[Xīxíngzhuāng]

在县驻地银城街道西方向 19.3 千米。郑保屯镇辖自然村。人口 1 600。明洪武年间，邢宽自莱州府高密县邢家岭迁来，立村名邢庄。后为避重名，更名为西邢庄。聚落呈团块状分布。有文化广场 1 个、幼儿园 1 所、小学 1 所。经济以羊绒加工、种植业为主。308 国道经此。

北口 371427-B10-H05
[Běikǒu]

在县驻地银城街道西方向 19.2 千米。郑保屯镇辖自然村。人口 600。因位于运河渡口的北边，故改称北口至今。聚落呈团块状分布。有文化广场 1 个。经济以羊绒加工、种植业为主。有公路经此。

田庄 371427-C01-H01
[Tiánzhuāng]

田庄乡人民政府驻地。在县驻地银城街道西北方向 9.4 千米。人口 2 100。明朝永乐年间，田氏由山西洪洞县迁此建村，故名。聚落呈团块状分布。有文化广场 1 个、小学 1 所、幼儿园 1 所。经济以种植业为主。有公路经此。

西孔庄 371427-C01-H02
[Xīkǒngzhuāng]

在县驻地银城街道北方向 7.5 千米。田庄乡辖自然村。人口 400。明朝万历年间，孔姓来此立村，名孔庄。后为避重名，更名为西孔庄。聚落呈团块状分布。有文化广场 1 个。经济以种植业为主。有公路经此。

陈庄 371427-C01-H03
[Chénzhuāng]

在县驻地银城街道西北方向 10.7 千米。田庄乡辖自然村。人口 1 100。明朝洪武年间，陈氏由山西洪洞县（一说自北京陈家胡同）迁此定居，以姓氏命名为陈庄。聚落呈团块状分布。有文化广场 1 个、小学 1 所。经济以种植业为主。有公路经此。

东渡口驿 371427-C01-H01
[Dōngdùkǒuyì]

渡口驿乡人民政府驻地。在县驻地银

城街道西北方向 17.3 千米。人口 2 400。唐初建村，窦建德领兵来此时改村名为渡口驿，后村中西大队群众迁居新村，村名为西渡口驿，原村改称东渡口驿。聚落呈团块状分布。有文化广场 1 处，幼儿园 1 所，小学 1 所。经济以种植业和商贸业为主。有公路经此。

武城县

城市居民点

国泰名都 371428-I01
[Guótài Míngdū]

在县城东北部。人口 5 900。总面积 24.0 公顷。以国泰民安的美好寓意命名为国泰名都。2005 年始建，2012 年正式使用。建筑总面积 230 000 平方米，多层住宅楼 73 栋，现代建筑风格。绿地面积 33 000 平方米，有健身广场、幼儿园、超市等配套设施。通公交车。

东方花园 371428-I02
[Dōngfāng Huāyuán]

在县城东部。人口 3 900。总面积 13.0 公顷。因位于县城东部，以小区如花园般的美好寓意命名为东方花园。2007 年始建，2011 年正式使用。建筑总面积 130 000 平方米，多层住宅楼 39 栋，现代建筑风格。绿地面积 18 000 平方米，有健身广场、小学、超市等配套设施。通公交车。

滨湖丽都住宅小区 371428-I03
[Bīnhúlìdū Zhùzháixiǎoqū]

在县城西部。人口 6 900。总面积 83.4 公顷。因小区靠近弦歌湖，滨湖而建，故取名滨湖丽都小区。2010 年始建，2011 年正式使用。建筑总面积 184 000 平方米，多层住宅楼 38 栋，现代建筑风格。绿地面积 30 000 平方米，有健身广场、超市等配套设施。通公交车。

古贝春幸福家园 371428-I04
[Gǔbèichūn Xìngfú Jiāyuán]

在县城西部。人口 5 100。总面积 20.0 公顷。该小区由古贝春集团武城房地产开发有限公司投资建设，幸福家园寓意为和谐、幸福、美满的家园，故命名为古贝春幸福家园。2011 年始建，2013 年正式使用。建筑总面积 200 000 平方米，住宅楼 35 栋，其中小高层 3 栋、多层 32 栋，现代建筑风格。绿地面积 36 480 平方米，有健身广场、超市等配套设施。通公交车。

农村居民点

杜前坡 371428-A01-H01
[Dùqiánpō]

在县驻地广运街道北方向 5.0 千米。广运街道辖自然村。人口 700。明朝，实施水利工程时，官府在此设钱铺发饷，后来杜氏人口剧增，便改称杜家钱铺，群众习称杜前坡。聚落呈团块状分布。有图书室 1 个、广播站 1 个、小学 1 个。经济以种植业为主，主要农作物有小麦、玉米、棉花。有公路经此。

果里 371428-A01-H02
[Guǒlǐ]

在县驻地广运街道西北方向 3.8 千米。广运街道辖自然村。人口 1 400。明初，任万、任坛兄弟二人从山西洪洞县迁至此处大水坑立村，因水坑为圆形，像锅，便定村名为锅里，以后逐渐称作果里。聚落呈团块状分布。有图书室 1 个、广播站 1 个。经济以种植业为主，主要农作物有小麦、玉米、棉花。有公路经此。

梁庄 371428-A01-H03

[Liángzhuāng]

在县驻地广运街道西方向 3.9 千米。广运街道辖自然村。人口 600。明初，梁大红带领两个弟弟由山东即墨迁来此地定居，遂取村名为梁庄。聚落呈团块状分布。有图书室 1 个、广播站 1 个。经济以种植业为主，主要农作物有小麦、玉米、棉花。有公路经此。

棘围 371428-A01-H04

[Jíwéi]

在县驻地广运街道西北方向 6.2 千米。广运街道辖自然村。人口 1 400。明初，先民从山西洪洞县与山东蓬莱县迁来，因当时遍地荒凉，周围荆棘环绕，故取村名棘围。聚落呈团块状分布。有图书室 1 个、广播站 1 个、小学 1 所。经济以种植业为主，主要作物有小麦、玉米、棉花。有公路经此。

姜官屯 371428-A01-H05

[Jiāngguāntún]

在县驻地广运街道西北方向 3.8 千米。广运街道辖自然村。人口 1 100。相传明成祖称帝之后，有一将官退役来此定居，称军屯，后享有不交国税之特权，故名将官屯，后沿革为姜官屯。聚落呈团块状分布。有图书室 1 个、广播站 1 个、小学 1 个。经济以种植业为主，主要农作物有小麦、玉米、棉花。有公路经此。

张庄 371428-A01-H06

[Zhāngzhuāng]

在县驻地广运街道西方向 2.4 千米。广运街道辖自然村。人口 1 100。相传，明末，该村张一忠辞官回家，由河北省沧州大洋庄迁至古贝州恩县附近隐居，后繁衍成村，取名张庄。聚落呈团块状分布。有图书室 1 个、广播站 1 个。经济以种植业为主，主要农作物有小麦、玉米、棉花。有公路经此。

沙东 371428-A01-H07

[Shādōng]

在县驻地广运街道北方向 3.0 千米。广运街道辖自然村。人口 1 000。明初建村，因位于沙窝屯东，故名。聚落呈团块状分布。有图书室 1 个、广播站 1 个。经济以种植业为主，主要农作物有小麦、玉米、棉花。有公路经此。

西关 371428-A01-H08

[Xīguān]

在县驻地广运街道西方向 0.7 千米。广运街道辖自然村。人口 900。古贝州治旧城，以十字街为中心分东、西、南、北关，各为一村。此村位于十字街西部，故名西关。聚落呈团块状分布。有图书室 1 个、广播站 1 个。经济以种植业为主，主要农作物有小麦、玉米、棉花。有公路经此。

前王立屯 371428-A01-H09

[Qiánwánglìtún]

在县驻地广运街道东方向 2.7 千米。广运街道辖自然村。人口 700。相传，明初，先民从山西洪洞县和山东即墨县迁来，因王氏人口多，故取名王立屯。后因河决口将村冲为南北两段，此村在南，故名前王立屯。聚落呈团块状分布。有图书室 1 个、广播站 1 个。经济以种植业为主，主要农作物有小麦、玉米、棉花。有公路经此。

任河沟 371428-A01-H10

[Rénhégōu]

在县驻地广运街道东北方向 4.0 千米。广运街道辖自然村。人口 400。此村有一条由西南往东北流向的古河道，有村民于村北依河而居，因任氏人多，又改称任家河沟，简称任河沟。聚落呈团块状分布。有图书室1个、广播站1个。经济以种植业为主，主要农作物有小麦、玉米、棉花。有公路经此。

军庄 371428-A01-H11
[Jūnzhuāng]

在县驻地广运街道东北方向6.2千米。广运街道辖自然村。人口400。相传，明初在此安排一部分退役军人定居，所耕土地称军地，亦定村名为军庄。聚落呈团块状分布。有图书室1个、广播站1个。经济以种植业为主，主要农作物有小麦、玉米、棉花。有公路经此。

盛寨 371428-A01-H12
[Shèngzhài]

在县驻地广运街道东北方向6.0千米。广运街道辖自然村。人口1 100。相传，早年间此地曾发生过毒蚊夜间咬人致死的事情，全村仅剩一家，故取名剩家寨，后演变为盛寨。聚落呈团块状分布。有图书室1个、广播站1个。有县级文物保护单位唐末平民墓群。经济以种植业为主，主要农作物有小麦、玉米、棉花。有公路经此。

东七里庄 371428-B01-H01
[Dōngqīlǐzhuāng]

在县驻地广运街道东南方向6.2千米。武城镇辖自然村。人口1 100。相传，七里庄一称始于唐朝，因该村与贝州、历亭县城相距七华里，故名。后村分为东、西两村。此村在东，称东七里庄。聚落呈团块状分布。有图书室1个、广播站1个。有县级文物保护单位东七里庄遗址。经济以种植业为主，主要农作物有小麦、玉米、棉花。有公路经此。

东杨官屯 371428-B01-H02
[Dōngyángguāntún]

在县驻地广运街道东南方向4.9千米。武城镇辖自然村。人口1 100。相传，宋末，杨氏来此地建村，又出一官员，故取名杨官屯。后分为东、西两村，因其居东，故称东杨官屯。聚落呈团块状分布。有图书室1个、广播站1个。经济以种植业为主，主要农作物有小麦、玉米、棉花。有公路经此。

两生官庄 371428-B01-H03
[Liǎngshēngguānzhuāng]

在县驻地广运街道东南方向12.9千米。武城镇辖自然村。人口1 000。村内一农户生两个男孩，自幼勤奋好学，长大先后为官，遂改村名为两生官庄。聚落呈团块状分布。有图书室1个、广播站1个。经济以种植业为主，主要农作物有小麦、玉米、棉花。有公路经此。

兴仁官庄 371428-B01-H04
[Xīngrénguānzhuāng]

在县驻地广运街道东南方向15.1千米。武城镇辖自然村。人口200。相传该村旧称官庄，且形如杏仁状，故被称为兴仁官庄。聚落呈团块状分布。有图书室1个、广播站1个、文化广场1个。经济以种植业为主，主要农作物有小麦、玉米、棉花。有公路经此。

前马棚 371428-B01-H05
[Qiánmǎpéng]

在县驻地广运街道西南方向5.1千米。武城镇辖自然村。人口900。宋朝时期有军队来此喂马，取村名马棚。后分为前后两村，此村在南，故称前马棚。聚落呈团块状分布。有图书室1个、广播站1个。经济以种植业为主，主要农作物有小麦、玉米、棉花。有公路经此。

以种植业为主，主要农作物有小麦、玉米、棉花。有公路经此。

吴河沟 371428-B01-H06
[Wúhégōu]

在县驻地广运街道东方向 7.1 千米。武城镇辖自然村。人口 300。相传，吴氏从山东登州府莱阳县顺首村迁此定居，因村南有一古河道，故称吴河沟。聚落呈团块状分布。有图书室 1 个、广播站 1 个、文化广场 1 个。经济以种植业为主，主要农作物有小麦、玉米、棉花。有公路经此。

坡寺 371428-B01-H07
[Pōsì]

在县驻地广运街道东北方向 11.7 千米。武城镇辖自然村。人口 300。因村南坡地有一行善寺而命名为坡寺。聚落呈团块状分布。有图书室 1 个、广播站 1 个。有行善寺遗迹。经济以种植业为主，主要农作物有小麦、玉米、棉花。有公路经此。

孙家庙 371428-B01-H08
[Sūnjiāmiào]

在县驻地广运街道东南方向 12.1 千米。武城镇辖自然村。人口 200。相传，早年村东有一大寺院，清末从大户庄迁来一孙氏，取村名为孙家庙。聚落呈团块状分布。有图书室 1 个、广播站 1 个。经济以种植业为主，主要农作物有小麦、玉米、棉花。有公路经此。

安集庄 371428-B01-H09
[Ānjízhuāng]

在县驻地广运街道东北方向 11.8 千米。武城镇辖自然村。人口 300。相传，该村原为一集镇，名安集，故名。聚落呈团块状分布。有图书室 1 个、广播站 1 个。经济

庄科 371428-B01-H10
[Zhuāngkē]

在县驻地广运街道东南方向 3.9 千米。武城镇辖自然村。人口 300。相传，明初村西有个尼姑庵，租种土地的佃户住在庵东，称庵庄，后改为庄科。聚落呈团块状分布。有图书室 1 个、广播站 1 个。经济以种植业为主，主要农作物有小麦、玉米、棉花。有公路经此。

户王庄 371428-B01-H11
[Hùwángzhuāng]

在县驻地广运街道东南方向 7.6 千米。武城镇辖自然村。人口 800。相传，明初该村叫龙王庙，后改称护王庄，现简化为户王庄。聚落呈团块状分布。有图书室 1 个、广播站 1 个。经济以种植业为主，主要农作物有小麦、玉米、棉花。有公路经此。

桃花店 371428-B01-H12
[Táohuādiàn]

在县驻地广运街道东北方向 7.8 千米。武城镇辖自然村。人口 1 100。该村陶氏家族庞大，并在十字路口建一大车店，此店名陶家店，村以店名。明清时期改称桃花店。聚落呈团块状分布。有图书室 1 个、广播站 1 个。经济以种植业为主，主要农作物有小麦、玉米、棉花。有公路经此。

董王庄 371428-B01-H13
[Dǒngwángzhuāng]

在县驻地广运街道东南方向 8.7 千米。武城镇辖自然村。人口 1 500。明朝燕王扫北后，因董、王两姓来此定居，故更名为董王庄。聚落呈团块状分布。有图书室 1

个、广播站 1 个、幼儿园 1 所。经济以种植业为主，主要农作物有小麦、玉米、棉花。有公路经此。

西大屯 371428-B01-H14
[Xīdàtún]

在县驻地广运街道东北方向 7.6 千米。武城镇辖自然村。人口 700。相传，明洪武年间，村民将村内井口屯住，人们称该村为大屯，后划为东大屯、中大屯、西大屯三村，因其位居于西，故称西大屯。聚落呈团块状分布。有图书室 1 个、广播站 1 个、幼儿园 1 所。经济以种植业为主，主要农作物有小麦、玉米、棉花。有公路经此。

西岳觉寺 371428-B01-H15
[Xīyuèjuésì]

在县驻地广运街道东南方向 10.6 千米。武城镇辖自然村。人口 1 500。原由三村组成，东南角的村叫庄科，有一寺院；西北角的小村也有一寺院。三村合并后，因两寺调角，故定村名为女角寺。后改称岳觉寺。现分为东、西两村，因其位居于西，故称西岳觉寺。聚落呈团块状分布。有图书室 1 个、广播站 1 个、幼儿园 1 所。有县级文物保护单位明代刘氏之祖墓。经济以种植业为主，主要农作物有小麦、玉米、棉花。有公路经此。

见马庄 371428-B01-H16
[Jiànmǎzhuāng]

在县驻地广运街道东南方向 11.5 千米。武城镇辖自然村。人口 800。相传，刘秀出巡，一匹骏马失踪，一老人在此曾见此马，遂取名见马庄。聚落呈团块状分布。有图书室 1 个、广播站 1 个、幼儿园 1 所。经济以种植业为主，主要农作物有小麦、玉米、棉花。有公路经此。

野庄 371428-B01-H17
[Yězhuāng]

在县驻地广运街道东南方向 11.4 千米。武城镇辖自然村。人口 1 000。相传，明清时期，该村原名予里庄，后改为野庄。聚落呈团块状分布。有图书室 1 个、广播站 1 个，有非物质文化遗产野庄威风锣鼓。聚落呈团块状分布。有图书室 1 个、广播站 1 个。经济以种植业为主，主要农作物有小麦、玉米、棉花。有公路经此。

马粮庄 371428-B01-H18
[Mǎliángzhuāng]

在县驻地广运街道东南方向 4.0 千米。武城镇辖自然村。人口 1 300。相传，汉光武帝将此地封于救命恩人老太太，遂改名为妈妈地，后改名为马粮庄。聚落呈团块状分布。有图书室 1 个、广播站 1 个。经济以种植业为主，主要农作物有小麦、玉米、棉花。有公路经此。

马言庄 371428-B01-H19
[Mǎyánzhuāng]

在县驻地广运街道东北方向 13.8 千米。武城镇辖自然村。人口 1 500。相传，刘秀出巡路过此处，骏马走失，在此处听到马叫声，遂取名马言庄。聚落呈团块状分布。有图书室 1 个、广播站 1 个、幼儿园 1 所。经济以种植业为主，主要农作物有小麦、玉米、棉花。有公路经此。

北街 371428-B02-H01
[Běijiē]

老城镇人民政府驻地。在县驻地广运街道西南方向 16.8 千米。人口 500。因原位于武城老县城北门里大街，故称北街。聚落呈团块状分布。有图书室 1 个、广播站 1 个、文化广场 1 个、小学 1 所。民俗有高跷、架鼓。经济以现代农业和加工工业为主，农作物主要有黄瓜、西红柿、菠菜等，有园丰蔬菜种植专业合作社、轻工机械厂、油料加工厂。有公路经此。

东徐 371428-B02-H02
[Dōngxú]

在县驻地广运街道西南方向 16.9 千米。老城镇辖自然村。人口 500。因位于刁咀东部，且徐姓居多而得名。聚落呈团块状分布。有图书室 1 个、广播站 1 个、文化广场 1 个。经济以种植业为主，主要农作物有小麦、玉米、棉花。有公路经此。

仓上 371428-B02-H03
[Cāngshàng]

在县驻地广运街道西南方向 16.1 千米。老城镇辖自然村。人口 3 400。相传，明初燕王扫北时在此建了大仓库，后人便把此处称为仓上。聚落呈团块状分布。有图书室 1 个、广播站 1 个、幼儿园 1 所。经济以种植业为主，主要农作物有小麦、玉米、棉花。有公路经此。

三义 371428-B02-H04
[Sānyì]

在县驻地广运街道西南方向 17.7 千米。老城镇辖自然村。人口 1 800。1952 年，崔刘车庄、集南、永合庄合并，名三义。聚落呈团块状分布。有图书室 1 个、广播站 1 个。有县级文物保护单位唐代墓群。经济以种植业为主，主要农作物有小麦、玉米、棉花。有公路经此。

军店 371428-B02-H05
[Jūndiàn]

在县驻地广运街道西南方向 15.1 千米。老城镇辖自然村。人口 600。因历史上有军士驻此，故改名军店。聚落呈团块状分布。

有图书室 1 个、广播站 1 个。经济以种植业为主，主要农作物有小麦、玉米、棉花。

军营 371428-B02-H06
[Jūnyíng]

在县驻地广运街道西南方向 20.1 千米。老城镇辖自然村。人口 500。因此地原为军队营房，故取名军营。聚落呈团块状分布。有图书室 1 个、广播站 1 个。经济以种植业为主，主要农作物有小麦、玉米、棉花。有公路经此。

冶庄 371428-B02-H07
[Yězhuāng]

在县驻地广运街道西南方向 14.2 千米。老城镇辖自然村。人口 600。相传，明初因祖先铸铁起家，故取名冶庄。聚落呈团块状分布。有图书室 1 个、广播站 1 个。经济以种植业为主，主要农作物有小麦、玉米、棉花。有公路经此。

前王庄 371428-B02-H08
[Qiánwángzhuāng]

在县驻地广运街道西南方向 13.1 千米。老城镇辖自然村。人口 600。明"靖难之变"后，从山西洪洞县老鸹窝迁来一王姓定居，取名王庄。后部分村民南迁另建村分居，遂依其位置称前王庄。聚落呈团块状分布。有图书室 1 个、广播站 1 个。经济以种植业为主，主要农作物有小麦、玉米、棉花。有公路经此。

吕洼 371428-B02-H09
[Lǚwā]

在县驻地广运街道西南方向 23.1 千米。老城镇辖自然村。人口 1 500。明清时期，吕姓来此定居，因地处大洼，故称吕洼。聚落呈团块状分布。有图书室 1 个、广播站 1 个、幼儿园 1 所。民间艺术有吕洼柳子戏。经济以种植业为主，主要农作物有小麦、玉米、棉花。有公路经此。

姜圈 371428-B02-H10

[Jiāngquān]

在县驻地广运街道西南方向 19.8 千米。老城镇辖自然村。人口 500。明初，村庄居于河圈之内，加之姜姓又是大户，故取名姜圈。聚落呈团块状分布。有图书室 1 个、广播站 1 个。经济以种植业为主，主要农作物有小麦、玉米、棉花。有公路经此。

林楼 371428-B02-H11

[Línlóu]

在县驻地广运街道西南方向 14.8 千米。老城镇辖自然村。人口 300。传说，明初因林氏修一高楼而得名。聚落呈团块状分布。有图书室 1 个、广播站 1 个。有县级非物质文化遗产林氏吊斜风膏药。经济以种植业为主，主要农作物有小麦、玉米、棉花。有公路经此。

梁寨 371428-B02-H12

[Liángzhài]

在县驻地广运街道西南方向 10.1 千米。老城镇辖自然村。人口 500。明初，海子村梁德兄仨来此定居，因地处沙河西岸，风沙聚成土峨，取名梁家峨寨，后简称梁寨。聚落呈团块状分布。有图书室 1 个、广播站 1 个。经济以种植业为主，主要农作物有小麦、玉米、棉花。有公路经此。

闫沟 371428-B02-H13

[Yángōu]

在县驻地广运街道西南方向 19.8 千米。老城镇辖自然村。人口 1 100。因该村前有一排水沟，且闫氏来此定居最早，故起名闫沟。聚落呈团块状分布。有图书室 1 个、

广播站 1 个。有县级非物质文化遗产叶家吹打乐。经济以种植业为主，主要农作物有小麦、玉米、棉花。有公路经此。

饮马庄 371428-B02-H14

[Yìnmǎzhuāng]

在县驻地广运街道西南方向 18.8 千米。老城镇辖自然村。人口 2 100。相传，东汉皇帝刘秀路过此地，曾在此饮马，故名。聚落呈团块状分布。有图书室 1 个、广播站 1 个、幼儿园 1 所。经济以种植业为主，主要农作物有小麦、玉米、棉花。

大十八户 371428-B02-H15

[Dàshíbāhù]

在县驻地广运街道西南方向 20.8 千米。老城镇辖自然村。人口 1 600。明朝燕王扫北后，有十八户人家向西迁居，因人口比小十八户多，故称大十八户。聚落呈团块状分布。有图书室 1 个、广播站 1 个。经济以种植业为主，主要农作物有小麦、玉米、棉花。有公路经此。

祝官屯 371428-B02-H16

[Zhùguāntún]

在县驻地广运街道西南方向 14.0 千米。老城镇辖自然村。人口 4 300。相传，明初，从山西洪洞县和山东蓬莱县迁来的移民相继建立了祝官屯等 8 个小村，后成一村，因祝官屯位居中心，遂统称祝官屯。聚落呈团块状分布。有图书室 1 个、广播站 1 个。有古迹姑嫂坟。经济以种植业为主，主要农作物有小麦、玉米、棉花。有公路经此。

郝二村 371428-B03-H01

[Hǎo'èrcūn]

郝王庄镇人民政府驻地。在县驻地广运街道东北方向 16.1 千米。人口 1 600。相

传明初建村，居民大部从山西洪洞县迁来，郝王庄系历史沿用名称，后分为郝一、郝二、郝三三个村，该村为郝二村。聚落呈团块状分布。有幼儿园 1 所。经济以种植业为主，主要农作物有小麦、玉米、棉花、花生。104 国道经此。

草二村 371428-B03-H02
[Cǎo'èrcūn]

在县驻地广运街道东北方向 15.2 千米。郝王庄镇辖自然村。人口 1 100。相传，元代此处有一草堂寺，便以寺名为村名，后分为草一、草二两村，该村为草二村。聚落呈团块状分布。有图书室 1 个、广播站 1 个、幼儿园 2 所、小学 1 所。经济以种植业为主，主要农作物有小麦、玉米、棉花。有公路经此。

东李古寺 371428-B03-H03
[Dōnglǐgǔsì]

在县驻地广运街道东北方向 12.5 千米。郝王庄镇辖自然村。人口 900。相传，明初，有一古寺叫龙泉寺，有李氏兄弟迁此定居，便命村名为李古寺。东西分治后，东半部称东李古寺。聚落呈团块状分布。有图书室 1 个、广播站 1 个、幼儿园 1 所。经济以种植业为主，主要农作物有小麦、玉米、棉花。有公路经此。

高明庄 371428-B03-H04
[Gāomíngzhuāng]

在县驻地广运街道东北方向 16.3 千米。郝王庄镇辖自然村。人口 1 200。相传，该村居民于 500 年前由山东即墨迁来，因地势高，村中又有一古庙，庙内夜间灯火通明，故村取名高明庄。聚落呈团块状分布。有图书室 1 个、广播站 1 个、幼儿园 1 所、小学 1 所。经济以种植业为主，主要农作物有小麦、玉米、棉花。有公路经此。

郝一村 371428-B03-H05
[Hǎoyīcūn]

在县驻地广运街道东北方向 15.9 千米。郝王庄镇辖自然村。人口 700。相传明初建村，居民大部分从山西洪洞县迁来，郝王庄系历史沿用名称，后分为郝一、郝二、郝三三个村，该村为郝一村。聚落呈团块状分布。有图书室 1 个、广播站 1 个、小学 1 所。经济以种植业为主，主要农作物有小麦、玉米、棉花。有公路经此。

五里长屯 371428-B03-H06
[Wǔlǐchángtún]

在县驻地广运街道东北方向 14.3 千米。郝王庄镇辖自然村。人口 400。相传该村 500 年前有五华里长，故取名五里长屯。聚落呈团块状分布。有图书室 1 个、广播站 1 个、小学 1 所。经济以种植业为主，主要农作物有小麦、玉米、棉花。有公路经此。

御马园 371428-B03-H07
[Yùmǎyuán]

在县驻地广运街道东北方向 18.1 千米。郝王庄镇辖自然村。人口 800。相传，康熙皇帝南巡时曾路过此地，并在此喂过马，故定村名为御马园。聚落呈团块状分布。有图书室 1 个、广播站 1 个。经济以种植业为主，主要农作物有小麦、玉米、棉花。有公路经此。

武庄 371428-B03-H08
[Wǔzhuāng]

在县驻地广运街道东北方向 14.6 千米。郝王庄镇辖自然村。人口 200。相传，从前赵家庙有个武士，在此设武场，操练武术，建村后定名武庄。聚落呈团块状分布。有图书室 1 个、广播站 1 个。经济以种植业为主，主要农作物有小麦、玉米、棉花。

有公路经此。

大祁庄 371428-B03-H09
[Dàqízhuāng]

在县驻地广运街道东北方向 15.1 千米。郝王庄镇辖自然村。人口 1 200。相传该村建于明初，因祁氏在第四代出一名医叫祁云，给太后治病而出名，后因村东有一小祁庄，便定名为大祁庄。聚落呈团块状分布。有图书室 1 个、广播站 1 个。有县级非物质文化遗产大祁庄地秧歌。经济以种植业为主，主要农作物有小麦、玉米、棉花。有公路经此。

赵家庙 371428-B03-H10
[Zhàojiāmiào]

在县驻地广运街道东北方向 14.2 千米。郝王庄镇辖自然村。人口 600。相传该村约有 400 多年的历史，因姓赵的先来，又修一庙宇，故名赵家庙。聚落呈团块状分布。有图书室 1 个、广播站 1 个、小学 1 所。经济以种植业为主，主要农作物有小麦、玉米、棉花。有公路经此。

双庙李庄 371428-B03-H11
[Shuāngmiàolǐzhuāng]

在县驻地广运街道东北方向 18.6 千米。郝王庄镇辖自然村。人口 900。相传，500 年前称李庄，后来在村西并排建了两座庙，又因东有李庄，故改名双庙李庄。聚落呈团块状分布。有图书室 1 个、广播站 1 个。经济以种植业为主，主要农作物有小麦、玉米、棉花。有公路经此。

庞庄 371428-B03-H12
[Pángzhuāng]

在县驻地广运街道东北方向 16.7 千米。郝王庄镇辖自然村。人口 1 300。相传，500 年前叫阎庄，后因庞氏人多，又改名庞庄。聚落呈团块状分布。有图书室 1 个、广播站 1 个。经济以种植业为主，主要农作物有小麦、玉米、棉花。有公路经此。

邱王庄 371428-B03-H13
[Qiūwángzhuāng]

在县驻地广运街道东北方向 13.2 千米。郝王庄镇辖自然村。人口 1 000。明初建村，以姓氏命名。聚落呈团块状分布。有图书室 1 个、广播站 1 个、幼儿园 1 所、小学 1 所。有县级非物质文化遗产邱王庄高跷。经济以种植业为主，主要农作物有小麦、玉米、棉花。有公路经此。

王贤屯 371428-B04-H01
[Wángxiántún]

鲁权屯镇人民政府驻地。在县驻地广运街道西北方向 11.6 千米。人口 1 000。因村民尚圣贤之礼，故被封为王贤屯。聚落呈团块状分布。有图书室 1 个、广播站 1 个、文化大院 1 个、文化广场 1 个、幼儿园 1 所。经济以种植业为主，主要农作物有小麦、玉米、棉花。有砖瓦厂、空调设备加工厂等。有公路经此。

八屯 371428-B04-H02
[Bātún]

在县驻地广运街道北方向 17.1 千米。鲁权屯镇辖自然村。人口 1 600。相传，明朝年间，官府在运河两岸有若干屯兵储粮点，并按顺序排列，因此地排列为八，故名八屯。聚落呈团块状分布。有图书室 1 个、广播站 1 个、文化大院 1 个、文化广场 1 个、小学 1 所。经济以种植业为主，主要农作物有小麦、玉米、棉花。有公路经此。

北甘泉 371428-B04-H03
[Běigānquán]

在县驻地广运街道西北方向 14.3 千米。

鲁权屯镇辖自然村。人口 1 000。该村与南甘泉原为一村，以坐落位置划分为南、北甘泉。因该村位居于后，故称为北甘泉。聚落呈团块状分布。有图书室 1 个、广播站 1 个、文化大院 1 个、文化广场 1 个、幼儿园 1 所。经济以种植业为主，主要农作物有小麦、玉米、棉花。有公路经此。

东场　371428-B04-H04
[Dōngchǎng]

在县驻地广运街道东北方向 5.8 千米。鲁权屯镇辖自然村。人口 500。明初，孔官屯有孔氏五兄弟分家。老二分的东场形成一村，故名东场。聚落呈团块状分布。有图书室 1 个、广播站 1 个、文化大院 1 个、文化广场 1 个。经济以种植业为主，主要农作物有小麦、玉米、棉花。有公路经此。

东良庄　371428-B04-H05
[Dōngliángzhuāng]

在县驻地广运街道东北方向 17.7 千米。鲁权屯镇辖自然村。人口 400。相传本村居民始于明初，从山西洪洞迁来。因该村没有惊扰官府及盗窃之案件，遂改名良民庄。后因分治，以地理方位名东良庄。聚落呈团块状分布。有图书室 1 个、广播站 1 个、文化大院 1 个、文化广场 1 个，有幼儿园 1 所。经济以种植业为主，主要农作物有小麦、玉米、棉花。有公路经此。

二屯　371428-B04-H06
[Èrtún]

在县驻地广运街道东北方向 18.1 千米。鲁权屯镇辖自然村。人口 800。相传，明朝，官府在运河两岸分段设有若干屯兵储粮点，该屯按名次排列为第二屯，简称二屯。聚落呈团块状分布。有图书室 1 个、广播站 1 个、文化大院 1 个、文化广场 1 个。经济

以种植业为主，主要农作物有小麦、玉米、棉花。有公路经此。

付家坊　371428-B04-H07
[Fùjiāfáng]

在县驻地广运街道北方向 8.9 千米。鲁权屯镇辖自然村。人口 400。相传明初，村民付氏曾开一作坊，故取名付家坊。聚落呈团块状分布。有图书室 1 个、广播站 1 个、文化大院 1 个、文化广场 1 个。经济以种植业为主，主要农作物有小麦、玉米、棉花。有公路经此。

代官屯　371428-B04-H08
[Dàiguāntún]

在县驻地广运街道东北方向 14.4 千米。鲁权屯镇辖自然村。人口 700。据传明成祖迁都北京后，命李氏代皇帝征收赋税，故名代官屯。聚落呈团块状分布。有图书室 1 个、广播站 1 个、文化大院 1 个、文化广场 1 个。经济以种植业为主，主要农作物有小麦、玉米、棉花。有公路经此。

大于庄　371428-B04-H09
[Dàyúzhuāng]

在县驻地广运街道西北方向 14.6 千米。鲁权屯镇辖自然村。人口 1 600。相传明朝时，该村有位姓于的在朝为官，后告老还乡，大于庄因此而得名。聚落呈团块状分布。有图书室 1 个、广播站 1 个、文化大院 1 个、文化广场 1 个、幼儿园 1 所。经济以种植业为主，主要农作物有小麦、玉米、棉花。有公路经此。

陈珩　371428-B04-H10
[Chénhéng]

在县驻地广运街道西北方向 10.6 千米。鲁权屯镇辖自然村。人口 200。陈氏迁来定居建村，故称为陈珩。聚落呈团块状分布。

有图书室 1 个、广播站 1 个、文化大院 1 个、文化广场 1 个。经济以种植业为主，主要农作物有小麦、玉米、棉花。有公路经此。

付家楼 371428-B04-H11
[Fùjiālóu]

在县驻地广运街道北方向 8.1 千米。鲁权屯镇辖自然村。人口 500。相传明初村民付氏曾修一楼，故取名付家楼。聚落呈团块状分布。有图书室 1 个、广播站 1 个、文化大院 1 个、文化广场 1 个。经济以种植业为主，主要农作物有小麦、玉米、棉花。有公路经此。

孔官屯 371428-B04-H12
[Kǒngguāntún]

在县驻地广运街道东北方向 5.9 千米。鲁权屯镇辖自然村。人口 600。因孔姓人口渐增，民国初改为孔官屯。聚落呈团块状分布。有图书室 1 个、广播站 1 个、文化大院 1 个、文化广场 1 个。经济以种植业为主，主要农作物有小麦、玉米、棉花。有公路经此。

李堂 371428-B04-H13
[Lǐtáng]

在县驻地广运街道东北方向 9.0 千米。鲁权屯镇辖自然村。人口 300。元末明初，有几个尼姑化缘募捐来此地，并在李氏之地修了一座堂庙，故取村名为李堂。聚落呈团块状分布。有图书室 1 个、广播站 1 个、文化大院 1 个、文化广场 1 个。经济以种植业为主，主要农作物有小麦、玉米、棉花。有公路经此。

李贤屯 371428-B04-H14
[Lǐxiántún]

在县驻地广运街道西北方向 12.9 千米。鲁权屯镇辖自然村。人口 1 800。一名叫李士贤的人从山西洪洞县迁来建村，故村名李士贤屯，后简称李贤屯。聚落呈团块状分布。有图书室 1 个、广播站 1 个、文化大院 1 个、文化广场 1 个。经济以种植业为主，主要农作物有小麦、玉米、棉花。有公路经此。

林庄 371428-B04-H15
[Línzhuāng]

在县驻地广运街道东北方向 8.8 千米。鲁权屯镇辖自然村。人口 400。明朝永乐年间，一林姓人家迁来至此，因其姓氏而取名林庄。聚落呈团块状分布。有图书室 1 个、广播站 1 个、文化大院 1 个、文化广场 1 个。经济以种植业为主，主要农作物有小麦、玉米、棉花。有公路经此。

罗厂 371428-B04-H16
[Luóchǎng]

在县驻地广运街道西北方向 15.3 千米。鲁权屯镇辖自然村。人口 500。相传，明初迁都北京时，沿运河有一窑厂系罗氏建造，后形成村落，故名罗厂。聚落呈团块状分布。有图书室 1 个、广播站 1 个、文化大院 1 个、文化广场 1 个。经济以种植业为主，主要农作物有小麦、玉米、棉花。有公路经此。

胡家洼 371428-B04-H17
[Hújiāwā]

在县驻地广运街道东北方向 11.1 千米。鲁权屯镇辖自然村。人口 700。明初建村时，因地势低洼，且胡氏居多，故名。聚落呈团块状分布。有图书室 1 个、广播站 1 个、文化大院 1 个、文化广场 1 个。经济以种植业为主，主要农作物有小麦、玉米、棉花。有公路经此。

高官屯 371428-B04-H18
[Gāoguāntún]

在县驻地广运街道北方向 4.3 千米。鲁权屯镇辖自然村。人口 1 000。清康熙年间，郑成功率水师攻打台湾，其部将徐延赞战后加官晋爵，因其祖籍在此，遂更村名为高官屯。聚落呈团块状分布。有图书室 1 个、广播站 1 个、文化大院 1 个、文化广场 1 个。经济以种植业为主，主要农作物有小麦、玉米、棉花。有公路经此。

宋王庄 371428-B04-H19
[Sòngwángzhuāng]

在县驻地广运街道西北方向 10.9 千米。鲁权屯镇辖自然村。人口 600。朝中有一王子因罪逃至此村，他临走时村民相送，故取村名送王庄。后沿革为宋王庄。聚落呈团块状分布。有图书室 1 个、广播站 1 个、文化大院 1 个、文化广场 1 个。经济以种植业为主，主要农作物有小麦、玉米、棉花。有公路经此。

师庄 371428-B04-H20
[Shīzhuāng]

在县驻地广运街道西北方向 13.4 千米。鲁权屯镇辖自然村。人口 700。明初，由师道人来此建村，并修一佛堂，便定村名为师家佛堂。大约 200 年前，佛堂倒塌夷为平地，故该村改称师庄。聚落呈团块状分布。有图书室 1 个、广播站 1 个、文化大院 1 个、文化广场 1 个、幼儿园 1 所。经济以种植业为主，主要农作物有小麦、玉米、棉花。有公路经此。

沙虎庄 371428-B04-H21
[Shāhǔzhuāng]

在县驻地广运街道西北方向 11.5 千米。鲁权屯镇辖自然村。人口 300。清属兀兰里，后改秒沙窝庄。德州解放后，改称沙虎庄。聚落呈团块状分布。有图书室 1 个、广播站 1 个、文化大院 1 个、文化广场 1 个。经济以种植业为主，主要农作物有小麦、玉米、棉花。有公路经此。

青苏厂 371428-B04-H22
[Qīngsūchǎng]

在县驻地广运街道西北方向 15.1 千米。鲁权屯镇辖自然村。人口 700。相传，明初迁都北京时，此处有一窑厂，名青州厂。后来厂废成村，居民中苏氏较多，故名青苏厂。聚落呈团块状分布。有图书室 1 个、广播站 1 个、文化大院 1 个、文化广场 1 个。经济以种植业为主，主要农作物有小麦、玉米、棉花。有公路经此。

马庄 371428-B04-H23
[Mǎzhuāng]

在县驻地广运街道东北方向 7.7 千米。鲁权屯镇辖自然村。人口 1 500。明初，马四公、马五公兄弟二人由山西洪洞县迁来立村，取名马庄。聚落呈团块状分布。有图书室 1 个、广播站 1 个、文化大院 1 个、文化广场 1 个、小学 1 所、幼儿园 1 所。经济以种植业为主，主要农作物有小麦、玉米、棉花。有公路经此。

西良庄 371428-B04-H24
[Xīliángzhuāng]

在县驻地广运街道东北方向 17.4 千米。鲁权屯镇辖自然村。人口 700。相传本村建于明初，村民从山西洪洞县迁来。因该村没有惊扰官府及盗窃的案件，遂改名良民庄。后因分治，因地理方位名为西良庄。聚落呈团块状分布。有图书室 1 个、广播站 1 个、文化大院 1 个、文化广场 1 个、幼儿园 1 所。经济以种植业为主，主要农作物有小麦、玉米、棉花。有公路经此。

张官屯 371428-B04-H25
［Zhāngguāntún］

在县驻地广运街道西北方向 6.8 千米。鲁权屯镇辖自然村。人口 700。相传，明初有座大佛寺，有个钦差大臣路过此地，在寺内借宿，便取村名长官寺，后因谐音沿革为张官屯。聚落呈团块状分布。有图书室 1 个、广播站 1 个、文化大院 1 个、文化广场 1 个、幼儿园 1 所。经济以种植业为主，主要农作物有小麦、玉米、棉花。有公路经此。

漳南镇 371428-B04-H26
［Zhāngnánzhèn］

在县驻地广运街道西北方向 12.8 千米。鲁权屯镇辖自然村。人口 1 700。是古县遗址，因在当时的漳水以南，故名。聚落呈团块状分布。有图书室 1 个、广播站 1 个、文化大院 1 个、文化广场 1 个、幼儿园 1 所。经济以种植业为主，主要农作物有小麦、玉米、棉花。有公路经此。

刘军户 371428-B04-H27
［Liújūnhù］

在县驻地广运街道北方向 4.8 千米。鲁权屯镇辖自然村。人口 300。明初，有一些在军船上服役的军人留在此安家落户，故名刘军户。聚落呈团块状分布。有图书室 1 个、广播站 1 个、文化大院 1 个、文化广场 1 个。经济以种植业为主，主要农作物有小麦、玉米、棉花。有公路经此。

聂官屯 371428-B05-H01
［Nièguāntún］

四女寺镇人民政府驻地。在县驻地广运街道东北方向 23.4 千米。人口 1 000。原名付家楼，后因乜氏人多，又出一大官，遂改名为乜官屯，后演变为聂官屯。聚落呈团块状分布。有幼儿园 1 所。经济以种植业为主，主要农作物有小麦、棉花。德上高速、105 国道、省道德商公路经此。

四女寺 371428-B05-H02
［Sìnǚsì］

在县驻地广运街道东北方向 21.6 千米。四女寺镇辖自然村。人口 3 100。以汉族为主，还有回族。汉朝时，此地有傅氏夫妇生有四女，后人修建四女祠，以弘扬孝道，该村遂更名为四女寺。聚落呈团块状分布。有图书室 1 个、广播站 1 个、幼儿园 1 所。经济以种植业为主，主要农作物有小麦、棉花。有公路经此。

东蒋家佛堂 371428-B05-H03
［Dōngjiǎngjiāfótáng］

在县驻地广运街道东北方向 17.5 千米。四女寺镇辖自然村。人口 1 000。相传，唐代有几户姓蒋的在此修建一庙宇，取名蒋家佛堂，故以此定为村名。后分为东、西蒋家佛堂，因该村位居于东，故取名东蒋家佛堂。聚落呈团块状分布。有图书室 1 个、广播站 1 个。经济以种植业为主，主要农作物有小麦、玉米、棉花。有公路经此。

东赵馆 371428-B05-H04
［Dōngzhàoguǎn］

在县驻地广运街道东北方向 16.6 千米。四女寺镇辖自然村。人口 600。明初，一姓赵的在此开了一饭馆，称赵家馆。后繁衍成村，村名赵馆。后分为东、西赵馆。因此村位居于东，故称东赵馆。聚落呈团块状分布。有图书室 1 个、广播站 1 个。经济以种植业为主，主要农作物有小麦、玉米、棉花。有公路经此。

五屯 371428-B05-H05
［Wǔtún］

在县驻地广运街道东北方向 19.2 千米。四女寺镇辖自然村。人口 1 300。因明、清朝时在运河两岸设有若干屯站，此屯排第五，故名五屯。聚落呈团块状分布。有图书室 1 个、广播站 1 个、小学 1 所、幼儿园 2 所。经济以种植业为主，主要农作物有小麦、玉米、棉花。有公路经此。

刘茂庄 371428-B05-H06
［Liúmàozhuāng］

在县驻地广运街道东北方向 20.2 千米。四女寺镇辖自然村。人口 600。相传此村曾在一次战火中被毁，只有刘茂一家幸存，后以人名定为村名。聚落呈团块状分布。有图书室 1 个、广播站 1 个、文化大院 1 个、文化广场 1 个。经济以种植业为主，主要农作物有小麦、玉米、棉花。有公路经此。

吕庄子 371428-B05-H07
［Lǚzhuāngzi］

在县驻地广运街道东北方向 20.3 千米。四女寺镇辖自然村。人口 600。因系德州市吕家街地主吕家的佃户村，故俗称吕庄子。聚落呈团块状分布。有图书室 1 个、广播站 1 个。经济以种植业为主，主要农作物有小麦、玉米、棉花。有公路经此。

头屯 371428-B05-H08
［Tóutún］

在县驻地广运街道东北方向 19.7 千米。四女寺镇辖自然村。人口 600。因明、清朝时在运河设有若干屯站，且该屯排列居首，故名头屯。聚落呈团块状分布。有图书室 1 个、广播站 1 个。经济以种植业为主，主要农作物有小麦、玉米、棉花。有公路经此。

油坊 371428-B05-H09
［Yóufáng］

在县驻地广运街道东北方向 19.5 千米。四女寺镇辖自然村。人口 700。相传，该村姓赵、孟、王的三户人家都是从山西洪洞县迁来，合建了个榨油坊，故取名油坊。聚落呈团块状分布。有图书室 1 个、广播站 1 个、文化大院 1 个、文化广场 1 个。经济以种植业为主，主要农作物有小麦、玉米、棉花。有公路经此。

东礼义庄 371428-B05-H10
［Dōnglǐyìzhuāng］

在县驻地广运街道东北方向 18.5 千米。四女寺镇辖自然村。人口 800。清朝初期，有个钦差大臣路过此地，改村名为礼义庄。后分为中、西、东三村，因该村位居于东，故名东礼义庄。聚落呈团块状分布。有图书室 1 个、广播站 1 个。经济以种植业为主，主要农作物有小麦、玉米、棉花。有公路经此。

罗小屯 371428-B05-H11
［Luóxiǎotún］

在县驻地广运街道东北方向 23.3 千米。四女寺镇辖自然村。人口 900。相传，约明末，因人少村小，命名为小屯。后来因出一名罗氏秀才，遂更名为罗小屯。聚落呈团块状分布。有图书室 1 个、广播站 1 个。经济以种植业为主，主要农作物有小麦、玉米、棉花。有公路经此。

肖营 371428-B05-H12
［Xiāoyíng］

在县驻地广运街道东北方向 12.3 千米。四女寺镇辖自然村。人口 400。相传，明初此地为一移民疏散营地，称小营，后改为肖营。聚落呈团块状分布。有图书室 1 个、广播站 1 个。经济以种植业为主，主要农作物有小麦、玉米、棉花。有公路经此。

蔡西 371428-B05-H13

[Càixī]

在县驻地广运街道东北方向 20.4 千米。四女寺镇辖自然村。人口 1 200。相传，明初，该村居民从山西洪洞县迁来，多数居民擅长种菜，取名菜村，后沿革为蔡村。后分为蔡西、蔡中、蔡东三村。因其位居于西，故命名为蔡西。聚落呈团块状分布。有图书室 1 个、广播站 1 个。经济以种植业为主，主要农作物有小麦、玉米、棉花。有公路经此。

辛桥庄 371428-B05-H14

[Xīnqiáozhuāng]

在县驻地广运街道东北方向 15.1 千米。四女寺镇辖自然村。人口 900。明初，先民从山西洪洞县迁来，村称辛桥吴庄。后分为两个村，因村东头有一土桥，遂改称辛桥庄。聚落呈团块状分布。经济以种植业为主，主要农作物有小麦、玉米、棉花。有公路经此。

高海 371428-B05-H15

[Gāohǎi]

在县驻地广运街道东北方向 14.0 千米。四女寺镇辖自然村。人口 800。明初，河北有一妇女带二子来此地定居，其长子叫高海，后来便以长子名定村名。聚落呈团块状分布。有图书室 1 个、广播站 1 个、幼儿园 1 所。经济以种植业为主，主要农作物有小麦、玉米、棉花。有公路经此。

齐馆 371428-B05-H16

[Qíguǎn]

在县驻地广运街道东北方向 16.1 千米。四女寺镇辖自然村。人口 600。明初，有个姓齐的在此开了个小茶馆，后形成一村，取名齐馆。聚落呈团块状分布。有图书室 1 个、广播站 1 个、幼儿园 1 所。经济以种植业为主，主要农作物有小麦、玉米、棉花。有公路经此。

达官营 371428-B05-H17

[Dáguānyíng]

在县驻地广运街道东北方向 19.8 千米。四女寺镇辖自然村。人口 700。元末，恩州达鲁花赤的兵营曾驻扎此地，故改名为达官营。聚落呈团块状分布。有图书室 1 个、广播站 1 个。经济以种植业为主，主要农作物有小麦、玉米、棉花。有公路经此。

张官寺 371428-B05-H18

[Zhāngguānsì]

在县驻地广运街道东北方向 18.1 千米。四女寺镇辖自然村。人口 1 400。因此地有座大佛寺，有个钦差大臣路过此地，并在寺内借宿，便取名长官寺，后沿革为张官寺。聚落呈团块状分布。有图书室 1 个、广播站 1 个。经济以种植业为主，主要农作物有小麦、玉米、棉花。有公路经此。

卧虎庄 371428-B05-H19

[Wòhǔzhuāng]

在县驻地广运街道东北方向 18.9 千米。四女寺镇辖自然村。人口 700。明朝建村，根据此村地形似虎卧状，改为卧虎庄。聚落呈团块状分布。有图书室 1 个、广播站 1 个。经济以种植业为主，主要农作物有小麦、玉米、棉花。有公路经此。

甲马营 371428-B06-H01

[Jiǎmǎyíng]

甲马营镇人民政府驻地。在县驻地广运街道西北方向 9.9 千米。人口 1 200。传宋太祖赵匡胤曾在此下马，故名下马营，后演变为今名。聚落呈团块状分布。有图书室 1 个、广播站 1 个、幼儿园 1 所。名胜古迹有古东阳县遗址、娘娘坟。经济以种植业、畜牧业和加工工业为主,主要农作物有小麦、玉米、花生。畜牧业主要是养羊,有养羊专业合作社。有玻璃钢制品厂、玻璃钢设备厂、汽车配件厂。有公路经此。

龙湾 371428-B06-H02
[Lóngwān]

在县驻地广运街道西南方向 8.7 千米。甲马营镇辖自然村。人口 700。相传,村民于明初由山西洪洞县迁来,因村南有一湾坑名龙眼,故取名龙湾。聚落呈团块状分布。有图书室 1 个、广播站 1 个、幼儿园 1 所。经济以种植业为主,主要农作物有小麦、玉米、棉花。有公路经此。

河北营 371428-B06-H03
[Héběiyíng]

在县驻地广运街道西北方向 8.3 千米。甲马营镇辖自然村。人口 1 200。明初,军队长官在河北建营居住,故名河北营。聚落呈团块状分布。有图书室 1 个、广播站 1 个。经济以种植业为主,主要农作物有小麦、玉米、棉花。有公路经此。

七机营 371428-B06-H04
[Qījīyíng]

在县驻地广运街道西北方向 7.6 千米。甲马营镇辖自然村。人口 1 400。明初"靖难之变"中,只有 7 个织布人藏织机下幸存,后人便定村名为七机营。聚落呈团块状分布。有图书室 1 个、广播站 1 个、幼儿园 1 所。经济以种植业为主,主要农作物有小麦、玉米、棉花。有公路经此。

前曹店 371428-B06-H05
[Qiáncáodiàn]

在县驻地广运街道西北方向 10.1 千米。甲马营镇辖自然村。人口 700。相传,明初,曹氏在此修一旅店,故名。聚落呈团块状分布。有图书室 1 个、广播站 1 个、幼儿园 1 所。经济以种植业为主,主要农作物有小麦、玉米、棉花。有公路经此。

塔坡 371428-B06-H06
[Tǎpō]

在县驻地广运街道西南方向 8.0 千米。甲马营镇辖自然村。人口 1 100。相传,宋朝,在本村东边有座高塔,塔倒塌后的废墟称塔子坡,便以此定村名为塔坡。聚落呈团块状分布。有图书室 1 个、广播站 1 个、幼儿园 1 所。经济以种植业为主,主要农作物有小麦、玉米、棉花。有公路经此。

盐庄 371428-B06-H07
[Yánzhuāng]

在县驻地广运街道西北方向 8.9 千米。甲马营镇辖自然村。人口 800。相传,村民于明初由山西洪洞县迁来,在现村东北的盐碱地里筑房定居,取名盐庄。聚落呈团块状分布。有图书室 1 个、广播站 1 个。经济以种植业为主,主要农作物有小麦、玉米、棉花。有公路经此。

邢坟台 371428-B06-H08
[Xíngféntái]

在县驻地广运街道西北方向 3.9 千米。甲马营镇辖自然村。人口 600。明初,邢氏从山西洪洞县迁来,传说附近有一烽火台,故取名邢凤台,沿革为邢坟台。聚落呈团块状分布。有图书室 1 个、广播站 1 个、幼儿园 1 所。经济以种植业为主,主要农作物有小麦、玉米、棉花。有公路经此。

徐庄 371428-B06-H09
［Xúzhuāng］

在县驻地广运街道西方向 11.6 千米。甲马营镇辖自然村。人口 1 800。相传，"靖难之变"后，徐氏从山西洪洞县迁来建村，故称徐庄。聚落呈团块状分布。有图书室 1 个、广播站 1 个、幼儿园 1 所。经济以种植业为主，主要农作物有小麦、玉米、棉花。有公路经此。

李家户 371428-B07-H01
［Lǐjiāhù］

李家户镇人民政府驻地。在县驻地广运街道西南方向 9.0 千米。人口 1 500。明初，李姓由山西洪洞县迁居此地，后发展为大姓，村名遂为李家户。聚落呈团块状分布。有图书室 1 个、广播站 1 个、学校 1 所、幼儿园 1 所。经济以种植业和加工业为主。有农机门市部、煤球厂、建筑公司等。有公路经此。

东店 371428-B07-H02
［Dōngdiàn］

在县驻地广运街道西南方向 9.4 千米。李家户镇辖自然村。人口 100。明初，赵氏由山西洪洞县迁此，故称赵店，后以位置更名为东店。聚落呈团块状分布。有图书室 1 个、广播站 1 个、幼儿园 1 所。经济以种植业为主，主要农作物有小麦、玉米、棉花。有公路经此。

刘官屯 371428-B07-H03
［Liúguāntún］

在县驻地广运街道西南方向 6.9 千米。李家户镇辖自然村。人口 2 600。明初，相传该村北由官府屯田演变而来，又因刘氏在此定居最早，故取名为刘官屯。有学校 1 所。经济以种植业为主，主要农作物有小麦、玉米、棉花。有公路经此。

李官屯 371428-B07-H04
［Lǐguāntún］

在县驻地广运街道西南方向 7.4 千米。李家户镇辖自然村。人口 2 900。明朝燕王扫北，在村头挂一"官屯"木牌。后因李氏来此定居最早，故名李官屯。聚落呈团块状分布。有图书室 1 个、广播站 1 个、幼儿园 1 所。经济以种植业为主，主要农作物有小麦、玉米、棉花。有公路经此。

英庄 371428-B07-H05
［Yīngzhuāng］

在县驻地广运街道西南方向 10.3 千米。李家户镇辖自然村。人口 400。相传，清末土匪经常来此骚扰，村民英勇抵抗，多次击退土匪，后改为英庄。聚落呈团块状分布。有图书室 1 个、广播站 1 个。经济以种植业为主，主要农作物有小麦、玉米、棉花。有公路经此。

郎寨 371428-B07-H06
［Lángzhài］

在县驻地广运街道西南方向 12.9 千米。李家户镇辖自然村。面积 3.18 平方千米。人口 1 400。相传，杨门女将穆桂英曾率狼虎营在此安营扎寨，遂将该村命名为郎寨。聚落呈团块状分布。有图书室 1 个、广播站 1 个、幼儿园 1 所。经济以种植业为主，主要农作物有小麦、玉米、棉花。有公路经此。

郑官屯 371428-B07-H07
［Zhèngguāntún］

在县驻地广运街道西南方向 12.3 千米。李家户镇辖自然村。人口 3 100。自古为官府屯田之地，加之郑氏最早在此定居，故名郑官屯。聚落呈团块状分布。有图书室 1 个、广播站 1 个、学校 1 所、幼儿园 1 所。

经济以种植业为主，主要农作物有小麦、玉米、棉花。有公路经此。

盐厂 371428-B07-H08
［Yánchǎng］

在县驻地广运街道西南方向 8.0 千米。李家户镇辖自然村。人口 600。明清时期，该地为淋盐场，后来盐厂渐渐成为村名。聚落呈团块状分布。有图书室 1 个、广播站 1 个、幼儿园 1 所。经济以种植业为主，主要农作物有小麦、玉米、棉花。有公路经此。

王家户 371428-B07-H09
［Wángjiāhù］

在县驻地广运街道西南方向 8.9 千米。李家户镇辖自然村。人口 600。相传，明初"靖难之役"后，王氏祖辈在此繁衍生息并渐成大户，故取名为王家户。聚落呈团块状分布。有图书室 1 个、广播站 1 个。经济以种植业为主，主要农作物有小麦、玉米、棉花。有公路经此。

三 交通运输

德州市

城市道路

三八路 371400-K01
[Sānbā Lù]

在市境中部。西起迎宾大道，东至东外环。沿线与德兴大道、湖滨大道、解放大道相交。长 21 千米，宽 40 米。沥青路面。1963 年修建。因是德州市妇联组织全市妇女义务劳动修建，故名三八路。道路主要经过生活区与商业区，两侧有市直小区、德州第一中学、德州实验中学、德州第九中学等。是城市交通主干道之一。通公交车。

天衢路 371400-K02
[Tiānqú Lù]

在市境中部。西起河北省界，东至德州东环。沿线与运河中大道、解放中大道、晶华大道相交。长 21 千米，宽 60 米。沥青路面。1988 年修建。因德州地处南北交通枢纽，有"九达天衢"之称，故名天衢路。沿途经过城区主要的商业区和居住区。两侧有德州市妇幼保健院、德百天衢购物中心等。是城市交通的主干道之一。通公交车。

东方红路 371400-K03
[Dōngfānghóng Lù]

在市境中部。西起迎宾路，东至岔河堤。沿线与解放大道、新湖大道、湖滨大道等相交。长 2.2 千米，宽 30 米。沥青路面。1958 年修建。因音乐舞蹈史诗《东方红》而得名。道路东西横贯城区中心地段，经过城市主要行政区、文化区。两侧有德城区区委、德城区政府、德州市中心广场、德州市人民医院、华能电厂、德州火车站、德州高铁东站。是重要的公路至铁路运输转运的交通干道。通公交车。

东风路 371400-K04
[Dōngfēng Lù]

在市境南部。西起顺河西路，东至漳卫新河。沿线与德兴大道、湖滨大道、解放大道相交。长 4.8 千米，宽 40 米。沥青路面。1963 年始建，1967 年改扩建。因路过东风公社得名。道路经过城市南侧生活区。两侧有德州汽车总站、德州汽车东站、德州市运输公司等。是城市南部东西主干道，是汽车客运主线。通公交车。

铁路

京沪高铁 371400-30-A-a01
[Jīnghù Gāotiě]

高速铁路。起点为北京，终点为上海，途经天津、济南、南京等主要大站。全长 1 318 千米。2008 年 4 月开工建设。2009 年 7 月德州段电力迁改工程全线竣工，2010 年，铁路主线线下工程和主线铺轨、"四电"工程相继完成。2011 年 6 月建成通车。

太青高铁 371400-30-A-a02
[Tàiqīng Gāotiě]

高速铁路。起点为河北省石家庄市，终点为山东省济南市，途经石家庄、衡水、德州、济南等主要大站。铁路由济青高速铁路、石济客运专线和石太客运专线连接而成，沟通了华东和华北。是中国中长期铁路规划的"四纵四横"客运专线的"一横"。

石德铁路 371400-30-A-b01
[Shídé Tiělù]

国有铁路。起点为河北省石家庄市，终点为山东省德州市，途经石家庄、衡水、德州等主要大站。全长 182 千米。1940 年 6 月开工建设，1941 年 2 月建成。1975 年 3 月增建第二线，1982 年 12 月 11 日石德铁路复线全线开通。2006 年 8 月 31 日开始电气化改造，2008 年 10 月 1 日双线电气化铁路正式投入运营。石德铁路是河北省石家庄市至山东省德州市之间的国铁 I 级双线电气化铁路，是山西省煤炭外运的重要通道。

津浦铁路 371400-30-A-b02
[Jīnpǔ Tiělù]

国有铁路。起点为天津，终点为江苏南京。途经德州、黄河涯、平原、张庄、禹城、晏城等站。全长 1 014 千米。1908 年开工建设，1912 年建成通车。1958 年 7 月，津浦铁路开始双线建设，德州段 1959 年底建成，1970 年全线竣工并双线通车。

公路

京台高速 371400-30-B-a01
[Jīngtái Gāosù]

高速。起点为北京，终点为福州。德州段经过抬头寺镇、王凤楼镇、前曹镇、梁家镇。全长 1 931.63 千米。德州境内长 93.1 千米。1994 年开工，1997 年建成通车。双向 4 车道，路基宽 26 米，沥青路面。京台高速德齐段是国家高速公路网的中枢干线和山东省高速公路网布局规划"九纵、五横、一环、七连"中的重要组成部分。

滨德高速 371400-30-B-a02
[Bīndé Gāosù]

高速。起点为滨州沾化县邓王村，终点为德衡高速起点。全长 144 千米。德州境内长 117 千米。2008 年 12 月开工，2012 年 6 月建成通车。全线采用双向四车道高速公路标准建设，其中，起点至德州北互通约 134 千米，路基宽度 28 米；德州北互通至终点约 10 千米，路基宽 26 米。作为全省高速公路网的最北"一横"全线贯通，打通了鲁北、冀东地区便捷的出海通道，对加快上述地区发展海洋经济、融入济南城市圈、对接环渤海经济区有着重要推动作用。

京沪高速 371400-30-B-a03
[Jīnghù Gāosù]

高速。起点为北京，终点为上海。途经德州的黄夹镇、郑店镇、孟寺镇等。全长 1 262 千米。德州境内长 50.15 千米。1994 年开工，2000 年 11 月建成通车。将中国华北、华东地区连为一体，缓解了北京至上海交通走廊的运输紧张状况，对加强国道主干线的联网和发挥高速公路的规模效益，以及加强北京、天津、河北、山东、江苏、上海之间的经济联系与合作、促进沿线地区乃至中国的经济发展具有重要意义。

青银高速 371400-30-B-a04
[Qīngyín Gāosù]

高速。起点为山东青岛，终点为宁夏

银川。德州境内途经赵庄镇、东李官屯镇、银城街道、北城街道等。全长 1 610 千米。德州境内长 79.6 千米。2003 年 4 月开工，2006 年 3 月建成通车。双向六车道。与 315 省道、254 省道等相交。青银高速是横贯中国大陆北部的一条主干线，为中国高速公路规划"五纵七横"的一条横向线。

104 国道 371400-30-B-b01
[104 Guódào]

国道。起点为北京市，终点为福州市。德州段途经宁津、陵城区、临邑。全程 2 420 千米。德州境内长 98.9 千米。1967 年开工。一二级公路，沥青混凝土路面，路面宽度 9~24 米。对缓解京台高速公路拥堵现象起到明显作用，与京台高速互为补充，促进华东地区物流南北流动。

105 国道 371400-30-B-b02
[105 Guódào]

国道。起点为北京市，终点为澳门特别行政区。德州段途经德城区、平原、夏津。全程 2 717 千米。德州境内长 65.3 千米。德州段分别 2004、2005、2006、2011 年改建。沥青混凝土路面，路面宽 15~35.4 米。105 国道是一条国家级南北主干道。

205 国道 371400-30-B-b03
[205 Guódào]

国道。起点为秦皇岛市山海关区，终点为广东省深圳市。德州境内段跨庆云镇、渤海路街道、常家镇，境内长度 20.4 千米。1993 年开工，1995 年建成，2002 年改建升级为一级公路，2008 年罩面。沥青碎石高级路面。路基宽 32 米，路面宽 21 米。

308 国道 371400-30-B-b04
[308 Guódào]

国道。起点为山东省青岛市，终点为河北省石家庄市。德州境内长 80.0 千米。1986 年开工。沥青混凝土路面。路面宽 15~21 米。与 254 省道、315 省道相连。

246 省道 371400-30-B-c01
[246 Shěngdào]

省道。起点为与国道 205 交叉处，终点为庆云阳信界。途经庆云县城、尚堂镇等城镇。德州境内 13.9 千米。1968 年始建，1984 年改建，2011 年通车。沥青碎石高级路面。路面宽度 20 米。

247 省道 371400-30-B-c02
[247 Shěngdào]

省道。起点为乐陵市，终点为滨州市惠民县。德州境内长 13.6 千米。1987 年 5 月开工，1988 年 9 月建成通车。沥青混凝土路面，二级公路。

248 省道 371400-30-B-c03
[248 Shěngdào]

省道。起点为盐山县，终点为济阳县。全程 95 千米。德州境内长 46.0 千米。1974 年 9 月开工，1975 年 6 月建成通车。沥青混凝土路面，二级公路。

249 省道 371400-30-B-c04
[249 Shěngdào]

省道。德州段起点为宁津河北界，终点为临邑济阳交界处。德州段途经宁津县、陵城区、临邑县等。德州境内长 97.6 千米。1999 年开工。沥青混凝土路面，一二级公路，路面宽 9~30.6 米。与 383 省道相连。

254 省道 371400-30-B-c05
[254 Shěngdào]

省道。起点为山东德州，终点为河南商丘。途经德州市的德城区、夏津县，聊城市的临清市、阳谷县,济宁市的梁山县,菏泽市的郓城县、曹县等地区。全程2717千米。德州境内长64.9千米。1984年开工,1985年建成通车。一二级公路,沥青混凝土路面,路面宽12~24米。与308国道、315省道重合。

314 省道 371400-30-B-c06
[314 Shěngdào]

省道。德州段起自乐陵315省道、314省道交叉中心,终点为德州华联十字路口。德州段途经乐陵县、宁津县、陵城区、德城区。德州境内长94.2千米。1987年开工。一二级公路,沥青混凝土路面,路面宽15~52米。与104国道相连。

315 省道 371400-30-B-c07
[315 Shěngdào]

省道。德州段起点为庆云县石官堂大桥西,终点为德州、聊城市界。德州段途经庆云县、乐陵县、临邑县、陵城区、平原县、夏津县。德州境内长166.6千米。1987年开工。一二级公路,沥青混凝土路面,路面宽10~29米。

316 省道 371400-30-B-c08
[316 Shěngdào]

省道。起点为商河临邑界,终点为禹城与高唐交界处。德州段途经临邑、齐河、禹城。德州境内长71.8千米。一二级公路,沥青混凝土路面、沥青碎石,路面宽10~24米。

318 省道 371400-30-B-c09
[318 Shěngdào]

省道。德州段起点为临邑县防疫站,终点为武城县武城大桥。德州段途经临邑县、平原县、武城县。全程73.7千米。德州境内长73.7千米。1987年建成通车。二级公路,沥青混凝土路面,路面宽7~27米。

353 省道 371400-30-B-c10
[353 Shěngdào]

省道。起点为陵城时楼,终点为魏庄立交。途经陵城区、德城区。德州境内长22.4千米。2000年开工,2005年建成通车。一级公路,沥青混凝土路面,路面宽度22~24米。是京台高速的连接线。

德城区

城市道路

大学路 371402-K01
[Dàxué Lù]

在区境北部。西起104国道,东到京福高速西侧。沿线与解放大道、湖滨大道、德兴大道等相交。长9.5千米,宽60米。沥青路面。1986年修建。因途经德州学院、德州职业技术学院等大学,故名。两侧有德州学院、山东华宇职业技术学院、德州职业技术学院、银座商城等。为市区东西向主干道。通公交车。

新河路 371402-K02
[Xīnhé Lù]

在区境南部。东到晶华大道,西至运河大道。沿线与解放南大道、湖滨南大道相交。长18.4千米,宽70米。沥青路面。1981年修建。因原起点为岔河,且为新修道路,故名新河路。两侧有德州市民政事业园、万达广场等。为城市南部东西向主干路。通公交车。

解放大道 371402-K03
[Jiěfàng Dàdào]

在区境西部。北起长庄,南至向阳路。沿线与三八路、东方红路、文化路、东风路、新华路、新岭路、新建路、新河路等相交。长 6.5 千米，宽 30 米。沥青路面。1965 年由新生、南门里、黎明三街等改建，1978 年扩建南延。两侧有解放德州突破口旧地，故名。两侧有德州市第一中学、德州市第五中学、银座商城、新华书店、新世纪电影城等。为城区中部南北向主干道，是汽车客运主线。通公交车。

湖滨大道 371402-K04
[Húbīn Dàdào]

在区境西部。北起共青团路，南至东仓路。沿线与三八路、东方红路、文化路、东风路、新华路、新岭路、新建路、新河路等路相交。长 4 千米，宽 40 米。沥青路面。1966 年建成。因地处新湖东侧，故名。两侧有礼堂、邮电大楼、百货大楼、东方红体育场等。为城区中部南北向主干道，是汽车客运主线。通公交车。

德兴大道 371402-K05
[Déxīng Dàdào]

在区境东部。起点为东风路，终点为大学路。沿线与大学西路、三八西路、天衢西路、东方红西路、东风西路相交。长 10 千米，宽 50 米。沥青路面。2005 年建成，2010 年改扩建。取德州兴旺吉祥之意命名。两侧有德州市商检局、德州市畜牧局、德州市中级人民法院等。为城区中部南北向主干道，是汽车客运主线。通公交车。

广川大道 371402-K06
[Guǎngchuān Dàdào]

在区境东部。北起天衢路，南至南外环。沿线与新河路、东风路、东方红路、三八路、天衢路、大学路相交。长 80.4 千米，宽 42 米。沥青路面。2005 年始建，2012 年改扩建。隋为广川县地，为保留历史印记命名。两侧有长河公园等。为城区东部南北向主干道，北与幸福大道相连，是汽车客运主线。通公交车。

长河大道 371402-K07
[Chánghé Dàdào]

在区境东部。从大学路起，至太阳湖路止。沿线与新河路、东风路、东方红路、三八路、天衢路、大学路相交。长 56 千米，宽 48 米。沥青路面。2005 年修建，2010 年扩建。因德州唐朝时为长河县，为传承历史文化而命名。两侧有德州市公安局、德州市会展中心、德州市图书馆等。是城市东部主干道，是汽车客运主线。通公交车。

康博大道 371402-K08
[Kāngbó Dàdào]

在区境东部。北起广达东路，南至太阳湖路。沿线与新河路、东风路、东方红路、三八路、天衢路、大学路相交。长 72 千米，宽 52 米。沥青路面。2005 年始建，2010 年改扩建。因两侧有地名标志康博大厦命名。两侧有德州市人民政府政务服务中心、奥德乐时代广场、康博大厦等。为城区东部南北向主干道，是汽车客运主线。通公交车。

晶华大道 371402-K09
[Jīnghuá Dàdào]

在区境东部。北起北外环，南至减河大堤。沿线与新河路、东风路、东方红路、三八路、天衢路、大学路相交。长 100 千米，宽 46 米。沥青路面。2005 年始建，2010 年改扩建。因道路两侧原为德州著名企业晶华集团所在地，故名。两侧有山东省大学生创业孵化示范基地、德州海关等。为城区东部南北向主干道，是汽车客运主线。通公交车。

车站

德州东站 371402-R01
[Dézhōu Dōngzhàn]

一等火车站。位于德城区崇德十大道。2010 年 3 月开工，2010 年 9 月完成主体工程建设，2011 年 7 月 1 日随京沪高速铁路的开通而投入运营。因地理位置而得名。总建设规模 5 台 13 线（京沪场 3 台 7 线，青太场 2 台 6 线），日发车班次可达到 1300 班，日均发送旅客 3 万人，年发送旅客 1100 万人次。为鲁西北铁路交通重要车站。

德州汽车总站 371402-S01
[Dézhōu Qìchē Zǒngzhàn]

长途汽车站，一级客运站。位于德城区新湖街道。1953 年始建，1998 年扩建。因地理位置而得名。主楼内设有 3 个旅客候车大厅，年客运量 430 余万人次，已连通全国 50 余个大中城市，全站经营 143 条客运线路。德州汽车总站是集客运、货运、航空售票、机场专线、旅游包车于一体的综合性车站，形成了以德州为中心，连接鲁、冀、豫、晋、苏、辽六省和京、津、沪三直辖市的公路客运网络。

桥梁

新河路岔河桥 371402-N01
[Xīnhélù Chàhé Qiáo]

在德城区南部。桥长 377.1 米，桥面宽 28 米，最大跨度 180 米，桥下净高 8 米。2006 年建成使用。以所在道路得名。为中型河道桥梁，结构型式为悬索桥。是连接旧城与东部新城的主干道之一，最大载重量为 120 吨，通公交车。

东风路运河桥 371402-N02
[Dōngfēnglù Yùnhé Qiáo]

在德城区西部。桥长 135 米，桥面宽 36 米，最大跨度 82 米，桥下净高 8 米。2001 年建成。以所在道路东风路与河流名称命名。为中型河道桥梁，结构型式为梁式桥。是连接西部城区与中心城区的主干道之一，最大载重量为 80 吨，通公交车。

天衢路运河桥 371402-N03
[Tiānqúlù Yùnhé Qiáo]

在德城区西部。桥长 82 米，桥面宽 28 米，最大跨度 80 米，桥下净高 8 米。2000 年建成使用。因所在道路天衢路与河流名称命名。为中型河道桥梁，结构型式为梁式桥。是连接西部城区与中心城区的主干道之一，最大载重量为 120 吨，通公交车。

陵城区

城市道路

陵州路 371403-K01
[Língzhōu Lù]

在区境西南部。东起东环路，西至西环路。沿线与迎宾街、扶丰街、福星街、颜城街、政府街相交。长 9.2 千米，宽 21 米。沥青路面。1997 年开工，同年建成。因连接陵城和德州得名。是城区主要交通干道和商业文化中心。两侧有购物中心、国家电网、陵城区住建局、颜真卿公园、东方朔公园等。是城区主干道之一，通公交车。

福星街 371403-K02
[Fúxīng Jiē]

在区境西部。南起南环路，北至菜园村。沿线与陵州路、唐城路、腾达路相交。

长 3.2 千米，宽 45 米。沥青路面。1997 年开工，同年建成。以吉祥嘉言命名。沿线是商业文化中心。两侧有汽车站、地税局、商业中心。是城区主干道之一，通公交车。

车站

陵城区汽车站 371403–S01
[Língchéng Qū Qìchē Zhàn]

长途汽车站，二级客运站。位于陵城区临齐街道办事处西。1999 年始建，2000 年建成使用。始发北京、德州 32 个班次，班车通达二省、一直辖市及 24 个地、县市。

乐陵市

城市道路

兴隆大街 371481–K01
[Xīnglóng Dàjiē]

在市境中部。南起阜昌路，北至挺进路。沿线与开元中大道、文昌路、跃马路相交。长 5.0 千米，宽 45.0 米。沥青路面。1985 年开工，1988 年建成，1998 年扩建。取经济、文化、社会发展兴旺发达之意命名为兴隆大街。两侧有崇圣公园、乐陵市实验中学、乐陵市法院、乐陵市烟草公司、乐陵市检察院等。是乐陵市南北向的交通干道。通公交车。

碧霞大街 371481–K02
[Bìxiá Dàjiē]

在市境东部。南起津南路，北至开元东大道。沿线与开元东大道、阜昌东路相交。长 2.8 千米，宽 60.0 米。沥青路面。1998 年开工，2000 年建成。以碧霞元君祠命名。两侧有乐陵江山学校。是否通公交车。

吉昌路 371481–K03
[Jíchāng Lù]

在市境北部。东起 248 省道，西至安昌路。沿线与顺昌路相交。长 0.5 千米，宽 6.0 米。沥青混凝土路面。2009 年开工，2009 年建成。以盼望人民过上兴隆昌盛的生活之意命名。两侧有卫生院、中学、胡家街道办事处。通公交车。

民乐路 371481–K04
[Mínlè Lù]

在市境西部。东起西二环路，西至民意路。沿线与 314 省道、民意路相交。长 1.5 千米，宽 30.0 米。沥青路面。1987 年开工，1989 年建成。取民众安居乐业之意。两侧有磐古集团、郭家街道办事处、邮局。通公交车。

溢香大道 371481–K05
[Yìxiāng Dàdào]

在市境南部。南起商家村公路，北至 248 省道。沿线与 248 省道相交。长 3.1 千米，宽 30.0 米。沥青混凝土路面。1974 年始建，2014 年扩宽延长。杨安镇调味品名扬各地，一走进杨安镇区，香浓的调味品味便会扑面而来，因此得名溢香大道，寓意调味品香飘四海。沿途有农商银行、邮政局等。通公交车。

朱集路 371481–K06
[Zhūjí Lù]

在市境东北部。南起 315 省道，北至大常村。沿线与商业街、枣林路相交。长 5.7 千米，宽 10.0 米。沥青混凝土路面。2001 年建成。寄托朱集人民振兴家乡的爱乡精神，故名。两侧有朱集镇中心中学、农村商业银行、枣乡碑、朱集工商所等。通公交车。

和平路 371481-K07

[Hépíng Lù]

在市境西北部。东起永安道，西至繁荣道。沿线与北安道、永安道相交。长 2.1 千米，宽 15.0 米。沥青路面。2000 年开工，2001 年建成，2007 年改（扩）建。取嘉言得名。两侧有变电所、加油站、集贸市场、镇政府、邮政等。通公交车。

为民路 371481-K08

[Wèimín Lù]

在市境西部。南起利民路，北至拥民路。沿线与 314 省道相交。长 6.9 千米，宽 5.5 米。沥青混凝土路面。2002 年修建，2014 年重修。以执政为民之意命名。两侧有丁坞镇人民镇政府、乐陵市丁坞中学等。通公交车。

碧祥路 371481-K09

[Bìxiáng Lù]

在市境南部。东起霞瑞道，西至霞锦道。沿线与乐刘路、玉祥路、248 省道、乐刘路相交。长 1.8 千米，宽 5.5 米。沥青混凝土路面。1983 年修建，2001 年重修。以促进社会祥和之意命名。两侧有乐陵市花园中学、好邻居超市、供销超市、花园镇政府、第一大饭店等。通公交车。

迎宾大道 371481-K10

[Yíngbīn Dàdào]

在市境南部。南起景观路，北至创业路。沿线与 248 省道相交。长 3.0 千米，宽 35.0 米。沥青混凝土路面。1958 年修建，1998 年加宽路面，2009 年重修。为乐陵的南大门，且乐陵人民热情好客，故得名迎宾大道。两侧有郑店镇中心医院、第二棉厂水塔等。通公交车。

清平路 371481-K11

[Qīngpíng Lù]

在市境西南部。东起东平路，西至开平路。沿线与东平路、公平路、文平路相交。长 1.3 千米，宽 20.0 米。沥青路面。1929 年建成，1996 年、2011 年改造。取清洁太平之意命名。两侧有化楼法庭、化楼镇人民政府、乐陵市化楼工商所、化楼镇中心卫生院、鲁北石油机械厂、化楼家电城、化楼供电所等。通公交车。

爱德路 371481-K12

[Àidé Lù]

在市境西南部。南起街南宋村公路，北至孝德路。沿线与诚德路、仁德路、爱德路、孝德路相交。长 0.7 千米，宽 9.0 米。沥青混凝土路面。1986 年修建，2010 年拓宽，2013 年重修。寓意孔镇人民团结友爱的高尚品德，故名。两侧有派出所、中国邮政储蓄银行、农村信用合作社、孔镇邮政支局、中国联通孔镇支局等。通公交车。

兴隆路 371481-K13

[Xīnglóng Lù]

在市境东南部。东起兴乐大街，西至兴旺路。沿线与 247 省道相交。长 0.7 千米，宽 10.0 米。沥青混凝土路面。1988 年始建，2013 年重修。因该路为铁营镇政府驻地主干道，且镇政府驻地在兴隆镇村，故命名为兴隆路。两侧多村庄。通公交车。

车站

乐陵长途客运总站 371481-S01

[Làolíng Chángtúkèyùn Zǒngzhàn]

长途汽车站。在乐陵市市政府西南 3.1 千米。1997 年建立乐陵市汽车站，位于振兴东路，1999 年迁至枣城南大街，2008年迁至阜欣路南侧。因所在行政区域和工作职能得名。占地面积 40000 平方米，建筑面积 5000 平方米，有 20 条客运线路，其中省际 8 条、市际 8 条、县际 4 条，日发 160 个客运班次，年平均旅客日发量4000～5000 人次，年客运量 150 万人次。方便全市人民群众的出行。

桥梁

千童大桥 371481-N01

[Qiāntóng Dàqiáo]

在乐陵市北部。桥长 340 米，桥面宽15.5 米，最大跨度 1 050 米，桥下净高 8.7米。2001 年动工，2002 年建成。因位于河北省千童镇附近而得名。为大型河道桥梁，结构型式为孔框架式桥台沥青混凝土路面常规桥。为解决跨河流的交通，便于运输工具或行人通行，改善民生，促进经济飞跃和社会发展发挥了极其重要的作用。

禹城市

城市道路

北外环 371482-K01

[Běiwàihuán]

在市境北部。东起迎宾路，西至十里望街。沿线与迎宾大道、通衢路、西外环相交。长 6.0 千米，宽 14.0 米。沥青路面。2004 年始建，2004 年建成。两侧有高速公路第三大队等单位。为城区四环路之一，通公交车。

汉槐街 371482-K02

[Hànhuái Jiē]

在市境南部。西起铁路涵洞，东至迎宾路。沿线与迎宾路、通衢路、市中路、建设路、人民路相交。长 3.3 千米，宽 40.0米。沥青路面。1978 年始建，1979 年建成。因该路旁有汉代古槐树而得名汉槐街。两侧有国税局、地税局、新时代购物广场、新湖公园等。为市区主干道，通公交车。

建设路 371482-K03

[Jiànshè Lù]

在市境中部。北起污水处理厂，南至电厂。沿线与开拓路、行政街、汉槐街相交。长 3.3 千米，宽 14.0 米。沥青路面。1978年始建，1980 年建成。寓意城区在不断建设之中，故名。两侧有房管局、劳动局、环保局、物价局、实验小学等。为市区主干道，通公交车。

解放路 371482-K04

[Jiěfàng Lù]

在市境西南部。东北起交通局立交桥，南至南环路。沿线与开拓路、站南路、南环路、南外环相交。长 2.5 千米，宽 40.0 米，沥青路面。1976 年始建，1976 年建成。因抗战末一股日寇在此路被歼，禹城从此解放，故名。两侧有农业局、水产局、蔬菜局、畜牧局、解放路小学等。为市区主干道，通公交车。

南外环 371482-K05

[Nánwài Huán]

在市境南部。东起东外环，西至西外环。沿线与东外环、迎宾大道、华昊路、通衢路、市中路、人民路、解放路相交。长 2.4 千米，宽 38.0 米。沥青路面。2004 年始建，同年建成。两侧有禹城市汽车站南站、杨庄大桥以及沿路村庄等。为市区主干道，通公交车。

人民路 371482-K06
[Rénmín Lù]

在市境中部。北起污水处理厂，南至铁路涵洞。沿线与南环路、行政街、开拓路、文化西街、汉槐街、瑜琳街、骇河街相交。长 5.5 千米，宽 40.0 米。沥青路面。1981 年始建，同年建成。靠近市委市府，代表市委市府一切为了人民的宗旨，故名。两侧有市委、市政府、禹城市电影院、电力集团、禹城宾馆等。为市区主干道，通公交车。

市中路 371482-K07
[Shìzhōng Lù]

在市境东部。北起开拓路，南至南环路。沿线与行政街、汉槐街、文化西街、开拓路、文化街、南环路、逸仙巷等相交。长 3.4 千米，宽 32.0 米，沥青路面。1978 年始建，同年建成。因位于市区的中心，故名市中路。两侧有人防局、建设局、民政局、妇幼保健站、糖城广场、山东福田药业有限公司等。为市区主干道，通公交车。

通衢路 371482-K08
[Tōngqú Lù]

在市境东部。北起北外环，南至南环路。沿线与行政街、汉槐街、文化街、南环路等相交。长 6.2 千米，宽 40.0 米，沥青路面。1987 年始建，同年建成。因原经五路北起洛北干渠，故名通衢路。两侧有大禹公园、洛北花园、阿波罗大酒店、新时代购物广场等。为市区主干道，通公交车。

行政街 371482-K09
[Xíngzhèng Jiē]

在市境中部。西起贸易大厦十字路口，东至迎宾路。沿线与富华街、迎宾路、通衢路、市中路、建设路、开拓路等相交。长 3.1 千米，宽 40.0 米，沥青路面。1978 年始建，同年建成。是全市的行政中心，故名。两侧有市政府、市委、公安局、法院、检察院、工商局、城管局、农业银行、工商银行、建设银行、糖城广场等。是禹城市的中心街。通公交车。

车站

禹城站 371482-R01
[Yúchéng Zhàn]

二等铁路站。在禹城市政府西南 1.7 千米处。1908 年开工，1910 年建成。因所在行政区而得名。车站有候车室等建筑。年客运量 64 万人，年货运量 55 万吨。是济南铁路局济南车务段客货中间站。

禹城市汽车站 371482-S01
[Yúchéng Shì Qìchē Zhàn]

长途汽车站，三级客运站。在禹城市政府西 3.3 千米处。1996 年开工，1998 年建成。因所在政区得名。有 15 条线路，其中省际 1 条、市际 7 条、县际 7 条，日发车 120 班次。方便禹城市人民群众出行。

禹城市汽车南站 371482-S02
[Yúchéng Shì Qìchē Nánzhàn]

长途汽车站。在禹城市政府南 2.6 千米处。2011 年开工，2011 年建成。因位于禹城市南部，故名。有 1 条市际线路，日发车 60 班次，年客运量 10 万人次。方便禹城市人民群众出行。

宁津县

城市道路

中心大街 371422-K01
[Zhōngxīn Dàjiē]

在县境中部。东起宏图路，西至西环一路。沿线与银河路、希望路、津泉路、文昌路、商业路、正阳路、安业路、宁德路相交。长 5.2 千米，宽 20.0 米。沥青路面。1993 年开工，1994 年建成，2001—2002 年进行加宽改造，2010 年大修罩面。因位于宁津县城中心而得名。两侧有宁津县委、宁津县政府、津城街道办事处、宁城街道办事处等。为城区主干道之一。通公交车。

正阳路 371422-K02
[Zhèngyáng Lù]

在县城中部。南起滨德高速收费站，北至郭园村口。沿线与小店—黄集路、丰宁大街、惠宁大街、乐陵—德州公路、昌宁大街、永宁街、康宁大街、开元大街、阳光大街、福宁大街、开放市场街、中心大街、振华大街相交。长 10.4 千米，宽 22.0~34.0 米。沥青路面。1974 年开工，1975 年建成，2001 年修建慢车道，2002 年改扩建。因路旁有正阳温泉小区而更名为正阳路。两侧有宁津高速路口收费站、康宁湖公园、政府部门、购物广场、家具市场、国际酒店、电信公司、烟草公司等。为城区主干道之一。通公交车。

阳光大街 371422-K03
[Yángguāng Dàjiē]

在县城南部。西起西环一路，东至宏图路。沿线与西环一路、宁德路、安业路、正阳路、文昌路、津泉路、银河路、开发路、创业路、249 省道相交。长 5.2 千米，宽 30.0 米。沥青路面。1996 年始建。取道路宽阔、前景光明灿烂、充满生机之意命名。两侧有宁津县客运中心、宁津县交通运输局、宁津县盐百购物中心、宁津县计生局、宁津县妇幼保健院、宁津县国税局、华府国际酒店、宁津县文化艺术中心、宁津县建设局、宁津县育新中学、宁津县城市管理行政执法局、宁津县人社局等。为城区主干道之一。通公交车。

文昌路 371422-K04
[Wénchāng Lù]

在县城东部。北起振华大街，南至宁南河。沿线与振华大街、中心大街、开放市场街、福宁大街、阳光大街、黄河大街、香江大街、宁南路相交。长 3.5 千米，宽 9.0 米。沥青路面。2000 年始建，2010 年建成。曾用名旧城街，后期更名为文昌路，有文化县城之意。沿途有西关外卫生室、宁津县公安局城关派出所、宁津县电力大厦、宁津县育新中学、宁津县实验中学、宁津县第一实验小学、康宁湖公园等。为城区主干道之一。通公交车。

宁德路 371422-K05
[Níngdé Lù]

在县城西部。北起振华大街，南至 314 省道。沿线与振华大街、中心大街、福宁大街、阳光大街、黄河大街、香江大街、园区三号路、园区二号路、314 省道相交。长 5.3 千米，宽 22 米。沥青路面。1974 年始建，2000 年建成。此路为宁津通往德州市的主要通道，各取一字，为宁德路，既有宁津通德州之意，也有宁津重德之意。两侧有山东省宁津县运输公司、宁津县供水总公司等。为城区主干道之一。通公交车。

开发路 371422-K06
[Kāifā Lù]

在县城东南部。南起康宁大街，北至中心大街。沿线与康宁大街、开元大街、泰宁大街、阳光大街、福宁大街、中心大街相交。长2.4千米，宽15.0米。沥青混凝土路面。2003年始建，2003年建成。是开发区企业聚集的地方，故得名开发路。两侧有山东壹加壹医疗设备有限公司、德州市华兴塑胶制品有限公司、英达实业有限责任公司、宁津县永达机械制造有限公司、宁津县育华德学校等。为城区主干道之一。通公交车。

津泉路 371422-K07
[Jīnquán Lù]

在县城西部。北起宁津新河，南至249省道。沿线与振华大街、中心大街、福宁大街、阳光大街、辽河大街、黄河大街、香江东街、314省道、长江大街相交。长7.7千米，宽7.0~22.0米。沥青路面。1997年始建，2001年建成。是宁津通往泉城济南的主要路线，两地各取一字，得名津泉路，也有宁津缺水，祈求雨水之意。两侧有宁津县实验幼儿园、宁津县广电大厦、宁津县国土资源局、宁津县职业中等专业学校、山东百奥能源科技有限公司等。为城区主干道之一。通公交车。

宏图路 371422-K08
[Hóngtú Lù]

在县城东南部。北起振华大街，南至津泉路交叉路口。沿线与津泉路、振华大街相交。长5.5千米，宽9.0米。1999年始建，2010年建成。取大展宏图之意命名。两侧有德龙机械公司、山东三岭汽车内饰件公司。为城区主干道之一。通公交车。

一环西路 371422-K09
[Yīhuán Xīlù]

在县城西部。北起宁津新河，南至化肥厂。沿线与阳光大街、福宁大街、中心大街、康平路、振华大街、幸福街相交。长3.1千米，宽32.0米。沥青路面。1993年始建，2010年建成。因此公路位于宁津县城最西部，故得名一环西路。两侧有宁城妇产医院、宁津县第二实验小学、宁津钢材市场、张菜桥等。为城区主干道之一。通公交车。

振华大街 371422-K10
[Zhènhuá Dàjiē]

在县境北部。东起宏图路，西至西环一路。沿线与西环一路、宁德路、安业路、正阳路、商业路、文昌路、津泉路、银河路、249省道相交。长5.1千米，宽度20.0米。沥青路面。1996年始建，2005年建成。因位于宁津县城北部，得名北环路，后为纪念马振华烈士，更名为振华大街，有振兴中华之意。两侧有宁津县大付小学、宁津县北环小学、宁津县交警大队、污水处理厂。为城区主干道之一。通公交车。

福宁大街 371422-K11
[Fúníng Dàjiē]

在县境南部。东起创业路，西至西环一路。沿线与西环一路、宁德路、安业路、正阳路、商业路、文昌路、津泉路、希望路、银河路、开发路、创业路相交。长4.8千米，宽20.0米。沥青路面。1993年始建，2003年建成。1997年更名为福宁大街，有造福宁津、福寿康宁之意。两侧有宁津县公路局、宁津县烟草公司、宁津县公安局、宁津县地税局、宁津县财政局等。为城区主干道之一。通公交车。

青龙大街 371422-K12
[Qīnglóng DàJiē]

在县境北部。东起东街，西至东刘店。沿线与建设路、兴业路相交。长3.0千米，宽15.0米。沥青混凝土路面。2004年开工，同年建成。取柴胡店镇原名青龙古镇中青龙一词命名。两侧有山东省农村信用社柴胡店分社、中国农业银行柴胡店分行、中国邮政储蓄银行柴胡店分行、柴胡店福星家园、好邻居超市等。通公交车。

保安大街 371422-K13
[Bǎo'ān DàJiē]

在县境西部。东起保店东街，西至吕庄。沿线与保店街相交。长3.0千米，宽15.0米。沥青混凝土路面。1984年开工，2004年建成。取保店镇原名保安古镇中的保安一词命名。两侧有保店大酒店、中国邮政储蓄银行保店分行、中心社区、保店中心卫生院、保店镇政府、中国农业银行保店分行等。通公交车。

安民路 371422-K14
[Ānmín Lù]

沿线与中心大街、府前大街相交。长0.3千米，宽6.0米。沥青混凝土路面。取人民安居乐业之意命名。通公交车。

兴业大街 371422-K15
[Xīngyè DàJiē]

在县境西部。沿线与振兴路、工业路、商贸路、文化路相交。长1.1千米，宽10.0米。沥青混凝土路面。1992年始建。1993年建成。取吉祥嘉言百业兴旺中"兴业"二字命名。两侧有邮政储蓄银行、信用社等。通公交车。

兴柳路 371422-K16
[Xīngliǔ Lù]

在县境北部。南起郑庄路口，北至大东桥。沿线与柳文路相交。长4.8千米，宽10.0米。沥青路面。2014年始建，2014年建成。取振兴大柳的含义命名。沿途经过大柳镇政府，集市和商铺多聚集于此。通公交车。

商业街 371422-K17
[Shāngyè Jiē]

在县境西部。北起振华大街，南至黄河大街。沿线与振华大街、中心大街、开放市场街、福宁大街、阳光大街、黄河大街相交。长0.6千米，宽10.0米。沥青混凝土路面。2000年开工，2006年建成。因位于镇商业较为繁华的地段而得名。集市和商铺多聚集于此。通公交车。

安业路 371422-K18
[Ānyè Lù]

在县境西部。北起振华大街，南至阳光大街。沿线与振华大街、中心大街、福宁大街、阳光大街相交。长1.8千米。宽9.0米。沥青路面。1993年开工，2010年建成。取安居乐业之意命名。两侧有宁津县闫沙村卫生室、宁津镇西白村第一卫生室、大付卫生室、德州银行等。通公交车。

三岭大街 371422-K19
[Sānlǐng DàJiē]

在县境南部。东起宏图路，西至宁德路。沿线与宁德路、正阳路、津泉路、银河南路、宏图路相交。长4.3千米，宽22.0米。沥青混凝土路面。2003年开工，2009年建成。因三岭集团物流有限公司得名。两侧有山东华奥机械有限公司、三岭集团物流有限公司。通公交车。

康宁大街 371422-K20

[Kāngníng Dàjiē]

在县境东南部。东起创业南路，西至津泉路。与文昌路、津泉路、银河南路、开发路、创业南路、宏图路相交。长 2.3 千米，宽 22.0 米。沥青混凝土路面。2004 年开工，2012 年建成。此路由宏图路直通康宁湖公园，以康宁湖命名，取"康泰繁荣，平安宁津"之意。两侧有宁津县星源小学、宁津县人民法院等。通公交车。

创业北路 371422-K21

[Chuàngyè Běilù]

在县境东部。南起阳光大街，北至中心大街。与阳光大街、福宁大街、中心大街相交。长 0.7 千米，宽 22.0 米。沥青路面。2003 年开工，同年建成。因开发区聚集创业地而得名创业路，后因县以阳光大街为零点坐标，此路段位于阳光大街以北，故更名为创业北路。沿途有新宁热源有限公司。通公交车。

昌宁大街 371422-K22

[Chāngníng Dàjiē]

在县境南部。东起津泉路，西至宁德路。与宁德路、正阳路、津泉路相交。长 2.6 千米，宽 22.0 米。沥青路面。2012 年开工，同年建成。该路为金属加工行业聚集地，取生意兴隆、繁荣昌盛、平安宁津之意命名。沿途有宁津县第一中学新校区。通公交车。

爱民路 371422-K23

[Àimín Lù]

在县境西部。长 1.0 千米，宽 20.0 米。沥青路面。1980 年开工。1981 年建成。取爱护人民群众的含义命名。两侧有时集镇中学、时集镇政府、时集镇派出所等。通公交车。

政府路 371422-K24

[Zhèngfǔ Lù]

在县境北部。东起长官镇政府，西至长北村西。与镇中路相交。长 2.0 千米。宽 15.0 米。沥青混凝土路面。2003 年始建，2004 年建成。因经过镇政府驻地而得名。两侧有长官镇人民政府等。通公交车。

特色街巷

康平街 371422-A02-L01

[Kāngpíng jiē]

在镇境西北部。长 1.0 千米，宽 15.0 米。沥青路面。以健康平安之意，名康平路。两侧有宁津县人民医院。通公交车。

开放市场街 371422-A02-L02

[Kāifàng Shìchǎng Jiē]

在镇境西北部。长 1.2 千米，宽 12.0 米。沥青路面。由政府命名为开放市场街。沿线都是商业店铺，促进县城的商业发展。通公交车。

便民街 371422-A02-L03

[Biànmín Jiē]

在镇境西北部。长 0.5 千米，宽 8.0 米。沥青路面。因方便于居民采购生活用品，故命名为便民街。沿线都是商业店铺，促进县城的商业发展。通公交车。

车站

宁津县汽车站 371422-S01

[Níngjīn Xiàn Qìchē Zhàn]

长途汽车站，二级客运站。位于宁城街道，西临宁德路，北邻阳光大街。2006 年 9 月始建，2008 年 12 月建成。占地面积

23 060 平方千米，建筑面积 5 820 平方千米。日发 91 个客运班次，年平均旅客日发量 1 200~1 400 人次，年客运量 48 万人。为鲁西北重要交通枢纽。

桥梁

寨子大桥 371422-N01
[Zhàizi Dàqiáo]

在宁津县东北部。桥长 777 米，桥面宽 12~13 米，最大跨度 35 米，桥下净高 8 米。2005 年动工，2006 年建成。因所在居民点寨子镇得名。结构型式为箱形梁式桥。最大载重量 30 吨。是连接鲁、冀两省的重要桥梁。通公交车。

沟店铺大桥 371422-N02
[Gōudiànpù Dàqiáo]

在宁津县西部。桥长 636.9 米，桥面宽 12 米，最大跨度 630 米，桥下净高 10 米。2005 年动工，2006 年建成。因所在居民点沟店铺得名。结构型式为 T 形梁桥。最大载重量 30 吨。是连接鲁、冀两省的重要桥梁。通公交车。

冀鲁友谊大桥 371422-N03
[Jìlǔ Yǒuyì Dàqiáo]

在宁津县北部。桥长 404.0 米，桥面宽 9 米，最大跨度 400 米，桥下净高 4 米。1990 年动工，1990 年建成。因这座桥连接两省，故名冀鲁友谊大桥。结构型式为空心板桥。最大载重量 50 吨。是连接鲁、冀两省的重要桥梁。通公交车。

庆云县

城市道路

开元大街 371423-K01
[Kāiyuán Dàjiē]

在县城东部。北起 205 国道，南至南环路。沿线与渤海路、新兴路、文化路、新华路、迎宾路、南环路相交。长 5.4 千米，宽 35 米。沥青路面。2003 年始建，2004 年建成。取开创新纪元之意命名。两侧多大型购物商场，有商贸广场、建材商城、县人民医院。为城市交通主干道之一。

渤海路 371423-K02
[Bóhǎi Lù]

在县城北部。西起西环路，东至 205 国道。沿线与青年街、建设街、中心街、开元大街相交。长 3.8 千米，宽 30.0 米。沥青路面。1996 年开工，2002 年改建，2006 年建成。原名北环路，因庆云滨渤海，渤海路街道在此路段，遂改今名。两侧有北海公园、德州渤海经济技术开发区、庆云县纪念馆。为城市交通主干道之一。无公交车。

南环路 371423-K03
[Nánhuán Lù]

在县城南部。东起商城大街，西至西环路。沿线与西环路、建设街、中心街、开元大街、商城大街相交。长 13.0 千米，宽 20.0 米。沥青路面。2004 年开工，2010 年建成。两侧有庆云县公安局、广电大厦、庆云县第四中学、庆云县第五中学、云天职业技术学院、金书小学等。为城市交通主干道之一。无公交车。

新华路 371423-K04

[Xīnhuá Lù]

在县城中部。西起西环路，东至205国道。沿线与西环路、建设街、中心街、开元大街、商城大街相交。长4.2千米，宽14.0米。沥青路面。1996年开工，2005年建成。因新华书店在路中段，故命名为新华路。沿路专业批发市场密集。两侧有澳城购物广场、庆云信誉商厦、商贸广场、小商品城、宝艺服装城、酒水副食城、土产杂品市场、德州渤海经济技术开发区。为城市交通主干道之一。无公交车。

建设街 371423-K05

[Jiànshè Jiē]

在县城西部。北起渤海路，南至南环路。沿线与渤海路、新兴路、文化路、新华路、光明路、庆丰路、迎宾路、南环路相交。长2.3千米，宽29.0米。沥青路面。1998年开工建渤海路至迎宾路路段，2005年建迎宾路至南环路路段。2006年建成。取建设发展之意命名。两侧有庆云广场、科技中心、中共庆云县委、庆云县人大常委会、庆云县人民政府、庆云县政协等。为城市交通主干道之一。无公交车。

中心街 371423-K06

[Zhōngxīn Jiē]

在县城中部。北起北四环，南至南环路。沿线与北三环路、渤海路、新兴路、文化路、新华路、光明路、庆丰路、迎宾路、南环路相交。长7.7千米，宽15.0米．沥青混凝土路面。1996年开工，1997年建成。因处于县城中心而得名。两侧有海岛金山寺、中澳集团、广电大厦、庆云一中、金宇建材国际商城。为城市交通主干道之一。无公交车。

车站

庆云县长途汽车站 371423-S01

[Qìngyún Xiàn Chángtúqìchē Zhàn]

长途汽车站，二级客运站。位于商城大街968号。2001年开工，2002年建成。有发车线路15条，日发班次185次，日均发送旅客量900人次。为庆云县人民群众出行提供服务。

临邑县

城市道路

汇丰大街 371424-K01

[Huìfēng Dàjiē]

在县城西部。东起旭光路，西至子愿路。沿线与旭光路、东岳路、洛源路、迎宾路、瑞园路、子愿路相交。长7.4千米，宽46.0米。沥青混凝土路面。2009年开工，2010年建成。取"汇集财源，人寿年丰"之意命名。两侧有山东翌纬公路工程有限公司、临邑县城管局生活垃圾城区转运站、远通机动车检测有限公司等。是城区北部重要的交通道路。通公交车。

永兴大街 371424-K02

[Yǒngxīng Dàjiē]

在县城西部。东起旭光路，西至开元西大街。沿线与东岳路、洛源路、迎宾路、瑞园路、渤海路、恒源路、子愿路相交。长4.5千米，宽24.0米。沥青混凝土路面。1992年开工，2012年建成。因抗日战争时期永兴支队驻此得名。两侧有临邑县国税局、临邑县工商局、临邑县民政局、永兴学校等。是出入县中心区的北部要道，也是临邑—德州、临邑—商河、临邑—德龙烟铁路的主要通道。通公交车。

迎曦大街 371424-K03
[Yíngxī Dàjiē]

在县城北部。东起东岳路，西至恒源路。沿线与东岳路、洛源路、迎宾路、瑞园路、渤海路、恒源路相交。长 3.9 千米，宽 18.0 米。沥青混凝土路面。1996 年开工，2011 年建成。古城东门为迎曦门，此街为东门旧址，故名。两侧有东街便民市场、邢侗公园、临邑县实验小学等。是县城主干道。通公交车。

苍圣大街 371424-K04
[Cāngshèng Dàjiē]

在县城中部。东起东岳路，西至恒源路。沿线与东岳路、洛源路、迎宾路、瑞园路、渤海路、恒源路相交。长 3.4 千米，宽 18.0 米。沥青混凝土路面。1975 年修建瑞园路至洛源路段，1997 年修建恒源路至瑞园路段，1998 年修建洛源路至东岳路段，2011 年翻修迎宾路至东岳路段，2013 年翻修恒源路至瑞园路段。取"苍平"和"圣邻"两街词首合并而名。两侧有东方金源大酒店、临邑县政协、临沂县委、临邑县幼儿园等。是县城重要的交通主干道。通公交车。

广场大街 371424-K05
[Guǎngchǎng Dàjiē]

在县城中部。东起旭光路，西至恒源路。沿线与东岳路、洛源路、迎宾路、瑞园路、渤海路、恒源路相交。长 4.2 千米，宽 12.0 米。沥青混凝土路面。1976 年修建瑞园路至迎宾路段，1990 年修建迎宾路至东岳路段，1993 年修建恒源路至瑞园路段，2012 年翻修迎宾路至东岳路段，2013 年翻修恒源路至瑞园路段。因位于新世纪广场南边而得名。两侧有利客购物广场、临邑

县中医院、临邑县人民政府、临邑县人民医院等。是县城重要的交通主干道。通公交车。

犁城大街 371424-K06
[Líchéng Dàjiē]

在县城南部。东起旭光路，西至广源路。沿线与迎宾南路、恒源路、子愿路相交。长 8.2 千米，宽 30.0 米。沥青混凝土路面。2009 年开工，2009 年建成。战国时临邑称"犁丘"，故名。两侧有临邑县第五中学等。是县城重要的交通主干道。通公交车。

花园大街 371424-K07
[Huāyuán Dàjiē]

在县城南部。东起旭光路，西至广源路。沿线与旭光路、迎宾南路、瑞园路、恒源路、子愿路相交。长 8.3 千米，宽 64.0 米。沥青混凝土路面。2004 年开工，2008 年建成。此路经过花园村，又因景观亮丽像花园，故取此名。两侧有明德广场、临邑县地税局、临邑县检察院等。是县城重要的交通主干道。通公交车。

宏泰大街 371424-K08
[Hóngtài Dàjiē]

在县城南部。东起旭光路，西至广源路。沿线与旭光路、迎宾南路、瑞园路、恒源路、子愿路相交。长 11.7 千米，宽 46.0 米。沥青混凝土路面。2002 年开工，2003 年建成。取"宏图大展，国泰民安"之意。两侧有慧联驾校、济北综合运输中心、顾家欧亚达商业广场、山东光耀电力科技有限公司、华忆职业技术学院、香港世纪工业园等。是重要的交通主干道。通公交车。

恒源路 371424-K09
[Héngyuán Lù]

在县城西部。北起永兴大街，南至宏

泰大街。沿线与汇丰大街、永兴大街、迎曦大街、苍圣大街、广场大街、开元大街、犁城大街、花园大街、宏泰大街相交。长 3.6 千米，宽 28.0 米。沥青混凝土路面。1998 年开工，1999 年建成，2009 年翻修。以永恒的财源之意命名。两侧有恒源石化、临邑县第一中学等。是县西部重要的交通主干道。通公交车。

渤海路 371424-K10
[Bóhǎi Lù]

在县城西部。北起永兴大街，南至宏泰大街。沿线与与永兴大街、迎曦大街、苍圣大街、广场大街、开元大街、犁城大街、花园大街、宏泰大街相交。长 4.4 千米，宽 24.0 米。沥青混凝土路面。2008 年开工，2014 年建成。因中华人民共和国成立前渤海地委驻地在此而得名。道路两侧有住宅区等。是县境西部贯穿南北的交通主干道。通公交车。

瑞园路 371424-K11
[Ruìyuán Lù]

在县城西部。北起汇丰大街，南至宏泰大街。沿线与永兴大街、迎曦大街、苍圣大街、广场大街、开元大街、犁城大街、花园大街相交。长 3.6 千米，宽 22.0 米。沥青混凝土路面。1985 年开工，1986 年建成，2001、2007、2012 年改扩建。因明朝兵部尚书王洽读书处为"瑞露馆"得名。两侧有中国邮政储蓄银行、临邑县人民医院、洛北中学、德州学院分校临邑师范、洛北驾校、明德文化广场。是县城南北向主要交通干道和商业文化中心。通公交车。

署前路 371424-K12
[Shǔqián Lù]

在县城中部。北起苍圣大街，南至宏泰大街。沿线与迎曦大街、广场大街相交。长 3.8 千米，宽 28.0 米。沥青混凝土路面。因是中华人民共和国成立前后行政公署驻地而得名。两侧有新世纪广场等。是城区南北向主要交通干道和商业文化中心。通公交车。

洛源路 371424-K13
[Luòyuán Lù]

在县城东部。北起汇丰大街，南至东岳路。沿线与汇丰大街、永兴大街、迎曦大街、苍圣大街、广场大街、东岳路相交。长 1.4 千米，宽 24.0 米。沥青混凝土路面。1981 年始建，2001 年翻修，2014 年新建。寓意商贸财源如洛水之源滚滚而来。两侧有德州银行、梅花玉器厂等。在县城商贸城内，为周边商户货物运输和出行提供交通便利。通公交车。

旭光路 371424-K14
[Xùguāng Lù]

在县城东部。北起汇丰大街，南至宏泰大街。沿线与汇丰大街、犁城东街、开元东大街、花园东大街、宏泰大街、东方大道相交。长 4.8 千米，宽 46.0 米。沥青混凝土路面。2009 年开工，2011 年建成。因此路在县城东首，取"旭日东升"之意命名。两侧有中海油德州新能源有限公司、兰剑物流科技有限公司等。为东部高新区企业货物运输重要通道。通公交车。

车站

济北综合运输中心 371424-S01
[Jǐběi Zōnghéyùnshū Zhōngxīn]

长途汽车站，一级客运站。位于临邑县城东南部，迎宾南路与 104 国道交叉口东 700 米路北。1957 年始建，2002 年因城区改造建成临邑客运站，2014 年迁址建济北综合运输中心。为发展成为济南北部的综合交通枢纽而得名。日发送旅客量 1.5 万人次。济北综合运输中心是一座集客货运输、物流仓储、出租车运营、港口物流、商贸旅游等综合服务为一体的客运站。

齐河县

城市道路

迎宾路 371425-K01
[Yíngbīn Lù]

在县城东部。北起齐安大街，南至齐心大街。沿线与齐河大道、齐贸大街、齐晏大街、齐鲁大街、永乐大街相交。长 6.9 千米，宽 50 米。沥青路面。1974 年开工，1975 年建成，2004 年改扩建。取欢迎四海宾朋来之意命名。两侧有时传祥纪念馆、迎宾广场、邮政大厦、齐河三中等。是贯通县城南北的干道。通公交车。

齐鲁大街 371425-K02
[Qílǔ Dàjiē]

在县城中部。东起友谊路，西至顺德路。沿线与友谊路、坤华路、迎宾路、新华路、阳光路、向阳路、晏婴路、世纪路、梦华园路、顺德路相交。长 4.9 千米，宽 36.0 米。沥青路面。1974 年开工，2008 年建成。寓意富晏兴鲁，故名。两侧有齐河第二实验小学、齐河县邮政局、齐河县农商行、齐河县人社局、沁湖公园等。为县城主要干道。通公交车。

齐晏大街 371425-K03
[Qíyàn Dàjiē]

在县城中部。东起友谊路，西至顺德路。沿线与友谊路、坤华路、迎宾路、新华路、

阳光路、向阳路、晏婴路、世纪路、梦华园路、顺德路相交。长 4.9 千米，宽 45.0 米。沥青路面。1974 年开工，1976 年建成，1998 年改扩建。寓意富晏兴鲁，故名。两侧有迎宾广场、齐河县水利局、齐河县公安局、齐河县民政局、齐河县医院、齐河县国土局、齐河县中医院、齐河县第四中学等。为县城主要干道。通公交车。

齐心大街 371425-K04
[Qíxīn Dàjiē]

在县城南部。东起友谊路，西至顺德路。沿线与友谊路、坤华路、迎宾路、新华路、阳光路、向阳路、晏婴路、世纪路、梦华园路、顺德路相交。长 4.9 千米，宽 60.0 米。沥青路面。1989 年开工，2004 年建成。寓意县城中心，故名。两侧有齐河县质检局、齐河县国税局、齐河县政府、齐河大厦、齐河县检察院、齐河县公路局、齐河一中、德百时代广场等。为县城主要干道。通公交车。

齐贸大街 371425-K05
[Qímào Dàjiē]

在县城中部。东起迎宾路，西至世纪路。沿线与迎宾路、新华路、阳光路、向阳路、晏婴路、世纪路相交。长 2.1 千米，宽 25.0 米。沥青路面。1974 年开工，2008 年建成。寓意贸易繁华，故名。两侧有齐河县房管局、新华书店、齐河县第一实验小学、贸易大厦、农贸市场、家具城等。为县城主要干道。通公交车。

齐安大街 371425-K06
[Qí'ān Dàjiē]

在县城北部。东起齐济边界，西至齐河大桥。沿线与园区东路、友谊北路、河李路、迎宾北路、晨鸣路、阳光北路、向阳北路、晏婴北路、世纪路相交。长 12.0

千米，宽 60.0 米。沥青路面。1987 年开工，1993 年建成，2002 年拓宽。寓意行车平安，故名。两侧有国科国际高尔夫球场、盖世物流、齐齐发大市场、齐河县地税局、晏子机械、齐河县汽车站等单位。为县城主要干道。通公交车。

齐顺大街 371425-K07
[Qíshùn Dàjiē]

在县城北部。东起坤华路，西至晏婴路。沿线与坤华路、迎宾路、新华路、阳光路、晏婴路相交。长 4.5 千米，宽 38.0 米。沥青路面。1994 年开工，2000 年建成。以"齐"字开头组词更名为齐顺大街，寓意行车顺利。两侧有坤华集团、晏城街道办、晏城卫生院等。为县城主要干道。通公交车。

黄河大道 371425-K08
[Huánghé Dàdào]

在县城南部。北起齐心大街，南至望岱路。沿线与齐心大街、齐文大街、齐惠大街、齐民大街、齐康大街、齐福大街、齐旺大街、齐盛大街、纬二十二路、309 国道、望岱路相交。长 6.4 千米，宽 120.0 米。沥青路面。1961 年由土路改建称齐晏路，1968 年铺设沥青，2011 年改建完成。因直通黄河，更名为黄河大道。两侧有县科技金融中心、职业中专、晏子湖等。为县城主要干道。通公交车。

友谊路 371425-K09
[Yǒuyì Lù]

在县城东部。南起齐心大街，北至京沪铁路道洞。沿线与齐晏大街、齐鲁大街、永乐大街、齐心大街相交。长 2.2 千米，宽 34.0 米，沥青路面。1973 年开工，2005 年改建。寓意团结友爱，故名。两侧有坤华集团、齐河县福利院等。为县城主要干道。通公交车。

阳光路 371425-K10
[Yángguāng Lù]

在县城中部。南起齐心大街，北至齐顺大街。沿线与金石大街、齐顺大街、齐贸大街、齐晏大街、齐鲁大街、永乐大街相交。长 2.3 千米，宽 30.0 米，沥青路面。1973 年开工，2000 年改建。因阳光广场位于路北首，故名。两侧有阳光广场、齐河县教育局、齐河县工商管理局、齐河县公安局、齐河县民政局等。为县城主要干道。通公交车。

晏婴路 371425-K11
[Yànyīng Lù]

在县城西部。南起齐鲁大街，北至园区南路。沿线与齐顺大街、齐贸大街相交。长 5.9 千米，宽 30.0 米。沥青路面。1974 年开工，1996 年、2004 年改建。为纪念春秋时齐相晏子而更名为晏婴路。两侧多商业网点。为县城主要干道。通公交车。

世纪路 371425-K12
[Shìjì Lù]

在县城西部。南起齐盛大街，北至齐安大街。沿线与齐贸大街、齐晏大街、齐鲁大街相交。长 6.0 千米，宽 60.0 米。沥青路面。1984 年开工，1990 年、1996 年、2007 年三次改造。寓意世纪更替带来新希望，故名。两侧有德百新时代广场、玫瑰园、沁园湖、国土资源局、建材市场、金石集团等。为县城主要干道。通公交车。

顺德路 371425-K13
[Shùndé Lù]

在县城西部。南起齐心大街，北至 308 国道。沿线与齐晏大街、齐鲁大街、齐心大街相交。长 2.4 千米，宽 60.0 米。沥青路面。1998 年开工，2014 年改建。寓意顺此路顺利到达德州，故名。两侧有山东齐河鲁西兽药股份有限公司等。为城区交通次干道。通公交车。

车站

晏城火车站 3371425-R01
[Yànchéng Huǒchē Zhàn]

四等站。在城区北部、阳光路北首。1910年始建，1912年建成，2002年整修。有线路18条，其中正线3条、到发线5条、货物线4条、牵出线1条、专用线4条、安全线1条，日运行旅客列车6.5对，日均接发列车144对。

平原县

城市道路

平安大街 371426-K01
[Píng'ān Dàjiē]

在县城中部。东起民生路，西至郭庄村。沿线与复兴路、桃园大道、新华路、共青团路、千佛塔路相交。长7.9千米，宽30.0米。沥青路面。1971年开工，1972年建成，1996年改造，2004年修东延段，2007年修西延段，2011年延长东延段。因寓意全县人民安居乐业而得名。两侧有中平原县人民政府、平原县人民法院、琵琶湾公园、三国文化广场、和谐广场、桃园宾馆等。是全县的中心街和主干道。通公交车。

共青团路 371426-K02
[Gòngqīngtuán Lù]

在县城中部。南起龙门砖瓦厂，北至崔家塔。沿线与光明西街、光明东街、站西街、平安大街、龙门东街、龙门西街、南门西街、兴原东街、兴原西街相交。长1.5千米，宽10.0米。沥青路面。1978年建成，2003年改造。1969年为绿化城镇，美化市容，县直各机关、学校的广大青年，在共青团县委带领下，踊跃参加本路段的植树活动，为纪念，命名为共青团路。两侧有平原县交通运输局、平原县公安局、平原县地税局、平原县委等。是全县的中心街和主干道。通公交车。

车站

平原站 371426-R01
[Píngyuán Zhàn]

铁路站，三等客货车站。位于平原县城北2千米。1908年始建，1910年建成，1954年进行改造。有站台2座，共有客货线路6条、图定联控列车18列，日均发到旅客800余人，年发到货运340余万吨。是京沪铁路上的重要交通枢纽。

平原汽车站 371426-S01
[Píngyuán Qìchē Zhàn]

长途汽车站，二级客运站。位于平原县城西北方向3千米，千佛塔北路西侧。2009年始建，2010年建成。年客运量42万人次。是平原县连接德州、济南、聊城等地的重要交通枢纽。

夏津县

城市道路

南城街 371427-K01
[Nánchéng Jiē]

在县城南部。东起银山路，西至锦纺街。沿线与顺河街、九龙街、西城街、中学街、中山南路、秀慧街、锦纺街相交。长 2.1 千米，宽 40.0 米。沥青混凝土路面。2001 年始建，2001 年建成。此街为老城区南街，故得名南城街。两侧有夏津县实验小学、夏津县人民医院、夏津县政府、夏津县财政局等。是全县的中心街和主干道之一。通公交车。

中山中路 371427-K02
[Zhōngshān Zhōnglù]

在县城中部。南起河津街，北至银城路。沿线与建安街、砚池街相交。长 1.4 千米，宽 56.0 米。沥青混凝土路面。1994 年始建，1994 年建成。该路为城区中轴线中段，因处中山街中段，故名中山中路。两侧有邮城公园等。是全县的中心街和主干道。通公交车。

中山北路 371427-K03
[Zhōngshān Běilù]

在县城中部。南起银城路，北至北环路。沿线与延庆街、胜利路、承宣街、崔公街相交。长 2.1 千米，宽 50.0 米。沥青混凝土路面。1986 年始建，1986 年建成，1995 年改造。因处中山街北段，故命名为中山北路。两侧有双鸿宾馆、人民公园等。是全县的中心街和主干道。通公交车。

中山南路 371427-K04
[Zhōngshān Nánlù]

在县城中部。南起南环路，北至河津街。沿线与北城街、大寺街、朝阳街、南城街、文化路、广顺街相交。长 3.5 千米，宽 42.0 米。沥青混凝土路面。2010 年始建，2010 年建成。因处中山街南段，故命名为中山南路。两侧有家庭号商厦、通信公司、中心幼儿园等。是全县的中心街和主干道。通公交车。

车站

夏津汽车站 371427-S01
[Xiàjīn Qìchē Zhàn]

长途汽车站。二级汽车客运站。在北关街路西。1924 年建成。后拆迁搬至新址。2006 年 6 月开工，2007 年建成，2008 年正式运营。有运输营运线路 23 条，进站营运客车 109 车次。年客运量 47.2 万人，年货运量 5.04 万件。夏津汽车站分为交通站场、商务住宿和商业服务三大区域，是一座集客货运输、出租车运营、旅游住宿等综合服务为一体的客运站。

武城县

城市道路

振华街 371428-K01
[Zhènhuá Jiē]

在县城中部。东起德商路，西至西环路。沿线与兴武路、青年路、向阳路、少年路、三八路、历亭路、运河路、水兴路等相交。长 6.5 千米，宽 25.0~33.0 米。沥青路面。2009 年始建，同年建成。以吉祥嘉言"振兴中华"命名。沿途多政府机关工作单位和休闲娱乐场所。两侧有盐白购物中心、武城县委、武城县政府、升平广场等。为城区主干道之一。通公交车。

历亭路 371428-K02
[Lìtíng Lù]

在县城东部。南起南环路，北至滨河大道。沿线与广运街、北方街、漳南街、文化街、振华街、顺河街、古贝春大街相交。长 4.3 千米，宽 31.0 米。沥青路面。2009 年始建，同年建成。据史籍记载，武城县曾属历亭县，故名。两侧有交警大队、公路局、建委、中医院、德武驾校等。为城区主干道之一。通公交车。

古贝春大街 371428-K03
[Gǔbèichūn Dàjiē]

在县城南部。东起德商路，西至西环路。沿线与兴武路、青年路、向阳路、少年路、三八路、历亭路、运河路、水兴路等相交。长 6.6 千米，宽 31.0 米。沥青路面。2009 年始建，同年建成。因沿途有古贝春酒厂而得名。道路两侧多为个体经营户，有武城县古贝春有限公司。为城区主干道之一。通公交车。

兴隆街 371428-K04
[Xīnglóng Jiē]

在县城南部。东起历亭路，西至西环路。沿线与兴武路、青年路、向阳路、少年路、三八路、历亭路等相交。长 3.5 千米，宽 12.0 米。沥青路面。2009 年始建，同年建成。道路两侧多为个体经营户，有武城县第三中学、武城县第二实验小学。为城区次干道之一。通公交车。

文化街 371428-K05
[Wénhuà Jiē]

在县城中部。东起水兴路，西至兴武路。沿线与兴武路、青年路、向阳路、少年路、三八路、历亭路、运河路、水兴路等相交。长 4.1 千米，宽 12.0 米。沥青路面。2009 年始建，同年建成。道路两侧多为个体经营户，有武城县第一实验小学、武城县第三实验小学、武城县人民医院。为城区次干道之一。通公交车。

北方街 371428-K06
[Běifāng Jiē]

在县城北部。东起德商路，西至西环路。沿线与兴武路、青年路、向阳路、少年路、三八路、历亭路、运河路、水兴路等相交。长 3.2 千米，宽 30.0 米。沥青路面。2009 年始建，同年建成。道路两侧多政府机关工作单位，有武城县民政局、武城县司法局等单位。为城区次干道之一。通公交车。

少年路 371428-K07
[Shàonián Lù]

在县城中部。南起南环路，北至广运街。沿线与广运街、北方街、漳南街、文化街、振华街、顺河街、古贝春大街等相交。长 3.5 千米，宽 10.0 米。沥青路面。2009 年始建，同年建成。道路两侧多为个体经营户。为城区次干道之一。通公交车。

向阳路 371428-K08
[Xiàngyáng Lù]

在县城中部。南起南环路，北至滨河大道。沿线与广运街、北方街、漳南街、文化街、振华街、顺河街、古贝春大街等相交。长 4.2 千米，宽 18.0 米。沥青路面。2009 年始建，同年建成。沿途多个体商户和休闲场所。两侧有升平广场等。为城区主干道之一。通公交车。

车站

武城汽车站 371428–S01
[Wǔchéng Qìchē Zhàn]

长途汽车站，二级站。位于南关村。1951 年建立，1973 年迁至新城区向阳路南首，1976 年建成并正式营业。1999 年迁至南关村，2000 年建成并正式营业。占地面积 21000 平方米，有省内外线路 24 条，通往济南、青岛、北京等地，年客运量 47 万人。是鲁西北重要的交通枢纽，对武城县的交通运输起到重要作用。

桥梁

武城大桥 371428–N01
[Wǔchéng Dàqiáo]

在武城县西北部。桥长 701.3 米，桥面宽 15 米，最大跨度 60.0 米，桥下净高 10 米。1959 年建成，1972 年扩建，2008 年重修。因地理位置得名。为大型河道桥梁，结构型式为连续箱梁桥。最大载重量为 55 吨。通公交车。

四 自然地理实体

德州市

河流

黄河 371400-22-A-a01
[Huáng Hé]

外流河。在省境北部。因水色浑黄而得名。在古籍中最早称"河",《汉书》中始有黄河之称。发源于青藏高原巴颜喀拉山北麓的约古宗列盆地,自西向东分别流经青海、四川、甘肃、宁夏、内蒙古、陕西、山西、河南及山东9个省(自治区),最后流入渤海。全长约5 464千米,流域面积约752 443平方千米。河水夹带到下游的泥沙总量,平均每年超过16亿吨,其中有12亿吨流入大海,剩下4亿吨长年留在黄河下游,形成冲积平原,有利于种植。黄河流域是中华文明最主要的发源地,中国人称其为"母亲河"。黄河流域有肥原沃土,物产丰富,山川壮丽,居民几乎占中国总人口四分之一,耕地面积则约占全国4成。黄河源流段从星宿海至青海贵德,上游段自贵德至江西省河口镇,中游段从河口镇到河南孟津,下游段自孟津到山东利津县注入渤海。主要支流有汾河、洮河、渭河等。

漳卫新河 371400-22-A-a02
[Zhāngwèi Xīnhé]

人工水道。在省境北部,市境北部。因其上游为漳河与卫河,故称漳卫新河。发源于山东省德州市四女寺村。流经山东省武城县、德城区、宁津县、乐陵市、庆云县、无棣县,河北省吴桥县、东光县、南皮县、盐山县、海兴县,在河北省海兴县与山东省无棣县交界处的大口河入海。全长257千米,宽度60千米,流域面积200.5平方千米。设计流量3 500立方米/秒。沿河建有涵闸14座。设计引水能力1 200立方米/秒,设计灌溉面积1 500平方千米。是一条具有防洪、排涝、灌溉综合效益的河道。主要支流有跃丰河、跃丰一干、茨头堡沟、辛店沟、霍寨沟。

马颊河 371400-22-A-a03
[Mǎjiá Hé]

外流河。在省境北部,市境东部。因至唐朝形似"马脸"而得名。起源于河南省濮阳市,流经夏津县、平原县、德城区、陵城区、临邑县、乐陵市等8个县,在无棣县黄瓜岭流入渤海。境内河道长205.9千米,宽度110米。流域面积3 704平方千米,年径流量4.70亿立方米。无通航能力。

徒骇河 371400-22-A-a04
[Túhài Hé]

外流河。在省境北部,市境东南部。宋代漯川埋没后随着黄河的南徙,为适应地表径流排泄的需要,在古漯川流域发育了一些新的河流,明代以前一般都称土河,即为徒骇河的前身。这些河流逐渐贯通演变,明万历十九年(1591)便更名为徒骇河。发源于聊城市莘县,与黄河平行流向东北,流经莘县、阳谷县、聊城市、茌平县、高唐县,在禹城市各户屯入德州,经禹城市、齐河县、临邑县、济阳县、商河县至惠民县暴风站注入渤海。全长 436.35 千米，德州境内长 117 千米，宽度 130 米。流域面积 3 427 平方千米，流量 955 立方米 / 秒。属于大型河、地下河、常年河，一般汛期在 7—8 月，河中有草鱼、鲢鱼、鲤鱼、鲫鱼、黑鱼、鲶鱼、鲌鱼、泥鳅等，另有龟、蟹、蚌、虾、青蛙等。主要支流有苇河、赵牛新河、老赵牛河。

京杭大运河 371400-22-A-a04
[Jīngháng Dàyùnhé]

人工水道。在省境北部，市境西部。因起止点而得名。发源于北京通州，流经北京、河北、天津、山东、江苏和浙江，最终流入钱塘江。全长 1 797 千米，通航里程 1 442 千米，其中全年通航里程 877 千米。山东境内长 643 千米，宽 70~90 米。可分为通惠河、北运河、南运河、鲁运河、中运河、里运河、江南运河七段。

朱家河 371422-22-A-a05
[Zhūjiā Hé]

马颊河支流。在省境北部，市境东北部。因位于朱家村（现朱庄）而得名。发源于陵县前孙乡许庄附近洼地，流经苏陈、崔茂、小店、东店、解庄、朱庄、高庄、东姜后进入宁津县西南。全长 37.63 千米，平均宽度 40 米。流域面积 414.8 平方千米。河流流量 64.5 立方米 / 秒。含沙量小。河道，河深 14 米。1970 年至 1971 年进行了扩大治理，相继修建了桥闸建筑物，用于农田灌溉。1972 年又进行了清淤，增加了排涝和蓄水能力，为县境南部沿河村庄在旱能灌，涝能排方面，发挥了应有的作用。有利于维护区域社会安全和工农业生产的正常发展，促进经济社会和谐健康发展。无支流。

德惠新河 371423-22-A-a06
[Déhuìxīnhé]

人工水道。在省境北部，市境北部。发源于平原县王凤楼村，流经平原、陵县、临邑、商河、乐陵、阳信、庆云，于无棣县下泊头村与马颊河汇合。全长 172.5 千米，流域面积 3 248.9 平方千米，设计防洪流量 450 立方米 / 秒，除洪流量 300 立方米 / 秒。是南侯水库以及尚堂镇、中丁乡农业灌溉的主要水源。支流有大胡楼沟、引新干渠、新南干渠。

六五河 371400-22-A-b01
[Liùwǔ Hé]

内陆河。在省境北部，市境东北部。因 1965 年开挖定型而得名，简称六五河。发源于夏津县土龙头闸，向东北经杨庄东至郑保屯南折东，经七屯、双庙、孙庄至西关沿陈公堤向东北，至四女寺牛角峪入减河。全长 120.3 千米，德州境内长 48.5 千米，底宽 39~43 米。排涝流量为 129.8 立方米 / 秒。该河是一条重要的排灌河道，对夏津、武城的农业生产起着关键性作用。

德城区

河流

减河 371402-22-A-b01
[Jiǎn Hé]

内陆河。在省境西北部，市境东部。为漳卫新河减水河道，故称减河。发源于德州市西北，经河北省天桥县、山东省宁津县，于大曹镇八沟孙村流入漳卫新河。全长 227.5 千米，平均宽度 40 米。流域面积 26.5 平方千米，流量设计行洪量 1 500 立方米 / 秒。为黄河故道，唐代以来多次疏浚。为利用河槽调蓄，服务于沿河农田灌溉。

禹城市

河流

丰收河 371482-22-A-b01
[Fēngshōu Hé]

人工水道，内陆河。在省境西部，市境西南部。是 1969 年修建的一条新河道，取名丰收河。发源于辛寨镇贾村南团结河，流经辛寨镇、房寺镇、张庄镇、辛店镇，于辛店镇丁刘袁东入禹临河。全长 40 千米，平均宽度 33 米。流域面积 136.28 平方千米，年平均径流量 374 万立方米。河中鱼类有草鱼、鲢鱼、鲤鱼、鲫鱼、黑鱼、鲶鱼、鲌鱼、泥鳅等，另有龟、蟹、蚌、虾、青蛙等生物。

宁津县

河流

宁南河 371422-22-A-b01
[Níngnán Hé]

人工河道。在省境北部，市境东北部。因位于宁津县南部而得名。发源于漳卫新河右岸黄镇闸，流经保店镇、津城街道、宁城街道、柴胡店镇，于王秀村西经青积务沟流入宁津新河。全长 33.58 千米，平均宽度 35 米。流域面积 136.5 平方千米，流量 24.1 立方米/秒，含沙量小。是一条排、灌两用河道。无支流。

齐河县

河流

老赵牛河 371425-22-A-b01
[Lǎozhàoniú Hé]

徒骇河支流。在省境中部，市境东南部。前身称赵牛河，明弘治十七年（1504），知县赵青、县丞牛文增进行治理，取二人姓氏改名赵牛河。1965 年，在其中游潘店镇杨家河口村北接其上游另开新河，称赵牛新河，杨家河口以下原河道改称老赵牛河。发源于聊城市顾官屯镇，经潘店、焦庙、刘桥镇，至华店镇北界神屯沟流出德州境内，最终汇入徒骇河。齐河境内长度 36.2 千米，流域面积 937.8 平方千米。河流沿岸是齐河县重要的粮、棉、蔬菜生产基地和畜牧业、林业生产基地。有十八户河、邓金河、温聪河、倪伦河、双庙屯干沟、柳官屯干沟、晏黄沟 7 条支流。

倪伦河 371425-22-A-b02
[Nílún Hé]

老赵牛河支流。在省境中部，市境东南部。相传始挖于明代，因乡民倪伦修河泄水，故以人名命名。发源于胡官屯镇郑官庄，经焦庙、祝阿两镇，流入老赵牛河。全长 37.2 千米，流域面积 136 平方千米。径流量 40 立方米/秒。流域内水草丰富，利于农林牧副渔业发展。该河既是坡水河道，又有排泄沿黄地区渍水的作用，建有拦河节制闸 5 座蓄水灌田。无支流。

武城县

河流

堤下旧城河 371428-22-A-b01
[Dīxiàjiùchéng Hé]

人工河道。在省境西部，市境南部。因是堤下旧城河而得名。发源于卫运河吕洼引水闸，向东至杨庄村折向东北，经姜辛庄至石官屯转向东，又经石官屯至辛王庄东南汇入六五河。全长29.5千米，平均宽度40米，流域面积217平方千米，排涝流量为49.93立方米/秒。该河含沙量较少。河流沿岸主要以种植粮棉为主。该河为排灌两用河道，灌的作用有二，一是引卫济马，将卫运河水引入马颊河；二是引黄。排的作用是，当减河分洪水位高于六五河水位时，拦截六五河上游来水排入马颊河，减轻恩县洼排涝压力。

利民河 371428-22-A-b02
[Lìmín Hé]

减河支流。在省境西部，市境南部。西起鲁权屯镇沙虎庄西南与利民河西支交汇处，向东经鲁珩、付家坊至朱庄转向东北，经高海、崔庄至蒋家佛堂北折向东，至商庄西与东支汇合至牛角峪入减河。全长22.73千米，宽度5.5~32米。流域面积2 052平方千米，排涝流量为46.18立方米/秒。含沙量较少。沿岸流域内主要以种植粮棉为主。利民河是一条较大的排灌两用河。

五 名胜古迹、纪念地和旅游地

德城区

重点文物保护单位

苏禄王墓 371402-50-B-a01
[Sūlùwáng Mù]

在德州市德城区新湖街道办事处共青团西路北营村南。因是古菲律宾群岛苏禄国东王之墓而得名。建于永乐十五年（1417）。墓地由神道、御碑楼、东王墓、王妃、王子墓和清真寺等设施组成。前后修建了牌坊、御碑楼、清真寺、陵恩门、陵恩殿、碑廊等附属设施。苏禄国东王墓不仅是中菲友好的历史见证，同时也向世人展示了德州段大运河作为重要交通干道所起到的积极作用。2006年5月被批准为国家级文物保护单位。通公交车。

陵城区

重点文物保护单位

神头墓群 371403-50-B-b01
[Shéntóu Mùqún]

在陵城区神头镇西北，笃马河北岸。因所在政区而得名。建于汉代。大者直径40余米，高约9米，小者直径14米，高3米。1973年经实地考察，尚存38个。1978年对四、十一、十五号墓进行考古挖掘，出土文物35件，其中陶制绿釉八联灯、博

山炉均为国家一级文物。并出土有汉画像石墓门一套。神头汉墓群气势雄伟壮观，亦是堪舆学研究难得的现场素材，具有重要的考古价值。1977年12月被批准为省级文物保护单位。通公路。

厌次故城遗址 371403-50-B-c01
[Yàcìgùchéng Yízhǐ]

在陵城区神头镇，南临富平公路，北临笃马河。因秦始皇东巡至此，厌（同"压"）天子气曾次于此而得名。为隋朝至宋朝时期遗址。先后出土有汉佛龛、陶耳杯、八联灯、汉画像石墓门等文物。具有重要的考古价值。2011年4月被批准为市级文物保护单位。通公路。

东方朔墓 371403-50-B-b03
[Dōngfāngshuò Mù]

在陵城区神头镇西南1千米处。因墓主人而得名。建于汉代。墓高4米，直径30米。四周立有界石，中植松柏，墓园由坟墓、祠堂两部分组成。墓前有明代御史邑人康丕扬的立碑。历代屡有加封增修记载。东方朔墓为传承东方朔文化提供了有力载体，能够使本地或者其他各地的人们了解认识东方朔，为探索、研究东方朔文化提供契机；有利于保护和发扬当地文化资源，结合乡村振兴战略的开展，打造特色文化小镇，提高神头镇的知名度，推动了当地经济的发展。1977年4月被批准为省级文物保护单位。323省道经此。

乐陵市

纪念地

冀鲁边区革命纪念园 371481-50-A-c01
[Jìlǔbiānqū Gémìng Jìniànyuán]

在乐陵市东北部 5.5 千米处。冀是河北省的简称，鲁是山东省的简称，因处于两省的边界，故名冀鲁边。乐陵作为冀鲁边区的核心区域，为保护和传承好这一地区宝贵的红色历史文化，故取名冀鲁边区革命纪念园。2013 年 4 月始建，2014 年 9 月正式开园。占地 3 000 平方米，纪念园包括休闲广场（入口牌坊、主题雕塑）、冀鲁边革命烈士纪念馆、烈士碑林、纪念广场（英雄纪念碑、烈士墙）、常大娘展馆（体验式地道）5 个部分。是为了纪念冀鲁边区革命事业而修建，是党员接受党性教育、学生接受爱国主义教育、市民缅怀革命先烈的首选之地。通公交车。

重要景点

乐陵千年枣林景区 371481-50-D-a01
[Làolíng Qiānniánzǎolín Jǐngqū]

在乐陵市东北部 6.0 千米处。南至枣林街，东到东郭村，北至小芦村，西到朱集路。占地面积 10 万亩，其中中心景区占地 5 000 亩。因景区内有全国最大的千年人工结果森林而得名。景区现有中国金丝小枣乡碑、李先念题词碑、百枣园、结义园、枣林幽径、观光塔及农业高科技示范园等景点。已建成枣乡红韵红色旅游区、枣文化博物馆和百枣园景观工程等新景点。景区内的百枣园初建于 1992 年，占地 60 亩。2012 年经扩建后占地面积达到 180 亩，共有枣树 5 800 余株。现已汇集国内外知名枣品种 596 种，是一处集引种试验、品种对比、物种保存、游览观光于一体的特种枣园和枣菜间作示范园，被称为全国名特优枣品种资源库。景区内的枣王树相传已有 1 300 多年的历史，依然枝繁叶茂，年年结果。据说乾隆下江南，途经乐陵，至此树下口渴，取几颗红枣入口，顿觉甜透六腑，爽净五脏，脱口而出"好果称朕意"，遂挥毫写下"枣王"二字。乡民感恩赐福，制成金匾，挂于此树。因年代久远，金匾现已流失。现枣王碑为启功先生所题。是一处集绿色观光采摘、旅游休闲度假、食宿娱乐为一体的综合性休闲景区。2014 年被批准为国家 AAAA 级旅游景区。通公交车。

禹城市

纪念地

王克寇烈士陵园 371482-50-A-c01
[Wángkèkòu Lièshì Língyuán]

在莒镇人民政府西北 3.5 千米董屯村。因王克寇同志埋葬于此而得名。建于 1975 年，2007 年进行修缮。内有王克寇革命事迹展，战友、首长题词等。王克寇烈士陵园浓缩了革命历史，成为传承红色文化的重要载体，是进行爱国主义、革命英雄主义教育的生动教材，是青少年学习了解革命历史、弘扬优良传统的重要基地。通公路。

重点文物保护单位

窦冢遗址 371482-50-B-b01
[Dòuzhǒng Yízhǐ]

在禹城市人民政府北方向 7.4 千米。因所在政区而得名。1974 年 7 月，在该遗址东北侧二登台处挖出早商灰陶鬲 1 件。经鉴定，发现的器物、陶片属龙山文化遗址。具有重要的考古价值。1992 年 6 月被批准为省级文物保护单位。通公路。

禹王亭遗址 371482-50-B-b02
[Yǔwángtíng Yízhǐ]

在十里望回族镇十里望村东南 300 米。因其上曾建有禹王亭，故名。是大禹为观察水势，指挥治水而建，后人为纪念大禹，在丘山上修庙建亭，故名。20 世纪 60 年代，禹王亭年久失修，亭毁庙塌，呈圮状。1974 年在该丘发现灰土层，地表堆积大量陶片，并陆续捡拾到石斧、研磨器、卜甲等文物，经鉴定，为龙山文化遗址。该遗址对研究黄河冲击平原地区的新石器文化聚落分布有重要参考价值。1977 年 12 月被批准为省级文物保护单位。通公路。

高唐故城 371482-50-B-c01
[Gāotáng Gùchéng]

在伦镇小城子坡村南 1.5 千米。1976年考古发现后定名为高唐故城。城址平面呈长方形，遗址内文化堆积距地表 0.5 米，中部偏北处有一土台，地表散布有大量的瓦砾、残砖。采集有东周时期泥质灰陶豆盘、罐口沿、树木纹半瓦当和汉代灰陶罐口沿、板瓦残片。对于研究黄河中下游文明起源和龙山文化提供了有力佐证，为早期先民迁徙、繁衍生息及部落形成、古城构建等多学科研究赋予重要史料支撑。通公路。

邢寨汪遗址 371482-50-B-c02
[Xíngzhàiwāng Yízhǐ]

在梁家镇人民政府南 4.1 千米信双村西。因所在政区而得名。共出土文物 119 件，其中，有陶器 68 件、骨器 24 件、石器 10件等。虽发掘面积较小，但出土文物足以

证明其为新石器时代龙山文化遗址。对研究龙山文化有重要意义。通公路。

重要景点和一般名胜古迹

禹西生态农业观光园 371482-50-D-c01
[Yǔxī Shēngtàinóngyè Guānguāngyuán]

在禹城市人民政府西北 19 千米。因为全国农业旅游示范点而得名。占地面积13.5 平方千米。主要景点有小西湖、迎宾山、小赵州桥、千亩莲池。观光园由多处池塘田地等构成，形成了上粮下鱼的模式，取得了良好的社会效益和经济效益。省道 316经此。

禹城市泺清河风景区 371482-50-D-c02
[Yǔchéng Shì Luòqīnghé Fēngjǐngqū]

在禹城市政府东 2 千米。因景区内有泺清河而得名。占地面积 320 000 平方米。主要景点有贝秋春色、睿湖卧虹、堰塞锁津、牧金铸鼎、故城遗韵。该景观意在突出大禹文化、鬲津文化元素，实现沿岸景观、休闲、文化多元素有机融合，使泺清河沿岸成为道路宽敞、风景秀美的现代化城市景观街。通公路。

宁津县

重点文物保护单位

长官镇清真寺 371422-50-B-c01
[Zhǎngguān Zhèn Qīngzhēn Sì]

位于长官镇政府驻地南 2 千米处。因所在政区而得名。建于明代。古寺有两进院落，占地 5 260 平方米，建筑面积 1 600平方米，设大殿、副殿、浴室，整体建筑为砖木结构，飞檐斗拱，塔楼高耸，兼具

庆云县

中国古典建筑与阿拉伯建筑风格，史称"标异沧济"。主题建筑大殿高 26 米，占地 1 200 平方米，殿内地面用木板和地毯铺成，可容纳 2 000 人同时做礼拜。是研究当地民俗宗教与地方史的重要实物资料。2005 年 4 月被批准为市级文物保护单位。通公路。

重要景点和一般名胜古迹

宁津县文化艺术中心 371422-50-D-a01
[Níngjīn Xiàn Wénhuàyìshù Zhōngxīn]

位于阳光大街中段路南。面积 2.5 万平方米。是为打造文化强县和旅游强县而投资兴建的民生城建项目，名为宁津县文化艺术中心。一楼设有宁津展览馆、大型影剧院和多功能厅，二楼设有宁津蟋蟀文博馆、杂技文博馆、《大刀记》文博馆、非物质文化遗产展览馆、美术馆、博物馆、美术培训馆、舞蹈训练馆八大展馆，布局新颖、设施先进、内容丰富。蟋蟀文博馆是全国乃至全世界唯一一个以蟋蟀为主题的文博馆。李浚之纪念馆始建于 1955 年，是为纪念宁津县清代著名实业救国倡导者、美术史学家、金石书画鉴赏家、美术教育家李浚之先生而建。博物馆展出 240 余件文物，其中国家一级文物 1 件，国家二级文物 8 件，国家三级文物 36 件，其他文物 198 件。是一处集商务接待、旅游观光、经济文化展览、文艺演出于一体的文化艺术中心。2012 年 12 月被评为国家 AAA 级旅游景区。通公交车。

纪念地

庆云县纪念馆 371423-50-A-c01
[Qìngyún Xiàn Jìniànguǎn]

位于县城渤海路西侧路北。总占地面积 13 200 平方米。因其所在政区而得名。分为纪念广场、烈士墓园、展览馆三大部分，整体布局合理，气氛庄严肃穆。纪念广场以大理石板铺就，广场中央矗立着雄伟的烈士纪念碑，高 12 米，由汉白玉石砌成，雄伟壮观。正面为毛泽东主席手书"人民英雄永垂不朽"八个大字，背面是县委、县政府撰写的碑志铭。为广大群众缅怀革命前辈丰功伟绩、接受革命传统教育和爱国主义教育的场所。交通便利。

重要景点和一般名胜古迹

庆云县海岛金山寺 371423-50-D-a01
[Qìngyún Xiàn Hǎidǎo Jīnshān Sì]

在德州市庆云县城北部。东至渤海路街道办齐家村、小徐村、王南津村西，西至中心街，南至县钢材市场，北至北四环。占地面积 50 亩。因建在古汾水河与鬲津古河交汇处的一座孤岛之上，故得名海岛金山寺。由一寺一园组成，即千年古刹海岛金山寺、吉祥园，是中国北方著名的祈福旅游胜地，以其神奇的传说与浓厚的传统文化氛围吸引着八方宾朋。万佛殿，仿照北京天坛祈年殿建造，是周边地区的标志性建筑。金山寺的重建不仅为庆云恢复了一处宗教活动场所，而且成为庆云的一大人文景观。2010 年 8 月被评为国家 AAAA 级旅游景区。交通便利。

北海公园 371423—50-D-c01

[Běihǎi Gōngyuán]

位于庆云城区北部。又称李之仪公园。湖水面积 18 万平方米，因北宋庆云籍词人李之仪而得名。是一处爱情主题公园，也是鲁北地区最大的敞开式水景公园。每年都举行青年集体婚礼和金婚庆典，爱情公园的名字声名远播。"一湖相思水，满园连理枝"，生动形象地概括了这里情深意浓的爱情文化。交通便利。

临邑县

纪念地

邢侗纪念馆 371424-50-A-c01

[Xíngtóng Jìniànguǎn]

位于临邑县迎曦大街 91 号邢侗公园内。南至迎曦大街，北至永兴大街，东至洛源路，西至迎宾路。占地面积 2 070 平方米。因纪念明代著名书法家、诗文家邢侗而修建，故名。建筑风格为仿明砖木结构。馆藏邢侗主刻的《来禽馆帖》石刻，邢慈静主刻的《之室集帖》木板刻，王洽主刻的《来禽馆真迹》拓片和明清以来的其他刻石。所有石刻、板刻均用高级将军红大理石镶嵌，石刻和木刻上方均悬挂着精心拓制的拓片，便于参观者临摹观看，石刻外面用高档玻璃密封保护。对于研究邢侗文化具有重要的学术价值。2013 年 12 月被批准为国家 AA 级旅游景区。交通便利。

重点文物保护单位

石家清真寺 371424-50-B-b01

[Shíjiā Qīngzhēn Sì]

位于临邑县临南镇石家。因所在政区而得名。始建于明朝初，清乾隆四十年（1775）进行改扩建。整个建筑群体古朴典雅，肃穆幽静，既保持了明清建筑风格，又融汇了伊斯兰教阿拉伯建筑艺术元素。是研究当地民俗宗教与地方史的重要实物资料。2013 年 10 月被批准为省级文物保护单位。交通便利。

重要景点和一般名胜古迹

红坛寺森林公园 371424-50-D-c01

[Hóngtánsì Sēnlíngōngyuán]

位于林子镇南部。占地面积 936.27 万平方米。因有红坛寺传说而得名。公园充分利用自然资源，以科学规划建成了功能合理、环境优美、高科技、高效益的生态农业综合开发区，由旅游服务、愉湖游乐、红坛度假、苇海风情、林海揽翠、观光生态园六区组成。是一处集观光、旅游、餐饮、娱乐、商贸、度假、农业开发为一体的综合性生态农业开发园。通公路。

齐河县

纪念地

晏城侵华日军飞机场旧址 371425-50-A-c01

[Yànchéng Qīnhuárìjūn Fēijīchǎng Jiùzhǐ]

位于齐河县政府机关北 3 千米，晏城街道辖区福王、杨士安、小李庄等村庄内。是抗日战争期间，侵华日军在中国境内修建的机场，故名。1944 年秋，侵华日军强抓民工，强拆村庄，强占土地，修建日军飞机场，是日军侵略中国的历史罪证。通公路。

时传祥纪念馆 371425-50-A-c02
[Shíchuánxiáng Jìniànguǎn]

位于县政府机关北 3 千米，齐河县城区迎宾路北首。因纪念劳动模范时传祥而得名。2000 年 9 月 9 日开馆。占地面积 20 000 平方米，建筑面积 1 600 平方米。建筑以八角形平面布局，寓意四面八方，象征"宁愿一人脏，换来万家净"的时传祥精神；采用山东民居形式，硬山对称，灰瓦白墙，反映时传祥朴素的人生。对于当代依然具有十分重要的教育意义。通公交车。

齐河县烈士纪念馆 371425-50-A-c03
[Qíhé Xiàn Lièshì Jìniànguǎn]

位于县政府机关北 3 千米，齐河县城区迎宾路北首烈士陵园内。为缅怀和纪念在各个历史时期牺牲的革命先烈而命名。2010 年建成。建筑面积 2 129 平方米，设 4 个展厅，其中一、二、三号展厅为齐河革命历史展厅，四号展厅为中央军委追授"舍己救人模范军官"称号的孟祥斌烈士展厅。共收录 1 871 名烈士名字，展出革命文物及烈士遗物 1 000 余件，照片 430 余张。为广大群众缅怀革命前辈丰功伟绩，接受革命传统教育和爱国主义教育的场所。2014 年 5 月被批准为市级烈士纪念设施保护单位。通公交。

重点文物保护单位

刘安遗址 371425-50-B-c01
[Liú'ān Yízhǐ]

位于晏城街道办事处北 6 千米、刘安村北方向 300 米处。因所在行政区而得名。建于商周年间。遗址南侧断崖文化堆积比较清楚，发现有烧土、烧灰等遗迹现象，采集有商周时期夹砂绳纹鬲足、泥质豆柄等残片，另有蚌壳及少量残石器、兽骨、鹿角等。具有重要的考古价值。2005 年 4 月被批准为市级文物保护单位。通公路。

重要景点和一般名胜古迹

泉城海洋极地世界 371425-50-D-a01
[Quánchéng Hǎiyáng Jídì Shìjiè]

位于齐河县政府驻地东南 8 千米。因邻泉城济南，综合了海洋文化、海洋科技的主题性质而得名。建筑面积 8.8 万平方米，是亚洲规模最大、世界一流的海洋馆，年可接待游客 300 万人次。主要有热带雨林、海洋世界、极地王国、海洋极地世界标本区、4D 影院、海洋剧场等功能区，展示来自世界各地的千余个品种、上万条珍稀鱼类和北极熊、大白鲸等极地海洋生物。热带雨林区突出了山、水、林、石头的有机组合，各种雨林中的鱼类及其他动物展示分布在整个区间中，与周围景观巧妙结合。海洋世界区用奇幻的灯光和别具匠心的场馆设计，打造成一个神秘绚烂的海洋世界。极地王国区是一个冰雪世界，汇集了来自南极和北极的极地动物。标本区主要展示海洋生物的标本，并通过多媒体的科技手段将海洋生物变迁的过程和海洋生态保护的常识展示出来。4D 影院区是在三维立体电影的基础上，加上环境特效模拟仿真组成的四维空间。海洋剧场区有幽默滑稽的海狮表演和浪漫刺激的海豚表演。是一处集观赏性、娱乐性、趣味性和反映海洋文化、海洋科技为一体的旅游景区。2012 年 10 月被评为国家 AAAA 级景区。通公交车。

泉城欧乐堡梦幻世界 371425-50-D-c01
[Quánchéng Ōulèbǎo Mènghuàn Shìjiè]

位于齐河县政府驻地东南 8 千米。因邻泉城济南，是以欧洲特色为主题的游乐园而得名。主要景点由欢乐派梦幻小镇、龙之心、魔境仙踪、狂野非洲、童话镇、天空之城、秘境之湖七大主题区组成。乐园入口的凯旋门是世界主题乐园中规模最大并充满魔幻智慧色彩的地标性建筑，中心天鹅堡荟萃欧洲各国的民俗风情与艺术风采，以壮观、典雅高贵的气势在世界主题乐园中独树一帜；亚洲唯一的蓝火过山车采用火箭发射式原理，让游客体验瞬间离地的超刺激、惊险快感。丰富了市民的休闲娱乐生活。通公交车。

平原县

重点文物保护单位

崔家庙千佛塔 371426-50-B-b01
[Cuījiāmiào Qiānfó Tǎ]

位于平原县城以北 2 千米处，三唐乡崔家庙村东 50 米。因塔门上方镶嵌石刻"千佛塔"而得名。建于康熙八年（1669）。千佛塔青砖结构，四面有窗，塔门朝南，塔高七层，据说取佛教七级浮屠之意，塔身自下而上层层收缩，塔内逐层均有阶梯，游人可拾级而上，观赏田园景色。是平原县的重要旅游景点，也是平原县的标志性建筑之一。2013 年 10 月被批准为省级文物保护单位。通公交。

恩城文昌阁 371426-50-B-b02
[Ēnchéng Wénchāng Gé]

位于平原县西部恩城镇中心小学院内。因是祭祀"文昌君"的专用场所而得名。建于明成化十六年（1480）。恩城文昌阁古朴典雅，端庄大方，结构精巧，总高 12 米。整个建筑系砖木结构，下方上圆，尖顶，呈金字状，高台上面是两层的木结构楼阁。它是明代古文化的产物和一定历史时期社会生活的标志，不仅是平原县的重要旅游景点，还是平原县的标志性建筑之一。具有重要的考古价值。2013 年 10 月被批准为省级文物保护单位。通公路。

夏津县

重要景点和一般名胜古迹

东岳庙 371427-50-D-c01
[Dōngyuè Miào]

位于县城东北雷集镇津期店村东。是唐朝时修建的东岳行宫，亦称东岳庙，又称青龙观。20 世纪 80 年代中期重新修葺。建筑面积 1 500 平方米，有玉皇阁、碧霞宫、财神殿等建筑。最大特色是神像众多。每年农历三月二十八的贸易大会提高了当地经济活力。是研究当地民俗宗教与地方史的重要实物资料。通公路。

夏津县大云寺 371427-50-D-b02
[Xiàjīn Xiàn Dàyún Sì]

位于夏津县人民政府东北部 20 千米，夏津县苏留庄镇黄河故道森林公园内。山东省民委命名其为大云寺。2011 年 3 月始建。占地 450 多亩，主体建筑为寺院北部的千佛阁，占地 1.9 亩，高七丈二尺，特立云表，欂拱檐飞，流丹焕彩，被誉为"东省诸刹之冠"。大云寺为一座集禅修弘法、观光旅游为一体，为社会各界人士提供一处远离喧嚣、放松身心的学佛净心的祈福求平安的休闲胜地。通公交车。

武城县

重要景点和一般名胜古迹

四女寺景区 371428-50-D-a01
[Sìnǚsì Jǐngqū]

位于武城县西北部四女寺镇,武城县与河北故城交界处的运河南岸。占地面积0.78平方千米。因景区内的四女寺而得名。2011年建成,2014年正式对外开放。按照"以史为根、以文为魂、以河为脉、以湖为韵、以树为景、以孝为先"的设计理念,建有孝女祠、佛光寺等人文景观,形成以运河文化、礼孝文化和佛教文化为主要特色的综合性主题景区,主要建筑物有佛光寺、孝女祠,有关附属设施有佛光广场、孝文化广场、明德湖、菩提广场、孝门。2014年被评为国家AAA级景区。通公路。

武城县古贝春酒文化博物馆
371428-50-D-c02
[Wǔchéng Xiàn Gǔbèichūn Jiǔwénhuà Bówùguǎn]

位于武城县古贝春大街西段古贝春酒厂院内。因该文化博物馆为武城县古贝春酒厂建设并使用,所陈列内容均为该酒厂发展历史等,故名。展览面积8 200平方米,共展示"酒源探寻""古贝史话""公司掠影""生产工艺""酒联鉴赏"和"酒道一览"六项内容。此展馆对武城现代酒产品进行推介,是回顾历史、产品展示、现代技术交流的平台。通公路。

神龙地毯博物馆 371428-50-D-c03
[Shénlóng Dìtǎn Bówùguǎn]

位于武城县古贝春大街东段,神龙地毯集团院内。因该博物馆为武城县神龙集团建设并使用,所陈列内容均为该集团地毯发展历史等,故名。建筑总面积4 800平方米。展览形式以图片、文字和地毯实物相结合,辅以灯光、音效和人员解说,对中国地毯的发展历史、武城地毯业的发展过程、历年收藏的国内外珍贵地毯进行展示,对武城现代地毯新产品进行推介,成为回顾历史、产品展示、现代技术交流的平台。通公路。

六　农业和水利

德州市

灌区

潘庄灌区　371400-60-F01
[Pānzhuāng Guànqū]

在市境南部。因灌区取水口位于潘庄村，故名潘庄灌区。1971年始建，1972年开始引黄放水。是全国最大型引黄灌区之一，灌区耕地面积412.43平方千米，包括齐河、禹城、平原、陵城、武城、德城、宁津的全部或部分地区。极大方便了灌区内的农业灌溉。通公路。

李家岸灌区　371400-60-F02
[Lǐjiā'àn Guànqū]

在市境东南部。因灌区引黄取水口位于李家岸村，故名李家岸灌区。1970年建成并开始引水，1972年正式引水灌溉。是全国最大型引黄灌区之一，设计灌溉面积321.5万亩，包括齐河、临邑、陵城、乐陵、庆云、宁津地区。极大方便了灌区内的农业灌溉。通公路。

陵城区

灌区

马北灌区　371403-60-F01
[Mǎběi Guànqū]

在区境东北部。在2010年全国水利普查中，定名为马北灌区。灌区耕地面积37.28平方千米。灌区水源来自马颊河和马颊河故道，水利条件较好，灌区北部通过傅家庵河向灌区送水。极大方便了灌区内的农业灌溉。通公路。

韩家灌区　371403-60-F02
[Hánjiā Guànqū]

在区境东南部。因灌区提水主要通过韩家扬水站，故名韩家灌区。灌区耕地面积73.48平方千米。水源来源于韩家扬水站提水，通过大宗旱河、张丰池河、李楼河向灌区送水。极大方便了灌区内的农业灌溉。通公路。

乐陵市

水库

杨安镇水库　371481-60-F01
[Yáng'ān Zhèn Shuǐkù]

在乐陵市西南杨安镇镇政府东北2千米。因所在行政区而得名。2006年6月始建，2008年5月建成投入运行。长度2千米，宽度1.85千米，面积3.7平方千米，集水面积2平方千米，总库容量0.19亿立方米，平均水深7米。是乐陵市第一个中型水库。为保障乐陵市城乡供水发挥了巨大作用。248省道经此。

禹城市

灌区

梁桥灌区　371482-60-F01
[Liángqiáo Guànqū]

在市境北部。因梁桥橡胶坝拦截蓄水而得名。2006年始建，2006年建成。面积140平方千米，为中型灌区，涵盖梁家镇、辛店镇。灌区东起禹城与临邑交界，西至十里望镇与张庄镇交界，南起徒骇河，北至318省道。极大方便了灌区内的农业灌溉。318省道经此。

渠道

七干渠　371482-60-G01
[Qīgàn Qú]

在安仁镇东北部。起点安仁镇瓦王村北，止点市中街道大宋村。1976年始建，1976年建成。长3.9千米，宽3.0米。七干引水系统是全市引黄的重要枢纽工程，控制灌溉面积27.6万亩，年引水量约占全市的50%。在当地城乡供水系统中发挥了巨大作用。京福高速经此。

八干渠　371482-60-G02
[Bāgàn Qú]

在房寺镇东部。起点是房寺镇崔李村南，止点是房寺镇河口赵村北。1972年始建，1972年建成。长2.0千米，宽4.0米。引黄总干渠入下游西普天河，控制灌溉面积14万亩。在当地城乡供水系统中发挥了巨大作用。316省道经此。

九干渠　371482-60-G03
[Jiǔgàn Qú]

在房寺镇北部。起点是房寺镇张诗村西南，止点是房寺镇丘庄村西。1982年始建，同年建成。长1.5千米，宽4.0米。引黄河水直接入丰收河，向房寺、张庄、辛店等乡镇送水，控制灌溉面积10.6万亩。在当地城乡供水系统中发挥了巨大作用。316省道经此。

宁津县

水库

宁津水库　371422-60-F01
[Níngjīn Shuǐkù]

位于宁城街道办事处西南1千米处刘刚村。因所在政区及用途而得名。2005年始建，2006年6月竣工。面积1.3平方千米，长1.3千米，宽1.0千米，平均水深7.1米，总库容910万立方米。主要用于城乡生活供水。是山东省重点水利建设工程，也是宁津县村村通自来水工程的水源工程。314省道经此。

大柳水库　371422-60-F02
[Dàliǔ Shuǐkù]

位于宁津县大柳镇境内大柳村西北处。因所在政区而得名。2013年始建，2014年竣工。面积1.7平方千米，长1.6千米，宽1.1千米，平均水深8.7米，总库容996万立方米。主要用于宁津县北半部居民生活用水，是南水北调东线一期德州市续建配套工程。249省道经此。

庆云县

水库

庆云水库 371426-60-F01
[Qìngyún Shuǐkù]

在县境东北部严务乡苦水区。因所在政区而得名。1993 年 10 月始建，1995 年 12 月建成。占地 5 200 亩，坝长 7 520 米，坝高 7 米，坝顶高程 13.5 米，顶宽 7 米，设计蓄水位 11.5 米，蓄水深 6.5 米，设计库容 1 525 万立方米，年调水量 3 000 万立方米。为全国中型平原水库。在当地乡镇供水系统中发挥了巨大作用。通公交车。

齐河县

灌区

韩刘灌区 371425-60-F01
[Hánliú Guànqū]

在县境东南部。因渠首引黄闸位于赵官镇韩刘村而得名。1966 年始建，1967 年建成。灌区总引水能力 15 立方米 / 秒，设计为自流和提水两种灌溉形式。配套大小涵闸建筑物 1 053 座，形成了干、支、斗、农四级渠系工程。设计灌溉面积 150 公顷。极大方便了灌区内的农业灌溉。通公路。

豆腐窝灌区 371425-60-F02
[Dòufuwō Guànqū]

在县境中部和东部。因渠首引黄闸位于焦庙镇豆腐窝村而得名。1973 年始建，1974 年建成，1990 年重建。设计流量 15 立方米 / 秒。控制面积 2 533 公顷。灌区设计自流和提水两种灌溉形式。修建斗以上桥涵闸建筑物 901 座，形成灌区渠系、沟网独立配套的输水工程体系。灌溉面积 11.7 公顷，其中自流控制灌溉面积 2.5 公顷，黄展区外堤水灌溉面积 9.2 公顷。极大方便了灌区内的农业灌溉。通公路。

平原县

林场

平原县国有平原林场 371426-60-C01
[Píngyuán Xiàn Góuyǒu Píngyuán Línchǎng]

属平原县。在县境西部。面积 6.7 平方千米。因所在政区和行政归属而得名。清朝宣统元年（1909）始建。树种以 107 速生杨为主。木材蓄积量 2.3974 万立方米。林场主要用于林业资源培育。315 省道和 318 省道经此。

夏津县

水库

夏津惠津水库 371427-60-F01
[Xiàjīn huìjīn Shuǐkù]

在县城北方向 6 千米。2008 年夏津县委开展水库百姓征名活动，将水库命名为惠津湖。2007 年 12 月建成。库区占地面积 1.1 平方千米，长 1.3 千米，宽 1.3 千米，设计总库容 1 150 万立方米，年供水量 2 160 万立方米。是夏津县城镇居民生活用水的主要水源地。青银高速、315 省道经此。

武城县

水利枢纽

四女寺水利枢纽 371428-60-E01
[Sìnǚsì shuǐlì Shūniǔ]

在武城县四女寺村东北角，漳卫新河和南运河的入口处。因所在政区而得名。1957年11月始建，1958年5月建成，1972年—1973年7月进行改扩建。由南进洪闸、北进洪闸、节制闸、船闸等建筑物组成。南进洪闸12孔，每孔净宽10米，总长135.6米。北进洪闸12孔，每孔净宽10米，总长137.4米。节制闸3孔，每孔净宽8米，总长27米。船闸可通过400~1 000吨船队，总长252.5米。具排涝、引水和航运等功能。交通便利。

水库、灌区

大屯水库 371428-60-F01
[Dàtún Shuǐkù]

在武城县恩县洼东部。2010年12月始建，2013年9月竣工。设计最高蓄水位29.80米，相应最大库容5 209万立方米，设计死水位21.00米，死库容745万立方米，水库调节库容4 464万立方米。向德州市德城区年供水10 919万立方米、武城县城区年供水1 583万立方米。水库围坝坝轴线总长8 913.99米。在当地乡镇供水系统中发挥了巨大作用。交通便利。

建德水库 371428-60-F02
[Jiàndé Shuǐkù]

在武城县城北部，鲁权屯镇和广运街道办事处交界处。2011年5月始建，2013年12月完工并进行蓄水试运行。水库为一围坝式平原水库，坝轴线长4 405.72米，总占地面积2 811.6亩，设计蓄水位27.30米，设计蓄水深7.50米，设计库容960万立方米，死水位20.10米，死库容77.6万立方米，调节库容882.4万立方米。为实现城乡供水一体化提供可靠的水源保障，主要功能为灌溉及生活供水。交通便利。

头屯灌区 371428-60-F03
[Tóutún Guànqū]

在四女寺镇头屯村东，卫运河南岸。因所在政区而得名。头屯灌区分为两部分，南灌区1958年3月始建，同年建成。北灌区1959年2月始建，1960年1月建成。南灌区灌溉面积16.0万公顷，北灌区灌溉面积15.7万公顷。在当地乡镇供水系统中发挥了巨大作用。通公路。

引黄灌区 371428-60-F04
[Yǐnhuáng Guànqū]

在黄河下游左岩德州地区境内。因该灌区引用黄河水而得名。1971年始建，1972年开始引黄放水。设计引水流量120立方米/秒，控制面积5851平方千米，设计灌溉面积500万亩。在当地乡镇供水系统中发挥了巨大作用。通公路。

堤防

陈公堤 371428-60-G001
[Chéngōng Dī]

在县境东部。南自小邢王庄入境，北至四女寺镇牛角峪出境。高4~5米，顶宽6~8米。旧志载："在县西（指恩县）三十里许，为宋代陈尧佐守滑筑之，以障黄河，故名陈公堤。"陈公堤为是恩县洼滞洪区东部围堤，在阻挡洪水中起到了巨大的作用。有公路经此。

卫运河右岸堤防 371428-60-G002

[Wèiyùnhé Yòu'àn Dīfáng]

位于卫运河右岸。起点老城镇吕洼村西南，终点四女寺镇四女寺枢纽。1957年始建，1958年6月建成。全长62 391米，顶宽8~9米，高35.22~27.47米。横跨老城镇、甲马营镇、鲁权屯镇、四女寺镇。该堤防在抵御洪水，保护人民群众生命财产起到了巨大作用。有公路经此。

词目拼音音序索引